JN082854

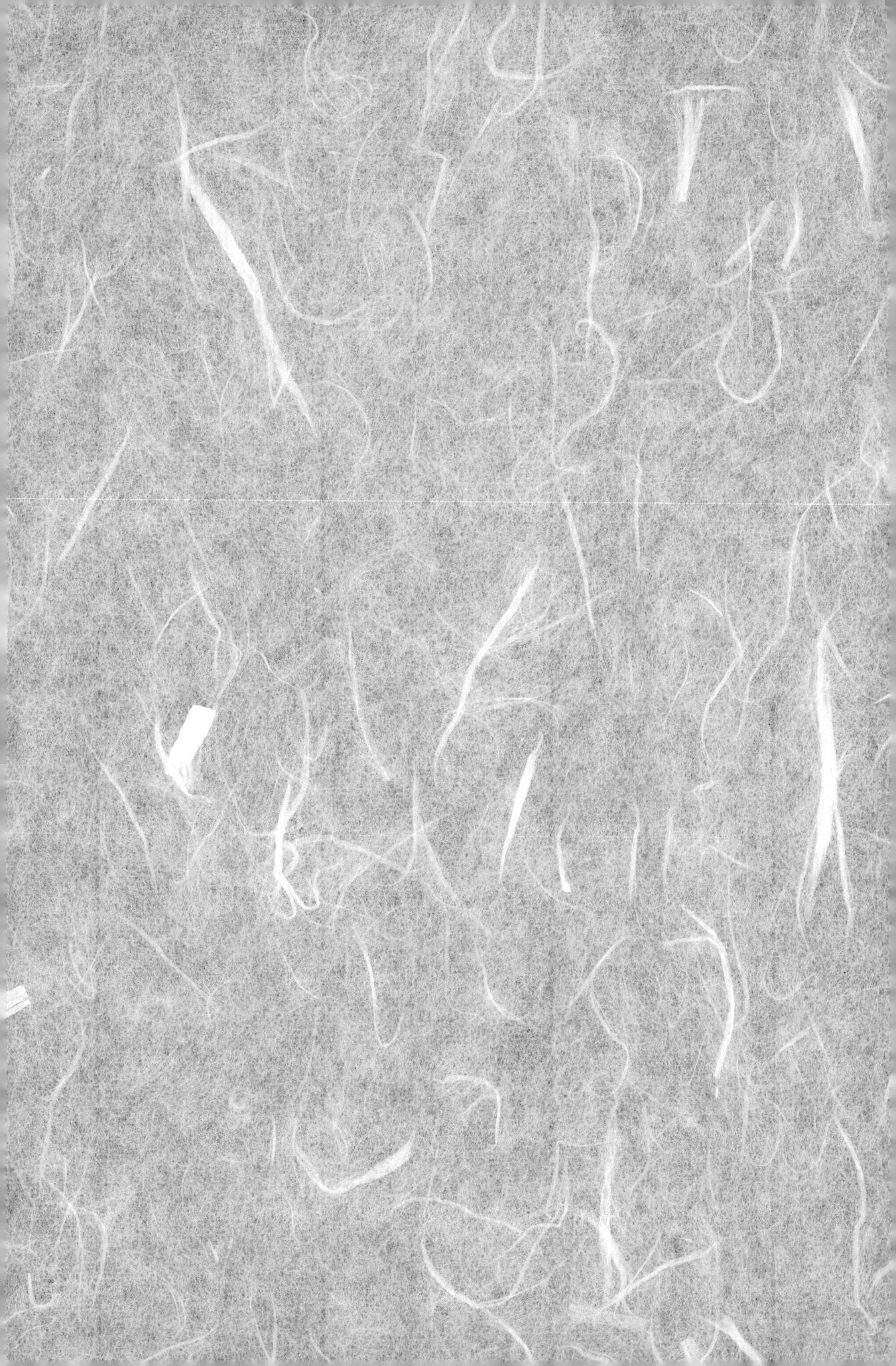

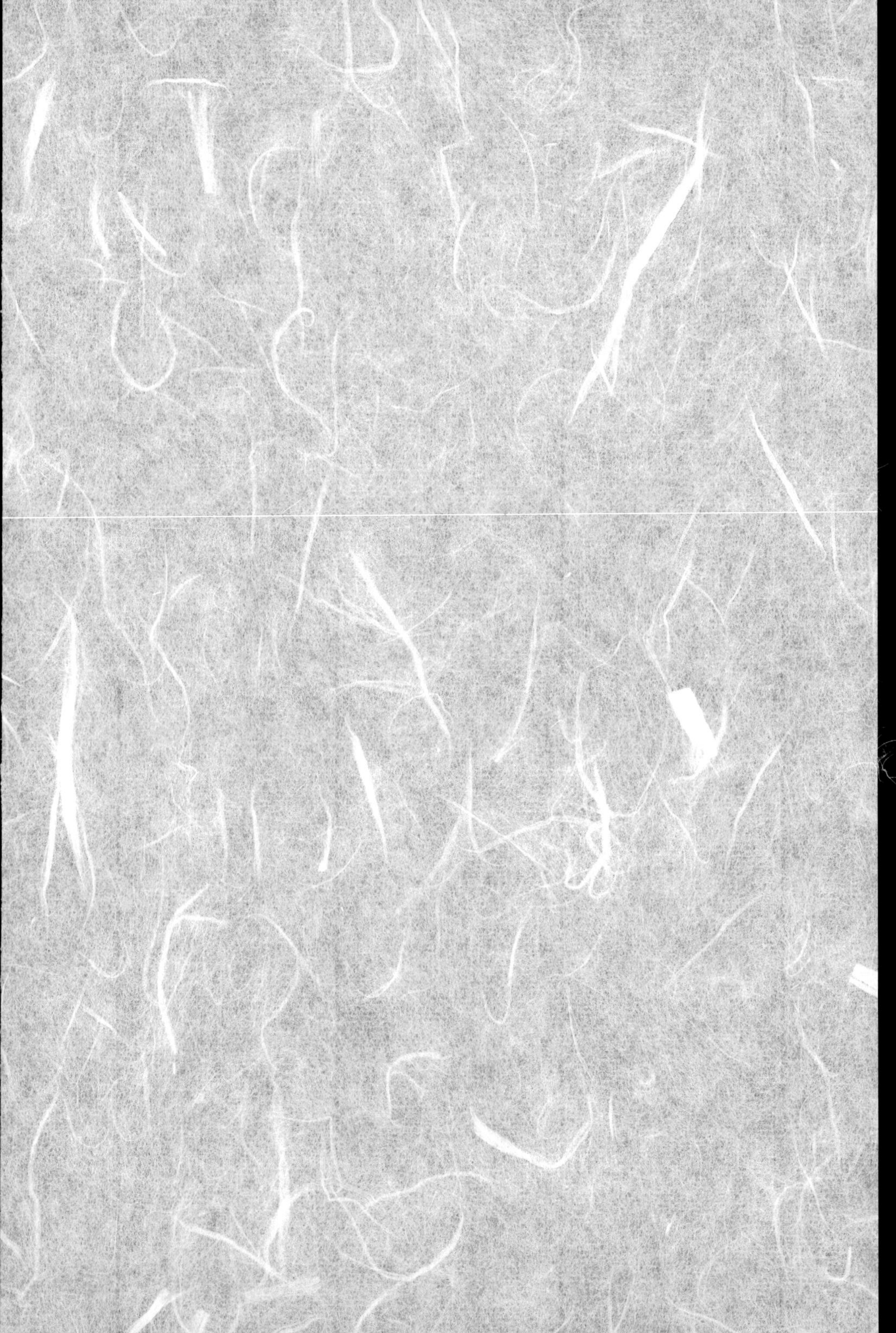

近世玉野の歴史と文化

北村　章

吉備人出版

（第二章）　八浜八幡宮奉納絵馬　廻船の図（上）と八浜秋の大祭（下）

上は 13 端帆の中型和船の絵馬である。船首に船頭、船尾に舵取りと補助者が見え、3 人乗りである。左下の「平安宮脇景輔景福画」（文政天保頃の人）の墨書から江戸後期の作と推定できる。船上の艀に(福)のマークが見え、第八章でも登場する福部屋平岡家の醤油を運ぶ廻船絵馬の可能性が高い。（写真提供：岡山県立博物館、平成 4 年八浜八幡宮寄託）。

下は八浜八幡宮秋の大祭である。先頭は若者 16 人による奴行列で、後方には六角神輿、次に 2 台の段尻が続く。段尻には笛や太鼓・鐘などを奏する小学生ら十数人が搭乗する。平成 21 年 6 月 1 日、玉野市重要無形民俗文化財に指定された。また、写真の「西の段尻」には文化 7 年（1810）の墨書銘があり、「南の段尻」も明治初期に製作されており、平成 30 年 3 月 6 日岡山県重要有形民俗文化財に指定された（平成 26 年 10 月 11 日撮影）。

（第四章）　友林堂格天井（玉野市宇藤木）

文化２年（1805）建立。格天井に42枚の兜鎧、白馬や草花などの絵と、周囲に龍が描かれれている。画家の名は伝えられていない。

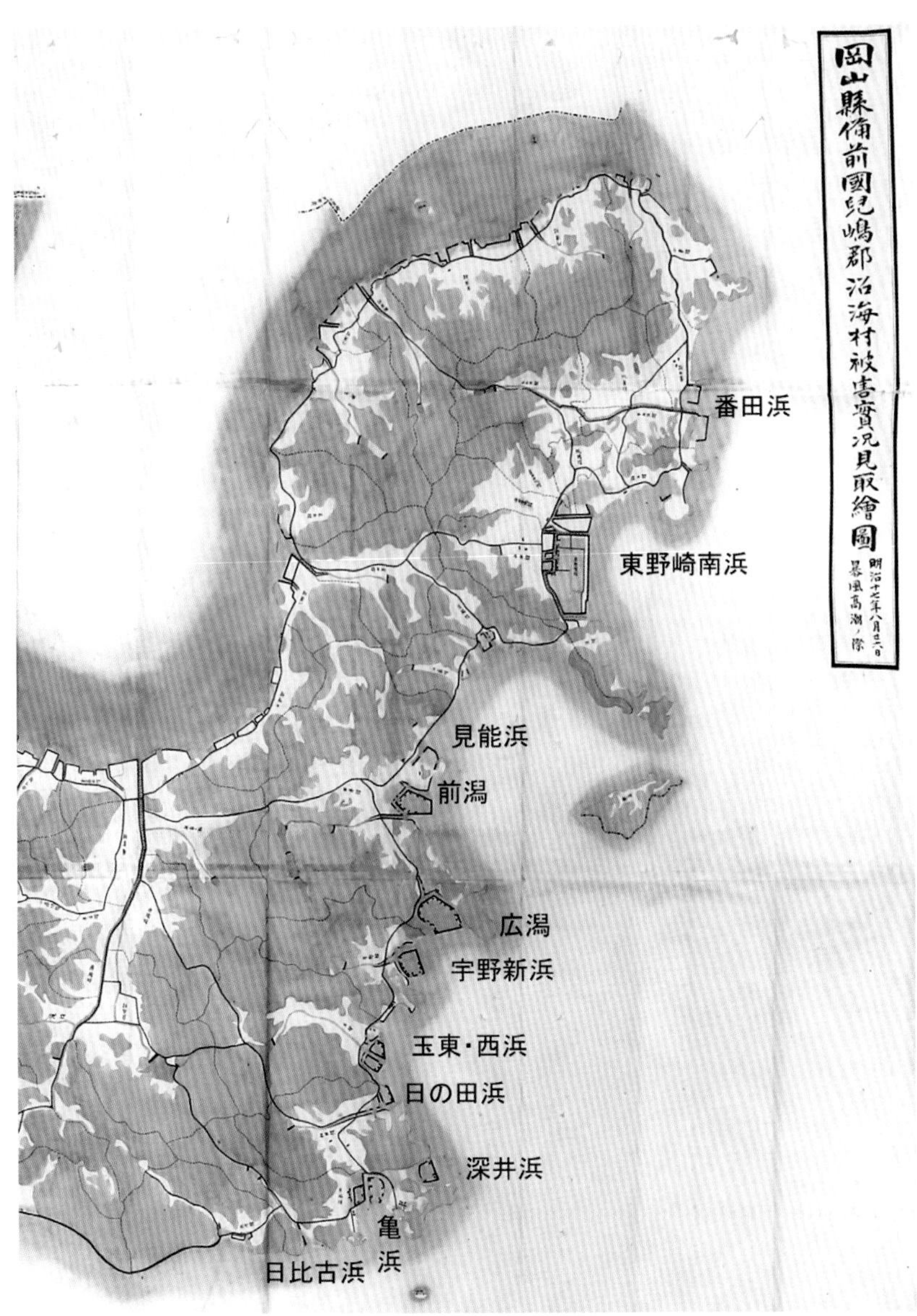

（第六章）　明治17年8月26日児島郡沿海村被害実況見取絵図

岡山県立記録資料館所蔵『明治十七年海嘯関係書類』C39-11のうち、東部を抜粋。灰色は塩田荒廃、黄色は耕宅地荒廃。塩田名は筆者の加筆である。

1

2

3

4

5

（第八章）　昭和 30 年前後の赤マル醤油の風景（玉野市番田）

1 は会社全景、煙突の背後に番田浜が見える。　2 は正門と事務所　3 は熟成中の醤油溜まり　4 は樽職人の作業風景　5 は鉾立港での樽・ビンの積み込み作業、正門からここまでレールが伸びている。（故藤井義久社長家提供）

近世玉野の歴史と文化

北村　章

序にかえて

玉野市は岡山県の南部中央に位置し、北は岡山市、西は倉敷市に接し、東と南は瀬戸内海に面している。市の中央部は児島半島の小高い山々が東西に連なり、北は岡山平野の一部、南岸沿いには市街地の中に、かつて四国への玄関口であった宇野港や巨大な船舶を建造した三井造船、岡山県下最大の海水浴場である渋川海岸などが連続している。沖合には、玉野市が香川県と陸続きであることを示す石島（いしま）と大槌島という島もある。

本書はこのような地域を中心とした、近世から明治期までの歴史と文化遺産の研究をまとめたものである。今まで個別論文や地域の小冊子、あるいは観光目的のパンフレットなどによって、玉野市の歴史や文化の情報は紹介されてきた。しかし、約五〇年前の『玉野市史』を超えるような出版物はまだ現れていないように思われる。筆者は、大学で歴史学を専攻して以降、県立高校の教員を務めながら、玉野市文化財保護委員として、『玉野市史』編纂時に収集・寄贈された旧名主家などの古文書や旧役場文書の調査整理に当たってきた。そしてそれらを論文化することは自らに課せられた職務であると考えてきた。本書はその集大成の論集となる。

本来、学術論文は研究会や専門学会などで発表し、研究者諸氏の様々な助言や批評を受けた上で世に問うべきものである。しかし、本書の論考はそのような手続きを経ていないものが多く、最新の研究成果から立ち遅れ、独りよがりな記述も多いと思われる。しかし、事前に小稿として発表したり、講演会や展示会用の配付資料として作成したものも多く、地域の方々や学友先輩諸氏からの助言等を受けることもあった。つぎの各章別概説のまとめには、そのような事前研究作業も合わせて付記しておく。

まず第一章は、玉野地域の概要を紹介するため、広岡・内田家文書の安政四年（一八五七）「手鑑」をもとに、山田・東児地区を除く旧村の村高・家数・人口等を示した。また、その村々の名主等の村役人の任免記録を藤戸・星島家文書から抽出してまとめている。さらに、それらの村落を所管する大庄屋の任免記録等も合わせて示した。大庄屋については、二〇一二年に「備前国児島郡の大庄屋の変遷について」（『岡山地方史研究』一二八号）を発表したが、その草稿は、収集された地方文書の年代確定等に役立てるために、一九八三年ころにまとめていたものである。

第二・第三章は、八浜村をめぐる歴史と文化遺産の研究である。八浜研究については、一九八六年の「松方デフレ期の農村情勢―児島郡八浜村の場合―」（岡山県立玉野高等学校研究紀要第23号）が嚆矢である。二〇〇八年には、最後の勤務校である玉野光南高校の図書館で、「むかし、八浜はこんなだった―近世以前の歴史―」と題して学園祭公開講座を開き、八浜から多くの方々が来校された。これを機に、翌年、八浜町並保存推進委員会主催の四回にわたる「八浜の歴史講座」の講師を務めた。この間、八浜八幡宮宮司の尾崎家文書を借用整理し、八浜の秋祭りの玉野市重要文化財指定や講演資料に当てさせてもらった。さらに二〇一三年の八浜長寿学級学習会では、「江戸後期の八浜神職日記―第5代宮司尾崎多門さんの記録より―」と題して、年中行事や豊漁祈願、疱瘡・厄除や参詣記録などを紹介した。この尾崎家文書は、その直後、『備前国八浜八幡宮関係史料集』として刊行できた。こうした八浜研究の積み重ねをもとに、第二章で八浜の歴史と八浜八幡宮の文化的価値をまとめている。第三章では八浜の漁業史を分析し、村内と領内他村との漁業争論、および妹尾など他領の備中諸村との漁場争いと国境争論をまとめている。この第三章については、膨大な関係史料の概要を掴むために、二〇一五年「文化期児島内海争論をめぐる資料について―大崎・三宅家資料を中心に―」（岡山県立記録資料館紀要第10号）を発表したが、その後の実際の解読やまとめには長期間を費やした。

第四章は、文化二年（一八〇五）建立の宇藤木・友林堂について、その奉献物や管理者の大塚家文書をもとに歴史的文化的価値をまとめたものである。一九九四年刊行の拙著『備前児島と常山城―戦国両雄の狭間で―』で、豊臣期に常山城主となった戸川友林については触れていたが、その霊廟である友林堂は手つかずであった。二〇一六年、早島町中央公民館で常山城についての講演依頼があり、そのために友林堂の内外の調査や大塚家文書の撮影をさせていただいた。講演の表題は「常山城と戸川氏―戸川友林墓を中心に―」であり、他所でも同様な講演を行っている。その際、格天井の絵画の見事さや、荒廃した常山城の現状回復を訴えたりもした。

第五章は、玉野市内の大きな港である日比港の歴史や、日比村の漁業権を考察したものである。日比村は瀬戸内海に面した加子浦として、海上の公用交通の支援や海難救助等に活躍し、朝鮮通信使も宝暦一四年（一七六四）に上陸宿泊したほか、湾内での滞船が何度もあり、下津井と牛窓間の重要な補助港であった。江戸前期には日比廻船が活動し、漁業面でも鯛網猟が行われ、周辺諸村との漁場争いも多く、享保一六～一八年（一七三一～一七三三）の讃岐香西浦との争いは「大槌島・大曽瀬争論」と呼ばれ、大槌島に備前讃岐の国境が設定される国境争論に発展した。本章はひびきなだ文化研究会のみなさんとの相互協力で完成したものとも言え、二〇一八年度前期には、「絵地図で見る備讃の国境と海の幸」と題して、玉野市立図書館・中央公民館郷土資料コーナーで展示を行っている。

第六章は、玉野地域の塩田に関するまとめである。市内南岸各地には製塩遺跡や製塩土器を埋納した古墳が点在し、中世でも兵庫北関に塩が運ばれるなど、塩作りの盛んな地域であった。近世前中期の古浜塩田に加え、近世後期には新浜塩田が登場して製塩技術を向上させた。塩田王野﨑家が日比湾に築いた亀浜などがそれで、その経営と日比の塩問屋や有力商人との関係や、在地の和田・義田氏や玉・立石氏の塩田経営も概観した。さらに、明治期の塩田所有者や明治一七年（一八八四）の高潮による大規模な塩田被害の実態も判明した。前掲資料コーナーでも、二〇一七年後期に「絵地図で見る玉野の塩田たち」と題して展示を行った。

第七章は、『玉野市史』編纂時に和田（旧称利生《おどう》村）・義若家から提供されていた廻船業関係の史料をもとに、同家と上方～九州の廻船問屋との取引をまとめたものである。岡山県下では下津井・玉島・笠岡などへの北前船の来港が有名であるが、地元業者の遠方廻船業は、ある意味新発見の歴史事実である。日比を母港とした義若家の常盤丸は、近世後期に瀬戸内から天草・熊本など中九州の港を訪れ、地元産の繰綿と天草産黒砂糖などを基幹商品に廻船業を営んだ。この研究は、二〇一八年に「近世後期備前児島の廻船業者による瀬戸内・九州での商業活動について―玉野市和田・義若家文書をもとに―」（『岡山地方史研究』一四五号）で発表し、同年の玉野市教育委員会主催のたまの地域人づくり大学で、「日比湊と常盤丸義若五郎吉」と題して講演した。本章は、この先行論文をもとに、義若家四代五郎吉の幕末から明治七年（一八七四）までの活動をも加筆したものである。

第八章は、近世中期から戦前にかけて岡山県南の地場産業であった備前醤油について、明治中期までの歴史をまとめたものである。大正期に京都で出版されていた古書には、備前が龍野醤油よりも早く京都に進出していたとされていたが、その実態は全く不明であった。一九七六年、かつて醤油王と呼ばれた番田・近藤三郎二家史料が玉野市教育委員会に移管され、明治一二年（一八七九）創設の備前醤油醸造組や近藤家の経営史料が多量に見つかった。筆者は一九七九年に『備前醤油醸造組史料（一）』として手書き史料集をまとめ、近藤醤油を引き継いだ赤マル醤油醸造株式会社からも資料の寄贈を受けていた。その後この研究に向かう余裕はなかったが、八浜・尾崎家文書に近世中期の醤油業者が確認できる新史料が見つかり、新たに書き下ろした。

最後の第九章は、玉・立石家文書をもとにした幕末期の玉村の産業構造を短くまとめたものである。一九九〇年、当時の勤務校玉野高校の歴史研究同好会の生徒たちと、「戦国時代の玉―玉村城と城主嘉陽氏― 玉野市の歴史的町並―玉・仲小路―」と題して、学校祭で展示を行ったことがある。その時、元治元年（一八六四）と翌年の同家資料を使って、小倉織機や紺屋・鍛冶屋・酒造などの諸職業を紹介した。本章は再度原史料に当たって、当時の生業の実態を表にまとめ、書き下ろしたものである。

以上、本書で扱ったテーマは多岐にわたる。基本は、漁業・製塩業・廻船業・醤油醸造業などを中心とした玉野の産業史の解明である。また、文化遺産としての八浜八幡宮・快神社と宇藤木・友林堂の近世史料をまとめられたことも意義があるだろう。本書を通じて玉野市民のみなさんの、故郷または故郷化している玉野の再発見と、愛着の増進につながればと思っている。

令和三年（二〇二一）七月二九日　　著者記す

凡　例

本書の執筆で採用した編集方針の基本はつぎの通りである。普通とは異なる方法も採っているので、読者諸氏には予めご確認いただきたい。

一、本文中の叙述について、字数や行数の節約のため、つぎのような記述方法を用いた。

1　年号は、和暦年に適宜、西暦年を（　）で付し、閏月は、①・⑤などの丸数字を用いてそれを示したところもある。

2　単位について、センチ・メートル・km・kg 等を用い、小数点は・（ナカグロ）で示した。

3　本文中に使用した漢数字は、原則、十・百・千は省略し、〇～九のみを用いて表記した。ただし、数十人・数百人・数千人などはそのまま使用した。これは、頁数を初め、年数・人数・月日・年齢などの表記に適用した（例　二十一人→二一人、三百六十五頁→三六五頁）。

4　～（波ダッシュ）は本来、前後の数字を記した上で、その間の範囲を示すために用いるが、本書では、何ケタの数字であっても、前後の数字が一ケタ台の変化であれば、後ろの数字の二ケタ以上を省略して、一ケタの数字のみを記すことにした。それ以外は、本来の使用法を用いた（例　三一～三五頁→三一～五頁）。しかし、専門書の慣例のために、和暦年・西暦年には適用しなかった（例　天保一〇～一四年（一八三九～一八四三））。

二、本書に多く掲載した史料は原文からの引用を基本とし、つぎのような表記方法を用いた。

1　字体は常用漢字を用いたが、固有名詞や歴史用語などで原文の正字を尊重している場合がある。

2　読みやすくするため、適宜、読点（、）や並列点（・）を入れた。

3　繰り返し記号は、漢字は「々・〻」、平仮名は「ゝ」、片仮名は「ヽ」であり、「〳〵」は原文のまま用いた。

4　異体字・俗字・略字・合字などのうち、次のものは用いた。

扣（控）　躰（体）　忰（倅・伜）　噯（扱）　囉（貫）

并（ならびに）（幷）　叓（事）　〆（しめ・締）　ゟ（より）　ヿ（事）

5　変体仮名は平仮名に改めたが、助詞のうち次の文字は、史料中に活字を小さくして用いた。

者（は）　江（え）　ニ（に）　茂（も）　而（て）

而已（のみ）

6　本文中で、史料引用は「　」で示した。また、表題のある史料名も「　」で示したが、表題名のない史料は、［　］を付して仮の表題を与えた。

第一章　近世玉野地域の概要

第一節　近世後期の玉野の村々

江戸時代の村を支配した農民身分の村役人をご存じだろうか。一般に村方三役と言われ、東日本では名主―組頭―百姓代、西日本では庄屋―年寄―百姓代と呼ばれている。岡山藩では、西日本風の庄屋―年寄―判頭から、元禄二年（一六八九）に東日本風の名主―五人組頭―判頭と改称し、百姓代はほとんど見られない。名主は村長、五人組頭はその補佐役、判頭は小字や五人組のまとめ役である。任免に当たっては大庄屋の上申による藩からの任命という形をとるが、名主・五人組頭は世襲される場合が多かった。しかし、人的要因や経済的要因により一族の分家や他家へ移動したり、村の規模で二家が並立する場合もあった。

本節では、各所に保存されている玉野に関する諸史料をもとに、本書で扱う玉野地域の近世後期の村勢概要や、確認できる名主・五人組頭などを紹介する。なお、各村の家数や人口は幕末安政期の数字で、これらの地域を大庄屋として管轄していた藤戸・星島家の史料が元になっている。先にこの星島家文書について押さえておきたい。

藤戸・星島家文書の価値　児島郡藤戸村（倉敷市藤戸町藤戸）には、第四七代衆議院議長星島二郎を輩出した星島家がある。星島家は、(1)同村の日笠家とともに江戸初期より藤戸村の庄屋（のち名主）を務めた名門である。二郎氏の曽祖父義兵衛は、星島家第八代当主佐之七(さのしち)の子として享和三年（一八〇三）に生まれている。文政七年（一八二四）には父の後を継いで藤戸村名主となり、さらに嘉永二年（一八四九）に、この年閏四月に死去した槌ヶ原村（玉野市槌ヶ原）大塚太兵衛の跡役として大庄屋に任命される。その管轄地域が、田井（枝村の福浦(ふくら)・福原を含む）・宇野・玉・利生(おどう)・向日比・日比・渋川・滝・広岡・長尾・迫間(はざま)・槌ヶ原・大崎・八浜・宇多見・碁石の一六ヶ村一八地区であった。そのため、この地域の大庄屋への進達記録が彼の「諸御用留帳」(2)に書き残されることになった。

ところが、安政二年（一八五五）五月に黒石村（倉敷市黒石）の大庄屋永山善十郎が死去したため、八月八日に児島郡内の大庄屋の大幅な管轄替えが言い渡される。その際、第三節でも触れるが、永山の管轄には八軒屋（倉敷市八軒屋）の大塚大吉が横滑りし、大塚の管轄には藤戸村日笠祐太郎が入り、日笠の管轄の興除新田に義兵衛が移り、義兵衛の管轄には波知左衛門が新たに任命される。このため、彼の手による玉野の記録は、嘉永二年から安政二年までの七年という短期間であるが、玉野の旧市街地と八浜・荘内の一部に当たる一六ヶ村が今に伝わる情報として残った。さらに万延元年（一八六〇）の日笠祐太郎の死後、その後役となり、宇藤木・用吉・木目（もくめ）・小島地も管轄することになった。こうした経過で、星島義兵衛が扱った地域は、その長短はあるが、田井より以東の山田や東児地区を除く玉野地域の二〇ヶ村をカバーしている。これは昭和四五年（一九七〇）刊行の『玉野市史』等に盛り込まれていなかった新しい情報であり、星島家文書によって明らかになったという価値は大きい。なお、義兵衛は、のち宜平（ぎへい）と改名したあと、明治三年（一八七〇）四月一四日に大庄屋から改称した大里正に任命されるが、同年九月二九日に六八歳で亡くなっている。つぎにこの二〇ヶ村の概要を紹介する。およその位置は37頁の地図1-4を参照して欲しい。

田井　田井村は高一三四〇石余、家数約四〇〇軒、人口約一八〇〇人の大村である[③]。当村は古くから名主は宮田氏であったが、天保以降には井上氏が、万延からは岸田氏が加わった。幕末では宮田貞左衛門、井上氏は与四郎・五郎左衛門、岸田氏は清三郎が名主となった[④]。史料1-1によれば、五人組頭は天保一二年（一八四一）以来嘉兵衛（岸田氏）である。嘉永四年、養子清三郎に走り廻り代勤が命じられ、さらに史料1-2のように、嘉兵衛から改名した嘉一兵衛の養子清三郎が入札多数により同六年に五人組頭に推挙されている。田井村は、天保一二年に名主の不正追及を中心とした村方騒動[⑤]が起こり、同一四年には天城陣屋への強訴に発展した。この投票による村役の推挙はこの事件の影響があると考えられよう。

また、五人組頭の推挙に漏れた五郎左衛門は、史料1-3のように安政元年九月に藩に百両の献金を申し出ているが、五町八反余の土地持ちはかなりの豪農である。なお、万延元年には五郎左衛門が同村名主に就任している。同年一〇月には岸田清三郎も名主になっているが、慶応元年（一八六五）に五三歳で亡くなっている[⑥]。

田井には福原と福浦という枝村があった。福原は高約一四〇石、家数約七〇軒、人口約三〇〇人、福浦は高約五〇石、家数約二〇軒、人口約一一〇人の小村である。福原の名主は田井村の在之介（宮田氏）、五人組頭は義吉[⑦]（姓未確認）、福浦は田井村名主貞左衛門が兼帯（双方の名主を兼ねること）しており、五人組頭は不設置のようである[⑧]。

宇野　宇野村は高約三二〇石、家数約一四〇軒、人口約六五〇人の中規模の村である。義兵衛記録の嘉永四年一二月付史料には、宇野村名主として小次郎が見える[9]。他史料には小次郎の名主任命は弘化三年（一八四六）一〇月、さらに文久三年（一八六三）一二月に名主亀一郎が任命されている。一方、同二年一〇月には五人組頭として小市郎が見える[10]。他史料に小次郎・亀一郎は青井氏、小市郎は立花氏とある。

玉　玉村は高約四八〇石、家数約一六〇軒、人口約七六〇人の中規模の村である。嘉永七年正月二九日付の判頭任命通知[11]では、名主に仲右衛門、五人組頭に安右衛門が見える。仲右衛門の名主任命は弘化四年（一八四七）一二月で姓は立石氏、安右衛門は嘉永二年二月で、姓は三宅氏である。

利生　現在の玉野市和田は近世には利生村という村名であった。高五一〇石余、家数約一九〇軒、人口約七四〇人の中程度の村である。名主は治四郎が嘉永四年四月に亡くなり、忌明け後、悴で向日比村名主であった貞次郎が当分請け持ちになった後[12]、六月一日に利生村の名主兼帯を命じられている[13]。同時に槌ヶ原村名主太左衛門も利生村の名主兼帯となった。五人組頭は、史料1-4のように松右衛門が高齢となり、嘉永七年二月に悴豊三郎に引き継がれている。貞次郎は堀尾氏、豊三郎の姓は義若氏である。貞次郎は慶応二年五月に大庄屋に就任した。

向日比　向日比村は、高約五〇石、家数約一八〇軒、人口八二〇人、うち漁師一七〇人・船数約一〇〇艘を持つ小村で、人口稠密の典型的な漁村である。名主は利生村貞次郎、あるいは渋川村や日比村の名主が兼帯する場合が多かった。

日比　日比村は、高約三〇〇石、家数約一四〇軒、人口約六八〇人、うち漁師七〇人、鯛網の漁場を持つ有力漁村であった。嘉永四年一一月八日付の判頭任命史料から[14]、日比村の名主は甚三郎と平太夫、五人組頭は藤十郎であることがわかる。二人とも四宮または堀姓を名乗る分家と本家の当主である。五人組頭の藤十郎は、史料1-5のように嘉永六年に悴の藤一郎への代替わりを上申されている。藤一郎は万延元年（一八六〇）正月に作左衛門と改名し[15]、慶応期に名主に任命されている。姓は与田氏である。

渋川　渋川村は、高約二七〇石、家数約七〇軒、人口約三五〇人ほどの中程度の村である。嘉永三年三月一四日付の判頭任命通知[16]によれば、当時の名主は十郎治、五人組頭が広蔵である。十郎治は与田氏、広蔵の姓は未確認である。

滝　滝村は、高約六三〇石、家数約八〇軒、人口約三一〇人ほどの中程度の村である。嘉永三年七月一日付の判頭任命通知[17]によれば、名主が丈助と愛蔵である。また、嘉永六年一〇月付では名主安五郎と愛蔵が見られる[18]。この間に丈助から安五郎への交代があったのであろう。丈助の姓は未確認であるが、安五郎は大賀氏、愛蔵は武部氏である。

広岡　広岡村は、高約二七〇石、家数約七〇軒、人口約二四〇人ほどの中程度の村である。名主は大三であるが、嘉永三年一一月には病気で、組合の勘定の場に判頭の代理を立てるほどであった[19]。姓は内田氏で、同様な申し出は嘉永六年七月[20]にもある。なお、大三には五郎右衛門という悴がいて隣の長尾村名主を務めており、嘉永四年五月には槌ヶ原村名主の兼帯も命じられている[21]。

長尾　長尾村は、高約一一九〇石、家数約一八〇軒、人口約七〇〇人ほどの大村である。義兵衛記録に名主等の任免記録はなかったが、他史料で名主は近藤氏が務めたことが知られる。前述のように広岡村五郎右衛門が兼帯している[22]。

迫間　迫間村は高約七五〇石、家数約一四〇軒、人口約五八〇人ほどの中程度の村である。嘉永三年一二月に迫間・槌ヶ原村間で山論が起こったが、これに記載された名主は栄太郎が木村氏、助左衛門は河合氏である[23]。

槌ヶ原　槌ヶ原村は、高約八一〇石、家数約二〇〇軒、人口約八七〇人ほどの大村である。名主太左衛門は史料1-6からわかるように、嘉永三年秋から一人名主になっており、六月一日に槌ヶ原村名主の広岡村五郎右衛門が槌ヶ原村名主兼帯に命じられた。養父の大庄屋大塚太兵衛が死去した嘉永二年、太左衛門の家計逼迫が明るみに出た。太兵衛が大庄屋時代に預かっていた過料銀二貫四〇目を、太左衛門が後任の義兵衛へ引き継ぎ払いができず、また預かっていた葭銀[24]も払えなかったのである。さらに史料1-7によると、弘化三年（一八四六）一二月以降、大庄屋組合内の各村から集めた普請夫役米を納めていないこともわかった。兼帯名主の広岡村五郎右衛門はこれを調査し、とりあえず新開御銀を拝借して上納しようとした。しかし嘉永六年一二月に太左衛門が家出してしまったため、翌年春、名主の広岡村五郎右衛門・大崎村治三郎が、太左衛門所持の田畑山林家財などを売り払って返済に当て、さらに太左衛門の拝借銀の残銀一貫五三〇目も同様にして返済している[25]。こうして、槌ヶ原村の名門大塚家も経済的危機に陥ったが、史料1-8のように、嘉永七年一一月には、太左衛門の子元太郎が、元名主の十郎左衛門の弟丈四郎とともに槌ヶ原村名主に推挙されており、彼に大塚家再建が託された。なお、丈四郎の家は三宅氏であり、同村の名主をこの二家で勤続してきた。

大崎　大崎村は、高約五一〇石、家数約一四〇軒、人口約六五〇人の中程度の村である。史料1-9は捨て子の養育料支給通知であるが、名主は治三郎であったことがわかる。治三郎は、第三章の文化期児島湾争論で活躍し、大庄屋から郡方下役人になった三宅安太郎の子である。五人組頭は他史料によれば八郎次が務めているが、姓は未確認である。

八浜　八浜村は、第二章で詳述するが、村高約五三〇石は中程度だが、家数約四八〇軒、人口は二〇〇〇人を超えている。名主は、かつて大庄屋を代々務めていた山下氏とその同族といわれる沢右衛門[26]（橋本氏）である。山下氏の略系は同章67頁に示したが、第一四代当主喜太郎になると家計が逼迫して史料1-10のような苦境が伝えられる。それによると、喜太郎は「勝手向不如意難渋」していたが、急に拠ん所ない差し支えが起こり、銀二貫目の拝借を願い出ている。その原因はわからない。しかし、返納は無利子の一〇年賦で「親類之者引請」けというから不思議な条件である。この歎願は聞き届けられ、嘉永二年暮から翌年一一月の間に貸し付けられている。[27]さらに喜太郎には、史料1-11のように、曽祖父里右衛門へ藩が下賜した米切手が支給されている。これは、同七年一二月まで確認できる。[28]なお、八浜村名主喜太郎の名は文久三年（一八六三）六月まではあるが、元治元年（一八六四）一二月にはなく、[29]この間に名主を退役したものと思われる。

宇多見・碁石　宇多見村は高約一二〇石、家数約五〇軒、人口約二四〇人、碁石村は高約一一〇石、家数約三〇軒、人口約一四〇人の小規模な村で、明治八年一二月に合併して見石村と称した。両村とも隣村の八浜村や郡村の名主が兼帯することが多かったが、宇多見村兵八が両村の名主となって自村名主が復活した。しかし、兵八の死去後、槌ヶ原村の治左衛門に両村名主を命ずる案も[30]あったが、嘉永四年六月二日、結局、八浜村名主山下喜太郎に兼帯を命じている。[31]ついで翌年二月には兵八の養子利八が両村名主となり、喜太郎は名主添役に留まった。[32]彼の家は高畠氏である。一方、碁石村では、文政元年一一月に五人組頭に任命された利三郎が嘉永七年に退任し、悴の久吉に走り廻り代勤を命じるよう藩役人に上申している。[33]彼の家は今谷氏である。

木目　木目村は、高約四八〇石、家数約一〇〇軒、人口約四二〇人ほどの中程度の村である。文久元年の「手鑑」[34]には、名主藤原一郎左衛門、同山村石井安左衛門、五人組頭弥平治の名が見られる。史料1-12によると、安左衛門が兼帯を命じられたのは万延元年九月ごろのことである。

小島地　小島地村は、高約三四〇石、家数約六〇軒、人口約二五〇人ほどの中程度の村である。文久元年の「手鑑」には、名主井上真之介のち嘉左衛門の名が見られる。この代替わりは万延元年一〇月ころのようである。(35)

用吉　用吉村は、高約一〇七〇石、家数約一四〇軒、人口約五八〇人ほどの大村である。文久元年の「手鑑」には、名主相賀藤三郎、同今田槙治、同添役迫川村上野貞五郎、五人組頭鹿之丞の名が見える。

宇藤木　宇藤木村は、高約六〇石、家数約六〇軒、人口約三一〇人ほどの常山東麓に位置する小村である。文久元年の「手鑑」には、名主高岩喜介が見える。

史料1-1（嘉永四年「諸御用留帳」四三二〇頁）

御内意書上

一児島郡田井村五人与頭嘉兵衛義、去ル天保十二丑年十一
月五人組頭役被仰付有難奉存、当年迄十一ヶ年相勤居申
候処、行年六十四歳ニ罷成、近来足痛ニ而遠行難義仕候、
養子清三郎歳三十九、随分実貞ニ而人質薬如、村方気請
も宜敷者ニ御座候、格別ニ此度走廻り代勤被仰付被下候
様、名主貞左衛門・同大崎村治三郎ゟ申出承糺候処、諸
事相替義無御座候得共足痛ニ而遠行難義之趣相聞申候間、
何卒走り廻り代勤被仰付候様申上度、右之趣奉伺候以上

亥六月　　大庄屋

御両頭様江　弐　壱

史料1-2（嘉永六年「諸御用留帳」四八〇〇～一頁）

御内意書上

児島郡私組合田井村五人組頭嘉一兵衛、病気ニ付願之通
役義御赦免被仰付、跡役入札差出候様被仰付奉畏候、同
村之義ハ手広之村方、殊ニ近来塩浜出来、他所ゟ働之者
多人数入込自然と用向多、壱人役ニ而ハ行届兼可申哉ニ
相聞、前名主同村亡与四郎忰五郎左衛門、書算等相応ニ
仕村方気請も宜、相勤兼不申者と相聞申ニ付、嘉一兵衛
養子清三郎と両人役ニ被仰付候様御噂可申上奉存候所、
此度入札取集候ニ付、村方得と承糺候所、壱人役ニ而随
分行届可申趣ニ御座候間、右嘉一兵衛養子清三郎歳四十
一、書算等相応ニ仕、村方気請も宜敷、跡役被仰付候ハ

、相勤兼不申者ニ御座候間、清三郎壱人役ニ被仰付候ハ、、
村方居り合も宜御締向も行届可申奉存候、則入札四拾五
枚并村役人書付共相添、乍恐右之趣御内意奉伺候以上

丑八月　大庄屋

御両頭へ　弐　壱

史料1-3（嘉永七年「諸御用留帳」五〇四四～五頁）

御内意書上

児島郡私組合田井村五郎左衛門、歳三十八、抱田畑五町
八反六畝拾五歩、家内人数拾壱人内男五人女六人、生得
実貞ニ而家内睦敷村方交りも宜、遂質素倹約身元相応相
暮、貧者も扶持方不自由成者江麦米等貸遣候義も有之趣
相聞、此度奉仰御国恩為冥加金百両乍恐献納仕度旨申出、
奇特之至奉存候、何卒御聞届被仰付候ハ、、有難可奉存候、
右之趣御内意奉伺候以上

寅正月　大庄屋藤戸村義兵衛

羽原様

井上様（以下、宛名の郡奉行は省略する）

史料1-4（嘉永七年「諸御用留帳」五〇四五～六頁）

御内意書上

一児島郡私組合利生村五人与頭松右衛門、文化十三子年同
村五人与頭役被仰付有難今年迄三十九年相勤居申候処、
及老年難相勤御座候間、何卒役義御赦免被仰付候ハ、、有
難可奉存候旨内願差出申候、年来無懈怠相勤候間、願之
通御赦免被仰付、同人忰豊三郎歳三十三、生得実貞ニ而
村方気請も宜、書算等も相応ニ仕、被仰付候得者相勤兼
不申者ニ御座候間、跡役被仰付候得者御締向も行届可被
奉存候、格別ニ無入札、右豊三郎へ被仰付候様申上度、
右之趣奉窺候以上

寅二月　義兵衛

史料1-5（嘉永六年「諸御用留帳」四七四四頁）

御内意書上

一児島郡私組合日比村五人組頭藤十郎歳六十四、文政七申
十一月当役被仰付、当年迄三十ヶ年無懈怠相勤候処、近
来足痛仕遠方歩行難仕趣ニ御座候、忰藤一郎歳三十五書
算等相応仕村方気請も宜御座候、過急御用向之節走り廻
代勤被仰付被下候様申上度、右之趣御内意奉窺候已上

丑五月　大庄屋

史料1-6（嘉永四年「諸御用留帳」四三一六～七頁）

判鑑

児島郡長尾村槌ヶ原村名主広岡村　五郎右衛門

槌ヶ原村利生村名主槌ヶ原村　太左衛門

利生村向日比村名主利生村　貞次郎

右判元見届相違無御座候以上

嘉永四年亥六月　　大庄屋藤戸村義兵衛

児島郡長尾村名主広岡村　五郎右衛門

右之者槌ヶ原村名主役兼帯申付候

槌ヶ原村名主宇多見村碁石村名主当分請持

槌ヶ原村　太左衛門

右之者宇多見村碁石村名主当分請持差免、利生村名主役兼帯申付候

向日比村名主利生村　貞次郎

右之者敷村名主役兼帯申付候　右六月朔日被仰付候

史料1-7（嘉永七年「諸御用留帳」五一〇七～八頁）

御断書上

一児島郡新藤戸村組合御普請夫役半折米俵代之義、前大庄屋槌ヶ原村大塚太兵衛勤役中、同人養子元請名主太左衛門近来不勝手、其上去暮ゟ当病仕引籠居申、何角不都合義有之趣ニ付取調せ候処、弘化三午十二月分ゟ払上延引仕居申旨同村名主広岡村五郎右衛門ゟ申出、此度払上申度奉存候、何卒新開御銀方御移合被為下、此度御上納ニ相成候様被仰付被下候様申上度奉存候、延引相成候段於私も恐入奉存候、右之趣御断書上申候以上

寅七月　　義兵衛

史料1-8（嘉永七年「諸御用留帳」五一三二頁）

御内意書上

一児島郡私組合槌ヶ原村名主役之義、同村前名主亡十郎左衛門弟丈四郎歳三十七、同太左衛門忰元太郎歳二十、両人共生質実貞ニ而村方気請も宜、書算等相応ニ仕、被仰付候得者相勤兼不申者ニ御座候間、両人役被仰付、長尾村槌ヶ原村名主広岡村五郎右衛門槌ヶ原村名主役御免、尤当時後見仕利生村名主兼帯貞次郎と両人役ニ被仰付候ハヽ、両村共居り合宜敷、御締向行届可申奉存候、右之段御内意奉伺候以上

寅十一月　　大庄屋

御両頭江　弐　壱

史料1-9（嘉永六年「諸御用留帳」四七六二頁）

請取申御米之事

合三俵

右者児島郡大崎村鉄五郎軒下ニ捨御座候女子ニ御渡被為遣、慥ニ請取有難頂戴仕せ申候以上

嘉永六年丑七月　大崎村名主治三郎

右御米頂戴仕せ候処、見届相違無御座候以上

義兵衛

史料1-10（嘉永三年「諸御用留帳」四一六三頁）

書上

一別段銀弐貫目　無利十年賦返上

右ハ私組合八浜村名主喜太郎勝手向不如意難渋仕居申処此度無拠差支候義出来仕、別段銀年賦拝借奉願上度、相組名主ヲ以歎出申候、尤返納之義ハ親類之者引請返上仕、年賦銀聊差支無御座候、願之通御聞届被為下候ハヽ、難有可存候、右之趣奉伺候以上

戌一月　大庄屋

御両頭様へ　二　壱

史料1-11（嘉永三年「諸御用留帳」四二〇三頁）

覚

一米壱斗三升八合

右者児島郡私組合八浜村名主喜太郎、曽祖父里右衛門へ被為下候御米御切手御渡被遣、慥ニ受取、喜太郎へ相渡申処相違無御座候以上

嘉永三年戌十二月　大庄屋藤戸村義兵衛

新田方御勘定所

史料1-12（万延元年「前藤戸村組合請持中諸御用留帳」六三〇八頁）

御内意書上

一児島郡前藤戸村組合木目村名主両人役ニ御座候所、壱人欠役ニ相成居申、同村名主一郎左衛門壱人ニ而者御用向行届不申候間、山村名主安左衛門木目村兼帯被仰付、一郎左衛門と両人役ニ被為仰付候ハヽ、御締向も行届村居相宜敷奉存候、右之趣御内意書上申候以上

申九月　前藤戸村組受持大庄屋藤戸村義兵衛

幕末玉野地域各村の人口等概要

表1-1は、東児・山田等を除く玉野中西部地域の戸数人口などと、名主・五人組頭の一覧である。田井〜碁石村は安政六年

表1-1　幕末(1859・61)玉野地域各村の人口等概況

村名	家数	内	人数	男	女	牛数	名主	五人組頭
田井	416	社家4	1840	944	896	181	貞左衛門・大崎村治三郎	清三郎
福原	66		296	159	137	38	田井村啓之介	義吉
福浦	19		105	58	47	9	田井村五郎左衛門	
宇野	140	社方1	656	335	321	104	小次郎	千代吉
玉	166	社方1	723	378	345	82	仲右衛門	安右衛門
利生	195		822	413	409	58	貞次郎・広岡村五郎右衛門	豊三郎
向日比	179		852	468	384	3	利生村貞次郎	又兵衛
日比	146	寺1社家1	725	378	347	45	平太夫・広岡村五郎右衛門	藤一郎
渋川	69	社方1	368	182	186	41	十郎治	広蔵
滝	79	寺1社家1	320	164	156	52	安五郎・愛三郎	
広岡	66		270	128	142	43	大三	
長尾	187	社方2	785	404	381	99	亮平・広岡村五郎右衛門	文次郎
迫間	136	寺1	576	312	264	63	栄太郎・助左衛門	丈兵衛
槌ヶ原	205	社方1	900	474	426	78	丈四郎・元太郎	鹿次郎
大崎	143	社方2	637	330	307	70	弥三郎	八郎次
八浜	490	寺6社方4	2048	1081	967	3	喜太郎・大崎村治三郎・田井村貞左衛門	長左衛門
宇多見	51	寺1	245	134	111	22	利八	清左衛門
碁石	31	寺1	137	73	64	22	宇多見村利八	利三郎
波知村組合計	2784		12305	6415	5890	1013		
木目	96	社家2	417	225	192	70	藤原一郎左衛門・山村石井安左衛門	弥平治
小島地	59		251	134	117	48	井上真之介	
用吉	142	寺1社家1	581	308	273	82	相賀藤三郎・今田槇治・迫川村貞五郎	鹿之丞
宇藤木	64		307	164	143	20	高岩喜介	

田井村以下の家数～牛数は、立石家文書　安政6年「未正月朔日元人数留」から、名主・五人組頭名は同年3月「唐船抜荷物御改帳」より。なお、家数などは寺社その他の身分も集計した数字。木目村以下は星島家文書 文久元年10月「児島郡藤戸村組合手鑑帳」よりまとめる。

（一八五九）波知村組合に属する村々のデータで、玉・立石家文書からまとめた。木目村以下四ヶ村は文久元年（一八六一）藤戸・星島家文書からのまとめである。前述した各村々の具体的な数値である。

註

（1）星島家の系図は知られていないが、旧版『倉敷市史』第八冊一〇九五頁以下、『藤戸町誌』一七四頁以下で概観できる。

（2）星島家文書は『藤戸町誌』二〇〇頁に目録の一部が掲載されているが、昭和五八年、岡山県史編纂室による史料撮影が行われ、現在は岡山県立記録資料館に一部複製資料として利用できる。本節に掲載した星島家文書の史料は、同館の複製資料の通し番号を示した。以下の註で特に断らない限り、典拠史料は同家文書である。

（3）広岡・内田家文書　安政四年（一八五七）「手鑑」（『玉野市史史料編』二九二～三〇六頁）による。田井村

から碁石村までの数値はこれにより、概数を示している。

(4)・(6)『児島郡田井村誌』四〇頁

(5)『岡山県史　近世Ⅳ』(一九八九)の第五章第二節の「二　備前の騒動」に天保期田井村騒動として記載がある(五一七～五二二頁　なお執筆は筆者である)。

(7)・(8)　嘉永三年「諸御用留帳」四一〇〇、四四一二頁

(9)　嘉永四年「諸御用留帳」四四一二頁

(10)　万延元年「前藤戸村組合請持中諸御用留帳」六五八七頁

(11)　嘉永七年「諸御用留帳」五〇四〇頁

(12)　嘉永四年「諸御用留帳」四二九七頁

(13)　嘉永四年「諸御用留帳」四三〇四～五頁

(14)　嘉永四年「諸御用留帳」四三八六頁

(15)　日比・四宮家文書　嘉永七年「諸願書留」

(16)　嘉永三年「諸御用留帳」四〇九〇頁

(17)　同前　四一三二頁

(18)　嘉永六年「諸御用留帳」四八五五頁

(19)　嘉永三年「諸御用留帳」四一九七頁

(20)　同前　四七五八頁

(21)・(22)　嘉永四年「諸御用留帳」四三〇四～五頁

(23)　嘉永三年「諸御用留帳」四一八四頁

(24)　第三章で見るように、児島湾に生える葭を刈り取る入会権を備中早島村等が持っていたが、その入会料を備前児島郡に支払っていた。これを葭銀といい、大庄屋が管理していた。

(25)　安政二年「諸御用留帳」五三〇三～五頁

(26)　嘉永七年「諸御用留帳」五一一五頁

(27)　嘉永三年「諸御用留帳」四二〇六頁

(28)　嘉永七年「諸御用留帳」五一八五頁。なお、嘉永四年一二月には二斗七升三合(同四四二三頁)、同五年一二月には米二斗六升二合(同四六二六頁)、同六年一二月には米壱斗九升八合を拝領し(同四九三六頁)、同七年一二月の史料では未記入。

(29)　水原韻泉著『玉野古事記』二七八頁および二九三頁

(30)　嘉永四年「諸御用留帳」四三〇四～五頁

(31)　嘉永四年「諸御用留帳」四三一八頁

(32)　嘉永五年「諸御用留帳」四五一五頁

(33)『玉野市史史料編』三七四頁

(34)　文久元年一〇月「児島郡藤戸村組合手鑑帳」、以下の三ヶ村も同様である。

(35)　万延元年「前藤戸村組合請持中諸御用留帳」六五七七頁

第二節　幕末玉野の自然災害

嘉永期の洪水 旱魃高潮被害

藤戸・星島家文書の大庄屋記録には、弘化から安政期の自然災害も記録されている。約五〇年前に刊行された『玉野市史』には触れられていなかった幕末に起こった玉野地域の災害の記録を紹介しよう。

嘉永三年（一八五〇）五月、大庄屋義兵衛は管轄の玉野地域の農作業の状況について、次のような報告をしている。

史料1-13（嘉永三年「諸御用留帳」四一二三頁）

御注進

一児島郡私組合枝共拾八ヶ村当田方根付、昨十九日迄ニ端
々天水所迄植付相済申候
一村々池水平凡七合位ニ御座候
一麦作取実凡七歩
一小麦作取実凡八歩
一菜種子作凡六歩
一空豆作凡六歩
一畑作物生立相応ニ相見申候
右之通村々ゟ申出候ニ付御注進申上候已上
戌五月廿日　大庄屋

これによると、この年は五月一九日（新暦では六月二五日に相当）までに管轄内すべての村で田植えが終了し、池水も満水の平均七割は確保できている。作柄は（大）麦が例年の七割、小麦は八割、菜種と空豆は六割程度であり、これからの畑作物もそれなりに生育していると報告している。おおむね穏やかな滑り出しであったようだ。

ところが六月四日には一転、次の史料1-14のような洪水報告がなされている。これには報告者名はないが、おそらく藤戸村の村役人からの報告を受けた大庄屋臨時受持の藤戸村の大庄屋日笠祐太郎が藩に上申したものである。内容は、六月一日からの大雨で松山川（高梁川）筋が大洪水となり、備中酒津村（倉敷市酒津）付近の堤防が切れ、四日暁に氾濫水が藤戸村まで到達した。すぐに調査に出たところ、粒浦・八軒屋・粒江村などは家屋に浸水し、人牛の怪我も見込まれ、藤戸村からも助け船を送った。そのうち藤戸村も水嵩が増して、人家に流れ込むようになるだろう。梅雨時の集中豪雨であったのだろう。

史料1-14（嘉永三年「諸御用留帳」四二三三〜四頁）

御注進

一去ル朔日ゟ之大雨ニ而松山川筋大洪水、既夜前七ツ過備
中酒津村辺大川堤切込候様子ニ而、今暁水先村方江相届、
早速罷出及見候処、粒浦・八軒屋・粒江村辺者一面居家
□之場迄も沈居申、人牛怪我等無覚束、当村ゟも助ケ船
等差遣仕居申候、尤村方も追々水嵩増候得者堤も危、人
家江も流込候程も難斗奉存候、先右之趣大急御注進奉申
上候已上

戌六月四日朝　　村役人

右之通相違無御座候ニ付、御注進申上候以上

大庄屋臨時受持大庄屋　藤戸村祐太郎

九月になると、槌ヶ原・広岡・滝の三ヶ村から毛見（けみ）を求める歎願[1]が出ている。年貢を賦課する方法に、数年間一定の「定免（じょうめん）法」と凶作などで作柄を調査する「検見（けみ）法」があるが、夏分の多雨と虫害によって稲の不熟が起こり、槌ヶ原村では一二町二反余、広岡村では二町余、滝村では五町三反余の「株切毛見」を求めたのである。一二月になると、大庄屋から郡奉行に対して、次のような年貢上納対策の上申がなされている。

史料1-15（嘉永三年「諸御用留帳」四一九一〜二頁）

書上

一今年御国中稲毛綿作共不熟ニ付、当御年貢上納難手合所
ゟ、早々拝借歎出候得共、近来之違作ニ而、御用意銀米
御貸付ニ相成候分御議定之通返納不仕処ゟ、今年御救之
御手段無之、依之十二月ゟ御借上銀被成度、其旨身元宜
敷者江厚利害申諭候様被仰付奉畏、村々当時相応暮居候
者共江、今般無拠御趣意之訳柄厚申聞、御国恩相心得、
格別ニ出精仕候様理解申諭候所、至極無御拠訳柄承知仕
候（後略）

戌十二月　　大庄屋

ここでは、今年は国中が稲作綿作ともに不熟で、近来にない凶作となり、年貢の上納も難しく、藩から借りた米銀を百姓側が規定通り返納できなかったため、藩の準備米銀が底をついてお救いの手段も無くなっている。そのため今年は富裕農民

から借上銀を拠出させる指示がなされたようである。

年末になると、新藤戸村組合の「御借上銀員数人別書上帳」[2]が作成されている。それによると、銀五〇〇匁を出銀するのは大崎村治三郎・宇野村小次郎・田井村善介・同村五郎左衛門、三五〇匁を日比村栄左衛門・宇野村市郎兵衛、三〇〇匁を田井村貞左衛門・同村嘉兵衛・長尾村亮平・宇多見村利八・槌ヶ原村紋蔵、二〇〇匁を利生村嘉三郎・同村信右衛門・同村五郎吉・迫間村安兵衛の一五人で、合計五貫目である。いずれも前節で紹介した各村の名主・五人組頭や富裕層であった。

翌嘉永四・五年は比較的穏やかな年であったが、嘉永六年は旱魃による被害を受けることになる。次の史料は例年行われている大庄屋からの農事報告であるが、緊急事態を予想させるものではなかった。

史料1-16（嘉永六年「諸御用留帳」四七三七～九頁）

御注進

児島郡私組合枝共拾八ヶ村当田方根付去ル十六日ゟ取掛り候処、十八日殊之外大雨出水ニ而窪所之配水も落不申、漸時廿日迄ニ端々迄無滞相済、尤日比村池其外砂留川堤等破損所多分御座候間、取調別段御注進可申上候、右之外村々共破損之分別紙御注進指上申候

一麦作取実平凡六合

一小麦取実平凡七合

一菜種子取実平凡五合

一空豆取実平凡七合

一村々池水十分ニ御座候

一畑作物生立宜敷相見へ申候

右之通村々ゟ申出候ニ付御注進申上候已上

丑五月廿一日　　大庄屋

ここでは、五月一六日から始まった田植えは、一八日の大雨が幸いして二〇日まで滞りなく済んだ。しかし、日比村の池や砂留川の堤防の破損箇所が多いので別に報告し、他村の破損部分も調査して別紙で注進すると届けている。大麦などの収穫は嘉永三年よりやや減収の様子であるが、村々の池の水は十分にあり、畑作物の生育は順調に見えるとしていた。

ところが、その五月一八日以後降雨がなく、七月一一日の白雨を除いて二ヶ月間雨がない状態が続いた。次の史料は深刻化する旱魃の状況を報告したものである。

史料1-17　（嘉永六年「諸御用留帳」四七六一～二頁）

御注進

一当五月十八日大雨以後降雨無御座、尤去ル十一日聊白雨
御座候得共、田畑潤候程之義ニ無御座、数十日照続候ニ
付私組合村々畑作之分皆無と相見へ申候、尤泉等有之場
所木綿作之分欠乏ニ取続居申、此後潤御座候得者役立可
申哉、田方天水所并小池懸之分当月初旬ゟ白ざれニ相成、
中ニも大痛之分者此節降雨御座候而も迚も出穂仕候程無
覚束、水持宜敷所々ニも此節迄ニ水落切、最早用水無御
座候得共、当月中ニ痛□成義ハ無御座候様奉存候
一宇野・玉両村畑作者外村と同様ニ御座候、田方用水是迄
不足無御座候得共、是以来月初旬迄も照続候得ハ、高所
之分痛可申と奉存候
右之通申出候ニ付、御注進申上候已上
丑七月十九日　　義兵衛

数十日間の日照り続きで、星島義兵衛が管轄する玉野地域は畑作が皆無の状態となっている。綿作地は今後の降雨によっては生き返るかもしれない。村々の天水や小池に頼っている田は七月初旬から「白ざれ」（白枯れ状態か）となり、激しいところでは降雨があっても稲穂が出ることは無いであろう。水持ちのよい田は最早水を使い切っているが、今月中に大痛になることはないと思われる。一方、宇野や玉の畑作は他村と同様である。田はこれまで用水不足ではなかったが、八月初旬まで照り続くと、高いところの田も被害が大きくなるだろうと報告している。

この年は空梅雨で大旱魃が予想され、岡山藩は七月二八日、稲作不熟による米不足を予想して他出米を禁止している。(3) さらに八月には次のような報告がなされている。

史料1-18　（嘉永六年「諸御用留帳」四七八八～四七九〇頁）

御注進

児島郡私組合村々去ル二日ゟ小雨少々降、東風強吹、三
日夜別而吹募、稲毛此節出穂之分余程白枯ニ相成、其外
晩稲之分も下地旱痛居申、別而痛強、田方綿作之分も皆
無と相見申候、近日降雨能潤合候得者行直り可申哉ニも
奉存候、浜手村々類外高汐満上り候故、精々相防候得共
左之通汐入ニ相成申候
一田井・福原両村、字浜田と申場所凡畝数弐町弐反、福原
字川尻并ニ新田両所ニ而凡畝数壱町三反

一渋川村南悪水川添凡畝数弐反五畝
一宇多見村浜手凡畝数五反
一八浜村字古新田凡畝数八反
右汐入之場所早速汐落捨候得共、跡用水無御座、次第ニ
痛相増申候、右之外南北海岸付村々往来道筋高波ニ而上
土洗流し、又者石垣等損候場所も御座候得共、成丈下方
ニ而取繕申度旨申出候
一利生村新塩浜并新開畑新開共二ヶ所ニ而、長延凡三拾間
切込申候
一玉村塩浜新開、東西弐ヶ所ニ而長延凡七拾間切込申候
右之通村々ゟ申出候ニ付、荒々御注進申上候、作方之模
様取調追而御噂可申上候、尤損木潰家人牛怪我等無御座
候已上
丑八月七日　大庄屋藤戸村義兵衛

これによると、八月三日夜に暴風が襲来し、わずかに出穂した稲を痛めて白枯になり、晩稲も日照りで痛んでいた上にさらに痛みが強まった。綿作も皆無の見込みで、すぐにでも降雨で潤えば好転の可能性はある。海岸沿いの村々では、異常な高潮が発生して海水が流れ込んだ。その被害地は、田井村の浜田で二町二反余、福原の川尻と新田で一町三反、渋川村の南悪水川沿いで二反五畝、宇多見村の浜手で五反、八浜村の古新田で八反である。これらではすぐに海水を排出したが、真水がないため塩害が起こって作物被害が増加するだろう。この他、瀬戸内海と児島湾の沿岸村々では、往来の道路が高潮によって土の流出や石垣などの破損が発生したが、地元で修復したい。さらに、利生村の新塩浜と新開畑の二ヶ所で、のべ三〇間ほど切り込みが入って土が流出した。玉村の塩浜新開でも、東西両浜で約七〇間の切れ込みが発生した。ただ、損木潰家や人牛の怪我はなかったようである。

九月になると「田方無毛地当荒願」が出され、その集約は一一日ころ郡奉行に提出された。これをまとめたものが表1-2である。旱魃の程度を理解するため、無毛地の高に対して各村の田の高を併記し、旱損率を示した。それによると、田井・福原・宇野・日比・渋川・八浜・碁石などでは五割を超えている。玉・利生・滝・槌ヶ原では比較的少ないが、大崎・宇多見では田高より無毛地高の方が多い傾向がある。これは「畑之内稲植付之分、田方無毛地御改之御序御見分可被仰[4]」とあり、田だけでなく畑に植えられた稲も被害に含めたためと考えられる。大崎村などでは陸稲の存在が確認できる。

一〇月になると、大庄屋は次のような「田方株切御毛見」の実施を郡奉行に願い出た。槌ヶ原・滝・田井の三ヶ村である。

史料1-19（嘉永六年「諸御用留帳」四八四四～五頁）

奉願上

児島郡新藤戸村組合

一畝数拾六町四反五畝廿壱歩　槌ヶ原村

高弐百七拾五石五斗五升六合

物成百九拾石八斗四升

御毛見請御百姓七拾五人

一畝数四町八反四畝弐歩半　滝村

高九拾石九斗五升八合

物成五拾六石七斗八升

御毛見請御百姓拾九人

一畝数七町九反四畝拾八歩　田井村

高百四拾八石壱斗三升三合

物成九拾三石九斗七升四合

御毛見請御百姓三拾三人

右寄せ

畝数弐拾九町弐反四畝拾壱歩半

高五百拾四石六斗四升七合

物成三百四拾壱石五斗九升四合

右ハ当稲作旱損風損ニ而不熟仕候ニ付、

御役介恐多奉存候得共、無拠右三ヶ村田方株切御毛見奉願上候已上

丑十月

大庄屋

表1-2　嘉永6年大庄屋義兵衛組内の田方無毛地届

村名	無毛地		B田高（石）	旱損率（%）
	畝数	A高（石）		
田井	2009畝08歩	330.773	603.472	54.8
福浦	134畝23歩	19.938	19.938	100.0
福原	809畝04歩	86.979	105.844	82.2
宇野	574畝04歩	89.261	166.03	53.8
玉	50畝10.5歩	7.002	339.941	3.3
	開方53畝	4.24		
利生	562畝06歩	78.446	219.376	35.8
向日比	届なし		2.136	
日比	753畝1.5歩	129.006	140.263	92.0
渋川	591畝21歩	105.234	173.199	60.8
滝	380畝22歩	49.622	363.421	13.7
広岡	届なし		193.334	
長尾	届なし		774.802	
迫間	届なし		477.45	
槌ヶ原	27畝7.5歩	4.058	637.351	0.6
大崎	1386畝19.5歩	210.497	147.959	142.3
八浜	442畝15.5歩	83.774	115.424	72.6
宇多見	490畝27.5歩	62.64	19.065	328.6
碁石	213畝14.5歩	28.127	30.503	92.2
合計	8354畝14.5歩	1016.46	2914.762	34.9

Aは藤戸・星島家文書　嘉永6年9月「諸御用留帳」4826～9頁。向日比・広岡・長尾・迫間は未記載。Bは『玉野市史史料編』所収「安政二丁巳年改手鑑」の田高を合計して使用。田井村のみ文化10年「児島郡手鑑」を使用。旱損率＝A/B×100。

9月時点の表1-2と10月の史料1-19とを比べると、毛見願い田の面積は槌ヶ原村が二反余から一六町四反余、滝村が三町八反余から四町八反余へと大幅に増加し、田井村は逆に二〇町余から七町九反余に減少している。この毛見の結果、年貢がどうなったかを示す史料はないが、藩の年貢収入の減少と米不足による米価高騰が予想される。藩は翌年二月、「去年稀成旱魃ニ而米穀払底之趣ニ付、御領分中米麦他国売差留、舟着之浦々津留申付候[5]」と、米麦の移出禁止を命じているのである。嘉永六年は旱魃と台風・高潮被害で大変な年であった。

註

（1） 嘉永三年「諸御用留帳」四一五八～九頁
（2） 同前　四一九八～九頁
（3） 嘉永六年「諸御用留帳」四七九〇頁
（4） 同前　四八二〇頁
（5） 嘉永七年「諸御用留帳」五〇四六頁

第三節　児島郡域の大庄屋

岡山県下では、すでに『岡山県史』（平成三年度完成）、『新修倉敷市史』（平成一六年度完了）をはじめ各市町村の自治体史がほぼ出揃い、蒐集された資料の保存や研究者への提供はもちろん、各種展示や古文書解読講座、自治体内の地域史の編集などにも幅広く利用されている。

自治体史編纂に提供された史料は、一点ずつデータをとって目録を作成し、写真撮影や補修を行い、記述内容を解読して執筆や史料編の刊行等に利用されたのであるが、その際、年代未詳の史料の年代を確定することは、その史料的価値を高めるためにも重要な作業であった。そのため、所蔵家の歴代当主の生没年や名前の変化・家族構成などとともに、村の名主などの村役人やその上に設置されていた大庄屋や中庄屋の調査が同時並行して行われたのである。しかし、そうしたすべての調査も実際は限られた財源と期間の中で行われ、調査が不十分であったり、未提供の史料も多くあったと思われ、今後も史料発掘とその保存は大切な課題となっている。

本節の内容はすでに『岡山地方史研究』一二八号（岡山地方史研究会二〇一二）で「備前国児島郡の大庄屋の変遷について」と題して研究ノートとして発表した。その時は、諸史料の整理に役立てるために、岡山藩領であった備前国児島郡の近世中後期に限定して、郡内を管轄していた大庄屋の変遷をまとめたものである。しかし、本書を上梓するに当たって、玉野地域を管轄したそれぞれの大庄屋がどれほどの期間、どの範囲の村々を管轄したかを予備知識として知ってもらう必要があると考えた。そのため、大庄屋の変遷を組み立てた詳細な典拠資料は研究ノートの註などに譲り、岡山藩の大庄屋制の概要と近世中期以降の児島郡大庄屋の変遷を概説しておくことにした。その際、その後の研究で旧稿の誤謬もいくつか見つかっており、旧研究ノートは多く書き改め、児島郡全体の大庄屋一覧も訂正して、本節末尾に表1-6・1-7として掲げている。

なお、旧稿が利用した基礎史料は、『倉敷市史』第八冊に記載された永山卯三郎編集の「宝永四亥十二月大庄屋」と「宝永四亥十二以降大庄屋下役一覧」、および丹念に行われた墓地調査の記録等である。永山氏はその典拠として池田家文書の「諸職大全」と「諸職略記」をあげているが、これらは戦災で焼失したと伝えられ、永山氏の手によるこの史料の写本も玄石文庫（倉敷市立中央図書館蔵）にはない。旧稿でも触れているが、本書でも原本確認は行い得ていないことをあらためて断っておきたい。

岡山藩の大庄屋制の概要

最初に、岡山藩の地方支配機構の変遷について、『岡山県史』（第六巻近世Ⅰ）の記述をもとに概観しておこう。藩当局と村落との中間に位置する大庄屋的役職には次のような変遷があった。

Ⅰ　大庄屋　寛永期以後
Ⅱ　十村肝煎庄屋　承応三年（一六五四）～
Ⅲ　肝煎と下肝前・作奉行　天和二年（一六八二）～
Ⅳ　大庄屋　宝永四年（一七〇七）～
Ⅴ　大里正　明治三年（一八七〇）～

まず、第Ⅰ期は寛永期（一六二四～）に創設されたといわれる「初期大庄屋」ともいえるもので[1]、同九年（一六三二）に鳥取から再入部した池田光政時代には、大庄屋の個人名がいくつか見えている。大庄屋は、藩の郡奉行六人のもとに各郡二～三人程度任命され、数十ヶ村に一人の割合であった。ついで第Ⅱ期には、承応三年に起こった大洪水・大飢饉を契機に、一郡一人の郡奉行と直高一万石につき一人の代官が任命され、その下に一〇ヶ村前後を管轄する十村肝煎庄屋が設置された。これは、大庄屋が旧土豪出身者として「横道」[2]な村落支配を行うことが多かったため、これを廃止して郡奉行や代官からの上意を各村に下達するだけの職掌としている。下意は各村庄屋から直接郡奉行・代官に上達させるものであった。児島郡内では万治四年（一六六一）の時点で表1-3のように、一八人の十村肝煎庄屋が見えている。

ついで、綱政時代の天和二年には、地方支配の責任者として郡奉行・代官を支配する四人の郡代が任命され、さらに四人の郡目付がそれを監察するという体制に移行した。これに伴い十村肝煎庄屋も廃され、各郡に二～三人の肝煎とその下に二人ずつの下肝煎が設置され、下意上達機能も与えられた。他に郡目付の補佐として百姓身分の篤農家から作奉行も任命された。また、元禄一一年（一六九八）には、郡

表1-3 万治4年児島郡内十村肝煎庄屋一覧

居村	名（年齢）	居村	名（年齢）
八浜	道芝(61)	日比	藤左衛門(49)
郡	惣左衛門(30)	弘岡	五郎左衛門(43)
小串	助大夫(33)	迫間	善大夫(50)
胸上	小兵衛(27)	林	九郎兵衛(45)
東太地	六郎兵衛(43)	粒江	藤左衛門(57)
西太地	平右衛門(42)	粒江浦田新田	八兵衛(40)
山田	茂右衛門(39)		惣右衛門(39)
田井	次右衛門(36)	柳田	作左衛門(31)
利生	次兵衛(31)	下	長兵衛(43)

万治4年［児島郡図］（T2-90）（岡山大学池田家文庫絵図公開データベースシステム）より十村肝煎庄屋を抽出。子等は省略した。

表1-4 宝永4年児島郡内の新大庄屋一覧

居村	名(姓)	前職	後職
小串	徳太夫(味島カ)	肝煎	大庄屋
八浜	小八郎(山下)	下肝煎	大庄屋
東田井地	長右衛門(?)	下肝煎	
山田	茂八郎(三宅)	下肝煎	大庄屋
田井	九七郎(?)	下肝煎	
広岡	三太夫(?)	下肝煎	
天城	庄介(星島)	下肝煎	
川張	瀬介(日室)	下肝煎	大庄屋
林	猪介(佐藤)	下肝煎	大庄屋
柳田	市右衛門(篠井)	下肝煎	大庄屋

『倉敷市史』第八冊578頁より

表1-5 明治3年児島郡内の大里正・戸長一覧

居村	氏名	前職	後職
藤戸	日笠武一郎	大里正	第36区戸長
天城	中島賢吉	大里正	第37区戸長
利生	堀尾貞次郎	大里正	第38区戸長
八軒屋	大塚大吉	大里正	
藤戸	星島義兵衛	大里正	明治3.9.29没
片岡	上野八郎平	大里正	第39区戸長
波知	野田九十郎	大里正	第40区戸長
西田井地	湧川深七郎	大里正	第41区戸長

星島義兵衛没後、明治3.⑩.18上野八郎平へ大里正任命(『倉敷市史』第八冊1097・1257頁)。大塚大吉は明治3.8.20役義取上(『藩法集1岡山藩上』896頁)。戸長は『岡山縣郡治誌』より。

代直属の惣肝煎五人が設けられ、宝永元年（一七〇四）に在方下役人と改称され、苗字帯刀御免の徒格に取り立てられている。

しかし、この体制では藩当局と村落の間が非常に複雑で手続きが繁雑となったため、宝永四年に再び大庄屋制に戻されることになった。この時、備前国内では六〇人の大庄屋が任命され、郡内二～三人の初期大庄屋に比べ六～七人へと倍増している。これを「前期大庄屋」と呼ぶ[3]。表1-4はこの時児島郡内で大庄屋に任命された六人と、その前職を示したものである。全員、肝煎・下肝煎から選抜されており、大庄屋に任命されなかった人物もいる。しかし、寛延二年（一七四九）には倹約につき全藩で七人の減員となっている[4]。この時、児島郡では一人減とされ、さらに宝暦一〇年（一七六〇）からは死去した大庄屋に補充がなく、四人体制となった。しかし、安永六年（一七七七）には五人体制に戻り、興除新田単独の大庄屋が任命される天保八年（一八三七）から六人となり、福田新田管轄の大庄屋が設置される嘉永六年（一八五三）には七人体制となった。この宝暦以降の体制を「後期大庄屋」と呼ぶ[5]。

最後の第V期、明治三年の藩制改革に伴って大庄屋は大里正と改称され、四月一〇日に任命されるが、翌年の廃藩置県によって免官となる。旧岡山県（備前地域に置県）では新たに大区小区制が敷かれ、明治五年一月五日、大区に戸長が任命されることになる。児島郡内にはこの時、表1-5のように六名の戸長が任命された。

地図1-1　元文年間（1738〜41）の児島郡大庄屋管轄

前期大庄屋

宝永四年（一七〇七）一二月一八日付で、六人の大庄屋が正式に任命された[6]。本節末に示した表1-6・1-7は、この六人およびその管轄地区を引き継いだと考えられる大庄屋の任期や諸情報などをまとめたものである。最初の六人が管轄した諸村の範囲は不明であるが、篠井市右衛門が大畑（現倉敷市大畠）、山下小八郎が八浜、小串・徳太夫[7]が北浦、三宅平兵衛が沼・後閑・波知を管轄しているという断片的史料がある。また、篠井市右衛門に代わって任命された阿部次郎四郎は下津井四ヶ浦を含む西児島一帯を管轄しており、篠井氏の範囲を引き継いだものと思われる。これらから、西児島沿岸諸村（地図1-1のA）は篠井氏―阿部氏―菅野氏―梶田氏二代が大庄屋に就任したと考えられる。同様に、児島西部北岸（B）は佐藤氏二代―小倉氏、その東（C）は日室氏二代、児島郡中央部（D）は山下氏二代―大塚（横田）氏二代、児島郡東部北岸（F）は徳太夫二代―野田氏―山下氏が管轄したと概観できる。児島郡東部南岸（E）のみは、山田・三宅氏―野田氏―東田井地・三宅氏と続いたあと、寛延二年（一七四九）に減員となった。

この（E）の管轄諸村について、最初の山田・三宅平兵衛は享保一四年（一七二九）一二月に「役義召上追込」という処分がなされているが、「年貢御未進取立成不申、御勘定指支申時ハ右平兵衛世話ニ仕、百姓共悦申」とあり、年貢未進を立て替えるなど百姓にとってはありがたい大庄屋であったようだ。翌年八月と推定できる嘆願書には、（D）の大庄屋槌ヶ原・与兵衛宛に、旧受持の村々の村役人が連名で処分の解除を求めている。[8] その範囲は、現在の田井・福原から番田までの玉野市東部一帯であった。さらに、この地域の管轄を引き継いだ東田井地・三宅伴右衛門は、元文四年（一七三九）六月に奥書した塩田申合書類にも、番田を除く田井から北方までの一三ヶ村の名主が連署しており、[9]（E）の管轄は変化なしであったと考えられる。

一方、（A）の小川・菅野彦九郎については、享保一七年（一七三二）九月に幕府の裁定が下った大槌島とその周辺漁場の備讃帰属問題、第五章でもふれる「大曽瀬争論」に活躍した大庄屋といわれ、係争時に日比・利生・渋川村を管轄していたが、元文元年（一七三六）一〇月に大庄屋罷免・入牢を命じられている。そのため大庄屋格から本役に任じられたもの と推測できる（D）の槌ヶ原・大塚与兵衛を助けて勝利したといわれている。その後任の宇野津・梶田武右衛門が元文元年（一七三六）〜明和二年（一七六五）に管轄していた地域は、山村・白尾・引網・田之口・下村・上村・稗田・柳田・小川・味野・菰池・赤崎・大畠・田之浦・吹上・下津井・通生・塩生・宇野津・呼松・広江の二一ヶ村であった。[10] 地図1-1はこれらから作成した元文年間の児島郡大庄屋六人の管轄範囲を示したものである。（B）・（C）と（D）・（F）との管轄境界は不明であるが、後述する宝暦三年（一七五三）の（D）の槌ヶ原・大家氏の管轄とも合わせて考えるとほぼ全貌が掴める。玉野地域は槌ヶ原・大塚氏、東田井地・三宅氏、波知・野田氏によって支配されていたのである。

後期大庄屋前半期

寛延二年（一七四九）、倹約のため（E）の東田井地・三宅氏が減員となり、児島郡の大庄屋は五人体制となった。以後、定員削減や大庄屋の任免のたびに支配管轄（居村名により○○組と呼ばれる）が変動し、村落支配が不安定となっていく。廃止された（E）は、宝暦三年（一七五三）、（D）の大庄屋槌ヶ原村与兵衛・与三兵衛組が槌ヶ原・宇藤木・用吉・木目・小島地・広岡・滝・迫間・長尾・渋川・日比・向日比・利生・玉・宇野・福原・田井・大薮・後閑・沼の二〇ヶ村となっており、[11] 福原から沼までの五ヶ村がここに移管しているのがわかる。残りの山田から番田までの九ヶ村は（F）の八

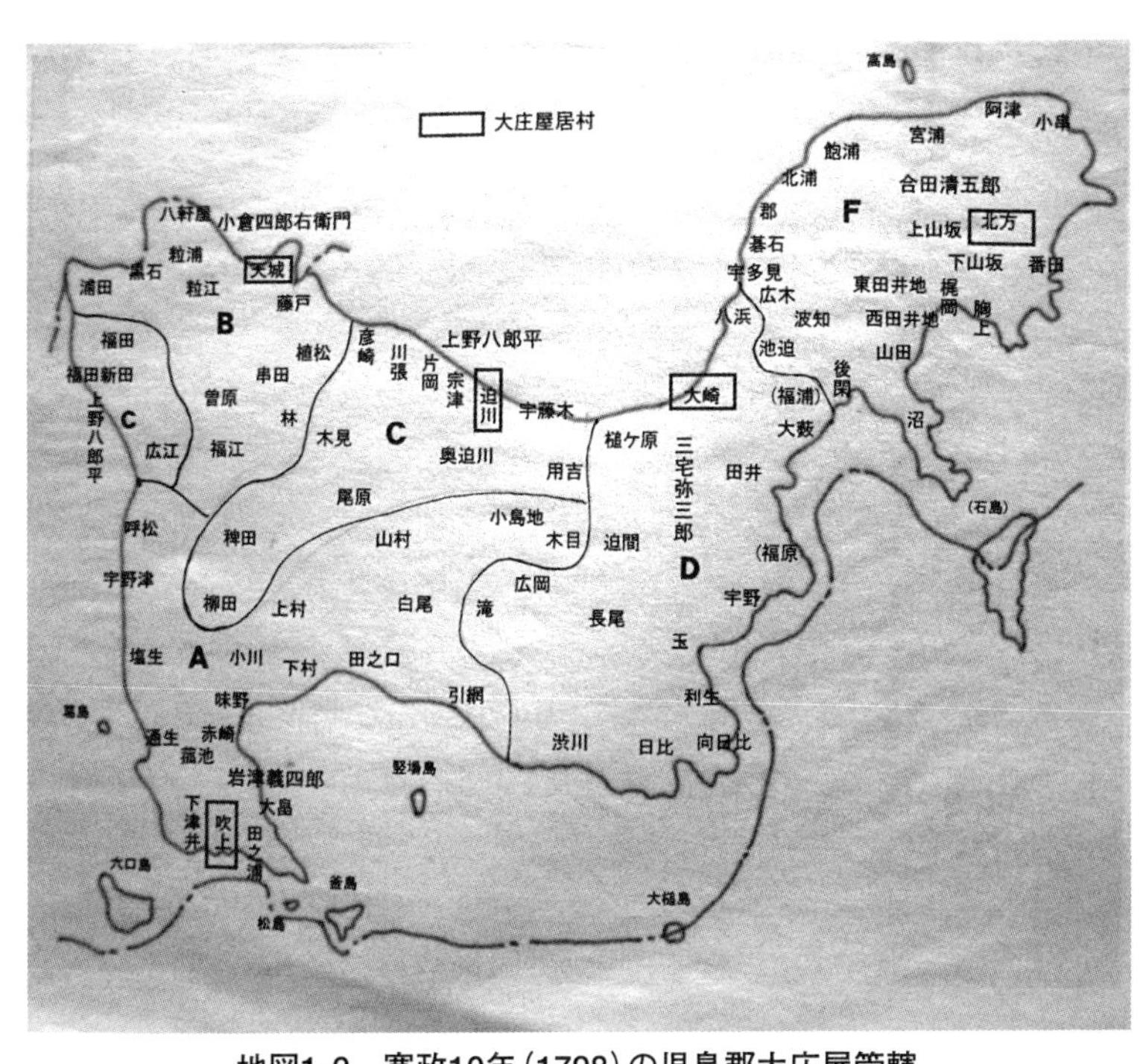

地図1-2　寛政10年(1798)の児島郡大庄屋管轄

浜・山下氏の管轄に移ったのであろう。

その（D）系列では、宝暦九年（一七五九）閏七月に大塚三兵衛（前名与三兵衛）が「勤不宜免」じられ[12]、同年九月に胸上・井上七左衛門に代わっている[13]。前任の大塚氏の管轄に井上氏の居村がないことから、彼は「越大庄屋[14]」ということになる。井上氏は安永六年（一七七七）に子忠兵衛（のち七左衛門を襲名）に代替わりし、さらに寛政四年（一七九二）には北方・合田氏に引き継がれている。合田氏は天保年間まで三代の間、この地域を担当している。同じ頃、（F）では八浜・山下小八郎のもと宝暦七年三月に子平作が代勤となり、父の死後の同八年に大庄屋仮役、同十年本役となった。ところが明和六年（一七六九）には理由は不明であるが罷免されている。その管轄は迫川・上野氏が当分受け持ったようだ[15]。しかし、上野氏はすでに前年の明和五年二月に大庄屋に任命されており、本来の管轄地が不明である。この宝暦～安永期では、宝暦三年に任命された山田・三宅氏が児島郡西部北岸の（C）の大庄屋であった可能性や、明和二年任命の東田井地・三宅氏が郡西岸の（A）の大庄屋であるなど[16]、「越大庄屋」が頻出している。しかし、寛政一〇年（一七九八）の

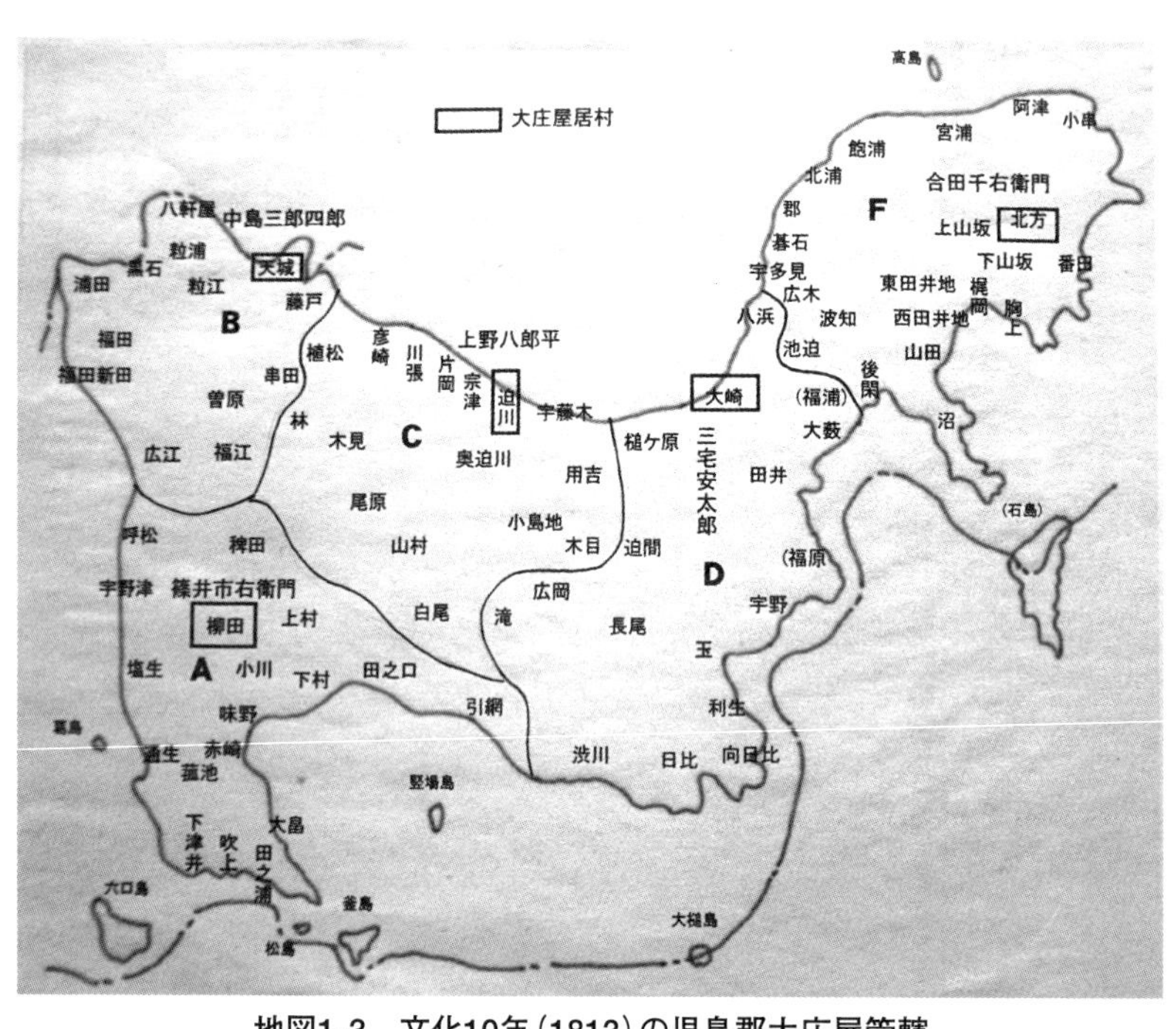

地図1-3　文化10年（1813）の児島郡大庄屋管轄

史料によると「越大庄屋」は解消しており、それまでに全面的な管轄替えが行われたと推測できる。その時期を実証できる史料は未確認であるが、仮に二代目井上氏が就任した安永六年をその時期と仮定しておきたい。

さて、これ以後、寛政一〇年と文化一〇年（一八一三）に児島郡内における大庄屋の管轄地域が確認できる。地図1-2および地図1-3は、黒石・永山家文書「児島郡村々明細帳」[17]をもとに作成した管轄図である。両者を比較すると、郡西半分の（A）・（B）・（C）では地図1-2に見える迫川組の飛地が地図1-3では解消されるなど、管轄地の整備が進んでいる。郡東半分は大崎・三宅氏と北方・合田氏という二人の大庄屋によって治められており、玉野地域のほとんどが含まれている。ただ、宇藤木・用吉・木目・小島地の四ヶ村は迫川・上野氏の管轄下であった。このうち、大崎・三宅家には大庄屋史料が残されており、本書だけでなく多くの研究書に利用されている。

後期大庄屋後半期

文政五年（一八二二）五月に興除新田が開発され、五ヶ村を管轄する大庄屋に迫川・上野八郎平が任命された。彼は同八年に大庄屋を退任し、子の学次が（C）を引き

地図1-4　寛永3年（1850）の児島郡大庄屋管轄

継ぎ、興除新田は（B）の黒石・永山利右衛門の管轄に入っている。彼が天保八年（一八三七）に死去した後、子の永山善十郎が就任するが、この時、興除新田単独の大庄屋として天城・中島富次郎が任命された。児島郡大庄屋が五人から六人に増員されるのである。

以後の（B）・（C）の変化は割愛するとして、郡東端の（F）では、北方・合田氏三代目の清五郎が天保一一年に在方下役人に転じた後、西田井地・難波氏が大庄屋に任命され、翌年の死後、子の龍太郎が就任する。龍太郎は涌川と改姓して安政四年に死に、そのあとを三代目の常介[18]が継いでいる。一方、複雑な動きをするのは（A）と（D）の系統である。（A）では、文政元年に在方下役人になった篠井氏の後継に、（D）地区から八浜・野田亀五郎が任命されている。しかし間もなく、篠井氏と同じ時に下役人になった三宅安太郎の後任である槌ヶ原・大塚太兵衛と管轄を交代したようである。ところが野田亀五郎（藤三郎と改名）が文政一三年に死去すると、再び大塚太兵衛が（D）の担当となった。一方、（A）では、天保二年一月に大塚のあとに田之口・難波要右衛門が任命された。しかし彼の死後、一年ほどの不明を経て万延元年（一八六〇）に、再び（D）地区から大崎・三宅治三郎が「越大庄屋」として管轄する。しかし、慶応元年（一八六五）管下で諸算用の混乱問題が起こり、取調方が不埒との理由で罷免となっている。[19] さらにその一年後にやはり（D）地区の利生・堀尾貞次郎が任命され、維新を迎えている。

（D）地区は（A）地区の大庄屋供給地のごとくであった。

図1-4は、嘉永三年当時の大庄屋六人体制の管轄を示したものである。[20] 図1-3と比較すると、新設の興除地域が加わっているほか、管轄替えは（D）・（F）間の碁石・宇多見と大藪・福浦の交換だけである。次いで、嘉永六年（一八五三）、福田新田五ヶ村（北畝・中畝・東塚・南畝・松江）のみを担当する味野・野﨑武左衛門が任命された。周知のように武左衛門は塩田王であり、天保四年大庄屋格となっていたが、難工事であった福田新田を引き受け、塩田の築堤技術を動員して竣工させた論功であったようである。大庄屋はこれで七人体制になる。

このあと安政二年（一八五五）には大庄屋の大規模な受持替えが起こっている。次の史料[21]はこの時のものである。

史料1-20

八日

広木村胸上村名主波知村九左衛門、大庄屋役被仰付候

児島郡

前黒石組　　　大庄屋八軒屋　大塚大吉

前八軒屋組　　同　　藤戸村　祐太郎

前藤戸村組　　同　　同　村　義兵衛

前新藤戸村組　同　　波知村　九左衛門

右之通構所替被仰付候、此旨被相心得為御請、格之通回勤可有之候以上

八月八日

福田甚左衛門

九日出府、九日十日回勤済、十一日帰村

これは同年五月の（B）の永山善十郎の死去をきっかけに起こったもので、同年八月、永山氏の後任に任命された波知・野田九左衛門が（D）の大庄屋に任命されると、（D）を担当していた星島氏が藤戸・日笠祐太郎の管轄していた興除新田に移り、日笠は八軒屋・大塚大吉の担当していた（C）に移り、さらに大塚大吉は居村のある（B）に移動したのである。

以上の分析の結果、後期大庄屋の後半期に玉野地域を管轄していた大庄屋は、北方・合田氏、西田井地・湧川（本姓難波）、大崎・三宅氏、波知・野田氏、槌ヶ原・大塚氏、藤戸・星島氏の六氏であった。このうち、大崎・三宅氏と藤戸・星島氏の史料は、玉野地域の歴史を知る貴重な大庄屋史料ということになる。

註

(1)・(3)・(5)　金井円「大庄屋の行政区域について—備前藩の場合—」（『史学雑誌』六二編第一号所収一九五三）による。金井氏は和気町藤野の万波家文書を利用して和気郡の大庄屋についてまとめているが、承応三年以前を初期大庄屋、宝永四年らを前期大庄屋、減員となる宝暦以降を後期大庄屋と規定している。

(2)　『池田光政日記』承応三年一一月八日条

(4)　『撮要録』上巻（一九六五）一〇一三～四頁。最初の計画では一一人の減員であったが、四月に七人減で実施された。

(6)　『倉敷市史』第八冊一〇七一頁

(7)　小磯昇『小串村誌稿』（一九八四）六八頁に「小串名主三島徳太夫」と記す。典拠は不明だが、三島氏の可能性は強い。

(8)　『玉野市史史料編』（一九七九）三九九～四〇一頁。山田・三宅氏の管轄は、田井・福原・大薮・後閑・沼・山田・西田井地・東田井地・梶岡・胸上・上山坂・下山坂・北方・番田の一四ヶ村であったことがわかる。

(9)　玉野市文化財保護委員会編『山田・三宅家文書目録』（一九八二）五七頁。当文書は現在岡山県立記録資料館所蔵である。

(10)　『倉敷市史』第八冊一二〇〇頁。なお、梶田氏は幕末に本姓川井に復している。

(11)　同前書第八冊一二〇四頁。なお、大塚与兵衛は元文四年（一七三九）に自ら開発した横田新田に移住する願書を出して許可されており、姓も横田氏を称した（『藩法集一岡山藩下』一一八八頁）。

(12)　大塚家墓所には、「□□□兵衛忠勝妻雪女　安永二年一月二十六日」の墓石の隣に、夫と思われる「□□□　安永八年□」という墓石がある。□部分数文字は破損しており、大庄屋を罷免された大塚三兵衛と推測される。

(13)　日比・四宮家文書の明和四年渋川・日比村山論の奥書に七左衛門、安永五年日比・大畠村猟場争論の奥書に惣右衛門の名が見える。

(14) 居住村とは離れた地域を所管する大庄屋のことで、伝統的権威を背景に居村周辺地域を支配する従来の大庄屋に対して、官僚的行政能力を期待されて居村外の地域に任命された大庄屋である。金井氏は前掲論文で、後期大庄屋の時期には越大庄屋が増加することを指摘している。

(15) 安永四年八浜村の木綿毛見嘆願に八郎平の奥書史料がある（『玉野市史』一一九五頁）。しかし、上野氏は明和五年に大庄屋に任命されており、山下氏の罷免までの一年間、どこを担当していたのか不明である。

(16) 明和二年の福田・福田新田用悪水論、翌三年の上村下村水論に東田井地・宇左衛門が大庄屋としてみえる（『撮要録』上巻六〇〇頁と四五六～七頁）。また明和八年下村関係史料にも彼の名がある（同四六二頁）。

(17) 「児島郡村々明細帳」によると、寛政一〇年が、吹上組 木目・小島地・山村・白尾・引網・田之口・下村・上村・小川・味野・赤崎・菰池・大畠・田之浦・吹上・下津井・通生・塩生・宇野津・呼松二〇ヶ村 天城組 植松・串田・林・曽原・福江・藤戸・天城・粒江・八軒屋・粒浦・黒石・浦田一二ヶ村 迫川組 用吉・字藤木・迫川・奥迫川・宗津・片岡・川張・彦崎・木見・尾原・稗田・柳田・広江・福田・福田新田一五ヶ村 大崎組 福浦・大藪・田井・福原・宇野・玉・利生・向日比・日比・渋川・滝・広岡・長尾・迫間・槌ヶ原・大崎・八浜一七ヶ村 北方組 郡・北浦・飽浦・宮浦・阿津・小串・番田・下山坂・上山坂・北方・胸上・梶岡・東田井地・西田井地・山田・沼・後閑・池迫・波知・広木・宇多見・碁石二二ヶ村である。文化一〇年は、柳田組 引網・田之口・下村・上村・稗田・柳田・小川・味野・菰池・赤崎・大畠・田之浦・吹上・下津井・通生・塩生・宇野津・呼松一八ヶ村 天城組 天城・藤戸・串田・曽原・福江・広江・福田・福田新田・浦田・黒石・八軒屋・粒浦・粒江一三ヶ村 迫川組 用吉・字藤木・迫川・奥迫川・宗津・片岡・川張・彦崎・植松・林・木見・尾原・木目・小島地・白尾・山村一六ヶ村 大崎組 福浦・大藪・田井・福原・宇野・玉・利生・向日比・日比・渋川・滝・広岡・長尾・迫間・槌ヶ原・大崎・八浜一七ヶ村 北方組 都・北浦・飽浦・宮浦・阿津・小串・番田・北方・下山坂・上山坂・胸上・梶岡・東田井地・西田井地・山田・沼・後閑・池迫・波知・広木・宇多見・碁石二〇ヶ村である。

(18) 波知・野田九左衛門の安政六年の管轄範囲は、福浦・田井・福原・宇野・玉・利生・向日比・日比・渋川・滝・広岡・長尾・迫間・槌ヶ原・大崎・八浜・宇多見・碁石一八ヶ村であり、こちらも前任の星島義兵衛と全く変化ない（『玉野市史史料編』四八二頁）。

(19) 池田家文書「三宅治三郎奉公書」。なお慶応二年には藩の尊攘派と結び、郡内廻村の結果、七万両の献金を集めている。

(20) 前出玄石文庫「児島郡村々明細帳」に筆写された嘉永三年四月の永山家文書「児島郡村々名主五人組頭勤年数書上帳」か

ら作成する。具体的には、田之口組 引網・田之口・下村・上村・稗田・柳田・小川・味野・赤崎・大畑・田之浦・吹上・下津井・宇野津・呼松（菰池・通生・塩生が脱か）一八ヶ村 黒石組 天城・藤戸・串田・曽原・福江・広江・福田・福田新田・浦田・黒石・八軒屋・粒浦・粒江一三ヶ村 藤戸組 東畦・内尾・中畦・曽根・西畦五ヶ村 八軒屋組 用吉・宇藤木・迫川・奥迫川・宗津・片岡・川張・彦崎・植松・林・木見・尾原・木目・小島地・白尾・山村一八ヶ付 新藤戸組 福浦・田井・福原・宇野・玉・利生・向日比・日比・渋川・滝・広岡・長尾・迫間・槌ヶ原・大崎・八浜・宇多見・碁石一八ヶ村 西田井地組 郡・北浦・飽浦・宮浦・阿津・小串・番田・北方・下山坂・上山坂・胸上・梶岡・東田井地・西田井地・山田・沼・後閑・大藪・池迫・波知・広木二一ヶ村。

(21) 藤戸・星島家文書 安政二年「諸御用留帳」五二九九頁。さらに、同家文書 万延元年「前藤戸村組合請持中諸御用留帳」六三〇五頁には、藤戸・日笠祐太郎が死去したため、同年九月六日に星島義兵衛に対して、「其元義、前藤戸村組合請持被仰付候、此段相心得可被申候」と受持の変更を命じる記録があり、宇藤木・用吉・木目・小島地四ヶ村の管轄も行うことになった。

表1-6　児島郡大庄屋一覧（東部）

和暦	西暦	興除新田	D	E	F
宝永4	1707		宝永4.12～享保3.3死 八浜・山下小八郎正伴	宝永4.12～享保14.12取上 山田・三宅茂八郎→平兵衛	宝永4.12～？ 小串・徳太夫
享保2	1717				
同3	1718		享保3.5～同12.①死 八浜・山下八郎右衛門 →小八郎正寿		
同10	1725				
同11	1726				?～享保17.6取上 小串・徳太夫
同12	1727		享保12.3～ 槌ヶ原・大塚(横田) 与兵衛森興 (宝暦13.7.10死)		
同14	1729			享保14.12～同16.10下役人へ 波知・野田藤八郎	
同16	1731			享保16.11～寛延2.7減員免 東田井地・三宅伴右衛門 →弥右衛門	
同17	1732				享保17.8 ～延享4.2下役人へ 波知・野田藤蔵朝慎
元文1	1736				
同4	1739				
寛保1	1741				
延享4	1747				延享4.5～宝暦7.10死 八波・山下喜太郎 →小八郎定澄
寛延2	1749				
宝暦1	1751				
同3	1753		宝暦3.6～同9.⑦取上 槌ヶ原・大塚与三兵衛→三兵衛		
同7	1757				宝暦7.3代勤～同8.8仮役～ 同10.11本役～明和6.10取上 八浜・山下平作
同9	1759		宝暦9.9～安永6 胸上・井上七左衛門→惣右衛門		
明和2	1765				
同5	1768				明和5.2～(支配替え) 迫川・上野八郎平 (推定)
同7	1770				
安永6	1777		安永6頃か～同9.12 東田井地・三宅宇左衛門		安永6.3～寛政4 胸上・井上忠兵衛→七左衛門
同9	1780		安永9.12再任～天明6.5死 八浜・里右衛門正香		
天明6	1786		天明6頃～寛政4.5 大崎・三宅治三郎弘中		
同7	1787				
寛政4	1792		寛政4.5～文化1.4死 大崎・三宅猪三郎→弥三郎		寛政4.7仮役～同5.3本役～文化1.11 北方・合田清五郎恒幸
同9	1797				
同10	1798				
同12	1800				
文化1	1804		文化1.7～文政1.2下役人へ 大崎・三宅安太郎弘道		文化1.11～天保5.5 北方・合田千右衛門信幸
同6	1809				
文政1	1818		文政1.3～(支配替え)　槌ヶ原・大塚太兵衛		
			文政1.9～同13.9死 八浜→波知　野田亀五郎→藤三郎		
同3	1820	興除新田			
同5	1822	文政5.5～上野八郎平受持 迫川・上野学次受持			
同8	1825				
天保2	1831	黒石・永山利右衛門受持	(支配替え)～嘉永2.④死 槌ヶ原・大塚太兵衛		
同5	1834				天保5.5～同11.12下役人へ 北方・合田清五郎敬忠
同7	1836				
同8	1837	天保8.5～弘化3.2 死 天城・中島富次郎 →是蔵栄武			
同12	1841				天保12.2～同13 西田井地・難波一郎左衛門
同13	1842				天保13.9～安政4.8死 西田井地・湧川(難波)龍太郎以貞
同15	1844				
弘化3	1846	弘化3.3～(支配替え) 藤戸・日笠祐太郎栄樹			
嘉永2	1849		嘉永2.6.5～(支配替え) 藤戸・星島義兵衛		
同6	1853				
安政2	1855	安政2.8支配替え～ 藤戸・星島義兵衛	安政2.8～ 波知・野田九左衛門→九一郎		
同4	1857				安政4.10～ 西田井地・湧川常介→深七郎
万延1	1860	万延1.12～元治2.3死 内尾・岩崎常右衛門			
慶応2	1866	慶応2.5～ 藤戸・日笠武一郎栄顕			
明治3	1870	明治3.4 大里正へ	明治3.4大里正へ		明治3.4大里正へ

表1-7　児島郡大庄屋一覧（西部）

和暦	西暦	福田新田	A	B	C
宝永4	1707		宝永4. 12～ 柳田・篠井市右衛門幸孝	宝永4.12～享保10.1死 林・佐藤猪介 →九郎右衛門	宝永4.12～元文4.8 川張・日室瀬介
享保2	1717		享保2.8～18.8死 下津井・阿部次郎四郎 享保17.11から下津井 四ヶ浦のみの大庄屋仮役 死後、小川・彦九郎受持		
同3	1718				
同10	1725			～享保16.11取上 林・佐藤九郎兵衛穏直	
同11	1726				
同12	1727				
同14	1729				
同16	1731			享保16.11～寛保1.8死 天城・小倉惣兵衛 →四郎右衛門	
同17	1732		享保17.11～元文1.6牢舎 小川・彦九郎 (菅野彦九郎尚連)		
元文1	1736		元文1.6～寛延4.2死 宇野津・梶田(川井) 武右衛門光英		
同4	1739				元文4.8～宝暦3.8死 川張・日室彦四郎→瀬介
寛保1	1741			寛保1.11～明和7.2死 天城・小倉宗右衛門 →四郎右衛門知謀	
延享4	1747				
寛延2	1749				
宝暦1	1751		宝暦1.6～明和2.2死 宇野津・梶田(川井) 伝四郎→夫右衛門邑英		
同3	1753				宝暦3.11～同10.8死 山田・三宅平五郎 →平左衛門陳基 (推定)
同7	1757				
同9	1759				
明和2	1765		明和2.4～ 安永6頃支配替えか 東田井地・三宅伝之介 →宇左衛門		天城・小倉宗右衛門受持か
同5	1768				
同7	1770			明和7.3～天明7.4 天城・小倉源介知勝	天城・小倉源介受持
安永6	1777		安永6.2仮役～同8.4本役～ 大崎・三宅治三郎弘中		(支配替え) 迫川・上野八郎平保部
同9	1780				
天明6	1786		天明6.9～寛政4.1死 塩生・原安右衛門正房		
同7	1787			天明7.7～寛政12.6死 天城・小倉喜蔵 →四郎右衛門知章	
寛政4	1792		寛政4.5～ 赤崎・洲脇宗介		
同9	1797		寛政9.10～12.4死 吹上・岩津義四郎正方		
同10	1798				寛政10.5～文政8.8 迫川・上野熊次郎 →八郎平保満
同12	1800		寛政12.5～文化6.6死 福田・三宅佐四郎広徳	寛政12.7～文政3.8死 天城・中島三郎四郎宣光	
文化1	1804				
同6	1809		文化6.8～文政1.8下役人へ 柳田・篠井市右衛門 →作左衛門富長		
文政1	1818		文政1.9～(支配替え) 八浜・野田亀五郎		
同3	1820		(支配替え) 槌ヶ原・大塚太兵衛	文政3.11～天保8.3死 黒石・永山利右衛門厚徳	
同5	1822				
同8	1825				文政8.9～天保7.4死 迫川・上野学次→八郎平章
天保2	1831		天保2.1～安政6.9死 田ノ口・難波要右衛門		
同5	1834				
同7	1836				天保7.8～同15.6 迫川・上野嘉平次 →八郎平安治
同8	1837			天保8.5～安政2.5死 黒石・永山善十郎厚幸	
同12	1841				
同13	1842				
同15	1844				天保15.7～(支配替え) 八軒屋・大塚大吉重之
弘化3	1846				
嘉永2	1849	福田新田			
同6	1853	嘉永6.3～元治1.8死 味野・野崎武左衛門			
安政2	1855			安政2.8支配替え～ 八軒屋・大塚大吉重之	安政2.8支配替え～万延1.9死 藤戸・日笠祐太郎栄樹
同4	1857				
万延1	1860		万延1.8～慶応1.5取上 大崎・三宅治三郎弘済		万延1.9支配替え～ 藤戸・星島義兵衛→宜平貞慎
慶応2	1866	慶応2.5～明治3.4取上 山村・辻井安左衛門	慶応2.5～ 利生・堀尾貞次郎		
明治3	1870		明治3.4大里正へ	明治3.4大里正へ	明治3.4大里正へ

第二章　八浜と八浜八幡宮

第一節　近世以前の八浜

古代中世の八浜

古代の児島郡には奈良時代、「平城京出土木簡」により「三家郷」、「賀茂郷」、「小豆郷」の地名が見える。平安中期成立の『倭名類聚抄』（九三七頃）にも、「三家郷」、「賀茂郷」、「児島郷」、「都羅郷」が記録され、「小豆郷」を合わせて五郷で構成されていたと考えられる。位置としては、小豆島の「小豆郷」と、児島の東から「三家郷」、「賀茂郷」、「児島郷」と並び、連島の「都羅郷」と続いている。一方、初期荘園に次いで一〇世紀から成立する寄進地系荘園として、玉野地域には、安和二年（九六九）、真言系の京都・貞観寺を領主とする利生庄（現玉野市和田付近）が確認できる。この他の荘園は記録に残っていないが、中世に見える「賀茂庄」や「都羅嶋庄」などは、平安後期には成立したと考えられる。

平安末期、治承四年（一一八〇）三月、高倉上皇の厳島行幸の時に、「びぜんのくにこじまのとまりにつかせたまふ。御所つくりたり[1]」という記録がある。この「こじまのとまり」の位置について、岡山市南区郡と八浜説が唱えられている。八浜八幡宮への参拝登山道脇に記念碑があるが、八浜の地の成立時期とも絡んでくる。やがて、元暦元年（一一八四）一二月の源平藤戸合戦の恩賞として、佐々木盛綱に備前国児島の地が与えられたと『平家物語』にある。波知の広木地区には、藤戸合戦の直後、盛綱がやって来て乗っていた馬を洗ったため、濁水となって清水になることがなかったという溜池「濁川」の言い伝え[2]や、盛綱が居城としたという小丸山城や砂山城がある[3]。さらに、「南無阿弥陀仏作善集裏書文書[4]」には、建仁三年（一二〇三）、東大寺への麦未進調査に「吉永・藤野并波智・三宅郷」という地名が見える。ここに初めて「波知」という地名が確認でき、現在の玉野市八浜町波知に比定される。古代の「三家郷」である「三宅郷」の一部で、「賀茂郷」との境に位置していたと考えられる。

室町時代の応永二〇年（一四一三）八月条には、「児嶋郡　細川殿御領　東郷、西郷、三宅郷、賀茂庄、都羅嶋庄、熟成庄、波智保　以上七ヶ所[5]」という記録が見える。前年と推定されている二月三日付「縁秀書状[6]」には、「児島東方細川讃州領知分候」とあり、この七ヶ所は郡東方にあり、これらを領有する細川殿とは「細川讃岐守」であるとしている。この細川讃岐守は阿波国守護三代細川讃岐守満久のことである。当時、児島郡の東部は阿波国守護の所領で、備中国守護や備前国守護の管轄下ではなかったことがわかる。これを「分郡守護」[7]といい、室町期の守護領国制の一特性であった。ただ、これらのうち、三宅郷・賀茂庄とその間の波知保は郡東部にあるが、都羅嶋庄は郡西端にあり、東郷・西郷・熟成庄（読み方も未詳）は児島東部としても比定地は不明である。

続く応永三一年（一四二四）、八浜・金剛寺には次のような置文[8]が伝わっている。

六角井戸（金剛寺門前南手）

史料2-1

金剛寺

定置條々之事

一地下祈祷之事

一地下地済事

一塔婆之事

一引導之事

一大山壱円二子山可付事

一作善之事

右此條々相背輩者則大日如来不動明王之御意背道理也、
抑当寺者波知浜真言家之初寺、而近山近寺之本寺也、
仏法興隆之基也、後々無相違者可為本望旨、可令御披
露給之状、如件

応永卅一年大才甲辰十月十五日

権律師増賢　花押

これは、金剛寺がもともと八浜の元川を遡った出雲谷という地にあり、八浜の現在地に移転した応永三一年、増賢が後々の寺僧の守るべき条項を書き置いたものである。同寺が近隣の真言寺院の初寺・本寺であることを宣している。問題はこの中の「波知浜」という言葉が初見であることである。それは、鎌倉期以降も波知（小丸山城か）にあった佐々木氏の館に上る上陸地点として、「波知浜」と呼ばれたと思われることである。しかも、この応永末期には人家も増加して、港の機能は整備され、町並みも発達したと考えられる。金剛寺門前からすぐそばの「六角井戸」と呼ばれている古くからの大きな井戸は、金剛寺

応永34年棟札

が移転した応永三一年当時に掘削され、八浜に来港した船の飲料水を供給する井戸であったと言い伝えられている。

さらに、応永三四年（一四二七）には、同じ出雲谷から八浜八幡宮が遷座してくる。右の写真は、平成二一年に玉野市教育委員会が吉備国際大学文化財学部下山進教授に依頼して、同宮の応永三四年棟札を赤外線写真撮影してもらったものである。すでに『撮要録』（一八二三成立）の時から読めなかった右下の大工名が、この時解読された。この結果、「（中央）梵字　上棟八幡宮　應永三十四年歳次丁未十月二十七日　（右）大願主　権律師増賢　大工左衛門次郎　（左）一結衆等　敬白」との墨書であった[9]。これにより、金剛寺の鎮守八浜八幡宮も、権律師増賢が大願主となって両児山北峰の現在地に移転したのである。

これに加えて、同じ金剛寺所蔵の文安五年（一四四八）の寄進状[10]には次のようにある。

史料2-2

奉寄進天神免畠之事

合壱段　本畠神主免　在所本河

又十代　本畠御戸開免　在所むまかゑり

右件免畠者依京都仰寄進申処也、於末代可為公方御祈祷候、

仍寄附之状如件

文安五年参月廿日　波知浜政所　三宅時実　花押

金剛寺

この史料は、金剛寺に対して、元川にある神主免の本畠一段と馬返しにある御戸開免の本畠一〇代（二畝）を天神免畠として寄進するというもので、波知浜政所の三宅時実が公方（足利将軍）のために末代まで祈祷せよとしたものである。

この一年前、八浜から兵庫北関（神戸港）へ児島産の様々な物資を運んでいたことを伝える史料がある。文安四年『兵庫北関入船納帳』である。船数は次の七隻である。

三月一九日　海老二〇駄・小嶋八〇石・米四〇石　船頭八郎太郎　問丸衛門九郎
五月四日　海老七駄・小シマ六〇石　船頭新左衛門　問丸衛門九郎
六月六日　小嶋二〇石・小麦二〇石・大麦六〇石　船頭五郎次郎　問丸衛門九郎
七月一〇日　大麦六〇石・小麦七〇石・米一〇石・小嶋一〇石　船頭五郎二郎　問丸衛門九郎
八月二〇日　小嶋一三〇石　船頭八郎太郎　問丸衛門九郎
一〇月一九日　小シマ一六〇石　船頭八郎太郎　問丸衛門九郎
一一月二六日　米七〇石・小シマ八〇石　船頭八郎太郎　問丸衛門九郎

これらを合計すると、小嶋（小シマ）五四〇石、米一二〇石、大麦一二〇石、小麦九〇石、海老二七駄となる。最初の小嶋とは児島産の塩のことで、第六章の表6-1に児島郡内の港の輸送リストをまとめているが、児島塩が各港で大きな量を占めている。問丸の衛門九郎のもと、八郎太郎ら三人の船頭が見え、船数は日比一〇隻に次ぐ数であり、廻船業者が活躍する港であった。これらの史料から、当時八浜は、近隣の産物の集積とそれを兵庫関に運ぶ商業活動が行われ、寺社の転入という宗教的権威も加わって、かつて波知にあった政治的拠点の波知政所もこの波知浜に移り、波知浜政所が設置されていたと推定できる。

戦国期の八浜　応仁の乱以後、下克上の群雄割拠の時代に入ったといわれる。特に備前備中では、文明一五～一六年（一四八三～一四八四）にかけて起こった「備前福岡合戦」以後、騒乱状態になったと考えられる。[11]『蔭凉軒日録』の文明一七年一二月二四日条には、「備之前中後播州四ヶ国有大乱、以故兵船上下不断」とあり、中央で続く騒乱が地方にも波及する状態となった。一方、百姓や商人などの民衆は、例えば海と三方の周濠を築いて戦乱を防いだ堺の町のように、有力商人を中心に「自治」を築いた地もある。つぎの史料は、前掲の八浜八幡宮の応永三四年棟札の裏側の下半分に書かれた墨書[12]である。

史料2-3

宮渡同七月廿三日

（梵字）　上棟文明六年太歳甲午八月三日

御遷宮同八月十二日

遷宮導師金剛寺住長舜職衆十八口
大願主傳燈阿闍梨長舜並地下官人数
三十九人御奉加人四十余人
鍛藤衛門小工新九郎
大工藤原四郎左衛門小工十一人

遷座後約五〇年経ち、本殿の再建が必要となったようだ。文明六年（一四七四）の七月二三日に御神体を仮宮に渡し、八月三日に上棟式を行い、新宮の完成後、八月一二日ここに御神体を遷宮したとある。上棟から遷宮まで早すぎるようにも思われるが、大工藤原四郎左衛門と小工らが手を尽くして建立したのであろう。ここで問題は、大願主の金剛寺長舜のもと、地下官三九人と奉加人四十余人がいるという記録である。この八〇人ほどが当時の八浜の町衆であると考えられる。堺の会合衆や博多の年行司（年寄）ほどの豪商ではないとしても、氏神の下で町の安寧と繁栄を目指した人々であった。

さらに、永正一二年（一五一五）には、八浜八幡宮の再建が行われる。史料は、「(右一列目)　上棟永正十二年歳次乙亥五月八日　瓦上棟同六月一日」、「(右二列目下の方)　大願主長秀」、「(中央)　御遷宮同年十二月下旬」、「(左二列目)　瓦師大工賀茂惣衛門小工二人」、「(左一列目)　御宮渡二月廿四日　御遷宮八月十二日　大工四郎左衛門小工一人」と墨書されている。最初の応永三四年棟札の裏面の上半分に書かれていて、文明六年の文字と接近している部分もあるが、字の大きさなどからこのように判読した。今回は、二月二四日に宮渡りし、上棟式は五月八日、さらに瓦葺としてその上棟が六月一日、八月一二日に遷座したが、一二月下旬に遷宮とあるのは最初の予定であったのかもしれない。また、棟札の空白部分がなかったためか、地下官や奉加人の数が記入されていないので、八浜の町衆の構造を分析できる史料にはなれていない。

戦国の初頭、児島郡内には寺社勢力に加え、有力武士や海賊衆が割拠し、自らの支配地を維持拡大しようとしていた。かつての児島郷の北半分には「児林庄」[13]という庄園が広がっていた。ここには鎌倉以来の林・熊野神社や五流尊瀧院などの寺社勢力があり、林・熊野社領が成立していた。この庄園に対して、明応二年（一四九三）に押領を行っていたのが、常山城を拠点にしていた上野肥前守[14]である。上野氏は阿波国守護細川氏の家臣で、その所領であった賀茂庄に備中から移住し、林・熊野社領をはじめ郡中央部に勢力を拡大していったと考えられる。

児島郡東部では、応永五年（一三九八）阿波国から上山坂（玉野市上山坂）に来住した高畠和泉守[15]がある。この高畠氏は元亀年間（一五七〇～一五七三）には小串城（岡山市南区小串）を築いて拠点とし、上山坂の高畠城、阿津（岡山市南区阿津）の貝殻山城、胸上（玉野市胸上）の胸上城に拠って郡東端部を領域とした。また、山田（玉野市山田）には海岸寄りに三宅城があり、児島高徳の末流として小島氏を称し、三宅郷の一部を領して三宅甚五郎定宗・源太左衛門定信・掃部頭信治の三代が居城していたという。[16]

さらに文安四年（一四四七）の『兵庫北関入船納帳』で触れた日比には、文明二年（一四七〇）に四宮源左衛門尉という人物が確認でき、さらに文明一一年には源左衛門尉の子で四宮四郎という人物も見える。[17]この四宮氏は「細川右京大夫被官」[18]つまり当時の管領細川政元の家臣であった。四宮氏はもともと信濃国四宮庄の武士で、建武二年（一三三五）、小笠原氏との合戦に敗け、淡路・阿波・讃岐などに移ったといわれている。[19]細川管領家は讃岐国守護も兼務しており、おそらく讃岐国に分流した四宮氏の一派が日比に来住したものと考えられる。四宮氏はやがて日比港と四宮城を根拠地に海賊衆を組織していく。近隣の塩飽水軍や直島の高原水軍、遠く因島の村上水軍などと共通する勢力であろう。なお、八浜との関係は高畠氏が天正一〇年前後に密接な関係を生じる以外、上野氏、三宅氏、四宮氏とも交流の史料は見えていない。彼らと八浜との関係を想像してみるのもおもしろい。

やがて戦国も末期になると、群雄の興亡が激しくなってくる。備中の三村氏と結んで児島郡の大半を支配していた常山城主上野隆徳は、永禄一一年（一五六八）の「本太城合戦」[20]直後の一〇月、毛利氏から林・火打・曽原三ヶ村を林・熊野神社に返付するよう命じられている。[21]上野氏の領有権より毛利氏の知行宛行権が優越するということである。それに対する不満を背景に、三村元親が織田信長の誘いを受け入れたことに賛同し、自らも毛利から離反するが、毛利軍の迅速な攻撃により天正三年（一五七五）に「常山女軍の戦」に名を残しながら滅んだ。その後、備中と児島郡は毛利氏の支配下に置かれ、天正七年の宇喜多氏の毛利離反以降は、児島郡東部が西から迫る織田・羽柴勢と毛利の戦いの最前線となるのである。

八浜合戦と八浜

さて、拙著『備前児島と常山城―戦国両雄の狭間で―』（一九九四）では、八浜合戦とその前後の関連史料の年次を次のように提示していた。

①二月一五日付湯浅治部大輔宛穂田元清書状　天城の普請完成と常山普請の予定、郡・八浜が宇喜多方へ→天正九年

②二月二四日付岡宗左衛門宛穂田元清書状　小串不慮、一八日宇喜多忠家来襲と撃退、大崎村放火、二一日岡山勢の渡海、二四日与太郎ら数十人討捕→天正九年

③八浜合戦の時期　『陰徳太平記』により天正八年八月から②により翌年二月まで継続

④宇喜多直家の死　『中国兵乱記』・『備前軍記』により天正九年二月一四日死、『信長公記』により翌一〇年一月九日公表

⑤二月二五日付高井藤右衛門宛粟屋元勝ら毛利三奉行連署状　はち浜ゆう徳舟の拘束指示　天正七～一〇年の間

⑥正月晦日付乃兵（浦宗勝）宛小早川隆景書簡　八浜合戦後の麦飯山城勢の常山城移動依頼→天正一〇年

⑦浦宗勝子乃美少輔四郎の秀吉からの内通工作　→天正一〇年四月の宮地山城退却時の誤記か

ところが、森俊弘氏は「年欠三月四日付け羽柴秀吉書状をめぐって―書状とその関係史料を再読して―」（『岡山地方史研究』一〇〇号所収二〇〇三）の精緻な分析によって、これらのほとんどを訂正した。つぎに、その要旨を筆者なりに整理する。

③・④について、岡山藩士馬場家の奉公書により、児島八浜合戦は宇喜多直家死後の合戦であること。また、年欠（天正九年に比定）一一月六日付織田信長黒印状写により直家はそれまで生存し、天正九年末までに死去したと考えられる。これにより、『備前軍記』等の直家死去の年代は誤記であり、八浜合戦は天正九年でなく翌一〇年に起こったと確定できる。

②の書状は、宇喜多基家討死が八浜合戦中のできごとであり、天正一〇年に比定できる。

①の書状は、二月六日付黒田官兵衛尉宛秀吉書状で高畠氏が宇喜多方へ人質を差し出しており、天正一〇年に比定で

きる。

⑤の書状は、三月一日付高井藤右衛門宛粟屋元勝・国司元蔵連署状で祐徳舟と高畠舟同時拘束を命じており、高畠氏の毛利離反が起こった①の書状と同じ天正一〇年と推定できる。

⑦は、『信長公記』天正一〇年三月一七日条と乃美文書（三月一八日付乃美宗勝・同盛勝宛秀吉書状）により、天正一〇年三月の常山在城中の乃美へ内通工作がある。

⑦により乃美宗勝の常山在城は天正一〇年であるが、⑥の書状は八浜合戦前の移動依頼である。

以上のような森氏の研究成果をもとに、八浜合戦と八浜について、筆者の旧著を訂正し、その経過をまとめておきたい。[22]

まず、宇喜多直家が毛利から織田・秀吉方に離反した時点から話を始める。その準備は『陰徳太平記』や『備前軍記』にもあるように、天正六年の播州上月城の戦い頃から始まる。この戦いは秀吉方について尼子氏再興を目指した尼子勝久が上月城を拠点に毛利氏と戦うが、秀吉の援軍がなく敗死した戦いである。しかし、織田勢の力を感じた直家が密かに離反工作をすすめ、翌年一〇月には完全に織田方に転じている。[23]毛利方はこれに即応して、一一月には岡山の押さえのため、その沖合口や庭瀬近辺の浦に軍船を配置している。[24]翌天正八年三月一三日には、日幡・鴨・松島の軍勢を集め、辛川口まで動き、今保へも攻め入っている。[25]

翌九年になると児島郡域の情勢は逼迫してくる。本土と児島の海峡のうち、西口に位置する天木（倉敷市藤戸町天城）には、楊井弥七という毛利家臣が在番していたが、[26]九年より年末まで山内少輔五郎が天木在番を命じられている。[27]その天城は城普請が行われ、後述するように翌年二月中旬に完成している。

天正一〇年一月末、次の史料2-4のような命令が、小早川隆景から常山城に在陣している乃美宗勝に伝えられる。[28]

史料2-4

此方之者今朝申辻ニ涯分申付候

一村弾ゟ又如此到来候、頓被罷上候之由候間肝要候

唯今従猿懸此数通到来候、然刻弥常山へ之人数肝心迄と

一大崎衆はた〳〵と候間、是非共常山へ可罷籠由、早船

存候、不及申候へ共、誠被打振候て御指上せ肝要迄候、

被差遣可被仰候
一不及申候へ共、是非共吉充・亮康短束候様ニ能可被仰
候自是も重畳申遣達候、恐々謹言

（天正十）正月晦日　　隆景　御判

乃兵　参

この史料は、猿懸城（穂田元清か）からの数通の書状のように、常山城に人数を籠もらせるのが肝心で、村上弾正（景広）からもそのような依頼がある。大崎の在地衆が毛利勢に抵抗しているので、大崎付近の先遣隊を常山城に引かせるために早く船を派遣せよ。村上吉充・亮康からもしっかりと伝えさせるとしている。当時、常山城に在城していた乃美宗勝に小早川隆景が命じたものである。一方、隆景から児島出陣を指示された猿懸城（倉敷市真備町・矢掛町境）の穂田元清は、普請が完成していた天城を通って二月一四日児島に着陣した。着陣場所は不明であるが、そこから常山城の補強のための普請を命じようとしている。この時、郡と八浜は宇喜多方についているが、毛利方への干渉はないと報告している[29]。

宇喜多方では、美作・備中各地で毛利勢と対峙する中、九年末に直家が病死し、富川・長船・岡・宇垣・明石ら家老衆による合議で運営されていた。『陰徳太平記』巻六二によると、秀吉は宇喜多へ、浅野弥兵衛（長政）に警固船二〇〇艘を派遣させるので児島に一城を築けと伝えたという。家老衆は急いで八浜に城郭を築いた。両児山城である。『岡山県中世城館跡総合調査報告書　第一冊』[30]によれば、八浜の背後にある両児山の南峰には曲輪跡はないが、全長約一二〇メートル、幅五～六メートルほどの横堀とその西端に堀切、横堀の南斜面に畝状竪堀が一八本もあるとする。一方、八浜八幡宮などのある北峰には曲輪や竪堀があり、城兵たちが神社に駐屯して敵方に備えたと思われる。宇喜多方の陣はこのほか八浜・出雲谷の西に聳える楠の峰にもあり、両児山から峰続きの防衛戦を敷いていたようである。

しかし、両者の戦いは元清が麦飯山入城の一週間後に、大きな山場を迎える。史料2-5が

両児山城南郭の空堀と土塁

それを示している。[31]

史料2-5

其以後者不申通候処、預御飛脚目出候、誠小串不慮、付而渡口天城之城取付、即児島取渡候処、麦飯山敵取付之由、慥従敵方内通候条、去十八日取上候処、忠家自身罷出雖切懸候、於両口及戦、敵追散頸五ツ討捕之、則時大崎村令放火、取居候て当城普請申付候処、去廿一日岡山衆罷渡、当陣麓差寄候条、諸陣より打下及合戦、於鑓下為始宇喜多与太郎、宗徒之者数十人討捕、敵追崩得太利太慶此事候（中略）

二月廿四日　治太

元清　御判

岡宗左衛門殿

御返申給へ

元清は児島出陣を急いだが、その原因は「小串不慮」、つまり小串城主高畠和泉守の宇喜多方への離反であった。しかし、麦飯山に宇喜多勢が取り付くことを敵方から内通され、元清の軍勢が二月一八日に入ったところ、宇喜多忠家の軍勢が切り懸かってきたので戦って撃退した。その際、毛利勢に抵抗していた大崎村に放火し、麦飯山城の普請を急がせた。ところが、二一日に岡山から宇喜多勢が渡海してきて、元清の陣の麓に攻め寄せてきた。毛利方も諸陣から下って合戦となり、宇喜多与太郎（基家）ら数十人を討ちとり、勝利を得たと書き送っている。宇喜多方は基家を失ったが、いわゆる「八浜七本鑓」の奮戦もあり、両児山城の落城は食い止めたようである。麦飯山北麓の大崎・柳畑には古墓群が残り、八浜合戦の供養墓とされている。また、基家供養の五輪墓も与太郎神社に祀られており、大崎地区一帯が戦場であったと思われる。

さて、毛利勢の麦飯山城進出の要因になった小串城主高畠氏の毛利離反について、二月六日付の「備前児島内高畠色立、人質宇喜多方へ相渡由」と書いた秀吉の書状[32]が確認されている。秀吉の指令による両児山築城がいつ開始されたか不明であるが、八浜の東方にある小串が秀吉・宇喜多方に移らない限り、その築城は危険である。高畠氏の宇喜多方への離反は二月六日には知られるが、もっと早く行われたと思える。八浜衆から両児山貸与や、大崎衆の毛利への抵抗も高畠離反と一貫性がある。しかし、廻船や水軍を持った八浜・小串の商用船は毛利氏にとっては拘束すべき対象であり、次のような指示[33]が毛利分国沿岸に通達された。

史料2-6

輝元公御判

重々被仰出候、従姫路為商舟数多罷下候儀必定之由追々
御注進候、上乗之者ハ各御分国之諸浦人にて候、然間何か（如カ）
も不入、上かゝりの舟之儀者、先々差留候而可有注進候、
第一祐得舟并高畠舟、于今其辺罷居之由候、可被尋究候、
自然聞立申上候ハん者にハ可被成御褒美候、又内通仕、
とりぬかし候ハん者をハ別而可有御成敗候、于今歴々下
口ニ上船罷居之由候条、右之題目以隠密可被相究候、万
一於油断者旁可為私曲候、為此重々被仰出候、恐々謹言

三月一日　　粟屋右京亮元勝　判
　　　　　　国司助六　元蔵　判

高井藤右衛門尉殿

森氏は、この史料を高畠氏が毛利を離反した後の天正一〇年のものと推定している。筆者もこれに賛同する。「祐徳舟」のみであれば年次の限定は危ういが、これに「高畠舟」を加えて標的にしている。この「祐得舟」はあとで史料2-7に登場する「山下祐徳」所有の船である。対立直下の八浜の船を高畠舟と同列に拘留しようとするのは、天正一〇年に限られるだろう。このような毛利家奉行の指示は二月二五日付書状[34]にも見られ、「児嶋之内はち浜之ゆう徳舟、九州へ為商売罷下之由候、于今其辺之浦辺罷居候者被留置之、可有注進候」と命じている。

その後、『陰徳太平記』によると、基家討死後、安芸沼田（三原市）から小早川隆景が出陣し、両児山城を攻撃したという。宇喜多方は秀吉に援軍を乞い、浅野長政の兵船が来襲して毛利方の補給路を絶ち、秀吉本隊の下向情報を広めたので、隆景は児島を退き、途中、備中福山（総社市山手の幸山城か）に守備兵と兵糧を入て安芸に帰陣したという。『信長公記』では秀吉は三月一七日に織田秀勝に随伴して出陣[35]したとするが、実際には四月四日に岡山に到着している[36]。こうして、児島東北岸での秀吉と毛利の臨戦態勢は終息に向かい、新たな戦場は備中高松城周辺の戦場へと移動していく。郡村が準備した

縄二〇〇束は秀吉の陣中に送られ、五月三日付の秀吉礼状[37]になる。しかし、これらの地域が秀吉・宇喜多方に付いた代償はわずかなものではなかった。八浜・金剛寺の記録には、「天正ノ頃当両児山ニ於テ毛利浮田ノ二氏ノ戦闘有リ、其節諸物略ボ紛失亦ハ破滅シタリ[38]」と見える。恐らく、金剛寺だけでなく宇喜多の軍兵の陣所になった八浜八幡宮も、町衆の屋敷も甚大な被害を蒙ったであろう。

しかし、やがて備中高松城の戦いが決着し、山崎の戦いを経て、秀吉が信長の後継者に固まると、毛利氏は秀吉との講和を遵守し、天正一三年（一五八五）二月に児島全域を宇喜多領にすることを了承した[39]。翌月それは実行される。翌年、八浜八幡宮は再建され、次のような棟札[40]が奉納された。

史料2-7

（表面）

于時天正拾四年　理安公　大工藤原■[墨]四郎左衛門尉

八幡大菩薩奉上棟　大願主山下祐徳公　二郎兵衛　平兵衛　理衛門　重兵衛　金剛寺長雄　敬

丙戌七月吉日　清左衛門　棟梁藤原原[ママ]源左衛門尉　白

（裏面）

次郎兵衛　理衛門　重兵衛

年行事　平兵衛

この棟札は天正一四年七月吉日の上棟式のもので、表面中央に「大願主山下祐徳公」とある。この人物は度々登場した祐得舟の所有者で、「公」と尊称がつけられるほど八浜の町の指導者であった。姓は山下氏[41]である。その右下には彼の子である「理安公」、さらに二郎兵衛ら町の有力者と思われる五人の名、金剛寺住職長雄と二人の大工棟梁の名が明記されている。そして棟札の裏面には、「年行事」という役職名で、次（二）郎兵衛ら四人の名が書かれている。これは堺や博多・平野などに見られる自治組織の職名と考えられる。八浜は山下祐徳を中心として数人の有力町衆による年番制の自治組織を作り上げていたと推定できる。これ以外の関連史料は見当たらないが、この棟札からは、戦乱を切り抜けた安堵感や喜びが込められているように感じられる。

註

（1）「高倉院厳嶋御幸記」治承四年三月条（『群書類従』一八所収）

（2）『備陽国誌』（一七三九成立）巻一八古蹟には、約二間の溜池で、佐々木盛綱が馬の轡を洗ったため水が濁ったとあり、玉野市教育委員会所蔵「村誌　波知村」（一八八〇頃）には、東西三間三尺、南北二間で馬体を洗ったため濁ったとある。

（3）文化一〇年「児島郡手鑑」波知村条

（4）東大史料編纂所所蔵「備前国麦進未進納所散用帳」（『岡山県史　編年史料』四六八頁所収）。なお、『備陽記』（一七二一成立）では、波知・広木・宇多見・碁石が三宅郷としているので、旧八浜町内は、八浜・庄・池迫・大崎が賀茂庄に属していたことになる。

（5）東寺百合文書ヌ函七九「備前国棟別銭沙汰并無沙汰在所注文案」（『岡山県史　家わけ史料』一一〇頁所収）

（6）同前ヌ函二四四（同前書一一三頁所収）。なお、この「縁秀」書状の年代比定は、三宅克広「室町期備前国児島郡の分郡支配」（『岡山県史研究』第11号所収一九八九）による。

（7）分郡守護制度および児島郡の分郡守護の状態については、三宅克広前掲論文に詳しく論考されている。

（8）『玉野市史』口絵収録写真と『玉野の文化財』（一九八七）に収録写真がある。金剛寺に現存して玉野市重要文化財に指定されているのは後者の収録本で、年号の前に「仍而」がない文書である。なお、金剛寺の由来については、玉野市教員委員会所蔵旧八浜町役場文書　明治三〇～三三年『寺社関係書類』に、「当寺ハ延喜年中ノ人三善清行ノ息男浄蔵貴所ト云人不動ノ像ヲ自作シテ、以テ当両児山ヘ艸庵ヲ結ヒ居タリ、後ニ至リ漸々ニ修繕之建物ヲ増シ、遂ニ応永廿一年十月十五日ヲ以テ増賢律師今ノ地ニ移ス、後チ文安五年戊辰三月、後花園天皇当寺ニ詔シテ、長ク一天ノ安寧宝祚ノ長遠ヲ祈ル可シトノ勅願所ノ号ヲ不朽ニ賜フ所ナリ、是即チ今ニ至ル迄維持シ来レリ」とある。

（9）北村章編『備前国八浜八幡宮関係史料集』（山田快進堂出版部二〇一三）一頁所収　棟札1。なお同書は、八浜八幡宮の棟札五点、寄進石造物五七点、同社の神職尾﨑家伝来の古文書など文献史料二〇一点を掲載したものである。尾﨑家文書は筆者による平成二一年と二四年の二回の調査で、当時約一九〇点の史料の現存を確認でき、このうち一一四点を同書に収録した。また、倉敷市曽原の清田八幡宮元宮司三宅胤男氏のガリ版刷り冊紙と、「洗心齋」と号した水原岩太郎の筆写資料の、合わせて四七点の岡山大学・池田家文書を原本照合の上で収録した。さらに三宅氏と元玉野市文化財保護委員長伊東忠志氏の筆録した尾﨑家文書合わせて三〇点も収めたが、この史料は筆者の調査では確認できなかった。以下、同書からの引用は『八幡宮史料集』と略称し、掲載頁を示すことにする。

（10）「備前記」八浜村条（岡山市立中央図書館所蔵）。なお、『黄薇古簡集』収録本には「波知政所」とある。本来は金剛寺文書とされるが、現在は所蔵されてはいない。
(11)拙著『備前児島と常山城―戦国両雄の狭間で―』(一九九四)一一五〜八頁
(12)『八幡宮史料集』一頁所収　棟札1
(13)現倉敷市曽原にある清田八幡宮の至徳四年(一三八七)の最古の棟札には、同宮が「備前国児嶋郡児林庄」に鎮座しているとしている。同宮再興の元和元年(一六一五)の棟札には、曽原・火打(福江)・河張・浦田・藤戸・つふへ(粒江)・櫛田(串田)・小原(尾原)・彦崎・林・喜美(木見)・広江・天城・福田・植松の合わせて一五ヶ村からの寄進銀が寄せられている。これらの地域は鎌倉以来、林・熊野神社や五流尊龍院などの寺社領であった。清田八幡宮の棟札銘は『岡山県古文書集』第三輯に、また武鑓臣夫『吉備の児島の総鎮守』(一九九三)にも収録されている。
(14)「後法興院記」(『続史料大成』第七巻一九六七)の明応二年(一四九三)一二月三日の条に、「就彼社領事、与讃州一家上野依執合」とあり、林・熊野社領を阿波国細川讃岐守義春(之勝)の家臣上野氏が押領しているという記録がある。そのうち常山城を根拠地としたのが上野肥前守で、林・熊野社領をはじめ郡中央部に勢力を拡大していったと考えられる。
(15)岡山大学附属図書館所蔵池田家文書「高畠久吉奉公書」、および「井上氏系譜」(旧版『倉敷市史』第二冊所収)によると、信濃国小笠原氏の一族が阿波国高畠に移って高畠氏を名乗り、応永五年(一三九八)にさらに上山坂に来住したとする。
(16)同前文書「先祖并御奉公之品書上　三宅安太郎」より。なお三宅城は天正の頃落城し、子孫はのち山田村や大崎村に落ち、名主や大庄屋となっている。
(17)「政所賦銘引付」(『室町幕府引付史料集成　上巻』一九八〇)によると、文明九年(一四七七)六月二四日条に、「文明二、十一、備前国比々四宮源左衛門尉方ヨリ預銭四十六貫五百文事、連々令返済候、相残十七貫文余事可返付由難申之兎角申延、至尓今、過分致算用云々」とある。さらに文明一一年八月一五日条には、「亡父祖父号有借物、細河殿被官四宮四郎令催促候間、一向不及覚悟」とある。
(18)『親長卿記』の長享二年(一四八八)三月一八日の宮中鞠張行の条に、武家で参加した土佐太郎と四宮四郎が「各細川右京大夫被官也」とある。

(19) 太田亮『姓氏家系大辞典』四宮氏条
(20) 畑和良「本太城主「能勢修理」のこと」(『倉敷の歴史』第二六号所収二〇一六)
(21) 『新修倉敷市史　9　史料』編年史料三九二号(『黄薇古簡集』巻一五より採録)
(22) すでに拙著の出版から四半世紀を過ぎ、森氏の論考も一七年も前のものであるが、その後の宇喜多直家・秀家期の研究も大きな進展をみせている。しかし、本書で玉野地域の歴史や文化を執筆するにあたり、旧著での誤った記述を訂正する最後の機会と思い、森氏による研究成果を取り入れて論述したことを、同氏への感謝とともに記しておく。
(23) 『信長公記』巻一二の天正七年九月四日条に、秀吉が宇喜多の赦免を申し出て朱印を求めたのに対し、許可なく「示合(しめしあわす)の段、曲事」と、信長は秀吉を播州に追い返したとある。しかし、毛利方では、『萩藩閥閲録』(以下『閥閲録』と略称)巻104-1湯浅権兵衛四一号(天正七年)六月一六日付湯浅美濃守宛輝元書状に、「至上口宇喜多手切動仕之条、警固船差出候」とあり、同書巻128末国与左衛門二一号(同年)一〇月一五日付福原出羽・口羽下野宛菅重勝書状には「直家逆心」とあり、直家離反が知られていた。『信長公記』巻一二天正一〇年一〇月晦日条に、秀吉の取次で、直家の名代として宇喜多与太郎(基家)が摂州古屋野在陣の織田信忠に赦免の御礼に出向き、服属が成立している。
(24) 『閥閲録』巻102-2冷泉五郎(天正七年)一一月八日冷泉元満宛小早川隆景書状
(25) 『閥閲録』巻104-2湯浅権兵衛八八号(天正八年)閏三月九日付湯浅・長井・粟原宛桂景信書状では、「先月一三日、日幡・鴨・松島被相催、俄辛川口被相動」云々とある。『備前軍記』は辛川合戦を天正七年八月とするが、年次は一致しない。また、『戸川記』で当時常山城が直家の重臣戸川平右衛門としているが、史実として正しいかどうかは疑問である。
(26) 『閥閲録』巻106(天正八年カ)一二月一八日付楊井弥七宛輝元書状
(27) 『閥閲録』巻111山内長五郎一号(天正九年カ)一二月一七日付山内元通宛輝元書状
(28) 『閥閲録』巻11-1浦図書三六号(天正一〇年)正月晦日乃美宗勝宛て隆景書状
(29) 『閥閲録』前掲湯浅権兵衛八二号(天正一〇年)二月一五日付湯浅将宗宛穂田元清書状。これには、「天城普請相調候条、各同動候而昨日至児島令陣替候、島中無相替儀候、不日常山普請可申付存候、郡・波智浜無珍取沙汰候哉、此表江茂無差到来候」とある。
(30) 岡山県古代吉備文化財センター編(二〇二〇年二月二八日岡山県教育委員会発行)
(31) 『閥閲録』巻80岡吉左衛門二五号(天正一〇年)二月二四日岡宗左衛門元良宛穂田元清書状
(32) 『黒田家文書』第一巻(天正一〇年カ)二月六日付黒田官兵衛尉(孝高)宛秀吉書状
(33) 『閥閲録』巻135高井小左衛門一三号(天正一〇年カ)三月一日高井藤右衛門尉宛粟屋元勝・国司元蔵連署状

(34) 同前二〇号（天正一〇年カ）二月二五日高井藤右衛門尉宛粟屋元勝・粟屋元種・国司元蔵連署状
(35)『信長公記』巻一五の天正一〇年三月一七日条に、「御次公御具足初めにて、羽柴筑前守御伴仕り、備前の児嶋に御敵城一所相残り候、此表相働き手遣ひの由、注進これあり」とある。児島の敵城は、「手遣ひ」つまり内応工作する予定の相手とされ、森氏は常山城の乃美宗勝と子盛勝を示唆している。これは実現しなかったようだが、八浜合戦時に乃美宗勝が常山城に在城していた事実は新たな発見である。
(36)『閥閲録』巻136磯兼求馬一八号（天正一〇年）四月五日磯兼景道・手島景繁宛隆景書状
(37)「郡惣社宮文書」（名古屋市博物館編『豊臣秀吉文書集一』一一八頁収録二〇一五　原本は惣社八幡宮宮司難波氏所蔵）
(38)［金剛寺文化財・財産目録］（明治二〇年代と推定　玉野市教育委員会所蔵　旧八浜町役場文書『寺社関係書類』所収）
(39)『閥閲録』前掲湯浅権兵衛八六号（天正一三年）二月一一日付湯浅将宗宛口羽春良書状
(40)『八幡宮史料集』一頁所収　棟札2
(41) 山下氏の墓所は、八浜八幡宮や金剛寺がもとあった出雲谷の中腹にある。祐徳の墓は豊島石製の夫婦墓で、風化による傷みが進んでいる。祐徳の墓碑は「總持院祐徳居士　天正己丑十七年九月三日　山下正中」と読め、八幡宮再建の三年後に亡くなっている。妻は「戒帯院寿貞大姉　永禄丙寅九年五月廿日」とあり、昭和五七年に玉野市重要文化財に指定された。

第二節　近世の八浜

近世八浜の概要

八浜村は村高二六七石三八で、元禄一七年（一七〇四）成立の『備前記』には田畑合わせて二八町余、家数三六二軒・人数二〇七〇人余となっている。一方、享保六年（一七二一）成立の『備陽記』には、田畑合計三九町五反一畝九歩半、家数三四九軒・人数二一七五人とあり、一七年間に戸数は一三軒減少したものの、人口は一〇〇人ほど増加している。大きな変化は田畑が一一町ほど増加したことで、これは、宝永三年（一七〇六）に完成した八浜新田一〇町（次頁の八浜村の絵図に見える新田）の開発によるものである。[1] この八浜新田について、享保四年一二月に次のような願いが出されている。[2]

史料2-8

一児島郡八浜村町並屋敷狭ニて、小家ニ大勢入込渡世仕候付、火用心并為渡世不勝手ニて難儀仕候、唯今外屋敷ニ借屋ヲ持居申者も多御座候得共、株無御座候付別家も得不仕候、乍恐奉願上候は、八十人町並持来り之借屋へ一打別家被為仰付候は、諸猟小商内ヲ指加へ渡世仕度由御座候、尤只今迄新田へ罷出居申家数三十三軒御座候、外ニ三十四五軒追々ニ新田へ罷出、作方ニ諸猟ヲ指加へ渡世仕度由ニ御座候、右之通町並・新田共別家奉願上候、被為仰付候得は村方ニて御公儀様諸役相勤申候家数も増、新田作も宜、又ハ銘々共渡世之勝手ニも重々能御座候ニ付、村中共奉願上候

享保四年十二月　　　大荘屋八浜村小八郎

子二月晦日願之通

この史料には、八浜はもともと町並みが混み合って屋敷が狭く、小さい家に大勢が住んでおり、借家を持つ者も多くあるが、百姓株を持っていないので別家もできなかったとある。そこで、町並みの中に借家を持っている者八〇人の別家を認めてもらえば、諸猟に小商いを加えて渡世したい。また、八浜新田に移住した者が三三軒あったが、さらに三四～五軒の移住希望者が農業に諸猟を加えて渡世したいと願い出たようである。この歎願は翌年二月末に許可された。しかし、移住や別家

が直ちに行われたのでないためか、享保六年成立の『備陽記』には軒数の急増は反映されていない。しかし、八浜の家数や人口はやがて児島郡内でも最上位となっていくのである。寛永一九年（一六四二）、この八浜を含めて、岡山藩は岡山城下と一四の地区に次のような定を示した。[3]

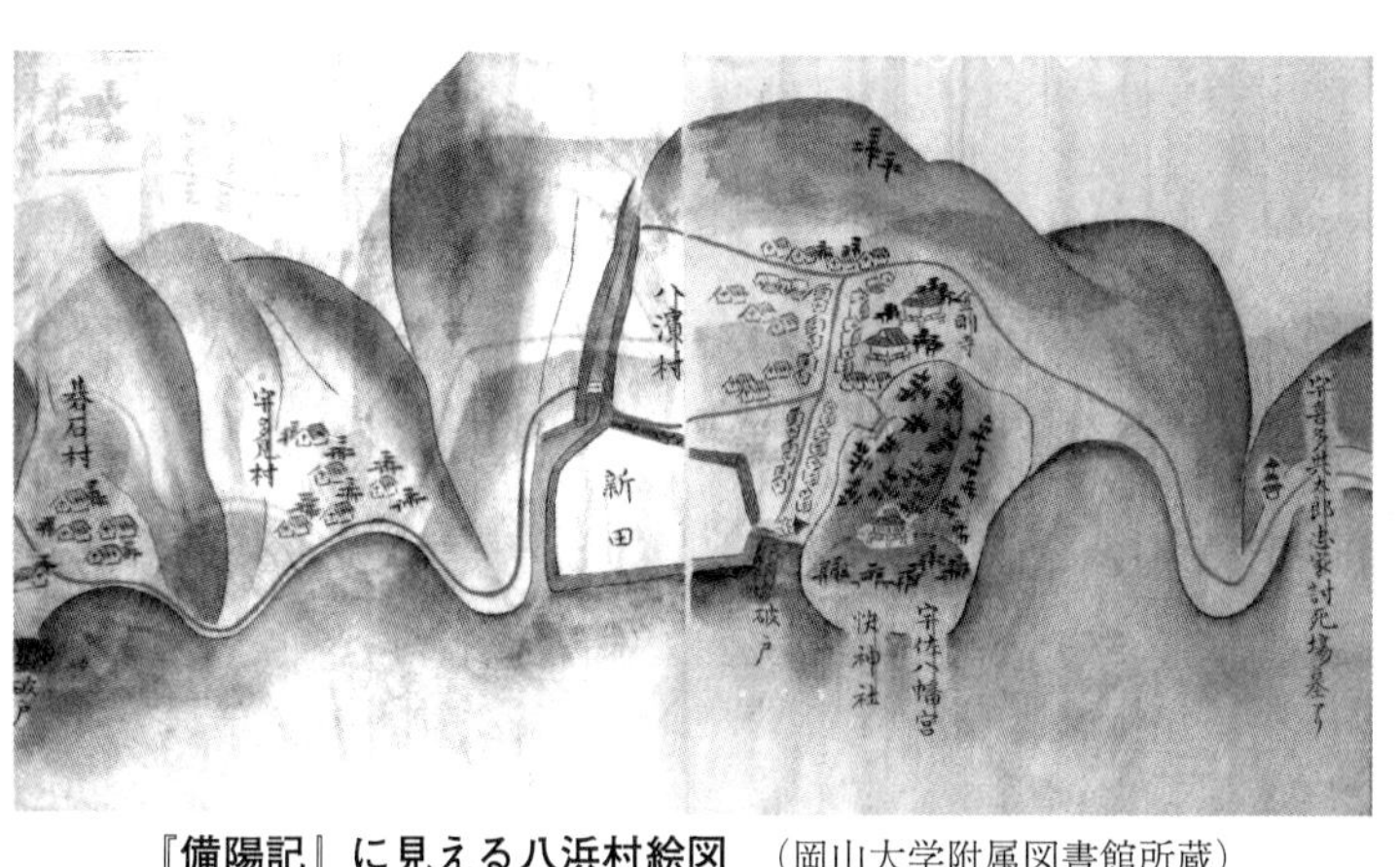

『備陽記』に見える八浜村絵図　（岡山大学附属図書館所蔵）

史料2-9

定　　　　岡山町

一国中酒造所相定外ハ可為禁制、当町ニをひても作来之酒屋、累年之半分宛可造之事

一自先規仕来ル素麺ハ可為前々ことく事

一うとん・まんちう・きり麦・そばきり・南蛮くわし、何も商売一切停止之事

右条々今度自江戸被仰触之間、堅可相守、弥新規之酒や・素麺や令制止者也、仍下知如件

寛永十九年十月朔日

定　　　　所々名

一酒造之酒や、累年之半分つゝ作可申事

一自先規仕来素麺ハ如前々たるへき事

一饂飩・饅頭・斬麦・蕎切・南蛮くわし、何も商売一切停止之事

年号月日奥書右同

牛窓　下津井　片上　虫明　和気町　金川　周匝　建部　天城　佐伯

西大寺　福岡　鴨方　八浜　　何も札ニ而立

表2-1 岡山藩児島湾岸の加子浦

村名	加子米 A	加子浦役 B	享保年間船数 C	
八浜	30石	25人9歩	（記載なし）	
郡	27石	20.8	61	小猟船～20端帆
北浦	36石	27.4	188	2～17端帆
宮浦	5石7	3.5	53	小猟船～4端帆
阿津		16	90	小猟船～7端帆
小串	25石	14.2	104	小猟船～9端帆
平井		30.6	58	小猟船
浜野		25	17	小猟船
青江		10	4	小猟船
今保		9	11	小猟船

A「児島郡物成帳」　B『藩法集１岡山藩　上巻』
C『備陽記』　単位は艘

前半の定は、指定地以外の酒造を禁じたもので、岡山城下は許可地であるが、この年の酒造石数は当時起こった寛永の飢饉のため半減するよう命じている。また、素麺は先規のとおり作ることを許可するが、うどん・饅頭・切麦・蕎切・南蛮菓子の商売は禁止した。これは幕府からの通達であり、岡山藩は城下だけでなく、一四の在郷町にも同様な命令を発した。このうち備中の鴨方以外の備前国内一三ヶ村を「在町」とし、「居商」を許可する地とした。八浜は、前節でみたように中世までに児島郡東部の政治経済の中心地として発展してきており、近世になっても「在町」として掌握されたのである。

一方、八浜は港町・漁師町としての性格も、岡山藩が「加子浦」に指定する形で掌握される。表2-1に示した「加子米」とは池田忠雄時代の元和三年（一六一七）に作成された「児島郡物成帳[4]」に見られる税で、船舶を多く所有している有力な港町に加子夫役の代わりに課せられた付加税であったと考えられる。また「加子浦役」とは、岡山藩が明暦三年（一六五七）までに備前沿岸二六ヶ村を加子浦に指定し、二五人九歩のように、加子役数を定めて加子を動員する体制を定めたものである。前者が米の賦課であったのに対し、後者は加子の徴発という形をとった。瀬戸内海沿岸の加子浦に命じた公用交通への動員などについては第五章で詳述するが、児島湾岸の加子浦については、藩米の大坂への輸送や藩士の公用交通・難船救助などの加子役を課せられた。そしてその反対給付として児島湾内での漁業権が与えられ、各加子浦に住む漁民の生業が保障されたのである。享保六年（一七二一）成立の『備陽記』では、表2-1に見られるように、これらの加子浦が多くの猟船によって漁業を行っていることがわかる。八浜にはこの時の船数が記載されていないが、江戸時代当初から、児島湾沿岸の大きな漁村として、また諸商いを許された在町として発展していたことが想像できよう。

表2-2 村明細帳に見る八浜村の概要

和暦	寛政10	文化10	1820前後	安政4
西暦	1798	1813		1857
典拠	A	B	C	D
高	267石380			
又高	260石382			260.594
二口高	527石762			527.974
田	624畝11歩			611畝17歩
畑	2845畝12歩			2811畝6歩半
家数	432	429	438	481
人数	2178	2342	2361	2023
牛数	1	1	1	3
寺	6	6	6	6
社方	4	4	4	4
医者				1
家大工	4	6	6	3
船大工	3	2	2	2
鍛冶	3	4	4	2
桶屋	16	10	10	7
左官	2	2	5	3
酒屋			3	5
油屋				5
檜物屋	1			
紺屋	2	2	2	2
井戸	31	31	31	66
池	4	4	4	4
樋	6	6	6	6
船	169	275	275	367
	小猟船～8端帆			小猟船～27反帆

A・B 永山家文書「児島郡村々明細帳」 C『八幡宮史料集』261頁所収 八浜村名主亀五郎が大庄屋に就任した文政元(1818)から記録者尾﨑多門が没した文政5(1822)の間の明細帳と推定 D 内田家文書「手鑑」（『玉野市史史料編』所収）

江戸時代後期になると、八浜村は表2-2のような耕地面積になり、様々な職種を営む村民も確認できる。前述の八浜新田等の新開地が又高に算入され、村高は五二七石余となっている。戸数人口は、文政期に四四〇軒・二三六〇人ほどで江戸時代で最も多くなっている。職種には大工・鍛冶・桶屋・左官・紺屋などが見られ、幕末に向かっては酒屋・油屋が増加している。油屋は菜種などの絞油業ではなく、醤油醸造業を示すものと思われる。また、持船の数も増加し、漁民の猟船とともに酒樽・醤油樽を上方等に運ぶ廻船業者の活躍も想定できる。ただ、安政四年の二七反帆の船は、千石船に近い規模と思われるが、誰の所有か不明なのが残念である。

八浜村の村役人

前節で、天正一四年の八浜八幡宮棟札史料から、山下氏を指導者とし、「年行事」と称する有力町衆の自治的組織があったことに触れた。この組織が江戸時代にどう引き継がれたのか興味があるが、残念ながら史料は残っていない。

現在確認できる江戸前期の村役人の記録を紹介すると、まず、慶安元年（一六四八）の阿津・小串と北浦村間で起こった漁場争論の仲裁をした人物に、八浜村大庄屋甚右衛門と年寄又兵衛・助大夫、郡村年寄九郎右衛門・組頭孫右衛門の五人が見えている。[5]この大庄屋は第一章第三節で触れた寛永期に設置された「初期大庄屋」で、各郡に二～三人程度任命された一人であろう。しかし、甚右衛門が何氏であったかは不明である。承応四年（一六五五）には、八浜村庄屋三郎兵衛・年寄道芝、組頭八郎兵衛ら八人、大漁師一四人、小漁師九人の名が見えている。[6]寛文元年（一六六一）の史料[7]には、八浜村十村肝煎庄屋道芝（六一）・子五郎兵衛（一八）、また隣村の波知村十村肝煎庄屋九兵衛（五四）・子九左衛門（一七）が見えている。十村肝煎庄屋も前章で触れた承応三年設置の各郡七～八人の地方役人で、道芝は同四年の年寄と同一人物であるが、氏は不明であり、波知村の九兵衛父子は野田氏である。延宝四年（一六七六）から貞享二年（一六八五）まで、八浜村庄屋として七郎右衛門という人物が確認できるが、何氏であったかは不明である。[8]また、この間に八浜村年寄として伊兵衛と五郎兵衛が見えている。[9]五郎兵衛は道芝の子である可能性もある。

天和二年（一六八二）の再編により、各郡に二～三人の肝煎とその下に四～六人の下肝煎と作奉行が設置された。元禄二年（一六八九）からは村の庄屋を名主、年寄を五人組頭と改称している。この体制のもと、元禄四年（一六九一）一一月には児島郡肝煎波知村九左衛門・同郡下肝煎八浜村三郎右衛門・同郡作奉行八浜村猪兵衛、八浜村名主小八郎の名が確認できる。[10]さらに、同八年（一六九五）には肝煎波知村九左衛門・下肝煎八浜村小八郎（名主兼務）・作奉行八浜村猪兵衛・同村五人組頭甚十郎が記録されている。[11]同一三年（一七〇〇）には肝煎小串村徳大夫・下肝煎八浜村小八郎とある。[12]これらの記録で、波知村九左衛門は野田氏、八浜村の下肝煎三郎右衛門は三宅氏[13]、小八郎は山下氏、猪兵衛は尾崎氏[14]、小串村徳大夫は味嶋（三島）氏[15]と推定される。

さらに宝永四年（一七〇七）には、それまでの複雑な地方役人制度を改め、各郡六～七人の「前期大庄屋」制に移行した。さらに宝暦一〇年（一七六〇）からは倹約のため大庄屋が削減され、「後期大庄屋」制となった。玉野地域を含む児島郡一帯の歴代大庄屋については、前章に詳述して表1-6・1-7にまとめており、ここでは八浜村居住の名主・五人組頭を簡見の及ぶだけ整理しておく。

まず、正徳元年（一七一一）年八月の八浜八幡宮祭礼時に、神職が藩主代参の藩士へ御祓酒などを献上した場所が、八浜村名主勘介宅[16]となっている。次いで、享保一三年（一七二八）に北浦村と阿津・小串村間で起こった漁場争論の吟味役として、八浜村名主喜太郎が見えている。[17] この人物は山下氏である。山下氏は前節で見た山下祐徳を祖としており、前述の下肝煎になった小八郎も同氏である。ここで、山下家墓所の墓碑銘や旧版『倉敷市史』第八冊などを参考にその略系図を示した。

山下氏略系図

……3正中（祐徳　～一五八九）——4正孝（理安　～一六一六）——5成昌（～一六三九）——6□……7貞成（～一六八五）……8正伴（小八郎～一七一八　名主・下肝煎・大庄屋）

——9正寿（八郎右衛門　小八郎　大庄屋　～一七二七　五三）——10定澄（喜太郎　小八郎　名主・大庄屋　～一七五七）——11正香（平作　里右衛門　大下屋　大庄屋　～一七八六）——12正盈（藤兵衛　小八郎　名主　～一八〇九）——13正辰（官蔵　名主　～一八四四）

——14正道（喜太郎　藤九郎　名主　楠姓に改姓～一八六九　五三）——15小八郎（一八三六～一八九〇）——16来治（一八七〇～）

山下氏は八代小八郎から一一代里右衛門にかけて大庄屋に就任している。その後も名主を世襲するなど、一貫して近世の八浜を指導した家であったことがわかる。本章と次章の記述にも関係があるので、各代の墓碑銘などから略歴を掲げる。

三代　祐徳　天正一七年（一五八九）九月三日没　總持院祐徳居士　山下正中

四代　理安　元和二年（一六一六）四月一四日没　理安居士　山下正孝（墓石は花崗岩製でのちの再建と推定）

五代　成昌　寛永一六年（一六三九）一〇月二〇日没　寂照院寥心居士　山下成昌

六代　□□　不明　　　　　　　　　　　　　　　　　　　山下□□
七代　貞成　貞享二年（一六八五）閏一二月二七日没　山下□□（左隣の墓が山下貞成妻とあり、貞成墓と推定）
八代　正伴　享保三年（一七一八）三月九日没　　　山下正伴
・元禄五年（一六九二）一一月二二日八浜村小八郎下肝煎役任命（旧版『倉敷市史』八冊五七七頁）
・宝永四年（一七〇七）一二月大庄屋任命（同前書五七八頁）
・正徳四年（一七一四）五月悴八郎右衛門名代、名も小八郎と改名、享保三年春死（同前書五七九頁）
九代　正寿　享保一二年（一七二七）閏正月二七日没　五三歳　山下正寿
・享保三年五月より大庄屋任命　同一二年正月死　八郎右衛門事（同前書五七九頁）
・文政元年に十三代山下正辰が建立した墓誌に、「君称正寿山下氏九世（中略）賞在世恭国君命賜于用吉宇藤木迫間田□　従来綿連　當中興之祖也」とある。
一〇代　定澄　宝暦七年（一七五七）一〇月一四日没　山下定澄
・享保一三年（一七二八）六月　八浜村名主喜太郎（『撮要録』四一七頁）
・延享三年（一七四六）八月七日　八浜村名主喜太郎（『八幡宮史料集』五九頁下段）
・喜太郎のち小八郎のち権左衛門　延享四年五月より大庄屋任命　宝暦七年三月悴平作代勤、同八年八月死、悴跡仮役（同前書五八〇頁、没年月は誤り）
一一代　正香　天明六年（一七八六）五月一五日没　山下正香
・寛延元年（一七四八）一〇月　八浜村名主卯右衛門（『八幡宮史料集』六九頁上段）
・宝暦八年（一七五八）八月　御本陣卯右衛門（同前書八五頁上段　卯右衛門を平作の前名と推定）
・平作のち里右衛門　宝暦八年八月仮役　同一〇年（一七六〇）一一月本役　明和六年（一七六九）一〇月取上（前掲『倉敷市史』五八〇頁）安永九年（一七八〇）一二月再任　天明六年死（同前書五八一頁）
・安永九年三月二七日　八浜大下屋里右衛門（『八幡宮史料集』八五頁下段）

一二代　正盈　文化六年（一八〇九）三月二七日没　山下正盈

・天明八年（一七八八）八浜村名主藤兵衛　寛政一二年（一八〇〇）二月二七日まで（同前書九二頁下段）

・享和三年（一八〇三）二月二七日　八浜村名主小八郎（同前書一三〇頁上段）

一三代　正辰　天保一五年（一八四四）八月一一日没　山下官蔵正辰

・文化九年（一八一二）四月　名主大下屋官蔵（同前書一三〇頁上段）

・天保一一年（一八四〇）四月　八浜村名主官蔵（『撮要録』一七九七頁）

一四代　正道　明治二年（一八六九）一月二二日没　五七歳　山下藤九郎楠正道

・天保一五年（一八四四）一〇月一二日任命　八浜村名主喜太郎（『倉敷市史』八巻一三〇六頁）

・文久三年（一八六三）六月　八浜村名主喜太郎（『玉野古事記』二七八頁　田井・藤沢家文書）

九代正寿の部分には、一三代官蔵が正寿のために建てた墓誌に、「賜用吉宇藤木迫間田□　従来綿連　當中興之祖也」とあり、彼の代には用吉・宇藤木・迫間に土地を持つ大地主であったと推定され、山下家中興の祖と見なされたようである。なお、山下氏の歴代の数字は、正寿を九世としたことから当てはめたものであり、そのため、山下祐徳は三代目に当たることになる。山下氏の出自を楠氏とする伝承もあり、[18]「正」を通字とするなど、もとは畿内在住であったようにも思われる。

次いで、山下家一一代正香の宝暦八年（一七五八）大庄屋本役就任と、一二代正盈の天明八年（一七八八）の八浜村名主就任の間に八浜村名主に任命されたのが牛窓屋増太郎である。その初見は明和四年（一七六七）九月で、当時二六歳とある[19]。安永二年に発生した彦崎村の立てた新たな矢井床に対する漁業争論が八浜村に有利に決着するよう、八浜八幡宮に誓願した同九年（一七八〇）二月の文書に、名主増太郎那須敬富と署名している[20]。八浜村名主としての増太郎の名は天明五年（一七八五）まで確認できるという[21]。八浜・旧蔵泉庵の背後にある那須家の墓地に、文化一〇年（一八一三）一二月二二日七二歳で没した増太郎の墓[22]がある。その墓碑銘には、「那須耕助諱敬富後号閑斎　父伝左衛門敬貞　母野多氏　娶備中玉嶌萱谷氏生二男二女」とあり、増太郎から耕助と改名している。寛政四年（一七九二）の「永代太々神楽」[23]に「一口　八浜村山下藤兵衛　一口　同　那須耕介」が見えるが、この時点でも名主在勤中であったかは不明である。那須耕助は寛斎という号を持ち、安芸の頼春水・杏坪・山陽等とも交流がある雅人であったという[24]。当時の那須家は醤油醸造家として繁栄しており、同家の経営については第八章で触れることになる。

この前後で、大崎村三宅次三郎、波知村野田亀五郎、槌ヶ原村大塚文蔵・波知村野田九左衛門など、他村から八浜村名主になった人物がある。ついで、天保一五年（一八四四）一〇月一二日に、喜太郎と同時に八浜村名主に任命されたのが橋本屋沢右衛門であり、嘉永三年（一八五〇）に五〇歳とある[25]。八浜・出雲谷の山下家墓地にほど近く橋本家の墓地があり、橋本沢次郎という名で明治一一年（一八七八）九月一六日七八歳で没している[26]。寛政一三年（一八〇一）一二月二八日生まれで、父は文政七年閏八月一二日没の橋本伝右衛門である。伝右衛門は文化七年（一八一〇）に八浜八幡宮の「酒蔵札」を受けており、酒造家であった。沢右衛門は、安政四年（一八五七）九月に拝借銀の滞納のため八浜村名主を退役させられている[27]。なお、前述の一四代山下喜太郎が名主を退役して幕末に自村名主がなくなり、大崎・三宅治三郎、田井・宮田貞左衛門、大崎・三宅弥三郎、田井・岸田清三郎、槌ヶ原・大塚元太郎、広岡・内田五郎右衛門が相次いで八浜村の兼帯名主に当てられている。

続いて名主の補佐役である五人組頭では、次の史料[28]により加兵衛という人物が確認できる。

史料2-10

□□（破損）上

□□□喜太郎姉いわ歳二十九、宗旨真言宗同村□□□那
ニ而御座候、岡山中出石町金川屋弥右衛門忰藤十郎□□
町柄堂屋藤兵衛媒ニ而取遣仕度奉存候（中略）

享保十八年七月　中出石町金川屋弥右衛門 ㊞
八浜村名主　喜太郎 ㊞

右之通相違無御座候、願之通被為仰付候ハヽ、八浜村人馬帳外し、中出石町名歳帳江書入申度奉存候

中出石町名主源野屋清六郎 ㊞
八浜村五人組頭　加兵衛 ㊞

右之通承届相違無御座候已上

惣年寄　内倉屋伝十郎 ㊞
大庄屋波知村　藤蔵 ㊞

山中市左衛門様

この史料は婚姻による宗門送状であるが、享保一八年（一七三三）のものであり、ここには八浜村名主喜太郎（一〇代）とともに五人組頭加兵衛が登場している。この加兵衛は延享二年（一七四五）一月一四日の藩主代参者の宿泊先の「油屋加兵衛」[29]と同一人物であろう。寛延二年（一七四九）九月には五人組頭として勘右衛門が見えている。[30]なお、油屋は宝暦二年（一七五二）八月一四日に、代参者が八浜の「南西段尻大ならし御見物」をした場所が、八浜の町の南の油屋と西の上金屋と書き残されており、[31]これも加兵衛宅であったと推定できる。ついで、宝暦五年（一七五五）二月、備中箕島・早島村と児島郡沿岸諸村との児島湾国境争論で、八浜村五人組頭吉次郎・同村大庄屋小八郎（一〇代）の名が確認できる。[32]明和元年（一七六四）一二月には「北浦村名主八浜村吉次郎」と見え、[33]国境争論で江戸に派遣されるなどの活躍があったとされ、他村の名主に抜擢されたようである。つづいて、前述の安永九年（一七八〇）二月彦崎村の新矢井床争論時の誓願に、名主増太郎とともに五人組頭として源八郎がある。天明二年（一七八二）八月の快神社正遷宮の時に神官からお札を下した人物に五人組頭西屋源八郎が見える。[34]しかし、加兵衛・吉次郎・源八郎ともに氏は不明で、一代限りの就任であったと思われる。

つぎに寛政一〇年（一七九八）に五人組頭辰次郎が見える。[35]前出の寛政四年「永代太々神楽」には「一口　小林辰次郎」とあるので、小林氏であったことが知れる。文化三年（一八〇六）七月の「雨乞祈祷」[36]では、五人組頭に山本屋伊右衛門と橋本屋伝右衛門が見える。伝右衛門は前述の名主橋本屋沢右衛門の父であるが、五人組頭の就任・退任時期は不明である。一方、伊右衛門は文化一五年（一八一八）五月の疫神祭に五人組頭として確認できる。また、文政五年（一八二二）頃の史料[37]に八浜村五人組頭猪右衛門があるが、同一人物と思われる。ついで天保一一年（一八四〇）四月、八浜村の大漁師同士で起こった争論[38]に、五人組頭として安右衛門が署名しているが、氏は不明である。翌天保一二年九月一二日、山本屋長左衛門が五人組頭に任命され、嘉永三年（一八五〇）には四〇歳とある。[39]元治元年（一八六四）六月の藩主池田茂政・郡代らの廻浦入用書上帳[40]に八浜村判頭・名主とともに五人組頭長左衛門が見え、幕末に至っても勤続しているのが確認できる。明治七年（一八七四）の快神社正遷宮行列中[41]に山本長太郎とあり、氏は山本で長太郎と改名したと思われる。

八浜村の漁業

八浜は漁業が基幹産業の一つであった。表2-3は児島湾沿岸で獲れたおもな魚介類である。『備陽記』に記載されているものをまとめており、江戸中期享保期の漁獲物ということになる。現代では児島湾締切堤防によ

表2-3 江戸中期の児島湾の主な魚介類

魚介類	読み方	叡上	産地・備考	漁期
白魚	シラウオ	○	平井・北浦は美味，郡・北浦・八浜・阿津・小串のかし猟で入るが味不宣　干白魚で叡上	12～3・4月
学鰹	マナガツオ	○	阿津・（胸上・向日比）	6・7月
水母	クラゲ	○	阿津・（胸上）・碁石・宇多見	6～9月
海茸	ウミタケ	○	八浜	四季
米烏賊	ベイカ	△	八浜・北浦・郡・阿津・小串のかし猟に入る	2～4月
女冠者	メカンジャ	△	大崎の磯	
鮩	アミ	△	各浦　北浦のかし猟のものは特に風味あり	8～11月
鰍	ウナギ		八浜　生船で都に送る　禁裏にも献上される	
	ヒラ		北浦・宮浦・阿津・小串の流し網	5～7月
鮍	タイラギ		八浜・（山田）	11～2月
馬刀	マテ		大崎・（向日比）の磯	
牡蠣	カキ		宇藤木・彦崎の磯	
灰貝	ハイガイ		青江の磯	
海老	エビ		八浜・郡・北浦・阿津・小串・（胸上）のかし猟に入る	3・4月
鯛	タイ		北浦・（利生・向日比・日比）	

『備陽記』(1721) 237～241頁より。△は以前叡（献ｶ）上であったが中止。（　）は児島湾以外の近隣漁村。

って海水域が激減しており、白魚の四ツ手網漁や幻の青江鰻または青鰻のようにその漁獲が伝えられているものもあるが、ほとんどは消滅もしくは市場に出なくなっている。中でも、将軍家や禁裏に叡上・献上されていたシラウオ・マナガツオ・クラゲ・ウミタケやアミなどは児島湾特産の魚介類であった。これらのうち、八浜村の漁業対象となっていたものは、シラウオ・ウミタケ・ベイカ・アミ・ウナギ・タイラギ・エビがあげられ、樫木漁の網に入ってくるものが多いとある。『備前記』の八浜村の条には、「鮍十一月ヨリ二月迄　シクチ正月ヨリ三月迄　海老四月五月　ヒラ五月ヨリ七月迄　カシ猟三月ヨリ六月迄　鰍三月ヨリ九月迄　鮩九月ヨリ十一月迄　海茸四季トモニアリ」とある。ここでは樫木猟が三～六月に限定されているが、表2-3ではシラウオが一二～三月、ベイカが二～四月、鮩が八～一一月、エビが三～四月を漁期としており、樫木猟は七月頃以外の年中操業していたように思われる。阿津・小串村でも年中とあり、郡・北浦村では漁期の表記はない。

一方、表2-4は八浜村の漁民の推移を示したものである。史料が限られて大要しかわからないが、すでに江戸初期から八浜の漁民は大漁師と小漁師に分かれていて、元禄四年（一六九一）の漁師総数一六八人は、『備前記』による元禄一七年の八浜村戸数三六二軒と比較すると、約五割が大小の漁師であったことが推定できる。樫木漁師を大漁師、矢井猟ほかを小漁師と総称している。幕末に至り、安政四年（一八五七）の漁師人口一二八〇人は全人口の約六割強を占めていた計算になる。

漁業仲間の組織には、享和二年（一八〇二）の快神社祈祷覚㊷に、さしあみ仲間・とあみ仲間・つなし仲間・大猟師・ゑひこき仲間の五つが見える。表2-4には文化元年に大猟師・さし網仲間が見える。同じ文化元年に持網・蛭子仲間㊸、文化五年四月二三日につなしあみ仲間㊹があり、その前後に大猟師・唐網・つなし網の三仲間による龍宮祭が行われている㊺。ところが文政三年（一八二〇）三月の竜宮祭の主催は「漁猟師六仲間」とある㊻。慶応元年（一八六五）の絵馬堂上棟に際して進物をした仲間には、大鮩(ママ)師五軒と大猟師四軒・戸網仲間・鮩引仲間・鱣(うなぎ)かき仲間・ままかり仲間・指網仲間の六仲間が見えている㊼。これらが漁師六仲間と総称されるようになったと考えられる。明治三六年（一九〇三）にまとめられた『岡山県児島郡八浜町々是調査㊽』には、①樫木漁、②矢井漁、③つなし（ままかり）網漁、④持網漁、⑤鰻掻漁、⑥鮩引漁の六つにまとめられて、それぞれの漁法が解説されている。長文の引用となるが紹介しよう。

表2-4 八浜村の漁師人口

和暦	西暦	典拠	摘要
承応4	1655	A	大猟師14人 小猟師代表9人
元禄4	1691	B	漁師168人（元禄8も同数）
明和6	1769	C	大猟師12軒 うち6人2艘持ち 計18艘
安永9	1780	D	5・9月の大猟師日待に大杉原紙製舟守12枚 小杉原紙製版木札13枚 洗米小包13 神酒添餅12振り
文化1	1804	E	5月4日の大猟師日待に大杉原紙製小守12枚 洗米大小24包12軒分 6月21日さし網仲間初穂奉納小守23枚
天保2	1831	F	小猟師230人固定
同 10	1839	G	大猟師12人 うち6人2艘持ち 計18艘
安政4	1857	H	猟師1280人 村人数2023人

A 掃部屋文書「児島郡八浜村猟場加し木相改掟」（『玉野市史史料編』426～7頁） B 同前「口上」（同前書425頁） C『撮要録』403～4頁 D『八幡宮史料集』110頁下段 E 同書173頁下段および171頁下段 F『撮要録』301頁 G 同前書1772～5頁 H 内田家文書「手鑑」（『玉野市史史料編』305頁）

史料 2-11

一　樫木漁業

此漁業ハ、澪筋ニ於テ樫木ヲ建テ、之レニ麻布ヲ以テ製シタル袋網ヲ結ヒ付ケ、潮流ニ依リ網中ニ入リ来ル魚類ヲ採捕スルモノニシテ、一艘ノ使用魚具(ママ)樫木拾六本・袋網八畳ヲ限リ往昔ヨリ大漁師ト称ス、漁家十二戸、其持船十六艘（一家ニシテ二艘持ノモノ四家アリ）、代々之レヲ継承シ、或ハ其権利ヲ売買移転シ、今ニ至ルモ旧慣整然トシテ変セス、其漁獲物ノ種類ハ鮩（アミ）ヲ主トシ、鰻・米烏賊（ベイカ）・沙魚（ハゼ）等ナリトス

二　矢井床漁業

此漁業ハ、潮流ノ関係上、常ニ魚群ノ来集スル所ヲ選ヒ、海底ニ小竹ヲ半月形ニ並列シ床ヲ作リ、其処ニ魚属ノ蔽息スル者ヲ投網ニテ漁スルモノナリ、床ノ所在ヲ認識スル為メ、葉ノ附キタル松木ヲ建テ、網ヲ投スルノ目印ト為セリ、此漁業ハ冬期ヨリ初春ノ候、漁穫最モ盛ナリ、其漁穫物ノ種類ハ鯎朱口・鱸（スズキ）・黒鯛等ナリ

三　ツナシ網漁業

此漁業ハ、潮流ノ関係上、ツナシ・マ、カリ・鮃等ノ常ニ来住浮遊スルケ所ヲ撰ヒ、漁業ノ時々一艘ノ使用漁具竹八十一本ニ網八十枚ヲ限リ、潮流ヲ横キリ、

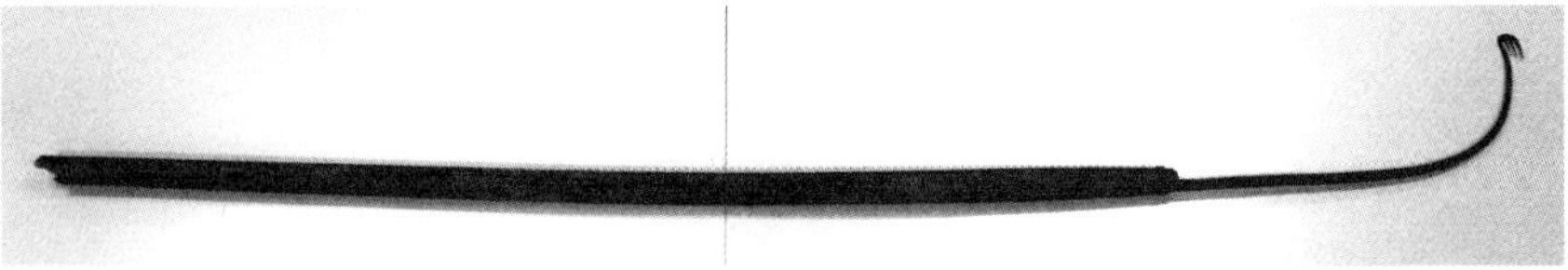

鰻掻き　柄173cm（破損あり）、鉄掻部分65cm　（玉野市教育委員会所蔵）

竹ヲ建テ列ラヘ、其レニ網ヲ結ヒ付ケ一文字ニ張リ、魚属ノ網ノ目ニ頭ヲ刺スモノヲ引キ上ケ、採捕スルモノナリ、此漁業モ亦漁船ノ数ニ制限アリ、往昔ヨリ十六艘ノ定メニシテ、今ニ至ルモ異同ナシ、其漁穫物ノ種類、ツナシ・マ、カリ・鯒（コチ）・牛舌魚（ウシノシタ）等ナリトス

四　持網漁業

方形ノ網ヲ張リ、竹三個ヲ附シ、網ノ三隅ヲ海中ニ沈メ、一隅ハ船舷ニ接シ、海上ニ顕シ、時々張竹ヲ以テ網ヲ引上ケ、網中ニ入リタル魚属ヲ採捕スルモノナリ、夜間等ニハ焚火ヲ為シテ魚属ノ聚来ヲ図ル事アリ、網ノ目ニ大中小ノ三種アリ、其目的トスル魚属ノ種類ニ依リ、其時々之レヲ換ヱ用ヒ、漁船一艘ニ網一枚ノ使用ヲ例トス、其漁穫物ノ種類ハ、鮩・白魚・鰻・米烏賊等トス

五　鰻掻漁業

此漁業ハ掻ト称ヱ、鋼鉄製長一尺八寸ニシテ一端ノ曲リ尖リタル漁具ニ、長二間乃至三間ノ杉丸太ヲ以テ柄ヲ附シタルモノヲ使用ス、其方法ハ潮流ノ速カナル時、船ヲ流勢ニ横タヱ、掻ヲ海底ニ沈メ、柄ヲ船舷ニ当テ、前方ニ刎ネ上ケ、海底ニ潜ム鰻魚、掻ノ先端ニ懸リタルヲ採捕スルナリ、此漁業ノ附属トシテ、春期ニハ鰻

釣・鰻縄等アリ、此漁業ハ最モ簡単ナルモノナレトモ、
非常ニ功拙ノ差アリ、其漁穫物ハ専ラ鰻ナリトス
六　鮩引漁業
此漁業ハ、麻布ヲ以テ製シタル半球状ノ網ニ柄ヲ付ケタル漁具ヲ使用ス、其方法ハ、潮水ノ深サ漁民ノ股ニ達スル位迄テ退キタル頃、漁民ハ海中ニ入リ、桶ヲ腹部ニ当テ、桶ノ上ニ漁具ノ柄ヲ装置シ、半球状ノ網前部ヲ海中ニ沈メ、后部ハ海面ニ顕ワシ、潮流ニ逆ライ足ヲ以テ泥ヲ蹴リツ、前面ニ進行シ、網中ニ溜リタル魚ヲ採リテ桶ノ中ニ収ムルモノトス、此漁業ハ晩春ノ頃ヨリ初秋ノ間トス、其漁穫物ハ専ラ鮩ナリトス

この史料で樫木漁の権利を持つのは大猟師であるとしている。大猟師の軒数は明治三六年に一二軒で、うち複数隻持つ家が四軒とし、往古より権利の売買移転はあるものの軒数の変化はないとしている。承応期に一四軒、安永～文化年間も一二軒とした先の分析と一致している。資源枯渇を防ぐことにもなったのであろう。樫木漁の漁法は、児島湾内の特定の場所の澪筋に樫の木を建て、その間に麻布で作った袋網を結びつけ、潮流に乗って袋網に入った魚類をとる方法である。一艘の樫木は十数本、網は樫木二本間に張るためその半数の七～八条に限られていた。魚種はアミ・ウナギ・ベイカ・ハゼ等で、大きな収入を得ることができたため、大漁師の邸宅は立派であった。文化一二年（一八一五）七月二一日には大猟師のカシ木の建て替えが行われており[49]、不定期的に樫木の建て替えが行われていたのである。

矢井漁は、魚群の集まる場所に竹を半日月状に差して海底に「床」を作り、潮待ちして集まった魚類を投網でとる方法である。投網を用いる漁であることから、江戸時代の唐（投・戸）網仲間が行う漁が矢井漁であったように推測できる。魚種は樫木漁とは違い[50]、アカメ・スズキ・黒鯛（チヌ）等であった。一方、ツナシ漁は、ツナシ・ママカリ・コチ・ヒラ・ウシノシタ（ゲタ・シタビラメ）などを対象とし、潮流を横切るように網を取り付けた竹を直列させて差し、網の目に頭を刺し込んだ魚を引き上げてとる漁法である。江戸期のつなし仲間・ままかり仲間・さしあみ仲間の漁法であろう。また、持網漁は四つ手網に近い方法で、正方形の網の三つのかどを竹に結びつけて海中に降ろし、残りの一角を船縁において時々網を引き上げ、網中にいる魚類をとる漁法である。漁獲物はアミ・シラウオ・ベイカなどである。江戸時代にも同じ名称であった。

鰻掻漁は、前頁に示したうなぎ掻きという道具を用いる。五十数チセンの鉄製漁具を四～五メートルもある杉丸太の先に取り付けて、海底の鰻を掻きとる漁業である。江戸期の掻仲間・鱣かき仲間である。最後の鯡引漁は、麻布で作った半球状の網に柄を付けた漁具を用い、潮の引いた海中に桶を置き、桶の前面に柄のついた網を設置して、漁師が腹に桶を当てながら足で泥を蹴って進み、網に入った魚類をとって桶に入れるという方法である。魚種はアミで、江戸期の鯡引仲間のほか、ゑひこき仲間が海老を足で漕いでとる方法であれば、この仲間ではないかと思われる。潟板とかすべり板と呼ばれる板で、泥状の海面を進む漁法に近いものと思われる。

この他、八浜には海藻のもずくを取る「海雲取仲間」[51]があり、正月四日にせき札五〇枚を配ったとあり、五〇人ほどの仲間があったことがわかる。さらに、安永九年五月五日には生魚商内船への舟守が二二枚、文化元年三月三日にも五十余枚、同一二年三月三日には九〇枚が作られて配られており[52]、獲れた魚の販売を担当する船も次第に増加していたことがわかる。なお、こうした八浜漁業を支えた近世の児島湾内の漁場争論については、第三章で分析することにする。

八浜村の諸職人

八浜村の諸職人については、表2-2で見たように家大工・船大工・鍛冶・桶屋・左官・檜物師・紺屋などが多くあった。猟船を建造する船大工はもちろん、鰻掻きなどの鉄製漁具、鋤鍬や鎌などの農具は鍛冶屋が作ったし、鯡引漁の桶や酒造・醤油造の桶は桶屋の仕事である。そうした職業を屋号とする大工屋・桶屋や鍛冶屋・檜物屋なども伝えられている。『玉野市史』が二九八頁以下に掲げる八浜の商人には、廻船問屋の豪商として牛窓屋那須家や福部屋平岡家を挙げ、大庄屋の楠屋山下家や名主を務めた橋本屋を豪商としている。この他、郡屋・山田屋・大倉屋なども船持ちだったとしている。また、鳥人幸吉の生家である桜屋やその隣家の松屋、港に近い佐伯屋が旅籠屋・船宿であったとある。しかし残念ながこれらかつての豪商のほとんどが幕末維新以後に経営不振に陥り、それまでの経営史料を失っている。そのため『市史』も具体的な史料を示した上での実証的な分析はできず、口碑伝承に基づく論述となったと思われる。本節では、断片的に確認できた史料をもとに、近世八浜の廻船業と酒造業について、わずかではあるがその経営実態を考察する。

まず、近世前期の廻船業者の記録である。

① 延宝四年（一六七六）一一月　八浜・船頭善吉の船四端帆が、加子の妹尾村平兵衛・早島村十右衛門と荷主早島村弥

次右衛門の畳表四六丸を積んで四人乗り組み、大坂に上る途中、同月一日夜、明石川の河口付近で強風に遭い破損した。[53]

② 天和二年（一六八二）一二月　八浜・船頭彦七・同村加子孫右衛門・甚七の五端帆で三人乗りの船が、大坂でたばこを売ったあと同月二四日大坂を出船し、その夜、成尾（西宮市）沖で難風に遭い碇を下ろしていた所へ、飾磨津（姫路市）の一一端帆の船が衝突、三人は助かったが船は大破した。[54]

③ 貞享二年（一六八五）一月　八浜・六兵衛の船三端帆を借り、八浜村喜右衛門・次兵衛・八兵衛の三人が乗り組み、たばこ一五丸を積み込んで一二日岡山を出航した。翌日牛窓でたばこ半丸を売り、日生で残りを売ろうと八つ時（午後二時か）出航したところ、鼠島（瀬戸内市）付近で宇和島藩の荷物船と衝突し、船が浸水した。[55]

引用した史料集ではこの三件が抽出できた。①では八浜の小型船舶が早島の畳を積んで上坂している。②は帰路の難船で、往路ではたばこを販売していた。③は岡山で買い込んだたばこを藩内の港に売り捌くという商品流通に従事していた記録である。漁獲物など八浜の産物ではないが、小規模な廻船業が行われていたことがわかる。

一方、廻船業者として『市史』で指摘された牛窓屋那須家について、つぎのような史料[56]がある。

史料 2-12

那須半入と云う者、宇喜多秀家卿朝鮮へ在陣の時に、自己の船にて為在陣見舞渡海し、酒三百荷、水母三百樽献之、秀家大に是を悦び、半入に望の事ありやと申されしに、京橋を中島へ掛給はり候様にと願により、その儘自筆の下知を給り、其文に云く、

岡山普請町替に付、屋敷の事中上通一段盛覚候、中島において望次第屋敷可遣候者也

文禄二年八月二十一日　　　秀家　判

半入

帰陣已後当町にて屋敷を給はりたる由、これまでは半入は児島に居たるよし、此半入が子孫、享保の頃山崎屋太郎右衛門という商人にて、此状も所持せし由、其後此山崎屋も断絶す

これによると、児島にいた那須半入という人物が、朝鮮に在陣中の宇喜多秀家に陣中見舞いとして酒三〇〇樽と水母三〇〇樽を自らの船に積んで献上したという。秀家は感激し、岡山城下の町造りで旭川の中州にあった中島に京橋を架設し、文禄二年（一五九三）、半入に中島に屋敷地を賜った。半入は児島から中島に移り住み、享保年間でもその子孫の山崎屋が商人として活動していたが、その後断絶したという。半入がもといた児島が八浜と考えられ、その子孫が八浜の牛窓屋那須家と伝えられている。また、那須半入の本家は牛窓村を本拠とし、江戸時代に大庄屋・名主を勤続した那須氏である。八浜の那須家が屋号を牛窓屋と号したのもそうした由来があったからであろう。半入が秀家に贈った酒と水母は児島特産と思われるが、那須家が直接酒造業をしていたのではなく、おそらく郡村の酒造家北窓家の酒を買い取って贈ったものであろう。北窓家も、『東備郡村志』の郡村の条[57]に、「此村に酒舗あり、北窓と云ふ、醇を醪醸す、昔より児島酒と云て其名高きは此酒なり」とあり、「児島諸白」と呼ばれた酒の中心的な酒造家であり、その起源は秀吉時代に遡るとされており、那須半入の時期と一致する。那須家は江戸中期以降に醤油醸造で栄え、福部屋平岡家も同様であり、所有する船に醤油樽を積み込んで大坂・京都に運んでいた（口絵解説参照）。この部分では廻船業者であるが、主要な生業は醤油醸造である。この醤油醸造業については、この二家を含めて第八章で分析する。

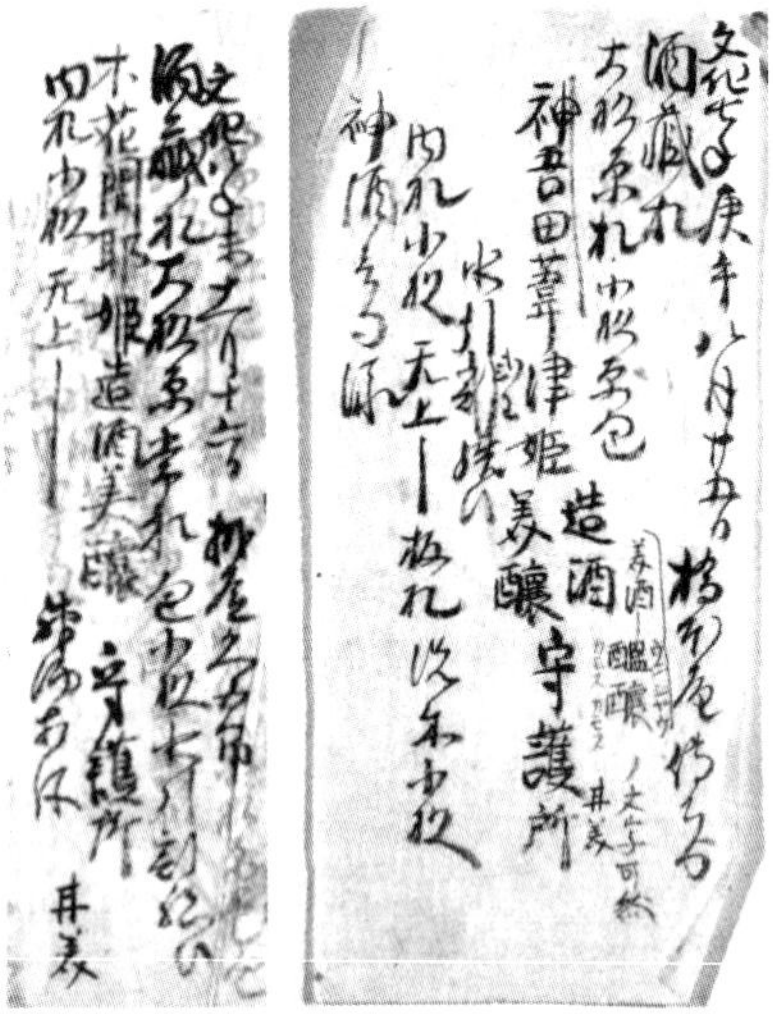

醤油醸造とともに八浜の重要産業となるのが酒造業である。表2-2で示したように、文政初年に三軒あった酒造家は、安政四年には五軒に増加している。『八幡宮史料集』には文化文政期に、のちに名主となる橋本屋と掛（掛野）屋が酒造業を営んでいることが記録されている。上の写真は、宮司尾崎家文書の「□□御神簡記」に付箋として貼付されている「酒蔵札」の原稿である。右側は文化七年（一八一〇）八月二五日付の橋本屋伝右衛門への酒蔵札で、新酒仕込の際に酒蔵に立てられた木札に墨書されたのであろう[58]。橋本屋伝右衛門は前述のように、文化三年に五人組頭となっている村役人でもある。文化九年三月九日には「橋本屋本家」の名で「醤油仕込蔵之札[59]」も受けており、

橋本屋（右）と掛屋（左）に授けた
八浜八幡宮の酒蔵札原稿

酒造と醤油醸造業に携わっていたことがわかる。また、伝右衛門の子で名主となった沢右衛門も、天保四年（一八三三）三月の「快神社御普請諸事扣」[60]に多くの酒と醤油の注文を受けている。また、文久元年の史料には、「村方酒株沢右衛門借請、去申十一月より酉六月迄八ヶ月分益銀外並同様日限払出」[61]とあり、万延元年一一月から八ヶ月間、村方名義の酒造株を借りて酒造を行っていたことが知られる。なお、沢右衛門は明治八年（一八七五）の『地価取調帳』の集計で田畑屋敷地合計三町六畝三歩の八浜村最大の地主であった。[62]

一方、左側は文化八年一一月一六日、掛屋久五郎に与えた酒蔵札である。掛屋久五郎については、八浜八幡宮随神門横の文化二年（一八〇五）の大燈籠の寄進者に、「懸埜屋久五郎」と「懸屋市太郎」、前出の天保四年の「快神社御普請諸事扣」には「かけのや久五郎」[63]とある。正確には「掛野屋」であったと思われる。墓地には天保九年（一八三八）没の水原久五郎とあり、子の久三郎が酒造業を引き継いだかどうかは不明である。なお、文政三年（一八二〇）一〇月の八浜八幡宮修理時に、普請奉行の手代と屋根屋に「友鶴」[64]という銘柄の酒を一升ずつ宮司が渡している。この酒を醸造しているのが橋本屋であったか、掛野屋であったかは不明である。

幕末にかけて、「酒藤原」と呼ばれる藤原虎五郎（一八五〇～一八九九）が、慶応元年（一八六五）に藤原酒造を創業した。さらに、「酒前田」と称される前田芳平（一八四三～一九一六）も、宮坂道の入口付近北側に酒造蔵を構えた。創業時期は不明であるが、この二軒の造り酒屋は明治以降繁栄した。上の写真のおちょこのように、藤原酒造は「亀乃井」、芳平の前田吟醸は「快菊」という銘柄の酒を醸造し、児島諸白の伝統を最後まで守り続けた。

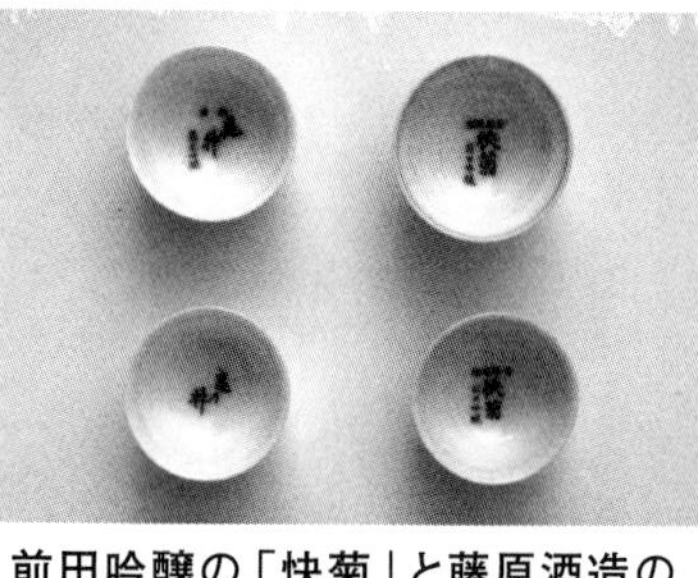

前田吟醸の「快菊」と藤原酒造の「亀乃井」のおちょこ（尾崎良氏所蔵）

註

（1）『児島湖発達史』一一三頁（一九七七）
（2）『藩法集1岡山藩』下二八八頁（一九五九）享保五年子「願訴訟留」より
（3）備作史料研究会発行『御納戸大帳　備作之史料（二）』一七二～三頁（一九八四）

(4) 鳥取県立博物館所蔵。加子米の額については『岡山県の地名』（平凡社一九八八）より抽出した。なお、『岡山県史』近世Ⅰ六四一頁に記述がある。

(5)『撮要録』四一一頁

(6)『玉野市史史料編』四二六～七頁所収

(7) 池田家文庫万治四年［児島郡図］（T2-90）より（岡山大学池田家文庫絵図公開データベースシステム）

(8) 延宝四年は『御留帳御船手　上』（岡山大学出版会二〇一〇）三七二頁、貞享二年は『同　下』六三二頁収録史料より。

(9) 伊兵衛は『同　下』八〇頁の延宝七年史料と二一八頁の同八年史料（伝兵衛とあるのは伊兵衛の誤植カ）、五郎兵衛は同六三二頁の貞享二年史料より。

(10)『玉野市史史料編』四二四～五頁

(11) 同書四二五～六頁

(12) 同書五一五頁

(13) 八浜・宗蔵寺の山手にある如意輪観音堂の地蔵群の左端にある地蔵台座に、「三宅氏上金屋」享保六年（一七二一）没とある。また、元文五年（一七四〇）一月一四日、八浜八幡宮への藩主代参者の「御宿」として上金屋三郎右衛門が見えており（『八幡宮史料集』四九頁上段）、寛保三（一七四三）八月一四日の代参者も上金屋三郎右衛門宅に入っている（同五三頁上段）。これらにより三郎右衛門＝上金屋＝三宅氏と推測できる。さらに、安永九年（一七八〇）五月の八浜八幡宮正遷宮時に、当村古名主上金屋三郎兵衛門が、神職頭の大守三河守を名主・五人組頭は出迎に及ばずと助言している記録もある（同書一〇二頁上段）。これにより同氏はかつて八浜村の名主経験者であったと推定されるが、具体的な時期は不明である。

(14) 日比・四宮家文書　元禄一二年（一六九九）「福山御領分御検地御出張御役人連名附」に、「児島八浜村尾崎猪兵衛」とあり、当時岡山藩が担当した福山検地に動員された村役人の一人であったことがわかる。しかし、八浜八幡宮の神職を世襲した尾崎氏とどのような関係であるかは未詳である。

(15) 同前書には「児島小串村味嶋五郎大夫」という人名が見えている。徳大夫ではないが、小串村の大庄屋・名主を世襲したのが「味嶋（三島）」氏であったことを推測させる。

(16)『八幡宮史料集』二二頁収録。なお、勘介の氏は明記されていないが、福部屋（平岡氏）の墓所に勘介名がこの時期に何代か見え、醤油醸造などで栄えた豪商の平岡氏であったように推測できる。

(17)『撮要録』四一七頁

(18)『玉野市史』一四九頁。なお、明治維新の戸籍編成以降一五代小八郎から楠姓を称している。

(19)『玉野市史史料編』二三六頁

(20)『八幡宮史料集』九〇頁下段

(21) 同書九二頁下段

(22) 戒名は「雪峰道清居士」である。

(23)『玉野市史』三五六頁。なお、大崎・三宅家文書の史料であるが、現在原本は行方不明である。

(24)『玉野古事記』二三四頁、『玉野市史続編』二七五頁。
(25)・(34)・(38) 旧版『倉敷市史』八巻一三〇六頁
(26) 戒名は「英応顕義禅定門」であるが、同家の墓地は度重なる土砂の流入で立ち入ることができない状態になっている。
(27) 田井・藤沢家文書（『玉野古事記』収録二九六頁）
(28) この史料は大野敞一氏より筆者に譲られた史料で、かつて八浜の旧家に残されていたものを貰い受けたとされている。
(29)『八幡宮史料集』五六頁上段
(30) 同書六九頁下段
(31) 同書七九頁上段
(32)『玉野市史史料編』二三四頁
(33)『撮要録』一〇二一頁
(34)『八幡宮史料集』一二二頁上段
(35)『倉敷市史』第8冊一三〇六頁
(36) 同書一八二頁下段
(37)『玉野市史史料編』四四九頁
(38)『撮要録』一七九七頁
(39)『倉敷市史』第8冊一三〇六頁
(40)『玉野古事記』二九三頁
(41)『八幡宮史料集』三一〇頁下段
(42) 同書一四〇～二頁下段
(43) 同書一六六頁上段。肥料になる小生物か。詳細不明。
(44) 同書一七八頁下段
(45) 同書一七五頁上段。なお、文化一〇年の龍宮祭は三仲間で行われており、この三仲間であったと思われる（同書二一一頁）。
(46)『八幡宮史料集』二五八頁下段
(47) 同書三〇五～六頁
(48) 玉野市教育委員会所蔵　旧八浜町役場文書
(49) 同書二〇一頁下段
(50) 矢井床漁法の「鯎朱口」の朱口はアカメ・シュクチというボラに似た魚を指し、アカメとしておく。
(51)『八幡宮史料集』一七二頁下段、文化三年（一八〇六）正月と、一三二頁上段の文政年間正月の記録が見える。
(52) 同書一一一頁上段、一七四頁下段、一三七頁下段
(53) 前出『御留帳御船手　上』三七〇～一頁
(54)『御留帳御船手　下』四八一～四頁
(55)『同書』六三一～三頁
(56)『吉備温古秘録』巻十二「西中島町」条（『吉備群書集成』第七輯二七九頁所収）
(57)『吉備群書集成』第二輯三二五頁所収。なお、玉野市築港・北窓家の伝承では、秀吉が備中高松城合戦で備前に進軍した際、飲んだ北窓氏の酒を絶賛し、北にのみ開いた窓のため直射日光が入らず、風通しの良い酒蔵で熟成された酒と聞き、北窓の姓を授けたという。屋号は北窓屋・福田屋である。
(58)・(59)『八幡宮史料集』一七五頁下段
(60)『同書』二七八五頁下段
(61) 文久元六月藤沢家文書（『玉野古事記』二九六頁収録）
(62) 拙稿「松方デフレ期の農村情勢—児島郡八浜村の場合—」（岡山県立玉野高等学校研究紀要第二三号所収一九八六）
(63)『八幡宮史料集』二七九頁下段
(64)『同書』二六〇頁下段

第三節　近世八浜八幡宮の沿革

八浜八幡宮と快神社の創建

八浜・金剛寺はもと出雲谷にあったと伝えられている[1]。その金剛寺の鎮守として、八浜八幡宮も同じ出雲谷に勧進されたとしている。その金剛寺にはつぎのような由緒記録[2]がある。

史料2-13

岡山縣備前国児島郡玉井村大字八浜字両児山
醍醐山三宝院末中本山
真言宗古義派　金剛寺

(中略)当寺ハ延喜年中ノ人三善清行ノ息男浄蔵貴所ト云人不動ノ像ヲ自作シテ、以テ当両児山ヘ艸庵ヲ結ヒ居タリ、後ニ至リ漸々ニ修繕之建物ヲ増シ、遂ニ応永廿一年十月十五日ヲ以テ増賢律師今ノ地ニ移ス、後チ文安五年戊辰三月、後花園天皇当寺ニ詔シテ、長ク一天ノ安寧宝祚ノ長遠ヲ祈ル可シトノ勅願所ノ号ヲ不朽ニ賜フ所ナリ、是即チ今ニ至ル迄維持シ来レリ、蓋シ天正ノ頃当両児山ニ於テ毛利浮田ノ二氏戦闘有リ、其節諸物略ボ紛失亦ハ破滅シタリ、然ト雖トモ多少ノ証残レルニ因テ記ス為

三善清行(八四七~九一九)の子浄蔵は比叡山の天台僧で、八浜の地に草庵を結んで住んだとは考えにくいが、何らかの縁があったのかもしれない。このような金剛寺の原由が延喜年間(九〇一~九二三)の平安中期に遡る可能性もあり、八浜八幡宮もその頃の勧進であったようだ。やがて金剛寺は、第一節で述べたように、応永三一年(一四二四)に八浜の現在地に移建され、三年後の同三四年(一四二七)には、八浜八幡宮も両児山北峰の青龍山に遷座した。さらに、文明六年(一四七四)、永正一二年(一五一五)と社殿改修を重ねたが、天正一〇年(一五八二)の八浜合戦で、八浜八幡宮の社殿は宇喜多方の陣所となり、金剛寺を含む八浜の町も略奪や放火によって荒廃したと考えられる。しかし、秀吉と毛利の和睦が成立した天正一三年には児島全域が宇喜多方の領地となり、八幡宮の社殿は、翌年、大願主山下祐徳や金剛寺長雄をはじめ、町衆の力を結集して再建された。八浜八幡宮は以前の金剛寺の鎮守から八浜全域の氏神様へと変貌を遂げたのである。

そのような八浜八幡宮が、さらに岡山藩直轄の神社として社格を上昇させるきっかけとなったのは、岡山藩草創期に任命されたという八浜代官渕本弥兵衛による、池田光政誕生のための祈願である。つぎのような史料が宮司尾崎家文書に残されている。[3]

史料2-14

（前略）

一武蔵様御代新太郎様御懐胎被為成御座候節、当村ニ渕本弥兵衛殿ト申御代官御座候而八幡宮へ御祈願□被成、御懐胎ニ被為成候ハ若君様ニ而候哉姫君様ニて候哉と御鬮を直に御取被成（候ガ脱カ）得ハ、両三度迄若君様ト御鬮御座候、其時渕本弥兵衛殿当宮へ御祈誓ニ、弥若君様ニ而被成御座候ハヽ、宮を立直し可申ト御申込被成候へハ、則其夜御夢霊御坐候、若君様御堅固ニ御誕生可被成候、殊ニ御寿命長久ニて御繁昌疑所無御座旨御夢霊御坐候、其明朝渕本弥兵衛殿早々参詣被成、然上ハ宮を御立直し可申候、尚氏子共相添、新太郎様御誕生とし前に為御祈祷を、宮を御立直シ被成候事

一宮出来仕遷宮之節、武蔵守様より当村へ御島渡遷宮之用意ニ御立被為成候、自其当宮祭礼ニハ同鎧武者三人、渕本弥兵衛殿ゟ鎧武者二人、毎年五人宛警固ニ御出し被為成候事正儀ニ御坐候、其節渕本弥兵衛殿警固ニ御雇被成、出申者于今当村ニ御座候、右之趣正儀ニ御坐候

右之通リ延宝四年辰ノ正月十六日ニも書付指上申候

一　末社　御崎宮

一　同　快神社

此快神社ニハ正儀御伝御坐候得共、長名ニ御座候故書上不申候、然共寺社御奉行様ゟ御尋之節、古細（ママ）書付一ノ宮神主大森筑後迄指出シ申候以上

延宝八年申ノ十一月五日　　神主　尾崎主計

この史料の前半では、渕本弥兵衛（一六二三没七二歳）が八浜八幡宮に主君池田武蔵守（利隆）世継ぎ誕生の祈願をしたところ、御鬮が三度とも若君誕生となり、のちに池田新太郎（光政）が生誕したという。[4] 渕本は光政誕生の祈願のため八幡宮建て直しを約束し、慶長一二年（一六〇七）四月二日上棟の棟札が残っている。後半の文章には、社殿完成の遷宮時に、

快神社

利隆公が渡島し、八幡宮に参拝したようにある。光政の誕生は同一四年四月四日で、以後、当宮の祭礼には毎年藩より鎧武者三人、渕本家から同二人が神輿警固のために派遣されることが「正儀」（正式な儀礼の意か）となったという。光政は父の死後の元和二年（一六一六）姫路四二万石の藩主となるが、幼少のため翌年鳥取藩三二万五〇〇〇石に移される。しかし、寛永九年（一六三二）には池田光仲との封地交換で再び岡山藩主に復帰している。この元和三年から寛永九年までの鳥取時代は、騎馬武者派遣は行われなかったとされている。[5]

八浜八幡宮境内の西隣には摂社の快（こころよし）神社が祀られている。この神社も近世には八幡宮同様崇敬の対象となり、社殿改修や祭礼の記録が多数残されている。この快神社の鎮座の経緯を、享保年中の池田家文書「御国中神社縁起棟札之写」[6]の快神社の条から意訳して紹介する。

往古、宇藤木から八浜の沖合にある「豊岡海」に、幅五尺長さ七八尺ほど（1.5×2.3メートルほど）の丸太の流木が漂流していた。漁師たちは、中が空洞のような「うつほ」状態のこの木舟を岸辺に流れ着かないようにしていたが、常山の麓の渚に漂着してしまった。近村の男女が集まってこの木を見ると、中から音のようなものが鳴り響くので、怪しい物はこの渚に置いてはおけないと、沖合に引っ張って流してしまった。この木はその後海上を漂い、やがて八浜村の磯辺に流れ着いた。ここでも人々が集まっていると、前のように木の中から音が鳴り響くので、老人たちが木を割って確かめてみようと言い出し、大勢で木を渚に引き上げ斧で割った。すると、中に衣冠を帯び荘厳で美を尽くした人が横たわっていた。人々が見つめる中、その人はすぐに絶命したので、老人たちは渚に深い穴を掘らせ、割った木を元のように合わせて埋葬し、石を置いて墓とした。しかし、二〜三年後から、老若男女の漁師たちに祟りが起こるようになり、海上を行き交う船にも祟ったので、小社を建てて快神社と号して丁重に祀り、六月一三日を祭日とした。その結果、以後祟りもなくなったという。最初にこの木が流れ着いた常山の渚はうつほ木村と呼ばれていたが、今の宇藤木村となったとある。

快神社は近世の史料にはいずれも「勧進年号不知」とあり、創建時期は不明である。しかし、「豊岡海」は室町期の地名であり、宇藤木村の地名は常山城主戸川秀安時代にはあったから、創立時期がいつかと問われると、室町から戦国期と答えられそうである。八浜八幡宮の青龍山遷座よりも後のことであるとも思われる。

八幡宮と快神社の藩主祈願所へ

寛永九年（一六三二）、岡山藩主に復帰した池田光政は、岡山藩政の確立に努力する。その中でも寛文六年（一六六六）から翌年にかけて、「神社淘汰と寄宮への整理策、寺院淘汰と僧侶還俗・追放策、キリシタン神職請策といった、一連の独自の宗教政策」を行った。[7] これにより金剛寺の末寺であった□眼院の住僧が還俗して善三郎と名乗り、寺の田地を賜ったという。同じく安養坊の住僧が還俗して茂右衛門と称し、田畑山林を賜り、禅定坊の住僧が還俗して八浜八幡宮の神職となり、主計と改名して田地社領を賜っている。さらに□蓮坊の住僧が猪兵衛となり、田畑山林を賜ったが後に売り払ったとある。この他、大崎村の福性坊と福寿院、波知村の法楽寺の住僧が還俗している。[8] このように、金剛寺末寺の七ヶ寺が淘汰、還俗しており、中でも主計は八浜八幡宮の神職となっている。主計は出家前の尾崎姓を称し、僧侶であったので妻子なく、八浜生まれの権頭を養子とし、宮司尾崎家初代となった。一方、神社淘汰について、玉野地域の神社がどう行われたかはよくわかっていないが、快神社は寄宮への整理の対象になっていながら除外された。[9] それは、尾崎主計が渕本弥兵衛による八浜八幡宮・快神社への世継ぎ誕生祈願の故事を言上[10]したことによる。[11] 京都の卜部（吉田）兼連の証明も得て社殿を再建したという、寛文七年一一月の快神社棟札[12]もこれを示している。

また、宝永三年（一七〇六）には、岡山藩の郡代支配の作事奉行管轄下の神社として、一宮（吉備津彦神社）と末社、一宮神職大守家宅、牛窓・五香宮、赤磐市・石上布都魂神社、八浜八幡宮（快神社を除く）、大漂氏宮（備前市大多府島・春日神社）、八木山鏡石神社（備前市・鏡石神社）、岡山・伊勢宮の猫祠などが挙げられている。[13] 延喜式内・外社の流れを汲む古社が多い中で、岡山藩主池田家との由縁を持つ神社として八浜八幡宮が尊重されていたことがわかる。

この頃から岡山藩は、藩主池田家の祈願所を領内に整備し、主家に宗教的権威を付与強化していく。宮司尾崎家文書などには岡山藩からの祈祷依頼の記録が残されている。その初見史料は、宝永六年（一七〇九）、二代藩主池田綱政の嫡男池田政順の不例に対する渕本弥兵衛の曾孫久五左衛門からの祈祷依頼である。[14] しかし、政順は同年一四歳で早世しており、祈りは通じなかったようである。このあと、政順の弟が養家の天城・池田家から池田家に戻り跡継ぎに指名された（のちの池田継政）。八歳の新たな世継ぎも、翌宝永七年（一七一〇）、腫れやむくみを意味する「腫気」に陥っている。この時も渕本が渡海し、八浜八幡宮で病気回復の祈祷が行われた[15]。

史料2-15

一宝永七年十二月、当殿様茂重郎様ト奉申候節、御不例ニ付当社八幡宮に御祈祷被仰付、同二十二日之夜、渕本久五左衛門殿御渡海ニ而右御祈祷、（中略）御本復之同時神鬮も曜申度ト渕本久五左衛門殿被申候ニ付、恐多奉存達而辞退仕候へ共、先祖渕本弥兵衛祈願仕神鬮之通に御世継御誕生御繁栄之御吉例も有之故、此度之御祈祷も被仰付候間、以神鬮入申様ニと被仰付候ニ付、乍恐神鬮を入候へハ、則二十八日ゟ急度御本復可被遊旨神鬮下リ申候、其節渕本久五左衛門御願書

　奉願上

今度壬午年難病ニ付御祈禱申上、本復之日奉願候処、当月二十八日ゟ急度可有本復神鬮被下難有奉存候、弥以於本復ハ念願之通武州公御馳走同事ニ又可仕候、乍恐も願人渕本氏も先祖之通尊敬可申上候

ちこ（児）島の八幡なれは御子孫の御守神にうたがひなし

　寅十二月廿四日　　渕本久五左衛門　判

右御祈願書今御神前ニ納リ居申候、即神鬮之通廿八日ゟ次第に御快勝被為遊、早々御本復被遊候而、翌卯正月十五日、年内之御祈祷為御祝儀、浅野瀬兵衛殿ゟ御状相添御銀頂戴仕候、益御機嫌能御座候ニ付、同年八月十五日御祭礼又ハ正月十五日と両度宛御代参年々御社参被遊来リ候

今回は最初の祈祷のあとにすぐ効果があり、さらに神鬮を引き、そのお告げの通り二八日より本復となった。年が明けて一月一五日藩より祝儀として銀二枚が下賜された[16]。八月一四〜五日の祭礼には茂重郎の代参として山中官兵衛が初尾銀二枚を奉納し、八浜村名主勘兵衛宅で、神職大膳が山中に御祓を入れた箱と神酒入りの角樽を進呈した[17]。翌正徳二年（一七一二）一二月一五日は渡部介之丞が、翌三年八月一五日には岩田庄兵衛が代参派遣された。どちらも、初尾銀二〇両という多

額の奉納があり、神職による千座御祓の執行や一の神子と権神子による神楽の奉納が行われている。[18] 一月一五日の年始代参は同六年の津田小源太から始まったようで、以後、年始と八月の祭礼時の代参派遣が恒例となった。なお、岡山藩は、後述するように、正徳四年（一七一四）、郡方構による八浜八幡宮の大規模な建替を計画し、七月三日正遷宮で完成させている。[19] 棟札には藩主綱政の名が記されており、[20] 子茂重郎の危機を救った八浜八幡宮に対する感謝であったろうか。しかし、綱政は一〇月「不快」に陥り、渕本の依頼を受けて六～八日まで祈祷があり、一五～六日には児島郡小串・日比組合の神職による祈祷が八浜で行われた。[21] 一〇月二九日綱政は七七歳で死去し、茂重郎は一四歳で第三代岡山藩主となり継政と改名した。

ついで享保一六年（一七三一）四月、継政の子（後の四代宗政 同一二年生まれ）の疱瘡治癒祈願が行われた。この時、継政の生母栄光院に対する年賀の祈祷を行ってきた東山・利光院、城内石山・円務院、法界院、大守肥後守、八幡・見垣周防守、酒折宮・岡越後守、金山・遍照院、祇園・光岡若狭、槙谷・水子駿河、常念寺、五流、曹源禅寺の計一二社寺に祈祷が命じられ、牛窓・遍明院、安仁神社・宮崎右内、八浜・尾崎大膳の三人にも祈祷を仰せ付けている。[22] これらの寺社が岡山藩主の祈願所としての格式を与えられるのである。藩主継政は翌一七年の児島廻覧の途次、二月一〇日に八浜に止宿し、「萬代も吉備のしまねをためしにて　うこかぬ国のすえたのむなり」という詠歌を自筆で書し、神職大膳に贈っている。[23] このように八浜八幡宮は、藩主から疱瘡（天然痘）封じの社寺としても厚い尊崇を受けるようになり、藩士や内外の領民からも信仰の対象となっていった。

さらに、明和元年（一七六四）、父宗政の死後、池田治政が五代藩主となった際、代替の国家安全祈願として領内の寺社に祈祷が命じられている。ここに記録されているのは、東照宮・利光院、一宮・大守藤内左衛門、八幡・見垣民部、酒折宮山王宮・岡上総、韴御霊（ふつみたま）神社・物部志摩、安仁神社・宮崎采女、八浜八幡宮・尾崎美濃、千手山王宮・遍明院、愛宕山・松寿院、百万遍・常念寺、円務院、大多羅・句々廼馳（くぐのち）神社・六十六社・中山織江、金毘羅宮・水子兵庫、大峯・五流先達、曹源禅寺、中山下寺、和気・大滝山福生寺、大ヶ島寺・等覚院、金銘山・石山明神・遍照院、三野・法界院、岡山城下・養林寺である。[24] 享保の寺社とかなり重複している。

さらに、池田治政が寛政二年（一七九〇）に左近衛権少将に叙任された際、そのことを「御告」する寺社として、一宮・子

表2-5　八幡宮と快神社のおもな社殿改修

度数	八浜八幡宮	典拠	宮司
1	慶長12（1607）4.2建替	棟札3・3～6	
2	正徳4（1714）7.3建替	棟札5・14・20	3大膳
3	享保16（1731）8.11葺替	36～38・40	3大膳
4	宝暦8（1758）8.21改修	59・60	4美濃
5	安永9（1780）5.18屋根改修	73～76	5小文治
6	文政4（1821）幣殿拝殿建替	146～148	5多門
7	弘化4（1847）11.24屋根葺替	169～172	6隼太
度数	快神社	典拠	宮司
1	慶長12（1607）建替	4	
2	寛文7（1667）11建替	2・6	1惣太夫
3	元禄13（1700）2.21建替	12	2権頭
4	寛延2（1749）10.19葺替	54	3大膳
5	天明2（1782）8.1屋根改修	79～87	5多門
6	文化9（1812）9.3屋根改修	122～127	5多門

典拠は『八幡宮史料集』収録の史料の通し番号である

安宮、八幡宮・祇園宮、安仁神社・千手山王社には池田姓の重臣が、酒折宮・山王、金剛山・山王所、（円務院）、八浜八幡宮、銘金山・石山明神（金山遍照院）、少林寺・心定院には近習仲間が、常念寺、円山、養林寺には御使役の藩士が代参として派遣されている[25]。さらに下って、幕末の元治元年（一八六四）にも、九代藩主池田茂政が従四位上左近衛権少将に宣下されたことの「御告」をする寺社として、寛政二年の時と同じ寺社が記録されている[26]。若干違うのは、酒折宮以下五ヶ所に派遣される藩士が大小姓頭となっている点である。こうして、岡山藩主池田家に宗教的権威を与え、領民から尊敬を受ける寺社の格付が、宝永期ころから形成され、享保期の江戸中期にはほぼ確立し、幕藩体制崩壊期まで維持されていたと考えられる。その中の一角に八浜八幡宮は位置づけられていたのである。

八幡宮と快神社の社殿改修

社領わずか二石六斗六升（宮免田地二枚）のほか、夏秋の祭礼の御供料三石の下賜と正月八月の藩主代参からの初穂銀三枚[27]では、神職尾崎家は岡山藩祈祷所を維持していくのは大変であったろう。社殿が損壊し、再建改修を必要としたことは度々である。八幡宮だけでなく境内地に鎮座する摂社快神社や末社御崎神社も、営繕の必要は同様に多数あった。幸い八幡宮は岡山藩郡代配下の作事方請所で、快神社も寺社奉行配下の小作事方による改修の対象となっていたが[28]、藩財政が逼迫して厳しい倹約が実施された時期には、改修は思うに任せなかった。表2-5は八幡宮と快神社のおもな社殿改修の記録をまとめたものである。八幡宮は二〇～三〇年、快神社は四〇～五〇年に一度建替改修されたようであるが、それにこぎつけるまでには宮司の努力は大変なものであったろう。しかし、ここで全てを解説する余裕はないので、遷宮式作法の史料が残るものを中心に考察しよう。

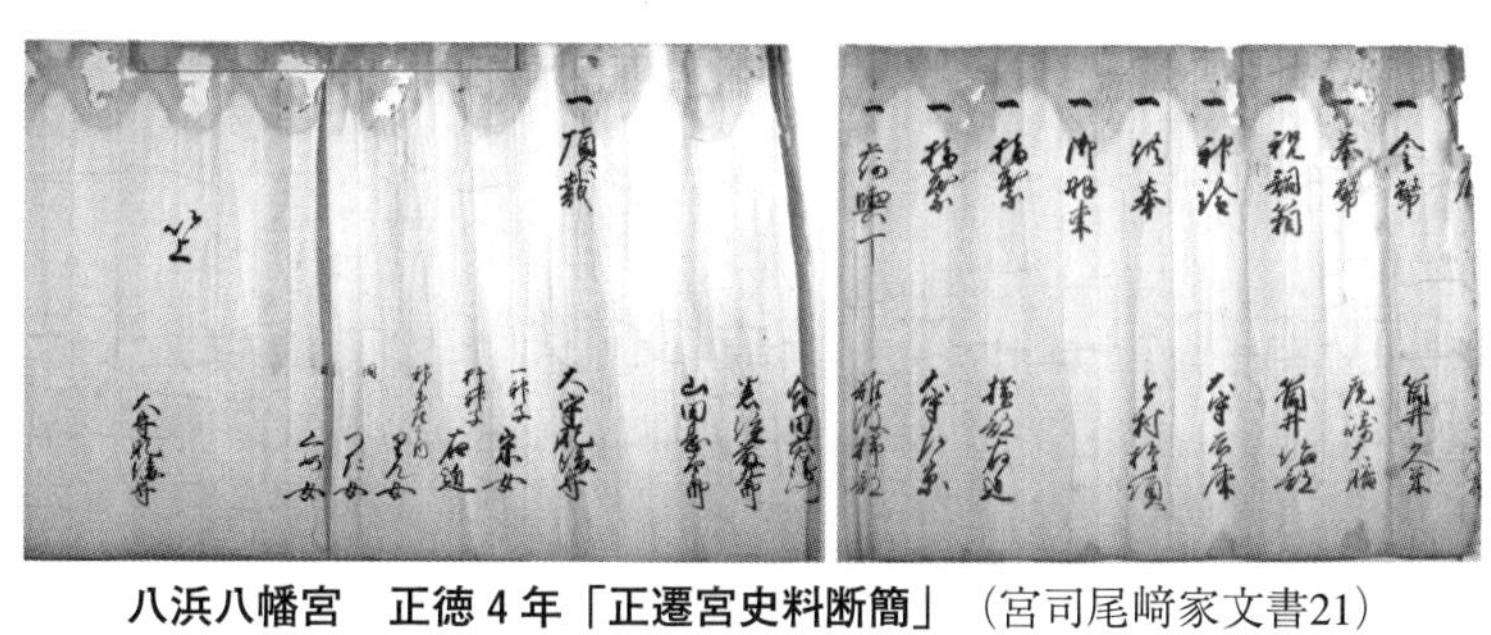

八浜八幡宮　正徳４年「正遷宮史料断簡」（宮司尾崎家文書21）

正徳四年の八幡宮の建替時には、二月一日に郡横目の佐治八大夫が調査を兼ねて参詣している。同月一三日には郡代藤岡勘右衛門が八浜に渡海し、本殿の建替は寺社奉行管轄でなく郡方構えで行うことを上金屋宅で通知している。[29] 三月五日には釿初（ちょうなはじめ）が行われ、四月一二日夜戌刻（午後七時頃か）には御神体を本殿から仮殿へ移す外遷宮の儀式が行われている。二八日には柱立があり、神職による千座御祓と神子家による神楽奉納があった。[30] 五月二七日には上棟式が行われ、七月三日に御神体を新築成った本殿に移す正遷宮式が執り行われている。[31] これを取り仕切るのは一宮（吉備津彦神社）神職であった岡山藩の神職組織惣頭大守肥後守で、大頭の今村宮神職今村権頭が補佐した。

正遷宮の作法を見てみよう。[32] 仮殿と拝殿、清祓場で宵から庭燎（篝火）を焚き、戌刻、藩主綱政の代参池田吉左衛門と若殿（のちの継政）代参池田杢が仮殿に拝礼してその右脇に着座した。祝詞が上げられ、里神楽が奉納され、代参が道筋に出ると、灯は一斉に消された。漆黒の中、御羽車に乗った御神体が新しい本殿に移され、神宝を納めると戸帳と翠簾が垂らされた。その直後、燈明底燎桃燈などが悉く灯され、代参は幣殿に移動し、拝礼し着座した。奉幣、祝詞、里神楽ののち、吉田神道の「宗源行法」が出席の神職たちの「微音祓」の中で行われた。これが終わり、代参が幣殿で太麻（おおぬさ）による御祓を受け、神酒を頂戴した。最後に神に供えた膳を下ろして戸を納め、全員が退座して下山した。

この正遷宮に出席した神職は、惣頭の大守肥後守と大頭の今村権頭のほか、児島郡内の組頭である林・熊野大権現の大守兵庫と同組頭の小串村塩竈神社の筒井治部、筒井の組合の八浜・阿津・飽浦・北浦・郡・波知・番田村の神職たちなどである。宮司尾崎家文書には上の写真に掲げた二枚ものの史料断簡[33]が残されている。二〇〇九年の同家文書の目録作成時には年代未詳としたが、二〇一三年の『八幡宮史料集』刊行時に、写真中に見られる人物と正徳四年の正遷宮に出席した神職名が共通することを発見した。写真断簡の冒頭から、□麻（太カ）・児山若狭（阿津）、金幣・筒井久米（小串）、奉幣・尾崎大膳、祝詞箱・筒井治部、神鈴・大守兵庫、供奉・今村権頭、御羽車・（担当者無記名）、指葉・横部右近（一宮）、指葉・大守左京（一宮）、荷輿丁・難波掃部（郡）・合田六右衛門（番田）・黒住藤九郎（一宮）・山田甚太郎（八浜村禰宜）、頂戴・大守肥後守、一神子采女、権神子右近、神楽座・近藤九介とりん・つた・くめが記されている。この史料断簡によって、前者の池田家文書の記録にはなかった正遷宮時の神職たちの役割が半ば判明した。

続いて享保一六年の改修では、同一三年（一七二八）九月に本社屋根と鬼板の落下や、長床の掛戸が一部なく不用心であることを訴えているが[34]、この時は改修されなかった。同一六年二月になり、大膳は再び本殿・幣殿・拝殿等の破損を見分してくれることを願い出て、四月一六日に前述した継政の子の疱瘡祈願が行われた後、これを機に八浜八幡宮の本殿葺替が認められた。七月一五日に外遷宮が行われ、八月一一日には正遷宮となった[35]。今回は、継政名代池田吉左衛門と若様（のちの宗政）名代池田勘兵衛をはじめ、郡奉行西村久五兵衛などの郡方役人、そして神職組織からは酒折宮の岡越後守らと大膳の神職組合一〇人、祢宜山田式部・神子などが出席している[36]。しかし、神職行列の配役を伝える史料はないので正徳時との比較はできない。

つぎに、寛保二年（一七四二）、延享四年（一七四七）の快神社の改修歎願は、倹約中のため小作事方の見分さえ見送られていた[37]。しかし、寛延元年（一七四八）九月三日の台風で箱棟の屋根と千木（ちぎ）・堅魚木（かつおぎ）の落下という被害を受けて、閏一〇月の小作事奉行らの見分が行われ、翌二年八月二三日、小作事方からの手紙で快神社の修繕決定が伝えられた。勘略中のため八浜八幡宮神職主催による外遷宮が九月二四日に実施され、一〇月三日には改修工事がほぼ終わり、一〇月一九日に正遷宮となった[38]。今回の神職中の出席は、郡奉行の名代中村与兵衛・作事奉行松田加七郎らと、神職組織では死去した惣頭大守肥後守の名代として酒折宮の岡舎人、児島郡内の組頭筒井治部および組合神職八人、八幡宮の神子・神人らである。その行列の配役は、鼻長・山田式部、塩加持・合田喜太郎、散米・河田主計、太麻・井上右京、神鏡・難波掃部、祝詞箱・藤原齋宮、御幣・尾崎大膳、神鈴・筒井治部、御指葉・児山内膳・南部帯刀、御羽車・尾崎友之進・井上但馬、頂戴・岡舎人、巫女となっている[39]。正徳時の配役と一部変化した部分も見られる。なお、今回の正遷宮では藩主代参はなく、作事担当の奉行ら三人が拝殿に着座して式に関わったようである。

安永九年（一七八〇）には八幡宮の屋根改修が行われた。今回も同三年に破損報告と修復の歎願を提出したが実現せず、この年八幡宮屋根修繕が通知され、三月二日仮殿着工、七日夜外遷宮、五月一八日正遷宮の運びとなった。藩主治政の名代として池田造酒をはじめ、郡奉行加藤伝兵衛、郡目付杉村八郎左衛門、徒目付として大庄屋大崎村次三郎らが参列した。彼らは、それぞれ牛窓屋増太郎（名主）・福部屋又五郎（豪商）・大下屋里右衛門（再任直前の前大庄屋）・西屋源八郎（五人組頭）の邸宅に宿泊した。神社組織からは一宮・大守主水らと、八幡宮神職尾崎小文治の神職組合、祢宜山田次郎吉・神子家などが出席している。[40]

この年の正遷宮の進行はかなりわかっている。[41]当日宵より本社左右や清祓場は庭燎が焚かれ、名代が拝殿東側に着座して戌の上刻に儀式が始まった。本殿で中臣祓を一度行ったあと、社方全員が仮殿に集まり中臣祓を三度行った。ついで大守三河守の祝詞奏上と里神楽の奉納が行われ、つぎに御簾を巻き戸帳を掲げ御神体を移し、同時に庭燎は一切消された。動座の発声により輿が本殿に向かって出発した。その時の行列は、塩加持、散米、鼻長、榊、御太刀、御弓、大麻、御鏡、祝詞箱、神幣、供奉・見垣左衛門、神鈴・尾崎小文治、指葉、指葉、御羽車・南部織江・秦伊織・河田縫殿・井上主水、頂戴・大守三河守と続いた。正徳四年や寛延二年の行列は仮殿から本殿に御神体が移される時のものだったことがわかった。また、この年の史料によって、正遷宮の行事に関して、八浜の村役人や豪商が宿所を提供するなどの協力を惜しまなかったことも裏付けられた。

この二年後の天明二年（一七八二）、快神社の屋根葺替が行われている。[42]四月に外遷宮（日欠）、仮殿は八幡宮拝殿として新設せずという倹約をした上、六月二日工事着工、九日に完成し、八月一日の正遷宮となった。藩からは郡目付楢村孫之丞が派遣され、戌の刻から始まり、祝詞・尾崎小文治、里神楽、御神体発輿の発声で、安永九年の時とほぼ同じ行列が快神社本殿へと進んだ。組合中の神職は、神幣・近藤直次、供奉・筒井右内、指葉・村上主水・難波将曹、御羽車・河田縫殿・南部織江の六名が務めた。この他、文化九年の快神社屋根改修、文政四年の八幡宮幣殿拝殿建替、弘化四年の八幡宮本殿屋根葺替が行われているが、正遷宮の行列史料が伝えられていないため工事の経過は省略する。

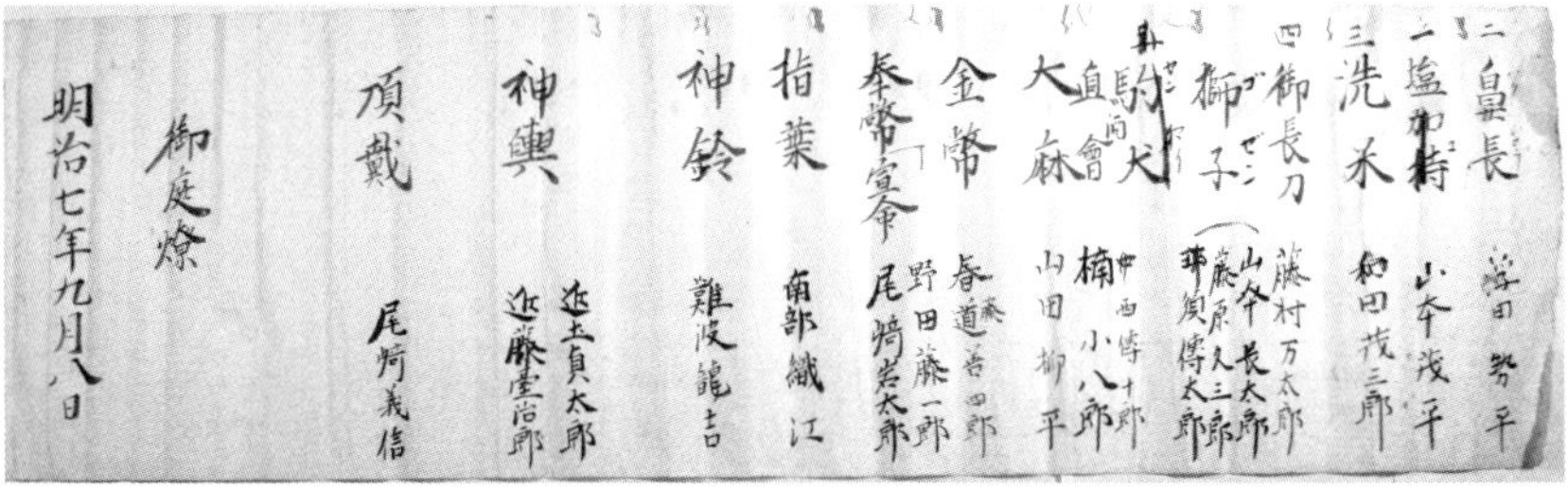

八浜八幡宮　明治７年［正遷宮史料］（宮司尾﨑家文書200）

廃藩置県により岡山藩が廃止となり、神道界は大変な危機を迎えた。八浜八幡宮・快神社の改修は神職と地元負担となり、そのような中で、宮司尾﨑家文書には、上に掲げた明治七年（一八七四）九月八日の正遷宮行列と推定できる史料（史料2-16）が残されている[43]。最初の四行には冒頭に数字があり、塩加持、鼻長、洗米、御長刀の順で進むものと考えられる。以前と大きく違う点は、宣命の尾﨑岩太郎以下の人物は神職であるが、それより前の人々は八浜の指導的立場の人たちであった。例えば、山本長太郎は五人組頭だった山本屋長左衛門、那須伝太郎は名主那須家の現当主、楠小八郎も名主山下家の当主であった。こうして明治維新後は、村内指導層と近隣の神職たちによって八幡宮の維持を図らなければならなくなったのである。

史料2-16

二　鼻長（ハクジョウ）　浮田勢平
一　塩加持（ユ）　山本茂平
三　洗米　和田茂三郎
四　御長刀　藤村万太郎
獅子（ゴゼン）　山本長太郎
　　藤原久三郎
　　那須伝太郎
駒犬（センマイ）
酒　中西伝十郎
直會　楠小八郎
大麻　山田柳平
金幣　春藤善四郎
奉幣　野田藤一郎
宣命　尾﨑岩太郎
指葉　南部織江
神鈴　難波龍吉
神輿　近土貞太郎
　　近藤台治郎
頂戴　尾﨑義信
御庭燎
明治七年九月八日

註

（1）伊東忠志『児島八十八ヶ所霊場』一六六頁（観音院発行一九八一）
（2）［金剛寺文化財・財産目録］（旧八浜町役場文書『寺社関係書類』所収）本章第一節註（38）参照のこと。

(3)『八幡宮史料集』一〇頁下段

(4)同書二頁　大願主は「濃州住加賀郡渕本弥兵衛尉本家」とあり、渕本の建替である。なお、奉加人は山下理安である。

(5)同書一七頁下段所収の池田家文書「留帳」より　(6)同書三〇～三一頁

(7)『岡山県史　近世Ⅰ』（一九八四）寛文期の宗教政策とその意味について四二三～八頁に論述がある。また、圭室文雄「岡山藩の寺社整理政策について」（『明治大学人文科学研究所紀要』第四〇号所収一九九六）も詳しい。

(8)『撮要録』一五二六～九頁　(9)・(11)『八幡宮史料集』一七頁下段

(10)同書一一頁下段の渕本弥兵衛系図による。　(12)同書一〇頁上段

(13)同書一九～二〇頁　(14)・(15)同書一六頁

(16)同書一六、二〇頁　(17)同書二一頁上段　(18)同書二一頁上段～二二頁上段

(19)同書二六頁下段～二九頁上段　(20)同書二頁棟札5　(21)同書二三頁下段

(22)同書三六～七頁所収の池田家文書「社方留」より。なお、岡山藩主の疱瘡祈祷については、安永九年（一七八〇）、若殿様（後の六代藩主斉政）の順痘祈祷を一宮・酒折宮・祇園宮・金剛山（円務院）・八浜八幡宮快神社に命じている（同書九五頁）。さらに文化六年（一八〇九）には、若殿様（斉政の長男新之丞、のちの斉輝）の疱瘡祈祷を一宮・酒折宮・祇園宮・八浜八幡宮快神社に命じ、特に八浜は遠方のため、代参として使役稲川源太左衛門が派遣された（同書一九二三～六頁）。

(23)同書四〇～一頁　(24)同書八八～九頁所収の池田家文書「寺社旧記」巻七より

(25)同書一二七～八頁所収の池田家文書「留帳」より　(26)同書三〇四頁所収の池田家文書「留帳」より

(27)同書六三頁下段。なお御供料については、同書一六頁下段に、享保三年八月一〇日に「御供料三石永々可被仰付」とあり、尾崎家への支給が確定したと考えられる。毎年五月二〇日ころに藩庫からの支給を受けた。

(28)同書一九頁上段および下段　(29)同書二二頁下段　(30)・(31)同書二三頁

(32)同書二六頁以下所収の池田家文書　正徳四年「社方留」　(33)同書二八頁　(34)同書三三頁

(35)同書三四頁　(36)同書三八～九頁　(37)同書六八頁

(38)同書六八頁下段～七〇頁下段　(39)同書七一～三頁　(40)同書九六～一〇〇頁

(41)同書一〇〇～一頁　(42)同書一一二～五頁　(43)同書三一〇頁

第四節　近世八浜八幡宮の信仰

八幡宮の祭礼とその変化

八浜八幡宮関係には二〇二一年現在、四件の県および市指定の重要文化財がある。昭和三三年（一九五八）一月九日玉野市指定の応永三四年・永正一二年・文明六年と天正一四年の二枚の棟札、昭和四一年（一九六六）六月九日市指定の八浜のだんじり、昭和四九年（一九七四）一二月二〇日市指定の快神社本殿、平成二一年（二〇〇九）六月一日市指定の八浜の秋祭りで、八浜のだんじりは平成三〇年（二〇一八）三月六日に、改めて岡山県の有形重要民俗文化財に指定された。八浜の秋祭りにはだんじりが町の本通りを練り歩くが、その歴史は江戸前期に遡る。つぎの元禄一一年（一六九八）の史料[1]がそれを伝えている。

史料2-17

一児島郡八浜村八幡宮御祭礼八月十四日ゟ十五日にて候、
例年十五日辰ノ刻、御幣御旅所江神幸、同日巳ノ刻
還御、氏子共刀脇指を帯シ、或ハ具足ヲ着シ、兵器之鞘
ヲ外シ供奉仕候、少々ねり物致シ、子共踊抔も仕来候、
右御祭礼之儀、先年ハ当村西ノ外レニ御旅所屋敷十五歩
計之只地御座候、此所ニ緞〔仮カ〕屋ヲ仕、右之行粧ニ而氏子共
供奉仕、神輿ヲ奉渡候処、神輿四十余年以前ニ及破壊、
自夫以来ハ神輿緞屋も得不仕、御幣ヲ奉渡、右之粧ニ而
氏子共供奉仕候、兼々氏子共奉願候ハ、御神幣顕シ候而
御神事奉成候事憚恐入申候間、軽ク神輿ヲ調、御幣ヲ
移、還幸奉成度奉存候、被仰付被下候様ニと八幡宮祠官
尾崎権頭奉願候処、老中被聞届、願之通被申付

元禄時代の八浜八幡宮の祭礼は八月一四〜一五日にかけて行われていた。例年辰の刻（午前七時頃）御幣（ごへい）が御旅所に神幸し、巳の刻（午前九時頃）八幡宮に向けて還御を始める。氏子たちは刀脇差を帯び、具足を着用し、兵器の鞘を外して（その理由は未詳）御幣を供奉する。武装した氏子たちは練り歩きながら行進し、子供による踊りも行われる。以前の祭りでは村の西の外れに御旅所として一五坪ほどの土地があり、仮屋を拵え、そのような出で立ちで氏子たちは神輿を供奉してい

た。しかし四十余年以前（一六五〇年代か）神輿が壊れ、以来仮屋は作らず、御幣のみを奉じ、その装束で供奉してきた。以前から氏子たちが願っていたのは、御神幣を外に出したまま神事を行うのは恐れ多く、軽く神輿を新調し、御幣を神輿に移し、御宮まで還御したいということであった。その許しを得たいと八幡宮神職尾﨑権頭が願ったところ、老中（岡山藩家老中か）が許可し、元禄一一年神輿新調となった。

前節の史料2-14で、岡山藩初代藩主池田光政の生誕を八浜八幡宮が予告実現したことで、八幡宮の祭礼時に藩から鎧武者が派遣され、神輿の警固が行われたことを紹介した。しかしその後、光政の鳥取転封とともに中止され、寛永九年（一六三二）の岡山復帰後も再開された記録は見当たらない。むしろ、この史料2-17から、代わって氏子たちが鎧武者に扮装し、神輿を警固するようになったとも推定できる。その後、一六五〇年代に神輿が壊れ、御神幣が露出したままの祭礼が続き、四十余年後に神輿が新調されたのである。しかし、現在の神輿は江戸中期のものと伝わっているから元禄の神輿ではないが、神輿に取り付けられる神鏡には「元禄十一年　八浜八幡宮」と刻銘があり、神輿新調の時のものと推定される。

一方、八幡宮祭礼への藩主代参の派遣は、前節で触れたように正徳元年（一七一一）が初見である。享保二〇年（一七三五）四月、八幡宮の幣殿に盗人が入り、金燈籠二つ、神道行事用の金道具と洗米箱が盗まれている。御輿殿からは獅子の着物を切り取り、脚絆・股引、鉾持ちの白襟二人分を盗まれている。八月の祭礼前には盗まれたものが氏子衆から補充された。同じ頃、太鼓が破損し、綿屋吉次郎の世話で京都の職人に作らせ、新調されている。[2]これらの記録から、山頂の境内に御輿殿があり、祭礼時に獅子や鉾持ちが行列中にいたことや、太鼓の音が鳴り響いていたこともわかる。

元文五年（一七四〇）八月一四日、代参の安倍伝左衛門が来村し、豪商福部屋藤四郎方に宿泊したが、同日晩に段尻下ならしを見物している。代参は西の段尻を福部屋の前で、南の段尻を油屋の前で見ている。これが宮司尾﨑家文書中に確認できる最初の段尻の記録であり、現在と同じく西と南の二台が祭礼時に練り歩いていたのである。[3]さらに寛保元年（一七四一）八月一四日にも、代参の中村忠左衛門が派遣され、油屋加兵衛宅に宿泊し、同日晩の段尻下ならしを南のものだけ油屋の前で見物している。[4]同三年には御神輿の破損が激しく修復願いを出し、当村柏屋庄次郎の世話で氏子中の奉加を得て、六月末に京都に運ばれ、八月三日に修復されて帰村している。[5]現在の御神輿はこの時のものと推定され、「六角神輿」の風格

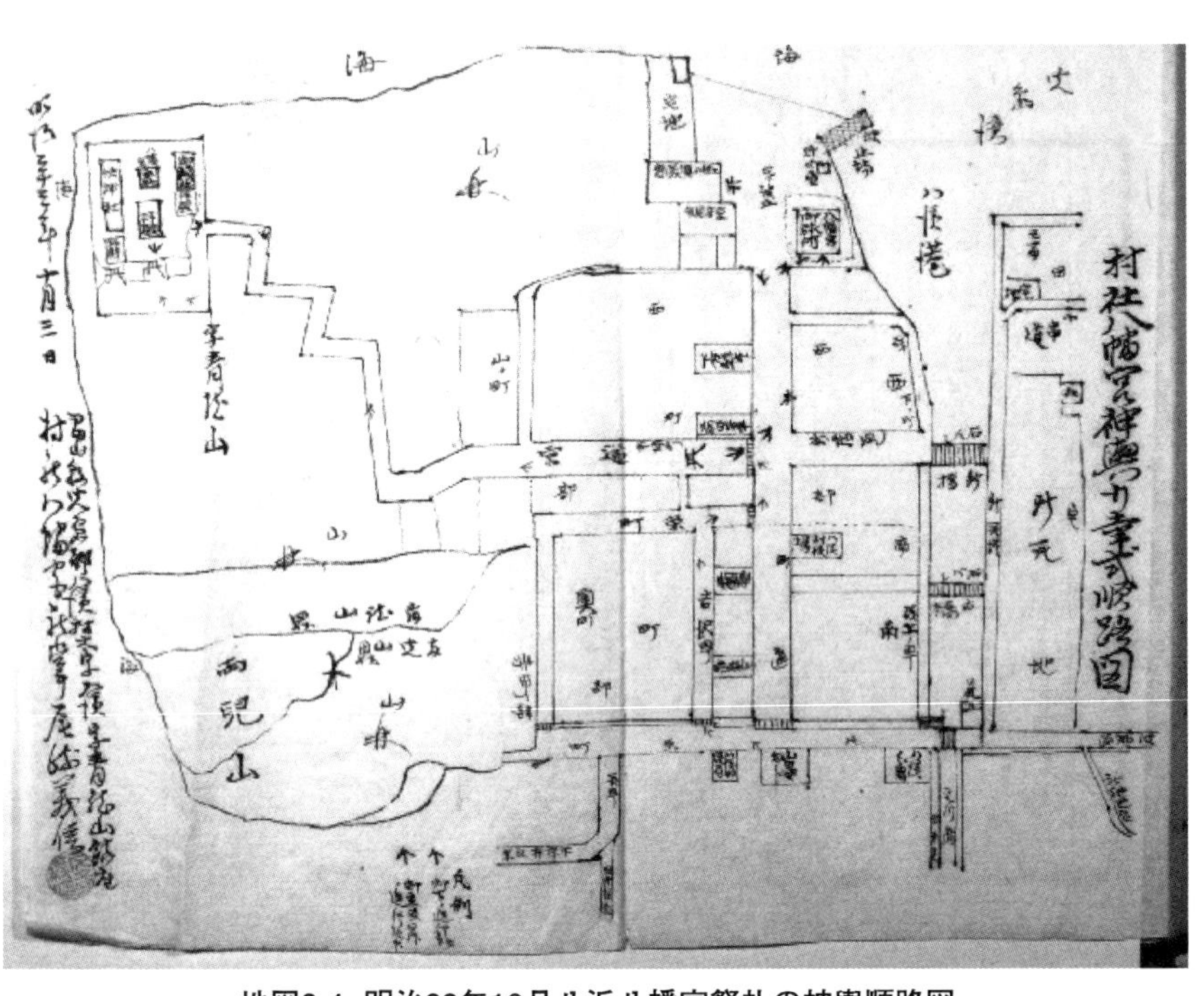

地図2-1 明治33年10月八浜八幡宮祭礼の神輿順路図

ある貴重なものである。

延享三年（一七四六）七月末、若殿様（のちの四代藩主宗政）の生母死去のため、神職尾崎大膳が八月七日付で提出した「奉窺上」の中に、「八浜村八幡宮御祭礼、当十五日例年神輿御幸還幸御座候而、氏子共より母衣等仕奉供致来り申候」とあり、祭礼執行の可否を伺っている。神職惣頭大守肥後守の回答を受けて、母衣などによる神輿警固はせず、神輿行幸のみで済ませている[6]。この母衣をどのように氏子たちが着ていたのかの記述はないが、武装装束の一部であったのかもしれない。ついで宝暦二年（一七五二）八月一四日には、代参の中村善右左衛門が渡港し、倹約のため船中泊であったが、同日晩の段尻下ならしを南は油屋で、西の段尻は上金屋の前で見物している[7]。江戸期の八幡宮祭礼を知ることのできる記録は以上である。

上に掲げた地図は、明治三三年（一九〇〇）新暦の一〇月五・六両日に行われた村社八幡宮の神輿行幸のため、七代宮司尾崎義信が八浜分署に申請した「街路使用御願」[8]に添付した「神輿行幸式順路図」である。図中に示されている矢印をたどっていくと、本殿拝殿を出発した神輿は参道を下り、宮道の大鳥居をくぐって左折し、本通りを御旅所に赴いている。続いて御旅所を出発し、本通りを山田資太郎宅前まで進み、片原町を右折して吉沢町の通りを戻り、突き当たりの栄町から右折して本通りに出て、さらに宮道から参道を登山して本社下の鳥居前広場に還御している。しかし、この神輿の後を進む段尻がどのルートを取ったのかは記載はない。なお、御旅所の背後には、八浜港の波戸場に立てられた燈明台がある。港に付き物の常夜灯であるが、八浜港の埋め立てのために両児山の中腹にある青龍公園入口に移設されている。建立は同じ明治三三年である。

さらに明治三七年には次のような八浜町編纂の記録がある。(9)

史料 2-18

氏神祭礼ノ際ハ神幸ト称シ、烏帽子ヲ被リ白布衣ヲ着シタルモノ数十名神輿ヲ推シ、屋台二個付随シ、神官ヲ初メ氏子惣代信仰者数十百名随伴シテ、町内本通ヲ練リ行クヲ例トス、屋台ニハ七歳以上十五歳以下ノ小児拾数名乗リ組ミ、笛・大太鼓・小太鼓・鼓・鉦ノ五種ニテ一種ノ音楽ヲ合奏ス、当日は毎戸国旗ヲ挙ケ提燈ヲ吊リ、且親族故旧ヲ会シテ饗応ヲ為ス

前述の延享三年に氏子たちが着用したという「母衣」が、約一六〇年後のこの史料には「白布衣(ほい)」と表現され、烏帽子(えぼし)を被って数十人が神輿を押し、だんじり二台が付き従い、神官をはじめ百数十人が随伴して本通りを練り歩いている。だんじりには七～一五歳の子供十数名が乗り組み、笛・大小の太鼓・鼓・鉦で音楽を奏でるとある。そして、平成二一年（二〇〇九）六月一日、玉野市重要民俗文化財に指定される時点で、八浜の秋祭りをつぎのような祭りと説明している。時代の流れを受けて少しずつ変化してきたのであろう。

○八幡宮秋大祭は、子孫繁栄、五穀豊穣を祈って江戸末期(10)より伝えられてきたものである。

○祭日はかつて一〇月一五・一六日であったが、現在はこれに近い土・日曜日に行われている。

○獅子、奴行列（鋏箱、毛槍をかついだ行列）、太鼓、御神輿、檀尻が町内を練り歩く。

①獅子は奴行列の先頭にたち、そのつゆ祓いをする役目であり、本来は二人一組。獅子頭は張り子でなくクスノキ製の

重いもので、獅子舞は伴わない。最近傷んで使われていなかったが、一体を修繕して平成二〇年から復活させた。

②奴行列は、鋏箱二箱を受け渡す四人と、毛槍六本を受け渡す一二人の計一六人の奴で構成されている。鋏箱は江戸時代には黒漆塗りのものが四箱あったが、現在は二箱となっている。箱には交換用のぞうり等が入れられている。羽織を着た宰領が指揮し、奴がはやし唄を唄いながら奴踊りを行う。途中で毛槍を相手に投げ渡し、ゆっくりと行列を進めていく。奴は法被・腹帯・ぞうり・脚絆などの揃いの衣装を着用する。奴行列のはやし唄にはつぎのようなものを含めて二～三句ある。

「ヒーサーヨー　オヤヒー　イイー　ヨイト　マッカナー　エエー　コーレガハァーノ　ハァー　ドッコイ　ヨイトマ」

③奴行列の次に太鼓を載せた台車を子供たちが引く。この位置にはかつて天狗がいたが、一〇年ほど前から中止している。

④続いて御神輿が進む。重さ約一トンで江戸中期の作といわれ、全国的にも珍しい六角神輿である。神輿に付けられる神鏡には元禄一一年（一六九八）八浜八幡宮と記されている。昭和三〇年代の終わりまでは、山頂の本殿から二五〇段ほどある石段を三〇歳以上の男性が担いで降ろしていたが、現在は波止に御輿殿を移築して保管している。祭りの二日間、台車に載せて小学生、保育園児が引いて町内を練り歩く。昭和三〇年代からは庄・池迫や歌見・碁石地区も廻っている。

⑤檀尻は二台あり、総欅作りで立派な彫刻が施され、西のものは邑久郡尻海の井上家作といわれる。文化年間から明治二〇年代にかけて作られ[11]、全長六メートル、高さ三・八メートルある。檀尻の中に小学生ら十数人が乗って笛や太鼓、鐘ではやしながら、大人十数人が引いて町内を練り歩く。檀尻には奴行列とは違うはやし唄が二〇句ほどある。

札守配付先に見る八幡宮への信仰

明和六年（一七六九）に五代宮司となった尾崎小文治（一七五六～一八二二）は、天明七年（一七八七）一〇月に多門と改名、文化元年（一八〇四）一〇月には児島郡東部の神職組頭に就任し、近世後期の文化爛熟期に神職として活躍した人物である。尾崎家文書の中には彼の手になる史料がかなり残されており、特に、神職が作製する御札や御守りの配付先を記したものは、八浜八幡宮と快神社が何処のどのような人々から信仰を受けていたかを知る貴重な手掛かりとなる。そこで、安永九年（一七八〇）の「御札守調帳[12]」（史料①）、文化元〜一一年（一八〇四〜一八一四）の「□□御神簡記[13]」（②）、文化七〜一四年（一八一〇〜一八一七）の「神簡銘[14]」（③）、文化一二〜文政五年（一八一五〜一八二二）の仮称［宛名別神簡譜[15]］（④）の四点の史料から、どのような信仰があったかを分析することにする。

まず、岡山藩主への御祓札の献上方法について、江戸在府と岡山在国に分けてその対処を記している（①・②・④）。また、天明二年（一七八二）から寛政三年（一七九一）まで、五代藩主池田治政の嫡男（後の六代斉政）や男女子に八幡宮の御祓と快神社の疱瘡御祓を献上している（①）。この疱瘡祈願については、備中早島領主戸川氏の嫡子や岡山藩家老日置元八郎（一二代当主忠章か）が快神社の御祓いを求めている（①）。さらに日置元八郎は子岩之丞（文化一一年夭折②）や姫お萬千（文化八年生④）にも祈祷札を求めている。早島領主戸川隠岐守（九代安悌）も文化一二年（一八一五）に同四年生まれの嫡子への疱瘡祈願をしている（④）。こうした上級武士による祈願のほか、高松藩士横田左衛門の代参者で丸亀近くの定国（丸亀市飯野町西分）に在住の松田氏や、美作国下二ヶ山手村（久米南町山手）の治部兵之介が文化六年と九年に男子二人の種痘安全祈願をしている（②）。また、文化五年（一八〇八）の姫路藩家老松平佐仲も、代参を派遣して快神社に祈祷祈願をしている。彼の場合、六二歳の自分と一九歳の息子に武運長久を、三二歳の娘には安産祈願をしている（②）。遠方からの祈願は種痘以外の祈祷も含まれていたようである。

次に、村の氏子たちへの配札行事を見てみよう。史料①で、安永九年正月元旦の惣氏子への御札の配札では、直筆の大水原紙五枚、小水原紙二〇枚、版木刷の小水原紙五〇枚と三つ折り四〇〇枚の合計四七五枚が作られている。天明二年（一七八二）の実数は四六九枚ともある。直筆か版木刷りかの差は村役人など村内の地位を反映するものと思われるが、この配札数は当時の八浜村の全戸数に近いと思われる。以下、紙の大きさの違いは省略するが、史料②では合計四六〇枚で①と近い数字である。続いてお日待に神職が印刷する札は、①では五〇五枚、②では五四〇枚である。村の戸数よりかなり多く、何故かは不明であるが、村全体でお日待行事を行っていたことは確かであろう。②では、寅（文化三年）九月の「惣日需札」が四八〇枚（二六枚超過）作られており、惣日待は九月もあり、超過分を除いた合計四五四枚が全村戸数であったようだ。さらに月待も行われており、①が三二〇枚、②では三六五枚とあり、約二〇年間に月待がやや盛んになったとも思える。隣村池迫村でも尾崎宮司が出勤して日待が行われ、軒数も①の二〇軒が②に二五軒となり、二〇年間に村の戸数が五軒増えたと思われる。また④では、文政三年（一八二〇）正月三日に石燈籠連中二〇軒によるお日待が行われている[16]。燈籠を寄進した人々が正月に集まって日待を催すという親睦行事が始まったのであろう。

次に、漁業関係者への配札行事について見てみよう。①には、大船用にか船中安穏を求める舟玉札が一八枚作られ、大猟師の日待用に大水原紙一二枚と小水原紙一三枚を製作している。五月五日には生魚商用舟の舟守二二枚が作られている。②では、正月二日に御神楽大船仲間（大猟師か）の船魂御守が二四枚、正月四日に海雲取仲間にせき札五〇枚、三月三日には生魚商船の船小守を五十余を作っている。五月四日と九月一〇日の大猟師の日待には小守一二枚、六月二一日にさし網仲間のための小守二三枚と大杉原札一枚、一〇月二〇日か一〇日の大猟師神楽に小札一六枚、月日記入はないが、船中安全漁網利潤を祈る持網・蛭子（鰻を指すか）仲間の札二つや、天気と漁業利潤を祈る掻仲間木札、臨時に大猟師・唐網・つなし網仲間への板札と竜宮祭板札も作られている。文化五年（一八〇八）四月二三日につなしあみ仲間の龍宮祭が行われ、漁猟利潤を祈る松の木札二枚や膳・神酒・えびなどの御供が準備され、うち膳と御供が海に流されているので、龍宮祭とはそのような行事であったのだろう。うなぎ活洲札も見えている。③では、蛭掛仲間（鰻掻であろう）の御札や舟の御守、猟祭の板札の記録があるほか、漁網利潤を祈る小猟士の沖合に立てる祈祷札も見える。文化一二年（一八一五）七月二一日には大猟師のカシ木の立替が行われ、大杉原御札を作って御祓いが行われている。同一四年九月二二日（九日の大風雨による延期）の龍神祭には、長さ一尺八寸（約五五センチ）の板札が作られている。続く④の目次部分に、正月御札として、舟魂札・海雲取の小札・鱧活船と投網仲間用の舟魂小守・大猟師日待が見えるが、本文はない。三月三日の生魚売買船仲間に船小守が九〇枚作られている。漁業者への様々なお札配付と祭りが行われていたようである。

次に室屋札や酒蔵札の記録は②の史料に残されている。第二節の八浜村の諸職人の項で紹介したが、橋本屋伝右衛門に禳執能成を祈る醤油蔵への室屋御札が作られ、卯（文化四年）九月に墨書の訂正加筆がなされ、文化九年三月九日には橋本屋本家あての醤油仕込蔵の札が見える。郡屋周助（平岡氏）へも室屋清メ御札が作られている。酒蔵用には、文化七年八月二五日に橋本屋伝右衛門へ美酒醞醸の文字を書き込んだ酒蔵札、翌八年一一月一六日には掛屋久五郎に酒蔵札が作られている。また、厠屋、質屋、湊、竈、油屋、笠屋、紺屋、宿屋、小間物屋、左官、材木店、医師、風呂屋などへの御札も作られている。

農業関係の祭礼では、②の史料では正・五・九月に、八浜新田の町内一九軒で大倉屋長八を頭に、町内安穏諸災退散の祈祷が見え、寅（文化三年）からは組を二つに分けている。この祈祷は新田弁財天祭と呼ばれ、八浜新田の農民たちが九月は八日晩から九日朝まで行ったようである。また、八浜全村を対象にした五穀成願の祈祷は文化四年三月二二日に始まり、長さ二尺一寸（約六三センチ）の木札は当時の八浜村名主である槌ヶ原村大塚文蔵に授けられた。文化一一年でも四月三日付で八幡宮の前広場に木札が建てられている。③の史料では、鼠除御守・田畑虫の札、屋堅めを行う地鎮祭の文字もある。また、農業関係ではないが、文化七年（一八一〇）三月一六日に行われた八浜・金剛寺上棟式で椴松（とどまつ）の棟札が神職により準備されている。

最後に、八浜出身で他国に御店（おたな）を構えた人たちへの御札配付を見ておこう。史料①には京都の福部屋善助、備前屋源介・ねぢ金屋利介（天明八未年正月からやめ）と早島のかな屋重兵衛、八浜屋重兵衛（伊兵衛と改名）がある。早島の二人には舟玉札も添えられており、廻船業を営んでいたようにも推測される。寛政三年（一七九一）正月からは、備中連島の牛窓屋熊蔵も加わっている。②では、連島の熊蔵は那須熊蔵とあり、八浜の那須家に関わりが深いと思われる。さらに天城に八浜屋が加わり、京都の福部屋善助、備前屋源助の名もある。④には京都・福部屋善介（文政三年一二月）、連島・那須熊蔵、早島・八浜屋伊兵衛、京都・牛窓屋平兵衛と備前屋源助、天城・八浜屋が記録されている。第八章で述べる備前醤油の京都出店が福部屋や牛窓屋にあったから、善助と平兵衛はその当主であろう。彼らは、八浜を離れても故郷の氏宮を信仰することを忘れなかったのである。

江戸後期の神職日記

尾崎家文書には、次頁に掲げた年末記入の日記風の記録が残されている。筆跡は五代宮司尾崎多門のものに非常に近い。期間は正月元旦から六月二四日までの半年間で、天候、神職の仕事、本社への参拝者、年中行事などを簡潔に書き留めている。前項の四つの史料からみた札守配付記録をさらに具体的に分析できる箇所もある。大庄屋や名主の役用日記はよく存在するが、神職の日記は稀なものであろう。近世の八浜村の習俗や民俗を知る上からも検

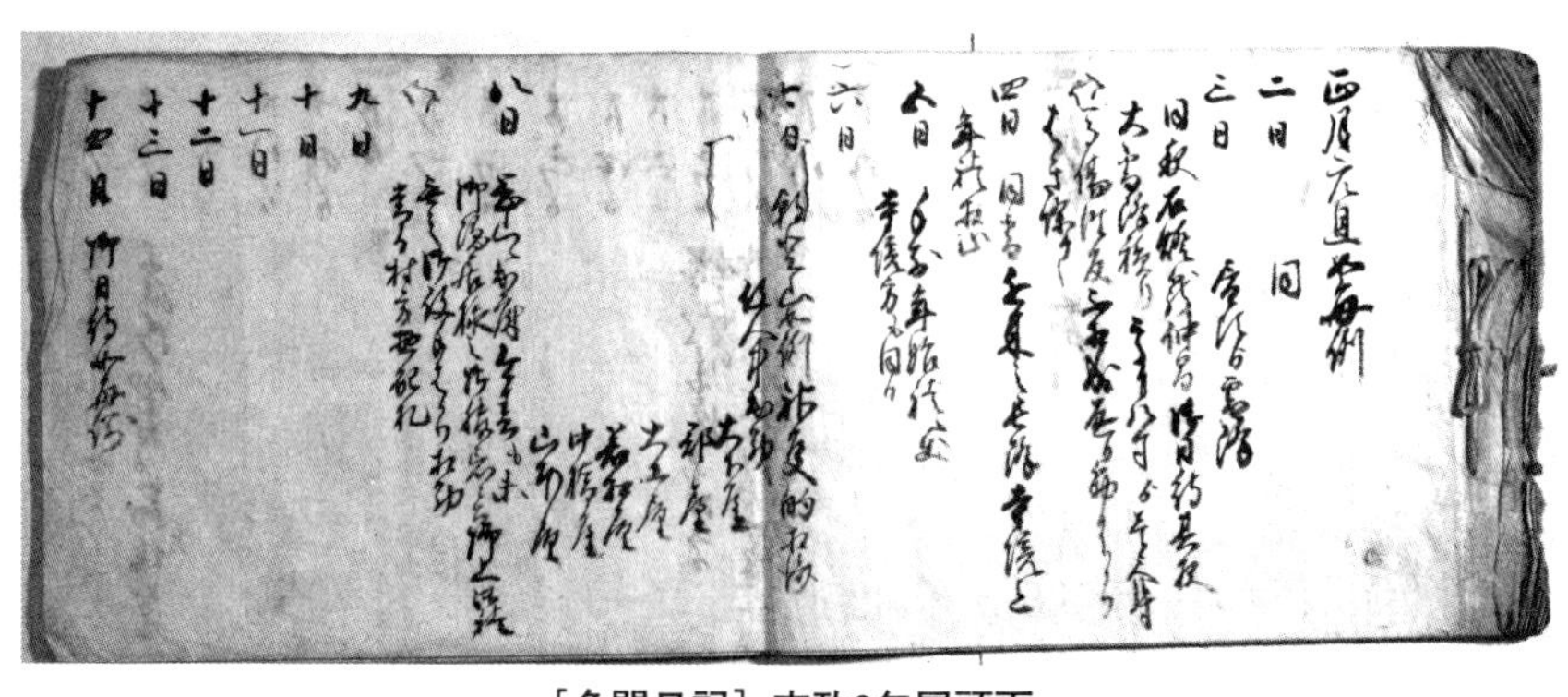

［多門日記］文政3年冒頭頁

討を加えたい。

まず、この日記の執筆年代を確定する。注目したのは、日記中の四月二日条にある「曽原より嘉子代様御逝去穏便状到来[17]」という記事である。これと同じ記録が尾崎家文書の文化一二年起『飛脚賃[18]』の中に見える。文政三年（一八二〇）四月二日条の「嘉子代様御逝去穏便状　曽原」である。これにより、この日記はやはり五代宮司尾崎多門のものであり、文政五年に六七歳で亡くなる多門晩年の日記とわかった。そこでこの日記を仮に「多門日記」と名付け、『八幡宮史料集』に収録している[19]（以後、単に「日記」と略称する）。

次頁の表2-6に「日記」の概要をまとめている。文政三年は正月元旦から日記最後の六月二四日まで一七一日あるが、記入日数は一二六日間である。そのうち、天候の記録は六一日、うち三七日分は雨であり、この年の前半は雨の日がやや多い年であったようだ。宮司は山頂に鎮座する八幡宮に登ることを「登山」と表現し、早朝社参して御祓いをするなどの勤めを行っていた。参拝者用には札守作りに精を出し、祈祷などを執り行ったこともあらためてわかる。また、岡山に出向いて藩への務めや神社修繕の歎願なども行っている。

日記内容を見ていこう。最初は上掲の写真でも読み取れる年始の仕事である。正月元旦・二日には「如毎例」とあるが、元日の神事は不明である。三日には昼から雪が降り、夜には前述した二〇軒による石燈籠仲間の日待が行われた。雪はさらに降り積もり、三〇㎝前後の積雪となり、お宮付近の馬場は通行不能で、町の通りのみ除雪したとある。翌日も雪は続き、寺院方は年頭の挨拶を取り止め、五日になって宮司が年始廻りを始め、寺院方も出かけている。

表2-6 『多門日記』の概要

月	日数	日記日数	天候記載	雨の記載	登山社参	札守製作	参詣祈祷	渡海記録	おもな行事
1	29	12	2		1		1	岡山2	石燈籠仲間日待・神事的・村内惣配札・日待
2	30	2	1	1	0		0		
3	29	28	21	12	21	18	18		生魚船神楽・竜宮祭
4	30	30	17	7	20	15	11	岡山2 倉敷1	海面祈祷・玉村五穀成就祈祷
5	29	30	16	14	23	12	2	岡山1	投網ひら網神楽・池迫村日待・十七日月待
6	30	24	4	3	17	7	2	岡山1	快神社祭礼は「行事」とだけしかない
合計	177	126	61	37	82	52	34		

松の内の七日には山頂のお宮で「神事的（しんじまと）」が行われた。出勤の村役人として、大下屋（名主山下官蔵）・郡屋（判頭平岡周介）・大工屋（判頭藤原伊右衛門か）・若松屋（判頭伊太郎）・中橋屋（判頭藤吉）・山本屋（五人組頭伊右衛門）の名が見える。境内の的場で行われ、社領のうち五升を「毎年正月七日的仕出シ料」[20]として禰宜家が受納していたから、当時の禰宜山田正吾の管轄神事であったようである。しかし、どのような神事であったかは尾﨑家の他史料にも記録がない[21]。翌八日は岡山に出府し藩主に拝謁して年頭の御札の献上する日であったが、文政元年末に逝去した前藩主池田治政の服忌中のため、現藩主斉政の出座もなく、藩役人のみへの挨拶で終わっている。この日は村方への惣配札の日で、氏子の中の担当者が配付したと思われる。一四日は村の惣日待であるが、ここでも「如毎例」とあって詳しい内容はわからない。翌一五日は例年藩主代参が行われる日であったが、服喪のため派遣されていない。翌一六日には早島陣屋から初穂が奉納され、戸川家からの信仰は続いていたことがわかる。

例年一・五・九月に行われる月待の記録は、「日記」には五月三日に「月待札十二枚」と見え、さらに一三日には合計三〇七枚の月待札を板で刷り上げている。同時に九日には八幡宮配札四二五枚を刷り、一一日に村中の配札をこしらえ終えたとしている。同一四日には池迫村用の日待札を二九枚作り、一六日にその用具を拵え、昼過に池迫に行き、終夜勤めて、翌一七日朝帰宅している。一六～七日大雨であった。さらに一七日夕方から夜中月待の勤行を行い、月待札は一八日朝配ったとある。おそらくこの時梅雨入りし、雨中夜勤の続く宮司も大変であったろう。一・五・九月に一場市兵衛を頭とする奥町（金剛寺・宗蔵寺らの寺院に近い町方）への御守配付が行われており、[22]五月一九日に奥町に大札二枚と御守一二二枚を刷り、翌日朱印を押印した。

続いて漁業関係の記録では、三月三日昼頃に「生魚船御神楽」とあり、神楽が奉納されている。三月二二日には龍宮祭の板札を六枚作り、翌二三日曇天のため御宮で勤めている。四月二日には讃岐・男木島から「漁祭祈祷」の参拝者二人が来ている。他村の漁師からも信仰を受けていたのである。四月五日には村方の海面祈祷が行われているが、主催の漁師仲間など詳細は不明である。五月七日には昼のうちに投網のヒラ網仲間の神楽が本社で行われている。六月一〇日には鯯(ままかり)網仲間の板札を作っている。同月二三日晩には持網仲間に御札八枚を書いている。この日の昼、「常燈寄せ銭世話人」が来ており、八浜港にも当時常夜燈が設置されていたことがわかる。なお、三月二三日の龍宮祭は別冊史料[23]が残されていて、漁猟師六仲間が主体となり両児山裏の西浦海岸で予定されていたが、曇天のため社頭で執行し、その後御幣や供物などは菰に包んで縄でくくり、海上に流している。龍宮祭の実態がこれらの記録から判明する。

次に職人や商人との交流を見てみよう。「日記」中最も顕著な交際相手は福部屋平岡家であろう。宮司は三月九日晩、平岡宅へ行き、謡(うたい)を聴聞している。同月一三日には、多門の妻が福部屋から桜見に案内され、帰宅は夜九つ過ぎ（午前〇時頃か）であった。夜桜見物のつもりが、夜中大雨となり、帰宅が難しかったのであろう。同二五日、福部屋の船が碁石村付近に帰着し、京都からの荷物が届いた。福部屋の船には大坂から金毘羅参りのために便乗した客がいて、翌日昼に多門方から福部屋の船に酒を差し入れたところ、九つ半頃（午後一時頃）庄介（船頭か）らとともに来訪したので、にら吸い物と酒肴でもてなしている。金毘羅由加両参りが盛んとなった文化文政期に、「八浜参り」も数を増したと思われる。また、本書口絵に掲げた八幡宮奉納の廻船絵馬には、福部屋を示すと思われる(福)のマークがある。この絵馬を画いた京都絵師の活動時期は当主福部屋雄吉（天保八年没）の家業時期と重なり、福部屋からの奉納であった可能性が高い。

三月一五日に、「かけのや久五郎石燈籠書付写し」が見える。四月二五日に掛の屋の寄進する石燈籠の棟上が行われているので、この書付は寄進する燈籠に刻む銘文を書き写したのではないかと思われる。四月一八日に建立する地の御祓いが行われ、続いて石屋と人足が作業をし、晩景には寄進者のかけ久五郎が神職宅に酒肴を持参している。一九・二〇日で設置作業は終わっている。久五郎は第二節で紹介した酒造家で、八幡宮随神門横に文化二年の大燈籠を寄進している。八幡宮境内にはこの文政三年の燈籠は見当たらないが、快神社随神門横に無銘の燈籠があり、これではないかと推定できる。この間の四月三日、大杉原紙で御札一枚を「橋伝醤油」用に調えている。橋本屋伝右衛門の醤油蔵に架ける札である。前述の文化九年以降、この文政三年にも醤油醸造は続いていたことがわかる。六月一日、多門は大坂と京都二ヶ所（牛窓屋平兵衛と備前屋源助であろうか）に書状を書き、海老二〇〇尾ずつを添えて送っている。この日、福部屋の船頭が来宅したので酒を出している。翌二日昼過ぎには平岡亭主がうどんを持参し、五日昼前にも来宅して二人で御宮の破損状態を調査している。六月二〇日早朝、福部屋の船は上方に向けて出航していった。以上のように、福部屋平岡氏、掛野屋水原氏、橋本屋橋本氏との交流が「日記」にも散見できる。

最後に、「日記」中に確認できる祈祷依頼者や参拝者を見てみよう。前掲の表2-6で合計三二件としたが、次頁の表2-7で具体的な該当者を一覧にしている。内訳は、八浜村内が約二割の七件、岡山藩内が約三割の九件、岡山藩外から約四割強の合計一四件、不明二件である。武士関係は合計五件、残りは農工商の庶民が八割以上を占めている。藩外では笠岡二、広島二、愛媛二、高知五件と、瀬戸内近隣はもちろん、土佐の太平洋沿岸からと思われる参詣も目立つ。神職多門は遠方からの参拝者にも丁寧に対応し、八幡宮や快神社への信仰を中四国各地に広げることにもなった。

八浜八幡宮信仰の拡大

五代宮司尾崎多門以後、尾崎家文書には本社への参拝や祈祷依頼の史料が残されるようになった。それらを分析すると、本社への信仰が八浜近辺から岡山領内、さらに領外の瀬戸内近隣、そして四国の各地へと拡大していったことがわかる。祈祷参拝者数を記録した最初の冊子は「日記」から約二〇年前の享和二年（一八〇二）七月起「御祈祷覚帳」[24]である。この史料には七月二三日から一〇月二五日までの祈祷祈願者名と祈祷料が記録されている。総数七八件中、同一人物への祈祷があり、実数は五五件である。そのうち、八浜村以外は岡山三ノ守と福田屋の二件と、作州久世（真庭市久世）の御守一五枚と一〇枚を渡した二グループ（「両村」とあるので久世近郊の二村であろう）の四件のみである。八浜の個人宛は三九件で七割を占め、他に惣配札などが四件、月待札が三件、漁師仲間の初穂献上が五件となっている。この年では八幡宮・快神社への信仰が村内にほぼ限定していた状況であるが、文政三年には、村内約二割、藩内約三

表2-7　文政3年多門日記に見える八浜八幡宮・快神社への参詣祈願

番号	月	日	記録内容	現在地
1	3	10	懸八兵衛千度、外ニ同人江仲間より	八浜
2	3	20	掛ノ喜五郎弟ノ祈祷（3/25奉書6匁）	八浜
3	3	24	千度鍛冶屋卯吉	八浜
4	3	25	鍛冶や伴介千度	八浜
5	3	25	山下隠居千度	八浜
6	3	28	板屋代吉娘ノ祈念	八浜
7	4	14	山科屋十二匁初穂、四匁初穂上戸夫平	八浜
8	3	9	用吉小七郎娘難痘ニ而代参	玉野市用吉
9	3	21	服部紋三郎殿家内同道参詣	（岡山藩士）
10	3	28	桃井つき村ノ文蔵子来り	岡山市東区百枝月
11	4	2	岡山より御守八枚、婦人方五六人参詣	岡山市
12	4	5	岡府池田隼人殿より老女之参詣同道三人	（岡山藩士）
13	4	10	岡府御家中弐人	（岡山藩士）
14	4	14	虫明家中弐人見へ	備前市虫明
15	4	18	上田ノ人女中召連開願参	吉備中央町上田
16	5	26	野多氏小児祈祷	玉野市八浜町波知
17	3	17	笠岡ノ伏見屋林右衛門娘八才立願（3/18も祈祷）	笠岡市
18	4	21	笠岡願壱度	笠岡市
19	4	8	播刕赤穂家中三人	（赤穂藩士）
20	4	6	備後紫村庄屋より代参　翌日も	広島県神石高原町
21	6	6	備後なんた河相氏参詣	
22	4	2	讃州オギ嶋より漁祭祈祷ノ二人参	高松市男木町
23	3	29	阿刕河嶋ノ婦人三人相見へ	吉野川市川島町川島
24	3	25	予刕うまノ郡藤原村惣代之久右衛門御初穂	四国中央市土居町藤原
25	5	8	伊予ノ三嶋帯刀御免ノ人、女人五人子壱人召連参詣	四国中央市三島中央
26	3	11	土州参詣七人	高知県
27	3	21	土州両度来ル	高知県
28	3	22	土刕饠浦より参詣より参詣	高知県
29	3	29	土州高知新市町より	高知市
30	4	10	土州高知より参詣	高知市
31	3	10	晩、参詣他所より	他所
32	6	23	他所参詣数々	他所

割、藩外約四割となり、大きく変化していく。

続いて、天保四年（一八三三）三月から同七年五月の間に快神社改修費のために、寄付帳を渡して寄付集めを依頼をした人物などをまとめた「快神社御普請諸扣」[25]という史料がある。宮司は文政七年（一八二四）に尾崎家に入婿した六代隼太である。この時の改修が具体的にどの建物なのかはっきりしないが、牛窓の松屋吉兵衛から材木を購入し、船で運んで大工棟梁に依頼している。快神社は文政一〇～一一年に地覆石の設置と屋根の修理を行っており[26]、それに続く破損

表2-8　八浜八幡宮・快神社への参詣人・寄付者数の変化

県名	旧国	文政3 1～6月 1820	%	天保4 3～12 1833	天保5 1～6 1834	天保6 1～6 1835	天保7 1～5 1836	天保合計 合計	天保合計 %	慶応2 1866	慶応2 %
岡山県	八浜	7	21.9	25	1	1	1	28	8.7		
	備前	9	34.4	55	12	6	3	76	55.4	18	29.9
	備中	2		21	17	8	1	47		9	
	美作			16	25	15		56		2	
香川県	讃岐	1	28.1	25	10	2	1	38	28.5	12	32
徳島県	阿波	1		9	10	2	1	22		7	
高知県	土佐	5		18	1	1		20		1	
愛媛県	伊予	2		5	5	2		12		11	
広島県	備後	2	9.4	3		2		5	6.8	4	13.4
島根県	出雲									1	
鳥取県	因伯			2	1	5		8		8	
兵庫県	播淡	1		1	1	5		7			
(大坂)				1				1			
長野県	信濃			1				1			
不明		2	6.3	2				2	0.6	24	24.7
合計		32	100	184	83	49	7	323	100	97	100

典拠史料の文政3は「多門日記」、天保4～7は「快神社寄附帳渡し扣」、慶応2は「御守記録」である。

修理だったのであろう。しかし、岡山藩からの出費はなく、改修費用は前回も含めて八浜の地元が負担している。今回の改修は三月二一日から始まり、四月三〇日の収支報告でいったん終わった。総額一〇四三匁九分の支出に対して九七九匁七分五厘の寄付収入があり、不足六四匁一分五厘のほとんどは宮司尾崎家からの借用となっている。史料中、松屋の材木代六両が銀札三九一匁二分とあるので、一両＝六五匁二分となり、今回の費用は約一六両、尾崎家は約一両の持ち出しで済んだ。残りの一五両分を寄付で賄ったことになる。

その寄付集めは、八浜村民から一一〇人の「世話人」を選び、その親戚友人知人や商売の取引相手に寄付を募ったのではないかと推定する。もちろん、八浜八幡宮・快神社への祈願参拝経験者へも寄付の趣旨書と寄附帳を送り、奉加を依頼したと考えられる。先の寄付額は三月二三日から四月二九日までの集計とあり、当初の目標はほぼ達成された。しかし、その後も寄付の依頼は継続され、史料中には四月末日までに一二六件、同年末までに五八件、同五年に八三件、同六年に四九件、七年は五月一五日までに七件があり、総計三二三件の寄付依頼がなされている。その一覧を本節末尾の

表2-9に掲載している。送金の集計史料がないので、この三年間の募金の成果は不明であるが、表2-9の番号39の山田村弁吉から銭一八三文、番号138の矢掛・東三成村嘉太郎から五匁二分四厘、番号189の作州妙見村利介から六分二厘、番号308の伯耆国根雨角屋久介から二一〇文の送金が記録されている。銀札一匁を銭一〇〇文とみて、これらの送金は僅かな額であるが、尾崎家の一両分は充当できたように思われる。しかしむしろ、八幡宮・快神社への信仰を拡大することに役立ったであろう。

一方、八浜の世話人の中では、掛ノ市太郎が四冊、河内屋義惣治は三冊で岡山城下へ派遣、一町屋直介は一〇冊、磯屋五郎三郎は三冊で番田・北方・小串に派遣、木目屋利吉は一〇冊の寄付帳を担当している。また、世話人に名前が確認できないかぎや茂吉は五冊で小豆島に赴き、大釜屋は四冊で郡・北浦村、板屋喜代蔵は二冊で芸州方面、虎吉は三冊で備中連島へ、さらに魚屋の田中屋幸蔵は二五冊も預かって、胸上・粒浦・岡山田町・備中足守などで寄付集めをしたようである。こうして、自らの商いを基本としながら、各地に出かけた際に八幡宮のための活動も活発に行ったのであろう。

表2-8には前述の文政三年から天保期と、さらに後述する慶応二年の祈祷祈願寄付者の地域的分布をも示している。文政→天保→慶応の変化をみると、岡山県内は八浜も含めて五六%→六四%→三〇%、四国が二八%→二九%→三五%、中国などが九%→七%→九%となっている。幕末に向かって四国方面の割合が若干増加している。さらにその中で地域的にもいくつかの特徴が見られる。岡山県内では、岡山藩領の備前国で岡山城下や沖新田地域、上道・邑久・津高郡などには多くの依頼者があるが、東備地域には広がりを欠いている。備中方面では倉敷や高梁はやや多いが、備北や備西はまばらである。美作国では全域に広がり、天保五年が最も多い。香川県では天保四年が中心で、東讃方面は小豆島を除いて少なく、丸亀藩領の広がる西讃地域に寄付依頼が多く行われている。徳島県では吉野川中上流域に多くが見られる。高知県では土佐湾沿岸の港町が目立つ。海路による瀬戸内諸港との交流が背景にあったと思われる。愛媛県では東予地域が中心だが、南予の大洲・宇和島藩領へも依頼が行われている。広島県では福山・尾道の備後地域に限られ、日本海岸では天保六年に因伯両国への依頼が増えている。兵庫県では播磨・淡路ともわずかである。大坂では八浜出身の京都・備前屋の出店に依頼したように思われる。いずれにしても、文政三年の一〇倍もの人々が八浜二社への信仰に関わったという事実は驚くべきことである。

この傾向はつぎの慶応二年の「御守記録[27]」という史料でも基本的に変化はない。この年は快神社随神門の前広場に絵馬堂が建立され、閏五月七日に上棟式が行われている。これも八浜村民による費用負担であり、多額の寄付や酒・行器（ほかい）などの物品が寄進された[28]。宮司は文久二年（一八六二）の隼太の死去を受けて、七代尾崎大膳の時である。今回は費用の一部を尾崎家が一時立て替えることもなく、そのためこの史料は実際に御守や御札のためにお宮を訪れた普段の参拝者を記録したものになっている。節末の表2-10に必要な情報をまとめたが、御札配付者は、例えば卯生女とか子生男と記録され、未生男八才とか子生女三才というように慶応二年当時の数え歳を記すものもあり、多くは子供たちの健康と成長を願って御札を求めたように思われる。御札は大が二匁、小が一匁の価格であった。また、心願成就のお礼まいりに参拝に来る人々もあった。まさに八浜八幡宮・快神社への信仰である。参拝者の出身地の割合を表2-8で示したが、地元八浜の人は確認できない。岡山藩領の備前国も全体の約三割へと低下している。代わって四国が増え、しかし土佐は減少している。日本海側では鳥取藩領が増加し、今回初めて出雲からの参詣も見られる。しかし、御札だけを求め住所氏名を告げない人々が全体の四分の一に達し、信仰の広がりを完全には分析できないきらいもある。

このように、江戸時代後期の五・六・七代の宮司の時期、みずから奉職する八浜八幡宮・快神社を岡山藩主祈願社と八浜村民の氏宮だけに留めず、東中国や四国地方各地に信仰を拡大させていったことは、史料的に初めて確認できたといえる。

註

（1）『八幡宮史料集』一八頁所収　池田家文書　元禄一一年「寺社留」四月二一日条
（2）同書四五頁上段　（3）同書四九頁下段
（4）同書五一頁上段　（5）同書五三～四頁
（6）同書五九頁　（7）同書七九頁上段
（8）宮司尾崎家文書　明治一九年起［諸願届］に綴じられた同二三年一〇月三日付願書である。
（9）玉野市教育委員会所蔵　八浜町役場文書　明治三七年編集『岡山縣児島郡八浜町々是調査』より
（10）平成二一年当時には八幡宮の例大祭の起源を江戸末期としていたが、尾崎家文書の記録により、遠く江戸初期に遡ることが推定できることになった。
（11）平成二七年九月二四日に大阪府岸和田市の大下工務店工場で行われた「玉野市八浜西山車第二回進捗状況報告会」で、「文化七庚□」（一八一〇）の年号の発見が報告された。また、文政～明治の彫物師で大坂安土町の服部清七や天保～明治の同町前田義次などの墨書銘も示された。従来の調査で、西のだんじりが文化年間から明治二〇年代、南のだんじりは明治初期の製作とされていたことが再確認された。これらの修復調査を受けて、平成三〇年に岡山県指定となった。

(12)『八幡宮史料集』一〇五～一一一頁　(13) 同書一六五～一八〇頁

(14) 同書一九九～二〇三頁　(15) 同書二三〇～二三八頁

(16) この石燈籠は、八幡宮参道の登り口にある文化九年一二月に建立された燈籠と推定され、花崗岩製で道の左右一対にあり、中西屋重吉ら二〇人の寄進者名が刻まれている。『八幡宮史料集』三頁下段の石造物7参照のこと。

(17)『八幡宮史料集』二五五頁上段　(18) 同書二二四頁下段

(19) 同書二五二～八頁に収録。なお、年代確定段階で、はじめ、曽原・清田八幡宮宮司三宅氏の嘉子代さんの死亡通知と考え、同家墓所に三宅嘉子代さんの墓石を捜した。同名の墓石を偶然見つけ、没年の文政二または三年（月日欠　摩耗して確定できず）からこのころの日記と推定した。さらに、「飛脚賃」の文政三年記事で年代確認となった。しかし、同書刊行の数年後、『徳川諸家系譜』第二（一九一頁）に一二代将軍徳川家慶の次男嘉千代が文政三年三月一九日に早世し、鳴物一〇日・普請五日停止の穏便状となっていたことを発見した。「嘉千代（よしちよ）」を「嘉子代（かねよ）」と誤読していたのである。

(20) 同書八六～七頁の宝暦一〇年「書上」による。

(21) 正月七日に行われる愛知県岡崎市の伊賀八幡宮の「武者的行事（むしゃまと）」では、檜の的に矢を放ってその割れ具合で一年の豊凶を占うという。広島県三次市の須佐神社の「的弓祭（まとうさい）」では、日の出時刻に神官が弓を射て悪魔を祓い、無病息災を祈願する。松の内に催される的を弓矢で射る神事はこのような意味を持っていたのかもしれない。

(22) 同書二三二頁上段　(23) 同書二二一～二頁

(24) 同書一三九～一四二頁

(25) 同書二七五～二八〇頁。ただし、表2-9に集約した寄付依頼者は膨大な紙幅を要するため、同書には掲載していない。

(26) 同書二七三～四頁

(27) 宮司尾崎家文書。この史料も紙幅を要するため、同書に掲載していない。

(28) 同書三〇五～六頁

表2-9 天保4～7年快神社寄附集め引受者一覧

番号	天保	月	日	冊数	引受者	現在地	番号	天保	月	日	冊数	引受者	現在地
1	4	3	23	3冊	大下屋	八浜	82	4	5	19	1冊	邑久郡宝殿　勝五郎※	岡山市　宝伝
2	4	3	23	6冊	外行仲間	八浜	83	4	4	14	1冊	邑久郡柾義村　兵蔵	岡山市　正儀
3	4	3	25	1冊	かけノ市太郎	八浜	84	4	5	2	1冊	赤坂郡多事古村之人	岡山市　建部町田地子
4	4	3	25	3冊	かけ之市太郎	八浜	85	4	4	9	1冊	磐梨郡大内村　善之介	岡山市　瀬戸町大内
5	4	3	29	3冊	河内屋義惣治　岡山遣し	八浜	86	4	4	15	1冊	岩那須郡公之下村　喜右衛門	岡山市　神下
6	4	3		5冊	かぎや茂吉　小豆嶋行	八浜	87	4	4	15	1冊	岩那須郡鍛冶屋村　安右衛門	岡山市　瀬戸町鍛冶屋
7	4	4	1	1冊	加門屋惣之助	八浜	88	5	1	15	2冊	岩な須郡　介十郎	岡山市か赤磐市か和気町か
8	4	4	5	10冊	一町屋直介	八浜	89	4	3	23	1冊	和気郡ゆけ村良蔵	岡山市　瀬戸町弓削
9	4	4	6	3冊	かけ久四郎	八浜	90	5	1	18	1冊	津高郡　与吉	岡山市か吉備中央町など
10	4	4	6	1冊	中西常吉	八浜	91	4	4	16	1冊	桶屋町　妹尾屋源之介	岡山市か津山市か？
11	4	4	6	2冊	海月屋新吉	八浜	92	4	5	24	1冊	庭瀬　宇吉	岡山市　庭瀬
12	4	4	12	3冊	いそ屋五郎三郎　番田行・北方行・小串行	八浜	93	4	4	16	1冊	備中足守　源之介	岡山市　足守
13	4	4	13	4冊	大釜屋　郡村・北浦村	八浜	94	6	3	11	1冊	備中足守河わへ村　丈八	岡山市　粟井か
14	4	4	23	1冊	井原屋十兵衛	八浜	95	4	4	15	1冊	かしの村常吉	瀬戸内市牛窓町鹿忍
15	4	4	23	2冊	胸上　魚屋幸蔵	八浜	96	4	6	10	1冊	邑久郡福山　五□屋伊介	瀬戸内市邑久町福山
16	4	5	4	2冊	板屋喜代蔵　芸州行	八浜	97	5	1	13	1冊	邑久郡虫上村　甚太郎	瀬戸内市邑久町虫明
17	4	5	6	1冊	大くらや幸蔵	八浜	98	5	1	13	1冊	邑久郡虫上村　清吉	瀬戸内市邑久町虫明
18	4	5	6	3冊	虎吉　連嶋行	八浜	99	6	3	8	1冊	邑久郡土佐村　吉之介	瀬戸内市邑久町本庄土佐
19	4	5	6	10冊	木目屋利吉	八浜	100	7	5	10	1帖	邑久郡尻海之人	瀬戸内市牛窓町尻海
20	4	5	8	2冊	田中ノ幸蔵　　胸上	八浜	101	4	4	4	1冊	豆田村　彦右衛門	瀬戸内市または美作市
21	4	6	10	2冊	田中幸蔵取次　あしもり行	八浜	102	4	4	6	1冊	赤坂郡多賀村　久米右衛門	赤磐市多賀
22	4	7	28	4冊	当所　田中ノ幸蔵	八浜	103	4	4	12	1冊	赤坂周匝　吉五郎	赤磐市周匝
23	4	8	10	2冊	当所　田中幸蔵　粒浦辺江遣	八浜	104	4	4	8	1冊	和気郡蔵ヶ鼻　善太郎	和気町鞍ヶ鼻
24	4	10	15	4冊	田中屋幸蔵　岡山田町・備中足森行	八浜	105	4	4	7	1冊	和気郡坂根村之内宇治　弥五郎	備前市坂根
25	4	10	23	4冊	田中屋幸蔵	八浜	106	4	4	22	2冊	備中早嶋　岡五郎右衛門	早島町
26	5	3	24	7冊	田中幸蔵受	八浜	107	4	4	9	1冊	倉敷　与吉	倉敷市
27	6	9		7冊	海月屋助次郎	八浜	108	4	4	9	1冊	倉敷　水川一作	倉敷市
28	7	5	15	1冊	日畑屋兵蔵	八浜	109	4	4	26	1冊	備中倉敷　灘屋守介	倉敷市
29	4	4	12	1冊	天城　大黒屋儀兵衛	倉敷市藤戸町天城	110	5	1	27	1冊	備中庫敷東町　岩蔵	倉敷市東町
30	4	4	15	1冊	上村　源七	倉敷市　上の町	111	4	4	22	1冊	備中国倉敷阿知町　平松屋儀助	倉敷市阿知
31	4	4	26	1冊	奥迫川　惣次	岡山市　奥迫川	112	4	5	6	1冊	備中ある木	倉敷市有木
32	4	10	14	1冊	玉村　民次郎	玉野市　玉	113	5	2	1	1冊	備中江長村　音吉	倉敷市江長
33	4	10	25	2冊	日比村　板屋与左衛門	玉野市日比	114	5	1	13	1冊	帯江　那田庄八	倉敷市帯江
34	5	1	13	2冊	児嶌郡広江村　捨治郎	倉敷市福田町広江	115	4	5	21	1冊	備中四十瀬新田　忠兵衛	倉敷市上富井など
35	5	1	13	1冊	児嶋郡小嶋地　忠治郎	玉野市小島地	116	4	4	14	1冊	備中坂す　喜代治	倉敷市酒津
36	5	2	12	1冊	天城　八浜屋	倉敷市藤戸町天城	117	4	4	1	1冊	四拾瀬　重五郎	倉敷市四十瀬
37	5	2	12	2冊	藤戸	倉敷市藤戸町藤戸	118	6	1	14	1冊	早嶋高すか村　音吉	倉敷市高須賀
38	5	3	13	2冊	児島郡松尾村　文吉	岡山市　郡松尾か	119	5	1	15	1冊	備中玉嶋　木綿屋佐七	倉敷市玉島
39	5	4	24	1冊	山田村　弁吉　銭183文受取	玉野市山田	120	6	12	4	1冊	備中玉嶋　松屋源之介	倉敷市玉島
40	6	3	8	1冊	天城家中　田渕氏	倉敷市藤戸町天城	121	6	3	7	1冊	備中宇和成村　喜代蔵	倉敷市玉島上成
41	6	3	12	1冊	児島郡北浦村　綿屋代三郎	岡山市　北浦	122	5	1	15	1冊	備中高(小か)田郡畑村　平三郎	倉敷市玉島陶か
42	6	3	12	1冊	児島郡粒浦　藤治郎	倉敷市　粒浦	123	4	4	21	1冊	備中玉嶌南町　吉兵衛	倉敷市玉島南町
43	7	3	11	1冊	児島郡彦崎村　片屋豊治	岡山市　彦崎	124	4	5	19	1冊	備中玉嶌南町　大嶌屋佐兵衛	倉敷市玉島南町
44	4	3	29	1冊	岡山上ノ町　福田屋新介	岡山市　表町	125	4	5	16	1冊	備中川部　山口屋八五郎	倉敷市真備町川辺
45	4	5	27	1冊	岡山大黒町　奥野屋嘉兵衛	岡山市　中納言町	126	6	1	14	1冊	備中河辺村　三治郎	倉敷市真備町川辺
46	4	4	8	1冊	岡山田町　田中氏長屋者　十蔵	岡山市　田町	127	5	4	7	1冊	当所幸蔵受　備中加陽郡久米村へ渡す	総社市久米
47	4	4	5	1冊	岡山中嶋　真加屋宇右衛門	岡山市　中島	128	4	4	4	3冊	津高植田村　石右衛門	吉備中央町上田
48	4	5	18	5冊	赤穂屋新介殿取次	岡山市　？	129	5	1	19	1冊	津高下加茂村　大庄屋鷹四郎	吉備中央町下加茂
49	5	6	1	1冊	岡山森下町　善五郎	岡山市　森下町	130	5	1	29	1冊	津高郡下加茂村　善五郎	吉備中央町下加茂
50	4	4	5	1冊	上道赤田村　久米吉	岡山市　赤田	131	4	6	10	1冊	備中竹野庄　難波又右衛門	吉備中央町竹荘
51	4	4	11	1冊	上道郡松崎　惣九郎	岡山市　西大寺松崎	132	4	5	24	1冊	加茂細田村　伴左衛門	吉備中央町細田
52	4	4	17	1冊	沖新田壱番　駒治	岡山市　江崎・江並	133	5	1	18	1冊	津高郡和田村　三五良	吉備中央町和田
53	4	5	6	1冊	上道郡一番　磯屋菊三郎	岡山市　江崎・江並	134	6	7	26	2冊	備前加茂和田村　利平	吉備中央町和田
54	4	4	5	1冊	新田四番　伊勢吉	岡山市　桑野・沖元	135	5	3	9	1冊	備中浦見郡新田村　吉之介	浅口市金光町新田
55	4	4	13	1冊	上道郡四番　梅次郎	岡山市　桑野・沖元	136	4	5	18	1冊	矢掛　江本安右衛門	矢掛町矢掛
56	4	4	26	1冊	沖新田四番　武平	岡山市　桑野・沖元	137	6	1	14	1冊	備中矢かけ幸末　豊蔵	矢掛町上高末・下高末
57	4	3	23	1冊	沖新田五番駒吉	岡山市　光津	138	6	3	4	1冊	備中小田郡東三成村　嘉太郎	矢掛町東三成　5匁2歩4　厘入
58	4	4	19	1冊	上道郡六番　伊兵衛	岡山市　政津	139	5	1	15	1冊	備中伊原村　茶屋弥五郎	井原市井原
59	6	3	10	1冊	七番　弁次郎	岡山市　君津	140	5	1	15	1冊	備中笠岡　綿屋藤次郎	笠岡市笠岡
60	4	4	15	1冊	上道郡外七番　甚五郎※	岡山市　升田・豊田	141	4	6	9	1冊	備中松山在　唐松村　勘次郎	高梁市
61	4	5	16	1冊	外七番　文四郎	岡山市　升田・豊田	142	4	6	9	1冊	備中松山在　唐松村　柳蔵	高梁市
62	4	6	3	1冊	新田外七番　五郎八	岡山市　升田・豊田	143	5	1	28	1冊	備中松山　千蔵	高梁市
63	4	3	27	1冊	九番　仙吉	岡山市　九番	144	5	1	13	1冊	備中七知村　菊丞	高梁市川上町七地
64	4	4	4	1冊	九番　直次郎	岡山市　九番	145	5	1	13	1冊	備中成羽　久吉	高梁市成羽町
65	4	4	17	1冊	上道郡九番　平左衛門・伝吉	岡山市　九蟠	146	4	4	13	1冊	備中川上郡西油之村　長谷川惣助	高梁市備中町西油野
66	5	4	3		沖新田九番世話人　平左衛門	岡山市　九蟠　銀四匁	147	5	1	15	1冊	備中河上郡東油村　里吉	高梁市備中町東油野
67	4	4	26	1冊	西大寺北町　文三郎	岡山市　西大寺北か	148	7	3	10	1冊	備中東油野村　甚吉	高梁市備中町東油野
68	4	5	19	1冊	西大寺　広谷屋嘉平	岡山市　西大寺	149	5	1	13	1冊	備中川上郡わで村　藤井恵貞	高梁市松原町松岡割出
69	4	6	6	1冊	西大寺　石原屋善三郎	岡山市　西大寺	150	4	4	23	1冊	備中新見御家中　可児雄人・畑弥三兵衛	新見市
70	4	4	22	1冊	金岡　西川屋武八	岡山市　西大寺金岡か	151	6	3	11	1冊	備中新見	新見市
71	4	5	25	1冊	金岡　山田屋熊吉	岡山市　西大寺金岡	152	4	4	18	1冊	作州真嶌郡妙法寺	真庭市一色　妙法寺
72	4	4	7	1冊	金岡村　文四郎	岡山市　西大寺金岡	153	4	4	5	1冊	作刕大庭郡樫村　円左衛門	真庭市樫西・樫東
73	4	4	17	1冊	上道郡さゝ岡村　八五郎	岡山市　瀬戸町笹岡	154	6	3	9	1冊	作刕真嶋郡加田村　横山平右衛門	真庭市鹿田か
74	4	6	15	1冊	東幸崎　伊介	岡山市　東幸崎	155	5	1	15	1冊	作州落合木山村　文次郎	真庭市木山
75	4	4	9	1冊	藤井村長市郎	岡山市　藤井	156	5	6	3	1冊	作刕久世　油屋代作	真庭市久世
76	4	4	26	1冊	上道郡湊村　五郎右衛門	岡山市　湊	157	5	1	15	1冊	作州くり原　油屋慶十郎	真庭市栗原
77	4	4	26	1冊	香々登　清次郎	岡山市　香々登	158	5	1	15	1冊	作刕大庭郡下長田　文次郎	真庭市下長田
78	4	6	3	1冊	邑久郡射越村　科平	岡山市　西大寺射越	159	4	4	11	1冊	作州勝山杉山　作兵衛	真庭市杉山
79	4	4	16	1冊	邑久郡上阿知　義作	岡山市　上阿知	160	4	4	20	1冊	作州久世中嶋　孫兵衛	真庭市中島
80	7	5	15	1帖	邑久郡浜村之人	岡山市　西大寺浜	161	5	1	15	1冊	作刕真嶋郡江原村　丸屋熊吉	真庭市西茅部　郷原
81	4	4	21	1冊	邑久郡東片岡村　五人	岡山市　東片岡	162	5	1	15	1冊	作州真嶋郡東かや部村　林平	真庭市東茅部

番号	天保	月	日	冊数	引受者	現在地
163	5	1	15	1冊	作州福田村　福松屋慶蔵	真庭市福田か
164	5	6	3	1冊	作劦藤森　山口善治郎	真庭市藤森
165	5	1	15	1冊	作劦大庭郡野川村世話人	真庭市野川
166	5	1	15	1冊	作州中谷村　太郎左衛門	鏡野町中谷か
167	4	6	3	1冊	作劦西西条郡下斉原村　庄六	鏡野町下斉原
168	6	3	15	1冊	作劦すさ村　介三郎	美咲町周佐
169	6	3	11	1冊	作劦巴賀　吉左衛門	美咲町埣和
170	5	3	13	1冊	作州藤田　初次郎	美咲町藤田上・藤田下
171	4	4	13	2冊	作州久米南上郡安形村　石右衛門	久米南町安ヶ乢か
172	4	4	15	1冊	津山細工町　西川八十治	津山市細工町
173	4	3	26	1冊	津山境町　鍋屋辰五郎	津山市境町
174	4	4	12	1冊	津山林田町　紙屋幸吉	津山市林田町
175	5	3	23	1冊	津山元魚町　墨屋五兵衛	津山市元魚町
176	4	3	29	1冊	津山　神代屋新兵衛	津山市
177	4	3	29	1冊	津山　□□屋利兵衛	津山市
178	4	4	5	1冊	津山東場町　縫屋治平	津山市　　?
179	4	4	20	1冊	津山人也	津山市
180	4	4	1	1冊	津山　す久祢村	津山市　　?
181	4	4	1	1冊	津山　す久祢村　安右衛門	津山市　　?
182	6	3	15	1冊	作劦津山阿わ村　源蔵	津山市阿波
183	6	3	15	1冊	作劦庄木郡広道大岩村　文次郎	津山市大岩
184	5	3	29	1冊	作劦小原　安右衛門	津山市小原
185	5	3	11	1冊	作劦東南郡北村　惣兵衛	津山市高野本郷
186	4	6	3	1冊	作劦久米条北郡　治一郎	津山市など
187	5	3	9	1冊	作劦なら村　五郎七	津山市楢
188	6	3	10	1冊	作劦庄南郡畑屋村　喜兵衛	津山市畑屋
189	5	3	9	1冊	作劦庄那郡妙見村　利介　6歩2厘入	津山市妙見
190	6	3	10	1冊	作劦庄木郡上次　房三郎	勝央町植月（北中東）
191	6	3	15	1冊	作劦庄木郡中村　弥吉	勝央町植月中か
192	6	3	15	1冊	作劦相田郡亀福原村　新吉	美作市上福原
193	6	3	11	1冊	吉野郡川戸村　兵左衛門	美作市川戸
194	5	3	9	1冊	作劦相田郡北原村　吉治郎	美作市北原
195	6	3	15	1冊	作劦庄木郡幸蔵村　直介	美作市楮
196	5	3	13	1冊	作州吉野尾ノ谷　直治郎	美作市小谷
197	6	3	15	1冊	作劦相田郡白水村　平五郎	美作市白水
198	6	3	11	1冊	作州相田郡せ戸村　与治兵衛	美作市瀬戸
199	5	3	13	1冊	作州戸ノ所村　小市	美作市殿所
200	5	1	15	1冊	作州小木郡真加部村　岩蔵	美作市真加部
201	6	3	15	1冊	作劦庄木郡真との村　介次郎	美作市真殿
202	5	3	13	1冊	作州吉野郡山手村　庄吉	美作市山手
203	5	1	15	1冊	作州山内　千次郎	岡山県　?
204	5	1	25	1冊	作劦阿村部　鹿谷山　鉄師嘉平	岡山県　?
205	5	3	7	2冊	作劦阿村部　鹿谷山　鉄師嘉平	岡山県　?
206	5	3	9	1冊	作劦庄野田村　太三郎	岡山県　?
207	6	3	11	1冊	吉野郡靄生　浅吉	岡山県　?
208	4	5	19	1冊	赤□　利三郎	?
209	4	5	19	1冊	斉木万吉	?
210	4	11	12	2冊	直島　清左衛門	香川県直島町
211	5	1	28	1冊	直嶋　常蔵	香川県直島町
212	5	6	1	1冊	小豆嶋江の浦　作左右衛門	香川県土庄町家浦
213	5	6	1	1冊	小豆嶋江の浦　定之介	香川県土庄町家浦
214	4	4	6	1冊	小豆嶋伊喜末　弥平次　来介	香川県土庄町伊喜末
215	4	4	12	1冊	小豆島伊木須恵　辰次郎※	香川県土庄町伊喜末
216	4	4	15	1冊	小豆島伊木須恵村　喜作	香川県土庄町伊喜末
217	4	4	18	2冊	小豆島小江村　長八	香川県土庄町小江
218	4	4	16	1冊	小豆島長浜　仁左衛門	香川県土庄町長浜
219	4	4	16	1冊	小豆島長浜　徳兵衛	香川県土庄町長浜
220	4	4	19	1冊	讃岐三生郡　秋山丑之介	香川県三木町か
221	5	1	18	1冊	高松　留五郎	香川県高松市
222	5	6	13	1冊	さん劦哥ノ郡西分　横田佐之七	香川県綾川町西分
223	4	4	6	1冊	アマ郡末村正之助	香川県綾川町陶
224	4	4	23	1冊	讃岐たゝ津　かが屋市太郎	香川県多度津町
225	4	4	23	1冊	讃岐たゝ津　浜くらや義兵衛	香川県多度津町
226	4	4	26	1冊	讃州金ひら高野藪町　品野屋音蔵	香川県琴平町
227	4	4	18	1冊	丸亀家中　村本三平	香川県丸亀市
228	7	3	11	1冊	讃州丸亀　紺屋時三郎	香川県丸亀市
229	4	4	15	1冊	丸亀通り町　出来屋嘉兵衛	香川県丸亀市通町
230	5	1	15	1冊	丸亀通町　金子屋安兵衛	香川県丸亀市通町
231	4	4	6	1冊	塩飽　毛浦　仁兵衛	香川県丸亀市広島町茂浦
232	4	4	21	1冊	丸亀福嶋　三原之十吉　木戸屋卯八郎	香川県丸亀市福島町
233	4	3	23	1冊	丸亀御供所　北屋虎之介	香川県丸亀市御供所町
234	4	4	13	1冊	丸亀広田　寿治	香川県善通寺市弘田町
235	5	1	19	1冊	讃州御野郡ひぢ村　忠兵衛	香川県三豊市高瀬町比地
236	6	8	9	1冊	讃州三野郡比地大村　池下屋栄次	香川県三豊市豊中町比地大
237	4	5	1	1冊	讃劦仁尾村　伊予屋文治　浜田屋治平	香川県三豊市仁尾町仁尾
238	4	6	3	1冊	讃劦丸亀仁保 熊屋喜兵衛 吉田屋弥左衛門 同友右衛門	香川県三豊市仁尾町仁尾か
239	4	4	19	1冊	勘音寺　梅屋武兵衛	香川県観音寺市
240	5	3	9	1冊	さんしう豊田郡買屋村　槌田音治郎	香川県観音寺市観音寺町仮屋か
241	4	3	25	2冊	丸亀　野田郡瀬気屋村	香川県　?
242	4	4	11	1冊	讃岐貴田郡石屋村　信兵衛	香川県　?
243	4	4	25	1冊	讃岐 松尾内町 池田屋仙蔵 光藪 高松屋幸三郎	香川県　?
244	4	9	27	1冊	下小川村　賀茂米蔵※　讃劦より返す	香川県　?
245	5	1	16	1冊	讃州本之浦　団治	香川県　?
246	5	1	16	1冊	丸亀吉皮村　塩津定右衛門	香川県　?
247	6	9		1冊	高松　千年都	香川県　?
248	4	3	24	2冊	阿劦板ノ郡東駒津女村吉田長兵衛	徳島県鳴門市大麻町東馬詰
249	5	1	15	1冊	阿州北二伊灘　幸太	徳島県鳴門市北灘か
250	4	5	29	1冊	阿州撫養郡岡崎村　辰之介	徳島県鳴門市撫養町岡崎
251	4	5	23	1冊	阿わ徳島　那屋忠兵衛	徳島県徳島市
252	5	1	13	1冊	阿劦徳嶋　あわや善太郎	徳島県徳島市
253	5	1	15	1冊	阿州阿波郡大嶋村　虎七	徳島県阿波市市場町大野島
254	7	3	11	1冊	阿劦北方あわ郡八幡町　蔦屋善介	徳島県阿波市市場町八幡
255	4	4	6	1冊	阿波郡水田村　八鳥屋三左衛門	徳島県阿波市土成町水田
256	4	4	6	1冊	阿劦阿波郡久チ田村　鉄屋寅蔵	徳島県阿波市久千田
257	5	5	28	2冊	阿劦安なふき　早嶋佐之介	徳島県美馬市穴吹町穴吹
258	6	11	1	1冊	阿劦三好郡西ノ庄村　宮田宇之丞	徳島県東みよし町西庄
259	5	5	14	2冊	阿劦三好郡辻村　中村屋伊之太	徳島県三好市井川町辻
260	5	1	15	1冊	阿州三好郡周津村　村次	徳島県三好市池田町州津
261	5	6	4	1冊	阿州三好郡賀茂村 斉屋竹介 佐藤惣兵衛	徳島県三好市三野町加茂
262	5	1	13	1冊	阿劦明道郡下左那川内村　藤上伊九郎	徳島県佐那河内村下
263	4	4	9	1冊	阿州定光　類次	徳島つるぎ町貞光
264	6	3	9	1冊	阿劦中郡中ノ庄村　直兵衛	徳島県阿南市羽ノ浦町中庄
265	4	7	9	2冊	阿わ海いふ郡麦浦村　喜代蔵	徳島県牟岐町牟岐浦
266	4	4	20	1冊	阿州師々くい浦　増蔵	徳島県海陽町宍喰浦
267	4	4	6	1冊	阿州三麻郡河内　金十郎	徳島県　?
268	5	1	13	1冊	阿劦明才郡寺坂村　勝蔵	徳島県　?
269	5	5	5	1冊	阿劦木之浦　戎屋辰五郎	徳島県　?
270	4	4	16	1冊	土佐甲野浦　庄吉	高知県東洋町甲浦
271	4	4	21	1冊	土劦野根浦	高知県東洋町野根
272	4	4	7	1冊	土佐秋野郡佐木野浦　江戸屋重三郎	高知県室戸市佐喜浜
273	4	4	21	1冊	土州室津	高知県室戸市室津
274	4	5	23	1冊	土劦田之浦　蔦吉屋久左衛門	高知県田野町
275	4	5	21	1冊	土州阿気浦　御瓦師五郎右衛門	高知県安芸市安芸
276	4	5	21	1冊	土州阿気浦　波知市屋佐五右衛門	高知県安芸市安芸
277	4	4	1	1冊	土劦阿気郡黒取村　仁助	高知県安芸市黒鳥
278	4	3	29	1冊	土佐赤岡 □恵升屋亀蔵 鍋屋定二郎 中新屋三蔵	高知県香南市赤岡町
279	4	4	18	2冊	土州赤岡　直右衛門	高知県香南市赤岡町
280	4	5	2	1冊	土劦香々美郡赤岡村　□仙武右衛門	高知県香南市赤岡町
281	4	4	25	1冊	土州鏡見郡山田村東町　安兵衛	高知県香美市土佐山田町東町
282	4	10	14	1冊	土佐高知　浅田屋吉兵衛	高知県高知市
283	4	10	14	1冊	土佐高知　升屋文蔵	高知県高知市
284	4	11	12	1冊	土佐高知　衛倉町　亀屋信介	高知県高知市　?
285	4	5	4	2冊	土佐阿川郡浦戸村　大黒屋留平	高知県高知市浦戸
286	4	4	11	1冊	土州谷崎村　与左衛門	高知県高知市種崎
287	5	1	15	1冊	土州元山町　伊勢屋久兵衛	高知県本山町本山か
288	4	4	1	1冊	土劦　亀田屋伝次郎	高知県　?
289	6	3	11	1冊	土劦常連村　浅右衛門	高知県　?
290	4	5	2	1冊	予州宇麻郡上分村　正金屋平兵衛	愛媛県四国中央市上分町
291	4	4	18	2冊	予州川野上　油屋伊右衛門	愛媛県四国中央市川之江町
292	6	3	8	1冊	伊余国午立村中山　芳蔵	愛媛県四国中央市新宮町馬立
293	5	6	24	1冊	馬郡中曽根村　兼蔵	愛媛県四国中央市中曽根町
294	5	3	26	1冊	予州西條新　郁右衛門	愛媛県西条市新町
295	4	4	9	1冊	予州小松領　伊藤次	愛媛県西条市など
296	5	1	13	1冊	与劦松山浮穴郡伊内知村　政左衛門	愛媛県東温市井内
297	4	11	3	2冊	与州松山木屋町　若屋政右衛門世話人	愛媛県松山市木屋町
298	5	5	17	1冊	いよ松山浮那郡大見川村　源吉	愛媛県久万高原町大味川
299	5	1	28	1冊	伊予大津高□村　政吉	愛媛県大洲市　?
300	6	8	8	1冊	伊予長洲　徳左衛門	愛媛県愛南町御荘長洲
301	4	4	4	1冊	伊予ノ吉兵衛	愛媛県
302	4	4	17	1冊	備後福山　高田屋甚蔵	広島県福山市
303	4	5	19	1冊	備後福山　丸屋徳蔵	広島県福山市
304	6	1	14	1冊	尾ノ道　大釜屋民蔵	広島県尾道市
305	6	1	14	1冊	尾ノ道　もち屋久六	広島県尾道市
306	4	4	6	1冊	備後調郡中庄村　儀惣太	広島県尾道市因島中庄町
307	5	6	11	1冊	伯州根雨　亀太郎	鳥取県日野町根雨
308	6	1	14	3冊	伯劦祢雨　角屋久介 210文請取	鳥取県日野町根雨
309	6	1	14	3冊	伯劦米後たて町　木すきや林右衛門　辰ノとし	鳥取県米子市立町
310	6	3	11	1冊	伯劦川村郡片志羽村　孫七　清五郎	鳥取県三朝町片柴
311	4	4	14	1冊	因州取鳥　木屋又右衛門	鳥取県鳥取市
312	6	3	15	1冊	因劦弥上郡袋尾河原村　林七郎	鳥取県鳥取市河原町袋河原
313	6	9	27	1冊	因劦青谷　かき屋伊三郎	鳥取県鳥取市青谷町青谷
314	4	4	1	1冊	因州　治介	鳥取県
315	6	3	11	1冊	作劦吉野郡佐目村　武八郎	兵庫県佐用町石井　真
316	6	3	11	1冊	作劦吉野郡下石井村上分　亀治郎	兵庫県佐用町下石井
317	5	2	17	1冊	播州西二見　小松屋徳蔵	兵庫県明石市二見町西二見
318	6	6	8	2冊	淡州三原郡上本庄村下本庄村塩屋村	兵庫県南あわじ市阿万塩屋町
319	4	4	20	1冊	淡州塩浦　多賀助	兵庫県洲本市塩屋か
320	6	3	15	1冊	播劦子増郡高野根村　新左衛門	兵庫県　?
321	6	1	14	1冊	はんしう一足崎　塚本や九右衛門	兵庫県　?
322	4	10	12	2冊	大坂　備前屋久治郎取次	大坂
323	4	4	21	1冊	信濃国杢本　久助	長野県松本市

表2-10 慶応2年御札配付者一覧(1)

番号	慶応	月	日	御札配付者住所	御札配付者	現在地	札種類・入金
1	2	3	6	利生村	女1	玉野市和田	1枚
2	2	5	25	田井之者取次	不知生	玉野市田井	1枚1匁4分
3	2	3	24	下津井	女1	倉敷市児島下津井	大1枚2匁
4	2	4	1	下津井	男2・女1	倉敷市児島下津井	大3枚360銅
5	1	10	17	岡山	男2・女1	岡山市	小3枚10匁
6	2	2	9	岡山	女2才	岡山市	1枚2匁
7	2	3	29	岡山	男1	岡山市	大1枚
8	2	4	25	岡山	2人	岡山市	2枚
9	2	3	13	興除新田尾内尾	浅吉・男18才12才	岡山市　内尾	御祈祷
10	2	3	21	あしもり大い村	女1・男1	岡山市　大井	小2枚
11	2	2	9	西大寺	男2才	岡山市　西大寺	大小2枚2匁
12	2	3	25	西大寺	男2	岡山市　西大寺	2枚
13	2	2	9	金岡	男2才	岡山市　西大寺金岡	1枚
14	2	3	29	邑久郡新村	女1	岡山市　西大寺新	大1枚
15	2	3	22	備中足守在下高田村	男1・2才	岡山市　下高田	大1枚
16	2	3	17	はま村	女1	岡山市　浜?	小1枚
17	2	11		和気郡北方村	清一郎・男2・女1	備前市吉永町岩崎	御礼100疋
18	2	4	10	赤坂郡小原村	男2　家内安全	赤磐市小原	2枚100銭2枚
19	2	3	26	玉嶋在上成	4才	倉敷市玉島上成	1枚
20	2	3	2	帯江新田茶屋町	女2	倉敷市茶屋町	2枚
21	2	3	15	備中宮内	男1	総社市総社	小1枚
22	2	4	9	惣社	男1	総社市総社	1枚
23	2	1		備中下道郡中尾村	女3	総社市中尾	御礼
24	2	3	20	備中門前村	女1	総社市門前	小1枚
25	2	1	18	備中川上郡西江ノ村	男1・女4	高梁市松原町西野	開願・願解
26	2	1		新見	女2・男2	新見市	大4枚
27	2	3	17	備中□□村		岡山県　?	大1枚
28	2	3	11	作刕池ヶ原勝南郡	岡熊次郎・伜3才	津山市池ヶ原	大小2枚など
29	2	2	17	作州吉野郡大かや村	男2・11才　女15才10才 6才4才2才　4才0才	西粟倉村大茅	5枚
30	2	1		讃州高松塩入・辻村	男5・女3	香川県　?	小8枚
31	2	1		讃州振井村	与右衛門	香川県　?	大1枚
32	2	3	16	讃州七ヶ村	仕掛り	香川県　?	大1枚
33	2	1		讃州和田浜	安太郎・およし・繁蔵 子男・定吉子男	香川県観音寺市豊浜町和田浜	大6枚１朱
34	2	1		讃州観音寺	男2・女1	香川県観音寺市	大3枚
35	2	1		丸亀領伊関	女1・男1	香川県観音寺市大野原町井関	小2枚
36	2	1		引田	女1	香川県東かがわ市引田	大1枚
37	2	5	19	丸亀	綿屋庄太郎　男1・女2	香川県丸亀市	3枚
38	2	5	23	塩飽手嶋	男11才1才　女8才	香川県丸亀市手島	大2枚
39	2	1		讃州花枝	女1	香川県三木町平木花枝	大1枚
40	2	1	19	讃州仁尾	男1・女1	香川県三豊市仁尾町仁尾	2枚
41	2	1	19	仁尾	男2・9才5才　女8才4才2才	香川県三豊市仁尾町仁尾	小11枚
42	2	1		阿刕	女1	徳島県	小1枚
43	2	1		阿刕伊田郡神度	女2才	徳島県　?	大1枚
44	2	3	16	阿刕上野村	岩本恒一郎・男2才	徳島県　?	大1枚
45	2	4		阿刕□植郡北方	男15才11才6才　女6才	徳島県　?	大4枚
46	1	5	19	阿刕徳嶋	蔭山氏　男2才	徳島県徳島市	御礼2朱
47	2	1		阿刕妙道郡東黒田	男1	徳島県徳島市国府町東黒田	大1枚
48	2	3	26	阿刕無養高嶋村	茂兵衛　家内安全	徳島県鳴門市高島	御膳料1朱
49	2	4	1	土刕高知	男9才2才9才3才　女14才3才	高知県高知市	

表2-10 慶応2年御札配付者一覧(2)

番号	慶応	月	日	御札配付者住所	御札配付者	現在地	札種類・入金
50	2	1	19	与劦川之江	男7才	愛媛県四国中央市川之江町	1枚
51	2	2	7	東伊予川之江	三好平兵衛	愛媛県四国中央市川之江町	大小2枚
52	2	3	2	予劦川ノ江	男1・女2	愛媛県四国中央市川之江町	3枚
53	2	3	12	東伊予宇麻郡天満村	男17才	愛媛県四国中央市土居町天満	大1枚
54	2	3	12	東伊予宇麻郡藤原村	女2	愛媛県四国中央市土居町藤原	大2枚
55	2	4	12	小松領岸ノ下	男2・女1	愛媛県新居浜市荻生岸ノ下	大3枚
56	2	1		伊予仁井郡関野戸	男2	愛媛県新居浜市船木関ノ戸	大1枚
57	2	3	11	いよ小松	美代之介	愛媛県西条市小松町	大19枚
58	2	3	13	伊予大洲	男19才33才　7才4才	愛媛県大洲市	大4枚
59	2	1		与劦井村	男2	愛媛県　？	2枚
60	2	3	17	いよノ者	男1・女1	愛媛県	大2枚
61	2	1		備後豊松	女1・男3	広島県神石高原町上豊松・下豊松	御礼1匁
62	2	1		神石郡坂瀬川村	男2・女2	広島県神石高原町坂瀬川	
63	2	1		備後才條	男1・女1・3才	広島県東広島市西条町	3枚
64	2	1		備後才條	男1	広島県東広島市西条町	大1枚
65	2	3	7	雲劦能気郡黒鳥村	彦太郎31才	島根県安来市黒鳥町	御礼
66	2	2	15	伯州相見郡浜之上	男1・女2	鳥取県境港市中浜か下浜か	小3枚
67	2	2	15	伯州相見郡大篠津村	男2・女1	鳥取県米子市大篠津町	小3枚
68	2	2		伯劦八橋郡別所村	女5・男3	鳥取県北栄町由良宿別所か琴浦町別宮か	大4枚
69	2	2		ほをきやつはし郡	男1・3才　女1	鳥取県	大3枚
70	2	1	19	大仙	女1	鳥取県　？	1枚1匁
71	2	1		因劦知津郡福原村	女5才・1　男1	鳥取県智頭町福原	大3枚
72	2	1	18	因劦知津郡福原村	嘉左衛門・男12才9才6才・女2才	鳥取県智頭町福原	大4枚
73	2	1	18	因州	男5・女1・不生去分	鳥取県	
74	2	1			男3・女1		大4枚
75	2	1			男2		大2枚
76	2	1			男12才・8才・2才　女申・4才		大5枚
77	2	1			男1		大1枚
78	2	1			男1・女1		大2枚
79	2	1			2人		小2枚
80	2	1	18		男24才20才19才・女11才		大2枚
81	2	1	18		女14才10才2才		大2枚
82	2	1	18		男2・19才13才		大4枚
83	2	1	18		女2・20才　男1・8才		大1枚
84	2	1	19		男1・女1		
85	2	2	7	船頭町上	立岡平次兵衛　女1	?	大1枚
86	2	2	9		女2・男1		御礼2匁
87	2	2		桶口村	杢の・岩吉・常吉11才・吉蔵8才・鶴之丞3才		大2枚
88	2	3	15		丑　佐しう		大1枚
89	2	3	15		丑		大1枚
90	2	3	20		女1		小1枚
91	2	4	1	吉原村	男1		小1枚1匁
92	2	4	1	佐□	新屋文三郎　生不知分		2枚
93	2	4			八幡宮市右衛門36才 土田野屋八兵衛37才		開運御守2枚
94	2	4	12		男1		御礼
95	2	5	19		男1・女1		大2枚
96	2	5	19		3人		大3枚600文
97	2	9	12		男1		大1枚

第三章　八浜と児島湾争論

第一節　関係史料と研究史

諸経過と関係史料　現在、岡山県南部に広がる岡山平野は、古代には「吉備の穴海」とも呼ばれ、畿内と九州を結ぶ主要航路が通過していたことは周知のことである。しかし、その後の岡山三大河川からの土砂堆積と新田開発によって海域は次第に狭まり、近世初頭には児島が陸繋島となって児島湾が形成された。その沿岸には、海の恵みを糧とする漁民や汽水域に広がる葭草等を利用する農民、様々な生業を営む住民がいて、その用益権を巡って協力や対立が起こった。特に漁業については、児島湾西部に広い漁業権を持つとする八浜村は、その沿海の同じ児島郡や備中国都宇郡の諸村と、その優越性を求める争論を度々起こしている。都宇郡との争いは備前備中の国境争論にも発展し、のちの興除新田開発の基盤を形成させることになる。本章では、児島湾をめぐるこれらの漁場・国境争論の経過を振り返りながら、第二章第二節で概観した八浜村の漁業を児島湾に広げて考察したい。その際、八浜村の漁業権域と直接接しない児島湾東部で起こった争論は、必要がない限り触れないこととする。

まず、八浜村内、および岡山藩領の他村との間で起こった漁場争論について主なものを示しておく。これらは、『撮要録』（一九六五）、『玉野市史』（一九七〇）、『玉野市史　史料編』（一九七九）、『池田光政日記』（一九八三）等に史料の翻刻や概説がある。

①承応三年（一六五四）宇藤木・迫川村との漁場争論
②承応四年（一六五五）八浜村内の大猟師と小猟師の争い
③正徳二年（一七一二）迫川村との漁場争論
④明和六年（一七六九）八浜村内の大猟師と小猟師の争い
⑤安永九年（一七八〇）彦崎村との漁場争論
⑥寛政五年（一七九三）八浜村内の大猟師と小猟師の争い
⑦寛政六年（一七九四）北浦・郡・碁石村との漁場争論
⑧天保二年（一八三一）今保村との漁場争論
⑨天保一一年（一八四〇）八浜村大猟師茂兵衛と他の大猟師の争い

次に、備中国都宇郡諸村との漁場や新田開発時に起こった争論を児島湾争論と称するが、それには次のような内容がある。

⑩万治元年（一六五八）　早島・帯江沖干潟開発争論
⑪正徳五年（一七一五）　八浜妹尾漁場争論
⑫享保五年（一七二〇）～九年　梶坂開発計画
⑬享保一二年（一七二七）　早島沖新田排水路争論
⑭享保一六年（一七三一）～二一年　伊達開発計画
⑮寛延元年（一七四八）～三年　国境争論
⑯宝暦四年（一七五四）～八年　国境争論
⑰明和四年（一七六七）～五年　公儀新田計画
⑱安永五年（一七七六）～六年　公儀新田計画
⑲寛政八年（一七九六）～九年　公儀新田計画
⑳文化六年（一八〇九）～一四年　漁場国境争論

これらの争論を伝える史料としては、岡山藩の池田家文書、同藩留方や同藩士の学者諸氏が編纂した地誌類のほか、地方史料として、児島郡大崎村で名主・大庄屋等を歴任した三宅家の文書、都宇郡早島村で庄屋・大庄屋を歴任した佐藤家の文書、同郡妹尾村の大庄屋家から譲られた[1]という「井上旭泉堂収集文書」などがある。このうち三宅・佐藤家の両史料を分野別に分類して、それぞれの史料中で児島湾争論関係史料（A・B）が占める点数やその割合を示したものが表3-1である。大崎・三宅家文書は現在、玉野市教育委員会所蔵分と明治大学博物館所蔵分、岡山大学附属図書館所蔵分に分散して伝来[2]しており、総計約一五五〇点を数える。そのうち玉野市教育委

表3-1 大崎・三宅家および早島・佐藤家の分野別点数一覧

分野		大崎・三宅家					早島・佐藤家	
		玉野市所蔵分	明大所蔵分	岡大所蔵分	合計	残存割合%	目録掲載数	残存割合%
A	児島湾争論文化以前	8	11	15	34	2.2	14	0.7
B	児島湾争論文化期	539	46	16	601	38.8	61	2.9
C	興除新田関係	17	24	19	60	3.9	0	0.0
D	福田新田沖新開関係	4	55	5	64	4.1	1	0.0
E	他の名主大庄屋資料	195	124	77	396	25.6	1881	90.1
F	江戸期家政資料	5	7	3	15	1.0	5	0.2
G	江戸期文化宗教資料	4	17	8	29	1.9	19	0.9
H	明治期公文書	71	0	0	71	4.6	31	1.5
I	明治期経営資料	15	153	39	207	13.4	46	2.2
J	明治期家族関係	1	6	0	7	0.5	10	0.5
K	明治以降文化関係	14	0	0	14	0.9	20	1.0
L	山田村資料	0	43	6	49	3.2	0	0.0
合計		873	486	188	1547	100.0	2088	100.0

A～Lの分類はおよそのものであり、厳密ではない。

員会所蔵のB分野五三九点のうち五一七点は、争論中に取り交わされた書簡原本や訴状草稿であり、そのため全文書の四割を争論関係が占めている。これに対し早島・佐藤家文書は、岡山県史編纂室がまとめた目録によって分類したものであるが、二〇〇〇点を超える史料中七五点・四％弱しか関係史料はない。また、井上旭泉堂収集文書は同家文書を収蔵している早島町立図書館が作成した目録によると、約一四〇〇点の史料中二七〇点ほどが児島湾争論関係である。[3]

おもな研究史

これらの児島湾漁場・国境争論は最初、近隣の自治体史を中心に取り上げられてきた。前掲『玉野市史』のほか、『早島町史』（一九五五）、『岡山市史（産業経済編）』（一九六六）、『妹尾町の歴史』（一九七〇）、『興除村史』（一九七二）、『児島湖発達史』（一九七二）などがそれである。

本格的な児島湾争論の研究論文としては、杉本史子「文化期児島湾争論とその背景」（『岡山の歴史と文化』所収一九八三福武書店）、および「近世中期における大名領知権の一側面―山野河海開発・領有をめぐって―」（『日本史研究』二六二号一九八四）が早く登場した。[4]前者の論文は⑳の文化年間の争論を扱い、後者では文化期以前の争論について考察している。

このうち後者の論文では、享保から寛延期（⑫～⑮）を第Ⅰ期とし、幕府が児島湾の「私領村附地先」の干潟を「公儀御新田」開発地とするのに対し、岡山藩は全域を「備前内海」としてその漁業や葭草等の用益権を岡山藩とその領民のものと主張していく時期としている。続く宝暦から寛政期（⑯～⑲）を第Ⅱ期とし、幕府が国境を裁定して児島湾を「備前内海」と認めながら、備前・備中国境付近に存在する干潟を「公儀御新田」とみなして開発計画を進めていった。これに対し岡山藩は、児島郡を含む備前一国の一円領有を与えた「領知判物」を犯すという主張を展開し、両者の膠着状態が続いた時期とした。第Ⅲ期は文政期の興除新田造成期で、幕府の「公儀御新田」論を形骸化し、岡山藩の主張する湾内での漁業・葭草などの用益権を含む「一国一円」領知権が認められる形で決着を見たとしている。

文化期についての杉本論文では、争論を三期に分けて分析を行っている。第一期は、文化六年五月の発端から漁場について争われた同九年頃までとする。八浜村と備中妹尾村の対立から始まり、幕府訴訟、幕府見分使の派遣と吟味が行われた。第二期は文化一〇年から翌一一年までとし、幕府が寛延・宝暦期に児島湾を「備前内海」と国境裁定を下しながら、国境寄りの新田開発については「公儀開発」とし、私領開発を不可とした⑬の享保期の通達を堅持しており、児島湾の岡山藩支配や児島側の用益権が「未確定な状況」であったとしている。児島側は見分使の再派遣を求めたが、一一年一二月の幕府裁定で備中側により広範な用益権を認める裁定が下された。第三期は文化一二年から同一四年までとし、岡山藩側は前年の裁定を認めることができず、寛延・宝暦期の国境裁定をもとに、妹尾村の備前国境内への漁場侵入を追求し、猛烈な巻き返しを図っていく。幕府は三度目の検使を派遣し、妹尾側は訴訟の取り下げを願い、最終的に逆転裁定の決着となる。この文化期論文は前者の論文を実証するものと位置づけられ、使用された関係史料は大崎・三宅家文書明大所蔵分、早島・佐藤家文書、岡大・池田家文庫とあり、限られた史料の中で優れた分析を行っている。本章は、八浜村の漁業についての考察を主要課題としているが、その際、この杉本氏の両論文の成果を踏まえた上で、争論の経過をより具体的に解明したいと考えている。

つぎに、太田健一氏が『岡山県史　近世Ⅲ』（一九八七）の第四章の「第一節　新田開発と土地分配」を執筆担当されている。その中では、興除新田の開発と土地分配の前史として、児島湾争論の経過を取捨選択しながら整理されている。続いて、『早島の歴史1　通史編（上）』（一九九七）では、倉地克直氏が第三章第三節の中の約六〇頁ほどを割いて詳述されている。ここでは、杉本論文で使用された史料に加えて「井上旭泉堂収集文書」が利用され、岡山大学附属図書館所蔵の池田家文庫から備前国慶長古図・正保絵図・元禄絵図などの貴重絵図、八ヶ郷用水に関する岡大・溝手家文書なども加え、争論後の興除新田開発に繋がる文脈となっている。児島湾争論の部分は「興除新田紀」[5]を検討史料に加えられている。本章第二節の中で検討する前掲⑩〜⑲の各争論の概説は、この書をもとにまとめていることをここでお断りしておく。

最後に、定兼学氏は「「地域社会」の生成と消滅―備前国児島二十二ヶ浦の場合―」と「干潟の漁業と社会―児島湾干潟の事例―」を二〇〇二年に相次いで発表されている[6]。前者では、児島湾争論の児島側当事者である「児島二十二ヶ浦」という「地域社会」を通じて、その生成から消滅までの過程を分析するという方法を採りながら、八浜村の漁業構造や諸浦との関係を押さえ、二十二ヶ浦という「地域社会」がはたした役割を分析している。後者では、妹尾・御崎神社旧蔵の「児島湾干潟漁業絵馬」の「元禄元年戊辰　寛政十戌午正月再興」という製作年代に対して、児島湾争論の元禄期や寛政期の妹尾漁業の実態を分析する中で、文化期訴訟時の再興であったのではないかとの疑義を提示されている。また、両論文とも妹尾や八浜の漁業分析なども行われ、本章の課題意識と共通性がある。

本章は、以上のような先行研究に依拠ながら、八浜村をめぐる漁業問題を考察するものである。児島湾海域における岡山藩領内の漁業者は、かし木漁を営む大漁師と、矢井漁や投網・四つ手網、釣・潟板漁などに従事する小漁師に大別され、経済的にも身分的にも前者の優位が成立していた。この大小漁師制にもとづく漁業秩序は、八浜村のように大漁師が存在する村だけでなく、小漁師しかいない村に対する大漁師のいる村との間でも形成された。しかしそれは原初的に存在していたのではなく、漁村間での漁業争論を通じて形成されていったと考えられる。本章第二節では、八浜村落内および八浜村と他村間に発生した漁業争論を通じて、その内容を考察する。一方、児島湾に面した他領の漁業村落に、岡山領内での漁業秩序を適用することは非常に難しい。しかし、児島湾全域での大漁師の特権を維持するために、特に備中妹尾村との間では何度も漁業争論が繰り返され、国境争論に発展することにもなった。この過程を第三～六節で考察することにしている。なお本章でおもに使用した史料は、岡山藩側の大崎・三宅家文書で、玉野市教育委員会所蔵分と明治大学博物館所蔵分（岡山県立記録資料館複製資料）が中心である。そのため、どうしても岡山藩側に傾いた記述が多くなったことをあらかじめ断っておきたい。

註

（1）『早島の歴史1　通史編（上）』二五二頁　早島町教育委員会所蔵。

（2）大崎・三宅家文書の三ヶ所への史料分散の経過については、北村章「文化期児島内海争論をめぐる資料について―大崎・三宅家資料を中心に―」（『岡山県立記録資料館紀要』第10号所収二〇一五）でまとめているので、参考にしていただきたい。なお、表3-1の玉野市所蔵分は再集計して一部訂正している。

（3）『早島の歴史3　史料編』（一九九九）には、佐藤家文書一八点・旭泉堂文書一七点の争論関係史料が収録されている。岡山県立記録資料館では、大崎・三宅家文書のうち明大所蔵分の一部と早島・佐藤家資料の一部の複製資料が閲覧できる。

（4）この二つの論文は、杉本史子『領域支配の展開と近世』（山川出版社一九九九）に、第一章「「公儀御新田」と領有権―山野河海開発・領有をめぐって」と、第二章「地域認識の相克―文化期児島湾争論とその背景」として再録されている。

なお、この児島湾争論の名称について、筆者は、三宅家文書に「児島郡内海一件」や「内海一件」等の標題が多いことから、(2)のように「児島内海争論」としていたが、本書では地理的にも広く知られる杉本論文の名称を採用することにした。
(5)『岡山県史 近世編纂物』(一九八一)所収。なお、同書の史料解説によれば、「興除新田紀」は岡山県総合文化センター本(現在岡山県立図書館所蔵)を底本としていて、岡山藩留帳方の編纂物とされている。
(6) 前者は『瀬戸内海地域史研究』第九輯、後者は後藤雅知・吉田伸之編『水産の社会史』(山川出版社)に収録されている。これより先、同氏は『近世の生活文化史』(清文堂一九九九)第三章第二節3の「興除新田の開発と漁業問題」(二八三~九頁)で児島湾争論の概要をまとめている。

第二節　八浜村の漁業権

中世の備前内海漁業　中世の備前および備中東部沿岸の各浦々からは、備前一宮である吉備津彦神社へ魚介類の奉納が行われていた。室町初期の康永元年（一三四二）六月二八日の日付のある「備前国一宮社法」[1]には、津高郡の山崎（現岡山市北区一宮山崎）から鯛五喉・鯖三三、同郡今岡から鯛六喉、奈良津（同楢津）から鯛六喉が、三野郡の今村からは「御へんノうお」三三喉、宮保（現在地不明）から「御へんの肴」一二〇喉、二日市からは肴一二喉と鯛の献上が見えている。また、児島の浦々からは鯛一二のほか、小肴一二〇・あおのり・はまぐり・かき・にし・しろうお・なまこ・このわた・か・な・ひら・くらげ・あみの一二色が春秋の二度献上されており、このような奉納は、和気・邑久・児島の三郡の船方・網方・漁師方が支配し、浦々に応じて多少があるとしている。さらに「備中せのう（妹尾）両うら」からは、「浦役・はまやく（浜役）」として、春はひら三三喉・鯛三三喉、秋は塩鯛一二〇枚・小肴一八〇が奉納され、別の箇所には鯛一三〇・ひら一二〇枚・はまくり・はいがい・白うおの記録があり、色々な磯魚を備前に販売しており、その初穂の「心」として納めていると記されている。ここに見える魚介類は、第二章第二節の表2-3で示した江戸中期の児島湾産魚介類と多くが共通している。しかし、献上地のうち津高郡の三地は吉備津彦神社のすぐ近くであり、漁師集団とその漁場があったとは考えにくいが、三野郡から備中妹尾、対岸の児島郡では盛んに漁業が営まれていたようである。特に妹尾では、多くの魚介類が獲得されており、漁業の一大拠点であった印象がある。また、当時の海面には厳格な漁場権域の設定などはなく、かなり自由な漁撈が行われていたのではないかと推測できる。ただ、妹尾については備中に属しながら備前各地に漁獲物を販売していたことが理由で、備前一宮への浦役・浜役名義で魚介類の奉納が行われていたようである。

一方、八浜村は、近世に起こった猟場争論で、児島湾の漁業権を獲得した法的根拠として次のような史料[2]を示すことがあった。

史料3-1

御料所豊岡海波佐川致契約、差屋井事不可叶旨、先年於阿州御成敗之処、今度依斉藤式部張行、又差新屋井之間、自波知浜抜取候処、号其返報棹木お過分ニ伐取之間、迷惑之由波知浜之百姓等歎申云々、言語道断次第也、所詮任以前御下知之旨、屋井お可抜取之旨可被申付候由候也、仍執達如件

延徳三　九月二日　　之康　花押

□成丹波入道殿

これは延徳三年（一四九一）という戦国初期のもので、文面には、先年「阿州」（児島郡分郡守護であった阿波国守護細川氏を指すと思われる）によって、波佐川（迫川）が屋井（竹等の矢井漁具）を豊岡海に差すことはできないと「御成敗」された。しかし、斉藤式部（未詳）の許可で新たな屋井を差し、八浜がそれを抜き取ったので、波佐川がその返報として八浜の棹木（樫木漁の木）を多く切り取り、八浜方が迷惑として嘆願した。訴えを受けた「之康」[3]は、波佐川の所業は言語道断であり、以前の下知通り、波佐川の屋井の抜き取りを許可するというものである。発給者の「之康」も人物未詳であるが、執達命令を受けた「□成丹波入道」という人物は児島郡内の役人名としていくつかの史料に散見している。樫木や矢井漁という近世史料で確認できる漁法はこの戦国初期にも遡る可能性がある[4]。また、文安四年（一四四七）の兵庫北関に様々な物資を運んだ有力な港町でもあった。しかし、この史料だけでは、八浜が戦国初期に児島内海の漁業権を獲得していたかどうかは確定できないであろう。

承応～享保期の争論

第二章第二節でも触れたように、八浜村は明暦三年（一六五七）までに備前沿海二六ヶ村の一つとして「加子浦」に指定され、その反対給付として児島湾内での漁業権を岡山藩から保障されたと考えられる。この「加子浦」指定が正確にいつであったかは不明であるが、寛永四年（一六二七）に口上道郡平井村が一九艘の猟船を限って備中庭瀬・妹尾沖に入漁する権利を得ていたことが伝わっている[5]ので、漁業権と連動した加子浦制はこの頃には存在していたと思われる。

八浜村の漁業権については、備前一帯で大洪水が発生し、その後大飢饉となった承応三年（一六五四）に、児島郡宇藤木

村の庄屋が国払い、迫川村庄屋が庄屋取り上げとなった事件で初めて確認できる。二人の庄屋は、八浜と海猟場の公事となった時、隣郷を引き入れて企んだとして処分されたとある[6]。詳しくは不明だが、八浜の漁業権を侵害する事件であったと推測される。さらにその史料の次の行には、八浜村のままかり網の百姓二人が大庄屋に「少もなき事」を言ったとして国払いの処分を受けたとされている。しかも、両漁師への「せんさくノ時」、藩役人からままかり網について質問された大庄屋が、「不存候」と答えて隠蔽したと見なされ、大庄屋も役を取り上げられている[7]。この前後二つの処分が同一事件の中で起こっていたとすれば、宇藤木・迫川の漁民と八浜村のままかり漁師という「小猟師」が、八浜村大猟師と争った争論であり、「小猟師」側は他村とも連携して「大漁師」の権限と対抗しようとしたとも考えられる。結果は、藩役人が「大猟師」の権限を保障し、「小猟師」側の指導者を処分し、吟味に非協力的だった大庄屋をも退役させることになった。

　この争論には、両者の対立を収めさせようとした関連史料がある。それは、翌承応四年三月に当時の児島郡担当の郡奉行石川善右衛門と代官渡辺与次兵衛が定めた「児島郡八浜村猟場かし木相改掟」という史料である[8]。これによると、八浜村所属の樫木猟の場所とその広さを、大尾の戸と立出しの戸を合わせて三〇七条・地の立出し戸二七九条・細尾の替戸一三条・磯際の戸五七条・中曽根海老細戸三一条の五ヶ所、合計六八七条と定め、鮃を獲る袋を懸ける場合は樫木の間に網袋をかけ、その数は九三条とした。また、「追掛」[9]をする場合は、ままかり網と立ち会って、双方とも本来の樫木猟の障害にならない場所に立てよとしている。樫木の設置場所はこの五ヶ所以外は厳禁で、その場所が荒廃したなら郡奉行の許可を得た上で建て替えることとした。「去年大漁師と小猟師と猟場出入」の時、すなわち前年の小猟師二人の国払いと大庄屋の退役処分が行われた時になるが、「双方申方不埒之筋」があり、郡奉行は大猟師に樫木を多く抜き取らせ、小猟師には新たなままかり網の設置は不可とし、処分を含む厳しい裁定を下した。以後、大小猟師間の契約を厳守し違背するものがないようにと、村役人一〇人、大猟師一四人、小猟師九人（代表か）が連署している。この定めは、以後の大小猟師間の漁業権を定めた基本規定となったと考えられる。

　しかし享保一九年（一七三四）には、この定法を忘れ再び両者の対立が起こった。そのため当時の郡奉行西村久五兵衛と郡目付は、承応の掟書とつぎの添書を下して両者を融和させようとしている[10]。

①承応四年捉書には「追掛」はままかり網と立ち会って行うべしとあり、今後追掛とままかり網は、五ヶ所のかし場以外に猟を行ってはならない。

②以前の正徳五年（一七一五）の追掛とままかり網の対立は村で処理し、その際、大尾の戸と立出しの戸の間の約五〇〇間のうち、四〇間は追掛を行い、残り四六〇間はままかり猟を行うこととした。しかし、今後はこの取り決めをやめ、双方立ち会いの上、協力して猟業を行うようにせよ。

③この享保一九年四月に、大猟師の網袋四八帖を小猟師が取り上げたが、その損料を一帖につき一五匁ずつ弁済せよ。

今回の対立は、③のように、大猟師が仕掛けた樫木猟の網袋を小猟師が奪ったことから起こったものと思われる。その設置場所が②の正徳五年で交わされたままかり網が設置できる四六〇間であったと思われ、大猟師の「追掛」猟の逸脱に対するままかり網猟師の反発で起こったように推定できる。しかし、②の猟場規定もままかり網有利の処置と見たのか撤回を指示され、結局、互いに立ち会った上で猟場の分配を行い、双方に融和協力関係を再構築させようとした仲裁であったように思われる。

次の事件は、時期は遡るが、正徳二年（一七一二）に起こった八浜と迫川村との猟場争論である[11]。迫川村の主張は、いつものように猟場へ出ていると、八浜村の漁師が来てここまで来るなと苦言を残して去って行った。矢井の内外に限らず「長ケ之立申所」（足が立つ程度の干潟）までは猟をしていいことになっており、六〇年以前の争論の時にもそう決まっていると主張した。この六〇年前とは「承応二」年の争論であると註があり、前述の宇藤木・迫川村の庄屋が処分を受けた事件を指している。これに対して八浜村側は、八浜村の猟場は「北浦村之猟場境より備中国猟場の外は不残八浜村之猟場」であり、八浜村は先年より加子役を務めており、「迫川村前屋井之内堤際」まで八浜村が猟をしている時には、迫川村は猟の障りになることはしてはならないと主張している。六〇年前には、迫川村の者が八浜村の唐網を奪い、網の返還と迫川・宇藤木の二人の牢舎が命じられており、矢井の外では足の立つ所でも猟は不可であった筈である。近年の遠浅化のためにどこまでも足が立つ現状では、迫川の言い分は押領になると主張した。詮議の結果、かつては八浜村が迫川村前の堤際まで猟をしていたことを迫川村側が認め、以前の通り、迫川猟師が矢井より沖合へ漁をしないとの裁定が下された。この争論からは、海退現象による八浜村の猟場減少と迫川猟師による磯際漁の拡大という変化が読み取れ、八浜側の漁業権保護が図られたとすることができる。なお、この争論の中で八浜の漁業権が北浦村を境とし、児島湾最奥部には備中国の猟場があることが押さえられよう。

元文・寛延期の八浜村漁業権

承応四年（一六五五）に郡奉行石川善右衛門が定めた「児島郡八浜村猟場かし木相改掟」以後、児島漁業にに関する通達は見えないが、つぎの元文三年（一七三八）の締書[12]は各種猟師に関する通達として重要である。

史料3-2

児島郡内海加子浦へ申渡締書

一御公用御国用共無懈怠相勤可申事

一大猟師定かし場廿三ヶ所、其外ニテ漁業致間敷事

但当時荒埋之分ハ追建ニ而致漁、新ニかし木立間敷、尤無拠場所替いたし候ハ、、古例之通時之奉行へ相断可任指図事

一屋井漁師屋井床拾壱ヶ所、其外ニテ致漁業間敷事

但荒埋等ハ右同断

一ままかり網者小竹ヲ建、其時々ニ抜取、定かしニ不相障様可致事

一投網網代者小篠葭原等ニテ手軽ク相立、本屋井ニ不紛様致可申事

一四ツ手持網釣漁投網流網鱣突鮩引潟猟等ハ、海内一円可致進退事

但かし場屋井床潮上者可致用捨事

一新漁猥ニ致間敷事

但加子役不相勤海廻〔辺〕掛〔指〕臨〔余候カ〕ム地方之所モ、其村ニ前潟漁等ハ見免し可申事

右内海漁猟取締旧例ヲ以申渡候、猟師共仕来之通リ海上御用弥以致出精、前条夫々無違失厳重可相守者也

元文三年午三月　原彦九郎

浦々名主五人組頭中

発給者は正確には岡山藩郡奉行原彦八郎である。ここでは、まず大猟師について、かし場は児島内海の合計二三ヶ所で、

それ以外で猟をしてはならないとし、荒埋のかし場には「追建」で猟を行い、新かしは禁止し、かし場を替える場合は郡奉行の許可を得て行うこととしている。「追建」はすでに触れた「追掛」であろう。矢井床は一一ヶ所あり、荒埋はかし場と同じ対応を行う。ままかり網は定かしの故障にならないよう小竹を建てて行い、投網（唐網）は小篠を葭原に建てて行い、矢井に紛れないようにせよとある。四ツ手持網・釣漁・投網・流網・鱣突・鮩引・潟猟などは、かし場・矢井床の潮上ではしてはならないとした。

一方、児島・備中の国境争論で幕府の裁定が下る寛延三年（一七五〇）、五月二七日付で、児島側は所有するかし場・矢井床について訴訟担当の勘定奉行稲葉丹後守正甫に提出している。[13] 次頁の表3-2はそれをまとめたもので、元文三年の史料3-2に見られたかし場二三ヶ所と矢井床一一ヶ所の広さや現状が示されている。この中で、八浜村所有のかし場は九ヶ所あり、貞享五年（一六八八）所持分と見え、先に触れた承応四年（一六五五）石川善右衛門時代のかし場五ヶ所から、岩島・はゝき・ほとり・波知窪の四ヶ所が増えている。また、後述するが、寛政五年（一七九三）の移設で増えた曽根小溝も加えられている。一方、矢井床については、正徳二年（一七一二）の八浜・迫川争論に登場した矢井は裏口・ようらき矢井と思われ、この矢井が迫川・宇藤木両村の入会とされている。八浜の猟場はこの矢井床から沖合ということになる。さらに、後述する安永九年（一七八〇）に起こる八浜・彦崎争論で一部が彦崎の猟場に変わる下手矢井は、ここでは八浜の所有とされている。なお、八浜村所持のかし猟場を含むおもなかし場・矢井床のおおよその位置を地図3-1で示した。

明和～寛政期の争論

ついで明和六年（一七六九）には、再び八浜村内の大小猟師の対立が起こっている。[14] その原因の一つに樫木猟の増加がある。承応年度の裁定に従い、「追掛かし」は「定かし」とは違い、猟が終われば樫木を抜き取ってその日に持ち帰るよう命じ、樫木の放置を禁じていた。また、大猟師株は本来一六株で一六艘の猟船を出すことになっていたが、調査の結果、この明和六年には一二軒で、うち六人が二艘持ちであったという。今後はこの合計の一八艘以上の猟船の出猟を禁じるとしている。一方、小猟師に対しても、四月に「追還（懸カ）」かしの多いことを村役人に申し出たが、次は何の届けもなくこれを抜き捨てたとして、抜いた六五本のうち三五本を大猟師に返却し、残り三〇本分の過銭七五匁の支払いを命じている。このような双方への処分が同年九月に郡奉行によって下されたが、争論の背景には、「追掛かし」の

表3-2 寛延3年(1750)児島郡かし・矢井場一覧

かし・矢井場名		間数	条数	所有村	備考
1	上り曽根	68	17	小串	荒　※当時埋り
2	前かし	380	102	小串・阿津入相	※中戸中曽根東曽根戸ともいう
3	西原かし	176	44		
4	新かし	※※177	59	飽浦・宮浦入相	※元禄11年中川かしを場所替え ※※元北浦
5	前棹	136	34	北浦・郡入相	
6	下棹	72	18		
7	神主屋	120×50	20		
8	中棹	100	10		
9	※与左衛門	60×48	15		※宮内かしともいう ※※外ニ18帖追立共85間
10	平丸	85×28	10		※ひらまりかしという
11	郡棹	300	※70		※うち25条北浦村所持
12	西棹	400	96		※中の戸北の戸ともいう
13	※わに崎	60	20	碁石	※※元北浦
14	高棹	75	25		荒　※※元八浜当時埋り
15	磯際	705	234	※貞享五年八浜村所持分	内25条荒
16	細尾	309	105		内285間埋
17	※地立出し	738	※279		内33条磯際へ引
18	岩島	375	※125		※当時埋り
19	大尾	927	307		※長棹ともいう　※※立出し共
20	中曽根	279	93		
21	はゝき	384	128		※はば木という　※当時埋り
22	※ほとり	294	98		※曽根崎かしともいう ※※当時埋り
23	波知窪	81	27		※※当時埋り
24	曽根小溝	58	12	八浜	寛政5増設
1	ちゃうち矢井	180	6	迫川・宇藤木入相	埋　※当時埋り　※※元彦崎
2	※※裏口矢井	260	7		
3	※ようらき矢井	220	7		
4	上手矢井	480	12	彦崎	
5	芦矢井	700	12		※※当時埋り
6	次兵衛矢井	40	1	天城	※蝌取川尻ニ有　※当時埋り ※※元彦崎
7	車矢井	35	1		埋※妹尾西磯前ニ有 ※当時埋り　※※元彦崎
8	尾はた矢井	180	6	植松	埋※妹尾内尾の辺ニ有 ※当時埋り　※※元彦崎
9	下手矢井	※※346	12	八浜	
10	岡矢井	160	5	北浦	
11	折目矢井	100	3		

旧版『倉敷市史』第9冊147～9頁よりまとめる。ただし※は大崎・三宅家文書「内海一件委細書」（文化6 伊東忠志稿本、原本不明）、※※は備作史料研究会編『内海一件』113～5頁（文化7 原本照合済み）からの補足である。

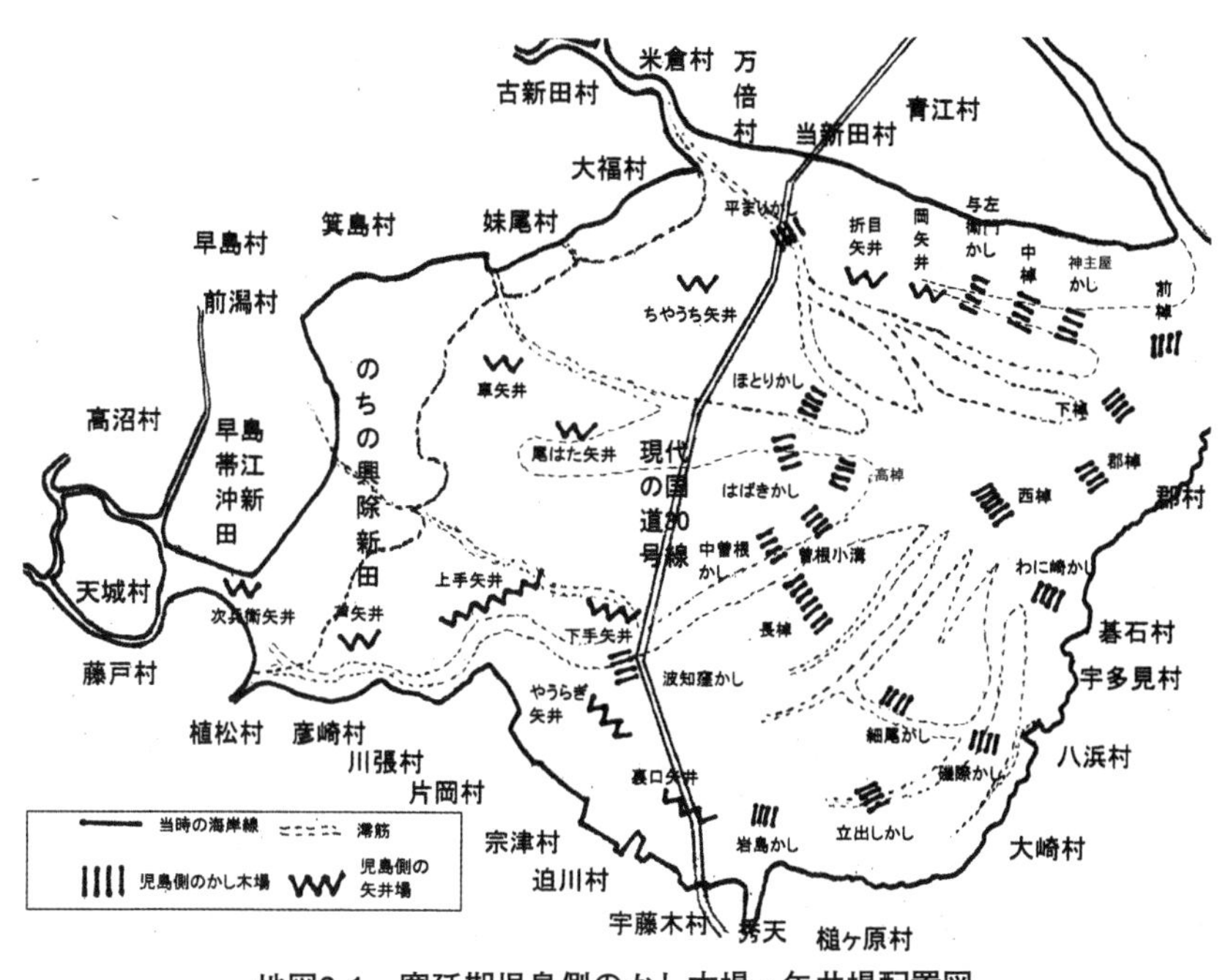

地図3-1　寛延期児島側のかし木場・矢井場配置図

多用による収益の確保をめざす大猟師と、猟場を奪われ困惑する小猟師との対立があったと考えられる。

ついで安永九年（一七八〇）には八浜村と彦崎村の漁場争論が起こっている。[15] 八浜側は昔から加子役を務めており、郡・北浦猟場を境に、西は潮が届く限り一円八浜の猟場だと主張している。彦崎側は、「四ツ山出し石山隠し」という場所から西は一円彦崎の猟場であり、表3-3に見える七ヶ所の矢井四六畳を所持して猟業を営み、浦手役も務めてきたと主張している。この表には、安永当時の持主とそれ以前の持主、さらに近世初頭の初代持主の名が示されているが、表3-2の寛延期史料とで、ちゃうち矢井とようらき矢井の所有に違いがあるなど、疑問点もある。訴訟を受けて岡山藩在方下役人三名が派遣され、論所の見分と双方の主張の審査が行われ、八浜の加子役勤務の証拠は確認したが、彦崎側が主張する沖合の用船通船時の対処や難船に対する浦手形交付などは、他の浦辺のある村でも行っており証拠とはならないと判断した。さらに郡奉行が論所を見分し、彦崎村の矢井持網猟は「入来り」と見え、「四ツ山出し石山隠し」より西が自猟場と考えているのは筋が立たないと判断し、彦崎側に心得違いであったことを認めさせた。この結果、郡・北浦猟場を境に西の海面は八浜村猟場であり、

表3-3 彦崎村株と主張する矢井一覧

矢井名	字	大きさ	初代持主	持主	当時持主
芦屋井 12丈		3丈	五郎左衛門	佐吉	
		1丈	治郎兵衛	源太郎	
		2丈	与右衛門	与右衛門	
		1丈	太郎兵衛	半次郎	
		1丈	不明	介兵衛	
上手矢井 12丈	小そね	2丈	多郎兵衛	仁左衛門	甚右衛門・佐太郎
	沖屋い	2丈	助惣	七左衛門	長五郎・九兵衛
	南久保	1丈	九右衛門	長右衛門	甚太郎
	字不明	2丈	彦右衛門	久右衛門	伝左衛門・徳蔵
	畑やい	1丈	又蔵	清蔵	彦市
	小畑やい	2丈	与七郎	与吉	茂一兵衛・幸介
	北ノ久保	1丈	六兵衛	五郎七	作右衛門
	車やい	1丈	与市	弥兵衛	伝右衛門
下手矢井 12丈	一番	2丈	多郎右衛門	与四郎	
	二番	1丈	治郎兵衛	治郎介	
	三番	1丈	七兵衛	太郎右衛門	
	四番	1丈	喜八	小平次	
	五番	1丈	与左衛門	五郎介	長五郎
	六番	1丈	利右衛門	浅右衛門	
	七番	1丈	六郎兵衛	金十郎	作介
	八番	1丈	権右衛門	伝右衛門	甚三郎
	九番	1丈	孫右衛門	市郎右衛門	市右衛門
	十番	2丈	次右衛門	忠右衛門	1丈甚右衛門　1丈埋レ
次兵衛矢井		1丈	鰤取川　川尻ニ有　当時埋レ		
ようらぎ沖 矢井		2丈		忠右衛門	迫川沖ニ有
車矢井		1丈	妹尾まへ　当時埋レ		
尾端矢井		6丈	妹尾まへ　内尾之辺ニ有　当時埋レ		

明治大学博物館所蔵　三宅家文書1「児島郡内海猟場古書類写 弐」より

彦崎村は沖合の澪筋で漁業をしてはならないこととした。しかし、去々閏七月（安永七年）に八浜村が抜き取った矢井床の網は彦崎猟師のものと見えるので、上手矢井一二畳と下手矢井のうち上流部の二畳分（地図3-1参照）はそのまま建てて、彦崎村の猟場とすることを許可している。この裁定からは、彦崎村にこれらの矢井の漁業権が認められたことになり、先ほどの「入来り」の矢井床という表現は、おそらく双方が利用できる「入会」猟場であったように思われる。判決は、彦崎村沖合の入会地だった矢井床を八浜と彦崎に分割するものであったとみなすことができよう。

さらに寛政五年（一七九三）には、かし床の移転新設をめぐる八浜村内の大猟師と小猟師との対立が起こった[16]。大猟師が猟場とする樫木床は承応四年に六八七条あったが、次第に埋まって六〇条余に減少していたので、曽根の小溝に建替を求めた。しかし、この猟場は「諸魚海道」の好漁場であり、ままかり漁師・投網漁師などの小猟師が反対して争論となった。在方下役人二人が沖合を見分し、残っている六〇条余のかし場も浅い干潟で役立たない所もあり、猟師全体が不猟となっていることを指摘している。さらに、今までの承応・享保・明和度の裁許状を確認した上で、まず投網猟師に対しては、「まゝかり網猟師と同様ニ故障申出候得共、前々かし床出入度々有之節故障ハ不申出、投網猟者八浜村猟師汐行限り場所無差別相稼候得者、かし床建替之故障可申筋者無之」と、大猟師とままかり猟師の争いに参加する権限のないことを示した。その上で、次のような対策案を与えた。

①従来の磯際かし五七条と万治年間に建出しかしから移した三三条の計九〇条のうち、かし場が荒れずに残った一二条の樫木を抜き取り、およそ二〇町北の曽根の小溝に建替せよ。その際、およそ一〇六間余ある澪の真中より南方へ建て替え、ままかり網がその脇や下で網を掛けてもよいが、樫木猟の障害にはならないようにせよ。

②ままかり網の場所は澪中およそ五〇〇間あったが、次第に埋まって減り、今は二五〇間ほどになっている。以前は鬮を引いて猟場主を決めていたが、これから鬮に当たった大猟師は澪の深い所を二〇間小猟師に譲り、一和して猟に当たれ。

旧来のかし床から移設する際、ままかり猟師にも猟場を一部保障する案を双方が受け入れ、請書連印を差し出している。連名者は村役人一八人、大猟師一二人、ままかり猟師四二人、投網猟師三九人であり、これは寛政五年時点の猟師数となる。

翌寛政六年（一七九四）には、八浜と郡・北浦の猟場の境で争論が起こった[17]。場所は大澪のそばで、ここは郡・北浦両村の入会地で碁石村にも入漁を許している曽根という海域であった。この付近に八浜村が新規に棹木を建てたところ、郡・北浦村側の猟場に入り込んでいたので村役人を通じて掛け合ったという。八浜村の村役人は、棹木を建てた場所は八浜の猟場の真ん中であり、藩の下知を得て建てたと答えた。そこで郡・北浦側が同年三月四日四つ時（午前一〇時）に現地で立ち会い交渉することになった。しかし、当日六つ時（午前六時）八浜村藤兵衛（名主山下氏）から郡・北浦の棹場のさらに東の郡村松尾波戸へ来るよう依頼があり、しかもそれに相違して八浜側は船四〜五艘に三十余人を乗り組ませ、郡村前へ押しかけてきたという。郡村三ヶ村は八浜村が建てた新棹場に行き、八浜側にここへ来るよう伝えたが、八浜側が来なかったので立ち会いは流会となった。

この争論では、八浜側の出願場所と実際に建てた場所が違うという問題があった。建て替え前の場所は、北浦のかし場の「西棹」から二〇町余ほど西の八浜村宮山の沖合にある「磯際」かしで、移設の許可を受けた場所は、「西棹」から一五〜六町ほど西で、従来から八浜が用いていた一尺四〜五寸（約四〇㎝）廻りで長さ三間〜三間半（五〜六メートル）の樫木と漁具を使用することになっていった。この場所は水尾筋で湾内第一の場所であり、北浦の猟場にも大きな故障が予想された。しかし、実際の設置場所は「西棹」からわずか三〜四町ほど西で北浦の猟場に入り込み、しかも北浦などの用いる長さ九間余の大木[18]と大きな網を使用していると訴えた。八浜が新棹を建てたこの場所は、一三年前の天明二年（一七八二）にも八浜側が郡村漁師の網を奪い、当時の大庄屋八浜村里右衛門の吟味によって八浜村猟師の押領不埒と決まり、謝り証文を郡村に提出した場所であった。訴えは同年五月付で北浦・郡・碁石村漁師惣代・村役人が連署して、大庄屋北方村清五郎（合田氏）に提出された。訴状の末尾には、「海埋り猟業衰申義ハ八浜村ニ不限、内海一等の難渋ニ御座候、既北浦村新棹極近年大埋」と漁業の不振を訴え、同じ家業として他村の迷惑も弁えるべきと、八浜村の行為を正そうとしている。この訴訟の判決文は伝わっていないが、八浜側の敗訴となったようである[19]。

天保期の争論

時期は飛び、後述する文化期児島湾争論が決着したあと、文政四年（一八二一）三月には興除新田の開発が開始される。この年、津高郡今保村と八浜村との間に漁場争論が起こった[20]。今保村は津高郡で唯一の加子浦で児島湾に面していたが、南の沖合に庭瀬戸川藩領の瀬尾新田村（のち古新田村と改称）が寛永三年（一六二六）に完成し、同二〇年（一六四三）にはさらにその南に大福新田が開発されたため、猟場が狭くなっていた。両村の漁場争いを大庄屋・在方下役人が仲裁して前年冬に境を示す杭を建てたが、双方の不満が続いたので、興除新田の国境の一番杭へ見通す間に新たな杭を建て、①その間の海域では両村の持網その他の漁を隔日交代で操業すること、②去年冬に建てた杭の外側で隔日操業としてきた海域では双方の持網漁を差し止め、それ以外の漁は両村自由に行うこと、③米倉村の渡場から今保村までは、今保村の持網その他の漁を自由に行える海域とするという、三項目を一一月に示した。両村の本格的な「漁場規定」は追って吟味することとした。

その吟味は天保二年（一八三一）に行われたようである。仲裁をした在方下役人・大庄屋らがまとめた「済方談之覚」[21]には、今保・八浜両村の主張は次のようにある。

今保村…加子浦として浦役を務めてきており、白石・引船の川筋は勿論、内海の澪から北は今保村の漁場網代であり、矢井投網漁床は四九ヶ所ある。白石川筋の水尾から西は備中妹尾村と入会で、東は児島郡北浦・郡村、御野郡青江・浜野村、上道郡平井村と入会で漁をしてきた。近来八浜村から多数入り込み、鱣延縄も近くに入り込み漁をするため迷惑している。

八浜村…近年今保村の者が新規に持網を企てて迷惑している。八浜村の漁場は東は郡・北浦村を境に、西は備中妹尾堤を限り、川内も引船まで、公儀裁許の絵図面の墨引きの通りはっきりしている。近来今保村が入り込み、八浜村漁業を狭めている。

両村の主張は真っ向から対立し、調停は難航したが、今保側が妹尾と入会とする主張は認めないとした上で、次のような仲裁案を示して一一月四日に双方の連印を差し出させている。そこには五ヶ条が定められ、翌年三月に絵図が作成された。
①白石・庭瀬の川筋では、大角一番杭より上流には八浜村は入り込んではならない。
②大角一番杭から下の新たに建てた上杭までの間で隔日交代で漁を行うこととしていた海域は、今後、今保村一日、八浜村二日と日分けして漁を行うこと。
③白石川の川尻の内海大潟から北の今保村網代までに八浜村の矢井床があるが、ここでは矢井漁を増やさず両村入会で漁業を行うこと。ただし澪より東の海域では今保村の矢井と八浜村のかし床の境目が決めがたいので、関係七ヶ村と和融して漁を行え。
④八浜村の持網ら小漁師は以前の二三〇人、今保村の矢井漁師や持網漁師は三六人とし、いずれも増減しないこと。
⑤鱣延縄は他の漁の障害になるので、入会場所での漁はしてはならない。
こうして、八浜・今保両村の争論は決着した。

最後に、八浜村内の大猟師間の対立について検討しておく。後述する文化期児島湾争論の中で、大猟師茂兵衛は発端当初に自船が妹尾村猟師から被害を被り、やがて江戸出訴の漁師惣代として評定所に出廷し、児島側勝訴に貢献したとして、猟業に特別の権利を与えられた。しかし、他の大猟師一一人との間に、天保一〇年（一八三九）四月、「漁稼方争論[22]」が起こった。茂兵衛に与えられた特権とは、「字内尾ほとり・はゞき両かし之内一かし鬮無し漁業御免」である。大猟師仲間は一二人いて、うち六人は船二艘持ち、残りは一艘持ちの計一八艘が鬮を引き、鬮順に樫木漁場を選んで出猟していた。茂兵衛は二艘持ちで、一艘はほとりかしかはばきかしであれば鬮なしで自由に出猟し、もう一艘は鬮を引いて漁場を得ていた。しかし他の大猟師からは、残り一一人による一回目の鬮が終わって二回目の鬮から引くようにせよと不満を感じていた。また、「蛭漁」と呼ぶ一年に一度程度の二三日間の特別な漁期に、他の猟師が袋網を四枚だけ使用するのに対し、茂兵衛は八枚も使用しており、これを他の猟師と同じようにするよう求めた。八浜村の名主・五人組頭は大猟師の要求をもとに茂兵衛と他の大猟師を呼び出して説得した。茂兵衛はいったんこれに応じたがその後拒絶したので、村役人は大庄屋槌ヶ原村大塚太兵衛に吟味を依頼した。

大庄屋の吟味中で、ほとりかしについて、澪幅が狭く二～三艘以上の船は猟にならない場所だが、茂兵衛が毎回鬮なしで最上の位置で猟を行って大いに稼いでいること、はばきかしは澪の幅は広いが、ほとりかしと同じ状態になっており、茂兵衛から他の仲間への配慮が必要として、翌一一年四月「向後稼方指揮」で四点の打開策を示した。

①茂兵衛はほとり・はばき両棹のどちらかで、鬮なしの船一艘で稼ぎ、次に一一人が鬮取りで稼ぐこと。両棹は澪が狭いので、茂兵衛は二艘持ちであるが、もう一艘は他のかし場で操業をすること。

②ほとり・はばき以外の鬮取かし場では、茂兵衛は他の一一人同様鬮取りして稼ぐこと。

③「蛭漁」は他の漁期とは格別で、ほとり・はばき両棹場でこの漁を行う場合は①に準じること。使用する袋網の制限は後年煩雑になるので、時宜によって示談せよ。

④互いに実意をもって譲り合い、漁業が永続できるように取り決めること。

これにもとづいて四月二一日には内尾の二棹の鬮が行われ、①～④と相違する行為があったが、再度双方を呼びした上、同月二三日には大猟師一二名連印の上、村役人から大庄屋経由で大崎村出身の岡山藩在方下役人三宅安太郎宛に請書が提出されている。この争論で、当時の大猟師の樫木猟での慣習の一部が確認できる。

以上、近世前期からの八浜村を中心とした漁師の存在形態や他村との漁場争いを通観してきた。村内の漁師間では、大きな権限を持った大猟師と中小漁師との間に対立と協調があったことが確認できた。一方、他村との漁場争いでは、近世当初から八浜村が岡山藩から加子浦認定と加子役負担の反対給付として児島湾全域の漁業権が絶対的に保証されていたわけではなく、近世の各時期を通じて起こった猟場争論の中で、次第に確定されていったものと考えることができる。正徳期の迫川や安永期の彦崎との争いでは、矢井床での緩い入会状態から、漁場の分割を通じて自村の猟場分を確保した。郡・北浦とでは寛政期に強引に漁場の拡大を目指したが、これは認められなかった。今保村とは天保期になって漁場の確保を実現した。しかし、他領である児島湾奥の備中諸村との争いは、中世以来の有力な漁村である妹尾村を主な相手に、長期にわたる争論が展開されることになる。

註

（1）『岡山県史　編年史料』（一九八八）七二八～七四三頁所収

（2）「備前記」八浜村条。『黄薇古簡集』八浜村名主預古文書にも収録されている。

（3）第二章でも触れたように、児島郡には阿波国守護細川氏の所領があり、細川氏による「分郡守護」が行われ、用吉や八浜に置かれた「政所」に役人が所領の支配を行っていた経緯がある。この史料の発給人「之康」という人物は、「備前記」の編者の註に「之康ハ三好修理太夫長慶弟豊前守之康入道実休ト云、実休ハ永禄五年三月五日和泉久米田ニテ討死ス」とある。しかし、三好実休（諱は之相や之虎）の生年は一五二六年頃という通説があり、延徳三年（一四九一）発給は成立しない。

（4）『山家集』にある西行法師の仁安三年（一一六八）崇徳院慰霊の途次の詩で、「立て初むる糠蝦採る浦の初さをは罪の中にも優れたるかな」がある。その詞書に、「備前国に小嶋と申す島に渡りたりけるに、あみと申す物採る所は、おのおの別々占めて、長きさをに袋をつけて立て渡すなり」とあるのは、樫木漁を示すと考えられる。平安末期の風景である。

（5）『撮要録』三七八頁。なおこのことは慶安年中（一六四八～一六五二）の争論の時に再確認されたものとある。

（6）・（7）『池田光政日記』（国書刊行会一九八三）二四九頁、承応三年（一六五四）八月一六日条

（8）『撮要録』四〇二頁および『玉野市史　史料編』四二六～八頁収録の「掃部屋文書」の史料である。掃部屋は岩城家の屋号で大猟師の家柄である。同史料編が刊行された後、同家に史料が返却されたと思われるが、現在どなたが所蔵されているか不明のため、原本照合ができなかった。

（9）この「追掛」について、明和六年の大小猟師争論では、固定された「定かし」に対し、猟後に抜き取って帰る樫木を「追掛かし」と表現している。また、後述する史料3-6では、荒れて埋もれたかし場には「追建ニ而致漁」とあり、固定の樫木ではなく、抜き取り可能な樫木で猟を行うことを指したと思われる。

（10）『撮要録』四〇二～三頁

（11）同前書四〇四～五頁

（12）旧版『倉敷市史』第九冊一四六～七頁収録。出典は星島家文書「内海一件袖扣」とあるが、原本確認はできていない。『玉野市史　史料編』一二一〇頁にも収録されている。大崎・三宅家文書3-561「袖扣懐中薬カ」に「元文三原彦八郎様内海御締書壱通」として、「鱣突・鮩引・四ツ手持網・投網・釣猟・流網ハ海内一円可致進退と御座候」という条文を記録し、これらの漁種は「歩行漁・潟猟同様之漁業ニ御座候、既ニ潟漁歩行漁ハ御加子浦ニ無御座而も仕来居申」としている。なお、大崎・三宅家文書の史料番号は、同家文書目録の箱番号（全七箱）と、個別史料にふった史料番号で構成している。また、同家文書の閲覧については、管理する玉野市教育委員会の対応態勢が確立していないが、社会教育課に問い合わせていただきたい。

（13）同前書一四七～九頁収録

（14）『撮要録』四〇三～四頁

（15）同前書四〇五～六頁

（16）明治大学博物館所蔵　三宅家文書1「児島郡内海猟場古書類写　弐」（岡山県立記録資料館複製資料）。なお、争論中の大猟師とままかり猟師の主張は、定兼学「「地域社会」の生成と消滅―備前国児島二十二ヶ浦の場合―」の史料1に掲載。

（17）・（18）『玉野市史　史料編』四二八～九頁。なお北浦の使用する三尺（約九〇センチ）廻り・長さ八間半～九間（一六～七メートル）の大きな樫木は、阿津村の前棹・西原かし、北浦村前棹・下棹、郡村の郡棹に使用されているとある。

（19）『玉野市史』二八三頁には八浜敗訴が推定されている。

（20）『撮要録』三〇一頁

（21）同前書一七七二～五頁

（22）同前書一七九三～八頁

第三節　文化期以前の児島湾争論

初期の児島湾争論と国絵図

児島湾の備中沿岸が近世初期にどのような姿であったかを知るには、まず当時の古地図を見る必要がある。池田家文庫の正保二年（一六四五）「備中国絵図」[1]の都宇郡瀬尾村には、「此表遠浅、村ヨリ海辺迄弐里弐町、内三町ハ足不入、残リハ足入之沼、満潮ニハ村ヨリ壱町半迄潮差込候、猟船之外荷船ハ一円出入不成、南向ハ備前児嶋、此海上瀬尾村江三里」と付記がある。この距離表示が正確かどうかは別として、妹尾沖の海は遠浅で、猟船以外の荷船の出入りはできなかったことは確かであろう。しかし遠浅の海であっても、沼状の干潟では歩くことができず、潟板猟等は可能であるが、船から転落すると身動きが取れなくなる。史料中の三町の「足不入」地は海底が硬い干潟で、「足入」地が沖合の泥状地で足の立たない地ではなかったかと思われる。干潮時には遙か沖合まで潮が引き、満潮には村のすぐ近く（一町半＝約一六〇メートル）まで潮が満ちてきている。一方、妹尾村の西の早島村と宮崎村にも同様の付記がある。早島村から「海辺」まで二三町（約二・五km）、宮崎村からは二六町（約二・八km）で、そのうち八〜九町（一km弱）は「足不入」とあり、開発可能な干潟があったのだろう。近世初期には海退現象が進行し、このような児島湾が形成されていた。なお、絵図には宮崎村とその西の窪屋郡福嶋村ノ内中津村との間に郡境が見え、中津村や西隣の有木村の南に黄色一色で備前国児嶋郡が描かれている。倉敷川は「此川満潮ニ深四尺五尺、倉鋪迄船入」とあり、倉敷川の河口は、正保四年に架橋が行われた天城—藤戸付近との印象強いが、この絵図では現在の倉敷市加須山や亀山付近に河口が描かれている。

万治元年（一六五八）、突然児島方から人足四〜五千人が出て、早島・帯江の地先の干潟に傍示が打たれるという事件が起きた[2]。児島方は長さ二間の松木を一間ごとに立て、その中を牛数百匹で起こし返したという。驚いた早島と帯江の庄屋が岡山藩の郡奉行石川善右衛門に掛け合ったが、新田開発を目指していた石川は取り合わず、早島・帯江領主の本家庭瀬藩主戸川正安に相談し、岡山藩にある前述の正保二年国絵図によって干潟の地が児島地先のものでないこと示し、傍示は間もなく撤去されたという。具体的な係争地がどこであるか不明であるが、児島湾の新田開発や猟場争論の際の国境決定にも関わってくる最初の事件であった。

元禄一〇年（一六九七）、幕府は全国に国絵図の作成を命じた。[3] 備前国は池田綱政の岡山藩、備中国は木下公定の備中足守藩と安藤信友の備中松山藩が担当した。今回の国絵図は、正保国絵図以降の違変を糺して新絵図を作成することが目的で、備中国担当の二藩は備前国との境界を確認した上、同一三年一一月に岡山藩にも絵図を送っている。この絵図では「往古御国境并天城ノ洲」[4]が書き込まれ、その洲の児島湾への出方から、現倉敷市有城の小瀬戸付近にあった古代の「西国通船」の航路が分明となったとされている。[5] 池田家文庫の「元禄備前国絵図」[6]には、天城の東海岸から東の海へ細長い洲が描かれ、続く正徳五年（一七一五）の「正徳備前国絵図」[7]にもそれが引き継がれている。この「天城ノ洲」は、前述の倉敷川の北側河口と天城―藤戸間の川の河口から東に洲が形成されたように描かれ、この洲の北側に備前備中の国境があるという印象を与えている。

つぎに、正徳五年（一七一五）の秋、八浜と備中妹尾浦との間に猟場争論が起こった。[8]「双方猟道具取合」ったことから訴訟となったとあり、蒔田家の備中岡田藩と板倉家の備中松山藩領の大庄屋二人が仲裁に入った。まず双方が取り合った猟道具を仲裁の二人に預けさせ、「猟場之儀者前々之通無相違、向後双方我意を不相立、古来之場所紛有之間敷」と、従来取り決めていた境界を守って猟業を行うこととした。その内済の覚は仲裁の二人、八浜村大庄屋小八郎の代理八郎右衛門・同村名主勘介、妹尾村庄屋八郎右衛門・伊介の三者で取り交わされた。先に触れた正徳二年の八浜・迫川間の争論では、北浦との境から備中の猟場まで残らず八浜の猟場と主張していたが、その三年後のこの争論でその境界について争いとなったわけである。しかし、紛争の原因や具体的な境界の位置は記録がなく、詳細は不明である。

享保年間の児島湾争論

岡山藩で沖新田を開発した津田永忠の子梶坂左四郎が早島に移住し、早島・帯江・箕島村の沖合に広がる干潟を新田開発しようと享保五年（一七二〇）に企画を始めた。すでに延宝七年（一六七九）に現在の倉敷市早高・帯高・高須賀に当たる早島高沼新田・帯江高沼新田・高須賀新田と、現在の早島町前潟の前潟新田が完成し、宝永四年（一七〇七）にはその沖合に現在の同市茶屋町・茶屋町早沖に相当する沖新田が完成している（次頁地図3-2参照）。梶坂の開発予定地は、さらにその沖合にある干潟で、後の東畦を除く興除新田一帯に相当する場所と考えられる。梶坂は最初、その新田の陸地側半分を箕島・早島・帯江の領地に、沖手半分を備前領とする案で交渉し、児島側の了解を取り

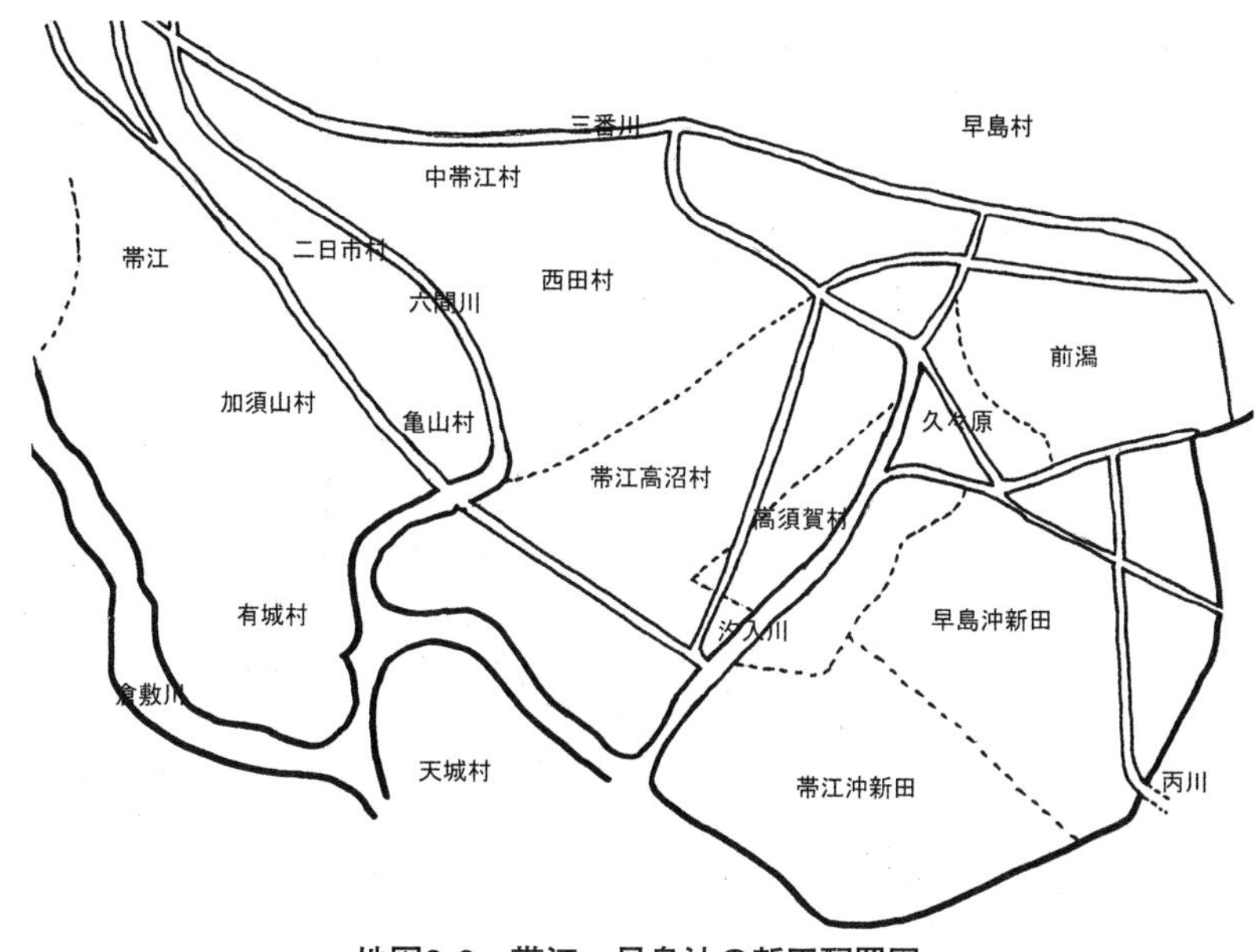

地図3-2　帯江・早島沖の新田配置図
（『早島の歴史１　通史編（上）』229頁 7図17より作図）

付けて同年幕府に新田開発の申請を行った。しかし、幕府は、計画地は備前領でなく備中国の地先と見て備前を除いた三領で開発せよとの指示を与えた。これを受けた梶坂は、同七年七月、箕島の花房家、早島・帯江の各戸川家の役人と新田開発計画の契約を結び、翌年二月から三領の農民とともに開発に取りかかった。しかし、妹尾村の猟師が猟場を奪われるとの理由で妨害し、児島住民も反対に回った。このため、幕府から検使が派遣され、享保九年三月見分が行われた。新田開発に反対の妹尾村からは絶対反対の願書が提出され、児島側も反対意見を述べたため、幕府は同年九月に開発中止の決定を下した。しかも今後この地を新田に開発する場合は「公儀御新田」とし、私領にはしないという原則を関係者に通達した。これは、享保改革で発令された「公儀新田令」を受けたもので、私領中の新田は問題はないが、私領の沖に広がる開発候補地は「公儀御新田」とし、自由な開発を許さないことにした。こうして、梶坂の取り組みは五ヶ年で失敗に終わった。この梶坂開発について、当時の係争地の状況や妹尾の反対姿勢が、次の史料[9]から読み取れる。

史料3-3

乍恐御訴詔（ママ）申上候意趣

一帯江早嶋之沖新田御取上之儀、梶坂左四郎殿被仰談可相

調処、妹尾村ゟ相障相止申候、其段ハ私共構可申様無御座候、右之場所者往古ゟ帯江早嶋之土地ニ而、則慶長中御改御座候、唯今迄年々相開仕候得共、妹尾村ゟ障り申義無御座候、向者備前児嶋、其間ニ少入海御座候、北ハ御他領花房求馬様御領箕嶋村ニて御座候、早嶋と妹尾沖手凡五拾町へたて、帯江とハ三里をへたて居申候、児島と帯江早嶋差向少々入海、箕嶋ヲ打越妹尾之猟場と申、新田相障申候ヲ其分ニ任捨置候而ハ、末代妹尾之潟ニ罷成申候（中略）

享保六年丑十月　百姓惣代　庄屋　浅右衛門　印
　　　　　　　　同　孫九郎　印
　　　　　　　　同　助右衛門　印
　　帯江村百姓惣代　庄屋　武右衛門　印

中村八郎右衛門様

（他三名略）

この史料により、妹尾側は計画当初の享保六年から反対していたことがわかる。しかし、開発予定地は帯江・早島の地先で、今までに開発された新田に対して妹尾村からの故障はなかったとしている。また当時の地理的状況として、予定地の向こうに備前児島があり、その間に入海があること、早島の北隣に花房領箕島村があり、早島と妹尾は五〇町、帯江とは三里離れている。にもかかわらず箕島村を越えた開発予定地をも妹尾の猟場と主張するのは不当で、放置すると末代まで妹尾の干潟にされてしまうと反論している。これに対して、妹尾側の反対理由は次の史料[10]のようであった。

史料3-4

乍恐御歎申上候口上

戸川源次郎様御知行所

備中国都宇郡妹尾村　東磯　船猟師三拾人
　　　　　　　　　　同所　板猟師八拾三人
　　　　　　　　　　西磯　船猟師三拾九人
　　　　　　　　　　同所　板猟師百人

乍恐御歎申上候、私共儀ハ今度被為遊御検分候場所ニ而、往古ゟ猟仕来渡世仕猟師共ニ而御座候、右之場所板猟を専仕猟肝要之場所ニ而御座候、先達而帯江村早嶋村箕嶋村右三ヶ村ゟ梶坂左四郎申合、新田開発可仕由ニ而傍示被相立候、左様ニ而ハ数百軒之猟師家業を失ひ渡世可仕様無御座、凡千人ニ候者共餓死仕外無御座候（中略）、右三ヶ村江相断申候得共、右村々ゟ押而傍示相立候、猟場

之故障ニ罷成難儀仕候故、傍示取捨申候、勿論唯今迄右之場所ニ而猟仕渡世仕候、古来ゟ妹尾より猟仕候故、帯江村早嶋村箕嶋村ニハ猟師壱人茂無御座候（中略）

享保八卯十二月　　　東磯猟師惣代重右衛門

（以下十三名略）

御検使様

（以下略）

妹尾側の言い分は、開発予定地は古来から猟業を営んできた所で、特に板猟の重要な猟場である。この地が新田に開発されると、妹尾の数百軒の猟師が家業を失い、相手方三ヶ村には猟師は一人もいないが、妹尾は千人の者が餓死するという。三ヶ村が立てた傍示も、猟に邪魔になるので撤去したという。妹尾村は行政上東磯と西磯に分かれ、猟船所有者が両磯で六九人、板猟師が一八三人、合計二五二人の猟師がいたことになる。通称言われる「妹尾千軒皆法華」の四分の一が猟師という状況であった。妹尾からは早島・帯江の沖新田までは遠いとしても、箕島村沖は隣接しており、妹尾猟師の主張もあながち不正なものではない。検分使は妹尾村の庄屋から猟の対象を尋ねているが、「船猟ハ持網と申物ニて細魚・鮩なと取申候、板ノ猟ハ蠣・灰貝・鱣、又ハ螉と申物なト取申[11]」とある。猟船は網を用いて細魚や鮩をとり、潟板猟は牡蠣・灰貝・鰻・螉（不明）などを獲っているようである。しかし、前者の持網猟が八浜などの行うかし木猟なのか、ままかり網的な網猟であるのか、ここでは判断しにくい。

一方、享保八年三月に児島からの行動として、「八浜ゟ船ニ而大勢罷越、手強相障申様子当月四日之覚書ニ申上候[12]」とあり、係争地に猟場を持つとする八浜からの示威行動も行われたようである。さらに、検分使は妹尾村から次のような回答を得ている[13]。

史料3-5

差上申口上書

一妹尾村猟師児嶋郡彦崎前へハ入込不仕哉と御尋御座候、成ほと児嶋郡猟師と入相、彦崎前ニて漁仕来り候事紛無御座候、尤妹尾村えも児嶋之猟師入来申候

一備前領漁師と妹尾漁場と海表わかり有之哉と御尋ニ成候、

右申上候通入相漁仕候故、海表児嶋郡と猟場境無御座候

享保九辰四月五日　　妹尾村庄屋

同　村年寄

以上

右申上候通相違無御座候以上

これにより、彦崎の沖合の猟場は児島側との入会の猟場であり、妹尾の沖合にも児島の猟師（八浜猟師であろう）が入っている。備前側と妹尾とは入会猟をしているため、明確な猟場境はないと認識していると思われる。児島側への調査がなされていないため、児島すなわち八浜がどう見ていたかは不明であるが、一〇年前の正徳五年（一七一五）争論の時に問題になった猟場境が、妹尾側にはあまり意識されないまま、入会漁場として自由な猟を続けていたと推測されよう。

つづいて享保一二年（一七二七）、早島村の枝郷として開発されていた早島沖新田村で、悪水を児島湾に流す川を巡り、児島側と争論が起こった。そのきっかけは、近年沖新田の悪水路に土砂が溜まり、潮留堤防の外二〇〇間ほどは水路の跡が残るだけとなっていたので、その先を含めて一二〇〇間つまり二〇町を同年三月一八日から浚渫したことによる。これを見た児島側が再び新田開発を始めるのではないかと疑い、数度のやりとりも折り合いがつかず、四月一七日、児島方が船五〇艘に五〜六〇〇人が出て排水路を埋め戻した。その後、帯江・早島方の掘り起こしと児島方の埋め戻しがあり、最後には六月二二日に早島方から少しの人数を出して、堤外二〇〇間を残して後は紛争発生前の状態に戻し、事件を収めたという。

この争論の間に交換された双方の書状のうち、のちの国境争論に結びつく点がいくつか見られる。一つは同年一二月一五日付の児島方大庄屋書状[14]で、前述の享保九年の幕府検分使の見分の時、「梶坂左四郎傍示立申候へ共、児島之海面ニ有之段、御聞届被為成相止申候」と、傍示が備前側の海にあることを検使が認めたため、傍示を止めさせたとしている。また、これに続けて、「堤外干潟葭草等児島より苅取候」と、堤外の気水域に生い茂る葭草も児島側に刈取権があると主張している。一方、この書状に対する早島・帯江方大庄屋は、一二月二九日付の返書[15]で、幕府評定所が備前を除いた三ヶ村による開発を指示する際の評定で、江戸北町奉行中山出雲守時春の言葉を引用し、「海ハ成程備前之海ニ而も可有之候、併絵図之面ニ而見申所、備中之土流出、自然と出来候様子ニ相見」え、備中国地先と判断されたとしている。さらに「児島之海面ニ有

之」と主張する部分も、新田完成後は「公儀御新田」とされるから、児島海の干潟とはされないと反論している。中山の発言そのものは的を射ているように思われるが、それは検使調査前の享保六年の発言であり、論所調査時の同九年の検使役の発言も重要であろう。こうして両者の主張は平行線のままで、問題が解決されることはなかった。

さらに享保一六年（一七三一）には、江戸・大坂・大和の豪商六人が、この地の新田開発を請け負いたいと申し出ている。「公儀御新田」の造成をめざす幕府は、伊達金三郎[16]に開発調査を命じ、児島方には新田の半分、残りを幕府領とし、そこからの年貢収入で猟師への救米とするという条件を出した。また、四〇〇町を妹尾付きの土地とすることで妹尾方の了承を取り付けようとした。しかし、妹尾方は次の口上[17]を通じて受け入れを拒んだ。農民化を拒む猟師たちの強い転業拒否の姿勢が見て取れる。

史料3-6

乍恐奉申上口上
（一ヶ条略）
一右之趣早速猟師共江委細申仕して候所、新田之儀得心不仕候、猟業ニハ元手なしに大勢之猟師渡世仕候得者、古来ゟ仕馴たる猟業奉願候、新田物立候内者勿論物立候而も、数百人之猟師渡世無心元奉存候、何分ニも御慈悲之上、往古ゟ有来之猟場ニ被成置被為下申様奉願候
（一ヶ条略）
享保二十壱年辰ノ三月
戸川民部様御知行所
備中国都宇郡妹尾村百姓猟師惣代
庄屋　紋八郎　印
（以下九人略）
伊達金三郎様
御役人中様

寛延・宝暦期の国境争論

元文四年（一七三九）、一二年前に児島方と問題になった早島沖新田からの悪水路を巡って、今度は早島と妹尾との対立が起きた。早島側が浚渫した排水路を、八月四日に妹尾村東西の磯猟師が埋め戻すという行動をとったのである。「右之川筋付候而者、西江板猟行通難致、迷惑仕候ニ付埋メ申候[18]」と、浚渫された川によって

板猟師の通行ができず、猟が制限されるとの言い分であった。早島側は妹尾側を幕府に訴え、八月二七日には訴訟受理の幕府尊判を受け取っており、やがて双方の吟味となった。翌年三月一三日に裁可が下され、幅三間・深さ四尺・長さ二六〇〜二七〇間の悪水路を認め、それを埋めてしまった妹尾村に対して樋の修理や浚渫の復元を命じている。早島側の勝利であった。それまで妹尾の潟板猟師が早島沖の干潟に活発な板猟を行っていたが、この争論によってその活動が制約されるようになったのは確かであろう。

ついで延享五年（一七四八）二月、幕府は勘定奉行の命で倉敷代官千種清右衛門直豊を新田見分のために派遣することを通知した。千種は国境を確定するため、翌年二月に葉のついた竹を国境の目印に立てて見分の準備をするよう命じた。備中側が先に目印を立てたところ、児島側がこれを抜き取ってしまった。このため備中・妹尾村が国境を確定するため、同年四月幕府に児島側を相手に訴訟を起こした[19]。妹尾側は、「備前備中国境之義東西に境川有之、南は水尾を限り備中之地先妹尾海に紛無御座候」と主張し、帯江・早島・箕島・妹尾四ヶ村地先の海を「往古より妹尾浦猟場」として、享保の梶坂開発計画時の主張を再び主張した。これに対して児島側は、「妹尾申立海者備前児島郡一円之内海ニ而、往古より巡見通船之節澪案内舟出之浦役相勤、大造之矢井かし数ヶ所相立猟致し候、妹尾村者古来入猟為致候得共矢井かしハ不相立、殊ニ大舟之猟茂不為致、丸太舟板乗等之軽キ猟為致候、次ニ磯際之芦刈取候茂見逃に致置候」としている。幕府の裁許[20]は寛延三年（一七五〇）九月一三日に下り、元禄の備前国絵図で紹介した「天城ノ洲」の存在により、「海者一円備前江附相見シ候」とし、しかし、これまで開発された備中から築出された新田はそのまま認め、実際の国境は天城村際の川と庭瀬川を境とし、妹尾など四ヶ村から築かれた新田のへりに墨筋を引いて、海は一円備前国内の海と定めている。ただ、妹尾猟師に対しては今までの通り、この海への入猟を認めた。

この争論中の吟味で、妹尾の猟業についての尋問は僅かしか行われていない。一つは、寛延三年正月二四日に妹尾側が寺社奉行稲葉丹後守正甫に提出した書付[21]で、妹尾村が領主に出した浦役米について、「御免状弐本之表ニ而古来通ニ御座候、少々減候義ハ猟場之所埋候所御座候ニ付、其分浦役米少々減差上申候」とある。妹尾村では漁業収益を「浦役米」として納めていたが、堆積による猟場の減少でその額が減額となっている。もう一つは、同年六月一九目の尋問で、「備中庭瀬川ゟ出候御城米之義者、猟船ニて本舟迄上荷仕、尤賃銭取申候得共、風雨之節者番舟共罷出御用相勤、是ニ者賃銭者取不申候、此義共浦役と相心得書上申候[22]」としている。ここで妹尾の猟船が、猟業の他に備前との国境にある庭瀬川（現足守川の下流）で、河口付近の本船に庭瀬陣屋などからの城米を上荷船として運送していたことがわかる。児島側のいう「丸太舟」との差がどの程度なのかは未詳だが、「筏舟」ではなく「高瀬舟」程度はあり得る。しかし、この上荷業務を浦役とする主張は、寺社奉行側が「庭瀬川下り候御城米に運賃取積下り候而ハ自分之かせきと申者」と、浦役を否定している。なお、同年二月四日の幕府評定所での尋問で、児島側が「猟之義ハ先年ゟ致来らせ候、此度ハ猟業之論者不仕候[23]」と述べており、妹尾・児島の猟業の実態はこれ以上論点にはならなかった。

ついで宝暦四年（一七五四）正月、岡山藩は備中との国境に三ヶ所「鉄砲殺生御停止之高札」を建て、児島郡の村々から国境筋へ番人を出して、備中からの葭草刈取を押さえようとした。これに対し、早島・帯江村は葭草を農業の肥料や牛馬の飼草にしていたため反発し、同年七月、国境をめぐる訴訟を幕府に起こした[24]。早島・帯江側は寛延争論と同じく、国境を児島湾の澪筋と主張し、この干潟に生える葭草や浜松は古来から苅り取ってきたとした。児島側も寛延期の主張を繰り返している。九月には妹尾村も備中側の訴訟に加わった。幕府は一一月に立会絵図の作成を訴訟方の早島等に命じた上で、翌五年二月一三日に評定所で吟味を開始した。五月二一・二三日には児島側が人数四～五〇〇人・三〇艘ほどの船で妹尾村付近の葭草を刈り取るという事件を起している[25]。翌六年五月には幕府検使鈴木市兵衛・吉田久左衛門が到着し、六月二三日に上手矢井・下手矢井・中曽根かし・ほとりかしの見分が行われている[26]。見分終了後、論所となった干潟での葭草刈取が禁じられ、検使は帰府した。同八年六月二一日、裁許の言い渡しが行われ、国境については寛延三年裁許の通りで、妹尾からの入猟も従来通りとなったが、干潟の葭草は備中の者が刈り取ってもよいとして、堤防修復用の土も干潟の土を取ってもよいという裁可が下された。さらに係争地の干潟は備前内海の地であるが、備中私領があるため公儀御新田の開発地となり、岡山藩側が勝手に開発してはならないとした。

これ以後は、幕府による「公儀御新田」開発の試みが繰り返された[27]。明和四年（一七六七）には岸本弥三郎・佐久間甚八郎による見分が行われ、児島側から断書が提出され、断念されている。この時、妹尾側は、次のような妹尾・古新田・大福村役人からの歎願書㉘を妹尾陣屋役人に提出している。

史料3-7

乍恐以書付奉申上候

（二ヶ条略）

一右四ヶ村地先海面一円妹尾猟場ニ御座候、右葭野之内瀬満上り候所江魚類附候を、葭野鼻ニ而四ツ手網猟仕候、并葭野内ニ而蛭と申肥シ魚出生仕、蠣・鱣・蝦何も葭野内ニ而出生仕候、蠣者沼潟ニ取集育申候、鱣・蝦者自然と干潟江弘り申候、右之通ニ御座候故、此度御新田御出来之上、内川筋魚類猟之儀者猟場之由、緒を以猟師江御免被成下候ハヽ、難有奉存候

（一ヶ条略）

明和四亥年十月　妹尾村東磯庄屋　又兵衛

（以下一〇人省略）

岡清右衛門殿

（以下二名略）

この史料によると、妹尾は、妹尾・箕島・早島・帯江四ヶ村地先は妹尾猟場と主張し、その葭野は牡蠣・鱣・蝦（エビ）などの生育場所であり、四ツ手網猟を行っている。蛭という農業の肥やしになる魚もいる。牡蠣は取り集めて沼潟で大きく育てている。これが後出する「蠣生洲（カキイケス）」と思われる。さらに、新田が開発される場合は、内川筋を猟場に残して欲しいと訴えている。ここでの妹尾村庄屋ら上層農民の関心は、大澪筋の猟場よりも四ヶ村地先の葭野内外の漁業環境や猟場の維持で、幕府の新田開発の動きに対し、緩やかに拒否の立場を表明している。

翌明和五年には倉敷代官野村彦右衛門による見分があったが、同様な経過で断念された。さらに安永六年春には、猪股要右衛門・早川富三郎らが派遣されたが、これも断念された。さらに寛政九年には、幕府からの干潟開発の命があり、三河口太忠・西村左太郎らが天城村に止宿しながら開発を進めたが、中断している。

寛延～宝暦期の児島・妹尾猟場

文化期児島湾争論以前の児島と妹尾の具体的な猟場を示す史料は、寛延期の国境争論で児島側が猟場の議論を行わなかったため、明確なものは見出せていない。しかし、児島側が寛延三年五月二七

表3-4 寛延3(1750)児島郡22ヶ村漁船数一覧

村名	猟船		3反帆		5反帆		7反帆以上		船数計
天城	24	釣	9	唐網	5	四つ手			38
藤戸	14	鮩引	9	四つ手					23
粒江	5	潟	3	唐網					8
植松	10	鮩引			5	四つ手			15
彦崎	54	釣・唐網	11	四つ手・鮩引			1	矢井	66
川張	4	潟・四つ手	3	鮩引					7
片岡	6	潟・四つ手	2	鮩引					8
宗津	3	釣・唐網	2	鮩引					5
迫川	24	鮩引・唐網	15	矢井・四つ手					39
宇藤木	5	鮩引・釣			2	矢井・四つ手			7
用吉	3	潟・釣	2	鮩引					5
槌ヶ原	12	潟・釣	10	鱣突	3	四つ手・鮩引			25
大崎	24	潟・釣	10	鱣突					34
八浜	249		156		15		3		423
宇多見	12	釣・四つ手	9	鮩引					21
碁石	31	釣・唐網	6	かし					37
郡	86		22				5		113
北浦	174		96		12		23		305
飽浦	8	潟・釣	10	かし・唐網					18
宮浦	34	潟	67	釣・唐網	5	かし			106
阿津	28	釣・唐網	39	かし					67
小串	34	潟	78	釣	11	唐網	3	かし	126
合計	844		559		58		35		1496

旧版『倉敷市史』第9冊149〜151頁よりまとめる

日に稲葉丹後守に提出した書上の写[29]が伝えられ、当時の児島側の樫木・矢井床と村々の猟船数が推定できる。前節の表3-2に掲げた児島郡内海二二ヶ村のかし場・矢井床一覧では、二三ヶ所と寛政五年設置の一ヶ所のかし場および一一ヶ所の矢井床が確認できる。樫木では小串・阿津・飽浦・宮浦・北浦・郡・碁石・八浜が猟場を所持し、そのうち、寛延期に小串の上り曽根・碁石の高棹かしが荒れ状態であり、八浜の磯際・細尾かしも一部が埋もれているとある。それから約六〇年後の文化期までには、八浜の岩島・はばき・ほとり・波知窪の四かしが埋もれており、固定樫木でなく樫木を抜き取って猟を終える「追掛」かしによる操業となっている。また、矢井ではちゃうち・車・尾はたの三ヶ所が寛延期に埋もれ、文化期までには芦・次兵衛矢井が操業困難となっている。なお、八浜の中曽根・曽根小溝・はばき・ほとりと碁石の高棹の五ヶ所のかしと、次兵衛・芦・上手・下手・尾はた・車・ちゃうちの七矢井は、現倉敷川の川筋にあった大濘より北に位置し、寛延・宝暦争論で早島や妹尾が国境を大濘までと主張したのに対し、その北側に児島側の猟場が存在していたことが確認できる。

一方、前頁の表3-4は、寛延三年の児島郡二三ヶ村の猟船数とその猟種をまとめたものである。五反帆などの中型船が樫木・矢井猟に従事していたことがわかる。猟船は帆のない船で、釣・唐網・鮮引き・四つ手網・潟板猟を行っており、妹尾の丸太舟や潟板に相当するものと児島側はみなしていたのであろう。八浜・郡・北浦の猟種が無記入なのは残念であるが、郡では一二反帆が五艘、北浦では九反帆が一八艘など、廻船業として瀬戸内航路に就航可能な中型船もあったようである。

ところが妹尾側では、寛延・宝暦争論で従来通りの入猟が幕府に認められたのち、宝暦一〇年（一七六〇）二月に「浦方議定」[30]という漁業規定を作成している。その第二条で、「御用米運賃之儀弐人乗船壱艘ニ而川口迄玄米五升五合宛取之」と、寛延三年六月の評定所での答弁を条文化し、妹尾の猟船の上荷船を二人乗船と表現している。第四条では、「猟場無く無株之猟師共、不案内ニ定猟場ニ而猟業致間敷」と、無株で猟場を所持していない猟師は定猟場での猟を原則禁止している。後の条文と合わせると、無株は鬮猟の猟場で猟を行うことにしている。第五条では、「猟場持之猟師壱人ニ而船数持候者者、浦役米者不及申、諸役助役不寄何事船数ニ応し差出可申候」と、猟場持ちの猟師は所有船数に応じて浦役米などの負担を義務化している。第六条では、「猟場持之猟師たり共、其者之所持之猟場一ヶ所有之ニ、船者弐艘所持いたし候者定かし壱艘者無株ニ有之候間、外無株之者ゟ跡ニ付猟いたし、鬮者為取間敷候」とし、猟場所持の猟師は定猟場で猟を行い、弐艘持ちで猟場一ヶ所持ちの二艘目は無株になり、他の無株が鬮で取った後の場所で猟をすることとしている。第七条では、「船壱艘ニかし数三拾壱本、袋網三拾之外、堅増減有間敷候」と、建てるかし木と袋網の数を規定している。第八条で、「猟場数之義前々ゟ相定事ニ候得共、折節心得違之者有之候由相聞候間、猶此度相糺候上左之通相定候」と、猟場規定を厳守させるためにこれを定めたとしている。この条文のあと、二七ヶ所の猟場とその種類が示され、東磯・西磯の庄屋・年寄惣代・浦年寄惣代の計六名が連署して御役所に提出している。

表3-5は二七ヶ所の猟場の内容をまとめたものである。定猟と鬮猟・福引猟という設定があり、総計は二五〇艘となる。先の第七条の「かし数三拾壱本、袋網三拾」などから読み取ると、樫木猟を含む猟場の所持者が定猟で、操業できる船数一三九艘、猟場のない無株者用の鬮猟が一〇一艘あり、福引猟一〇艘は鬮に外れた者への復活鬮であったのだろうか。先述した

表3-5 宝暦10年(1760)妹尾村猟場規定

番号	猟場名	定猟	鬮猟	福引猟	番号	猟場名	定猟	鬮猟	福引猟
①	鑵子	2			⑨	出崎	2		
①	上之棹	1			⑩	曽根崎	16	32	
①	曽根崎	1			⑪	菰猟	5		
①	矢井手	1	10		⑫	曽根際	7		
②	北尾	19			⑬	西川	8		
③	矢井手	3			⑭	今猟	9		
③	尾ツ立	5			⑮	中之棹	8		
③	尾之出	3	19			南之原	2		
④	中川	4			⑯	上手	2	10	
④	東川	7			⑰	越口	5	10	
⑤	尾形	1			⑱	鵜道	16		
⑥	下棹	5			不明	中曽根	7		
⑦	東出			5	⑲	西窪上下			5
⑧	南出崎		20		合計		139	101	10

井上旭泉堂収集文書補遺1 A-27「浦方議定」よりまとめる

享保八年（一七二三）の史料3-4で船猟師六九人・板猟師一八三人の合計が二五二人であり、これから設定された妹尾猟師株であったとも推定できる。

この史料に列挙された二七ヶ所の妹尾村の猟場は、文化期児島湾争論で幕府に提出されたかぶせ絵図[31]によってその位置が確認できる。次頁の地図3-3は、「中曽根」以外の猟場を番号で示したものである。これを第二節で示した表3-1に見える八浜村のかし場と比較すると、多くが同位置または隣接していることがわかる。もし、この史料が記す宝暦一〇年段階で、これらの妹尾猟場が実際に活動していれば、妹尾側に樫木・矢井床を一貫して認めてこなかった八浜側は、これを不当なものとして再び幕府に提訴するなど、厳しい追求を開始したであろう。まさに文化期児島湾争論の勃発は、次節で見るように、八浜の猟場に設置された妹尾側の大量の竹木が原因となっている。

寛延の国境争論の時には、妹尾側に樫木・矢井はなかったため、立会絵図に載せなかった経緯がある[32]。宝暦争論時も国境確定が中心課題であったため、児島・妹尾の漁業境界は策定されず、単に「備前海」への妹尾猟師の入猟を認めるという裁定に終わっている。「井上旭泉堂収集文書」にはこの史料に関連する他の史料がなく、この議定の成立過程は不明であるが、妹尾側は、この寛延・宝暦の幕府裁定によって入猟を公認されたとして、従来から主張していた大澪付近までの猟場を具体的に設定したものと思われる。しかしそれは、八浜側にも関連史料は見えず、八浜側との正式な交渉を経たものではなく、自らの主張を実現するための制定であったで

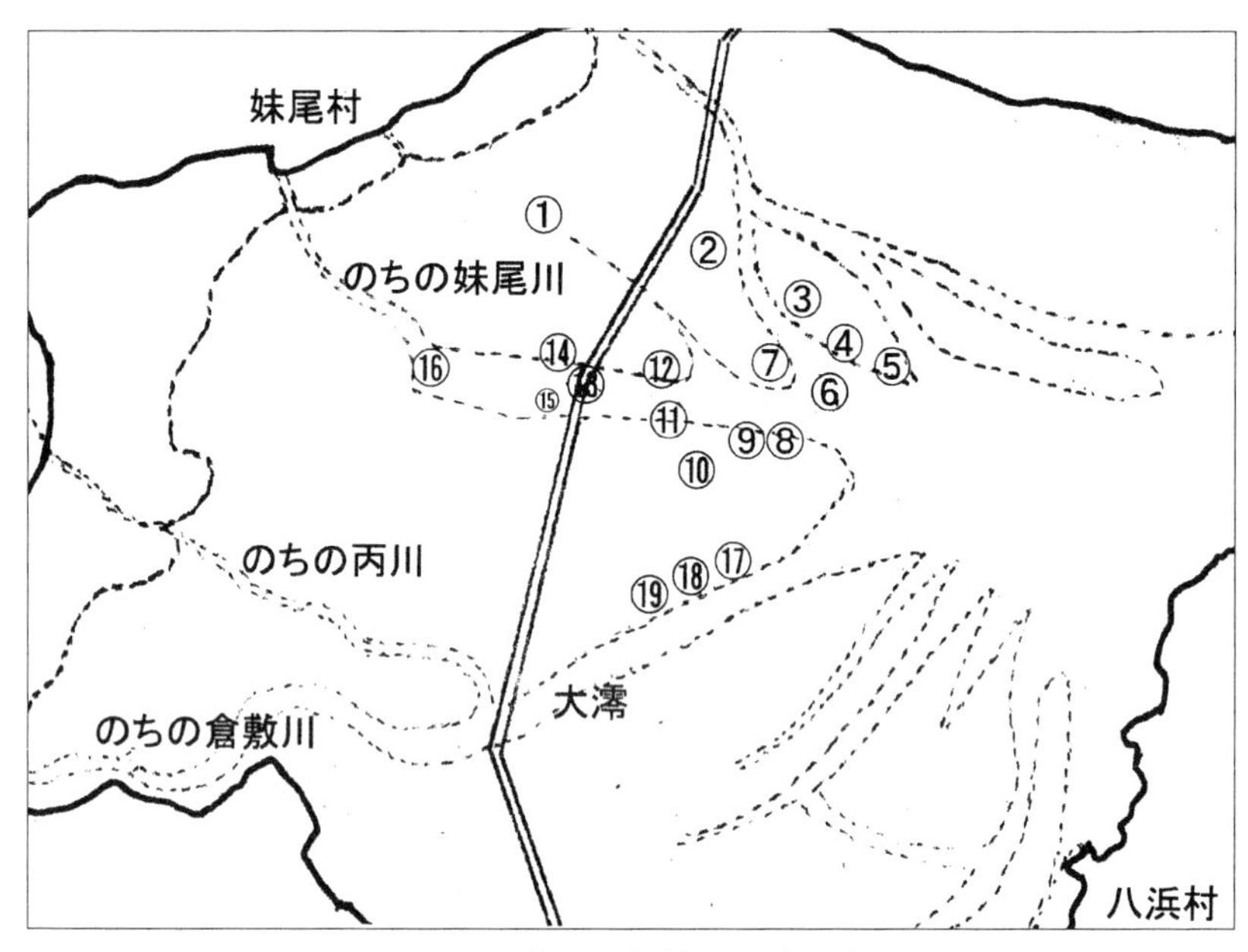

地図3-3　宝暦10年妹尾猟場配置図

あろう。しかし、土砂の堆積が進み、大濘北の八浜猟場に八浜猟師の猟が減少する中で、妹尾猟師はその活動を活発化させ、この時に設定した猟場に次第に進出し、自らの猟場として自認するようになっていったのではないかと思われる。そのために起こった八浜・妹尾猟師の衝突が、文化期児島湾争論を引き起こすことになった。

註

(1) 岡山大学附属図書館池田家文庫絵図データベースT1-32。なお、児島妹尾間の三里が児島のどこと結んでいるのか疑問であるが、後述する史料3-1の中に妹尾・帯江間が三里とあり、現在の妹尾・帯江間の直線距離約七㎞を児島に当てはめると天城付近に相当する。この正保国絵図は岡山藩の作成であり、妹尾・児島間を天城までの距離として表記したように思われる。

(2) 『早島の歴史1　通史編（上）』一三三～四頁

(3) 早島前掲書二四九～八頁

(4)・(5) 『玉野市史　史料編』二一六頁の「児島湾国境論」史料二による。なお、この史料は出典が示されていないが、岡山市池宗家文書「内海干潟一件」（岡山県立図書館所蔵）の翻刻である。

(6) 元禄絵図は前掲絵図データベースT1-19-1

(7) 正徳絵図は前掲絵図データベースT1-15

(8) 井上旭泉堂収集文書A-1「備中妹尾浦備前八浜浦猟場諍論扱之覚」、および早島前掲書二三六～八頁

(9) 井上旭泉堂収集文書補遺1 A-1「乍恐御訴詔(ママ)申上候意趣」
(10) 同前文書補遺1 A-2「乍恐御歎申上候口上」
(11) 同前文書 A-2 享保九年三月八日~四月一三日「三領地先新田場御検使之節諸日記」の三月二〇日条
(12) 同前補遺3 A-1 享保八年「早島新田一巻覚」三月一一日条
(13) 同前文書 前掲「三領地先新田場御検使之節諸日記」の三月一一日条
(14)『早島の歴史3 史料編』(一九九九)一六九~一七〇頁
(15) 同前書一七〇~二頁収録文書
(16) 当時、石見大森代官と笠岡代官も兼務していた井戸平左衛門の手代で、養子だった井戸(伊達)金三郎と推定される。
(17) 井上旭泉堂収集文書 A-5「乍恐奉申上口上」
(18)『早島の歴史3 史料編』一七二~三頁収録文書
(19)『早島町史』九七~八頁「寛延二年妹尾浦海境の訴状写」
(20) 井上旭泉堂収集文書補遺1 A-20「備中国都宇郡妹尾村与備前国児島郡天城村外弐拾壱ヶ村海境論裁許之事」
(21)・(22)・(23) 同前文書補遺1 A-18 寛延二年一一月一二日~同三年六月二二日「御吟味并私共申上候趣御尋ニ付大概覚」
(24)『玉野市史 史料編』一二七頁の「児島湾国境論」史料一〇。訴えが受理され尊判が交付されたのは七月二九日とある。
(25) 井上旭泉堂収集文書補遺1 A-22 宝暦五年六月「乍恐御書付御訴申上候」
(26) 旧版『倉敷市史』第九冊一五四頁。なお、海上見分は七月四日まで行われ、中曽根・はゝき・平丸・ほとり・高棹の五かしと、下手・上手・芦・車・ちゃうち・次兵衛・尾はたの七矢井が論所の澪北にある猟場として、双方が請書を提出した。
(27)『玉野市史 史料編』一三六~九頁の「児島湾国境論」史料一四~二〇。『岡山県史 近世編纂物』九~一一頁。
(28) 井上旭泉堂収集文書 A-25 明和四年一〇月「御新開御紀之儀ニ付書上扣」
(29) 旧版『倉敷市史』第九冊一四七~一五一頁。編者永山卯三郎はこの史料を「内海一件袖扣写本壱冊表紙共卅七枚星島義兵衛氏所蔵本」からの写としているが、原本確認はできていない。
(30) 井上旭泉堂収集文書補遺1 A-27 宝暦一〇年「浦方議定」
(31) 大崎・三宅家文書 5-5「児島湾漁場図」(鱰生洲記入あり)
(32) 旧版『倉敷市史』第九冊一五四頁の児島側の記録に見える。

第四節　文化期争論前期　―争論勃発―

争論の発生　文化六年（一八〇九）五月、八浜村の樫木猟場である中曽根（地図3-4参照、現千両街道新倉敷川橋下流付近か）辺に、新たな竹木約三〇本を建てて藁縄を結んだ網代のような場所が数ヶ所発見された[1]。同月一五日、八浜の猟師がその付近で網を入れていると、妹尾村の丸太船二〇艘余に五〇人ばかりが乗り込んで来て潮上に立ったので、猟の邪魔になるから潮下に移動するよう言うと、妹尾猟場かし床であり用捨してくれと答えた。このため、八浜猟師は先日からある不審な竹木群が妹尾猟師の仕業とわかり、「妹尾漁場かし床抔とハ以之外成、（中略）軽キ入漁ハ致せ候得共、新規之儀者決而得見免シ不申」と言い、帰る際に竹木残らず抜き取って帰れと要求した。この時の妹尾の丸太船とは、「潟板ニ近キ至而小舟ニ而、汐少シ有之候得ハ自由ニ乗走り」が可能で、八浜の猟船は「弐端帆・三端帆之船、其上猟具等積居申故、干汐ニ罷成候而ハ丸太船同様ニ長居難仕」という船であった。

翌一六日八浜猟師が再びその場所に行ってみると、竹木はそのままであったので、澪近くの分を三〇〇本ほど抜き払った。一八日の晩方、妹尾村浦手年寄の使者与兵衛・磯八の二人が八浜村五人組頭を訪ね、今まで通り猟をさせて欲しいと要求したが、五人組頭伊右衛門は出入りの船の目印にする竹木以外は、たとえ棒切れでも建てることは許さず、竹木はすぐに撤去するよう言って帰村させた。さらに二一日には妹尾村浦手庄屋の使者与兵衛・佐次郎の二人が八浜村名主宅に来て、問題の場所は従来からの妹尾の「漁床」で新規のものではなく、これまでの返答と同じならば領主の妹尾役場に申し出ると訴えた。八浜側は判頭年行司の義四郎・周介が対応し、我々でさえ新規樫木建替は容易でないのに、「漁床抔と唱、沖相ニ竹木建候儀、第一新規ニ候」と、さらに竹木の撤去を強く要求して帰村させた。

これらの経過は二三日付の書状で、児島郡担当の郡奉行に報告されている。その文末に、九年前（寛政一二年頃）にも同様な竹木が妹尾側から建てられ、八浜猟師が抜き払った時、妹尾村漁師惣代が八浜村に対し、「向後新規不仕段請合候故、是又猟師共手前ニ而内済仕遣申」と確約したとある。その時の惣代が二一日に来た佐次郎でもあり、不信感を募らせた。八浜側は、前節でみた寛延・宝暦期の幕府裁許によって八浜大猟師を頂点とする児島湾内の猟場秩序が公認されたとみなし、妹尾側が敗訴したにもかかわらずそれを無視して猟場拡大を目指していると考えたのであろう。その動きは少なくとも九年前には起こっていたことになる。

五月二五日、再び妹尾村庄屋五人の使いとして三三郎・利兵衛が来村し、庄屋・名主の内分の面会を求めたが、ほどなく帰宅した名主亀五郎は、八浜からの指摘にも答えず、竹木も放置したまま内分の面会は飲み込めないと拒絶し、帰村させた。ついで二九日、事態は急展開した。この日昼、八浜猟師万右衛門の甥才吉と加子、同じく茂兵衛の弟伊之介と加子が別々の船でほとりかし（地図3-4参照、現千両街道の新妹尾川橋付近か）に出猟したが、引き潮になって干潟で船が動けなくなったところへ、妹尾村の板乗猟師五～七人がその様子を見て仲間に合図し、板乗二〇〇人余が集まって船を取り囲み、泥を投げ込み、船中を泥まみれにした。四人の猟師にも泥を打ち込み、漁具・船具・食料・衣料などを奪い、妹尾猟船二〇艘余に積み込んで持ち帰ってしまった。(2) 現場から離れたところにいた八浜の同僚船は干潟まで行くことができず、港に戻って村方に連絡した。なお、泥責の四人の奪われた品物には、幅一丈四尺（約四メートル）長さ四丈四尺（約一三メートル）という大きさの袋網と、目通り一尺（約三〇センチ）・長さ一丈八尺（約五メートル半）の樫木一三本も二艘の船に積まれており、大猟師の猟具であったことがわかる。

同日晩、八浜村判頭伊太郎と連夫・加子ら六人が現場に駆けつけると、四人の猟師は総身・目鼻が泥まみれになっており、手当てをしたあと現場に残して、伊太郎らは五つ前（午後八時頃）妹尾村西磯前へ着いた。しかし、監視していた村人に発見され、八浜船と名乗ると、法螺貝を吹いて全村に知らせ、数百人が松明や高提灯を持って集まり、船を取り巻いて投石を行った。石は伊太郎の連夫十右衛門の後頭部に二ヶ所当たったという。「八浜者は打ち殺せ」などという怒号の中、やっとの思いで伊太郎らは箕島から早島に逃げのび、早島村船元の村人宅で粥の湯をもらい、持参の薬を十右衛門に与えて、八浜に飛船を出して居場所を知らせ、翌日八浜村に連れ返った。

翌晦日早朝、八浜村判頭義四郎らが八浜を発ち、泥責にあった四人を船に収容して大福村の大角（おおすみ）（現岡山市南区大福字大角か、地図3-4参照）に到着した。さらに、妹尾村に向かい、同村東磯庄屋又兵衛宅を訪ねたが、病気のため面会を断られ、村役人たちが寄合をしていた郷宿に向かい、宿主喜兵衛に取り次ぎを依頼したが、定例の役用で会えないと突っぱねられた。

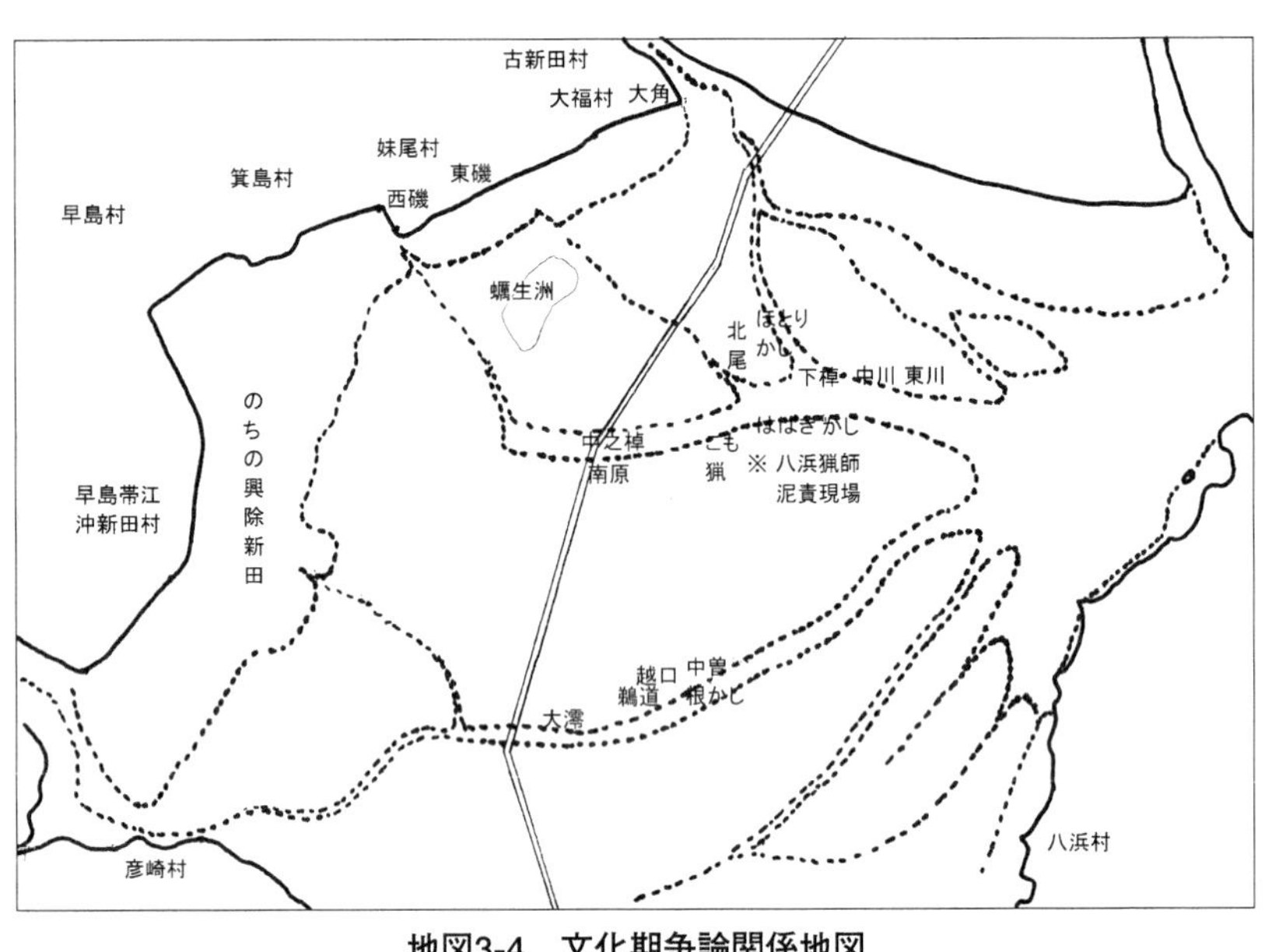

地図3-4　文化期争論関係地図

被害者と被害の目録を妹尾村役人に確認させることが目的であったが、妹尾村の責任者には会えなかった。また、早島に逃れた伊太郎らも、大福村役人に依頼して大角まで移動してもらった伊太郎の船に乗って八浜に帰還できた。事件の詳細は晦日付の書状で郡奉行に報告された。一方、晦日晩、妹尾村庄屋五人の使い二人が八浜村名主宅を訪れたが、名主亀五郎は岡山に出府しており、翌六月朔日五人組頭宅に来たがこれも不在であった。二人は八浜村安五郎宅に止宿しており、安五郎が無届けで妹尾の者を泊めたとして、頭部に投石を受けた十右衛門の忰をはじめ、村人たちが多人数騒ぎ出し、判頭が制止して引き取らせた(3)。翌二日には、使いの二人に十右衛門の病態を見せたところ、重傷であることを認め、「甚気之毒ニ存候」と一札を入れている(4)。名主亀五郎はこの日帰宅して二人と面会したが、妹尾庄屋の書状には「海面之義誤入候文面」もなく、妹尾役場と掛け合っているとあるので返答はせず、書状を返却して帰村させている。

以上のような八浜側の経過報告や主張に対して、妹尾側の主張は、猟師惣代・浦年寄惣代・浦手庄屋・庄屋惣代各二名ずつの計八人の連名で、岡山藩「備前御郡御役場」宛に提出された六月一一日付歎願書で確認できる(5)。そこには、五月一三日に妹尾板猟師が妹尾猟場の中之棹で八浜猟師二艘の「穴鮮掛取」猟を見ており、翌一四日には八浜猟師の孫六・加門屋紋介・かけの武兵衛の三艘が中之棹・こも猟という猟場で、別の一艘が北尾で袋網による「押猟」していたので、妹尾側が対応に行くと、八浜猟師が「何分差赦候様、向後者決而参申間敷」と謝って帰ったという。さらに翌一五日には、中之棹で八浜猟船一艘が網を入れ、近辺に四～五〇人が乗り組んだ二艘（原史料のママ）がおり、妹尾猟師が「押猟」を咎めたところ、「大勢声高ニ理不尽我察成返答」をしたので、「追而掛合」と言って帰った。さらに翌日には妹尾漁場のこも猟から七〇〇本余を抜き取ったので、一八日に妹尾村浦手年寄から八浜村役人に掛け合うと、八浜村五人組頭伊右衛門から「近年新規之かし相見へ候間、抜取せ候」と返答があった。翌一九日には妹尾猟場うど（鵜道）の一二〇本余が抜き取られたので、浦手庄屋から八浜村名主へ掛け合ったが不在で、代わりに海面関係を管轄する判頭周介・義四郎が対応し、前日の五人組頭と同じ返事であり、二五日に帰村した八浜村名主亀五郎とも直談したが同様な返答であったという。

二九日の出来事については、八浜猟師二艘がこも猟で押猟していたところを妹尾猟師が見かけ、板猟の三～四人が対応したが、八浜猟師が荷棹を振り回し、妹尾村猟師権四郎悴佐次郎に当たって倒れたので、近辺にいた妹尾板猟師が立腹して寄り集まり、船に飛び乗り、二艘の猟具を預かって帰ったが、佐次郎は当たり所が悪く、いまだに勝れない。翌晦日に妹尾村役人五名から八浜村名主宛書状を使いの判頭二名に持参させ、二人が帰村する前にさらに判頭二人を送り、夜五つ時頃名主宅に着いた。しかし、名主は面会を拒絶し戸外に追い出したところ、ほどなく高灯燈を灯し、太鼓を打ち鳴らし、村中から数百人を集めて二人を取り巻き、石を投げ踏み倒し蹴倒し、二タ時の間打擲され、ようやく抜け出し逃げ帰ったという。先に派遣されて八浜村安五郎宅に宿泊していた二人にも、鐘・太鼓・竹貝で周囲を取り巻き、「妹尾村ゟ之使ニ候ハ、引出し殺可申」と叫んだという。六月二日には八浜猟船五～六〇艘が妹尾猟場の数千本のかし木を抜き取ったとしている。妹尾側は六月一一日、以上のような嘆願を岡山藩郡奉行に提出するが、その主張は「妹尾村猟場ニ於いて新規之かし抔と申義決而無御座」とし、かし木数千本を抜き取った八浜村漁師を糺して、妹尾猟業に支障がないようにして欲しいとあった。

両者の主張は随所で対立している。まず、八浜側は寛延・宝暦の幕府裁許を根拠に妹尾側のかし床猟場を全面否定しているのに対し、妹尾側は同じ裁許で入漁を認められ、猟場を幕府公認としていることである。この部分がこの争論の最大の争点である。さらに、二九日に八浜猟師と使者が受けた泥責・投石事件を妹尾側は全く認めず、八浜猟師による荷棹による打擲者については八浜側は全く触れていない。また、投石による八浜の被害者を妹尾使者が確認したが、妹尾側の訴えには全くそれが反映されておらず、かえってその使者が宿泊先で八浜側に脅されたとしており、どちらが正しい情報なのか不明である。さらに別の妹尾の使者が八浜村名主宅前で投石に遭い、それから四時間も打擲されたとあるが、八浜側の主張にはこれに関する言及はない。ただ、その二人が怪我もなく無事に帰村したと記すなど不自然さも見られ、実際の出来事なのか、偽証なのか不明である。暴行障害の加害を認めることは争論に不利になることから、それには触れないでおこうとしたとも思われる。こうして自己を正当化しながら、今後九年間にわたる両者の争いが開始された。

八浜・妹尾当事者同士の争いは、彼らを統治する藩・知行所の役人同士の交渉に移行した。岡山藩では郡奉行石原幸吉が、戸川右京様御役人中様宛の五月晦日付書簡で、一四日から二九日までの経過を知らせている(6)。翌六月朔日付で妹尾役場からは松田富八ら三人連名で石原宛に三通の返書があり、特に、二九日の泥責も、「八浜村猟師と妹尾村板乗猟師と申争、双方取合に相成」と事件を認めず(7)、「使舟着岸之節」の投石事件も、「石打之儀者決而無御座旨申出候」と村方の主張をそのまま伝え、「八浜村役中も内済取鎮候様被仰付被下候様奉願候(8)」としている。八浜側の要求を受け入れず、竹木の撤去を行わないまま内済に持ち込み、自らの猟場の既得権を確保しようとする妹尾側猟師の方策と共通した姿勢であることがわかる。翌二日付で石原幸吉は、泥責と投石による怪我人の発生は「役場之〆りニ相拘り候事、御互之儀ニ御座候」と、お互いに領民統治の不備に関わることであると返答を求めている(9)。同日付で妹尾役場では石原との面会を希望する書簡を送り、松田富八の岡山派遣を知らせている。石原は翌三日付返書で、役用があって無理であり、天城村大庄屋三郎四郎（中島氏）との面会でよければ設定すると伝えている。

松田富八は生地が天城村で三郎四郎とは別懇の間柄であったという。連絡を受けた三郎四郎は、三日岡府からの帰路に妹尾役場に寄り、松田と面談した。松田は二日付の石原書簡の「国方〆り」について、「漁師共口論之義」のほかに何があるのか問うと、三郎四郎は「第一新規かし建候事御〆り拘り候」と答え、「此義ならハ申付方無之」と、もはや岡山に行っても無益だと松田は答えた。三郎四郎はその後二度ほど妹尾を訪れ、「新規かし之儀不埒ニ候ゆへ、已後相止メ可申と断出候ハ、内済も可仕」と伝えている。[10] しかし、妹尾役場側はそれに答えず、六月一一日付書状で、妹尾村庄屋ら八名が八浜猟師御紕と猟場認定を求めて岡山藩郡奉行に歎願に行くことを伝えてきた。先述の同日付妹尾側主張をまとめた書状はこの時のものである。さらに同月二三日には妹尾猟師が三〇人ほど戸川領の古新田村の引舟から渡り、追々三〇〇人ほどが通過したと四ツ時頃（午後一〇時頃）延友村から今保村に連絡があった。翌二四日には妹尾村庄屋ら八名が再び岡山藩郡奉行に歎願書を提出した。[11] こうした妹尾側の動きに、石原は二六日付書状で、「松田氏ゟ天城村三郎四郎へ御紙面之趣とハ御振り合も俄ニ相変候義、於此方ハ不審ニ奉存候」と、強い不信感を伝えている。[12] しかし、妹尾役場からは七月七日付書状で、再度郡奉行に庄屋惣代らを差し出すと伝え、先月二六日の書状に対しては追って再答するとしている。[13]

このように、岡山藩と妹尾役場でも、それぞれの猟師の主張と同じ立場で交渉したため、事前に解決することはできなかった。その後、妹尾側は備中倉敷村児島屋武右衛門に仲裁を依頼し、今回の我察な振る舞いは幾重にも謝るが、かし猟場を限定してでも許可して欲しいと天城村大庄屋三郎四郎に伝えたが、新かし見逃しは決してできないと返答されている。児島屋からの報告で妹尾側も出訴を決断したようで、岡山藩も幕府訴訟を決断して出訴者の人選に入った。その際、八浜村名主、内海名主から一名、八浜村猟師一名を選ぶこととし、最終的に、八浜村前名主の小八郎（山下氏）を名主代、北浦村名主文吉（片山氏）、八浜村猟師平吉の三人を選んだ。八月に訴状が作成され、同月五日三人と補助二人が岡山を出船し、大坂伏見から木曽路を経て同月二〇日江戸に到着した。二二日に寺社奉行月番松平和泉守に願書を提出し、諸手続きを済ませ、九月五日江戸を立ち、東海道・伊勢路を経て二〇日岡山に帰着している。こうして文化期児島湾争論の幕府訴訟は始まった。

江戸訴訟の開始

惣代らが江戸から持ち帰った訴訟受理の幕府書類（「尊判」とよばれる）は、相手方妹尾村に渡す手続きが行われた。児島側は九月二三日付の書状で、明二四日に八浜村金剛寺で尊判を引き渡したいと妹尾村庄屋又兵衛に連絡した。しかし、妹尾側は、訴訟相手一五名のうち、年寄庄太郎・弥兵衛・太八は存在しないと伝えてきた。何回かのやり取りのあと、児島側は江戸での吟味の冒頭でこれらの不備について当方から申し立てることを約束し、九月二九日の引き渡しにこぎ着けている。妹尾側は一四名が出席し、尊判書類の点検を双方で確認した上で受け取っている。しかし、宛名の違いは、係争中に三名が権太郎・善右衛門・太郎右衛門と変名したもので[14]、その事実を児島側にすぐに伝えず、訴訟を受けた側の戦術であったとも受け取れる。

ついで倉敷の児島屋武右衛門から、大庄屋天城村三郎四郎宛に一〇月三日付の密書が届いた。その内容は、妹尾戸川家は勝手向きが良くなく、四～五年稲の不作が続いて上下とも困窮しており、「御大国之端ニ有之御小領、殊ニ近年御困窮（中略）、格別之御憐愍御仁政ヲ以、下済ニ相成様ニハ相成間敷候哉[15]」と、再び内済を求めてきた。三郎四郎は大庄屋同役衆にこれを伝えたが、大崎村三宅安太郎は、「寛延之御裁許御請書之通、矢井かし不相建、致せ来之入漁も仕度との事候へ者内済示談出来も可仕[16]」と、従来からの主張を述べている。北方村千右衛門から判断を求められた郡奉行児島後三郎も、「彼是申談のみニ而筋も不相立、長引候而ハ出訴いたし候者之甚迷惑[17]」と、内済交渉を否定している。

江戸出廷は一一月一三日（これを「差日（さしび）」と呼ぶ）に迫っており、一〇月中旬には岡山を出立する必要があった。岡山藩側は一〇月八日、惣代四人を指名し、一九日夜に総勢一一名で岡山を出船し、兵庫に上陸後、伏見から伊勢路・東海道を経て一一月七日に江戸に到着した。一行は、藩から郡奉行児島後三郎ら四人、大庄屋三宅安太郎・彦崎村名主勝右衛門・八浜村名主代小八郎と連夫三人、八浜村漁猟師平吉代茂平である。勝右衛門は病気の児島郡二一ヶ村惣代名主北浦村名主文吉の代理であった。一一月一三日、幕府評定所に児島・妹尾双方が出頭して訴訟が開始された（第一回）。初回は持参した双方の絵図による論所の確認のみが行われ、退出となっている。

一一月一六日、寺社奉行松平和泉守乗寛の役宅で、留役清水兵蔵による本格的な吟味が始まった。児島側が持参した証拠書類は、①寛延争論での立会絵図とかぶせ図扣、②寛延三年裁許絵図写、③宝暦争論での立会絵図とかぶせ図扣、④宝暦八年裁許本絵図（箱入）と写、⑤延徳三年矢井下知書と写、⑥承応四・享保一九年取捌書、⑦御城米船・碇番船等手形、⑧当年五月妹尾奪取品数書付、⑨手負八浜村十右衛門疵所書と妹尾村判頭見届書、⑩矢井・かし所書上等の覚書などである。妹尾側からは、⑪宝暦八年裁許絵図写とそれに新たに付けたかぶせ図が提出された。清水は双方の主張を聞いた上で、①・②・⑦・⑧と⑪を預かって吟味を終えている。次回に本猟・入猟が判明する書類があれば差し出すよう告げている[18]。

ついで一二月六日には、八浜が本猟で妹尾が入猟側であることを示す証拠の審査が行われ、児島側は⑦、②、⑤、⑥を示したが、いずれも直接証拠にはならないとされた。妹尾側は⑫かし場売買証文数通を示したが、備前海との裁定にもかかわらず他領のものが勝手に売買するとは何事と叱責された。ただ、八浜側が妹尾にはかし・矢井場はないと主張してきたが、⑫は一〇〇年前から妹尾に網猟が存在していた可能性があるとされ、⑥・⑦・⑫等が役宅に預けられた[19]。年が明けて文化七年一月二一日には、児島側の二二ヶ村の村高や、先に提出した八浜以外のかし場・矢井床の数や人数をまとめ、寛延裁許絵図に付紙を付けて提出するよう命じられ、妹尾方にも猟場があれば提出せよと告げて閉廷している[20]。二月二九日には、提出した「児島郡内海かし場并矢井床品々覚書」(第二節表3-2参照)と、付紙付き寛延絵図で猟業の実態が検討されている。澪筋の大かしは「大サ三尺廻り、長四丈余」、小澪・浅潟はその場所に応じたかし木で猟を行い、まかり網は「小ふり之網漁・小かしヲ以、浅潟ニ而仕候」猟で、場所が決まっていて鬮で決めると説明している。一方、妹尾側は提出した絵図の付紙について、「妹尾かし場ニ而澪ヲ境、先年より去年迄漁業仕候場所」であると説明したが、清水兵蔵からは「海者一円備前国ニ有之、妹尾之猟場境と申証拠何ニ有之哉、御裁許面ニ境ハ無之、左候得者其方共申分御裁許ヲ不相用、道理不埒」と指摘され、「御裁許破一条難捨置」と厳しく叱責された[21]。審理の方向は児島側の主張に沿って進んでいるように思われた。

つづく三月一二日には、妹尾猟場境と主張する大澪(現倉敷川流路付近)以北に児島側のかし・矢井場があるかが取り上げられ、かし場六ヶ所・矢井床七ヶ所を示した。さらに児島側は、宝暦国境争論での宝暦六年六月二三日～七月五日の見分使調査の日記と請書を証拠として提出している[22]。さらに四月二二日と同月二九日には、妹尾側の澪北二八ヶ所の猟場について吟味が行われた。その際、寛政八～九年の三河口太忠の見分時に妹尾村猟場が減少していることを歎願しているが、児島側は澪北に猟場がないため歎願もしていないと指摘した[23]。この時点で、第三節で紹介した表3-5の原史料である宝暦一〇年「浦方議定」が提出されていれば、六〇年前の証拠書類として考慮される可能性はあったと思われる。しかし、それは宝暦裁定後の妹尾側の一方的な猟場設定とみなされて逆効果になる可能性もあり、提出は見送られたのであろう。

この間、国元では、四月一六日、大澪北へ児島側猟師が大勢来て新かしを建てたとして妹尾側から抗議され、八浜村役人は、埋りかしであるほとりかしで例年行ってきた追立かしを行ったまでだと返答している。[24] さらに五月に入ると妹尾側が、内尾辺・ほとりかしや大澪近くに九ヶ所、一ヶ所に三五〜六本ずつ竹木を建て、五月二四日付書状で妹尾側に抜取を要求している。[25] 江戸では六月一五日の吟味で、清水兵蔵が児島・妹尾双方の論所中の問題行動を咎めたうえ、評定所保管の「寛延年中出入御糺書留」に次のような記録があったとして、妹尾側の主張を退けている。[26]

史料 3-8

（前略）海ハ一円備前国ニ而児島方大造之矢井・かし数拾ヶ所相建、大船ニ而致漁業、妹尾之義ハ板乗・丸太船ニ而致入漁、矢井・かしハ建せ不申旨申立之、妹尾御糺之処、児島方より申上候通板乗・丸太船漁業ニ而矢井・かし相建不申段、相違無之と妹尾者よりも訴上候趣、御記録ニ有之候、尤宝暦年中ニも入漁ハ寛延年御裁許之通と有之候、其上両度出入之節、児島よりハ矢井・かし専申立、妹尾者一向無其儀、夫を矢井・かし建来候抔と申立候而も迚も難相立（後略）

八月に入り、国元では幕府領の備中国栗坂村（現倉敷市栗坂）庄屋治郎から、児島・妹尾間の内済斡旋が試みられた。[27] 八月一七日の吟味に妹尾側の庄屋九右衛門が病気で欠席して審理は進まず、九月二六日には妹尾からの詫書がなく内済は破談となっている。[28] 一〇月二六日には妹尾が奪った袋網の返還について検討が行われ、一二月一二日にもその続きが行われたが、年内の吟味はこれで終了し、惣代たちの帰国許可を告げて閉廷している。[29] 八浜村小八郎と、九月に出府して北浦村文吉と交替していた槌ヶ原村名主太兵衛、さらに猟師惣代二人らは、一六日江戸を出立し、翌一月三日に帰着している。特に小八郎は、文化六年一一月から一三ヶ月間の長い江戸滞在であった。

文化八年（一八一一）の正月を国元で過ごしていた惣代たちは、小八郎・太兵衛・魚猟師八浜村為次郎・槌ヶ原村寅次郎の四人で二月一〇日晩出船し、大坂・伏見を経て、二七日に江戸に到着した。出発前、妹尾村庄屋三郎兵衛方に出発の連絡をしたが、三郎兵衛は病気で帰国できず江戸で越年し、九右衛門のみ帰国し近く出府するとの返事であった。新年は閏二月六日に松平役宅で清水兵蔵による吟味が行われた。最初に検討されたのは、児島側が彦崎から宇藤木までの灘目村々に新開

表3-6 文化8年(1811)児島郡樫木・矢井・ままかり網猟一覧

村名	かし木猟			矢井猟		ままかり網	
	軒数	人数	船数	軒数	人数	軒数	人数
彦崎				12	67		
迫川				10	46		
宇藤木				4	27		
八浜	112	675	192	12	77	120	724
碁石	3	16	3				
郡	20	109	20			20	106
北浦	35	214	35	8	45	25	125
飽浦	9	152	9				
宮浦							
阿津	20	134	20				
小串							
合計	199	1300	279	46	262	165	955
別史料	190余	1200余	270余	40余	260余	160余	950余

11ヶ村とその合計は旧版『倉敷市史』第9冊151〜2頁よりまとめる。別史料は備作史料研究会編『内海一件』209頁掲載の文化8年4月頃の「乍恐以書付奉申上候」に見える数字である。

地を開発し、干潟が減り猟業に支障を起こしているとする妹尾側の書付である。清水は、澪北を妹尾猟場として児島を排除する主張は認められないとした。小八郎・太兵衛は国元の大庄屋たちに灘目村々の新開畝数の調査を依頼している。ついで三月一〇日の吟味では、児島側のかし場数が宝暦時の二二ヶ所から二四ヶ所に増えた理由が問われ、児島側は、当時除外していた小串村の「上ノ曽根」と、寛政五年に移設で設けられた「曽根の小溝」を加えたためと説明している。また、妹尾側が提出していた「かし床売買手形」について採り上げ、「こも猟」の位置などを述べさせている[30]。

　これら、かし場・矢井床や猟師の実態が検討される中で、児島側は、二二ヶ村合計のかし・矢井・ままかりや他の猟師の家数・人数・船数や村毎の内訳などをまとめている。表3-6は、旧版『倉敷市史』に掲載されたかし・矢井・ままかり猟師の軒数・人数・船数であり、藤戸・星島家文書からが原典と推定できる。備作史料研究会編の『内海一件』収録の文化八年四月頃の史料に見えるそれぞれの合計軒数・人数・船数とほぼ一致しており、村毎のその詳しい内訳と考えられる。ただ、八浜村のカシ木猟一一二軒は異常に多く、『内海一件』の二二五頁にカシ漁師三〇人とあるので、三〇軒が妥当な数字と思われる。この史料により、かし・矢井・ままかりの猟師がいる村々が限定されていることがわかる。

　さらに表3-7で、文化一〇年五月段階の児島二二ヶ村の戸数・人口と大小猟師の戸数・百姓のみの戸数、文化八年四月段階の所有船数がわかる。表3-6の矢井・ままかり猟師に投網など他の猟師を加えたものが小猟師である。かし木猟は大猟師であ

表3-7 文化8・10年児島22ヶ村家数等一覧

村名	全家数	全人数	大猟師家数	小猟師家数	百姓家数	文化8船数
天城	269	1147		227	42	38
粒江	168	857		148	20	8
藤戸	108	546		89	19	23
植松	81	388		59	22	15
彦崎	187	916		162	25	66
川張	71	353		66	5	7
片岡	71	388		60	11	8
宗津	51	276		46	5	5
迫川	96	468		88	8	39
宇藤木	60	319		60		7
用吉	135	661		111	24	5
槌ヶ原	183	986		148	35	25
大崎	138	748		132	6	34
八浜	428	2339	112	279	37	423
宇多見	46	230		41	5	21
碁石	32	158	3	29		37
郡	386	1705	19	334	33	113
北浦	273	1308	35	217	21	305
飽浦	92	460	3	80	9	18
宮浦	281	1384	9	241	31	106
阿津	287	1320	16	247	24	67
小串	433	2010	6	382	45	126
合計	3876	18967	203	3246	427	1496

全家数～百姓家数までは、明治大学博物館所蔵 文化10.5「内海御見分日記　五之分」（岡山県立記録資料館複製資料13分冊2414～2428頁）から作成。粒江村百姓家数22軒は20軒の誤記であり訂正。船数は備作史料研究会編『内海一件』215頁掲載の文化8年4月頃の「村々船数覚」の数字であり、船数合計は史料では1496艘となっているが、彦崎村の原史料60艘が誤記と思われ、訂正した。

るが、若干の変化が見られ、八浜は一一二軒となっており、三〇軒が正しいことは前述の通りである。漁業に拘わっていない百姓家数は全体の一割であることもわかる。しかし文化八年の船数は、前節の表3-4で示した寛延三年（一七五〇）の数字と全く同じで六〇年間変化していない。これは、旧版『倉敷市史』に「寛延三午五月廿七日　懸り稲葉丹後守殿へ書上写」との付記がある以上、寛延争論時の船数を援用して今回幕府に提出した概数ではないかと思われる。

四月一日、八浜村大猟師一六人が船八艘に乗り、ほとりかしに穴鮮猟に出た。ところが、一町ばかり潮上に妹尾村の丸太船二〇艘ほどが二ヶ所に竹木を建て穴鮮猟を始め、詰問すると妹尾の庄三郎が、「此所ニ漁床弐ヶ所有之故参候」と返事をしたという。三日晩汐から四日朝まで、白石川尻にある同じほとりかしに、八浜村大猟師一二人が六艘の船で猟に出かけると、妹尾の二人乗りの船一艘がその様子を遠見し、八浜船からかなり西に離れたところで妹尾船二〇艘ほどが猟を始めた。今回は潮上でなかったのでそのままにしたという。[31] 五月九日の江戸での吟味では、妹尾地内の川幅や白石川のうちの妹尾悪水吐き近辺について、竹木を建てて妹尾が猟をすることがあるかを清水兵蔵は両者に尋ねている。清水は、そうした猟が次第に沖合の澪北まで拡大したのではないかと推測したようである。清水は現地の見分が必要と考え始めたようで、妹尾側はこれに賛成している。[32]

江戸での審理は九月二六日に久しぶりに行われた。争論の発端当初、妹尾側が建てた木を児島側がほとんど抜き去ったが、抜かれなかったものが三ヶ所あると妹尾側が証言したことから、清水兵蔵は両者のかし木の違いを質問した。妹尾側は、「私共方かし木は壱艘手三十一本ツ、有之、児島方のかし木より細く御座候」と説明した。清水は見分時に見分けがつくため、かし木の実態を質問したとあり、児島側は去年夏に妹尾側が建てた竹木を抜き取らせ、「板乗蠏追目印」とした竹木も再度掛け合って抜き取らせており、残っているかし場は一ヶ所もないはずと述べている。[33] この吟味内容を書状で知った国元の大庄屋四人は、一〇月一〇日付書状で郡奉行石原幸吉に対し、妹尾側に三一本の竹木を建てさせないために、藩から番船を出して見廻りの強化を依頼している。[34] 同月一五日付の大庄屋連名書状では、浮足軽が指揮する番船二艘が昼夜見廻って妹尾側の竹木設置を監視し、「若不意之義有之候節ハ、右番船ゟ貝ヲ吹、相図火ヲ上」げるので、それを見たらすぐさま沖合に出動するように通達している。[35] 江戸では、一一月二日に評定所に惣代の呼び出しがあり、寺社奉行松平乗寛から論所調査のため見分使を派遣するので、双方帰村して準備せよと命じられている。小太郎・太兵衛ら四人は一一月一五日江戸を出立し、一二月二日岡山に帰着した。

幕府見分使第一回調査

児島方は四人の大庄屋が中心となって、児島側のかし木二四ヶ所と矢井一一ヶ所、岡山川（現旭川）尻の澪木二ヶ所以外の児島湾内海にある竹木は、船出入りの目印まですべて撤去させようとした。白石川・倉敷川に設置している城米輸送船のための水尾印も、倉敷や庭瀬から積み出しが終わると、毎年撤去することになっていた。この通知は、児島郡内はもちろん邑久・御野・津高郡や児島内海辺縁の他領の備中諸村にも伝えられた。その上で、同様な措置を一二月一〇日に訴訟相手の妹尾村に伝え、竹木の撤去と増設の阻止を図ったのである。対応したのは妹尾村庄屋精次右衛門（矢吹氏）で、江戸から庄屋惣代二人がまだ帰国していないので返事は後日とした。

見分使を迎える準備も並行して行われた。妹尾側惣代九右衛門・三郎兵衛が一二月一一日夜帰着し、同月一六日に双方の物代が米倉村林八郎宅で会合し、見分使の出迎えや宿所、料理人の手配等を協議した。その結果、見分使の宿所を米倉村林八郎と和右衛門宅とすることなどを決め、「御見分使様御越仕搆申談一札之事」[36]を締結している。これを受けて岡山藩は、見分の際の場所案内や吟味請答担当として、彦崎村勝右衛門・八浜村小八郎・北浦村文吉・槌ヶ原村太兵衛の四名主を、さらに大崎村名主兵四郎（槌ヶ原村三宅氏）と片岡村名主学次（迫川村上野氏）を宿所御用達兼賄方等の元請に任命[37]し、翌年三月に発表されることになる見分使への対応を進めた。

一方、竹木撤去の交渉では、双方の熾烈な駆け引きが続いた。児島側は一二月一七日彦崎村判頭を妹尾村庄屋庄右衛門・又兵衛方に派遣し、一〇日に伝えた船出入目印の撤去に対する回答を求めたが、一両日後に返答するとのことであった。二〇日、妹尾村年寄が彦崎村名主勝右衛門宅に持参した口上書には、船出入目印は「猟師共入猟通船目印之義ニ而、（中略）殊更御見分も被仰出候上者、自己之了簡ニ而抜差致候義者、論中手入同様ニも相当」と主張し拒否している。[38]二四日、児島側は、「既ニ御城米御用水尾印も抜取候義、畢竟自己勝手之目印、御見分御目障ニ相成候而ハ不宜」と、再度抜き取るよう求めた。ところが翌二五日に妹尾側は、猟場論所の下棹のうち二ヶ所で二三本の新かしを猟師が掘り出したので、吟味をして早々抜き取れと求めてきた。児島側は、下棹（第二節地図3-1参照）は一ヶ所でかし数は三五本であり、二三本ではなく、付近に番船を差し出したが、新規のかしはなかったと返答をしている。

こうしたやり取りが続く中、翌九年一月二七日、江戸で寺社奉行から松原平右衛門が呼び出され、二五日に妹尾村惣代猟師から提出された訴状が示された。そこには、一二月二〇日に大濤より北側の妹尾村猟場下棹に児島郡から新かし二ヶ所二三本を建てたので抜き払うよう掛け合ったが取り敢わない、その上、妹尾村猟場の二八ヶ所のかし木を巳（文化六）年五月中・下旬に抜き取り、その中の中棹・南原・東川・中川（地図3-4参照）のものは残っていたが、昨年一二月二七日に悉く抜き払い、御見分前の手入をする行為だと訴えていた。[39]妹尾側は妹尾猟場の下棹と明記せず、児島側は同名の郡・北浦村入会の下棹のことと考え、そのような事実はないと返答したようである。

五月一三日、妹尾村役人物代善兵衛は江戸の寺社奉行所に次のような訴状を提出した。[40]

史料3-9

（前略）①当三月下旬妹尾村猟場字鵜道と申辺江新規かし木拾六本、越口と申所江拾三本相建、②其外海面所々江牡蠣□（殻カ）之付候小石抔数多埋込、其印と相見江所々江竹抔相建猟床之場所仕候、工と奉存候、③猶其上妹尾村猟師共通船仕候往来目印之澪木、両川ニ而大澪迄之間ニ凡三百本余往古ゟ建有之候之処、去未十二月右目印抜呉候様弐拾弐ヶ村惣代之者ゟ度々懸合申越候得共、前々御見分之節ころ共抜払候義無御座、其上大澪迄建有之候澪木ハ全大澪之内一円妹尾之者共猟業仕候証拠とも相成候澪木ニ付、抜取候義難相成旨、此方ゟも厳重及返答候而も宜（中略）、④当四月六日暁右弐拾弐ヶ村之内ゟ多勢罷越、両川目印澪木数百本悉抜取、尤往古ゟ建来候猟道澪木ニ御座候候得者、朽木之分者悉途中ゟおれ残、或者古株等数多有之候ニ付、御見分之節ハ聢と相分候

（以下略、なお①～④は筆者挿入）

文面のうち①の鵜道・越口は八浜村猟場の中曽根かしに隣接した場所（地図3-4参照）であり、その定かしを自らの猟場に新設したかし木と訴えている。③の入猟通船目印の澪木は、大澪の内側一円が妹尾側の猟場であることを示す重要な証拠として、昨年末からの抜き取り要求にも応じなかったものである。しかもそれは「両川ニ而大澪迄之間ニ凡三百本余」古くからあるとしているが、両川がどこを指すのか文面からはわかりづらい。それが④のように四月六日、児島側により数百本抜き取られたという。これについて児島側史料には、「妹尾前澪木四月五日八浜猟師抜払、下夕方再掛合注進トモ」という記録[41]があり、四月五～六日に抜取が行われたことは確認できる。しかもそれは妹尾前澪木とあるので、妹尾村から大福村までの妹尾領の沖にあったものと推定できる。この範囲での両川とは、西端は妹尾村西磯の西側から流れ下る現妹尾川、東端は白石川（現笹ヶ瀬川流路）と推定できる。しかし、その澪木が大澪まで続いていたように記されており、第三節の地図3-3にある妹尾の全猟場が含まれることになる。しかしその範囲は箕島から帯江沖は含まれず、大澪の内側全域ではないことになる。この訴状は返却され、七月に赴任する見分使に提出される。

三月七日、見分使として、寺社奉行手付（吟味物調役）の今井浅右衛門と柴田左文次が任命された[42]。二人のその後の動向を示す史料はないが、江戸を立った二人は六月二八日に遠州中泉（東海道見付宿）に宿泊し、七月六日には京都を通過し、

一一日姫路泊、一三日岡山に到着し[43]、米倉村名主和右衛門宅の宿所に入った。翌一四日、双方の惣代が呼び出され見分体制を整えている。一六日には米倉村から出船し、中曽根かし・長棹かしを実測する（「分間(ぶんけん)」と呼ぶ）予定であったが、潮流と強風の悪条件で八浜村に止宿している。翌日から灘目村々新開地の測量を開始し、宇藤木村磯辺から迫川・宗津・片岡・川張・彦崎・藤戸村と進み、二〇日天城村に止宿している。翌二一日粒江・粒浦・八軒屋から備中に入り、有城・帯江高沼新田・茶屋町から早島沖新田で止宿し、二二日箕島前から妹尾までを分間している[44]。

二三日には、妹尾村内大福新田の大角への登堤付近で分間が行われた。ところが、妹尾側の案内役庄屋九右衛門・三郎兵衛は、堤下に宝暦期の洪水で岸が崩落し根石があるとして見分使を案内し、「海中へ印ヲ建て、御見分ヲ請可申」と再測量を求めた。この時、「柴田御氏今井御氏以口論出来、此侭御見分御止、柴田御氏御引取可被成との事ニ付、一円大未決」の状態となった。児島方は、「目前海中葭野まて妹尾村御高入抔と、相手方之もの共相偽候」と抗議している。二人の見分使は口論のあと、妥協して堤からと海中の印を使った分間の二通りを実施した。児島側は納得せず、翌二四日、この場所で妹尾側と以前から対立のあった岡山藩領の御野郡米倉村や津高郡今保村など二七ヶ村からの訴えを見分使に提出している。その中で、問題の場所は安永七年（一七七八）に、「古田之難渋ヲ不顧、同所堤外ニ掻揚堤いたし新田開懸ケ、同所下手ニ至リ付洲之岸へ捨石ヲ入、石垣築」きかけたところへ、悪水故障を受けている御野・津高両郡の村々から、米倉・平吉・今保三ヶ村名主が惣代として妹尾村と掛け合い、工事を中止させた場所であるとしている。その時の残石を妹尾側が「古堤跡と偽」っているのだと訴えたのである[45]。

さらに七月二七日には妹尾大福村沖に埋もれているちゃうち矢井の南西海面、すなわち第三節表3-5の矢井手など①付近と思われる地点の調査が行われた。妹尾側はここを定かしとし、文化六年五月の発端当時に児島側が竹木を抜き取った場所として、「先達而目印木を建居申候、尚又御見分時分かし折古株之由、数十本印竹を建て候」と説明したので、見分使はここを掘らせたが、「全拵事ニ而御察当被成」と、厳しく咎められている。さらに、妹尾側のかし木の建て方を実演させ、手かしを建て、網のかけ方を見たが、どの山を見通し建てているのか尋ねられてもわかる猟師がいなかった。翌二九日、再び現場に赴き、この日来た妹尾猟師に実演させたところ、前日の古株とは離れたところに建て、見通しの山も返答できず、「紛敷事申立、不埒と今井氏」は咎めたが、「柴田御氏、此所紛敷而も又外ハ宜も可有之」と擁護し、両者は食い違いを見せた[46]。児島側はちゃうち矢井で三〜四尺底に矢井株があるのを掘り上げ、見分使に見せ、この日は郡村医師の浜屋敷に宿泊した。翌三〇日は磯際かし・地立かし・岩島かしを調査し、八月一日には妹尾村内古新田の内川の見分が行われている[47]。

八月、見分使の調査は矢井床の試掘調査で手間取っている。同二二日からのちゃうち矢井などが二九日まで入念に行われた。その結果、三〜四尺または五〜六尺の底から、史料3-9に示された②のものと思える「じいじい貝」と、折れた古竹木を掘り上げて見分使に見せ、矢井床の証拠とした。この間、妹尾村惣代からは妹尾側猟床の印を建てることを申し出、許可されて児島側のかし場矢井床や網代以外の場所に目印を建てている。ところがそれは、「巳年相建候より数倍ニして、澪北一円建並」べ、絵図に書き込んで見分使に提出している。その際、「柴田御氏御模様兎角相手方ヲ御引立被成、児島埋矢井抔御堀せ相顕レ候而も、妹尾者紛敷申掠候得ハ御取用不被成」と、児島側は公正であるべき見分使の対応に疑念を強めるようになった。九月一六日の児島大庄屋の書状には、柴田は戸川家との縁があり同家からの依頼を受けており、江戸表でも聞いたと今井の家臣から情報を得たとしている[48]。その情報の真偽は別としても、七月二九日の妹尾側猟場見分での柴田の発言や、八月の妹尾側猟場を示すための竹木目印が争論発生時の数倍に及ぶなど、妹尾側寄りの姿勢が見られることは明らかであろう。

続いて一〇月二一日には、妹尾村沖合にある牡蠣生洲の調査が行われた。およそ百町歩余に印を建てて見分を願っている。妹尾村の名物として諸方に販売し、岡山藩主池田家の御用達肴屋の印形書類を示しているが、児島側は三年前の幕府への訴状に対する妹尾側の返答書にも挙げられていず、「新規巧事」であるとの書付を翌日見分使に提出している[49]。この牡蠣生洲については、第三節で明和四年（一七六七）の史料3-7に「蠣者沼潟ニ取集育申候」と記述され、この牡蠣生洲であろうと推測できる。このあと牡蠣生洲の見分が行われたかどうかは不明であるが、明和期には存在していたと考えられる。しかしカシ木猟場でない以上、これが澪北一円を妹尾猟場とする妹尾側の主張を証拠付けるものにはならないであろう。

この時期、津高郡など沿岸漁村に対しても漁業調査が行われている。津高郡今保村は、この争論の論所に入猟していて本猟の八浜村から猟が差し止められ、漁師が難渋していると訴えた後、自村の漁業について返答している。それによると、最寄の浜で投網・鱣突・蜆掻・五人網の猟をしており、八浜本猟が来ない時期に網代で投網をしているが、今保村所持の網代ではない。海面では投網・鱣突のみを行い、白石川内では手かしを建て小袋をかけ「ひいる漁」（蛭漁か）をしているという。さらに妹尾猟師のかし木猟の有無について、「及見候義無之故、かし漁仕来とハ得不申上候」と返答している。平井・浜野・青江村でもこれについては同様な回答であった。なお、これに続いて今保・妹尾村間の寛政一二年（一八〇〇）九月付の猟場規定が記録されている[50]。その中で、白石川と引船川（県道六一号線の引舟橋付近）の河口までは今保村の漁場で、河口の大角付近から沖は東半分が今保村の船漁可能で、米倉村の渡場から下では鱣掻漁は禁止としており、妹尾猟場はこれ以外であると推定できる。

七月に始まった見分使調査の終わりが見通せないまま、四ヶ月目を迎える一一月、葭草・浜松の刈取についての争いが加わった。その起こりは、矢井調査中の八月二〇日、妹尾側から見分使に申し込まれ、妹尾村海岸に生えている葭草の刈取時期が近づきその許可を求めたが、葭草の中に児島郡の埋猟場があり、見分終了まで延期するよう命じられた。一一月五日には埋猟場付近を除いた場所で刈り取りたいと申し入れたが、児島側から「葭草浜松之義者寛延年中出入之節も備中方ゟ苅取候儀を見遁ニ致置候抔と、種々偽り申」す対応があったとした。宝暦裁許には妹尾・箕島・早島の入会とされ、昨年まで異変なく苅り取ってきたと主張している[51]。さらに同月二三日付で、箕島・早島村が見分使宛にこれに賛同する書付を提出している。その中で、「箕島・早島村々之義者畳表ニ相用候藺作重之肥ニ仕、葭草ハ年々春方若芽之頃第一ニ苅取、其内ハ長葭ニ仕置、秋分苅取候場所も御座候」とし、藺草栽培の重要な肥料であったことがわかる。宝暦裁許の文面で、海は備前海であっても葭草浜松は早島・箕島・妹尾三ヶ村の入会を明記しており、児島郡村々は立ち入れない証拠であると主張している[52]。この件について、一一月三〇日に箕島庄屋弥介と早島村年寄忠兵衛が幕府への訴訟のために出発した[53]。

この葭草浜松についての申し入れを受けた見分使は、一二月二日備中側三ヶ村と児島側を呼び出し、この件は魚猟場とは別件であり、幕府出訴は指し止めないとした。ところが、翌三日晩には妹尾村前の葭野へ数百人が出て葭草を苅り取っており、他の村役人が対応しない中、庄屋矢吹清（精）次右衛門が妹尾役場の指図と説明し、児島側も衝突を避け、幕府に出訴することにしている。このように混乱を収拾しないまま、見分使は一二月六日米倉村を船で離れ、倉敷に寄った後、七日同所を出発して江戸に帰っていったのである[54]。

註

（1）明治大学博物館所蔵　大崎・三宅家（以後「明大三宅」と略す）文書16　文化六年五月「児島郡内海江備中都宇郡妹尾村漁夫共新規竹木建、且狼藉仕候一件書類　壱」（備作史料研究会編　備作之史料（六）『内海一件』に翻刻二〇〇四、以下『内海一件』と略称）の四～七頁「壱　乍恐口上」より。また地図3-4は、玉野市教育委員会所蔵　大崎・三宅家（以後「玉野三宅」と略す）文書5-5［児島湾漁場図］（一一五センチ×一八二センチ）で、文化一〇年四月の第二回見分使下向のために児島・妹尾の猟場を示したかぶせ図であり、これから当時の海岸線や澪筋等を作成したものである。

（2）『内海一件』八～一一頁所収「四　乍恐再口上」・同一三～四頁「六」。この「六」は井上旭泉堂収集文書補遺1 A-67「八浜妹尾出入中備前郡方懸合書状・仕懸・返書写」の五月晦日付「戸川右京様御役人中様宛石原幸吉書状」と同一史料。

（3）同前書一五～六頁「十・十三」　（4）同前書一八～九頁「十七・十八・十九」

（5）同前書二六～九頁所収「二十八」。井上旭泉堂文書A-35「乍恐以書付御歎奉申上候」と同一史料である。これより先の五月晦日付八浜村名主亀五郎宛の妹尾村庄屋五人連名書状にも、妹尾側の主張は見える（同前書一九～二〇頁所収「二十」。井上旭泉堂収集文書補遺1 A-98-16-1「妹尾東磯庄屋又兵衛ほか四人　八浜村への懸合状」と同一史料である）。

（6）同前書一三～四頁所収「六」

（7）同前書一四頁所収「七」。井上旭泉堂文書「八浜・妹尾　出入中備前郡方懸合　来状・仕□・返書写」と同一史料である。

（8）同前書一七頁所収「十四」。井上旭泉堂文書「同前書」と同一史料である。

（9）同前書一七～八頁所収「十五」（七月二日とあるが、六月二日の誤植）。井上旭泉堂文書「同前書」と同一史料である。

（10）同前書二四～五頁所収「二十四・二十五・二十六」　（11）同前書二九～三〇頁所収「二十九・三十」

（12）同前書三五～六頁所収「三十三」。井上旭泉堂文書「同前書」と同一史料である。

（13）同前書三六～七頁所収「三十四・三十五」。「三十四」は井上旭泉堂文書「同前書」と同一史料である。

（14）同前書七一～三頁所収「六十二・六十四」　（15）同前書七六頁所収「七十」

（16）同前書七七～八頁所収「七十」　（17）同前書七九頁所収「七十五」

（18）同前書九六～七頁　（19）同前書一〇四～五頁　（20）同前書一〇八～九頁

（21）同前書一一九～一二一頁　（22）同前書一二四～五頁　（23）同前書一二九～一三〇頁

（24）同前書一三八頁　（25）同前書一六七～八頁　（26）同前書一七三頁

（27）同前書一八〇頁　（28）同前書一八六頁および一九三～五頁　（29）同前書一九八～二〇〇頁

（30）同前書二〇一頁　（31）同前書二〇六～七頁　（32）同前書二一六～八頁

（33）「玉野三宅」文書2-11「児島郡内海一件書類　五」（以後「内海一件書類五」と省略）中の九月二七日付小八郎・太兵衛書状による。

（34）前掲「内海一件書類五」中の一〇月一〇日付「書上」による。

（35）「玉野三宅」文書3-30（文化八）一〇月一五日付内海附二二ヶ村名主中宛大庄屋四人の書状

（36）前掲「内海一件書類五」中の文化八年未一二月付史料による。

（37）前掲史料中の同一二月付「御内意書上」による。

（38）前掲史料中の「妹尾村ゟ返答口上袖扣写」による。

（39）前掲史料中の一月二七日付松原平右衛門書状による。

（40）井上旭泉堂収集文書補遺1 A-44-1　文化九年五月「乍恐以書付御訴奉申上候」（『早島の歴史3　史料編』二五〇～一頁にほぼ同文所収）

（41）「明大三宅」文書13-1「児島郡内海文化記　大序目録」の巻第五の三の標題として記されているが、この部分の記録を掲載した編纂物は未完成もしくは管見にはないため、具体的な経過はわからない。

（42）岡山大学附属図書館所蔵池田家文庫「児島郡八浜村猟場公事」（E4-264）（岡山県立記録資料館複製資料）。

（43）「明大三宅」文書史料番号13-2「内海一件史料」（記録資料館複製資料七二一～二頁）

（44）同前資料六五七～六六一頁

（45）同前資料六六一～七頁

（46）同前資料六六七～九頁

（47）同前資料六七〇～一頁

（48）同前資料六八〇～一頁および六八五～七頁

（49）同前資料六八九～六九〇頁

（50）同前資料六九三～九頁

（51）井上旭泉堂収集文書補遺1 A-45　文化九年一一月「乍恐以書附奉願上候」

（52）同前文書「箕島村早島村一紙ニ而差出候請書」（『早島の歴史3　史料編』二五一～三頁所収）

（53）同前複製資料七一六頁

（54）同前資料七一二～七頁

第五節　文化期争論中期　―備中側有利裁定―

論所手入と猟業の差留　文化九年八月に起こった葭草浜松の刈取問題は、一一月に早島・箕島村が児島側を幕府に提訴し、妹尾を含めた備中三ヶ領の協力体制が成立した。児島側は、漁場争論に加え新たな訴訟課題を抱えることになった。翌一〇年一月、漁場・葭草両件について、槌ヶ原村名主太兵衛・迫川村学治が江戸に出府し、同月三〇日に寺社奉行所へ訴状[1]を提出している。そこでは文化六年八月の提訴から同九年七月の見分使調査までの経過をまとめ、さらに一二月の見分使帰国直前に干潟葭草の刈取を強行した妹尾側に早島・箕島村が同調して、「備前海」内の葭草刈取権を児島側から剥奪しようとしていると訴えている。なおその末尾に「蠣生洲」の件も付記している。これは、前年一〇月の不十分な調査を提起したもので、番船が入れない浅瀬に牡蠣を撒き散らし、猟場の印として竹を立て、その内側の干潟葭草自生地をも確保しようとしたものと思われる。

一方、第二回目の見分使受け入れの準備も始まった。今回は妹尾側から児島側へ、一月一二日に再び米倉村で直談したいと申し入れている[2]。これに対し児島側が出向いたかどうかは不明であるが、その後、庭瀬川尻の澪筋で児島側猟師が白魚猟をしたと妹尾側が二二日付の書状で通告してきた。これに対し、児島側は番船を差し出している海域では猟師が猟に出ていることはないが、それ以外の論所でない場所には一円漁が可能であり、白魚猟もできると返答している。一方、二月六日には、妹尾側の板乗五人が上手矢井・下手矢井に来て、矢井に付着している牡蠣を盗み、下手矢井の南澪にいる小船二艘に積み込んでいる。児島側はこれらを捕らえようとしたが、小船は東方向に逃げ、板乗は早島沖新田村悪水抜樋を目指して逃げ去ったという。九日には早島村悪水樋尻から板乗七人が干潟に出たが、番船に気がつき、葭野際や「あし矢井」付辺で落牡蠣を拾っていたという。こうした、児島・妹尾双方の問題行動の中、二月九日、天城村で「御見分使様御宿仕搆帳」[3]が双方の惣代によって調印される。幕府の第二回見分使がいつ任命されたのかは不明であるが、三月一一日には江戸を出立した。

見分使出発の翌一二日、寺社奉行松平乗寛は論所での漁業規制について変更を命じている。変更のきっかけとなったのは、二月二〇日に妹尾村猟師惣代孫兵衛・平八・惣代年寄忠兵衛から提出された奉行所からの尋問に対する返答書[4]であったと思われる。それには、昨年七月の見分使下向以降、「論中魚猟御差留メニ付、生ケ置候鱝迄も取揚候義相成不申、必死と猟師困窮弥増」しており、「鱝生洲」に触れながら妹尾猟師の生活困窮を訴えている。寺社奉行は三月九日に双方の惣代を呼び出し、児島側が「驚入」るような沙汰を言い渡し、この日つぎのような請書[5]を双方の惣代太兵衛・学治と孫兵衛・平八に提出させている。

史料3-10

差上申一札之事

私共出入場所去年中地改御手代中御越、追々御改有之候処、漁場ニ相用ひ泥中之埋り有之候屋ひかしと唱候杭木之儀取拵候趣申争ひ、猟船等いつれゟ差出候而も互ニ疑惑いたし及争論候ニ付、右御見分中地改御手代ゟ大澪北之方ハ双方共猟業御差留被成候旨被仰聞、請書者差上不申候得共一同奉承知罷在候、勿論訴訟方ニ者大澪南ニ論外猟場も有之候処、相手方ニ者右澪北論所之外海辺猟場無之大勢之猟師共必至と及難儀ニ候旨申立、相手方之者共板乗又者丸太船ニ而四手網ヲ以猟業致候儀者、前々ゟ仕来り候旨訴訟方も申立、場所ハ屋ひかしあしろ等之儀を申争ひ候論所ニ候得共、板乗丸太船之猟業ハ論外ニ而、訴訟方之もの共儀も大澪北字上手屋ひ下手屋ひと唱候弐ヶ所ハ前々ゟ有之候旨相手方之もの共申立、是以場所ハ論内ニ候得とも右猟業ハ論外ニ付、此上出入中相手方ハ右澪北ニ而板乗丸太船、訴訟方ハ大澪北右弐ヶ所之屋ひ場ニおゐて右猟業正路ニ相稼、猥成義不仕、尤論内右之外猟業ハ勿論手入ケ間敷義致候ハ、急度御咎被仰付候、（以下略）

この史料の冒頭には、双方が泥中に埋まっている矢井床やかし場の杭木を拵え物と主張し、互いに出漁した猟船を疑惑視して争いになっていると見て、見分使は大澪北での双方の猟業差留を命じたとある。しかし、児島側には大澪南に猟場はあるが、妹尾側には大澪北の論所中にしか猟場はなく、妹尾側の多数の猟師が困窮している。児島側は、妹尾猟師の板乗や丸太船による四つ手網猟の存在を認めており、論所中でもそれらの猟業は論外であるとし、妹尾側も、大澪北にある上手・下手矢井での児島猟師の操業は以前からあったと認めており、論外とすることができる。この二つから、大澪北では出入中であっても妹尾側は板乗・丸太船での猟を、児島側は上手・下手矢井での猟を行ってよいと操業変更を命じたのであった。

この沙汰にやむを得ず押印した太兵衛と学治も、二五日付の国元大庄屋宛ての書状[6]に、「無存掛儀、殊ニ大澪北一円押漁致候様相成候而ハ、御吟味中とは乍申余り之御事」とし、「妹尾方ハ御□掛ニ而致大悦之振舞ニ御座候」と書き送っている。岡山藩江戸留守居の松原平右衛門も、「漁場の工直斗（たくみなおしばかり）妹尾村申立之通ニ相成趣ニ相聞候得ハ、国元ニ而惣漁師共奉承知候ハヽ、第一人気ニ相拘り騒立候様ニも可相成と、役人共甚以心配仕候」[7]と記している。松原は、妹尾の板乗・丸太船の四つ手網猟は論所中の論外として澪北一円で許可された以上、岡山藩側が争論中として差し留めてきた児島側の投網・四つ手網猟も解除して、澪北での猟を許可しなければ児島側猟師が騒動に及ぶとしているのである。寺社奉行の今回の命令は、妹尾猟師の困窮回避を目的としたものであったが、同種の猟を営む児島側小猟師には適用せず、大澪北を妹尾側の漁場とみなす不当な処置と見たのである。このような命令を国元に伝えて妹尾側の動きに対処するために、学治は一六日急遽江戸を出立して帰国し、太兵衛は江戸に残った。妹尾側も三月二五日に寺社奉行の新たな通達を児島側に伝え、「妹尾村猟師共ゟ御請書之通勝手次第猟業為致候」[8]としている。しかし、この命令も四月一八日にはさらに変更される。岡山藩江戸留守居らの度重なる申し入れに対して、担当の寺社奉行松平乗寛が病気で対応ができなかったため、幕府はもう一人の寺社奉行阿部正精に担当替えをさせ、四月一八日に次のような命令[9]を発した。

史料3-11

備前国児島郡八浜村外弐拾壱ヶ村と備中国都宇郡妹尾村
漁場出入吟味中之処、右海面大澪ゟ北ニ而妹尾村之もの
共板乗丸太船を以漁業いたし、大澪ゟ北字上手矢井・下
手矢井ニ而児島郡之もの共漁業いたし候儀者前々ゟ仕来
り候由ニ付、出入中右漁業ニ限り双方共相稼候様先達而申
渡候得共、相手方者入漁故、右之漁業も磯辺斗りに而仕来
候趣児島郡之もの共申立、右躰差障申立候上而論外ニも無
之、殊当時地改之もの見分吟味中之義ニも有之候間、旁
追而及沙汰候迄而大澪ゟ北論所ニおいて漁業いたし候儀双

方共差留候間、其段村方之もの共江可被申渡候　　　酉四月

前回三月一二日の沙汰では、妹尾側は大澪北の板乗・丸太船の猟を全面許可としたが、児島側は本来板乗・丸太船は磯辺のみの入漁を認めていたため、争論中は児島・妹尾双方の大澪北での漁業を差し留めるという、一昨年七月以来の状態に戻したのである。

新たな見分使の到着が迫る四月二日の晩、「有論船[10]」が「児島漁床網代矢井」で怪しい行動をしていた。八浜の船が相対したところ、「矢庭ニ有合之火入投掛」けてきたという。相手は丸太船四艘に乗った猟師四人で、捕らえて八浜に連れ帰った。四人は妹尾村東磯の猟師四人で、翌日、名主亀五郎らから漁床に手を入れ荒らしていたのではないかと尋問されている。妹尾側史料での四人の口書[11]によれば、四人は妹尾側の番船で来ていたが、四つ時から九つ時（午後一〇～一二時）の頃に、汐時が良いので四つ手網猟をしていた。そこへ八浜船一〇艘が来て取り囲み、「矢庭ニ八浜村へ連帰」ったとある。児島側史料には、四人のうち権次郎は、「庄屋ゟ申付候ハ弐人乗ニ而弐艘ニ番ニ出候様申付候得共、甚難渋及渇命候故壱人乗ニ相成、漁も仕申候」と弁明しており、妹尾村庄屋の指示に反して四艘一人乗りで番船に出たが、漁もしたとしている。また小左衛門は、「（前略）篝を焼申候、八浜者召捕候場所ハ字矢井之上と申所ニ御座候、矢井床痛申様八浜之者ゟ申掛候得共、板乗之者共ニ可有御座哉、私共ハ番船ニ御座候間、痛申儀全無御座[12]」と答えている。彼は篝火を焚いたとしており、漁をしたと考えられ、八浜船に火を投げかけてきたのも彼と推定できる。拿捕された海域は「矢井之上」とあり、表3-5にはこの猟場名は見えず正確には不明であるが、児島側の上手矢井とも考えられる。この時点では妹尾側の大澪北での猟が許可されている時期である。しかし、上手矢井であるなら、この篝火による漁は彼らの盗猟となるだろう。さらに矢井床を荒らしていたとの疑いに対して、自分たちはあくまで番船として来ているが、板乗が矢井床荒しをしたのかも知れないと述べている。このように、番船派遣時の協定違反とともに、八浜猟場での盗漁、八浜猟場の破壊工作等の疑いを八浜側が持ったのもやむをえないことであろう。四人は見分使の八浜到着まで拘束されることになる。

幕府見分使

第二回調査

第二回の見分使は代官手代普請役格鈴木逸八と同手代小林金五右衛門の二人で、四月一日に大坂を立ち、五日夕方に岡山京橋下から出船して八浜村に到着し、同村寿之介（牛窓屋那須氏）の向屋敷に入った[13]。その後、妹尾・箕島・早島村と児島側の惣代と対面して、証拠書類の提出を命じている。このあと妹尾村惣代三郎兵衛が、先の猟師四人は番船だったとして見分使に釈放を歎願した。これに対し児島側は、「番船之義去年ゟ訴答候談、船拾艘ニて弐人乗ニして双方ゟ差出し、壱ヶ所ニ訴答之船弐艘宛挿合居候筈[14]」と協定していたにも拘わらず、連れ帰った船は「壱ヶ所ニ寄集、四艘壱人乗ニ而篝火ヲ灯（中略）、種々狼藉いたし候ゆえ無拠召連帰」ったと答えている。見分使は四人の釈放を申し渡し、さらに丸太船の返還も命じた。児島側は、この騒動の発端になった八浜大猟師への泥責の際に奪われた猟具が未だに妹尾から返却されていないことを訴えている。これについて見分使は、裁許が下った時点で解決されるとして丸太船の返還を命じ、児島側はやむなくこれを受け入れている。今回の見分使も、到着時点から妹尾側の願いを聞き届け、児島側の主張を退ける姿勢を取っており、前途不安な見分の始まりであった。

見分使は翌六日証拠書類を検討したあと、八浜を宿所に二〇日まで児島湾の内海見分と児島郡灘目村々の新開地調査を行っている。表3-8はこの間の調査地点をまとめたものである。猟場名は、すでに紹介した第二節の表3-2・地図3-1、第三節の表3-5・地図3-3などを参照してもらうことで簡単にまとめている。まず、海上見分初日の七日は、おもに児島湾東部小串沖までの調査が中心であった。その海域の調査が終わり、滞船していた郡村前の御城米船について、城米は白石川（現笹ヶ瀬川）から郡や北浦の小船で運び、本船に積み

表3-8 第2回見分使の海面調査

調査日	見分地
4月7日	鰐崎かし 西棹かし 郡棹 下棹 前棹 新棹 上り曽根かし→前棹 西原かし
4月8日	磯際かし 細尾かし 曽根小溝 高棹→小船で与左衛門かし 中棹 神主尾棹 西棹→本船で鰐崎かし 細尾かし 地立出し
4月9日	下手矢井→※西曽根・下西窪・上西窪→はち窪かし 中曽根かし 大尾かし
4月15日	船で彦崎村揚陸、同村八兵衛新田沖堤→藤戸村松沖新田（松新田カ）→彦崎の波戸から沖の芦矢井見分・明石新田 川張新田4ヶ所 片岡新田3ヶ所 宗津新田1所
4月19日	内尾小かはち網代矢井・西ヶ渕小溝網代矢井（場所未詳） 与左衛門かし 折目矢井 平丸かし 四間堀より大澪間 岡矢井→西ヶ渕小溝→郡村松尾沖通過

替えていると児島側が説明している。翌八日は児島湾中央部から御野郡沖のかし場を中心に調査が行われている。翌九日は前日より西の児島湾中心部の調査であったが、この付近で妹尾側が自らの猟場と主張する場所（表中※）を見分使に案内している。[15]四月一五日には灘目村々の新開調査が行われている。[16]夕刻、迫川村の大庄屋上野八郎平宅で小休止を取り、陸路八浜村に帰着したのは五つ（午後八時）頃であった。四月一九日には御野郡沖を中心とした児島湾東北部の海上調査が行われた。[17]翌二〇日、八浜村から妹尾村に転宿している。

二〇日、見分使は陸路宇藤木村に出て、一五日に調査した灘目村々を通り、藤戸・天城から備前備中国境の墨引筋をへて妹尾に移っている。[18]その朝、妹尾側から児島方が妹尾前干潟に小屋を勝手に建てていると申し立てた。児島側は、葭生地の見分に足駄（高下駄か）が必要で、先例もあり、簡易の休憩所を三ヶ所準備したと釈明した。見分使は、双方相談の上取り計らうべきと児島側を叱ったが、妹尾側も相談なく堀筋に小屋を建てていると児島側も明かしたため、双方への厳重注意となった。[19]なお、翌二一日から二九日までは備中四ヶ領の干潟葭生場調査が行われており、やや詳しく見ていく。

二一日、妹尾前干潟の葭生場の見分が実施された。妹尾側は「鱣江」という細溝に案内し、領主に葭年貢を納めている場所で、毎年八月に妹尾役人が出て「葭野割」という縄引を行い、箕島村境から大角までを割り付けているという。これは堤防の際で間数を取り決め、沖手は見通すだけで、印は付けないと説明している。これに対し児島側は、この場所は「大角前妹尾沖」といい、東から刈り取り、西は帯江沖から早島・箕島前方向へ最寄船の都合のよい所から見通して刈り取っている。先の小溝は児島側では中瀬川というと説明した。続いて東磯船入から箕島へ進み、同村惣代は同所の葭生はよくないと説明している。[20]この日は、児島・妹尾とも葭草刈取の実態を説明し、その用益権を主張している。

翌二二日には庭瀬川の堤防沿いに北上し、備中の古新田村付近から備前国津高・御野郡南部一帯を歩き、庭瀬・足守川とその児島湾への澪筋沿岸の調査が目的であった。翌二三日には庭瀬川の河口付近から西へ葭生場の見分を行った。大福村大角の「御墨引通川中央迄葭生潟御見分」から始めたが、中央の境には水流があり、妹尾側が川の中央まで葭が生えていると誤った説明をしていて、見分使は妹尾側を叱っている。つづいて、葭生場の脇を分間しながら西に進み、中瀬溝（二二日の中瀬川か）に到着したが、降雨のため作業を中止している。[21]つづく二四日の記録は残っていないが、二五日の史料中に箕島村前まで進んだと記されており、妹尾村の中間から箕島村の途中までが行われたと推測される。二五日は箕島村の途中から早島村との葭草刈場の境まで進んだと記されている。箕島・早島村境は崩堤となっており、早島側には沖に周回の堤があり、その長さは一二〇〇間（約二km）と測定されている。見分使はこの早島村前潟で昼食をとった後、早島沖新田の大悪水樋（現丙川か）まで分間して、妹尾の宿所に戻っている。ただ、二四～五日の調査地のうち妹尾村西磯舟入から早島村前潟沖では葭草は生えていず、浜松も僅かしかない状態であったという。

翌二六日は早島大悪水樋から西の見分であり、帯江村の全面刈場とされている。しかし、この付近も葭がなかった。その沖合には児島側の芦矢井や上手・下手矢井が見え、彦崎村沖の葭原は植松・彦崎村の刈取場とある。分間は西に向かい、治兵衛矢井跡から四間堀（地図3-2中の高須賀・帯江高沼村境の川か）・早島川（比定地不明）尻まで済んで妹尾宿所へ戻った。この夕刻、江戸から四月一八日に発令された論所澪北での双方猟業禁止の指示が到着し、各惣代に告げられている。翌二七日朝は、国境の墨引きの始点となったと思われる六間川の亀山村と帯高間にある「備前水門」[22]を見分し、印を立てる際に児島・備中側双方が対立し、結局河岸から七五間ずつの中央に建てることで決着し、ここで昼食となった。その後、帯江川澪べりの葭潟から順に分間し、晩方妹尾に戻っている。[23]

二九日には前日設置した早島・帯江村境の杭に来て、帯江村惣代庄右衛門が、両村の境が帯江川の中央にあり、ここから西方向が「帯江分宮林」（現鶴崎八幡宮カ）、東は児島郡八浜村の両児山の方向に当たり、ここから西が帯江村葭刈場と説明した。これに対し、児島側は、帯江村が「此度出入ニかこつけ、備前干潟ニ生候葭を相争候段、備中者一同不埒」と主張した。見分使はかまわず測量を行い、沖手見通しまで分間を済ませた。さらに、妹尾・箕島刈場境は間数を測っていなかったため、両者で測量するように命じた。見分使の調査は早島・箕島まで戻りながら進められ、箕島村の正福寺（現ＪＲ備中箕島駅前）前の干潟までで止め、妹尾宿所に戻って昼食とした。その後、大角から船で平丸かしに向かった。ここは追立場で論所に拘わりがあるとして南の端まで分間し、さらにこのかしの下の矢井（折目矢井カ）から与左衛門かしまで測量しようとしたが、東風潮流も悪く、妹尾へ戻っている。[24]

翌五月一日は休日で、夜になり双方の惣代に村々の家数人別帳の提出を命じた。児島側には大小猟師・百姓・村役人別にまとめ、さらに迫川村から藤戸村までの新開地の検地帳写も求めた。翌二日は昼から大角を出船し、与左衛門かしの澪を下って郡村沖の郡棹に向かった。そのかし場の間数と方角を確認し、同村育麦蔵の下にある分間杭までの距離を測定した。そのあと郡棹に戻り、潮待ちの間にかし木猟に立ち会い、かし木の大きさや網袋の寸法を聞き取り、ついで中棹に移動している。ここで小船に乗り換え、与左衛門かしの上手に移動した。昨年の調査時に、妹尾側がここに澪があるとしたが、潮の高い時の調査だったため、今回、干潮になったが澪は全く現れず、妹尾側の主張は誤りであったことがわかった。さらに白石川尻の本澪から与左衛門かしに澪筋が切れ込んでいる位置にも行き、この付近の海底が複雑であることが伝えられた[25]。

五月六日、見分使は児島郡天城村に転宿し、同村名主与惣五郎宅を宿所として、絵図面の作成に取りかかった[26]。絵図が仕上がった同月二五日、見分使は天城村から早島沖新田の貞蔵方へ転宿した。しかし、翌二六日昼、妹尾村猟師一一人が貞蔵宅にきて、同村二〇〇〇人の猟師の代表として、一同の困窮を訴えるために見分使との面会を求めた。詰番の妹尾村庄屋らが宿所に駆けつけて彼らを制止し、歎願書を見分使に披見してもらった上で帰村している。妹尾猟師たちは氏神に集結して惣代を送り出したという。さらに七つ半（午後五時）頃、戸川家臣で江戸在勤の斉藤六弥太と妹尾役場の松田富八が宿所を訪れ、猟師の難渋を記した口上書を差し出している[27]。この事件については妹尾側に関連史料が見えず、本当に氏神に二〇〇〇人もの猟師が集結した上での代表越訴があったのか不明である。しかし、事実であれば、見分使は妹尾猟師の歎願行動や同じ意図を持った妹尾側役人を拒否しない立場を取り、争論当事者双方への公平な姿勢に問題があったと思われる。

この事件のあと、見分使は六月三日から一九日まで調査資料や提出された証拠書類の整理を進め、幕府への報告書を作成していく。その間の八日には、見分使の考えが明確になるような次のような吟味が行われた[28]。

史料3-12

六月八日朝飯後、双方惣代一同御呼出し、相手方妹尾者江、澪ヲ限リ妹尾漁場ニ而児島者不入立せ段申立候、寛延年御裁許面如何相心得候哉と御尋被成、往古ゟ澪ヲ限妹尾者漁業仕候趣申立、児島方ゟも妹尾者入漁仕来之旨答申候、則御裁許ニ入漁致せ候義証文等も不取置、其上葭

運上地頭へ納候義存間敷様無之との御文言ニ而、児島方段、相手方之者御裁許ヲ得方へ取廻候不筋申立候義、右
申立ハ消へ居申、御国境ハ御墨引通仕来之通妹尾者入漁文之義ニハ無御座候へ共、目前難聞捨、児島惣代ゟ其訳少
仕候様被仰付、宝暦年御裁許ニも児島者妹尾漁業ニ不指し申上候処、訴訟方存寄ハ追而可申出、先相手方存分御聞
障様被仰付奉畏、澪北一円妹尾漁場と相心得働取候申候被成候と被仰候故、指扣申候（以下略）

ここでは、妹尾側が澪を境に児島側を立ち入らせていず、児島側は妹尾猟師に入漁させてきたと主張しており、見分使は児島側の主張に対して、入漁証文も取らず、葭運上の妹尾領主上納さえ知らずにいたのはおかしいとしている。また、国境は墨引通りで妹尾猟師は入漁する立場であるが、児島側はこれに差し障りがないようにせよと宝暦裁許にもあるとしている。児島側が反論を試みたが、あとで申し出よと退け、妹尾側の主張を聞こうとされたので、差し控えたとしている。

やがて児島妹尾双方に報告書の素案が示され、それぞれの意見と反論を繰り返しながら吟味詰口書が作り上げられる。しかし、その内容は児島側にとって納得できない内容であった。その全容は惣代名主らの「御内意口上」という史料(29)からわかる。まず、作成された絵図面について、一〇〇間を一寸（六〇〇〇分の一）として作成されたという。それには、児島側が案内したかし場・矢井床・網代矢井と、妹尾側が案内した入漁場・かし床・蠣生洲が書き込まれ、児島郡灘目村々の地続新開や妹尾側が新開と主張したために宇藤木村での古地が描き込まれていた。これらについて、見分使は書き留めていたそれぞれの意見を読み上げ、双方に質問をしていった。しかし児島方へは、「出入り之第一と奉存候儀ハ是迄御尋無御座候、遇（たまたま）かし矢井等之儀御尋之小口出来、私共其訳申上候へハ多分御打消被成、相手方申口を御引立之御様子」であったという。つぎに、文化七年六月一五日の吟味記録を読み上げ、松平乗寛の用人小熊源兵衛と岡山藩留守居との「御押合」の際、「妹尾ニ矢井・かし無之、板乗・丸太船之事、古来之姿顕然仕候(30)」と小熊が述べたことに対し、見分使は「御奉行所留書ニ候、其方共へ被読聞候筋之物ニハ無之候得共、内済致せ度存念ニ而被申聞候儀」と、岡山藩に内済をさせるために告げた留書であり、幕府がそう認識していた訳ではないと説明している。

さらに同年二月二九日の清水兵藏による吟味の時、ままかり漁は「本漁故障ニさへ相成不申候へハ、内海何方ニ而も漁業

致せ候」という児島側からの申し出が書き留められていると妹尾側から指摘された。しかし児島側は、「左様之義私共ゟ申上候覚無之」と否定し、今回の訴えは「妹尾者去ル巳五月新規かし漁と、内尾ヲ越沖相へ罷出候と、次ニ狼藉仕候と此三ヶ条」であり、「第一之かし漁不苦と可申上候哉」と反論している。しかし、かし漁は禁止でも「四つ手網板乗ハ何方ニ而も致せ候」と読み取れ、児島側の「中立手薄」であると判断された。また、妹尾村両磯前の船出入目印木について、妹尾側は「備前役場へ相歎指図ヲ給候謂無之」と主張し、見分使も「備前海内ニ建候儀ニ候へハ可相断埒」と、妹尾役場の依頼を受け入れて抜き取りを猶予したことを否定している。さらに葭草浜松についても、宝暦の「御裁許ニハ三ヶ村入会と有之候」と断言されていると、児島側の刈取権を認めていないと判断されている。やい・かしについても、「澪北一円妹尾場ニ而、児島方之上手・下手両矢井ハ妹尾ニ而ハ潟かし矢井と唱、児島へ貸候矢井、妹尾漁場へ児島者入漁致し、備前海と申者名目斗」と妹尾側の申立を認め、児島側から入漁書付を出さなかったのは不埒としている。これには「妹尾者共別而喜悦仕候」と、児島側の主張がほとんど認められなかったことを喜んだようである。

この史料の最後に、二人の見分使について、小林金五右衛門は書役に専念し、吟味については専ら鈴木逸八が担当したとある。鈴木は前回の柴田左文治と松平乗寛屋敷に勤務しており、「一身」だと指摘している。幕府提訴後に双方を直接吟味し、児島側の主張を多く認めていた清水兵蔵は死去しており、児島側に不利な報告がなされることは避けられない状況であった。児島側惣代は、再度見分使に書付を提出したが、鈴木逸八は一読したあと返却して吟味詰口書を変更せず、惣代の押印を求めた[31]。児島側は拒否したが、最終的には「双方申口一応御押敷し、御察当御書記有之候得共、決而理非御分ケ不被成、何ニも取極候所ニ無之、御奉行所ニおいて得と御取調御評議之上、御裁許被為仰出候[32]」と見分使は説得し、吟味詰口書への反論口上書を幕府へ提出することを認めたため、七月五日に児島側も押印し、見分使は翌六日に早島沖新田の宿所を立って倉敷に一泊し、翌七日江戸に帰っていった[33]。

妹尾側勝訴の幕府裁定

児島湾争論の調査を終えた二人の見分使は帰路、美濃国での見分があったようで、江戸帰着は八月中旬の予定であった。しかし、備中妹尾・箕島・早島村の惣代庄屋は見分使の寺社奉行報告に対応するため、七月八日に江戸に向けて出立した[34]。児島側は前述の反論の口上書をまとめ、大庄屋三宅安太郎と北浦村名主平吉が七月二九日に岡山を出船し、八月一六日に江戸に到着した[35]。しかし、寺社奉行所での吟味は再開されず、二人は九月三日江戸を立ち、二〇日帰村している。これに代わり八浜村小八郎・槌ヶ原村太兵衛・郡村真介の三名主が裁許までの江戸御用を命じられ、病中の太兵衛を除く二人が一〇月五日岡山を立って江戸に向かった。一一月二一日には、新たに起こっていた箕島村前小水尾浚渫一件を奉行所に提出している。

この箕島村前小水尾浚渫一件は、その水尾筋に約七〇間の堀が浚渫され、その土が干潟に積み上げられていたのを九月一〇日に発見されたもので、児島側名主が箕島村側に問い合わせても堀浚者はいないと返答された。訴訟中の論所手入れは禁止されており、緊急の場合は相手方に知らせた上で処置をするよう二回目の見分使から指示されていたが、箕島村はこれを怠った。寺社奉行所はこの児島側の報告を翌二二日に受け取り[36]、本来の訴訟問題にこの一件を加えて吟味することを伝えている。その再開吟味は閏一一月一八日に開かれた。直接の担当は留役久須美権兵衛で、その下座に見分使鈴木逸八もいた。久須美は冒頭、児島側が提出した吟味詰口書への反論口上書を、「右書付指返候ハヽ、中立取用不相成様彼是可致間、此書付ハ取置候」と預かった上で、双方からの漁業再開願いを論中の定法として不可としたあと、箕島村一件を取り上げた。しかし、出座している箕島村庄屋弥介が経緯を全く知らず、国元での当事者である彦崎村勝右衛門・槌ヶ原村太兵衛・天城村留次郎の三名主と、箕島村年寄定次郎と新兵衛が呼び出されることになり、来年正月の吟味となった[37]。これを受けて、帰村を希望していた郡村真介（久保田氏）は同月二五日に江戸を立ち、一二月一三日帰村している。江戸に残るのは八浜村名主小八郎となった。

一二月、岡山藩は備中諸村との出入中、四ヶ村との牡蠣・灰貝その他一切の売買を差し止める交易停止に踏み切った。特に、妹尾村の親類縁者との往来を禁止し、四ヶ村領への奉公日雇者の呼び戻しが命じられた。さらに、八浜・大崎・槌ヶ原村には牡蠣売買の差留を指示し、八浜ざこ漁の者にも厳守するよう伝えている。岡山城下に四ヶ村から諸事調達に来た場合は勝手次第買わせるが、岡山側から四ヶ村に立ち入ることは禁止され、四ヶ村産の畳表を岡山城下が購入することも指し留めた。さらに、米倉渡場が閉鎖され、引船通からの通行のみ許可することにした。これは、文化一〇年一二月二四日付の大崎村大庄屋三宅安太郎が組合村々名主・五人組頭へ伝えたもので、同日付の天城村大庄屋三郎四郎（中島氏）からの補足も

含まれている。(38)

この通達が出された直接的な理由や目的は、関係史料が見当たらず未詳である。ところが、この通達の撤回を求める史料が何故か妹尾側の史料群中に存在する。その要旨は次のようである。

① 瀬の尾（ママ）・三島（ママ）・早島・帯江四ヶ村は、周天から彦崎村までの村々百姓が薪其外品々を売りに来る得意先である。この度、右の村々が得意先との薪などの販売を「差留」られて難渋を強いられ、新規の売場もなく、遠方へ積み行く船もなく、この触書で困っている。

② 備中四ヶ村との縁組が差し留められ、縁類との出入りも禁止され、最近の縁組は離縁をせよと命じられ困惑している。親子の情は深いのに四ヶ村との不通を命じられ歎かわしく、下方の騒動、万民の難渋は乱国のようである。

③ 四ヶ村への奉公者は引き戻して返給し、四ヶ村からの奉公者へは暇を与えたため返銀されず、当方のみが難渋している。

④ 宇藤木村へ瀬の尾村から牡蠣を買いに参ることが差し留められ、他から一向に買いに来る者がなく難儀している。

⑤ 彦崎（八浜と訂正）村が出入をして、彦崎村猟の故障となり難渋している。「元者八浜村江けつく（結局カ）自由ニ猟いたし申候」。

⑥ 今度の触書による難渋の元は、八浜村の両三人が妹尾村の猟場へ来て猟をしたことから起こった。初めのうちに八浜村猟師を取り締まっておけばこのような難儀は起こらなかった。「誠ニ安太郎殿御取斗悪敷斗ニ、此様成事ニ成申候」。

⑦ 今度の触書は、幕府への出入（訴訟）で児島側が不利なために「立腹」して出されたものであろう。元々、児島側が「不理」であるから、訴訟に負けても外聞が立たないわけでなく、備中小領相手に勝ったとしても外聞がよいわけでもない。理がなく勝訴しても、「御国之御政道も相立不申」、下々から不評判で、女子供までみな「不審」に思っている。訴訟担当の衆が悪い。

⑧ 大庄屋・名主は惣百姓の「御頭」であるのに、百姓の為にならないことを放置している。下方が立ち行くようにしてもらいたい。備中村々は児島から来なくても少しも難渋はないと聞いている。もし取り用いてもらえないなら、村々が申し合わせて岡山城下に出て願い出る。そのため近日村々に掛け合うつもりである。

この史料の日付は戊（文化一一年）一月（日欠）であり、「御組合村々百姓」から大庄屋迫川村八郎兵衛（平と訂正）・御同天城村三郎四郎・御同（名無記入）・「彦崎より周天まで村々御名主中」に宛てた「口上覚」[39]という史料である。書き出しには、「此度御公儀様より被仰付候御触書之趣奉恐入候、依之左之通奉申上候」とあり、前述の触書に対して公儀（この場合は岡山藩主）への不満をまとめ、その撤回を求めている。このため、御組合とは迫川村大庄屋などが管轄する児島郡で、その一部百姓が岡山藩の対備中四ヶ村への経済的処置等に対して反対した史料と見なされ、『早島の歴史1』第三章第三節には「児島方農民の藩政批判」[40]として詳述されている。しかし、本章で検討してきた諸史料や歴史的経過から、児島郡内の百姓の動きなのか疑問を感じる点が多い。

素朴な疑問の一つは、迫川村大庄屋名を八郎兵衛と誤記し、のちに八郎平と訂正していることである。同家は代々八郎平を襲名しており、児島郡内の史料でこのような誤記は簡見ではない。また、三人目の大庄屋名（北方村合田氏）を知らないこと、さらに周天は本来秀天と書き、槌ヶ原村の一集落であるが、村と同列視している点に土地勘が薄く、本当に児島郡の百姓が書いたものか疑わしい。さらに重要な点は、前述の触書で親類縁者との交流を禁止してはいるが、②のように縁組の禁止や離縁までは指示していないことである。しかし、実際には、次頁の写真史料[41]によって双方の縁組が破談になった例がある。史料中央の「此義備前之方噂」には、児島と早島の名主間に結納まで済んだ縁組が、「御裁許有之訴答と相分、大論中ニ役分之者新縁組いたし候而ハ、双方共上ニ恐有候得ハ、離談可致旨熟談ノ上破談」になったとあり、備中国では「都而大国之勢ひを以御小禄の所ヲ兵粮責、就中離縁抔候義不軽事と悪口申触候」という情報が広まっているようである。さきの「藩政批判」の作者は、この破談などの実例をもとに、触書の不当性を主張しているように思われる。

また、第二章表2-3のように宇藤木村は牡蠣の特産地であり、この触書のために販路が失われていたのも事実である[42]。しかし、それを同村民が訴えようとしたのか、その実態を知った妹尾側が触書の不当性を強調するために箇条に加えたのか、二通りの解釈ができよう。また⑤でも、八浜・彦崎村間の猟場争論は、本章第二節で述べたように約三〇年前のことであり、この文化期にも両村の過去の対立が継続しているように表現している点は問題である。さらに⑥で、八浜猟師を逆に取り締まれという要求は、妹尾側の訴訟当初からの主張と全く一致する。さらに、児島側の強力な指導者である大庄屋三宅安太郎は、悪評を流してでも排除したい人物であろう。⑧の岡山城下への強訴示唆も、争論当初に二度妹

［裁許後忠告書簡］（「玉野三宅」家文書3-175冒頭部分）

尾側が行った岡山藩郡奉行への歎願行動や二〇〇〇人を氏神に集合させて行った見分使への代表越訴など、妹尾側が実行した闘争手段を想起させる。児島側農民が強訴的手段を持たなかったとは言えないが、妹尾側がとった行動と同じ発想が⑧にはより強く感じられる。

以上の諸点から、この史料が『早島の歴史1』の主張する「彦崎村から周天までの児島郡の一般の農民たちが願書を出している」とは断言できないと考える。むしろ、類似の史料が児島側に見られず、妹尾側のみに残されていることから、幕府の裁許が児島側の不利な状況のもとで、児島側の内部対立を期待したり、それを誘発させるために準備された妹尾側文書とも思われ、背後ではこのような熾烈な情報戦が行われていたと考えるべきであろう。

一月二二日、箕島村前溝筋堀浚一件の審理のために江戸に招請されていた彦崎村勝右衛門・槌ヶ原村太兵衛・天城村富次郎の三名主が高齢や当病のため、代理の粒江村五人組頭元右衛門と彦崎村判頭甚左衛門が江戸に到着し、二月五日、寺社奉行所で留役久須美権兵衛による吟味が行われた[43]。出廷したのは備中四ヶ村の村役人と児島側惣代のもと、粒江・彦崎村の二人および箕島村年寄定次郎と忠次郎である。この溝は早島・箕島村境から北東へ国境堤下まで延び、潮が高いときに小船が入れるように掘り上げたもので、児島側が最初に確認したのは九月一〇日であった。箕島村との交渉は同月一九日から一〇月一三日まで行われた。久須美は児島側の二人からその経過を尋ねた後、箕島村定次郎に論所に手入をした理由を尋問したが堀浚自体を否定し、早島村の船持平三郎が掘ったかどうか尋ねられても知らないとした。出廷している早島村庄屋助右衛門・三郎介へも眼前に行われている論中手入を見逃したとして、「全躰備中者中分不都合」と、厳重注意を与えている。

しかし、その後の寺社奉行所での吟味は進まず、郡村名主真介が二月末に江戸に到着したあと、五月二二日に江戸を立って六月九日に帰国している。[44]その際、幕府の裁可が近いことを伝えたため、児島側の勝訴を前提に干潟葭草の刈取や澪北漁業の再開計画を大庄屋たちは指示している。[45]しかし、裁定は行われず、長期間の江戸滞在により八浜村名主小八郎は九月中旬に「瘧（おこり）」とよばれる発熱を伴う大病を発し、天城村富次郎（中島氏）と八浜村名主亀五郎が一一月一五日に岡山を立って一二月四日に江戸に到着した。[46]しかし、その直前、寺社奉行阿部正精はこの児島湾争論に対する裁定を下している。

寺社奉行所での幕府裁定は文化一一年（一八一四）一二月二日に下った。裁許状自体は不明であるが、同月判決を受けた「下タ方ゟ領主役場江指出候書付写」[47]から判決の要点をまとめると次のようになる。

① 妹尾漁場については、内海大澪から庭瀬川澪までを妹尾入漁場とし、「右澪筋中央ゟ北面ニ而妹尾漁夫丸太船・板乗・鱣かき等之漁いたし、内尾澪ゟ西磯澪中央ヲ限、北之方ヲ同村かし漁場」とする。この内尾澪から西磯澪までの妹尾かし場では、児島二二ヶ村の矢井・樫木・網代の漁業は禁止し、「浮漁」のみ許可する。この妹尾かし場以外の妹尾入漁場では、児島郡の矢井・樫木・網代等の漁業は勝手次第行ってもいいが、今保村の漁業は禁止とする。また、妹尾は「入漁」につき毎年三〇〇目を地元児島郡に払うこと。

② 内海干潟ついては、早島・帯江境から八浜村地内二子山へ見通した境の地先分は妹尾・箕島・早島の三ヶ村の入会、またその境より西南の帯江・早島高沼新田地先は、児島郡二二ヶ村と帯江村の入会とする。葭草浜松刈取・堤修覆の時の土取や、悪水吐樋の広狭・木製樋から石樋への取り替えについては、児島側に届ける必要はない。

③ 宇藤木他六ヶ村で高入または見取試行中の新田はそのままでよいが、今後の児島郡二二ヶ村地先の開発は禁止する。

④ 文化九年の妹尾側による海面手入は証拠がなく、翌年の妹尾漁師の不審者連行があり、八浜側の対応を厳しく「御呵」とし、八浜村名主に過料銭を科す。

⑤ 文化六年の八浜漁船に対する妹尾漁師への泥責と漁具・船具等の奪取に対して妹尾側に「一通御呵」とし、漁具等の返却を命じる。

さらに、④・⑤に関連して早島・佐藤家文書に、次のような補足の文面も伝わっている。[48]

⑥　児島側は訴訟の際、相手方の名前も確認せずに訴え、干潟見分の時も相手方に相談せずに休息小屋を建て、妹尾漁師を論所手入の疑いで八浜村に連行し、不埒につき八浜村名主に過料三貫文を科し、その他の者へは「一同急度御呵」とする。

⑦　妹尾側も、八浜漁師の猟具を取り置き、論所見分に対して相手側と掛け合いもせずに休息小屋を建て、「急度御呵」とする。また、帯江村も妹尾同様休息小屋を建て、葭草の刈取を行ったことに対し、「急度御呵」とする。さらに、箕島・早島村も、見分後に箕島地先干潟小澪の掘浚を妹尾・帯江村にも相談せずに行い、「急度御呵」とする。

この裁許により、寛延・宝暦裁許に基づき妹尾は「入漁」と規定されたが、実際には内尾澪から西磯澪まで、今まで認められていなかった妹尾独自の「かし場」が設定されことが大きな変更となった。干潟の葭草刈取・土取・石樋替えについても、児島側の了承を得ることなしに行うこととし、この結果、備中三ヶ村が従来に比べてより広範な実質的権利を勝ちとるになった。

註

（1）「明大三宅」文書13-2［内海一件史料］（岡山県立記録資料館複製資料七三九～七四二頁）
（2）「玉野三宅」文書3-64　一月一〇日付　八浜村名主小八郎ら宛　妹尾村庄屋九右衛門ら書状（以後の書状史料は、本文中に日付のみ掲げ、重要なもののみ註記する）
（3）井上旭泉堂収集文書補遺1 A-48　文化一〇年二月付
（4）同前文書補遺1 A-62　文化一〇年二月二〇日付「乍恐以書付奉申上候」
（5）同前文書補遺1 A-51　文化一〇年三月一二日付「差上申一札之事」。「明大三宅」文書13-2の前掲七六四～五頁にもあるが、部分的に欠落あり。
（6）「明大三宅」文書13-2　前掲資料七六二頁
（7）「玉野三宅」文書3-67　年欠三月付　松原平右衛門書簡
（8）「明大三宅」文書13-2　前掲資料七六四頁
（9）井上旭泉堂収集文書補遺1 A-90　文化一〇年四月付。「明大三宅」文書13-2の前掲七七八頁にも掲載あり。
（10）「明大三宅」文書13-2　前掲資料七七六頁。有論とは胡乱の当て字であり、ここでは正体の怪しく疑わしい船をさす。
（11）井上旭泉堂収集文書A-61　年月日欠［猟師四人口書］

(12)「明大三宅」文書14「海面諸叓留帳」（記録資料館複製資料一〇〇〇～一頁）

(13)「明大三宅」文書14 前掲資料九九六、九九八頁。八浜宿泊名は、「玉野三宅」文書3-77の年月日欠「児島郡内海付二十二ヶ村惣代名主共口上」にあり。

(14)「玉野三宅」文書3-78 四月五日［地改役人八浜村到着］

(15)同前文書3-86 七日［地改役人調査記録］。なお八日は同3-87、九日は同3-88の記録による。

(16)同前文書3-89 一五日［地改役人調査記録］

(17)同前文書3-90 一九日［地改役人調査記録］

(18)井上旭泉堂収集文書補遺1 A-77（文化一〇）四月一九日付 詰合中・九右衛門・市右衛門宛て出役「口上」

(19)「玉野三宅」文書3-91 四月二二日［地改役人調査記録］

(20)同前文書3-93 二一日［地改役人調査記録］

(21)同前文書3-94 二三日［地改役人調査記録］

(22)『早島の歴史3 史料編』の付録絵図である「帯江・早島領新田絵図」にみえる「蔵水門」と推定する。

(23)同前文書3-95 四月二五～七日［地改役人調査記録］

(24)同前文書3-99 四月二九日［地改役人調査記録］

(25)同前文書3-100 五月一～二日 書役宛児島惣代［日記］。この史料は、註(14)以降の［地改役人調査記録］と同一形式。

(26)「明大三宅」文書14「海面諸叓留帳」（記録資料館複製資料一〇二三頁）

(27)同前文書 前掲資料一〇二七～三一頁

(28)「玉野三宅」文書3-114 六月八日［地改役人前応答記録］。なお、杉本史子「文化期児島湾争論とその背景」の「三 第二期争論」には、早島・佐藤家文書からの引用で、この時の備中側惣代の主張と受け止め方が示されている。

(29)「明大三宅」文書14 前掲資料一〇三八～四九頁

(30)備作之史料（六）『内海一件』一六八～九頁

(31)「明大三宅」文書14 前掲資料一〇三八～五〇頁

(32)「明大三宅」文書28「海面諸御用留」の文化一〇年七月付「児島郡内海附二十二ヶ村惣代名主共奉申上口上」（記録資料館複製資料一五八四頁）

(33)「明大三宅」文書14 前掲資料一〇五一、一〇五五～六頁

(34)「明大三宅」文書28「海面諸御用留」二五九九頁

(35)同前文書28 前掲資料二六一〇頁

(36)同前文書28 前掲資料二六六五～七頁

(37)同前文書28 前掲資料二六九〇～四頁

(38)同前文書28 前掲資料二六九九～二七〇一頁。念のため、安太郎発と三郎四郎発の史料の原文を掲げる。

「海面一条出入中、備中妹尾村并箕島村早島村帯江村右四ヶ領之者へ、かき・はいがい其外一切売買御差留被仰出候村々厳御申触、御〆可被入御念候

一妹尾村へ親類縁者たり共、右一条相済候迄往来仕候義御指留被成候、他国奉公日雇之義ハ兼而御指留ニ有之、論中親類之

者出入御指留ニ候へハ、無縁之者立入候義ハ尚又御指留ニ候間、前々日雇等立入居申者有之候ハ、早速御呼返せ可被成
候、追而御触出可有御座候へ共、児島郡ハ格別之義、先前段之趣可申触而被仰出候、委細御面談可申述候、村々心得違無
之様可被御心得以上
十二月廿四日　　大崎村　安太郎
組合村々名主中様
五人与頭中様
尚以八浜・大崎・槌ヶ原へ申入候、指当り蠣売買之義念入御指留可被成候、別而御噂ニ御座候、是又八浜ざこ漁之者へ
も念入御申聞、呉々心得違不申様御取斗可被成候、已上」

「内海漁場出入中、備中妹尾村并箕島村早島村帯江村右四ヶ領之者、為近縁共往来不仕候様との事
一何によらす諸事交易筋不仕候事
尤天城町分へ四ヶ領ゟ諸事調等参候義ハ勝手次第買遣し可申候、此方ゟ立入申間敷候、且領水等汲ニ参候ハヽ、論中ハ相
断可申候
一右四ヶ領ゟ売出候畳表、御城下買取候義御指留可有御座御様子ニ候間、村々畳表四ヶ領ニ而相調申間敷候事
一米倉渡場御指留被成候様御内意承候間、已後引船通り通行可然事、尤四間堀渡場ハ是迄之通り
一四ヶ領へ内々心得違日雇働ニ参居申者有之候ハヽ、屹御呼戻し可被成候
右之通先々御触可有御座候間、等閑無之様御申触可被成候、御趣意相も御座候義故、指急キ申触候已上
酉十二月廿四日　　天城村　三郎四郎」

(39) 井上旭泉堂収集文書補遺1 A-56 戌（文化一一）正月付「口上覚」

(40)『早島の歴史1　通史編（上）』二八〇～三頁。なお、定兼学「干潟の漁業と社会―児島湾干潟の事例」（出典は本章第一節註(36)に記載）でも、この史料を児島郡の百姓たちが撤回を請願したものとする同じ立場をとっている。

(41) この書簡は筆者・日付とも未詳だが、文化一一年一二月裁許に触れており、それ以後の書状であること。妹尾側の入漁料三〇〇匁を金五両と表現していることから商人と推定できること。今回の裁許が倉敷・玉島・笠岡では妥当と受け止められており、三宅安太郎宛に幕府不再訴を促していることなどから、安太郎と懇意な倉敷方面の大商人ではないかと推定したい。

(42)「玉野三宅」文書3-217（文化一二）二月晦日付　三宅安太郎宛八浜・亀五郎書状に、「妹尾牡蠣灰貝其他交易取嗳之義不致旨町方御停止ニ付、八浜村者此砌売買之灰貝下筋又ハ上灘ゟ積戻り候分難請付候ニ付、官蔵出府御歎申上、私共ゟ魚問屋へ差紙

添、売買仕候、尤十四五艘斗之事ニ而御座候」と伝えている。これにより、岡山の町方では妹尾の牡蠣・灰貝等の交易停止が継続中で、八浜の者が下筋（別書状に邑久郡とある）や上灘（灘目村々の上分で宇藤木・迫川であろう）から仕入れた牡蠣などの取引も成立しなかったので、八浜村名主官蔵（小八郎子）が岡山に出府歎願し、亀五郎からの魚問屋への添書で売買が成立している。これにより、宇藤木産の牡蠣は八浜業者により販路を回復したことがわかる。

(43) 「明大三宅」文書35「内海御用留」の戌二月六日付「書上」（記録資料館複製資料三〇四三～七頁）

(44) 同前文書35　前掲資料三〇五六、三〇六〇頁。真介の帰村は、五月二〇日に老父和介が病死したためであった。

(45) 同前文書35　前掲資料三〇六四～三〇七四頁　(46) 同前文書35　前掲資料三〇七五、三〇八一頁

(47) 「明大三宅」文書38　前掲資料三一一三～三一三三頁「内海一件御歎書」

(48) 旧『早島町史』一六一～五頁所収　「備前備中境界争文化十一戌年十二月二日御裁許被仰渡候御請書扣　帯江村郡中」

第六節　文化期争論後期　―児島側逆転勝訴―

児島側の幕府再訴

文化一一年（一八一四）一二月二日、児島側敗訴の幕府裁定が下された。児島側はこの裁許に全く不服であったが、惣代八浜村名主小八郎・粒江村五人組頭元右衛門・彦崎村判頭甚左衛門はやむなく請書に押印し、奉行所に提出した。惣代らは六日、江戸留守居あてに帰村願を出し、一二日江戸を出立した。国元には一〇日に帯江村庄屋から裁許証文の写が届き、[1]江戸留守居からも町便で知らされ、児島郡大庄屋らが「不伏之次第」をまとめた歎書を一九日に藩に提出している。二三日には岡山藩も郡代・郡奉行に江戸御用を命じ、翌年一月四日には郡代水野助太夫と郡奉行児島後三郎、付添の大庄屋三宅安太郎が岡山を立ち、二〇日江戸に到着している。岡山藩は、今回の裁許を魚猟出入問題だけでなく、「宝暦之度と違ひ備前海面ニ他領之入漁場御定被成、却而年来入漁仕来り之今保村漁業御指留ニ相成候義、且葭草之一件、其上論外之場所迄新開仕間敷との御事ハ一国一円にも相障、御朱印にも拘り候姿ニ而、上総介ニも甚以被致迷惑」[2]と、池田家の備前一国を統治する知行権を侵害し、将軍家からの朱印をも否定するような裁定ととらえ、藩と児島郡が一体となって、幕府再訴を目指した。一九日の歎書は二月一一日に江戸留守居から老中牧野忠精・松平信明に提出されて披見されたが、[3]裁許直後の幕府再訴は難しかった。

一方、争論に勝訴した妹尾側は、裁許で得た漁業権水域を越えて、備前側漁師と問題を起こすようになった。三月一四日夜、今保村漁船四艘が庭瀬川の澪東で持網漁をしていたところへ、妹尾村丸太船が多数やってきて網四つを奪い取る事件を起こした。翌一五日に今保村が妹尾村に出向き抗議したところ、漁具は返却した。しかし、同二二日には妹尾村漁師が澪東に入り込み持網漁を行い、今保村漁師が裁許外の場所と問い詰め、四ツ手網八枚を取り上げている。[4]さらに八月一日夜には、庭瀬川の澪東を越えた与左衛門かしの南東で妹尾の丸太船数十艘が篝火を焚いて持網漁を行い、八浜村漁師が掛け合ったところ、篝火を投げ掛けてきたため、証拠として丸太船四艘四人を八浜村に拿捕した。同六日妹尾村役人市右衛門の使いが来村し、漁夫と船・網を八浜に預け、扶持米も児島側で手当せよと要求し、第二回見分使到着時に妹尾村漁夫四人を拿捕したことで過料とされたため、藩に報告して岡山城下に四人を連行し、役場間の対応とした。[5]また、八月二日夜には今保村漁師が庭瀬川尻澪東で潮待をしていたところ、妹尾村の百数十人の板乗が入り込んで今保村漁師を泥責にし、持網五つを奪って持ち去ったという[6]。同九日には大澪の南にある長棹で八浜村持網漁師一〇艘が漁をしていたところ、妹尾村板乗五〇人ほどが干潟で板漁に来て、そのうち三人が長棹の潮上を一町ほど鱣かきで掻き散らし、八浜漁師の漁物が全くなくなった。八浜側がこれに抗議したが、妹尾側は鱣突きで打擲し、八浜側も水棹で応戦し、妹尾側の残していった鱣突その他を押収して八浜村に持ち帰ったという[7]。

この間、五月二日には江戸評定所前に設置されているいわゆる目安箱に、裁許を批判し妹尾側の不当行為を訴えたと思われる「児島者」による「箱訴」が行われている[8]。書状内容も投書者も不明であるが、裁定が双方の治定に至っていないことを幕閣に認識させたであろう。児島側は今保村も加わって、前述の妹尾側の裁許外の漁場への逸脱行為をまとめ、幕府再訴の準備を進めた。今回の惣代は八浜村名主亀五郎・槌ヶ原村名主太兵衛と津高郡今保村名主平六郎であり、八月二〇日に岡山を出立、九月五日江戸に到着している。九月二六日には老中牧野忠精から、争論再発の吟味が三奉行に命じられた旨の書付が江戸留守居に届き、これを受けて三月以来の妹尾村の逸脱行為をまとめた書付を提出した[9]。さらに前年の裁許で承服できない箇所を二一ヶ条にまとめ、再吟味を求める訴状を寺社奉行所に提出した[10]。同時に、争論の発端となった文化六年に奪われた樫木漁の袋網も妹尾村から返還されていないことを訴えている。こうして、児島側の再訴実現は目前に迫った。

一一月二二日、岡山藩側の二二ヶ村惣代と岡山藩士の江戸到着届が寺社奉行所に提出された。惣代は九月の亀五郎・太兵衛・平六郎に、大崎村名主代八郎（日比村在）・北浦村五人組頭弥右衛門と、妹尾村漁師を連れ帰った八浜村猟師茂平・勝左衛門・勝五郎が加わり、出廷要請に対応するため、妹尾村漁師を管理している岡山藩郡奉行児島後三郎・郡目付保住多喜弥も出府を届けた。

一二月二日、相手方惣代の妹尾村年寄忠兵衛ほか漁師三人とともに児島側も評定所に出廷し、再訴後最初の吟味が始まった。まず、寺社奉行阿部正精から児島側に、八月一日に妹尾入漁の四人を八浜村に連れ帰った事件の経緯が質問された。つぎに同奉行松平武厚から今保村に、三月からの妹尾漁師との経過が質問された。平六郎は説明後、昨冬の裁許によって澪西への入漁が差し留められ、現在は澪東のみの漁となっているが、御野・上道郡からの入漁もあって、「極難渋之折柄、猶又澪東江付込参候ニ付不埒[11]」と憤慨し訴えている。ついで同奉行内藤信敦が妹尾側にこれらの事件の説明を命じた。妹尾側は三月一四日も二二日も今保村漁師の妹尾漁場への侵入と主張している。八月一日の事件は、「昼九つ時頃ゟ漁場ニ出、夜ニ入篝火を焚、五つ時、内尾字かんすノ内荒尾と申所江八浜もの数艘ニ多勢乗組参、漁夫者船江くくり付、八浜村江連帰候」と答えている。[12]これに対して内藤は、「当三月以来取合之場所、児島并今保申立者論外と申出、妹尾ゟハ同村ニ漁業仕候而も不苦場所と申出、双方申争候義、場所いかゞ」と尋ねると、妹尾側は与左衛門かしから二〇丁ほど離れている葭生近所だと答えたが、内藤は「海面之事と者乍申、弐拾町も場所違候と申出候義不審」と指摘している。[13]このあと、江戸町奉行の永田正道と岩瀬氏紀から岡山藩児島・保住および妹尾役人有松半兵衛へ質問があり、最後に再び阿部正精から児島側に、漁業や葭草、地先新開に関して難渋している点を述べさせたあと閉廷となった。しかし、その後、評定所の留役四人から再確認の吟味が行われて、暮れごろ一同退出した。

ついで一二月五日に二回目の吟味が行われた。まず、八月一日夜の発生海域について、児島側は六ツ半時（午後七時）頃与左衛門かし近辺と言い、妹尾側は五ツ時（八時）頃かんすの内荒尾付近と答えた。尋問の留役は五ツ時では「遠干潟ハ汐満候と申義不審」と指摘したところ、妹尾側は当日は大潮で晩七ツ半時（五時）ころから潮が満ち始め、五ツ時には妹尾漁船が漁が可能となる五寸（約一五センチ）ほどの深さになると説明している。しかし、この時八浜船がこの深さでこの海域に入り込める漁船だったのかは尋問されていない。続いて八月二日の今保村の投網を妹尾漁師が奪った事件について尋問されたが、妹尾惣代は「一向弁不申」と答え、「村役人へ不申出とも其沙汰不承との義不審と御察当」を受けている。さらに八月六日の八浜・妹尾漁師の事件にも「一向存不申」と答え、児島側からは「八浜村ニ而妹尾漁夫四人之ものも及見候義を、一向弁不申と申上候者全偽」と難詰されている。[14]このように、今回の幕府再訴には、幕府側も吟味場所を評定所にして三奉行が総力で当たり、前回までの寺社奉行一人担当ではなく、より公平な審理を行う態勢が取られた。

六日昼から、八月一日夜の海域について、見分使が作成した絵図で双方の主張する海面が示された。その後、児島湾全体の詳しい尋問があり、ついで児島方が提出した寛延宝暦の裁許図で、見分使絵図との比較や御墨引（国境線）の確認が行われた。郡奉行児島後三郎がさらに正保・元禄の絵図を出して往古の境を示そうとしたが、留役は「最早不及夫ニ候、此墨引之動候事ハ無之」と制止した。後三郎はこれを捉えて、「其動き不申御墨引之内ヲ妹尾者勝手次第之義申立、且毎度我侭押領之義仕候而者政事ニ相障り、御名（池田斉政）甚難渋之至、譬而申候得者此方屋敷之内を隣家ゟ作配我侭いたし候ニ相当リ候、申上候迄ニハ無之候へ共、惣而国境領境ハ甚大切之義と奉存候[15]」と強調した。このように岡山藩は、自国領民と他所領民との幕府訴訟に出廷し、積極的に発言するという「異例の形[16]」を取った。藩と地元領民との強力な連携で、前年末の敗訴から逆転勝訴を目指したのである。一二月二二日にはさらに江戸留守居松原平右衛門から寺社奉行松平信明・牧野忠精宛に、本訴訟に対する岡山藩の基本的立場をまとめた書状を提出している。[17]幕府内でのこの争論に対する心証は、次第に岡山藩側に傾いていったようである。

翌文化一三年一月五日、大庄屋三宅安太郎と弥右衛門・勝五郎は江戸を立って、同二〇日帰国している。評定所での吟味は、二月五日・同一三日・三月五日と続き、備中側が劣勢な展開となっていった。五月七日には前年五月から江戸に出府していた家老日置元八郎が江戸を出立、また前年の正月から江戸に滞在していた槌ヶ原村太兵衛も五月に帰国した。六月五日に評定所での吟味があり、一一日には第三回目の幕府見分使の派遣が言い渡された。これを受けて江戸在府の亀五郎・平六郎・代八郎・茂兵衛・勝左衛門も江戸を立ち、七月八日に帰国している。

ところが、見分使派遣の発表直前、妹尾村板乗漁師が多数大澪を越えて、彦崎沖に鱸猟に現れる事件が起こった。その情報は六月六日に迫川村大庄屋上野八郎平から八浜村名主官蔵・五人組頭伊右衛門に届き、「妹尾村者共大まかり辺水尾ヲ越、板漁ニ罷出候[18]」とあった。この大まがりとは現在の岡山市南区藤田の西南端の字名であり、八浜村から漁師を繰り出して捕らえる指示を出した。この日は捕らえることはできなかったが、翌七日、彦崎村明石山からの監視者が大曲辺の澪から南へ一八人ほどが入り込むのを発見した。[19]昼四つ（午前一〇時）頃、近村漁師が対応し、澪近くにいた四人を捕らえ、三人は澪北に渡って備中方向へ逃げ去り、陸地にいた一一人は全員詫びを入れたので、証拠として漁具を預かった。さらに別な三人は迫川村から陸に上がっており、捕らえて先の四人とともに彦崎村に連行し、越境した経緯を尋問している。[20]こうして、妹尾側漁師は文化一一年裁許に抵触する行為をその翌年三〜八月と本年六月にも起こし、裁許の基になった過去二度の見分使による報告を再調査する必要が生まれたのである。

幕府見分使第三回調査

七月二三日、江戸町奉行永田正道から今回の見分使が伝えられ、寺社奉行吟味物調役松坂源左衛門・勘定評定所留役加藤吉蔵・論地地改代官手付普請役元〆格市川丈助・普請役格服部平十郎・評定所書役中村政右衛門・同松村千吉の六名であった。[21] 一行は同二八日に江戸を出立し、八月二二日に岡山城下に至り、夕刻、宿所の米倉村に到着した。[22] 翌日、双方の惣代や漁師代と謁見、吟味請書を提出させている。二五日の見分開始は強風のため中止され、二六日朝からとなった。

今回の見分使派遣は三度目であり、前回・前々回の測量の再確認や調査不備の地点、新たに紛争現場となった海域の確認などが精力的に行われている。その概略を時系列で追っていくと、二六日には米倉から妹尾側に渡り、箕島・早島村境までの墨引筋（宝暦裁許での国境線）の下見が、翌二七日には米倉から乗船し、児島湾内にあるかし木漁場や事件現場の下見が行われている。ついで八月二九日には墨引筋の本格的な測量が始まり、大角から妹尾・箕島・早島方面が閏八月一日まで、さらに閏八月五日から七日までは早島から帯江、さらに天城・藤戸から現在の倉敷川の流路に当たる大澪筋北辺までの葭野際を含めた測量が進められた。翌八日からは海上の調査に移り、彦崎村明石沖から越境事件の現場付近の大澪を経て大悪水吐溝尻（現丙川下流部か）までの測量、九日からは見分使を二隊に分け、一手は下手矢井・はち窪かし・中曽根かし・長棹・曽根の小溝・高棹・はばきかしなどの測量を一一日まで行った。もう一手は、大悪水吐溝筋・妹尾西磯前の堤から車矢井間・同東磯前の溝筋から「ちゃうち矢井」間の測量を同じ一一日までに終わらせている。

一六日には妹尾西磯沖から箕島沖を南下する一手と、植松村から彦崎沖を経て芦矢井を繋いだ一手が、早島大悪水吐き溝尻付近で合流して葭野際の測量をほぼ完成している。一八日には、米倉から大澪を通り彦崎に渡り、付近七ヶ所の葭生地を測量し、翌一九日にその残りから川張村沖の葭生地一一ヶ所を測量した。この日、妹尾側は、大澪以南の灘目七ヶ村の新開地が備中四ヶ村の故障になるとした主張を撤回し、翌二〇日四ヶ村連名でつぎのような書付を見分使に提出している。

史料3-13

乍恐以書付奉申上候

（前略）今般御見分為御吟味御越、海面其外四ヶ村地所等御改之上、備前領児島郡地付之場所御見分御取懸之所、同所之内宇藤木村前ゟ藤戸村前通り都而地先田畑之義、去ル申酉両年地改之砌ハ一円新開と相心得候故、同所へ開発等出来候而者連々海面相狭り、汐遊之場所相減し、漁業差支ニ相成候趣、妹尾村其節之惣代共申立、一旦地改御吟味受候得共、元来之論所者大澪ゟ北手之場所ニ而、備前地方へ付候而ハ眼前見居候故障之筋も無之候得共、万一後年ニ至海面相狭り可申哉と存置候故、右之所を以其節御案内も仕候義ニ有之、然ル処妹尾村之義ハ度々之出入ニ而村方一統ニ相労レ、必死之困窮ニ相成、今般御見分ニ付候而も品々相歎、備前御領主様御役場之御役介相成候程之仕儀ニ而差当候、澪北論所之義さへ右体之場合ニ御座候上者、見越之義を以前書澪南宇藤木村外六ヶ村地所等之儀ニ付、此上差障等申立へき所存毛頭無之（中略）

文化十三子年閏八月廿日

（後略）

ここでは、藤戸村から宇藤木村までの地先新開地が、海面の減少を起こして妹尾漁業の故障になるという妹尾側の主張を基に、先の裁許が下されたが、実際の故障は眼前に見えておらず、一方で連年の訴訟で困窮し、その経費分担を岡山藩に肩代わりしてもらうという事情もあり、この主張を取り下げるとしている。こうして備中側の論点の一角は崩れた。このあとの児島地方の測量は中止され、閏八月二一日には天城・藤戸を立ち、奥迫川から瑜伽山に社参し、小島地・秀天を経て八浜に止宿している。翌二二日には湾の南部と東部の樫木場を見分し、二三日には内尾澪・白石川尻西角からほとりかし、二五日には白石川尻の本澪から与左衛門かしまでの距離などが計測され、海上調査が一応終了した。しかし、妹尾側はこの海域の中で、庭瀬川尻の澪筋（児島側は白石川尻の本澪と呼ぶ）から与左衛門かしへ続く分岐点に澪が存在すると主張してきた。初回見分使の調査でも主張され、二度目の時に否定されたが、今回も続けて主張している。「新切」と呼ばれる分岐点を、妹尾側がなぜ「澪」と強調するかは史料中に明記されていないが、この海域一帯で今保や八浜漁師との紛争が多発したことと関連があるであろう。しかし、九月六日に最終調査が行われ、「新切」付近の計測時の深さは一尺二寸から八～九寸（三〇センチ前後）で、二〇〇間（約三六〇メートル）下でも一～三寸しかなく、澪とは言えず、潟であると結論づけられた。

閏八月二五日からは絵図の作成に入り、九月一八日に絵図がほぼ完成した。九月二三日から二五日にかけて、作成された絵図の最終調整と物代等の押印、および昨年今年の八浜・今保と妹尾間に起こった漁業紛争について集中審理が行われる。

絵図の確認は二三日に行われている。一〇〇間を一寸（六〇〇〇分の一）にした絵図で児島湾周回と澪筋が書き込まれ、矢井かし網代は付紙で示され、海上の事件発生地が記入されていた。しかし、九月六日に調査した与左衛門かしへの「澪」が記入されており、児島側が削除を求めたが、見分使は双方の主張の澪筋を黄色で記入する案を示した。妹尾側は児島側の澪筋は相違があり、時節によって変動するので、「三丁五丁西へ寄、妹尾漁場狭り候而も了簡致し候」と発言した。この時、見分使市川は、「備前海ニ而了簡致し候抔と不埒申出候故、児島者騒立候、甚不埒」と厳しく叱りつけ、妹尾側の他領を憚らない発言を批難している。一方ここで妹尾側には、前述の「澪」の存在を主張することによって、入漁境界とされた澪を与左衛門かしへの澪まで東進させようとする漁場拡大の意図があったこともわかる。ついで、早島村惣代から大悪水溝筋先端の関戸の絵図への記入が主張されていたが、市川から備前干潟の内にあるものであり、絵図には書き込まないと厳命されている。さらに、箕島村惣代からも、同村前干潟の崩れ堤防は与兵衛新田といい、宝暦絵図に記入があるので、今回も記入して欲しいとしたところ、見分使服部より「右場所御墨引き外備前干潟ニ而候得者、堤株記難致」とされ、見分使全員に諮った上で、市川が不埒な申し立てと大声で叱り、「弥理不尽申募候ハ、急度覚悟致」せと叱責している。これら三件の発言からは、今回の見分使が、宝暦裁許による国境に基づいて児島湾を備前内海とし、備中四ヶ村の用益権を極力抑えて、岡山藩の主張する備前一国一円の知行権を保証するような基本姿勢であったと考えられる。

その姿勢は、つぎの漁業紛争の吟味でも一貫している。それは、二三日に吟味が行われた今保・妹尾間の昨年三月一四日の事件に見える。今保側は、白石川尻澪東の土俵端というところで持網漁業を行っていたところへ、妹尾丸太舟数十艘がやって来て、「今保村漁場ハ内海ニ而者無之」と言って無理に持網四つを奪っていったという。これに対し妹尾側は、「澪東へハ参不申、字鑵子と申所へ今保村漁師共参り申候ニ付」、網を取り帰り、翌日に今保村へ返したと言った。続いて三月二二日の件では、今保側が白石川尻字当新田前で漁をしていた時、妹尾漁師が澪東の新切土手土俵端で持網漁をしていて見咎めたところ、断りなく澪東に来たことを認め、後証として妹尾の持網を預かったと説明した。しかし妹尾側は、「澪西おつ（追）立と申所へ持網漁業ニ参居申候処、今保村漁師共右場所へ参、持網奪取候」と述べている。松坂は妹尾側に対して、今保が来てはいけない所へ来て網を預かり、返さなくていいのに網を返し、妹尾漁場で漁をしていた網を今保に奪われたのに、いまだに取り返そうとしていないのは不審としている。[23] 妹尾側の矛盾する証言を偽証と見なした上での指摘であったろう。

翌二四日に吟味された昨年八月二日に起こった事件については、今保側が、白石川尻澪東の土俵端というところで潮待をしていたところ、妹尾板乗漁師が多人数走り寄り、悪口の上、泥責にして漁具を奪い取って行ったとし、覚えている妹尾漁師七人の名前を証言したため、明日該当者を出廷させるよう妹尾側惣代に命じている。翌二五日朝、妹尾側が七人中三人を連れて出廷し、今保漁師五人に確認させたところ全く見覚えがなく、当人たちも否定した。松坂は妹尾惣代に対して七人と同じ名前の者を全員連れて来るよう再度厳命し、七ツ（午後四時）頃、さらに喜平三人・三次郎三人・清三郎一人を連れて来たが、今回も見覚えのない者たちであった。この事件は、たとえ見分使の命令であっても、自村漁師の犯罪を立証するような行為を妹尾側惣代が行うとは考えられず、今保側の実証方法に難点があったようである。事実、妹尾側は一〇月三〇日に、この事件の現場を妹尾入漁場の字「おっ立の内窪頭」とする書付を提出している。

一方、八浜・妹尾漁師間の紛争では、九月二四日朝、前年八月一日夜の事件が吟味された。松坂はまず事件の発生場所を双方に尋ね、八浜側は与左衛門かしの南東、妹尾側からは鑵子の内荒尾で葭野近くと、従来の場所を主張した。しかし、松坂は妹尾側に対し、「八月朔日暮過潮時迚も船扱相成間敷、此度日々沖相致見分、潮時等之義も相分り居申義、右場所ニ而申立之刻限、漁業可相成埒無之」と、潮位の実態から妹尾側の主張を否定している。つぎに前年八月六日の事件が吟味された。八浜側は、大澪筋大尾かしの上手に妹尾板乗の者五～六〇人が現れ、その中の三人が澪を越えて押漁をしたので、三人乗りの八浜漁船一〇艘が相対し、三人が我察な対応をして逃げ去り、一人が残して行った漁具を預かったと説明した。八浜村名主亀五郎は、証拠品として先に預けた漁具を示し、「漁具之形、村々ニ而相分り居申」としたが、松坂は漁師にしかわからない証拠品は的証にはならないとして、全員を退出させた。

本年六月七日の妹尾漁師の彦崎沖大澪越境事件については、すでに閏八月二日に証拠品として走板四枚・鱣突八本・鱣掻一五本・桶一五個と捕らえた四人の指印を押した書付が提出され、吟味は後日とされていた。九月二一日には見分使服部から妹尾側に下調べが行われ、澪を越え、川張で捕縛された者の名前を問われ、宇吉・音吉・忠五郎・安次の四人と答え、当時、一五～六人の板乗漁師がいつもの澪北の字「こそう」で鱣擾突をしていたところ、彦崎三～四艘が押し掛け、北側に回り込んで打擲したので澪南に逃げ込み、捕らえられたと説明した。服部は澪は船で渡ったかと問い、板で渡ったところを取り巻かれて捕らえられたとした。三日後に村役人が赴き、一札を書けば四人と漁具を返却するとされ、澪北での漁であり一札は書かないまま、四人は返され漁具は渡されず、その後たびたび催促したが、一札は渡さなかったので漁具も返らなかったとしている。

この事件は九月二四日に最終的な吟味が行われた。彦崎村漁師が当時の状況を説明し、「七日四つ過頃字大まかりと申所澪南潟辺ニ数十人鱣擾漁いたし居候、本漁之者ニ無之ニ付、何れ之者ニて此所へ参、漁致候哉と相尋候処、否返答も不仕、右人数之内壱人漁具ヲ以擲懸申ニ付、直ニもぎ取り、此方船乗せ申候、残ル十一人之者共場所不案内ニ而此所へ不図罷越、心得違申段誤出候ニ付、漁具預り、直様澪ヲ相渡し返し申候、残ル三人村前干潟ヲ板走ニ而迫川村前迄罷越候ヲ同村ニ而捕へ、彦崎村へ連越、村役人へ相届候」と述べている。彦崎村勝右衛門がその後の妹尾側との詳細な経過を説明し、一〇日に妹尾村年寄四郎兵衛ら四人が彦崎村に来て、四人が妹尾村の漁師であることを認めたため彼らを釈放し、漁具の返却は年寄四人の印形付き請取書を差し出すことを条件とした。一二日、妹尾村判頭二人が来村し、請取書も持たず漁具の請け取りを求めたため、返却を拒否して帰村させた。その後、妹尾村からは何の掛け合いもなかったと述べた。これらに対し妹尾側は、「児島方之者ども大キ成□（偽）申上候、其頃者寄汐と申時節ニ而引汐無御座ニ付、澪南江相渡候義決而不相成潮路ニ御座候、全澪北潟辺ニ而鱣擾居申候所、彦崎船と相見へ弐艘・八浜船弐艘澪上手ゟ押掛、妹尾漁夫追廻し申ニ付、何れ船ニ左様成不埒致候哉と相対仕掛候処、水竿ヲ以擲掛申ニ付方々江退去候、決而澪南江相渡り漁業仕候義ハ無御座候」と反論している。しかし実際には、澪南に渡れない潮路なのに澪南に逃れており、矛盾した説明になっている。松坂は妹尾側の主張に対して全く理解できないとし、「澪北ニ居申候ハ、早速迯帰り可申埒、然ル所寄潮ニ而引汐も不少時節と申立、児島潟江迯揚候義甚不埒之申分」という厳しい裁断を下した。妹尾側は全く反論ができなかったという。このように、六件の海上事件について、昨年八月二日の今保、同月六日の八浜村が訴えた事件は、立証不可や証拠不十分としたが、他の四件は妹尾側の主張に矛盾が多く、一昨年の裁許に違反して越境漁業を行ったことを隠すための偽証と判断したと考えられる。

見分使がこうした吟味を急いだのは、備中国浅口郡上竹村一件と占見新田村（現浅口市）での用悪水論所の見分が迫っていたからである。一行は九月二七日早朝、米倉村から宿泊予定地の備中阿賀崎に向けて出立していった。

吟味下げと争論終結

児島湾争論は見分使の別件調査によって中断し、児島側・備中側双方とも使節の再着任を待った。しかし、見分使は以後の吟味を別件と合わせて備中笠岡陣屋で行う旨を伝えてきた。これには困窮の深まる妹尾側が難色を示し、一〇月一六日、早々の米倉帰着と止宿経費の節減を求める嘆願書を、訴訟方と相手方の大庄屋連名で提出している。[24] やがて見分使は、同二六日に米倉村に再着し、争論の審理が再開された。

妹尾側は、見分使から察当を受けた昨年八月二日と本年六月七日の事件について、同三〇日付書付[25]で再調査したことを報告している。それには、八月二日に今保村と取り合いになり、名前を指摘された妹尾漁師のうち虎吉・乙八・兵吉・源太郎・左七（他行）・源吉（病死）の六人は、字おつ立の内窪頭の近辺で猟業をしていたところ、今保村の者が立入不可の場所で四つ手猟をしたとしている。また、六月中の件は、妹尾村板乗猟師忠五郎外三人を再度糺したところ、澪越したとは心得ていないが、彦崎村に連行された際、賄方が丁寧であり、取り扱いの書付には爪印を押したが、心得違いの書付には爪印を押していないと申し出ている。しかし、両方の文言がある書付に爪印がある以上、今さら申し抜きはできないともした。

また、一一月三日付の書付[26]でも、八月一日に与左衛門かしで八浜村漁師と争った孫左衛門ら四人も大澪北の荒尾で猟をしていたとし、三月二二日の今保村漁師との事件現場でも双方で違いがあるとしている。しかし、この書付の後半では、「従来備前内海ニ而猟業とも相続仕罷在候国恩之所相弁候上者、已来備前江随身仕度奉存候得者、強可申立埒無御座、極難渋之当村之義故、葭草苅取猟業両条さへ相稼、小前之もの共永々相続仕候様相成候得ハ、場所之義彼是可申争様無御座候間、乍恐一昨年之不拘御裁許、備前江随身仕、和融之上、猟師渡世営為仕度奉存候」と書き進めている。備前内海での漁業を続けられた国恩を弁え、備前へ随身するので、葭草苅取と猟業の二条件が永続できるなら事件現場の争いはせず、備前に随い融和したいという内容である。妹尾側が備前側に屈服しようとするような表現が初めて現れる。しかし、すでに今回の見分使によって、妹尾側の越境操業は動かしがたい事実と認定されつつあり、幕府の次の裁許によって妹尾側の入漁権が剥奪される可能性も出てきている。児島側は、「妹尾村之もの共已来屹相改、場所等之儀偽不申立、一昨年之不拘御裁許ニ、地元江随身仕候段申上候義実意[27]」ならば、磯辺での板乗・丸太舟による軽い入漁を認めてもよいとしている。争議発生当初に妹尾側が泥責事件の責任を認めないまま内済に持ち込み、漁業権を確保しようとしたことがあり、児島側も深い疑念を持ちながらの対応であった。

ところが岡山藩は郡奉行児島後三郎が思い切った対応をすすめた。今回の見分使の米倉村での止宿入用の妹尾村分を岡山藩が負担することにしていたが、一一月一三日に箕島・早島・帯江村三ヶ領の家臣から岡山藩による費用の引き受けを了承する書状が届いている。同二一日には後三郎から三ヶ領への返書と児島郡大庄屋から三ヶ村大庄屋への書状も送付されている[28]。経済面からの融和策である。一二月一日には、四ヶ領の家臣が米倉在宿の見分使松坂に呼び出され、吟味下げについての説得を受けている。翌二日には争論発端からの双方漁師が奪い取られた漁具・船具などの書付が作成された。一方、妹尾側は四日、争論の当初に仲介内済を依頼したことのある倉敷村の児島屋武右衛門を再び仲裁役として見分使の了承を求めている。翌五日には児島屋が立ち入り、双方の交渉を始めたようである。「談之覚」や一二月五日付の「口上之覚」が残されている。最終的には一二月一六日に七ヶ条の吟味下げ歎願書[29]が、児島郡二二ヶ村と備中四ヶ村の連名で松坂・加藤と評定所宛てに提出されている。提出された吟味下げ願書の内容はつぎの通りである。

① 妹尾村の漁業について、備前の「御国民同様ニ相成、備前之御差配ニ随ひ、海面之法令相守ニおゐてハ、追々御憐愍ヲ以、猟場之儀者宣程ニ備前ゟ御指揮有之趣之御移合も御座候由、勿論聊之浦役も不相勤、備前内海江入漁之義ニ候得ハ、地元本猟江随順仕、備前之御国法海面定例共厳重相守、諸事御指図ヲ請、入漁夫とも名前人別帳相渡置、備前之小猟師ニ准シ、和融之漁業仕」と規定する。

② 宇藤木村ほか六ヶ村地続干潟新開は、閏八月二〇日に天城村で見分使に提出した請書の通り、備中村々への故障はない。

③ 今保村は従来白石川尻澪西に入漁してきており、妹尾村が本猟に随順する以上、今保村もこの場所に入漁し和熟する。

④ 文化六年に八浜村茂平・万右衛門の漁具を奪った件で、「網損料并紛失之品償之義、取曖武右衛門江相任せ厚相詫候ニ

付、銀子三貫目妹尾村ゟ八浜村茂平・万右衛門へ相渡シ和熟」する。

⑤　今保村との八月二日の事件について、武右衛門の取り扱いに任せ、銀子一〇〇目を妹尾村から今保村へ渡し和熟する。

⑥　去年三月二二日・八月一日・同六日と当年六月七日に八浜・彦崎・今保村が預かった船具漁具は、妹尾側へ差し戻す。

⑦　葭草について、児島郡の海面干潟に新田ができるまでは、「備前国内ニ生シ候葭草浜松入苅仕候次第ニ付、地元江随順致、和融之上可取斗」こと。また一同が文化一一年裁許を返上する上は、帯江村の葭草浜松刈取は従来のように児島郡に随順しながら行うこと。さらに、各所の「堤修覆之節、干潟土取、悪水樋広狭伏替又ハ樋尻筋堀さらへ等、不依何事備前御国内江相拘り、聊之儀も地元江相届」ける。

これらの箇条は備前側の条件に沿って作成され、④・⑤のように具体的な損料も示されている。しかし、備中側四ヶ領の農漁民にとっては、眼前に広がる児島湾への自由な漁業権や葭草利用権などが制約され、国境をもとした備前海という岡山藩側の封建制的統治理念に従属することになったのである。この結果、岡山藩の農漁民による児島湾の用益権が備中四ヶ領に優越するという関係が確定することになった。この吟味下げ願書を受け取った見分使一行は、一二月二〇日に米倉を立って江戸への帰途についた。

一年後の文化一四年一二月二一日、評定所は双方の惣代を江戸に招集し、吟味下げを認める裁可を下し、それを受け入れる評定所宛の「一札」[30]が提出される。その要旨は前年一二月一六日付の願書とほぼ同様である。

①　漁業については、妹尾側を備前国民同様とし、備前内海に入漁して地元本猟に随順し、国法と海面定例を守り、漁師名を列記した人別名前帳[31]を提出して、和融して猟を稼ぐこと。

②　宇藤木村ほか六ヶ村地先新開地が妹尾・箕島・早島村に故障を与えていないこと。

③　今保村の白石川澪西への入漁権を認めること。

④　文化六年の八浜村漁具については、詫びを入れて返還すること、

⑤・⑥　八月一日の八浜・妹尾村間や今保・妹尾間の事件現場は争ったまま決着はつけず、双方の漁具返却で終わりとすること。

⑦ 葭草については、備前国境御墨引内に生した葭草浜松の入苅は、地元の指揮を請けて、和融して取り計らうこと。帯江村の葭草刈取地も早島村との入会であり、刈取を認めること。各所の堤修覆時に干潟の土を取り、悪水樋広狭伏替または樋尻筋の堀り浚え等の際、何事によらず地元へ届けること。

その上で、妹尾村庄屋九右衛門・三郎兵衛・年寄忠兵衛・清十郎には過料銭三貫文ずつを科し、他の年寄には急度御呵の処分とされた。文化一一年裁許の請証文写も取り上げられている。こうして文化期争論は最終的に決着した。

註

(1) 前節註(46)に示した旧『早島町史』所収「備前備中境界争　御裁許被仰渡候御請書扣　帯江村郡中」がこれであろう。

(2) 岡山大学附属図書館所蔵池田家文庫「児島郡八浜村猟場公事」(E4-264)(岡山県立記録資料館複製資料)文化一一年条。

(3) 「玉野三宅」文書3-214(文化一二)二月二九日付三宅安太郎宛上野八郎平・篠井・合田・中島書状

(4)・(5)・(9) 「明大三宅」文書　史料番号13-5「海面諸御用留帖」(記録資料館複製資料九〇一~六頁)。(7) 前掲史料八九二頁

(6) 「明大三宅」文書　史料番号13-4「児島郡内海文化記断簡」(記録資料館複製資料八九一頁)

(8) 「明大三宅」文書　史料番号13-1「児島郡内海文化記　大序目録」の巻第九の七に「五月二日御評定所箱訴書写」という目次が見えるが、「明大三宅」文書や「玉野三宅」文書に箱訴書写は確認できていない。

(10) 「明大三宅」文書　史料番号13-5　前掲史料九四四~九六七頁。(11) 前掲史料九二六~七頁

(12)・(13) 前掲史料九二七頁。なおこの妹尾側の説明は、井上旭泉堂収集文書(文化一二)八月付「岡山郡奉行所ゟ之書状写」の八月一〇日付児島後三郎宛伊丹良右衛門・有松半兵衛返書に、「大澪遙北手全之入会場字鑵子之内荒尾と唱来ル場所ニ而四手網猟致居候を、八浜村之者多勢罷越、理不尽ニ申懸、四艘之猟師共召連帰候」として、妹尾側漁師からの上申を岡山藩側にそのまま伝えている。第二節地図3-1の与左衛門かしと第三節地図3-3の鑵子の位置は遠く離れており、内藤も児島・妹尾どちらかの偽証と捉えたようである。

(14) 前掲史料九三五~七頁　(15) 前掲池田家文庫　前掲「猟場公事」一一月六日条。

(16) 第一節掲載　文化期争論を扱った杉本論文(『岡山の歴史と文化』四七三頁)。なお、(15)の児島後三郎の発言史料も同じ杉本論文に掲載され、重要な発言とされている。

(17) 「明大三宅」文書　史料番号13-5　前掲史料九四〇~二頁。杉本論文にはその主要部分が掲載されている(前掲四七四頁)。

(18)「玉野三宅」文書3-404（文化一三）六月六日付三宅安太郎宛八浜村官蔵・伊右衛門書状

(19) 同前文書3-408（文化一三）六月七日付上野八郎平宛彦崎村名主勝右衛門書状

(20) 同前文書3-415（文化一三年六月七日）付「妹尾村庄屋共へ申遣吏口上」（三宅安太郎筆跡草稿）

(21) 前掲池田家文庫「児島郡八浜村猟場公事」（E4-264）文化一三年八月五日条。

(22)「玉野三宅」文書2-16 文化一三年八月「御見分使御逗留中諸注進留　元扣三宅安太郎」同年八月二一日条。以下、特に断らない限り、以後の本文中の記述はその日付史料をもとにしており、註記は省略する。なお、別冊としてほぼ同文の2-17「御見分使御逗留中諸注進留」（元扣三宅安太郎の部分がない）があり、史料引用部分はこちらも参照した。

(23) この部分の原文は、「今保村漁師共参間敷所へ参り漁業いたし候而（網を）妹尾へ預り申、返間敷網を者今保へ返し、妹尾漁師相極候場所ニ而網被取候分ハ、今以今保へ指置等閑ニ致置候段不審と御察当被成候」とある。なお、海上の諸事件についての妹尾側の主張は、井上旭泉堂収集文書補遺1 A-70（文化一〇）九月一九～二一日表題なし［海面出入りの件］で確認できるが、右の松坂の発言は二三日のため、ここには見えない。

(24)「玉野三宅」文書2-18「内海一件熟談願下書類　三宅安太郎扣」（文化一三）一〇月一六日付「乍恐以書付奉願上候」。連印者は、児島側が大庄屋天城村中島三郎四郎・北方村合田千右衛門、妹尾村頭取庄屋精次右衛門（矢吹氏）・箕島村大庄屋治左衛門（加茂村住片山氏）・早島村大庄屋与惣右衛門（大森氏）・帯江村大庄屋荘右衛門（溝手氏、頭取庄屋有城村伊之七代印）である。

(25) 同前史料　文化一三年一〇月晦日付　御検使様宛　妹尾村惣代庄屋代忠兵衛ら「乍恐書付を以奉申上候」

(26) 同前史料　文化一三年一一月三日付　御検使様宛　妹尾村惣代庄屋代忠兵衛ら「乍恐以書付奉申上候」

(27) 同前史料　文化一三年一一月日欠　御検使様宛　槌ヶ原村名主太兵衛ら「乍恐以書付奉申上候」

(28) 同前史料　文化一三年一一月一三日・二一日付書状欠

(29) 同前史料　文化一三年一二月日欠　「乍恐以書付奉願上候」。なお「明大三宅」文書　史料番号42［児島二十二ヶ村と妹尾村魚猟場一件書類留　断簡］にも収録されている（岡山県立記録資料館複製資料三二五三～三二六四頁）。

(30) 前掲池田家文庫E-4 274「内海一件御裁許御請書」の「差上申一札之事」。また、「明大三宅」文書　史料番号43「内海一件済口差上一札写」、「玉野三宅」文書2-18前掲史料の「差上申一札之事」が同一史料である。

(31)「玉野三宅」文書2-18の末尾には、東磯の舟猟夫三〇人・板乗一一六人、西磯の舟猟夫四二人・板乗一六六人の合計三五四株（軒か）の名前があり、人数一八〇〇人余とある。

第四章　宇藤木・友林堂の建立

第一節　戸川友林と墓守人

友林堂に伝わる二史料

常山の東麓、玉野市宇藤木のＪＲ宇野線常山駅から急な坂道を登ったところに戸川友林墓がある。全高二四五センチの豊島石製五輪墓は、墓所の一段下にある友林の位牌を祀る霊廟「友林堂」とともに、玉野市重要文化財に指定されている。

戸川友林（幽林とも）はもと富川肥後守秀安と名乗り、岡山城主宇喜多直家・秀家の重臣で、背後にある常山城の城主であった。『戸川記』[1]では、父は備後国門田の産の門田某とされ、『寛政重修諸家譜』では宇喜多能家妾腹の子を父に持つとあり、大きく二説にまとめられる。『戸川記』によると、幼名は平助で、天文七年（一五三八）生、五歳の時父が死に、母は平助を連れて備前に出たという。ついで母は姉が嫁ぐ美作国の富川禅門のもとを訪ね、禅門に平助を預けて備前に戻っていった。禅門夫妻は平助を富川家の養子にした。やがて、母が宇喜多興家の子の乳母に召し抱えられたが、美作での戦乱で富川禅門が死に、禅門の妻も死の直前、帰依する僧に平助を託し、僧は平助を連れて実母のもとに届けたという。興家は平助を召し抱え、嫡男直家の伽とした。やがて平助は平右衛門と改名した。『戸川記』には、「秀安武功の事正敷記録無し」とあるが、その後、直家が毛利を離反した天正七年の辛川合戦時[2]に常山城にいて毛利勢に取り巻かれていたこと[3]や、直家死後、八浜合戦で岡山から渡海して奮戦したこと、備中高松城の合戦時には上州草津温泉に湯治で逗留していたことなどが記されている。他の軍記物によれば、妙善寺合戦[4]、石山城接収、上月城合戦などに参陣していたことが追跡できる。なお、『寛政重修諸家譜』では、常山城を預かり、秀吉から天正一三年に従五位下肥後守に叙任され、秀吉の諱名一字を賜ったことや、天正一八年に城主と位階受領名を嫡子達安に譲ったこと、出家して友林と名乗り、慶長二年九月六日に六〇歳で死去したことなどが記されている[5]。

秀安の詳細な研究は、子達安とともに史料不足等のため困難な状況[6]にあるが、ここでは秀安の霊廟である友林堂に伝わる秀安存命中の一次史料を二点紹介しておこう。

まず、写真4-1は、別の板にはめ込むためか上下に小突起がある長方形の板で（計測未実施）、「常山充徳寺　宝幢院日賢花

写真4-2　日賢（左）・日教（右）墓

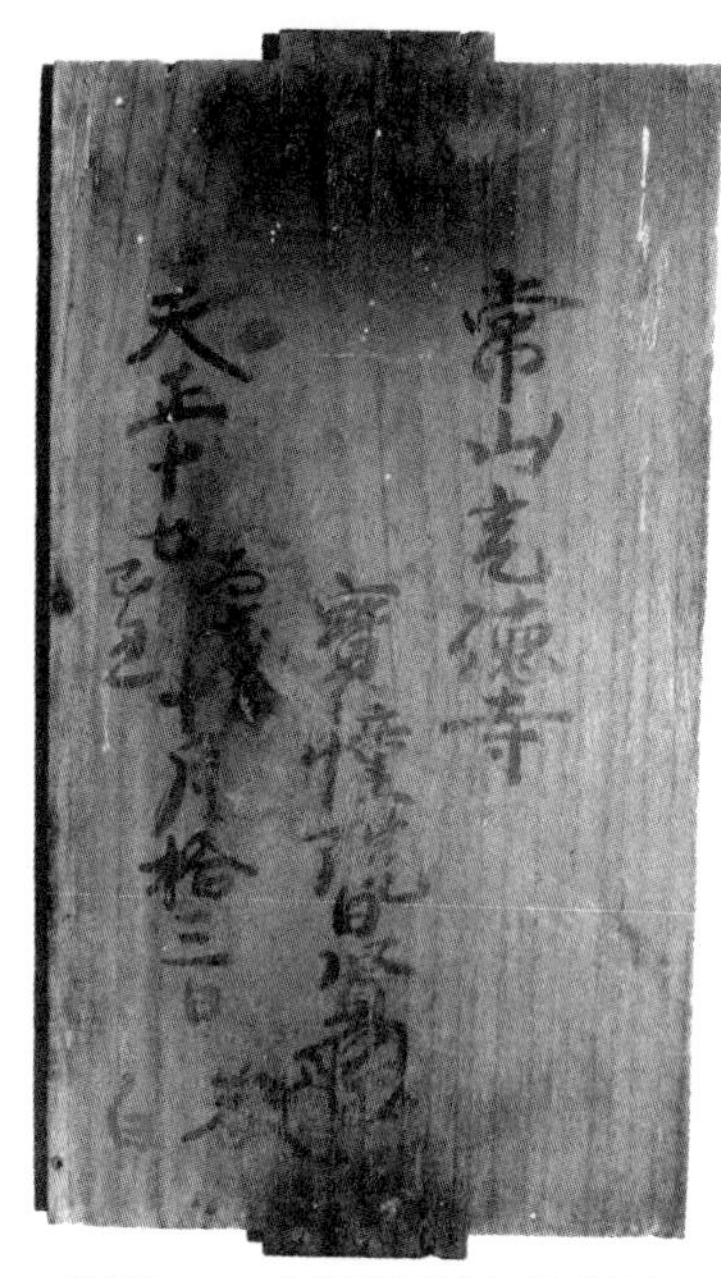

写真4-1　宝幢院日賢在銘古板

押　敬白　天正十七為歳己丑十月拾三日」と墨書されている。天正一七年（一五八九）は、秀安が嫡男達安に家督を譲ったとされる年の一年前である。『戸川記』には、家督譲渡前後の様子として、「児島常山麓に引籠、茶湯連歌并文筆を翫ぶ、日頃日蓮宗を崇み、病ひ超過の後は仏道の外無他事」とあり、法華三昧の暮らしをしていたと思われる。また、日賢という人物も、友林墓のすぐそばに豊島石製五輪墓があり（写真4-2）、地輪に「日賢　慶長三年五月朔日」と没年月日が刻まれている。秀安の家臣で熱心な日蓮信者であったといわれ、秀安の法華三昧を導き、秀安が創建した「常山充徳寺」の開祖となったと思われ、旧主の没後約七ヶ月にして遷化したことになる。秀安の法華信仰は強く、自領内の他宗寺院に対して改宗を強要したとされ、これに応じなかった藤戸寺を天正一八年に焼き払い、同寺は灰燼に帰した。その後、寛永八年（一六三一）池田忠雄の後援を得て再建されるまで荒廃したままであったという。[7]

もう一つの史料は、写真4-3の「木造日蓮菩薩像」の台座に残された銘文である。右から、「為悲母妙□　三十三ヶ回　日蓮大菩薩　文禄二癸巳三月五日」と記されている。文意から、悲母妙□のために、三三回忌に当たる文禄二年（一五九三）三月五日に法要を営んだということになる。文禄二年から三三年前とは、永禄三年（一五六〇）前後であり、その頃に亡くなった「慈母」とは誰をさすのかが問題となる。[8]まず、秀安の「慈母」であるなら候補者は二人あると思われる。一人は実母

写真4-3　木造日蓮菩薩像と文禄２年台座墨書銘

であるが、『戸川記』には「母は長寿にて孫肥後守達安備中国廣瀬（庭ノ誤）在城の節迄存命し、諸人に崇敬せられ、慶長八年九十三歳にて死、法名妙珠云々」とあり、該当しない。なお、実母は、慶長八年（一六〇三）没から逆算して、永禄三年には五〇歳に当たる。

可能性のあるもう一人は、『戸川記』の冒頭に登場する富川禅門の妻である。秀安の実母の姉ともされ、禅門が干戈で害されたあと、秀安を実母のもとに送り返した人で、禅門が富川家の養子としたともあるから、養母であったともいえる。しかし、この女性は、平助を僧に託した後、禅門とほぼ同時期に死去したようで、この史料のように生き延びて永禄三年前後に亡くなったと考えにくい。この女性は秀安にとっては幼い時の自分を実母にかわって護り育ててくれた人であり、まさに「慈母」であったと思われるが、亡くなった時期がかみ合わないようである。

秀安の「慈母」でないならば、前述の「宝幢院日賢」の母という見方もある。友林堂の前身である充徳寺の住職として、母の法要を営んだのかもしれない。いずれにしても謎の台座墨書銘であり、解明が待たれる。

友林墓の墓守人

富川友林は前述のように慶長二年（一五九七）九月六日に六〇歳で死去し、常山の東麓に葬られた。五輪墓には「南無妙法蓮華経　昉授居士」、位牌には「南無妙法蓮華経昉授霊（裏）慶長二年丁酉九月六日戸川友林」と刻まれている。葬儀の時、子達安は朝鮮在陣中であった。さらに、慶長四年には「宇喜多騒動」が顕然化し、達安らは宇喜多家を退去し、やがて関ヶ原戦には東軍の一員となって戦い、戦後、備中庭瀬藩二万九二〇〇石を拝領することになる。もと、宇藤木一帯にあったと思われる戸川家の諸家臣の墓は庭瀬、妹尾などに移動されたといわれているが、友林墓は移転が叶わず、宇藤木に残され、友林有縁の人を墓守として細々と守り続けられた。

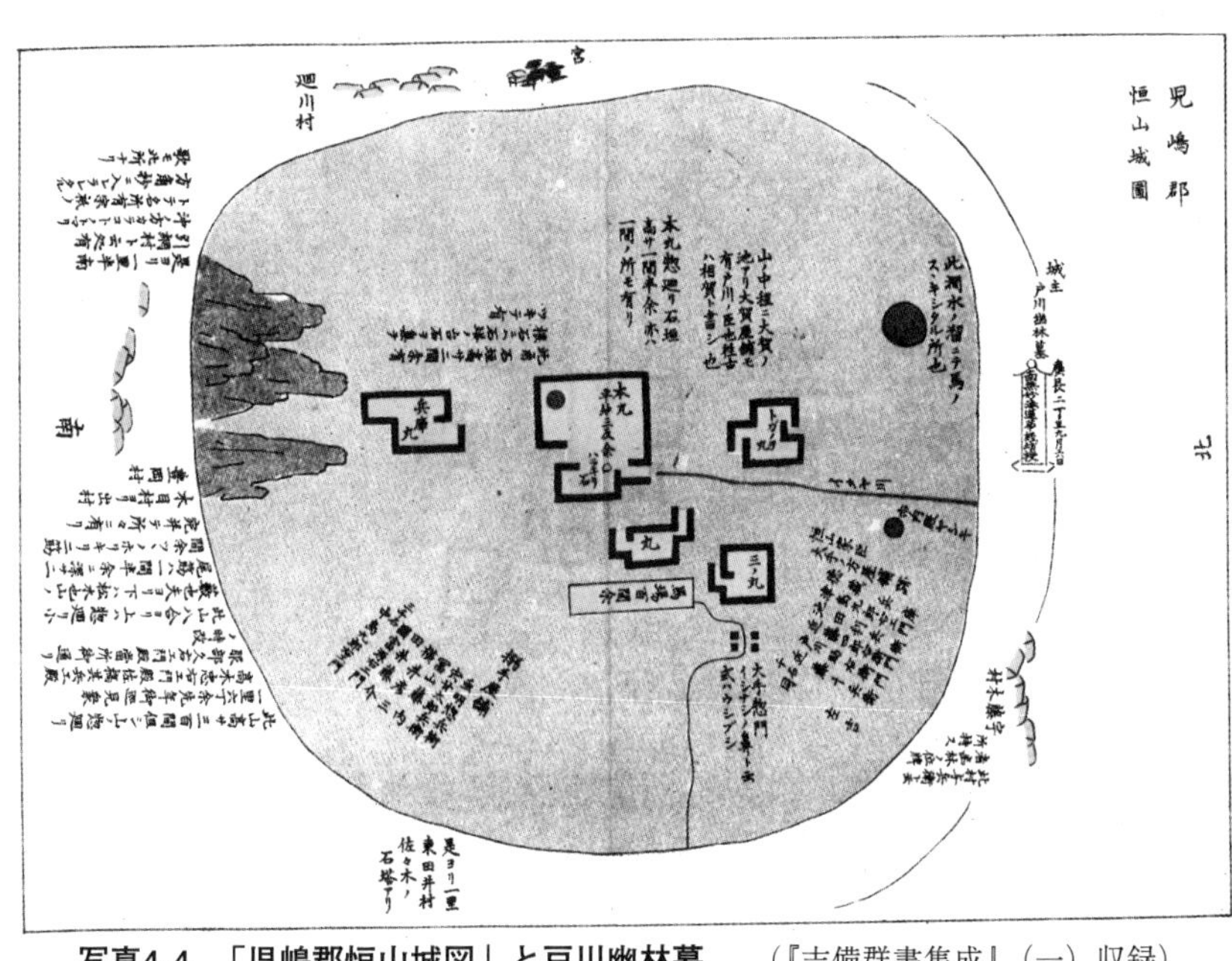

写真4-4　「児嶋郡恒山城図」と戸川幽林墓　（『吉備群書集成』（一）収録）

写真4-4は、江戸前期後半の常山城の現状を伝える図である。左の記述部分に「先年御巡見衆高木忠右エ門殿・佐橋其兵エ殿・服部久右エ門殿当所御通リノ時改」とあり、この三人組の幕府巡見使が当所を通ったのは延宝九年（一六八一）であり、この使節の質問に応対するために作成された常山城の縄張図であった。従って、この図は戸川達安が常山城を去って約八〇年後の状態を示したものである。常山山頂には本丸・兵庫丸・トガノヲ丸・丸（二ノ丸カ）・三ノ丸・馬場・大手惣門が描かれ、恒山家臣として大手ノ方屋舗七人、搦手屋舗七人の名も添えられている。本丸から北（実際は東）方向にイタヤ川が流れ下っているが、その先に「城主戸川幽林墓」が書き込まれている。さらに宇藤木村には「此村与兵衛ト云者幽林ノ位牌所持ス」とあり、友林墓の墓守の名が登場する。この延宝九年は、庭瀬藩四代安風の時、同七年（一六七九）に無嗣断絶し、同年、弟達富が名跡を継ぎ五〇〇〇石の撫川・戸川家が成立して二年後に当たっている。

続いて、元禄一三～一七年（一七〇〇～一七〇四）に成立した『備前記』[9]の宇藤木村の条に、「古ノ屋敷跡ノ土居石垣抔有之、常山城主戸川友林ノ墓アリ、于今戸川氏ヨリ毎歳墓守リニ米ヲ給フ」とあり、戸川氏から墓守に米が支給されていたことが知られる。また、早島戸川氏の家臣納所實家文書の中の宝永二年（一七〇五）に成立した［役所記録］[10]に、「爾今従戸川玄蕃様、今以御墓守ニ御米少ツ、被遣候由及承候」とある。この戸川玄蕃も撫川・戸川達富であり、墓守への米支給が確認できる。さらに、同家文書の［庭瀬侍帳と人事記録］[11]には、享保一二年（一七二七）に、「友林様御墓守江米壱俵宛被下候義、九月二日仕出御用書ニ御請被仰上候」とある。すでに戸川家は撫川・早島三四〇〇石（のち中島・戸川四〇〇石を分立）・帯江三三〇〇石・妹尾一五〇〇石の旗本四家に分かれており、この年は、撫川は二代達策、早島は五代安聡、帯江は三代安村、妹尾は二代正方（達策の弟）の代となっている。墓守に対して「米壱俵宛」とあるので、四家から一俵ずつの支給であったと思われる。

下って文化一〇年（一八一三）、「児島郡手鑑」の宇藤木村条には、「戸川友林様御墓并御位牌共、宇藤木村ニ御座候、代々屋敷御免地ニ而、御墓守同村加右衛門と申者仕申候、米五俵ツ、毎年左之通　弐俵備中撫川ゟ　壱俵同妹尾ゟ　壱俵同帯江ゟ　壱俵同早島ゟ請取」とある。これにより、墓守の名は当時加右（左の誤記カ）衛門であり、その屋敷は墓所も含めて免税地とされ、毎年五俵の米を下賜されている。その俵数は宗家撫川から二俵、他の三家から一俵ずつで、この下賜米の増加は、次節で明らかになるが、友林堂が創建された文化二年（一八〇五）一二月から始まることになった。このように、戸川友林墓は、江戸初期より墓守の手によって守り続けられ、その墓守給米の下賜が続けられたのである。墓守人の家名は則武氏のち大塚氏と改姓されているが、その時期や理由は未詳である。

大塚家文書と大塚家の改築

大塚家は戦前、当主大塚里治氏の時、岡山師範学校教諭永山卯三郎による史料調査を受けており、その成果は、『岡山県金石史』の続編「戸川友林墓石」[12]の項に収録されている。永山はそこで「友林院墓守則武嘉左衛門（襲名後大塚と改）」とし、何代目かの嘉左衛門が襲名した後に、則武氏から大塚氏へ改姓し、文化三（ママ）年に「御霊屋」を建てて友林位牌を安置したと付記している。また大塚家の史料として、年未詳二月一八日の「覚」、文化二年九月の「一札」、「常山の御社乃記」の三点を掲載している。二〇一六年の筆者調査で、それ以前の史料や幕末にかけての史料が確認できたので、それらを紹介しながら、友林堂の建立の経過やその祭祀などの文化史的側面をまとめておきたい。

現在伝えられている大塚家文書として最も古い史料は安永一〇年（一七八一）二月のものである。史料4-1は墓守嘉左衛門が家普請を申し出たため、撫川戸川役所から銀三〇〇目を下賜し、史料4-2のように加左衛門から請取覚を差し出している。

史料4-1

覚

一銀三百目

右者今般普請之義願出候付、被下置候以上

撫川役所　㊞

安永十辛丑年二月

児嶋御墓守　嘉左衛門

史料4-2

覚

合□（三）百目

右之御銀此度家作事料頂戴被為仰付、難有慥ニ奉請取候以上

安永十年二月

宇藤木村加左衛門　㊞

庭瀬御屋鋪

御用人中様

この時、大塚家では次頁の表4-1左側のような改築計画を立てたようである。これは同家文書の丑（安永一〇年）二月付「家建直し入用書上　宇藤木村加左衛門」と表書された長冊で、裏面には「大塚嘉左右（ママ）衛門」とある。しかし、この裏書は後の加筆とも思われ、則武から大塚への改姓後か、併用期か断言できない。この中で、座板一二坪とあることから増改築部分は三×四間ほどの規模で、また、御仏前作事とあることから友林位牌を収める仏間が含まれていたと考えられる。屋根全体は茅葺きであるが、天井板が二間分、畳三畳が計画されており、仏間あるいは戸川家関係の着座する部屋であるようにも思える。この家普請は大工のべ一〇〇人分の手間賃と期間が想定されていた。これに対して表4-1の右側に実際実施した作業を示した。柱や鴨居はほとんど取り替えたが、梁や棟木などは継続使用して経費を削り、座板や戸障子畳天井、屋根の葺き替えを行ったようである。

この時の増改築の間取り図と思える図も残されている。写真4-5がそれである。この図の黒丸の数が四八個あり、表4-1の取り替え予定の四八本と一致する。増改築計画の座板一二坪分の内訳は、推測であるが、図左下の六畳二間とその上

の八畳の間、それに三畳の左上一畳半分と思われる。合計二四畳半になるが、畳三枚を敷き一畳半部分に友林位牌を祀る仏壇が造られたのかもしれない。家屋の表は南東に向いており、恐らく図の右手が嘉左衛門一家の住居部分で、増改築する左手が位牌を祀る戸川家関連の部分であったと思われる。

表4-1　安永10年大塚家改築明細と実施部分

部分名	数量	費用(匁)	実施部分	費用(匁)
柱	48本	72	下柱40本取り替え	60
はり	6本	24		
なけかけ	2本	16		
庭ノ上登	3本	21		
座敷上引物	2本	20		
うら登り	4本	8		
おもて登	2本	12		
なりをき	2本	20		
惣廻りけた		40		
ぬき	25丁	17.5	ぬき25丁取り替え	17.5
むねきたるきくわつしよ共		20		
敷居かもへ	8丁	16	敷居4丁取り替え	8
をびき	6本	18	おびき取り替え	18
ねたき	30本	15	ねだぎ取り替え	15
座板	12坪	48	坐敷□□□	48
釘		15	釘代	15
戸	12枚	72	戸12枚	72
唐紙	3枚	15	唐紙3枚	15
竹	30束	30		
天上	2間	80	天井2間	80
畳	3枚	15	畳3枚	15
せうじ	5枚	15	せうし5枚	15
やねかや		80	屋根加屋	80
御仏前作事木板代共		50	御佛前作事木板とも	50
大工手間百人渡しニ仕		200	大工手間賃渡し	150
合計		939.5	合計	658.5
只今家ニ御座候古来持寄ニ仕ル		200		
必要経費		739.5		

左は大塚家文書「家建直し入用書上」、右は「家作事入用書上」より作成

この造作は三月一五日に大工源七に一五〇匁が渡されて本格化した。大塚家文書「作事入用御拂」には、この支払いを含めて様々な職人・商人に必要資材の購入経費や運賃・手間賃などが記録されている。おもな項目を紹介しよう。

紋吉　…　四八寸一間半の松材、木挽一七人分
文四郎　…　四歩板二間杉材、二間杉柱一本、三間杉柱二本、三間杉丸太四本
平吉　…　三間の松柱一本、二間の松柱一本、五歩板一間の松材
早島・権兵衛　…　一丈杉柱七本
伝六郎　…　木挽賃五~六人分

これらにより、紋吉ら四人が手分けして、長短の松杉材合計一六本の柱や四八寸の角材・四~五歩の板を買い求め、木

挽が加工し、大工源七の指揮で建築を進めていったと思われる。棟上げ時には、「小大工并木挽祝儀以上四人」に対して各二〇〇文が渡されているから、大工源七、小工（名不明）、木挽き紋吉・伝六郎が大工仕事の担当者であったろう。

一方、岡山・古金屋から釘、南蛮錠一つ、瓦釘三〇本が購入され、七兵衛が船で岡山から瓦を積んで戻り、安次郎は屋根仕事と柱穴掘り、金左衛門も柱穴六つを掘っている。ここからは、柱穴を掘る担当者や、さらに屋根に一部瓦を葺く作業も行われていることもわかり、瓦師五郎太夫という名も登場する。さらに、久八が茅一二三〇匁、茂曽呂（宇藤木隣村の迫川村の常山北麓集落）の与五郎が奥迫川村の茅一二三〇匁と尾原村茅八二〇匁を買い集めている。その茅を船に積んで宇藤木まで運んだのが弥平次と甚左衛門であった。また、岡山・銭屋から唐紙八四枚を購入し、七兵衛が岡山から船で畳を積み戻っている。この他、上道郡の金岡湊・乙子屋の名も登場するが購入品は不明である。竣工時のお祝いなのか、助三郎から餅米一斗六升、源四郎から米二俵と麦一俵を買い求めている。ただ、これらの記録は居所不明の人物が多く、江戸中期末頃のやや大きな農家の増改築担当者たちの地域的広がりを知るには村名が不足している。

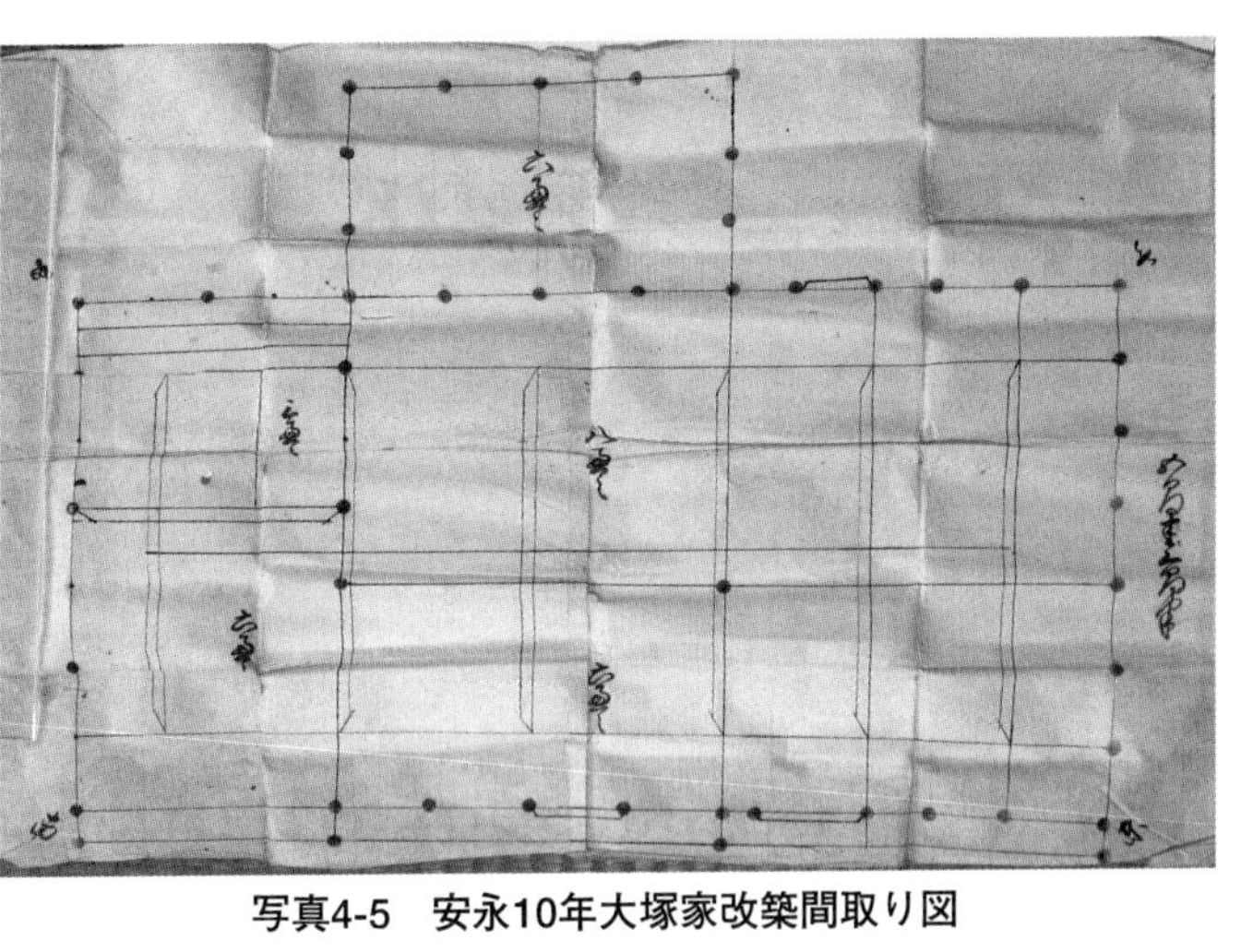

写真4-5　安永10年大塚家改築間取り図

次頁の史料4-3は、前掲「家建直し入用書上」の末尾の部分である。（前略）の中に今まで述べた購入物資や購入先などが記載されているのであるが、その合計が六六三匁余となっている。その費用のうち、史料4-1で示した撫川陣屋から三〇〇匁、妹尾陣屋から一五〇匁、早島・帯江陣屋が各一八〇匁の合計八一〇匁が下賜されている。残銀は一五五匁余であった。これらの収支決算をまとめたのが宇藤木村名主平吉であるが、前述の杉や松材を集めた平吉本人であったかは不明である。日付は改元が行われて天明元年（一七八一）閏五月で、この時、差出先は嘉左衛門の子市太郎宛となっている。

史料4-3

（前略）

合六百六拾三匁六分八厘

内

戸川内膳様　　三百目　　撫川御屋敷ゟ

戸川山城守様　百五拾目　妹尾御屋敷ゟ

戸川内藏助様　百八拾目　早嶋御屋敷ゟ

戸川左門様　　百八拾目　帯江御屋敷ゟ

九匁四分三厘　品々拂物外ニ書付有之候

残而百五拾五匁七分五厘過

右之通家作事相済銀子指引致シ相渡シ申候以上

天明元年　　宇藤木村名主平吉

閏五月十四日　　求方花押

御墓守　市太郎殿

第二節　友林堂の建立

友林堂の建立　大塚家の増改築が成って暫くたったころ、大塚家内に体調不良者が目立つようになり、大塚家の当主は不安を募らせた。次の史料4-4は年未詳であるが、前出『岡山県金石史　続』にも掲載された二月一八日付の嘉左衛門の訴えである。

史料4-4

覚

一友林様御墓守加左衛門願候者、友林様御位牌居宅有之候故歟、病人抔有之迷惑ニ存候間別家ニ致、御位牌移申度候、差而御物入之儀も無之訳ニ御座候由申候段、早速於此方申上候

一御位牌居宅ニ置候儀者最早数十年来ニ有之候、別家江移申段者大炊頭様江御遠慮ニ思召候間、不罷成候
一御位牌之儀菟角持あくミ候何やニ候者此方江御請取御菩提所江成共御納被成候ゟ外ハ無之候、併友林様御墓御位牌有之ニ付、此方者勿論、戸川御一家様方ニ茂加左衛門儀御懇ニ思召事候、然処何十年来歟安置仕候御位牌此方江御請取候段気之毒ニ思召候、加左衛門儀茂数十年来奉安置候御位牌此方江納り候ニ而不本意之儀ニ候、御位牌故病人抔有之と申候得者、此方江納候而ハ道理違候間、猶以為悪敷可有御座候、数十年来之様子不相替安置仕可然儀ニ候間、此段加左衛門方江御申遣可有候以上
二月十八日

この史料の第一条では、加左衛門が友林位牌が居宅にあるためか、病人などが出るので別家を建てて位牌を移して欲しいと願い出ており、此方（役所）から主君に上奏することとある。第二条では、位牌を居宅に置くようになって数十年になるが、別家を立てて位牌を移すのは大炊頭様に対して遠慮すべき時期であり、実行しなかった。この大炊頭が誰を指すのか不明である。第三条では、友林位牌を戸川家が請け取れば、御菩提所にでも納める他はない。位牌が友林墓とともに今まであったので、戸川家も墓守加左衛門を大切に思し召してきたのであり、数十年来の仕来たりのように今後も続けるべきであることを加左衛門に申し伝えた方がよいという判断になっている。結局、位牌は墓とともにあるのがよいが、加左衛門家の不幸を防ぐためには、第一条のように、別家を建てることが得策と考えられるようになった。

文化二年（一八〇五）、友林の霊廟が建立されることになった。その史料4-5「一札」によると、数代の間嘉左衛門宅にあった戸川友林の霊位が、文化二年に戸川四家の協力のもと「御霊屋」を建立して祀ることになった。普請奉行は早島家臣の畑儀右衛門、大工棟梁は同じ早島の松田利兵衛が務め、五月一一日に現地に出張し、閏八月九日に上棟式が行われた。友林命日の九月六日に遷宮となり、位牌を遷す御輿は嘉左衛門父子が担った。当日戸川四家からの代参と諸役人上下が拝礼し、儀式は滞りなく終わっている。この「一札」は同年九月に、則武嘉左衛門の名で清書されている。

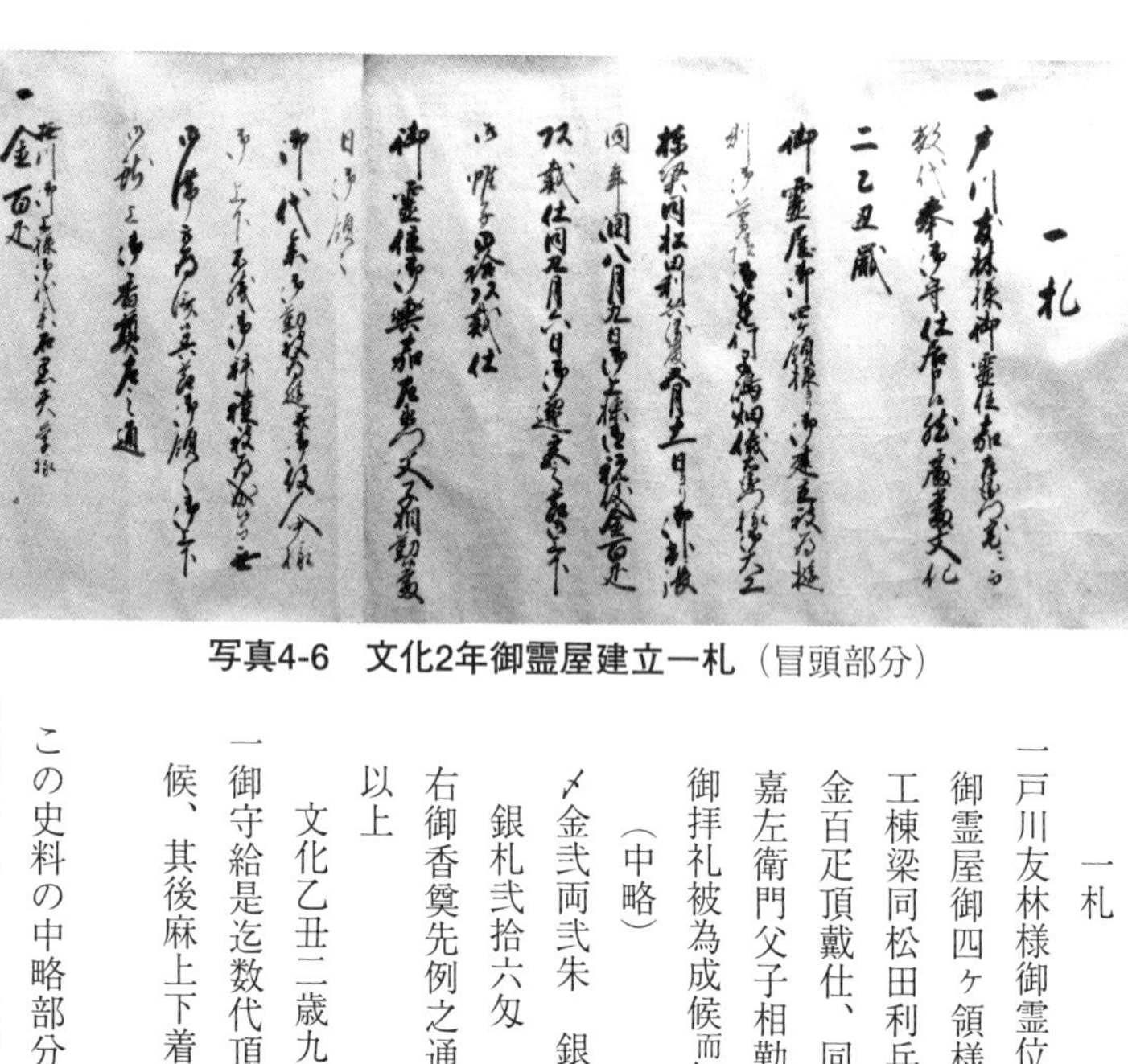

写真4-6　文化2年御霊屋建立一札（冒頭部分）

史料4-5

一札

一戸川友林様御霊位、嘉左衛門宅ニ而数代奉御守仕居申候、然処当文化二乙丑歳、御霊屋御四ヶ領様ヨリ御建立被為遊、則御普請御奉行早島畑儀右衛門様、御大工棟梁同松田利兵衛殿、五月十一日ヨリ御出張、同年潤八月九日御上棟御祝儀金百疋頂戴仕、同九月六日御遷宮之節、御上下御帷子御袷頂戴仕、御霊位御輿嘉左衛門父子相勤候、当日御領々御代参御勤被為遊、并御役人中様御上下不残御拝礼被為成候而無御滞被為済候、其節御領々御上下御献上御香奠左之通

（中略）

〆金弐両弐朱　銀八拾八匁六分

銀札弐拾六匁　古札拾弐匁　以上

右御香奠先例之通奉頂載候、其後御領々様へ御礼廻勤仕候、前文為後証記置候以上

文化乙丑二歳九月

則武嘉左衛門

一御守給是迄数代頂載仕居申候処、当十二月朔日御領々様ゟ壱俵宛御加増被仰付候、其後麻上下着用御礼廻勤仕候

この史料の中略部分の香奠をまとめたのが表4-2である。戸川四家それぞれの上中級家臣の名とともに、各領内の村役人を務めている豪農商の名も知られる。[14] 撫川では九名と撫川に大庄屋伊達氏と難波氏、中撫川に庄屋高橋氏、早島には佐藤氏と溝手氏、帯江には大庄屋平松氏、妹尾にも大庄屋井上氏や掛屋矢吹氏が見え、この時期の戸川領内の支配体制の一端を伝える史料でもある。

表4-2　文化2年友林堂建立時の香奠一覧

領	金100疋	南鐐0.5片	銀4匁	銀1両	銀札3.1匁	銀3匁	銀2匁	銀1.5匁	銀1匁	古札1.7匁
撫川	**撫川御上様** 撫川九名郡中 村役人中		**石黒矢学** **横田周治** **宮田平蔵**	撫川大庄屋 難波藤太夫 九名大庄屋 伊達才治 中撫川庄屋 高橋一作			**横田嘉七** **三宅牧太** **楠田改右衛門** **丸川岩五郎** **谷田良右衛門** **磯田吉五郎**		**岡田文治** **浦田官治郎** **剱持祐吉** **伊達藤太** **森下新平** **楠田安平**	
早島	**早島御上様** 早島郡中 村役人中	佐藤平治兵衛 溝手九郎兵衛	**岡十郎左衛門**			**数田仲之助** **岡銀治郎** **宮口小弥太**	**和田七九郎**	**大森勝治郎** **片山新左衛門**	**畑儀右衛門** 掛屋直助	茂平治 猶平治 彦兵衛 円吉・茂蔵 三郎兵衛 平左衛門
帯江	**帯江御上様** 帯江郡中 村役人中		**陶山武右衛門** 帯江大庄屋 平松紹右衛門 西山称平			**西山治右衛門** **尾崎龍左衛門**	**平松秀治** **西山源吉**	**小山用右衛門** **森上金左衛門**		
妹尾	**妹尾御上様** 妹尾郡中 村役人中		**陶山藤蔵** 妹尾大庄屋 井上又兵衛 掛屋矢吹弥平治		**松田留休**	**岡清右衛門**	**有松源太** **松田留八**	**伊丹良右衛門** **陶山小藤太** **渡辺只之進**	**矢吹十太夫**	
計	金2両2朱		銀88匁6分（銀1両≒3.67匁）と銀札26匁							古札12匁

ゴシック体は各家中の士分、明朝体はこの時点での領民身分の人物を示す。銀貨のうち、帯江の役人と早島の掛屋直助は銀と同額の銀札である。

友林堂の建物と奉献物

大塚家文書に「常山の御社の記」と題した重要な史料が伝わっている。友林堂の建立の経過を変体かなを多用して記録したものである。写真（次頁　冒頭部分）とその解読文全文をつぎに示した。

史料4-6

みちのくちの児島の郡なる常山の麓におはす神は、天正の頃にて此山の城の御あるしの君なりし肥後守戸川秀安の君のみたまにて、みはかもそこに有けり、其御すゑく此ミちのなかに四ところに分れて、撫川・早島・帯江・妹尾の里々をしらせ給ひて、みなかのみたまをおや神とたふとみ給ふ、①此みはかむかしハ常山宝幢寺といひし寺のついひちのうちにありしに、②世かわり時うつりて、てらもあとなくなりてのゝちは、そのわたりにすむ嘉左衛門といふものの遠つ祖の何かしにおほせてまもらせ給ひしより、みたまのしるしもその家におはす事年久しくなりぬ、③なにかしは其かみいかなる故か有つらむさたかにはしられねど、かの君のおはせし世に御恵をかうふりしものゝ末ならむとおしはからる、さて春秋のまつりハおこたらせたまハねども、かゝる賤か屋におはすはかたしけなきことゝおもほして、こたみあらたに御社をつくれよとおの〳〵其おみ達ニおほせ云ありけるまに〳〵かたらひあハせて、④文化の三とせといふとしのやよひの頃其事はしめ、おなし年のはつきはかりになしをへて、なか月の六日のひになむ、みたまのしるしをあらたなるみやしろにうつし奉る、⑤その事とも早島人もはらものせよとのたまひつけしかは、こころのおよハむかきりとかくおきてたりしに、みたまのみたすけやそひぬらむおもひしよりもつくりさまなとうるハしく、めてたくいてきたりき、⑥さるよしをすゑの世に

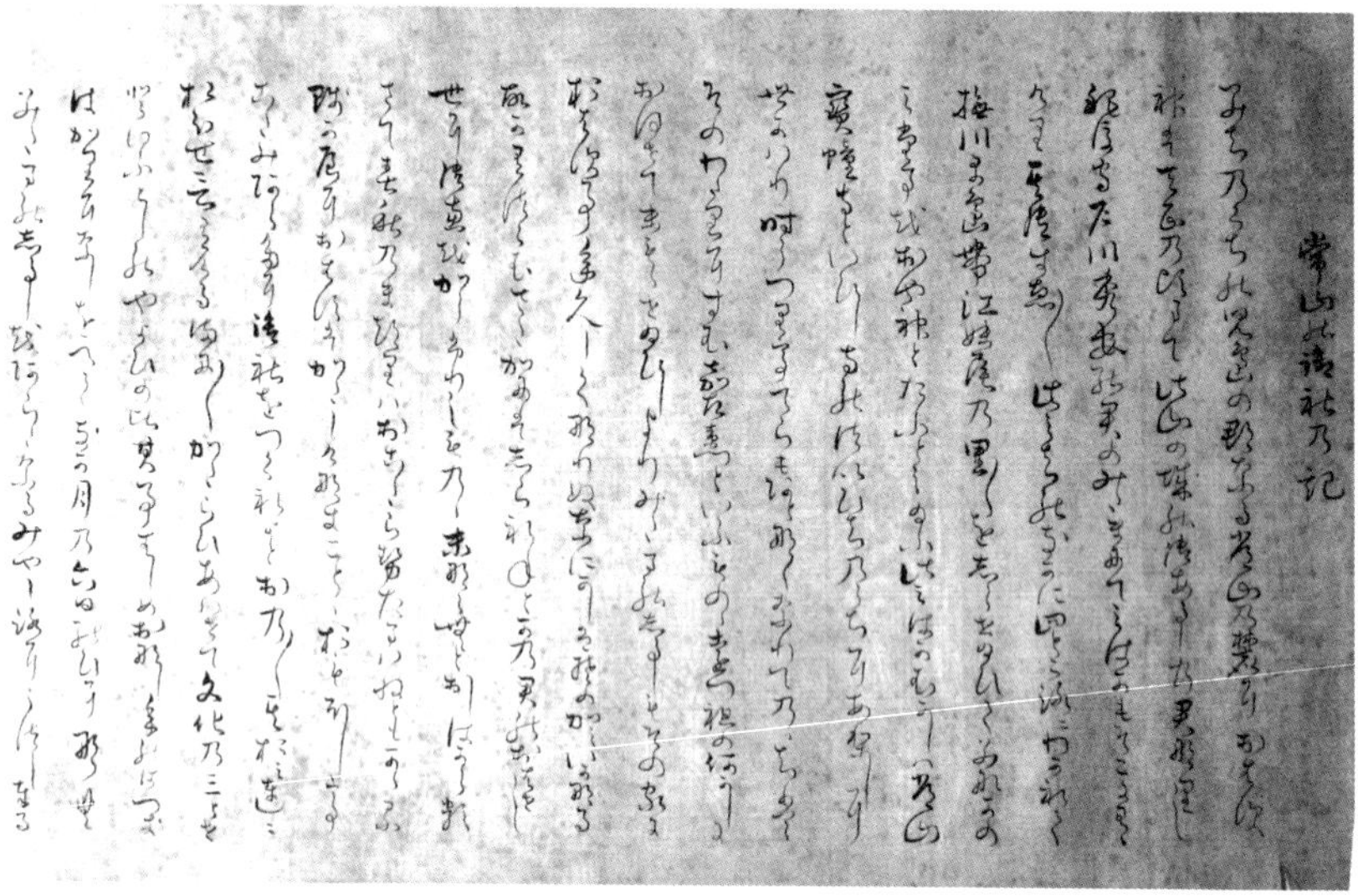

写真4-7　文化2年「常山の御社の記」（冒頭部分）

伝へむとて、かみのくたりものせしついてに、此ことにかかづらひし臣たち、もの奉りしひとく、たくみらか名までつきくにかきしるしつゝ、

史料中、①の部分には、友林墓は昔常山宝幢寺という寺の築地のうちにあったと述べている。これは、前節で紹介した常山充徳寺を指し、宝幢院日賢から寺号と考えたと思われる。その寺が廃寺となった後、②のように、付近に住む嘉左衛門の先祖に墓守として守らせたので、位牌もその家に長く伝えられることになったという。③では、その先祖も友林との間にかつてどのような縁があったかは聞いていないが、友林の在世中に御恩を被った者の末孫ではないかと考えたようである。そして④のように、文化三年（二年の誤記であろう）の弥生に着工し、八月ころに完成、九月六日に位牌を新たな社に遷すことができた。その時、早島人に建築を専ら進めるよう言われ、心の及ぶ限りを尽くそうと努めたが、友林公の御霊が助けてくれたのか、思っていたよりも出来上がった姿は美しくめでたく完成した。⑥では、こうした経過を後世にも伝えるため、この造営に関わった家臣たち、奉納品を寄せた人々、大工たちの名まで書き残しておくと記している。

「常山の御社の記」は⑥をうけて、創建された「御霊屋」の境内や堂内に寄進をした品々を書き添えている。表4-3はその一覧、また地図4-1はその配置図である。文化二年（一八〇五）当時の戸川四家

表4-3 文化2年友林堂建立・寄進一覧

寄進箇所	担当	寄進者	設置場所・備考
神劔一振	【中島】	戸川筑前守藤原朝臣安論	現存せず
春日形石灯籠一対	全家中	撫川・早島・帯江・妹尾家中	①② 銘なし
御神前荘厳御手伝	【帯江】	戸川大次郎家臣　西山次右衛門雅雄	⑪
御手水鉢 素屋共	【早島】	戸川隠岐守家臣　片山新左衛門典義 （銘：清浄水　発願　文化二乙丑年□八月廿六日）	⑦⑧
東明寺形石灯籠一対	【妹尾】	戸川大学家臣　矢吹重太夫尚重 （銘：奉献　文化二乙丑年潤八月廿六日 矢吹重太夫尚重）	⑨⑩
惣石垣・桂石 ・敷石・石橋	全領民	撫川　早島　帯江　妹尾　郡中御手伝	石橋は本来イタヤ川に架かっていたが、戦後の河川改修のため境内入口に移設されている ③④⑤⑥
	【撫川】	戸川万蔵家臣　石黒矢学定安 横田周次盛展　宮田平蔵信貞	
	【早島】	戸川隠岐守家臣　岡十郎左衛門元隆 数田仲之助正業　岡銀次郎元善	
	【帯江】	戸川大次郎家臣　陶山武右衛門楢勝 西山次右衛門雅雄　尾崎竜左衛門美明	
	【妹尾】	戸川大学家臣　松田富右衛門清長 陶山藤蔵勝長　岡清右衛門暁長	
御普請方引受	【早島】	戸川隠岐守家臣　畑儀右衛門棟隆 早島大工棟梁　松田利兵衛有勲	⑪

大塚家文書「常山の御社の記」よりまとめる。設置場所は地図4-1の設置場所の番号と同じ。

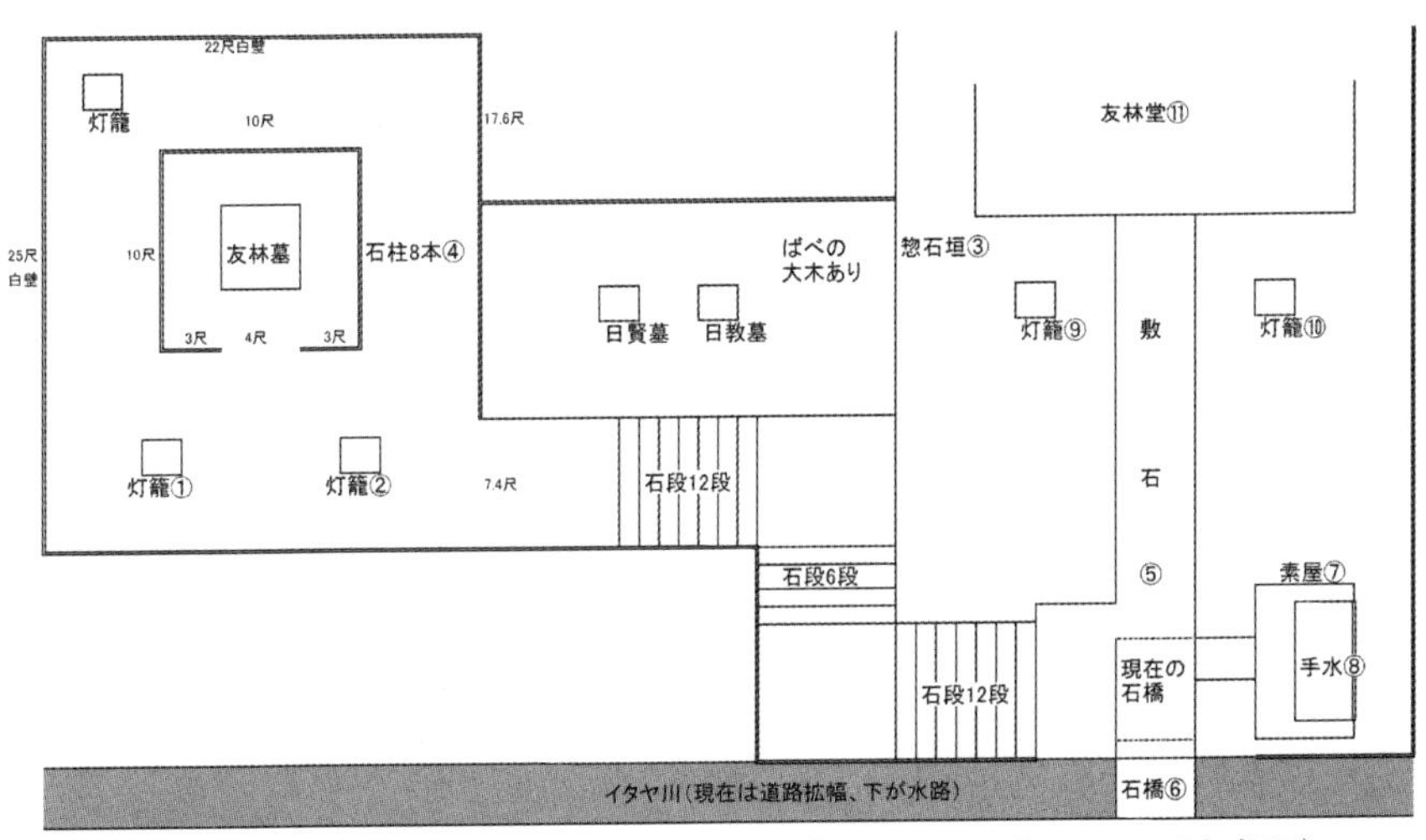

地図4-1　友林墓・友林堂配置図（旧版『倉敷市史』第6冊535頁を参照）

当主は、撫川が五代戸川万蔵達寿、早島が九代隠岐守安悌、帯江が六代大次郎安章、妹尾が四代大学達旨である。早島の分家中島戸川家からは筑前守安論が「神劔一振」を奉納している。惣石垣③・桂石(柱カ)④・敷石⑤・石橋⑥は四家全体が費用と領民の奉仕作業で完成させている。一段上の友林墓のある墓地の東斜面の石垣や石段、堂宇前の敷石と、かつてイタヤ川に架けられていた石橋がこれに当たる。四家中が寄進した春日形石灯籠一対①②は、友林墓の入口に設置されている。また、妹尾家が寄進した東明寺形石灯籠一対⑨⑩は堂正面左右に奉献されている。手水鉢⑧とそれを保護する和瓦葺の素屋⑦は、境内入口右手に早島家が寄進している。そして、御霊屋本体⑪は、正面に三間に一間の本瓦葺入母屋造妻入りの拝殿があり、拝殿の中央一間の屋根に唐破風と千鳥破風を二段に重ねて重厚さを醸し出している。拝殿の奥には幅一間奥行き二間の位牌の間があり、その屋根にも左右に千鳥破風が付いている。これらの霊廟建築は早島の大工棟梁松田利兵衛が作り上げた傑作であろう。

さらに、位牌の間の手前頭上部分に格天井があり、合計四二枚の絵画が描かれている(口絵写真掲載)。友林に因むと推測される鎧や甲、白馬、刀や冠、文机や筆、笛のほか、花鳥風月、亀や閻魔大王の顔など、いずれも力作で保存状態もよい。また、壁と天井を繋ぐ湾曲部分にも龍の絵図が描かれ、位牌が納められている逗子の上の天井や壁にも日月の壁画や幾何学模様の絵が描かれている。名は伝わっていないが、力のある日本画の絵師の作品であることは間違いない。創建後も墓守大塚家がむやみに開扉せず、厳重に護り続けた結果であろう。また、戸川家草創の先祖のため、遠く離れたこの地に優れた建造物を遺した戸川諸家や早島の普請奉行と大工棟梁松田氏、極彩色の絵画を描いた名も知らぬ日本画家、そして戸川家の領民たちの思いが伝わる建物である。

なお、友林堂創建後の文化二年一二月には、帯江役所から嘉左衛門に対して、「是迄御墓守給壱俵ニ有之候之処、此度御霊屋御造営ニ付、従今年弐俵宛被下置候」と、「御霊屋」の管理を含めて墓守給を米一俵から二俵へ加増している。

第三節　友林堂の祭祀と二五〇年忌

友林堂の祭祀習慣

大塚家文書には、年未詳ではあるが、友林堂の祭祀の仕方と様々な備品を記録した史料が残されている。この史料は、拝殿内にあって現在も使用されている祭祀用品などを納めた大きな長櫃の蓋の内側に貼り付け

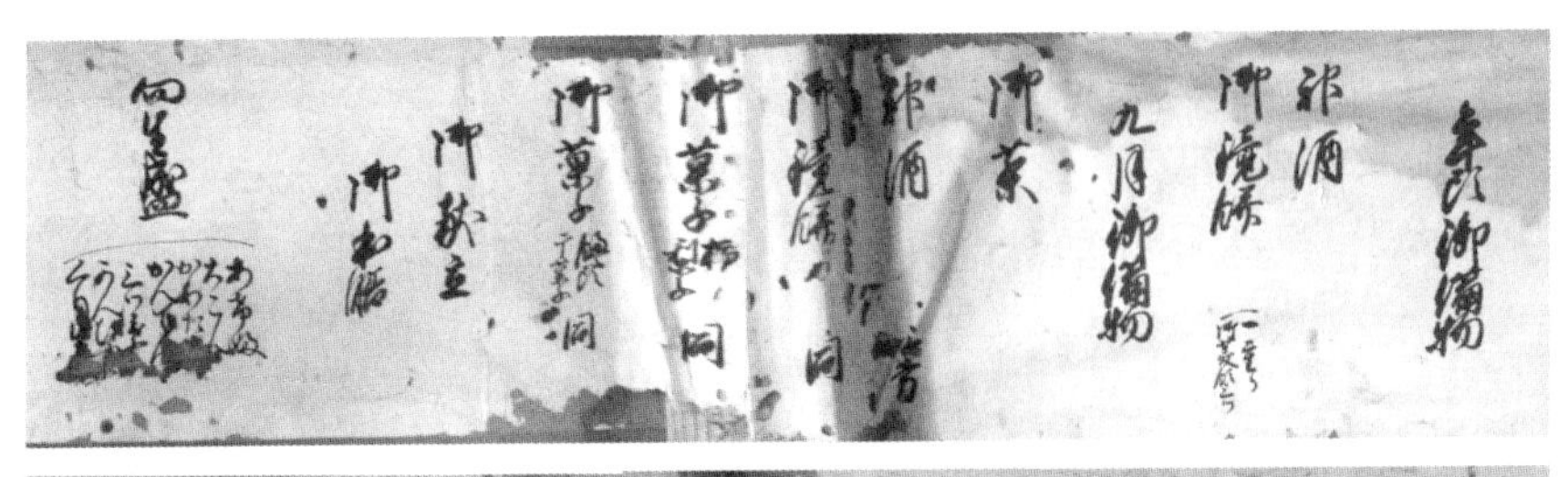

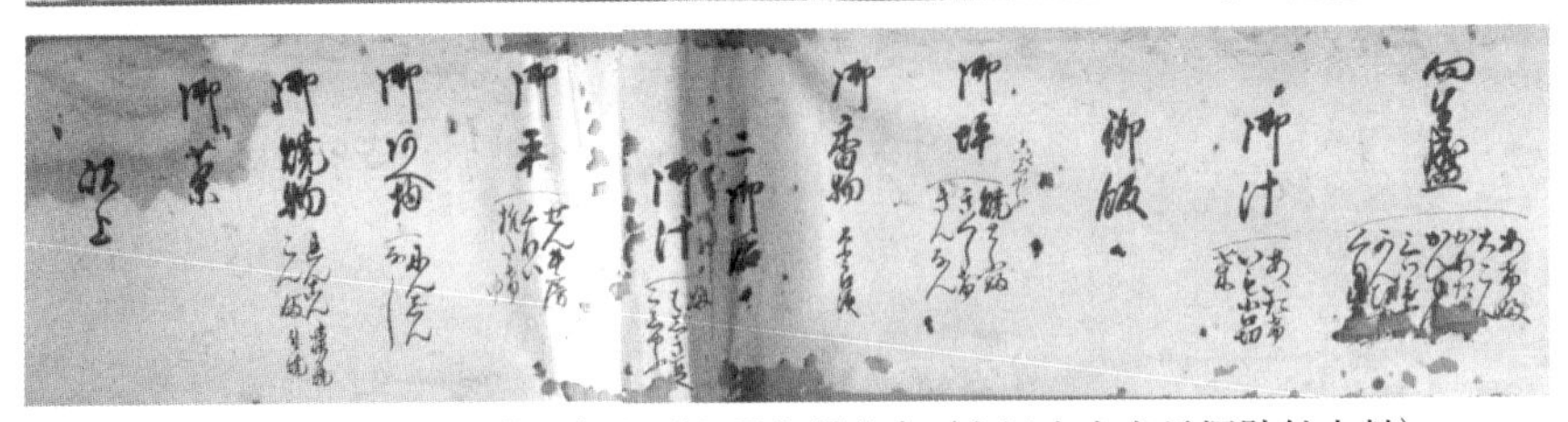

写真4-8　「年頭御備物」と「九月御備物」（大塚家文書長櫃貼付史料）

られており、虫食いや破損が多く、保存状態は決してよくない。そのうち、「年頭御備物」と「九月御備物」は友林への供養物を順に列挙し、その際に必要な諸道具や様々な備品を「御厨子内」、「御霊屋押入」、「御物置」、平日「嘉左衛門江渡」している品の四種に分けて記録している。現在でも大塚家で行われている祭祀習慣の原型が推測できる。まず、写真4-8で正月と九月の御備物を検討したい。

史料4-7

年頭御備物
神酒
御鏡餅　一重り 御菱形三ツ

九月御備物
御茶
神酒　三方
御鏡餅　同
御菓子　柿 梨子　同
御菓子　饅頭 干菓子　同

御献立
御本膳
向生盛　あけふ 大こん かわたけ かんてん ミつ葉 かんひやふ くわい
御汁　あいたけ いも小口切 菜
御飯
御坪　こしやふ 焼とふふ きくらけ きんなん
御香物　奈良漬

二ノ御膳
御汁　すまし ふ はしき豆 こしやふ
御平　せん牛房 くわい 椎たけ ゆ
御あへ物　にんしん なし
御焼物　れんこん味噌付焼 こんふ付焼
御茶
以上

表4-4 友林堂内道具備品一覧

	道具名	数	註記
御厨子内之内江入記	神釼	1振	戸川筑前守様御奉納
	神鏡	1面	
	錦御戸張		
	御膳	2膳	御紋附　二箱之内　但御椀御平御坪高皿四ツ入
	御塗茶椀台共	1箱	
	御香爐	1箱	真鍮
	錫瓶子壱対	1箱	
	朱御香爐台	1箱	
	朱大御三方一対	1箱	御紋附　但御鏡餅瓶子之分
	朱小一対	1箱	御紋附　但御菓子之分
	朱御香合	1ツ	但沈香添
	錦御水引	1箱	御紋附
	麻五色□幕二張		但紺麻細二筋添
	紫縮緬御幕一張	1箱	御紋附
	麻御幕一張		但□心□細二筋添
	徳利	3ツ	
	長燈心		
御霊屋押入江入記	朱御机	1脚	
	御灯燈	2張	御紋付
	金燈籠	1対	
	朱菊御燈台一対	1箱	
	御燭台	1対	
	蠅張大小	5ツ	
	祖師之古台	1ツ	但裏ニ御寄附之書付有之
	古板	1枚	但往古之寺号有之
	網	1張	
御物置入記	銚燈台	1対	
	火鉢	1ツ	
	手桶	1ツ	但板共
	小桶大小	5ツ	但蓋共
	生板	1枚	
	大□	1膳	
	摺鉢	1ツ	
	ふるひ	1ツ	
	いかき	1ツ	
	金杓子	1本	
	足上ケ	1ツ	
	上畳	1畳	
	御太鼓	1ツ	文化十三丙子年九月御買入
御平日御道具嘉左衛門江渡記	御机	1脚	
	御燭台	1対	
	御高付	1対	
	錦出御香爐	1ツ	
	御菓子台	1ツ	
	錦手御茶椀	3ツ	但蓋共
	金高皿	3ツ	
	塗木具	1脚	
	油次	1ツ	但箱共
	箒	1本	
	羽箒	1本	

大塚家文書　長櫃貼付史料よりまとめる

年頭のお備えは、御神酒と一重の鏡餅と菱形の餅三つである。桃の節句に備える菱餅とはやや意味の違う菱形の餅三つであろうか。一方、九月は命日の献上料理であり、三宝に盛った神酒、鏡餅やお菓子に加えて、本膳、二の膳の品書きが記録されている。「かわたけ」や「あいたけ」の茸類は手に入らないようだが、他は現代でも備えられそうな食材である。

続いて、諸道具や備品類として記録されている品々を表4-4にまとめた。まず、位牌を収める厨子には戸川安論の寄進した神劔一振と神鏡が収納されている。これにより、年未詳の本史料が友林堂建立以後に製作された書物であることがわかる。また、この中で、戸川家の三本杉の家紋が描かれている朱の大小の三宝は現在でも使用されている。次に、御霊屋の押入に保管される品々では、本章冒頭の写真4-1に示した宝幢院日賢在銘の「古板」がここでも受け継がれていることがわかる。「朱菊御燈台一対」も伝えられている。さらに、物置に保管されている諸道具のうち、御太鼓（写真4-9）の註記から、文化一三年（一八一六）九月以降に、この長櫃貼付史料が作成されたことになる。一方、友林堂内には小型の釣鐘（写真4-10）があるが、表4-4にはこの釣鐘の記録がない。この釣鐘は天保七年（一八三六）の銘が見えるので、この史料はそれ以前にまとめられたものと推定できよう。

写真4-9　友林堂文化13年銘太鼓

写真4-10　友林堂天保7年銘釣鐘

友林二五〇年忌の法要

友林堂の創建から三〇年ほどたった天保六年（一八三五）、江戸在住の戸川家の一人が幕府に命じられて長崎に赴任する途中、友林堂に立ち寄っている。参拝したのは文化二年の建立時に神劔一振を奉納した中島戸川家安論の子の戸川播磨守安清（やすずみ）（一七八七〜一八六八）である。中島・戸川家は元禄一五年（一七〇二）、戸川安通が中島村（倉敷市中庄　中島）のうち四〇〇石を早島・戸川家から分知されて成立した分家で、その五代目が安清であった。幕府の目付となり播磨守に任じられていた安清は、天保六年一〇月、長崎奉行所に長崎目付として赴任し、唐人屋敷居留の唐人と長崎商人の密商を厳しく取り締まったという。翌七年六月、安清は前任者の江戸転勤に伴って長崎奉行となり、

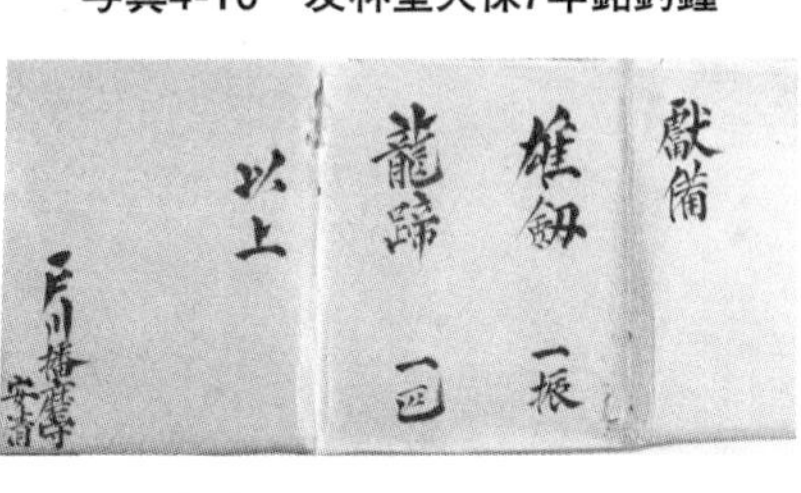

献備
雄劔　一振
龍蹄　一匹
以上
戸川播磨守
安清

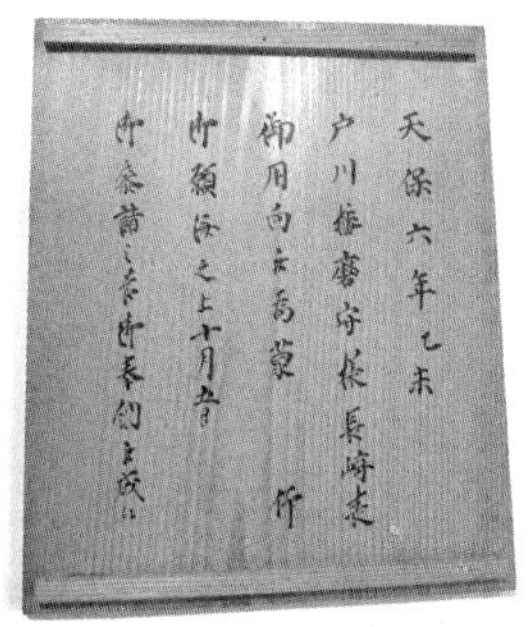

写真4-11・12　戸川安清奉納品

翌八年一〇月江戸在勤となるが、翌九年九月再び長崎奉行として着任した。翌一〇年九月、再び江戸詰となるが、さらに翌一一年九月長崎に着任し、翌一二年二月幕府勘定奉行に転じるという能吏であった[16]（勘定奉行は同一五年八月まで）。

安清の友林堂への奉納箱には、表に「御目録二」と墨書され、蓋の裏書（写真4-11・4-12）には、「天保六年乙未、戸川播磨守様長崎表御用向被為蒙仰、御願済之上、十月五日御参詣之節御奉納被成候」とある。安清は、天保六年の最初の長崎赴任の途次、一〇月五日に友林堂に詣で、「雄劔一振」と「龍蹄一包」を献備した。この奉納目録は、和紙の袋に収められ、安清直筆のものと思われる。また、ほかに「雄劔一振」と「御短冊一葉」と表書のある刀を納めた木箱があるが、納められている刀は、戦後進駐軍の押収を逃れるため、刀身を別のものに換えたと伝えられている。また、短冊には「家のなの　にごらぬ川の行末も　なほまさりませ　神や取御社　安清」とあり、小給の旗本出身の自分を加護し、いつまでも優れた御社であって欲しいと、宗家初代の友林を尊崇している姿が伝わってくる。

さらにそれから一〇年ほど過ぎた弘化三年（一八四六）は、友林没後二五〇年に当たり、戸川四家で年忌法要が営まれた。早島村庄屋佐藤助左衛門の日記[17]には、「九月五日　於常山御先代幽林様弐百五拾年回忌に当らせ給ふ故、郡中村役人大庄屋始一同墓参に罷り出申候、尤同日墓参に罷り出申候者とも名前左之通　大庄屋大森与惣右衛門、市場村庄屋助左衛門、高須賀村庄屋庶介、年寄慶左衛門、年寄見習元次郎〆五人罷出候」とある。大塚家文書にも次のような史料[18]がある。

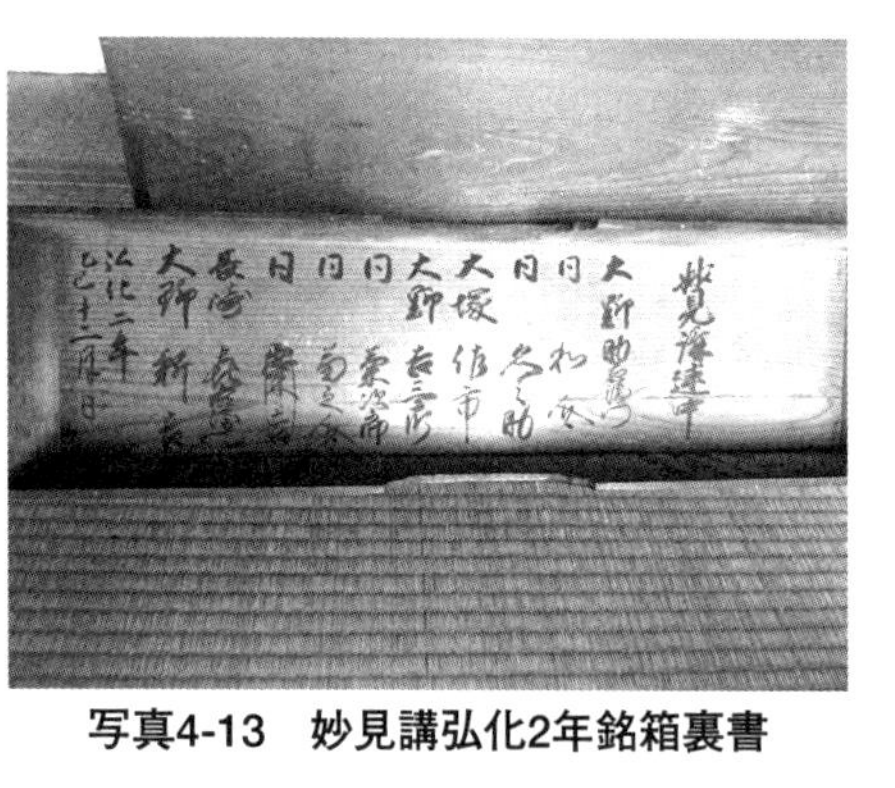

写真4-13　妙見講弘化2年銘箱裏書

史料4-7

午九月六日

一金子百疋　撫川　戸川定太郎様

一南鐐壱片　同　弾正様

一金子百疋　早嶋　戸川内藏輔様

一金子百疋　帯江　戸川因幡守様

一金子百疋　妹尾　戸川助次郎様

一銀札四匁　同所　不変院様

一同　五匁　撫川　御用人様

一銀札弐匁　早嶋　御用人様

一同弐匁　　帯江　　御用人様
一同弐匁　　妹尾　　御用人様
一同壱匁　　帯江　勤番御役人様

一同弐匁　　早嶋　　大庄屋様
一金子壱両　　御四ケ所ゟ　御茶料

この年には、撫川は七代戸川達寛、早島は一二代安行、帯江は七代安栄、妹尾は六代達本の代となっている。この時の献金の合計は、金三両一朱と銀札一九匁に過ぎず、家臣からの香奠がほとんどなくなっている。領民の参列も佐藤日記に見られる早島の大庄屋や庄屋年寄ら五人のみのようであった。幕末、帯江を始め各家は財政逼迫に陥っており、文化期のような大規模な法要を営む余裕はなかったと思われる。[19]

友林二五〇年忌の法要が行われた一年前の弘化二年（一八四五）一二月、友林堂を集まりの場として、宇藤木村内の日蓮門徒が「妙見講」という組織を作って、定期的に集まり信仰と親睦を図るようになった（前頁写真4-13）。この組織には、大野姓が助右衛門・和介・久之助・吉三郎・菊次郎・菊之介・栄吉（消去線あり）・新吉・十助・嘉次良の一〇軒、長崎姓が喜右衛門・綱治・半七・伝兵衛・栄之介・長之介・繁次郎の七軒、大塚姓が佐市・仲次郎の二軒である。

従来、友林堂は戸川諸家と墓守大塚家の特殊な結び付きによって創建され、維持されてきたのである。弘化期なると、戸川家や大塚家と同じ日蓮宗の大野・長崎一族が同じ宗派ということで講を結び、友林堂を会場に結束するようになった。この妙見講は友林堂の維持管理をも大塚家を助けて支援していくことになったであろう。友林堂はこの後、嘉永五年、明治一四年、大正九年、昭和一三年、昭和五〇年、平成一二年と、戸川一族と宇藤木の区民の協力によって改修が重ねられていくが、そうした組織作りの最初が「妙見講連中」であったと思われる。

註

（1）『戸川記』は吉川弘文館『日本随筆大成　第三期』一〇巻収録の「翁草　巻之四十三」や、『改訂史籍集覧』第一五冊収録本（一九八四）がある。異本の『戸川譜記』は『早島の歴史』3史料編（一九九九）所収。また、旧版『早島町史』（一九五五）一七一頁位下にも一部掲載されている。

（2）『戸川記』には辛川合戦を天正七年とし、この時戸川平右衛門が常山城主であったとしているが、『閥閲録』巻104-2湯浅権兵衛八八号（天正八年）閏三月九日付湯浅・長井・栗原宛桂景信書状によると、辛川口での合戦が三月三日に起こっている。これを辛川合戦とするなら、『戸川記』の年次は誤りで、戸川氏が常山城主であったかどうかも疑問が残る。

（3）光成準治「高松城水攻め前夜の攻防と城郭・港」（『倉敷の歴史』第一八号二〇〇八）によると、小早川隆景から明石兵部大輔に対し五月六日に常山に登城するよう指示する天正五年四月晦日と推測できる史料があること、また、年欠二月一八日に常山在番として隆景から渡辺房に命じた史料があることから、天正一三年の秀吉と毛利の講和まで一貫して常山城が毛利氏の支配下にあったとしている。しかし、光成氏は、常山城が備中兵乱後、宇喜多氏に与えられたとの見解をとる著作として、拙著『備前児島と常山城』（一九九四）をあげているが、拙著でも天正四年の冷泉元満や五年の明石兵部大輔の常山在番史料をあげており、天正五年までの常山城に対する毛利支配は確認している（拙著二〇七～八頁）。決して「備中兵乱後に常山城が宇喜多氏に与えられた」とはしていない。氏が示した年欠二月一八日史料も天正八年と推測された理由は明確に説明されてはいない。ただ、本書第二章第一節でも触れたように、常山城が天正三年以後一貫して毛利麾下であったことはほぼ確定的である。

（4）森俊弘「関係史料からみた妙善寺合戦―主に古伝承の検討を通じて―」（『宇喜多史談会会報』第38・39号二〇一一）によると、妙善寺合戦は永禄一〇年（一五六七）七月前後としている。

（5）『戸川家譜』では、位階叙任は天正一四～一五年とする。なお、友林の戒名は、大塚家文書の史料に「友林院殿前肥州大守自任齋昉授大禅定門」とあるが、記している和紙は江戸後期の紙質と思われ、没後直後の戒名かどうかは未詳である。

（6）達安については、大西泰正「富川達安をめぐって―豊臣期宇喜多氏権力の一断面―」（『倉敷の歴史』第二一号所収二〇一一）がある。なお、達安らは慶長五年（一六〇〇）一月に宇喜多家を退去するが、その後、川端丹後守が常山城の城番になっている（「宇喜多秀家書状写　新出沼元家文書」『概観岡山市史』収録一九五八　『岡山県中世城館跡総合調査報告書第一冊』三五一頁に指摘）。従来、『常山軍記』で戸川家より前に川端の常山城在番が書かれていたが、戸川家よりあとであることが明確になっている。

（7）『藤戸町誌』（一九五五初版、一九七八復刻版）一四～六頁

（8）この日蓮木像の台座銘について、筆者に教示されたのは常山観光協会の前会長大野公平氏で、氏は生前、妹尾・盛隆寺等を調査したが解明できなかったことを伝えられた。

（9）岡山市立中央図書館蔵　中野美智子『岡山の古文献』（岡山文庫135一九八八）によると、児島郡は元禄一七年一月成立。

（10）『早島の歴史3』資料編（一九九九）収録　一四一頁。

(11) 同前書　一四〇頁。旧版『早島町史』一九六頁にも収録。

(12) 永山卯三郎『岡山県金石史　続』(一九五四) 六九八〜七〇二頁

(13) 筆者は平成二八年 (二〇一六) 一月一二日、大塚家を訪れ、友林堂内部の装飾画や伝来の古文書類を調査撮影を行った。

(14) 『早島の歴史1』通史編 (上) (一九九七) 一六四頁には、高沼村 (現倉敷市早高・帯高) の四代片山新左衛門が士分、前潟村 (早島町前潟) の佐藤平治兵衛、頓行(とよく)村 (同町内) の小浜屋溝手氏といった豪農の名が見える。

(15) 大塚家文書　文化二年一二月付「覚」による。

(16) 永山卯三郎『岡山県通史　下編』(一九六二) 六四二〜四頁

(17) 旧版『早島町史』二〇九頁

(18) 大塚家文書　弘化三年午九月「友林様二百五十年忌御香料扣帳」

(19) 『早島の歴史1』通史編 (上)、同史料編などに言及あり。

第五章　加子浦日比村

第一節　加子浦の整備と加子役

加子浦制の整備

近世大名は、漁村の船数や加子を軍事力として掌握する必要から、従来からある有力漁村を加子浦に指定した。例えば、慶長六年（一六〇一）一〇月広島に入部した福島正則は、領内の諸浦に「水主役家」制を敷いて、蔵米輸送のために大坂へ年二回往復する船手確保にあたったという。[1]これに対し岡山藩では、江戸初期に池田光仲と光政との間に相互移封があったことなどから、加子浦制の成立を伝える史料は継承できなかったと思える。しかしその成立は、『岡山県史　近世Ⅰ』第四章第四節および『同　近世Ⅱ』第四章第二節で、定兼学・竹林栄一両氏により総合的な考察が行われている。[2]ここではこの両氏の先行研究に依拠しながら、加子浦制の成立とその内容を整理したい。

岡山藩に加子浦が設置されたことを推測できるのは、池田忠雄時代の元和三年（一六一七）に作成された「児島郡物成帳」[3]という史料からである。ここには、児島郡内の海辺の村に「加子米」の徴収が記録されていて、八浜村三〇石、郡村二七石、北浦村三六石、飽浦村五石余、阿津村二五石、小串村二六石余、日比村一〇石、長浜村七石四斗、吹上村五石八斗余、田之浦村四石九斗、大畠村六石八斗余が記録されている。このような有力な浦の加子を動員する場合、この時直接の夫役ではなく米の賦課という方法をとっていた。

寛永九年（一六三二）叔父の忠雄が亡くなり、池田光政が鳥取から岡山に移封されると、光政は「検見頭奉行」に二一ヶ条の「定」[4]を命じている。その最後の条文に「舟加子役改可申事」とあり、光政が岡山入封に当たり、動員可能な軍事力＝水軍の掌握のため、以前からあった「加子役」をそのまま継承しようとしたものと考えられている。[5]ついで正徳三年（一七一三）の「加子浦役」書上げには、明暦三年（一六五七）までに、備前沿岸二六ヶ村を加子浦に指定し、加子役数を定めて加子を動員する体制がとられている。[6]二六ヶ村とは、和気・邑久・上道・御野・津高・児島郡の諸浦で、玉野地域では、八浜村二五人九歩、胸上村六人五歩、日比村五人の加子浦役が定められている。明暦三年には児島郡下津井四ヶ村と邑久郡虫明村が、寛文六年（一六六六）には岡山町が追加指定され、全三二ヶ浦体制が確立された。このうち瀬戸内海に面した一〇ヶ浦には「道行」との肩書があり、「道行ト有之ハ往来之道行を立遣候由ニ候」と説明があることから、備前沖を航行する諸船への出役に当たる浦とされたことがわかる。このことは加子浦制が、軍役よりも藩の海上交通行政への動員へと、その性格を変えていったと考えられている。[7]

海上の公用交通への動員には、岡山藩主の参勤交代、公儀役人や西国大名の通行、朝鮮通信使の来帰朝、藩米の廻送、幕府公用荷物の継送、日常の藩御用などがある。

藩主の参勤交代については、戌（享保三＝一七一八）年の「御参府御帰国之節、水夫掛り来之村々覚」[8]に、三二の加子浦とその加子役数が再掲載されている。この数字は藩主の参勤交代の際の加子動員の数を示したものであった。参勤交代は、周知のように三代将軍家光が「武家諸法度」を改訂した寛永一二年（一六三五）が最初とされている。光政は前年の寛永一一年六月にその準備のための「条々」[9]を発しているが、この覚では参勤時の行列の禁制を定めただけで、加子動員のことは触れられていない。光政が岡山大坂間を海路でとったことを確認できるのは寛永一七年（一六四〇）で、「烈公江戸を発し大坂よりハ八幡丸と云船ニテ六月六日岡山に着」[10]いたとある。翌一八年の参府にも、「同（三月）一七日岡山を出船し給ひて江戸に下り給ひ」とあり、以後、大坂までは海路、江戸へ陸路が一般的となった。大坂には加子浦から命じられた浦船が動員されたが、これが加子浦役としての加子動員となったのである。しかし、宝永二年（一七〇五）、大坂に迎えの浦船が待機する中、綱政が陸路で播磨路から帰国し、これを境に往復とも陸路をとるのが慣例となったという。[11]

西国大名の参勤交代については、元禄一一年（一六九八）の伊予松山藩主への漕船・水船・飛脚船などの提供[12]や、同一三年の長浜（下津井）村からの熊本藩主細川氏や柳川藩主立花氏への提供が記録されている。[13]公儀役人としては長崎奉行への浦船提供がある。例えば、享保一六年（一七三一）の長崎奉行通行時には、日比と利生村がそれぞれ四人乗りの漕船一艘を動員されている。[14]

朝鮮通信使に対しては、寛永二〇年（一六四三）の幕府からの令書[15]には、「自然彼舟遭風波之難、相定泊之外、何之地に雖令着岸共、所之舟出之、綱碇水蒔等」を提供せよとあり、宿泊予定地以外でも、緊急避難の場合ではその近辺の湊の負担とされるものであった。しかし、寛永一三年（一六三六）や同二〇年などには、岡山藩の史料に加子役の動員記録は確認できていないが、天和二年（一六八二）には浦船の動員も確認できるようになる。[16]

加子浦役には、藩米を大坂や江戸に廻送することもある。江戸藩邸の食用や諸経費に当てる江戸廻米のことを岡山藩では「大廻り」と呼んでいて、延宝四年（一六七六）から享保八年（一七二三）まで蔵元鴻池屋が独占していたという。[17] したがって、延宝四年以前と享保八年以降は、藩内の加子浦や藩外の廻船業者に江戸廻送を行わせていたことになる。一方、大坂への廻米は当初、藩有船によって行われていたが、のちには、岡山町・北浦・郡・小串・金岡・西大寺・片上の七加子浦に課せられた。しかし、その負担過重に耐えかねた七加子浦の歎願が聞き入れられ、寛文一〇年（一六七〇）から日生・浦伊部・尻海・牛窓・邑久郷・胸上・日比の七加子浦が追加された。しかし、延宝元年（一六七三）には従来の七ヶ浦に児島郡阿津村が加わった八ヶ浦体制になったという。[18] その後、宝永六年（一七〇九）八月二〇日付の「児島郡舟持共、御舟手へ指出ス書付之覚」[19] には、「近年御登り米、大坂御蔵前ニテ一俵ニ一合五勺已上の缺立舟ニハ、追て御米御積セ不被為成候付迷惑仕候、此段御免被為成、前々之通被仰付候様ニ奉願上候」という歎願が提出されている。これは七ヶ条のうちの最後の条文で、大坂廻米の際、一俵につき一合五勺以上の欠米があった船持ちを不採用にする処置を撤回して欲しいという内容であるが、提出したのは郡・北浦・阿津・胸上・小串・日比の六ヶ村である。胸上・日比の二ヶ村は延宝元年の排除以来、いつの頃からか不明であるが、この時点までに再賦課されていたことになる。

以上のうち、藩米の廻送を除く海上公用交通について、第二節で日比との関わりの中でさらに考察したい。藩米の廻送についても、日比の商用廻船の活動と合わせて第四節で考察する。

海難救助と船改

寛永一三年（一六三六）八月、幕府は江戸から和泉浦までに、難船に関する制札[20] を掲げるように命じた。その第一条には「公儀之船ハ不及申、諸船共ニ難風にあい候時ハたすけ舟を出すへし、磯ちかき所ハ成程情を入、不破損候様ニ肝をいるへき事」とし、助船を出して破損しないように指示している。二条目には破損時には船主の依頼によりその荷物を回収し、謝礼として浮荷の二〇分の一、沈没荷物の一〇分の一を回収者に渡すこと、難船が着船した湊で被災証明を交付することなどを定めている。さらに寛文七年（一六六七）には、これに加えて、湊への長期不法係留の禁止、城米を船具や加子不足の悪船に積まないこと、漂流船や漂流物の回収、博奕停止の四ヶ条を追加している。[21] 岡山藩はこの幕令を受け入れ、領内の浦々に通達普及していったとされ、[22] 海難事故に対する対処方法として整備していった。

次の史料5-1は、天保一四年（一八四三）正月一五日の「御法式村中江申渡判形帳　日比村」[23]から船手関係の項目を抽出したもので、三一ヶ条のうちの九ヶ条である。江戸後期のものであるが、実際に加子浦において実施されてきた海難救助などの規則を確認することができる。原文で紹介する。

史料5-1

①一諸御用足役之義無滞相勤可申、海上破損船第□、御公用筋其外不意成御用有之節、居合候者江被仰付次第、早速罷出
相勤申候、少しも無滞様可致事

②一御他領方と江船勤ニ罷出候者共、先達而願出罷出可申候、尤往来之度毎ニ大庄屋江相断可申候、素り唐船抜荷ヶ間敷物
ニ障り不申様、兼而御趣意之通堅相守可申候、尤遠国江罷出候者共ハ、船往来持参可致候、将又於御他領万一難船破
船致候共、他国之役介ニ不成様ニ、可成丈ハ歩一之義ハ御作法之通可指出事

③一大坂江罷登候節其村役人手形持参、大坂へ着船之上船宿成尾屋市左衛門江相届、右手形同人方へ相渡し、罷下り候節
ハ帰帆手形取帰り村役人江差出、早と船手江指上候様、御船手ゟ兼而被仰渡候、弥相守可申事

④一御帳外之船村中ニ壱艘も無御座段、御船改之節書上申候、増減有之候ハ、早と相断出可申候、尤御他領ゟ借船相成不
申候、弥相心得御役介出来不申様相守可申事

⑤一沖相ニ而難船等及見、勿論乗人或ハ船頭水主難義之躰、何国ニ而も及見次第、其手寄之浦江乗せ越し、其浦役人江相渡
し、手形取戻り可申事

⑥一御大名様御通船之節、又ハ御船繋り行例（列カ）之中江入交り、無礼無之様可致事

⑦一往来之旅人諸方へ借船等又ハ人足雇申度旨願来候ハヽ、早速判頭江相達遂吟味、慥成者ニ候ハ、雇せ可申候、送届申
候ハ、、先方役人手形取戻可申事

⑧一御他領江日雇奉公御指留、先達而被仰出有之、厳重相守可申事
附り船働之分ハ是迄之通被仰付候事

⑨一御参府御用水夫銀ハ先年ゟ屋敷割相成

まとめると、難船救助①・②・⑤、廻船船働②・③・⑧、船改④、大名船への無礼禁止⑥、渡船利用⑦、参勤交代の水夫報酬⑨となろう。これらは、江戸時代を通じて整備されてきた海難救助法などの海事行政に関わる事項を、加子浦のレベルで必要度に応じて集約したものと思われる。

こうした様々な海事行政に関する事項は、岡山藩の場合、船奉行に統率された「船手」が管轄していたといわれている。船奉行は光政入封の寛永九年（一六三二）に設置され、水軍の統括者として二人の藩士が任命された。ついで慶安二年（一六四九）、光政は船奉行に藩有船・藩士所有船・領内民有船に人数を割り付け、緊急時の動員可能な水軍力を掌握させようとしたといわれる[24]。やがて寛文～天和期（一六七三～一六八四）の藩政確立期には、船奉行の業務は「藩有船やその船廠の管理のほか藩内船舶の交通監視、水主浦役の動員監督、船改め、船運上銀の徴収、蔵米輸送」など、行政的色彩を帯びるようになった[25]。それらのうち、船改めの初見は不明であるが、寛文七年（一六六七）には藩内民有船が三六九艘と集計されている[26]。

表5-1　延宝期の岡山藩浦辺船数

端帆＼年	延宝5暮 1677	同6暮 1678	同7暮 1679	同8暮 1680
22	1			
21				
20	5	5	4	4
19	8	8	9	13
18	10	12	14	15
17	10	9	7	3
16	8	9	10	11
小計	42	43	44	46
15	7	12	11	13
14	6	12	16	16
13	9	13	16	15
12	11	11	13	13
11	9	10	15	13
10	12	12	12	11
9	15	18	15	9
8	36	33	36	39
7	62	62	60	55
6	87	79	81	80
5	173	176	171	173
小計	469	481	490	437
4	330	320	294	289
3	1111	1124	1061	1042
2	663	683	673	679
小計	2104	2127	2028	2010
小猟船	452	466	456	444
平田船	36	35	59	56
合計	3061	3109	3033	2993
掲載頁	上503～4	上610～1	下103～4	下256～8

各年12月集計の「御国中浦辺船改目録」（『御留帳御船手』上・下所収）よりまとめる。単位は艘。

表5-2　備前国内における大船の分布

所在地	船の大きさ	船数
岡山町	650～950石積	4艘
沖新田	500～900	4
金岡村	950	1
乙子村	550～950	3
鹿忍村	950	2
牛窓村	500～950	13
尻海村	500～950	16
日生村	900～950	3
郡　村	700～950	5
北浦村	730	1
日比村	730～900	5

『備陽記』巻1「備前国岡山町并浦々大船之事」よりまとめる

　表5-1は、延宝五～八年（一六七七～一六八〇）までの民有船総数である。[27]一六～二二端帆の五〇〇石積み以上の大型船はわずかながら増加している。五～一五端帆までの中型船と四端帆以下の小型・漁猟船などは増減幅が大きい。また、表5-2は宝永七年（一七一〇）時点の五〇〇石積み以上の大船の分布を示したものである。尻海村と牛窓村に集中しているが、郡村と日比村もやや多い。このほか五〇〇石積み一六端帆以下の船は二四〇七艘とあり、延宝期との三〇年間に大きな差は見られないようである。さらに、これらの船のうち、二〇〇石積み一〇端帆以上の大中型船は、大坂江戸間の南海路や日本海沿岸をはじめ、瀬戸内海を航海して廻米輸送や遠隔地交易を行う廻船業に従事できたと思われる。それ以下の中小型船は、近隣地域との交易や漁業を行う船といえよう。このような船改めの結果がその村に残されていれば、その間のその村の生業の変化も推定できるであろう。

　以上のように、加子浦制の確立は、幕府の海難救助法が藩内に導入され、海事行政を船奉行が管掌するようになった寛文中期に求められよう。そしてその構築の開始は、光政の岡山入封の寛永九年頃を嚆矢としてよいだろう。

　最後に、こうして加子浦に指定された有力漁村は、その反対給付として漁場用益権を藩から保障され、網元や小漁師たちによる猟業の場を認められた。この漁業権の保障がいつ行われたかを考察することも、加子浦制の成立時期を知る場合に有効であろう。例えば、口上道郡平井村と児島郡北浦村との白魚の猟場争論[28]では、①川口両脇（地理的には旭川河口の東西両脇か）は以前より平井村の猟場であって、西側は備中庭瀬や妹尾村まで及んでいた、②先御代（池田忠雄）の寛永四年（一六二七）、庭瀬から岡山御老中（岡山藩家老か）に対して、平井村の猟師が海や浜辺を荒らすので妹尾村の漁師が迷惑をしており、平井村の入猟を断る要請をした、③平井村の猟師は以前から猟船一九艘を入猟させてきたと反論した、④双方を詮議して以前のように入猟することを認め、一九艘に木札一九枚を与えて証文とした、⑤慶安年間（一六四八～一六五二）にも再び争論が起こったが、寛永時の通りに決着したという内容になっている。この争論は、平井村が以前から所持していた漁業権が寛永四年に再確認され、慶安年間に再保障されたことを示している。加子浦に対する漁場認定のかなり早い例と考えられる。なお、日比近海での海難救助の実例を第三節で、日比村の漁業争論について第五節で検討することにしている。

註

(1)『広島県史　近世Ⅰ』(一九八一)九六頁。慶長一七年(一六一二)には三原町に家改めが行われ、「かこ役銀」が賦課されたとある(同書八九頁)。なお、岡山藩では「加子」と表記する史料が多く、「加子」と統一することにする。

(2)一九八四および一九八五年刊。定兼論文は同氏『近世の生活文化史』(一九九九)第三章に再録されている。

(3)鳥取県立博物館所蔵。第二章第一節註(4)参照のこと。

(4)『御納戸大帳　備作之史料(二)』(備作史料研究会一九八四)一三八〜一四〇頁

(5)『岡山県史　近世Ⅱ』五九四頁

(6)正徳三年(一七一三)四月八日付。『藩法集1岡山藩』上巻二一三頁

(7)『岡山県史　近世Ⅱ』五九五頁

(8)『藩法集1岡山藩』下巻七八〜九頁

(9)前掲『御納戸大帳』八〜一〇頁

(10)『池田家履歴略記』(日本文教出版一九六三)一六三頁

(11)『池田家履歴略記』六一三頁および『岡山県史　近世Ⅰ』五九五〜六頁

(12)『岡山県史　近世Ⅱ』五九七頁

(13)『岡山県史　近世Ⅰ』六四二頁の表84

(14)同前六四三頁の表85

(15)『御納戸大帳』三一〜二頁

(16)岡山大学附属図書館貴重資料刊行推進会編『池田家文庫資料叢書2　朝鮮通信使饗応関係資料　上』(岡山大学出版会二〇一三)

(17)『岡山県史　近世Ⅱ』五八八〜九頁

(18)同前五八九〜五九〇頁

(19)『藩法集1岡山藩』上巻　二〇九〜二一一頁

(20)『御納戸大帳』三七〜八頁

(21)同前六七〜八頁

(22)『岡山県史　近世Ⅱ』五八三頁

(23)四宮家文書　天保一二年一月一五日の村方初寄合の時に、判頭以下九九人の村人が押印して、名主五郎右衛門(他村)・同平太夫・五人組頭作左衛門宛に提出されている。日比村の家数は一〇一軒となる。

(24)『岡山県史　近世Ⅱ』六〇〇頁

(25)同前六〇一頁

(26)同前六〇三頁。なおこの船数は五端帆船以上と推定される。

(27)『備陽記』(日本文教出版一九六五)二一～二一頁

(28)同前三七八頁

第二節　日比村での海上公用通行

朝鮮使節への浦船動員

日比村からの海上公用通行に対する警備船については、第一節で触れた享保一六年（一七三一）の長崎奉行通行時以外に伝わっていない。しかし、二〇一三・四年に刊行された池田家文庫の朝鮮使節に関する史料[1]をみると、天和二年（一六八二）から領内の浦船を動員した記録が詳しくなる。本節では、朝鮮使節来聘時に、領内の加子浦が果たした役割、およびその中で日比村とその周辺で、どのような送迎態勢がとられていたかを考察したい。

まず、朝鮮使節が来朝帰帆した計一二回のうち、日比村前に使節が滞船したという記録は、五回目の寛永二〇年（一六四三）、七回目の天和二年（一六八二）、九回目の享保四年（一七一九）、一〇回目の延享五年（一七四八）の四回残されている。さらに一一回目の宝暦一四年（一七六四）には、往路天候不良のため使節一行が日比村に上陸して宿泊している。記録が詳しくなる天和二年の時には、往路五月二九日に「日比村塩俵辺船懸り」をして船中一泊し、翌三〇日には牛窓に向かい、町中に宿泊して岡山藩からの饗応を受けている。この回の来航では三〜五挺立ての浦船九一五艘が動員され、使節来朝に関わった総勢六三七一人のうち、浦船水夫や在方からの浦船裁判（監督者か）、浦辺水夫の合計六一一三人が加子浦その他の領民であったと記録されている[2]。

つぎに享保四年では、往路の八月二九日未上刻（午後一時台）日比村前に船を繋ぎ、翌九月一日朝に出船して巳中刻（午前一〇時頃）牛窓に到着している。帰帆時の一一月一八日では、牛窓を出船してそのまま水島灘に出て、鞆浦に到着している。この時の往路には、動員された総船舶九四三艘のうち、浦船は八三八艘にのぼる。そのうち、日比沖に二挺立て（櫓が二挺か）の二〇艘、胸上沖に同一〇艘の浦船が「用心水船」として配置された。帰帆時には総数八一五艘のうち浦船七二七艘とあり、日比・胸上沖にも往路時と同じ水船が配置されている。また、下津井構えの「岨番船」として、日比村下り松の鼻一艘、渋川沖しゃくなき瀬三ヶ所に三艘が浅瀬の警戒船として出動している[3]。

延享五年（一七四八）の来朝時にはさらに詳しい記録が残っている。四月一四日に備後鞆津に着船した使節一行と随行の宗対馬守は、翌一五日未の上刻（午後一時台）に備中水島から岡山藩領内に入船し、酉の上刻（午後五時台）日比村の前に船を繋ぎ、夜滞船した。翌朝巳の上刻（午前九時台）同所を出発し、未の上刻に牛窓へ着船上陸し、岡山藩の迎賓館である御茶屋その他に宿泊している。一七日は雨天のため出船できず、一八日巳の上刻に出船、午の上刻（午前一一時台）取揚島（赤穂市沖、現在岡山・兵庫県境あり）付近から播州へ移動した[4]。

帰帆時は、同年七月九日巳の下刻（午前一〇時台）に取揚島付近から領内に入り、未の中刻（午後二時頃）牛窓に着岸し暫くして出船、亥の上刻（午後九時台）に沼村の出崎付近に潮待ちで船を繋ぎ、丑の上刻（午前一時台）に出船、卯の上刻（午前五時台）日比村付近に再び潮待ちで船を止め、辰の下刻（午前八時台）に再び出船、下津井に到着後、午の中刻（午後〇時頃）に水島から領内を離れ、申の中刻（午後四時頃）備後鞆津へ着船した[5]。この年の来航で、往路は合計大小一〇八四艘の船を岡山藩は動員し、うち浦船は九五二艘にのぼっている。その中で日比沖と胸上沖にそれぞれ二挺立の浦船一〇艘ずつ配置され、「御領内所と岨番」として二挺立浦船が二九艘置かれている。また、帰路には、九二八艘中八二八艘が浦船であり[6]、日比沖・胸上沖・領内岨番への配置船は往路と同じである。

最後の江戸訪問となる宝暦一四年（一七六四）では、一月一二日未の中刻（午後二時頃）に備中水島から岡山藩領内に入船し、申の中刻（午後四時頃）日比村の前に船を繋ぎ、酉の中刻（午後六時頃）日比に上陸している。翌一三日辰の上刻（午前七時台）に日比湊を出船、午の下刻（午後〇時台）牛窓に着岸上陸、御茶屋などに宿泊し、一四日卯の下刻（午前六時台）に同所を出船し、午の中刻（午後〇時頃）に取揚島付近から領外へ出ている[7]。なお、来朝時に児島郡沿岸で使節一行の通過を知らせる狼煙を上げる場所が記録されている。順に、下津井城山→大畠鷲羽山→渋川宮山→利生城山→田井高辺山→沼村出崎→番田大入と上げ、邑久郡へ続いている。帰帆時はこの逆であり、もし近くで滞船の場合はもう一度上げ、出船後さらに三度目を上げることになっていた[8]。

一二～三日の日比上陸については、「海上変事有之節之御手当[9]」として、天気が悪く不意に揚陸する場合の対処方法が事前に決められていた。それは、日比湊の東えびす浦から屏風という場所にかけて諸船舶を繋ぎ、通信使上陸の場合は三軒の宿家と寺一軒、随行の宗対馬守宿所は神職の家、その他の随員は日比の各家に配宿するというもので、郡奉行の多賀文右衛門と千賀万右衛門が駆け付け、宿割の裁判をすることになっていた。さらに天候不良のため出船できない場合は下津井に徒歩で引き返して滞在し、出船後、万一大東風の場合には小串湊に漕ぎ込むなどとしていた。実際に前年五月には、朝鮮使節用の宿家として、牛窓村本蓮寺・観音院、下津井田之浦村孔泉寺、同吹上村観音寺とともに、日比村観音院・堀伊勢の六ヶ所の修繕が命じられている。[10] 一二日の宿泊では宗対馬守の宿所が日比観音院に変更されたが、日比八幡宮神職堀氏邸以外の三軒の宿舎名は伝わっていない。[11]

帰路では、五月一五日巳の下刻（午前一〇時台）取揚島付近から領内に入り、戌の上刻（午後七時台）牛窓に着船、雁木沖に滞船して上陸はなかった。[12] 翌日卯の上刻（午前五時台）牛窓を出船、未の上刻（午後一時台）には水島から領内を離れている。この年の岡山藩が動員した船舶の総数は往路帰路とも八一六艘で、うち七三七艘が浦船と記録されている。日比沖・胸上沖などへの配置船数は未詳である。[13]

幕末の海上公用通行

日比村の海上公用通行について、幕末期の記録が四宮家文書に残されている。同家八代当主平太夫元道が、名主在勤中に記録した［役用日記］および［諸願書留］（いずれも仮題）という小冊子の中にある。史料5-3・5-5～5-7・5-9・5-10は前者、5-2・5-4・5-8・5-11～5-16は後者の記録であり、原文を紹介しながら、日比村での具体的な対応を考察する。まず流刑地に流人を運ぶ船に対する記録である。

史料5-2

御注進

一従京都大坂堺流人弐十八人、隠岐国へ被遣候趣、大坂御奉行所ゟ去ル晦日御先触御座候処、一昨八日晩七ツ過当へ着船仕候ニ付、早速私共罷出御伺申、例之通碇番船壱艘、水船通船共弐艘、都合三艘弐反帆弐人加子指出置申候、然ル処、同日夕四ツ頃右流人之内壱人急病指発、医師指出候様被申候ニ付、早速村方へ出職仕居申三好春伯様譜代弟子香山元貞へ申付治療為仕候得共、卒中風之症ニ而養生相叶不申、一昨八日子ノ時死去仕、葬之義内済願出申候ニ付、内分当村観音院引導ニ而御役人相添、私共立会、昨九日村方墓所へ葬せ申候、右始末御役人之一札取置、去十日早暁出帆仕候、則御役人一札写相添、右之趣御注進奉申上候以上

[14]午閏五月十日　日比村五人組頭　藤十郎

同　村名主　平太夫

同　　　　　　　　甚三郎

右之通申出候ニ付承紦候処、前文之通相違無御座候以上

大庄屋槌ヶ原村　大塚太兵衛

吉田勘左衛門様　二（以下略）

史料5-3

弘化四未年十一月上仕様左之通

従京伏見奈良大坂堺流人上打願上帳

一延船六艘

同加子拾弐人

右者従京伏見奈良大坂堺流人、肥前国天草へ被遣候趣、

大坂御奉行様ゟ先例之通御先触御座候処、日比村湊ニ而

滞船仕候ニ付、碇番船壱艘、水船通船とも弐艘、都合三

艘弐人乗、五月十四日ゟ十五日迄日数二日分

（撮影不鮮明）
□□□□

同拾六人

右同断逆風ニ付、日比村ゟ下津井村前迄漕船四艘四人乗、

同十五日一日分

延船合拾艘

同加子合弐十八人

右之通夫と指出相勤申候、上打奉願上候以上

未十一月　　日比村五人組頭　藤十郎

同　村名主　　平太夫

同　　　　　　甚三郎

右之通相違無御座候、先格之通船加子上打、諸御郡割御定

被下候様申上度奉存候以上

大庄屋槌ヶ原村　大塚太兵衛

史料5-2は、弘化三年（一八四六）閏五月八日に、日比湊に着船した京大坂堺の流人を隠岐島に送る船の警備配船の史料である。二反帆の碇番船・水船・通船各一艘ずつ、加子六人の配置である。ただ、流人の一人が急病となり、日比出勤中の医師に治療させたが死亡し、当村観音院の引導と仮埋葬後、一〇日に出帆していった。史料5-3は、弘化四年の流人船の寄港記録で、配流先は天草諸島である。五月一四～五日に滞船し、日比村から碇番船・水船・通船各一艘ずつ、加子六人を勤務させた。一五日には逆風のための四艘一六人の漕船で下津井湊まで曳航している。合わせて一〇艘加子二八人の動員記録であった。つぎは普請用物資の積み送り船の加子動員記録である。

史料5-4

覚

一延船四艘

同加子拾弐人

右者御普請御用物積送り船、村方ゟ指出相勤申候以上

酉[15]九月　　日比村名主　平太夫

同　　甚三郎

大庄屋義兵衛殿

右者、御鉄通行大積送り船夫願上之事、右立米四日分弐斗也

史料5-5

覚

一延船四艘　三反帆三人加子

九月四日ゟ八日迄□日数四日分

同加子拾弐人

右者、御普請御用物積送り船ニ付、村方ゟ指出相勤申候以上

辰[16]九月　　日比村名主　平太夫

大庄屋九左衛門殿

史料5-4・5-5は酉（嘉永二年＝一八四九）と辰（安政三年＝一八五六）の記録で、三反帆の船四艘に各三人の加子が乗り組み、後者は九月四日から八日まで四日間従事している。前者は鉄の輸送とあるが、第一節でみた幕府公用荷物の可能性があるだろう。続いてオランダからの献上物の記録である。

史料5-6

御注進

一参府阿蘭陀人乗船罷登り候ニ付、先例之通仕構仕候様片山七之丞様ゟ被仰付、児島郡日比村西ノ瀬弐ヶ所、しやくな瀬壱ヶ所、下り松瀬壱ヶ所、都合四ヶ所徂番船四艘弐人乗、昨廿九日指出置申候処、同日晩村方沖相御通船無滞相済申候ニ付、右之趣御注進申上候以上

戌[17]正月晦日　　日比村五人組頭　藤十郎

同　村名主　平太夫

同　　甚三郎

右之通申出候ニ付承糺、□□（撮影不鮮明）申上候以上

大庄屋藤戸村　義兵衛

福田甚左衛門様　二　（以下略）

史料5-7

一延船拾六艘
同加子三拾弐人
但弐反帆弐人乗、二月六日ゟ同九日迄日数四日分
右者阿蘭陀人献上物積舟罷登候節、日比村下り松瀬壱ヶ所、高須瀬壱ヶ所、西之瀬弐ヶ所、都合四ヶ所、徂番船四艘差出御用相勤申候、御先格之通上打御定被為下候様奉願上候以上

子[18]十一月　　藤
平
甚

史料5-8

阿蘭陀人献上物積船砠番船并異国筒積船碇番船通ひ船共上打願上帳　児島郡日比村

一延船三拾六艘
（二行分　撮影不鮮明）
右者阿蘭陀人献上物積船罷登候節、日比村西之瀬弐ヶ所、高須瀬壱ヶ所、下り松瀬壱ヶ所、都合四ヶ所砠番船四艘指出御用相勤申候、上打御定被為下候様奉願上候以上

寅[19]十一月　　五人組頭
名主

右之通相違無御座候、先格之通諸御郡割御立被遣候様申上度奉伺候以上

大庄屋

右者上打願上帳調方也
扶持米切手調方左之通、継帳三冊ツ、

覚

一延船三拾六艘
同加子七拾弐人
右者阿蘭陀人献上物積船罷登候節、日比村西之瀬弐ヶ所、高須瀬壱ヶ所、下り松瀬壱ヶ所、都合四ヶ所、砠番船四艘弐人乗、五月六日ゟ同十四日迄日数九日分
一同船六艘
同加子拾弐人
右者異国筒大小四挺外共江府へ積廻罷登候節、日比村湊ニ而滞船仕候ニ付、碇番船弐艘、通い船壱艘、都合三艘弐人乗、五月二十九日ゟ六月朔日迄日数二日分
延船合四拾弐艘
加子合八拾四人

右之通（虫喰）□□□指出相勤申候、御残米御立被下候様奉願上
候以上
寅九月　　　日比村名主　平太夫
同　甚三郎
大庄屋義兵衛殿

史料5-6は嘉永三年（一八五〇）のオランダ商館長の江戸参府の通行記録で、岡山藩下津井在番の片山七之丞からの通達である。日比村の西ノ瀬としゃくな瀬（渋川沖）、下り松瀬（日比湊東口）の四ヶ所に、二人乗りの「徂番船」各一艘ずつ配置して、公用船の座礁防止を図っている。一月二九日晩方に村の沖合いを無事通過したので任務を完了している。史料5-7では、オランダ商館からの献上物を積んだ船が通過する嘉永五年二月六日から九日までの四日間に、日比村下り松瀬と高須瀬一艘ずつ、西之瀬に二艘の「徂番船」を配置している。二反帆二人乗りで、加子はのべ三二人にのぼる。史料5-8では、安政元年（一八五四）五月六日から一四日までの九日間と同二九日から六月一日までの二日間、合わせて四二艘加子八四人が動員された。特に、後者の積荷である「異国筒大小四挺外共」とは、この時オランダが商館長カピタンと長崎奉行を通じて、同年閏七月幕府に献上した電信機一式一八箱と考えられる。[20]これを積んだ船が日比湊に滞船し、碇番船二艘と通船一艘が警備をしたのである。つぎは、石見大森銀山産出銀を尾道から大坂へ運ぶ「石州御銀船」の日比寄港記録である。

史料5-9

御注進
一石州御銀船昨晩当湊東ノ手江入船、是ハ深井之事備後国
尾道ゟ大坂迠御役人森八左衛門様ゟ之御先触ニ而、御役
人相添、番船水船共指出候様被申聞候ニ付、先格之通番
船四艘弐人乗、水船通船共三艘弐人乗、早速指出相勤申
候、私共も罷出相伺候処、外之御用之義無御座、今十三
日朝御出帆無滞相済申候ニ付、右之趣御注進奉申上候、
以上
亥[21]十一月十三日　　日比村五人組頭　藤十郎
同　村名主　平太夫
同　甚三郎

右之通申出候ニ付承糺、御注進申上候已上
大庄屋藤戸村　義兵衛
福田甚左衛門様　二　（以下略）

史料5-10

御注進

一石州御銀船備後国尾道ゟ大坂迄、屋代増之助様ゟ之御先触ニ而御通船、昨十一日晩当湊口御入船御座候ニ付、先格之通番船四艘、水船通船共三艘、以上七艘弐人乗ニ而指出御用相勤申候、私共も罷出相伺候処、外ニ御用之義無御座、今十二日朝無滞御出帆相済申候ニ付、右之趣御注進奉申上候以上

丑[22]十一月十二日　日比村五人組頭　藤十郎
同　村名主　平太夫
同　甚三郎

右之通申出候ニ付、御注進申上候、以上
大庄屋
福田甚左衛門様　二　（以下略）

史料5-11

船夫切手調方之事

覚

一延船拾四艘
同加子弐拾八人
但弐反帆弐人乗、十一月十九日朝ゟ廿一日伴ん迄日数
二日分

右者石州御銀船御滞舟ニ付、碇番船水船通船共都合七艘指出申候以上

寅[23]十二月　日比村名主　平太夫
同　甚三郎

史料5-12

□（覚カ）

碇番船　壱艘ニ付四挺ツ、
通船　同　弐挺ツ、
徂番船　同　壱丁ツ、

蝋燭書上

一十六挺　延船四艘
右者石州御銀船御滞船ニ付、去寅十一月十九日夕一夜分碇番船四艘　但し一艘ニ付四挺ツ、
十六挺　同船三艘
右同断水船通船共三艘一夜分、但し一艘ニ付弐丁ツ、

（中略）

右之通書上申候以上

卯[24]十月　　村役人

大庄屋波知村九左衛門

羽原次郎右衛門様　二（以下略）

史料5-9から5-12の四点は、嘉永四年（一八五一）、同六年、安政元年（一八五四）、同二年のものである。原則各年一一月に一泊日比湊に滞船し、日比村から碇番船四艘と水船・通船三艘を出して警備をしていた。史料5-12からは、夜分の警備のため、蝋燭が使用されていることもわかる。続く次の文久元年からは、幕末の切迫した情勢が感じられる史料が多くなる。

史料5-13

御注進

一英吉利、阿蘭陀附添外国人四人召連為参府、四月廿三日長崎表出立、兵庫迄船路罷登候而下筋ゟ申来候ニ付、当月六日ゟ先例之通御仕構仕候様小林大夫様ゟ御移合、児島郡日比村西之瀬弐ヶ所、高須瀬壱ヶ所、下り松瀬壱ヶ所、都合四ヶ所岨番船四艘指出置申候処、去ル六日晩八ツ時過異船ニ日本船三艘漕連南海路通船之由、同船之者申帰候間、御仕構仕廻候様昨八日小林大夫様ゟ御移合、同日限岨番船引取せ申候、右之趣御注進奉申上候已上

酉[25]五月九日　　日比村五人組頭　作左衛門

同　村名主　平太夫

同　五郎右衛門

右之通申出候ニ付御注進申上候以上

史料5-14

御注進

一長崎表ニ而出来之蒸気船一昨十日当湊へ御入津、異国船御支配役杉山□五郎様ゟ碇番船水船通船指出可申、公儀御臺覧之御船至而大切、当湊深浅不案内心配と被仰聞、早速碇番船弐艘、水船通船共弐艘、都合四艘弐人乗指出御用相勤、私共罷出相伺候処、外ニ御用之義無御座、今十二日被無滞御出帆相済申候ニ付、右之趣御注進奉申上候以上

文久二年戌正月十二日

日比村五人組頭　作左衛門

同　村名主　平太夫
同　五郎右衛門
右之通申出候ニ付御注進申上候以上
大庄屋波知村　九左衛門
羽原次郎右衛門様　二（以下略）

史料5-15

御注進

一対州表ゟ御登之御勘定吟味役御普請役共御三方様、下之関ゟ□十二日道割船弐艘江乗組罷登候旨、下筋ゟ申来候ニ付、当月十八日ゟ先例之通御仕構仕候様、小林四郎太夫様ゟ御移合、児島郡日比村西之瀬弐ヶ所、高須瀬壱ヶ所、下り松瀬壱ヶ所、都合四ヶ所徂番船四艘指出置申候処、下筋へ之付船罷帰り、南海路通船之由申帰候間、御仕構仕廻候様、昨廿四日小林四郎太夫様ゟ御移合、同日限徂番船引取せ申候ニ付、右之趣御注進奉申上候以上

戌[26]正月廿五日　日比村五人組頭　作左衛門
同　村名主　平太夫
同　五郎右衛門
右之通申出候ニ付御注進申上候、已上
大庄屋波知村　九左衛門
羽原次郎右衛門様　二（以下略）

史料5-13はオランダ人が付き添う四人の外国人の通行を知らせるものである。これは実は、長崎から江戸に向かう英国総領事オールコック一行の船である。文久元年五月六日から西之瀬・高須瀬・下り松瀬に岨番船四艘を配置したが、大槌島と讃岐の間の南海路を通過したようで、八日に撤収したとある。史料5-14は長崎から日比湊に入港した蒸気船の警備を依頼された記録である。文久二年（一八六二）一月一〇日から一二日まで、碇番船・水船・通船計四艘を配置した。将軍台覧用の蒸気船のようだが、船名は未詳である。史料5-15は、5-14の蒸気船出港と同じ日に依頼があり、一八日から西之瀬・高須瀬・下り松瀬に四艘を配置したが、南海路を通過したため二四日に撤収している。このように、幕末期には従来の公用通行のための番船配置に加え、外国船通行の際の警備が負担となったようである。なお、名主平太夫にはさらに文久三年正月から六月一九日までの「公私用心得覚日記留帳」があるが、ここには海上公用通行に関する記事はなく、最幕末期の日比村での動向が不明なのは残念である。

註

(1) 前出『池田家文庫資料叢書2　朝鮮通信使饗応関係資料　上』および『同　下』(二〇一三・二〇一四)

(2)『同　上』一〇、三二～四頁

(3) 同前一五三、三三一、三三九、三五二～五、三六四～五頁。当時は不定時法のため、現代の時刻への換算はおよその目安である。

(4)『同　下』九六～一〇一、一〇八～一一一頁他。なお、延享五年の朝鮮使節については『岡山県史　近世Ⅰ』四五〇～四六四頁に詳しい。

(5) 同前一二二～五、一七四、一八九～一九一頁他

(6) 同前二一五～六、二二二、二二六、二三〇頁

(7) 同前二八〇～二、三六二～三、四七四頁

(8) 同前三二〇～二、四七四頁

(9) 同前三三三頁

(10) 同前四五〇頁

(11) 池田家文庫の多賀十衛と千賀与八の奉公書により、この時下津井・日比・牛窓等に出勤したことは確認できた。しかし、日比での使節の宿舎名等の記録はなく、今後の調査を待ちたい。

(12) 同前二八三、三六二頁

(13) 同前二九八～九、五四〇～二頁

(14) 大庄屋大塚太兵衛の任期は文政元～嘉永二年までで、閏五月のある午年は弘化三年である。

(15) 同前より、酉年は嘉永二年である。

(16) 大庄屋波知村九左衛門の任期は安政二～明治三年までで、辰年は安政三年である。

(17) 大庄屋藤戸村義兵衛の任期は嘉永二～安政二年までで、戌年は嘉永三年である。

(18) 子年は嘉永五年

(19) 寅年は註(17)から安政元年である。

(20) 榊原聖文「わが国初期の電信機の絵巻について」(『国立科学博物館研究報告E類』第一巻所収一九七八)。

(21) 亥年は註(17)から嘉永四年である。

(22) 丑年は嘉永六年

(23) 寅年は安政元年

(24) 卯年は安政二年

(25) 酉年は註(16)から文久元年である。なお、山本秀峰編訳『長崎から江戸へ』(露蘭堂二〇一一)一三六～八頁によると、この年六月一日(旧暦四月二三日)に長崎を出発して江戸に向かったイギリス特命全権公使オールコックらの一行は、同一一日(同五月三日)下関を出船し、瀬戸内海を通過して同一四日(同五月六日)兵庫沖に着いている。この旅程は史料5-13の記録と完全に一致しており、この時の外国人は英国総領事のオールコックらを指している。ただし、航海中の記録がないことは残念である。

(26) 戌年は註(16)から文久二年である。

第三節　日比村の海難救助

江戸前期の海難救助

加子浦の浦役の一つである海難救助の史料が、池田家文庫「御留帳御船手」に残され、刊行されて手軽に検討できる。[1] 延宝元年（一六七三）～貞享三年（一六八六）の一四年間という短い期間であるが、加子浦日比村管轄の海域で起こった海難事件を抽出し、その概要を検討する。

①[2] 延宝1（一六七三）　八月、領内の浦辺にあるそわいに澪木の建立を命じられ、一〇月二八日までに渋川村前のしゃくなき高洲に、長さ五尋四尺・六尋二尺・六尋三尺二本を建てた。洲の長さは四七～八町ある。

②[3] 延宝3（一六七五）　日比沖「槌之戸」という大槌島の東で、讃岐金毘羅から戻りの児島郡北方村次郎兵衛船五端帆が西風に遭い、一〇月一〇日夜四ツ時（午後一〇時頃）破損した。八日に奥上道郡の百姓三〇人を乗せて西大寺村を出船したもので、二四人（南古都村八人、沼村五人、菊山村六人、矢井村五人、うち女二人）は死亡し、船の瓦屋根に乗った乗客六人と船頭加子二人は、翌朝五ツ半時（九時頃）呼松村猟船に救助され、衣類を着せ米粥を与えられ、日比港に運ばれて庄屋藤左衛門に預けられた。日比からは二二人と破損船長が小船三艘で現場に向かったが生存者はなく、破損船は男木島沖で発見され、男木島に預けた。

③[4] 延宝3　安芸廿日市の小左衛門船七端帆三人乗りが炭を積んで大坂に向かう途中、一〇月一二日夜七ツ（午前四時頃）日比沖の高洲に座礁、強風高波で破損し、翌朝五ツ（八時頃）日比村に上がって救助を求めた。日比村庄屋年寄は船と人を出して積荷の炭二二三俵を回収し、船奉行へも注進した。日比村は救助料として慣例の二〇分の一の一一俵を受け取り、被災船頭らは帰国した。

④[5] 延宝4（一六七六）　安芸宮島の五左衛門船一〇端帆四人乗りが炭を積んで大坂に向かう途中、四月一六日昼九ツ（午後〇時頃）日比沖で西風に遭い転覆し、児島郡北浦村彦左衛門船ら五艘に救助される。加子と荷物は直島のかう島へ漕ぎ寄せ、船頭と作左衛門は日比村に向かい、庄屋藤左衛門に浦手形の発行を求めたが、直島が出すことになるとして戻した。

⑤[⑥] 延宝5（一六七七）　長州藩家老毛利内匠の江戸出府に先んじて出発した御馬船が、二月四日、日比東浦（深井）に滞船していたところ、夜に出火、馬二疋焼死、その他武具馬具等も焼失した。五日日比湊に漕ぎ寄せ、焼け残りの金銀等を回収し、岡山藩から家臣一四人、船頭加子六人の扶持米などを支給した。

⑥[⑦] 延宝7（一六七九）　讃岐金毘羅から戻りの岡山中島町長左衛門船二人乗りが、七月二一日夜大風のために日比西之浦で破損した。乗客の伯耆国八橋郡妻波村七人のうち三人、久米郡加須輪村四人の計七人が死亡、丸亀から便乗の岡山城下町人一人と船頭も死んだ。陸に打ち上げられた五人のうち、船頭の忰の加子が二二日早天、日比村庄屋に事故を知らせた。

⑦[⑧] 延宝8（一六八〇）　伊予宇和島塩屋四兵衛船九端帆五人乗りが、三月九日夜、日比浦を航行中、急な大南風によって高須の瀬にせり上げられ、船は破損し水船となった。船には宇和島藩の大豆二五〇俵と商人荷物の紙・蕨縄などを積んでいた。翌朝早天、日比村に助けを求め、小船人を出し残された荷物や船を軽くするために捨てた荷物を回収した。岡山藩船奉行へも注進した。地元救助の礼として定めの回収物の二〇分の一を受け取った。

⑧[⑨] 天和3（一六八三）　筑前芦屋孫右衛門船九人乗りが、加賀藩の大坂登米を積んで五月二九日に能登七尾浦を出船、七月二〇日子の刻時分（午前〇時頃）塩飽もろきの瀬（室木島近辺）に当たり、船体を傷め浸水が始まった。水をかえ積荷の一部を捨てながら東方向に移動し、日比浦下り松の浜に着いたので、船頭が日比村庄屋に救援を依頼した。積荷の米は四二〇石と運賃米三一石の計四五一石で、船内から回収した干米・半濡米・濡米合計約四〇〇石のうち二〇分の一（濡米は一〇分の一）の約二五石は浦人への礼とされた。干米約二八二石は児島郡郡村又三郎船で大坂に運んでいる。

掲載した八件の海難事故のうち、⑤の失火による「御馬船」焼失を除いて、強風による破損・転覆がほとんどで、浅瀬への座礁による破船・漂流も起こっている。事故現場は、②が大槌島付近の「槌之戸」で、④の「日比沖」もこの可能性があり、③・⑦が渋川沖の「高洲」の瀬、⑥がその近くの「西之瀬」、⑧は日比管轄ではない「塩飽もろきの瀬」があげられる。⑧は、浅瀬の存在を知らずに通行した結果、座礁・漂流したのであろう。このような海難事故が頻発する現場には、史料①のように、延宝元年（一六七三）八月、藩から領海各地に「澪木」の設置が命じられている。この時、日比海域では、しゃくなき・高洲の瀬に約一〇～一二メートルほどの「澪木」四本を建てている。こうした浅瀬には、第二節でみたように、公用通行の際「岨番船」が出動するのであるが、強風波浪時や夜間には確認しづらく、事故が多発したのであった。

地元史料による海難事故

前項で藩側の池田家文庫に残る史料から海難事故を取り上げたが、日比村名主の四宮家文書にも、若干の海難史料が残されている。時期は幕末期がほとんどであるが、最初の史料は江戸前期のものである。

⑨[10] 正徳2（一七一二） 筑前福岡藩筆頭家老黒田美作（一利）の船八艘のうち四艘が、江戸から国元に戻るとき、七月二日日比村沖で停泊していたところ、一隻が大風で日比湊の入口西の鼻へ乗り上げた。日比村名主兵三郎（堀姓）・定七郎、五人組頭徳三郎らが浦人多数を引き連れて現場に急行した。この船には家老の家臣五〇人ほどと加子八〇人の計一三〇人ほどが乗船していて、そのうち三人が海に転落し、死亡または行方不明となった。家老は自ら船から海に飛び込み、近習らが浦人に助けを叫んだので、名主定七郎が飛び込んで海中の家老を浜に引き上げた。息を吹き返した家老は兵三郎宅に収容さた。家臣らも救助され揚陸し、日比の宿屋などに分宿して当分の衣類や食事なども用意された。濡れた衣類は村内の年寄一二軒が洗い、干して返した。破損船中の荷物や近辺に漂着したものは残らず回収された。同四日五ツ時（午前八時頃）、家老らは日比村を出立し、陸路で天城へ向かい、七月一二日福岡に帰着した。八月六日、家老からの使者が日比に着船し、丁重な挨拶と礼物とともに経費等の弁済をした。名主兵三郎は八月一五日に答礼のため日比出船、二七日家老に拝謁。丁重なもてなしを受け、九月一五日日比に帰着している。

⑩[11] 弘化3（一八四六） 児島郡小川村重吉が加子春吉と三〇石上荷船に乗り、備中国撫川の吉岡屋新介の米三〇石を同国井出浜で積み込み、一〇月一三日に同所出帆、一五日田之口村で売り払った。さらに、味野村義四郎から叺に入れた塩一〇四俵分を積み入れ、二七日同所出帆、同八ツ時（午後二時頃）日比湊沖の松ヶ鼻付近で柁が故障し破船となった。近くにいた類船の小川村矢吉と下村庄吉が来たが、通りかかった芸州広島船に頼み、艀で二人を村方に届けてもらった。村方は宿を手配し、船を出して上荷船を捜索し、長岨で発見した。櫓帆水竿着類などはあったが、その他の船具は流失し、米代金四一両余も水没したものと思われた。撫川荷主が翌二八日日比村に来て重吉と内済処理にした。

⑪[12] 嘉永5（一八五二） 高鍋藩秋月家領の日向国児湯郡蚊口浦（宮崎県高鍋町）の翁丸二〇反帆船頭惣吉と水主五人

が、大坂行運賃積みの櫓木六三丁と松細六四品・炭六五〇俵を積み込み、一一月一六日国元出帆、一二月五日日比沖合いで東からの強風に吹かれ、晩方からは西の強風に変わり、夜八ツ時（午前二時頃）危険となり荷物を捨て、夜明け方日比湊に到着した。船宿惣吉を通じて荷物の投棄に至った経過を証明する書翰を求めた。

⑫[13] 万延1（一八六〇）　児島郡八浜村船頭竹蔵と加子の同村万吉の二人乗り九石積み二反帆船が一〇月二九日八浜出帆、一一月二日備後国尾道に着船した。別に、八浜村松之介・辰蔵（勘次郎従弟）と四人の相談でつなしを買い入れ、四日に尾道を出船して五日昼日比村沖合いに到着した。万吉が船の表に出た瞬間に山颪が吹いて船が傾き海に転落した。乗り組みの者が捜索したが発見できず、揚陸し村役人に届けた。

⑬[14] 万延1（一八六〇）　児島郡下津井村判頭倭三郎が、村用で同村清蔵船と加子長之介を雇い、三人乗り一二月二八日下津井を出帆、田井村に来て用を済ませて帰りかけた。同日晩八ツ半（午後三時頃）日比湊沖で北西の強風が突然吹き、湊に入ろうとしたところ山颪を受けて難船した。向日比村漁船が駆け付け三人を救助、日比村に揚陸して船宿を手配した。また日比村からは助船を出して浸水した清蔵船を下津井まで曳航し、船具流失もなかった。

⑭[15] 文久1（一八六一）　岡山藩家老池田伊賀（周匝）手船四〇石の石取船が、船頭岡山内田町嶋屋金右衛門の不都合で加子の定介と清作の二人が乗り組み、児島郡引網村長浜で割樫石を積み受け、五月一四日晩八ツ半時頃、日比の東深井浜北鼻で雨の向かい風が強く、山颪のため難船した。近辺にいた向日比村漁船が駆け付けて助け、人命はもとより船や船具の流失はなかったが、荷物の石はすべて海没した。

⑨は江戸前期末に起こった事故で、大藩の筆頭家老を直接救助した事件として、日比湊の海難史上特筆すべきものであろう。家老は八隻の船団の長として家臣たちを鼓舞しようと海に飛び込んだのか、不覚にも他国の村人に救助された。しかし、被災地を出立する際に大庄屋山田村平兵衛に直接感謝の言葉を伝え、帰国後も日比村名主を招いて謝意を示している。

⑩〜⑭の史料は幕末の海難事故である。このうち前の⑪〜⑬は事故内容から日比近海での商業内容が理解できる史料としても重要であろう。⑩は小川村の上荷船が、児島内海まで往き来して備中撫川戸川領の米や児島味野産の塩の輸送に従事している。ただ、撫川の井出（手）浜がどこなのか、現在地の比定ができていないことは残念である。⑪は宮崎県の藩から大坂

に運ぶ材木や炭を積み込み、日比近海で強風に遭い積荷を投棄して生還したものである。こうした場合、「浦手形」という海難証明書が発行され、船頭は荷主への賠償責任を免れたのである。⑫は八浜村の二反帆の小船が尾道まで下って、ツナシ（生魚はコノシロ）を購入して帰っている。当時、岡山藩ではママカリとともにツナシも食習慣があり、食文化に発展していたという。[16] それに対する食材の供給のために尾道まで出掛けたことになる。

最後に、⑬は村役人の要用のために雇用した小船が、日比湊近くで「山颪」に遭って難船し、水船となった事故、⑭は岡山藩家老所有の四〇石船が、割石を運ぶ途中日比湊近くで「山颪」に遭って難船した事故である。日比湊のすぐ沖には地形の関係から「山颪」の突風が吹くという自然条件を伝えている。どちらも向日比の漁船が救助していることから考えると、向日比の城山（四宮城）からの吹き下ろしの突風であった可能性がある。

註

（1）前出『池田家文庫資料叢書1　御留帳御船手　上』。なお、本章脱稿後に、倉地克直『江戸時代の瀬戸内海交通』（吉川弘文館二〇二一）を拝読した。この著書は『御留帳御船手　上下』の原史料から執筆刊行されており、本章第三・四節に掲載した前出『御留帳御船手　上下』からの抽出史料と多く重複している。わかりやすくまとめられているので、是非参照していただきたい。ただ、倉地書の掲載頁等の註記は、脱稿後なのでできていない。

（2）同前六八～九頁　（3）同前二一一～四頁　（4）同前二一四～五頁

（5）同前二六六～七頁　（6）同前三九七～九頁

（7）同会編『池田家文庫資料叢書1　御留帳御船手　下』（二〇一〇）八八～九一頁

（8）同前一七六～九、一八三～四頁　（9）同前五二四～七頁

（10）四宮家文書「黒田美作様日比沖にて遭難の顛末書」

（11）同「口書一札之事」および「御断一札之事」。なお後者には井出浜を井手浜と表記している。

（12）同「一札之事」　（13）同「指入申一札之事」

（14）同「指入申一札之事」　（15）同「指入申一札之叓」

（16）畦五月「岡山県南部地域におけるヒラ、サッパ、コノシロの食習慣の変遷」（『日本調理科学会誌』四九巻六号　二〇一六）

第四節　江戸前期の日比廻船

江戸への藩用航海

第一節で触れたように、日比村は加子浦に指定された。その浦役の一つである藩の年貢米を大坂に廻送する任務指令が、寛文一〇～一三年（一六七〇～一六七三）など部分的には確認できたが、江戸廻米を含めて具体的な史料は確認できていない状況であった。一方、他藩の大坂・江戸廻米への参入についても、寛文一二年（一六七二）、河村瑞賢が出羽国最上郡の幕府領米を江戸に輸送する幕命を受けた時、北海の風潮に慣れたものとして、「讃岐の塩飽島・備前の日比浦、摂津の伝法・河辺・脇浜等の船は皆使うべき」と幕府に建議したとあり[1]、西廻り航路の確立時に日比廻船が関わっていたことは通説とされていた。

宝永七年（一七一〇）の「手鑑[2]」によると、日比村は「舟数拾九艘　内五艘ハ七百三十六石積ゟ九百石迄　三艘ハ四端帆五艘ハ三端帆　六艘ハ弐端帆」と記録されている。享保六年（一七二一）成立の『備陽記』には、「小猟舩ヨリ一九端帆迠廿六艘」とあり、船数の差の七艘が二端帆未満の小猟船であるなら、宝永七年とほとんど変化はないであろう。このことから日比村では、江戸前期に日本海、瀬戸内海、南海路を航海できる大船を保有して廻船業が盛んで、漁業はわずかであったことが推測される。それを実証できる史料が池田家文庫『御留帳御船手[3]』に見出すことができる。以下、それらを件別に要約し考察を加えたい。まず、日比村の大船による江戸廻米の史料である。

①[4]　寛文12・9　日比村甚左衛門船　岡山藩の古米一四〇〇俵を積み、九月出船して江戸へ登ったが、一俵につき五合四才の欠米があり、同年七月出船して一六二〇俵を運んだ西大寺村七郎兵衛船の欠米と合わせて、二五俵余を赦免し、二二俵余を弁米させる決定が翌年三月に下された。

②[5]　延宝5か　日比村平七船　大廻り（江戸へ積登る）米に欠米が多く、綱碇を売り払い、類船の粮米を借りて一〇両分を払う。鴻池米船の欠米は全額弁済であったが、平七船は古米であり、①に準じて残り九俵二斗余の分は赦免された。

③[6]　延宝6・6　日比村長大夫・平兵衛　長大夫船に一九三〇俵、平兵衛船に一六八五俵を積み、六月江戸参着、天候不良のため虫が発生し欠米が多く、三分の二は赦免、三分の一は船主負担となる。この時九二七俵を積んだ小串村五左衛

門の一六端帆四六〇石船は遠州長屋浦（静岡県内か）で、一二四二俵の北浦村市郎兵衛船は三河国赤羽根（愛知県田原市）で破船している。

①の日比村甚左衛門船は、寛文一二年（一六七二）岡山藩の古米を江戸に回送する任務であったが、欠米が多く、西大寺村の船と同じ処置で、約半分の弁償を命じられた。②は、年未詳であるが、日比村平七が甚左衛門より後年に「大廻り」の古米を運んでおり、延宝五年（一六七七）閏一二月の「口上」に登場することから、この年またはこの前年の廻米任務と推定できる。③は翌六年夏、長大夫船と平兵衛船が「大廻り御米」を廻送したものである。一六端帆で約一〇〇〇俵を運んだ小串村五左衛門と比べると、長大夫・平兵衛ともそれ以上の大船であったと考えられる。この三史料から、日比村の四人の船主が確かに岡山藩米を江戸まで輸送していることがわかった。第一節でふれた鴻池屋による延宝四年以降の江戸廻米独占は、少しのちにずれるのかもしれない。つぎは、商用で江戸を往復する日比村の船を利用して、藩主や家臣などの荷物を便乗させた史料である。

④[7] 寛文13・1　日比村平太夫（堀姓）船　一七端帆船頭吉兵衛ら一一人乗り、藩の荷物と日比村藤左衛門の塩を積み、寛文一二年一〇月二三日日比出船、一一月一九日江戸で荷揚。帰路、池田光政の海月の空樽・鯨油樽などや、池田主税・伊木頼母ら藩士の荷物を載せて一二月九日江戸出船、明けて一月二五日伊豆国小浦出船、同夜伊勢国楠南五味塚村（三重県四日市市）沖で西風に遭い浸水、綱を切り破船する。日比村庄屋は藤左衛門。

⑤[8] 寛文13・5　日比村長太夫船　一八端帆船頭庄兵衛ら一三人乗り、安芸・高原（竹原か）で塩を買い入れて四月一三日同所出船、岡山に戻って池田綱政の備前焼四箱・干鯛二箱や隠居光政の醤油樽一一個、家臣の荷物を積み、五月四日日比出船、同七日紀州熊野周参見（和歌山県すさみ町）に入船、三度出船するが東風のため当浦に戻り、一四日難風に遭い破船、一二人死亡し、加子市介のみ翌日救助される。この時、港内にいた一二〇艘余のうち、残った船は一三艘、死者一二〇人余という大惨事が起こっている。小串村又太郎船三六〇石積一六端帆一二人乗りも破船し、五人が死亡している。日比村庄屋同前。

⑥[9] 延宝3・10　日比村藤左衛門船　一七端帆船頭忠左衛門ら一二人乗り、池田光政の荷物と家臣の荷物を積んで江戸か

ら帰路、九月二九日紀伊国熊野江田浦（和歌山県串本町）出船、同日同里野浦（同すさみ町）に避難、一〇月一日から大風雨と高浪のため二日夜破船。日比村庄屋同前。

⑦[10] 延宝3・10　日比村長太夫船　一七端帆船頭市兵衛ら一一人乗り、池田綱政の荷物を江戸まで運び、江戸から帰路、九月二九日紀伊国熊野江田浦出船、同日同里野浦に避難、一〇月一日から大風雨と高浪のため二日夜破船。加子のかしき（炊事担当者）一人死亡。日比村庄屋同前。

⑧[11] 延宝7・7　日比村長大夫船　六六〇石積一八端帆船頭ら一三人乗り、岡山上之町灘屋半十郎塩二〇〇五俵と藩士荷物を江戸に運ぶため、七月三日小串浦で積み込んだところ、一〇日大風で破損。

⑨[12] 延宝9・2　日比村平大夫船　一六端帆船頭長四郎ら一一人乗り、大坂道頓堀伊勢屋九兵衛の塩を前年一〇月に「広島ノ内高原」（竹原か）で積み込み、同月二六日日比出船、一一月二九日江戸着、帰路、藩の荷物二〇個余を受け取り一二月二〇日江戸出船、一月二八日伊豆下田着船、二月一日下田出船、同日夜遠州御前崎沖のそわいに座礁、破船。日比村庄屋同前。

⑩[13] 延宝9・4　日比村市兵衛船　江戸藩邸の藩士下人の病人を乗せて三月二三日江戸出船、四月七日伊勢国安乗浦（三重県志摩市）に入船後、病人が死亡。

⑪[14] 天和3・3　日比村藤左衛門船　一三人乗り、江戸出船の際、岡山藩士六人便船するが、うち関介という人物が三月一四日相模灘で病死し、一五日伊豆下田・長楽寺で葬儀。

⑫[15] 貞享1・7　日比村藤松船　一八端帆自身船頭ら一三人乗り、七月一五日運賃塩積み日比出船、二三日江戸着、出船の際、江戸藩邸の病人で御小人奉公人二人を乗せて八月一三日出船、九月一日晩、紀州印南浦（和歌山県印南町）入船後一人病死、五日現地印定寺で葬儀土葬。日比村庄屋何（ママ）左衛門。

以上九件の史料のうち、池田光政・綱政、藩士あるいは藩の荷物を運んだ船は④〜⑨の六件で、船主は平太夫・長太（大）夫・藤左衛門の三人である。このうち長太夫は未詳であるが、藤左衛門は与田氏を称し、当時日比村庄屋を務め、平太夫は堀（四宮）氏を称し、のち日比村名主を世襲する有力者である。岡山藩から厚い信頼を受けていたことが想像できる。一方、⑩～⑫では、江戸藩邸に勤務する藩士や下人・奉公人で長煩いの病人を国元に連れ帰る依頼を受けたものである。これら荷物や病人を運んだ藩用航海で、本来の積荷が明らかなものは五件までが塩で、船主は平太夫・長太夫・藤松である。しかし、航海中嵐に巻き込まれ、浸水破船沈没などの海難事故に遭ったものが六件にのぼり、特に史料⑤の長太夫船は死者多数を出している。一六～一八端帆の大船を擁した日比廻船も、厳しい経営環境に置かれていたといえる。

江戸・日本海への商用航海　藩米や藩主家臣の荷物を廻送した記録に対し、次は、商用で在所・江戸間を航海した史料を検討する。日比廻船が江戸前期に何を江戸に運んで利益を得ようとしていたかを確認したい。

⑬[16]　延宝3・10　日比村市兵衛船　一八端帆船頭市兵衛自身ら一三人乗り、荷物なしで江戸から帰路、九月二九日紀伊国熊野江田浦出船、同日同里野浦に避難、一〇月一日から大風雨と高浪のため二日夜破船。日比村庄屋藤左衛門。

⑭[17]　延宝5・閏12　日比村船頭多左衛門・市兵衛　塩を積み一〇月一九日に江戸に着、二八日江戸を出船して一一月七日志摩鳥羽浦まで戻ったところ、日和がなく逗留している間に粮米不足となり、伊勢桑名の荷主に頼まれ、運賃一〇〇石に金七両で一二月五日桑名出船、閏一二月二日江戸着で米を運ぶ。

⑮[18]　延宝7・1　日比村善五郎船　五五〇石積一八端帆船頭太郎助ら一一人乗り、一一月八日江戸出船、一月一六日伊豆国小浦出船、同夜伊勢沖で西風に変わり船破損、橋舟に乗り二〇日三宅島坪田村に漂着、二八日まで島内に逗留する。

⑯[19]　延宝7・1　日比村久兵衛船　四五〇石積一六端帆船頭太郎助ら一〇人乗り、一一月八日江戸出船、一月一六日伊豆国小浦（静岡県南伊豆町）出船、同夜伊勢沖で大西風に変わり船破損、橋舟に乗り二〇日御蔵島に漂着、二月二七日まで浜辺で生活し、在所の者に発見されて、四月一四日に三宅島に移る。

⑰[20]　延宝9・7　日比村船頭治左衛門船　一八端帆船頭治左衛門自身ら一二人乗り、播州加東郡幕府領江戸廻米五二四石等を高砂浦（兵庫県高砂市）で積み込み、六月二八日晩、類船とともに出船、七月三日紀州樫野浦（和歌山県串本町）沖で北東風に遭い、風波荒く船が沈没、加子は全員付近の船に救助される。

⑱[21]　天和2・5　日比村助右衛門船　一七端帆自身船頭ら一一人乗り、広島瀬戸田浦で江戸廻りの塩を運賃積にし、五月五日同所出船、一八日紀州周参見浦に入船し、二四日難風が吹き荒れ破船となる。加子らは助かる。塩はなくなり破損

した船具などは少し回収できる。荷主は竹原村半三郎と思われる。

⑲[22]　天和2・9　日比村十右衛門船　自身船頭ら一三人乗り、運賃塩積み江戸廻りで八月二二日日比出船、九月一三日伊勢安乗浦出船、同夜遠州新井沖で帆に当たって十右衛門世忰十郎兵衛が海に落ち、橋舟を降ろして捜したが、大風大波のため発見できず、一四日伊豆長津呂村（静岡県南伊豆町）入船。一〇月五日江戸着岸。

以上七件の史料中、六艘までが太平洋沿岸で嵐に遭い、中には⑮・⑯のように伊豆七島の三宅島や御蔵島に漂着してやっとの思いで帰還を果たした船員もいる。本来の積荷が明らかなものは、塩が三件と播州の幕府領米および臨時に引き請けた商人の江戸廻米である。史料④〜⑲までの一六件中、塩の江戸回送が七件と半分近くを占めていたことがわかる。しかし、日比古浜は当時まだ築立されていなく、運んだ塩は安芸・竹原など日比以外の塩であったと考えられる。最後に、西廻り航路に就航した日比船籍の船の史料である。河村瑞賢に認められて日本海に進出した日比廻船が何を積荷としたかを検討したい。

⑳[23]　寛文13・5　日比村甚左衛門船　五〇〇石積一七端帆一一人乗り、大坂小島屋次郎兵衛買い取りの米一五一一俵と運賃米三五五俵および同所北国屋吉右衛門の銅五〇束を積み込み、五月六日出羽国能代湊を出船、五月九日能登国折戸着船、一四日丹後国経が崎（京都府京丹後市の経ヶ岬）沖で大風大雨に遭い、一部荷物を捨て、但馬国竹野浜（兵庫県豊岡市）のかこ島に加子ら這い上がり助かる。

㉑[24]　寛文13・5　日比村重右衛門船　船の規模未記入船頭太郎兵衛、大坂小島屋清兵衛買い取りの米一七〇〇俵と同所北国屋吉右衛門の銅一〇〇束を積み込み、出羽国野代湊を出船、五月一四日因幡国吉田牧谷村（鳥取県岩美町）沖で大風に遭い破船。日比村庄屋藤左衛門。

㉒[25]　延宝4・4　日比村長太夫船　一八端帆船頭太郎右衛門ら一二人乗り、三月五日加賀藩米（藩主前田綱紀）を積み込み出船、四月一日越中国伏木浦（富山県高岡市）で破船。

㉓[26]　延宝4・7　日比村十右衛門船　一八端帆船頭ら一二人乗り、津軽・あぜかさほ（青森県鯵ヶ沢町）で大坂・嶋屋作右衛門が買った米一一七〇俵を積んで出船、七月四日大風のため加賀浜で船底を傷め、帆柱も折れ、荷物の一部を捨てて能登国七尾浦（富山県七尾市）に流れ着く。日比村庄屋藤左衛門。

㉔[27] 延宝4・7　日比村船頭市兵衛　能登国七尾浦で大坂登米五七三石と運賃米九四石余を積み込み五月二九日出船、六月晦日、加賀国宮之腰（金沢市）沖で風が変わり、能登国松ヶ下（輪島市）まで戻される。七月三日同所を出船、四日越前国三国（福井県坂井市）沖で大雨風になり、荷物を一部捨て、縄が切れて帆を巻けないまま能登沖まで流され、六日やっと鮹島浦（石川県珠洲市）に入船した。日比村庄屋同前。

㉕[28] 延宝4・7　日比村船頭市兵衛　越中岩瀬（富山市）で加賀藩の大坂登米一二〇〇俵と運賃米一七七俵を積み込み六月一四日出船、七月二日能登国松ヶ下から出船したが、四日大風に遭い積荷の一部を捨て、佐渡国沢根（新潟県佐渡市）に到着。日比村庄屋同前。

㉖[29] 延宝4・7　日比村船頭次左衛門　越中岩瀬で加賀藩の大坂登米五三〇石と運賃米六二石を積み込み六月八日出船、天気が悪く能登国松ヶ下に逗留、同所を七月二日晩に出船したが、四日大風に遭い積荷の一部を捨て、五日能登国野呂瀬（珠洲市狼煙町か）に入船。日比村庄屋同前。

㉗[30] 延宝4・7　日比村船頭庄左衛門　能登国七尾浦で加賀藩の米を積み込み五月二九日出船、天気が悪く能登国松ヶ下に逗留、同所を七月三日朝に出船したが、四日大風に遭い積荷の一部を捨て、五日鮹島浦に入船。日比村庄屋同前。

㉘[31] 延宝6・4　日比村船頭忠左衛門　加賀藩の大坂届米六〇〇石と運賃米一一石を積み込み、四月一四日越中国氷見浦（富山県氷見市）を出船、二一日越前三国沖を航行、二三日に西大風大雨となり、荷物の一部を捨て、二四日丹後国伊根浦（京都府伊根町）に入船。

㉙[32] 延宝延宝6・11　日比村与田藤左衛門船　七〇〇石積二〇端帆船頭平吉ら一四人乗り、八月二八日日比出船、九月一三日対馬藩の飛地である肥前国田代（佐賀県鳥栖市）参着、対馬藩大坂廻米一七五〇俵と竹四五〇本を積み、一一月三日田代出船、一八日大村瀬戸（長崎県西海市）、同日夜壱岐国湯浦（壱岐市湯本浦）口の黒崎で西早風に遭い破損し、浸水し御米を捨てる。

㉚[33] 延宝延宝7・6　日比村長兵衛船　宇都宮藩主松平忠弘の飛地出羽国東根（山形県東根市）から江戸届米一三二〇俵と運賃米二八三俵余を出羽国酒田で積み込み、五月一二日酒田出船、二五日但馬国津山浦（兵庫県豊岡市）入船、六月

七日長州阿知島沖で大風に遭い、積荷を捨て、八日長州肥中津（下関市）に入船。

㉛[34] 延宝天和2・3　日比村船頭善右衛門　三端帆自身船頭ら四人乗り、日比で鰆を積み、大坂に運ぶ途中、三月一八日暮れに高砂入船、一九日高砂出船、同夜摂津国野田村（大阪市福島区）沖で北風が強く船が沈没する。加子の胸上村太郎兵衛は死亡する。日比村庄屋何右衛門。

㉜[35] 延宝貞享2・4　日比村藤松船　一八端帆自身船頭ら一三人乗り、加賀藩大坂登米六〇〇石と運賃米一〇七石を積み入れ、四月一八日越中国伏木浦出船、一八日能登国野路瀬浦着船、二二日同所出船、同夜大雨北風に遭い、翌日夜積荷の一部を捨て、二三日夜丹後国伊根浦沖を漂流。日比村庄屋同前。

㉝[36] 延宝貞享2・4　日比村次郎兵衛船　船頭太郎右衛門　四月一三日越中国伏木浦で加賀藩大坂登米六七〇石と運賃米一一六石を積み入れ、四月一八日同所出船、二三日北風に遭い、積荷のうち米一五四石余を捨て、二四日若狭国城本小浜（福井県小浜市）に入津、五月五日同所出船、六月三日日比帰着後、残米を大坂に運ぶ。日比村庄屋同前。

以上の一四件のうち、出発地が出羽国内三件、津軽一件で、八件が加賀藩領の能登・越中国である。日比廻船は、一部例外の九州もあるが、日本海沿岸の藩米・大坂商人購入の米などを大坂に輸送する契約を結んだ。その契約は、藩米の一部を運賃米とする賃積船の形式をとっている。これは菱垣廻船・樽廻船などの経営方法と同じで、後の北前船が採用する買積船とは違う古い形式である。

日比廻船の特徴を三三件の史料からまとめてみると、江戸への廻船は、一部岡山藩米と藩主家臣の荷物および病人の搬送が藩から依頼され、商用として塩の回送が行われていた。一方、日本海から瀬戸内海を通って大坂を結ぶ西廻り航路では、おもに出羽・加賀の藩米や大坂商人購入米の廻送に従事していた。掲載した史料中、日比の船主は推定一九人あり、船体規模がわかるものは、四五〇～七〇〇石積みで一六～二〇端帆一〇～一四人乗り、同一の船があるとしても一五隻前後の大船が確認できる。しかも、多くの船が各所で破船・沈没したために史料として伝えられたものである。これらのことから、江戸前期後半のこの時期の日比廻船は、かなりの大型船を保有し、日本海岸から瀬戸内海、太平洋沿岸に活動した有力船団であったと推定できる。それに乗り組む加子たちも多くは日比村民であったと思われ、戦国期の四宮水軍から近世の日比廻船に結集した姿といえよう。

しかし、三三史料中二六件までが破船沈没の被害を受けたことは、新造船が造られたにしても次第に大船数の減少を招いたと思われる。前述のように、㉝の貞享二年（一六八五）から二五年後の宝永七年（一七一〇）に七三六石～九〇〇石積み（一九端帆）の大船はわずか五艘となり、残り一四艘は二～四端帆の小型船となるのである。正徳六年（一七一六）には、「日比村之義ハ御加子浦ニ而猟場御座候へ共、先年ハ大船多ク所持仕、貧者共ハ加子働ニ而村中渡世難得仕儀無御座候ニ付猟ハ不仕、鯛網も胸上村源五郎ニ仕らせ、御運上六百目年々取立拂上申候、村方へモ弐百目宛取来申候所、先年と違、船も持絶申ニ付近年ハ猟ニ心付申候[37]」と記録する史料がある。ここには、大船が減少し、加子たちも働き場所を失い、それまで他村に依頼していた漁業へ転業しなければならない状況が述べられている。日比廻船は近世中期以降、次第に衰退していったと考えられる。

さらに下って文化一〇年（一八一三）の「児島郡手鑑[38]」には、日比村の船数は二～四反帆が三五艘、一三反帆（五〇〇石積）がたった一艘となっている。同じ時、日比湊を母港としている利生村には、二～八反帆の船が七九艘あり、日比村の廻船業用の大船が姿を消し、代わって中型の八反帆程度を保有する利生村が、廻船業に進出していく傾向が見えるのである。利生廻船は第七章で検討することになる。

註

(1) 吉田良一『河村瑞賢』（吉川弘文館一九六四）三三五頁。なお、河辺は神戸、脇浜もその近くとする。『新修丸亀市史2近世編』（一九九五）二〇二頁では、これらに直島を加えている。
(2) 四宮家文書　宝永7・8「手鑑」（『玉野市史　史料編』一八九～一九一頁に一部収録）
(3) 前出『池田家文庫資料叢書1　御留帳御船手　上』および『同　下』
(4)・(5)『同　上』四九〇～一頁
(6) 同前五八二～六、六一二頁
(7) 同前二一一～六頁
(8) 同前三三一～五、五〇～六頁
(9) 同前二一八～九頁
(10) 同前二一九～二三〇頁

(11)『同　下』六五～七頁
(12)同前二七〇～二頁
(13)同前二八四～五頁
(14)同前四九七～八頁
(15)同前六〇四～七頁
(16)『同　上』一三〇～二頁
(17)同前四九二～三頁
(18)『同　下』三七～四一、五七頁
(19)同前四八～五二、五七～八頁
(20)同前三一八～三二五、四一二～四頁
(21)同前四〇六～七頁
(22)同前四四五～六、四六四～六頁
(23)『同　上』三九～四〇頁
(24)同前五六～七頁
(25)同前二八一～二頁
(26)同前三〇七頁
(27)・(28)同前三四三～六頁。㉔・㉕の船頭市兵衛は、同名で別人の船頭である。
(29)同前三四七～八頁
(30)同前三四八～九頁
(31)同前五五五頁
(32)『同　下』一～四、五七頁
(33)同前一〇〇～三頁
(34)同前三九一～三、三九九頁
(35)同前六四五～七頁
(36)同前六四七～九頁
(37)四宮家文書　正徳6・1・25付「乍恐口上」
(38)『日本歴史地名大系34岡山県の地名』に使用されている。

第五節　日比村の漁業権と猟場争論

日比村漁業権の成立

加子浦役の反対給付として補償された漁業権は、近隣漁民との猟場争論を経験しながら強化・修正が行われた。第一節の末尾でふれたように、岡山藩では平井・北浦白魚漁業権の争論の中で、寛永四年（一六二七）平井村の漁場用益権を再認定した実例もある。加子浦日比村でも、幕府裁定にまで至った享保年間の有名な「大槌島・大曽瀬争論」をはじめ、近世全般を通じて度重なる猟場争論が起こっている。本節では、日比村を中心とした漁業権の成立と維持、修正の経過を考察したい。まず、日比村に古くから認められていた鯛網漁場関係の史料の要点を紹介する。

①[1]　寛永12（一六三五）　胸上村の猟師が利生村沖で漁をしていたところ、利生村の者が見つけて狼藉打擲を加えたので、胸上側が立腹した。結局は、利生村庄屋・年寄が近隣の比々（ママ）・山田・上山坂・下山坂・北方・番田の各村庄屋に仲裁を依頼し、連印の上、年末に胸上村庄屋小兵衛宛に一札を入れた。

②[2]　正保4（一六四七）　日比村の鯛網場はかつて日比・胸上村と紀州塩津村の三ヶ村で漁を行っていたが、約三〇年前から塩津村のみとなった。正保四年、岡山藩の郡奉行石川善右衛門らが、「家職」にするためと老中（家老か）に進言し、胸上村平兵衛を網主に推薦した。結局、塩津村を排除して、平兵衛が藩への運上銀六〇〇目と日比村に二〇〇目を納めることとし、翌年春から同人が網を入れはじめた。

③[3]　天和3（一六八三）　「六百目　鯛網場請」の記録があり、史料②の日比村鯛網請銀を指している。

①では、利生村沖の猟場がどこをさすのか不明であるが、少なくともこの事件で胸上村猟師の立場の方が利生村よりも優位であること、胸上漁民が日比村近くの利生村沖まで進出していることがわかる。つぎの②では、日比村の鯛網場は日比・胸上・塩津（和歌山県海南市）の三漁村が猟をしていたが、約三〇年前、つまり元和はじめ（元年は一六一五）からは塩津村のみが猟を行ってきた。そこで岡山藩は、正保四年、藩庫収入増と領民の「家職」のため、他国猟師を排除して胸上村の猟師に猟をさせ、藩への運上銀六〇〇目と日比村へ銀二〇〇目を納付させることにした。③の天和三年史料は、岡山藩領内に課せられた諸運上のなかの「鯛網場請」の銀である。鯛網請場は一ヶ所のみなので、日比村への賦課と確定でき、史料②の運

上銀を指している。これは、藩が公認した漁業権に対して、その利用者がその用益料を公認した村に納めさせる制度が設定されたということである。この日比村への運上銀設定は、日比村への強固な漁業権保障と考えられ、加子浦制の完成期を示す一指標となろう。この正保四年は、藩が加子浦を指定した明暦三年（一六五七）以前の一〇年ほど前にあたる。なお、この②の史料によって、①の胸上猟師は、寛永期に塩津猟師のみが行っていた鯛網場以外で操業していたことになり、利生村沿岸の小漁であったと推定できよう。

　こうして成立した日比村の鯛網漁業権に対して、長年にわたって抵抗したのが、児島郡の西南部に位置し、明暦三年に加子浦に指定された下津井四ヶ浦のうちの大畠村の猟師たちである。

④[4]　慶安1（一六四八）　この春、日比村「つちの戸」と呼ばれる大槌島周辺海域に、各地からこち網漁（吾知網）が出猟し、海面をたたいて鯛を追い込んで多く捕獲するので、網を取り上げて入漁しないよう約束させ、その後網を返却した。ここに大畠村もこち網に来るので、郡奉行へ入漁禁止を命じてもらう願書を提出した。

⑤[5]　承応2（一六五三）　日比村沖の鯛猟場の運上を胸上村からの入銀を通じて上納してきたが、この年大畠村の猟師が盗猟に来て胸上村の猟師に見つかり、使者を送って糺したところ手疵を負わせたため、大庄屋西太地村平右衛門に訴えた。大庄屋は下津井村の庄屋の子を呼んで調査し、結局、大畠側に盗漁を止める確約をさせて、大畠村庄屋から胸上村平兵衛（網主）宛に詫状を提出させた。別に下津井・大畠・渋川・利生・上山坂・下山坂村庄屋と大庄屋が連印して、平兵衛に一札を出した。

⑥[6]　天和2（一六八二）　大畠村の猟師がこの一〇年こち網に来るので、番船を出して差し止めてきたが、四月二日には三人乗りの猟船一六艘が来て番船の乗組員を打擲し、二人の頭に怪我を負わせ、大畠村に連れ帰った。翌日、大畠から二人の者が日比・中浦の鯛網小屋に来て怪我をさせられたと言い張ったが、医者の診察で怪我なしと診断された。波知村九兵衛（肝煎か）は互いの拘留者を交換せよと命じたため、やむなく交換した。しかし、その翌日、大畠のこち網船持が残らず入猟し、二～三日後に再び来たので日比から船を多数出して網四帖を取り上げ、大畠の船は退散した。しかし、郡奉行広内権右衛門が波知村九兵衛・日比村二人・鯛網主胸上村小兵衛を呼び出して、大畠村の網と人質の猟師三人

の返却を命じたため、小兵衛は人質は存在せず、偽言であると返答した。しかし、九兵衛は郡奉行の意を受けて、胸上側に網の返還を指示した。

⑦[7] 天和3（一六八三） ⑥に対して、胸上村庄屋と鯛網主小兵衛は、大畠へのこち網入漁禁止命令を条件に網の返還に応じると、郡奉行に二月一一日付書面で申し出た。その後、岡山藩の裁定が行われ、大畠猟師側の落ち度とされ、あやまり証文を藩に提出したが、こち網の入船は繰り返された。

④〜⑦の猟場は、④の示す「つちの戸」すなわち大槌島近海であり、②も同様であろう。ただし、胸上猟師が運上等を払って入猟権を得ていたのに対し、大畠村の猟師はそれを侵害する行為を続けた。このような大畠村こち網猟師たちとの紛争は、大槌島近海の鯛網猟場を巡って三五年ほども続いている。最終的には、藩の裁定で、鯛網運上を納めてきた日比村と実際の猟師である胸上村の網元側が勝者となったが、その後も盗漁は続いたようである。藩権力による加子浦の反対給付としての漁業権の保障は、猟師たちがまさに「不断の努力」で維持保全しなければならないものであった。

こうして成立した近世の日比鯛網猟を知る史料として、藩主池田光政が万治四（一六六一）四月一八日に行った鯛網見物[8]がある。

史料5-16

一小島日比鯛あみ見ニ参候、海中ニて舟ノそなへ仕見申候、首尾一段能候事、鯛一あみニ三千計取申候、其内千枚調させ、家中不残中小性・小々性・隠居まて遣候事

光政の見物した鯛網猟は、猟船の備えが首尾一貫しており、一度の網で三千尾も獲ったとある。うち千尾を調えさせ、家中全員に配ったというが、『池田家履歴略記』[9]には、庶子などの家族や家臣をはじめ日比までお供した船頭まで賜ったとある。また、元禄一七年（一七〇四）に編纂された『備前記』[10]の児島郡日比村の条には、次のような鯛網と猟船配置などが記されている。

史料 5-17

一此村ノ海ニテ春鯛網ヲ引
一網本ヲ村君ト云、胸上村源五郎ト云者也
一日比ノ内中浦ト云ニ小屋を掛ル、是ニ小屋守一人
一廿年計以前ハ節分ヨリ六十二三日目ニ網ヲロシ初ル処ハ、今ハ節分ヨリ七十日程シテ網ヲロシテモ早キヨシ、今ハ鳴戸ロゴチ網ト云ヲ拵テ取故、鯛モをソク廻ルト云ヘリ
一網ヲロシテ五十日程ハ取ル
一網ノ長サ二百四十尋、深六十尋
一槇ノ木厚サ二分、幅一寸五分、長サ一尺ニシテ、スベナワヲモ二尺ニシテ木ニ付ル、是ヲカヅラト云、長サ八百尋、右二色ヲカヅラ二尺程宛置テ付ル、此カツラヲ海表一里程コギヨセ、鯛ヲ瀬ヘ追寄テ網ヲ置也、右カヅラ海底ニテ光リテ鯛ヲヅルト云ヘリ
一網入ハ満潮トテ汐ニ入也
一三尺計ノ木ニ縄ヲ付、海ヘヒタトヲロシテ揚アゲテハヲロス、是ヲブリト云
一漕船八人乗、一方ニ一艘宛アミヲ此ノ船ニ入、其次三人乗二艘宛合船数六艘
一ミト、云テ百尋程ノ細引ニ石ヲ付、カヅラノ合セメニ結付海ヘ入、此船三人乗一艘、此頭ヲ沖村君ト云
一鯛売船一艘三人乗、以上船数八艘人数卅四人
一網本銀子七貫目程入ト云
一網株卅三株有之、分配シテ取之
一毎歳網運上銀六百目宛

この記述をもとに、推測を加えて元禄期の日比村での鯛網猟を復元してみよう。

日比では、春になると鯛網を引く。網元は「村君」と呼ばれ、胸上村の源五郎がしていた。日比の中浦海岸に「鯛網小屋場」が置かれ、小屋守一人がこれを守っていた。二〇年ほど前までは節分（立春の前日、旧正月の頃）から六二～三日目に初網を入れたが、現在（元禄末頃）は七〇日目ほどで初網を入れている。漁期はそれから五〇日間ほどである。

長さ一尺（約三〇センチ）の槇の木を長さ二尺のスベナワ（藁で編んだ太い縄）で結び付ける。これを「カヅラ」といい、二尺間隔で次のスベナワの端どうしを結び、結び目には違う色の石をくくり付ける。全長で八〇〇尋（約一・二km）にしたカヅラを海に入れて一里を漕ぎ、鯛を瀬に追い込む。カヅラを引く時、海底で光るので、鯛が驚いて追い込まれるという。別

に、三尺の木を縄につけ、海に入れて上げ下げして鯛を追い込む「ブリ」網を使うこともある。

鯛網を入れるのは満潮時である。鯛網の長さは二四〇尋（一尋＝一・五メートル　約三六〇メートル）、深さ六〇尋（九〇メートル）ある。網をのせた八人乗りの漕船と三人乗りの船二艘が二組となり、左回りと右回りで網を入れる。別に「沖村君」という頭のいる三人乗りの船が、「ミト」という長さ一〇〇尋（約一五〇メートル）ほどの細縄に石をつけ、カヅラの端に結び付けて海に入れ、網を絞って集まった鯛を全船で掬い獲る。船団は、三人乗り以上の鯛売船を含め、総数八艘、人数三四人である。利益は銀七貫目（約一一六両）ほどで、網元をはじめ、鯛網株を持つ三三人に分配される。また毎年、網運上として六〇〇目（金一〇両）を岡山藩に納める。

ここでは、本来の鯛網の他に、「カヅラ網」または「ブリ網」という威嚇縄具が使用されているのがわかる。史料④に登場する「こち網」も威嚇猟法であったと思われる。こうして浅瀬に追い込まれた鯛を鯛網で囲み、その鯛網の片方か両方を「ミト」という石の重りのついた縄で絞り込み、最後に鯛を掬い上げたのであろう。鯛網船団は、八人乗りのやや大きい船二艘と、三人乗りの船六艘の計八艘で構成されていたことになる。なお、『備前記』の利生村の条には、「此村猟浦　釣鯛二月ヨリ五六月迠　イハシ三四月　イカナコアミ三四月　釣メハリ七月ヨリ二月迠　サハラアミ三月ヨリ五月迠」とあり、向日比村には「此村猟浦　利生村同事」とある。また、渋川村では「此村猟浦　イハシアミ三四月　イカナゴ網サハラアミ三月ヨリ五月マデ」となっている。これにより、鯛は日比村のみ網漁があり、利生・向日比村では鯛釣しか認められていず、他の三ヶ村に鰆網猟をはじめ、鰯網、イカナゴ網などが行われていたのである。

小漁をめぐる争論

続いて起こるのは、向日比村と大畠村を相手とした鯛網猟場での鰯や鯔などの小漁争いである。『備前記』の大畠村の条では、「此村猟浦　鯛網三月ヨリ五月迠　サハラ網三月ヨリ五月迠　イカナゴ網三月ヨリ五月迠　釣メハリ七月ヨリ三月迠　イナ手グリ四季トモ　スヾキノ釣六月ヨリ正月マデ」とあり、鯛網・鰆網をはじめ多くの魚種の漁が伝わっている。田之浦・吹上村でも大畠村と同じ漁が行われているとある。下津井四ヶ村のうち、最も東にある大畠村が、鯛以外の漁業で日比村の漁業圏域と対立するのである。

⑧[11]　寛文6（一六六六）　向日比沖の日比村漁場で、日比村元請弥平次と次右衛門が雇い入れた日生村又三郎に建網を立

てさせた。その網にせいが入っていたため、沖合へ出船しかけた向日比村猟師がその網に船を寄せ、魚を掬い取った。さらに、元請弥平次を向日比村猟師親子が傷めつけて連れ帰った。結局、日比村の諸猟業を邪魔しないことを向日比村猟師に連印一札を入れさせて、内済扱いとした。

⑨[12] 正徳5（一七一五） 日比村の「床」猟場には春冬でも様々な魚種が獲れるが、日比村はそれらを獲る大網を持つ網元がいないので、胸上・大畑村[ママ]や時に讃岐の網も雇って猟をさせてきた。昨暮から、いな・せい・鰡があちこちの「床」に固まっているので、胸上村の網を呼び寄せて見守っていたが、一二月二一日夜大畑村猟師が盗猟しているのを番船が見つけ、魚・網とも取り上げ、詫言を書かせ、いなは取り上げ、網は返した。一方、渋川村前の西東の「床」にせい・鰡が多く集まっていることを渋川村の者が知らせたので、翌年一月三日、胸上村網でこれを獲った。一〇日にまた鰡が集まっていたが、昨暮の大畑村の同じ猟師が網を入れようとしたので渋川村の者が咎めた。猟師はこの海は自分たちの猟場と主張して鰡三千余を獲り、うち千余匹を渋川村の者に渡した。この経緯は山田村大庄屋平兵衛に訴えられたが、忌中のためそのままになっていた。「床」は「しやくなきノ高渕[ママ]」（渋川沖）と「大曽ノ瀬」をさし、両所とも鯛網場であり、鰯網や鰡網の猟場でもある。この猟場では、年々利生・向日比・渋川村と相談しながら網を引いてきたと、一月二五日付で日比村名主兵三郎・五人組頭徳三郎が郡奉行に訴えた。なお、鯛網猟は胸上村源五郎にさせており、運上銀六〇〇目と日比村への二〇〇目を請け取っているとしている。

⑩[13] 正徳6（一七一六） 日比村猟場のうち、宇野村前から渋川村西までは鰯引場・鰡敷場があり、去年までは利生・向日比・渋川村に網漁をさせていたが、今春から日比村でも鰯網一帖を行っていると、一月二六日付で郡奉行へ別の書状で訴えている。

⑪[14] 正徳6 史料⑨中の日比村猟場で大畑村猟師が獲った鰡を渋川村の者に渡した件は、大庄屋柳田村市左衛門が大庄屋山田村平兵衛に書状を送り、渋川村の者が鰡を押し取ったとして、千余本の鰡代銀四六一匁余を大畑村に支払う書状を書くよう指示された。渋川村名主・五人組頭は、そのため二月付の大畑村名主・五人組頭宛の案文を示されている。

⑫[15] 正徳6 史料⑪の案文に対し、日比村名主兵三郎・五人組頭徳三郎は、大畑・日比両村の対決の上、藩の裁定を仰ぎ

たいとし、二月付で大庄屋山田村平兵衛宛に案文同意を拒否している。

⑬　享保4（一七一九）　大槌島の「平谷」という場所は渋川村の請山であったが、この年七月一三日、平谷から五～六〇間ほどの日比村分の刈場に入り込み、盗刈をした上、朝鮮通信使へ提供する「御馬飼料御用」のための葛葉刈取り禁止を破って刈り取った。日比村の猟船がこれを見つけて抗議をしたが聞き入れず、日比村役人に通報し、日比村から小船二艘に五～六人乗り組ませて急行すると、薪葛葉を積んで逃れようとしたので追いかけた。渋川村からは船四艘で大勢駆け付け、日比村の船を渋川村まで連れて帰り、櫓榜（かいとかじ）を奪い、碇を切った。渋川村からの反論書は、三五年前（貞享年間か）の郡奉行内田太郎左衛門の時、渋川・宇野・玉・利生・向日比の五ヶ村で大槌島を請山することが裁可され、請銀を日比村に払い、平谷を渋川村の請地とした。去る七月一三日、四～五人が小船に乗って草刈に行ったところ、日比村の船二艘が刈取り差し止めという不届な申し入れをしてきた。

⑭　享保7（一七二二）　⑬の争論を詮議した結果、渋川村が年々大槌島の荊小間木類を薪にし、塩浜用の塩木として売り払っていたことが近在の浜方からの証言でわかった。宇野・玉・利生・向日比村を吟味しても、日比村の主張に間違いなかった。郡奉行村上小四郎・郡目付村瀬勘九郎は、差し止めを命じていた葛葉の刈取りを渋川村が猥りに行ったことは言語道断であり、渋川村は日比村二艘を修復した上で返送し、今後、請山の分は牛馬飼料下草刈りに限定せよと命じた。

⑧は隣村向日比との間に起こったせいをめぐる小猟の争いである。しかし、この史料からは向日比村沖でも小猟に対する日比村の漁場占有権が認められていたかは判断できない。むしろ、日比村が雇った猟師が設置していた網から漁獲物を奪ったことを問題としたのであろう。

次の⑨～⑫の四点の史料は、前述の史料⑥から三〇年ほど後の正徳五年から六年にかけて、日比・胸上側と大畠側との間に起こった猟場争論である。場所は大槌島東方の大曽瀬と渋川村沖のしゃくなきの瀬で、どちらも鯛網と、いな・せい・鰡・鰯などの猟場であった。鯛網漁の権利は日比側に帰していたが、鰡などの小猟は日比村から利生・向日比・渋川村の網猟師に許可していた。しかし、ここでも大畠村の猟師が入漁し、日比側と鋭く対立し、日比側は藩への提訴も辞さない構えであった。しかし、それぞれの村を管轄する大庄屋に力の差があったのか、山田村大庄屋は郡奉行や柳田村大庄屋の動きに同調したようである。しかし、この対立は文政一二年（一八二九）に一応の決着がつくまで続く。

なお、⑬・⑭の争論[16]は、大槌島の飼料用下草刈取り権から逸脱して、製塩燃料などに売却していた渋川村の行為を差し止めた山林争論であるが、次に見る大槌島・大曽瀬争論で、岡山藩側が大槌島領有の一証拠とするので、ここに掲載した。

大槌島・大曽瀬争論

鰡などの網漁をめぐる正徳の大畠村との争いから十数年後、再び大槌島近海の大曽瀬をめぐる猟場争いが、瀬戸内海対岸の讃岐国高松藩領との間で起こった。この争論は鰆や鯛網漁の漁業権を問題にしており、岡山藩内でその権利を保障されたはずの日比村にとって、今までの理論では通じない他国猟師との極めて深刻な漁場争論であった。しかし、この争論は単に猟場争いに留まらず、領主間の支配領域、すなわち国境争論にまで発展する大きな問題であった。国境を接する岡山藩と高松藩は、大曽瀬と大槌島の帰属を確定させるために封地を授けた将軍家＝幕府権力の判断を求めることになる。この争論はまさにそのように展開した。

すでに日比近海では、元禄一五年（一七〇二）に幕府裁定によって最終決着した石島・中藻須争論[17]がある。その結果、石島（玉野市石島・香川県直島町井島）は備前国児島郡胸上村と讃岐国香川郡直島に分割され、現在も国内唯一の県境のある有人島となっている。その国境が海上に延長され、直島諸島の牛ヶ首島と児島郡海岸の中間以北に広がる中藻須は、胸上村の猟場となった。今回の大槌島と大曽瀬にも、そのような決着が図られなければならなかったのである。なお、この大槌島・大曽瀬争論についてはいくつかの先行研究[18]があるので、詳細な分析はそれらに譲り、本稿では所属猟師と漁業実態を中心に、争論の経過を確認することにする。

先に当該海域の現況について紹介しよう。大槌島は日比港入口の灯台から南に約三・五km、香川県高松・坂出市境にある大崎ノ鼻からは北約三・三kmに浮かぶ面積〇・一二平方kmの無人島である。備讃瀬戸のほぼ中央に位置し、その三角形の島影から、元禄四年（一六九一）二月二二日、オランダ商館付医師ドイツ人ケンペルが、「槌山という人目をひくピラミッド形の島が見えた」と書き残している[19]。山頂の標高は一七〇・八メートル、島の北と南側の海深は五〇～七〇メートルほどで、この島を中心に東西に浅瀬が横たわっている。島の西方向には、島と小与島の沖合いまでと、その途中から小瀬居島方向へ向

かって海深二〇～三〇メートルほどの幅の広い浅瀬が続いている。争論当時、前者を讃岐側では「中住瀬」と呼んでいる。一方、大槌島から東にのびる浅瀬が「大曽瀬」で、直島の南の柏島近くまで七、八kmほどあり、幅約一〇〇メートル、浅い所で三～五メートルと言われ、鯛や鰆その他の魚の好漁場となってきた。今回、この海域をめぐって争論が発生したのである。

大槌島と大曽瀬（島の左手の薄い海流付近）

争論の発端は、享保一六年（一七三一）三月九日、讃岐国香川郡香西浦（香川県高松市香西本町ほか）から利生村名主弥三郎宅に使者が派遣され、当年新たに網五帖を新調したので大曽瀬での網猟を行うと申し入れてきたことによる。名主は古来から当方の猟場であると断ったが、使者は大曽瀬は残らず香西浦の猟場と主張した。次いで、利生村の鰆網猟を香西側が妨害したのでこれを止めさせるよう抗議の書状を四月一四日に送ると、香西浦大庄屋は当方が大曽瀬に猟船を出すのは今年新規のことではあるが、もともと香西浦の猟場であるから利生猟師を去らせたと返答してきた。[20] 香西側が新調した網について、香西浦猟網は古来から鰆網一一帖と鯛網五帖を保有し、鰆網のうち五帖が大破して享保一四～五両年休網とし、同一六年春五帖を新調したものと説明している。さらに大曽瀬は鰆のみ獲れて、鯛その他の魚種は獲れないともしている。[21] これについては、前述の史料②～⑦でみた江戸初期からの日比沖での鯛網猟と食い違い、香西側が大曽瀬に入猟しようとしたのは鰆網に限定したものであったと判断できる。

一方、四月の妨害行動については、八日備前利生浦の鰆網二～三帖が「王薗瀬（おおそのせ）」の網代に入ってきたので番船を出して追い払い、一〇日にまた利生から二帖が来たので再び追い払ったとある。[22] これについて利生村名主から一四日に入猟させるよう使者を送ったが、香西側が大曽瀬全域を自領と主張して聞き入れなかったとしている。[23] しかし、香西浦の主張のようにこの海域が全て讃岐側となれば、鰆だけでなく鯛網、さらに前項でみた鰯・せい・いなどの猟場も喪失することになる。それは認められない児島側は、利生村に加えて日比・渋川村の名主を直接の「訴訟人」とし、管轄の児島郡大庄屋や藩からの指導支援を受けながら幕府訴訟に踏み切るのである。

享保一六年九月二三日、児島側は香西浦を相手取り、日比村名主徳三郎・利生村同弥三郎・渋川村同惣四郎の連名（以下、児島側とする）で、月番だった幕府寺社奉行黒田豊前守直邦宛に訴状を提出した。訴訟内容は、大槌島・柏島（児島側は頭島と表記するが、以下柏島と統一する）間約五〇町の大曽瀬のうち、大槌島とそこから二五町余が日比村の海域で、日比・利生・渋川の三村の猟場としてきたこと、それより東を讃岐国香川郡直島と同香西浦の猟場として古来から何の問題もなかった。これを全て香西側高松領とすることは理不尽であり、従来ここで獲れた鯛や学鰹（まながつお）を岡山藩池田家を通じて将軍家に献上してきたことなどを主張している。[24] 児島側が提出した訴状は、訴訟受理を示す「目安裏判」を受け、九月二七日に返却された。その際、双方の立会で論所の絵図を作成し、相手側の「返答書」を添え一一月二五日に評定所に出頭するよう命じられた。[25]

こうした動きを高松藩江戸藩邸では一〇月一一日に風聞で知るところとなり、寺社奉行黒田の家臣をよく知る藩士を派遣して情報収集を始めた。高松藩は水戸徳川家の分家で、藩主松平頼豊は幼少ではあるが水戸藩主徳川宗翰の実祖父であり、奉行黒田に対しても度々面談するなど、争論を有利に運ぼうと動いた。[26]

児島側は一〇月一九日に帰国し、返却された訴状を二四日に香西側へ渡し、論所の立会絵図作成を求めたが、香西側は高松藩からの指示でこれに応じなかった。[27] 児島側は一一月五日に岡山を発ち、二〇日に江戸着、翌日評定所に出府を届け出た。[28] 香西側は一五日に高松を出発、海路一二月一日に江戸に着いたが、[29] 高松藩からの依頼で勘定奉行黒田から江戸遅参の許可を受けており、二五日の初回の差日は延期された。

その前の二四日、高松藩は幕府領で預地であった直島の庄屋・猟師からこの海域の情報を得ている。[30] 香西側にも有利になるような証言であり、次の四点が注目される。

ア、大曽瀬は直島の大曽越浦から生じて柏島・荒神島へも続き、大槌島の方へ流れ、瀬先と大槌島は一〇町ほど離れ、深みとなっている。

イ、直島の鯛網猟師は、「津の山つかい」という場所から網を巻き始め、荒神島から続く瀬で鯛を揚げる。

ウ、直島の猟師が学鰹網を引く場所は、柏島沖から荒神島までと京の上臈島付近で、備前の猟師は全く不入の地である。この他、大槌島まで学鰹の猟場はない。

エ、崇徳院配所の直島で、上皇着岸の浦を王積浦といい、その南の天王山という所に社がある。その尾根続きの南の鼻が大曽越といい、ここから生じているから大曽瀬という。この瀬は柏島高の鼻や荒神島西の鼻からも生じている。

続いて同年一二月四日、双方が評定所へ呼び出されたが、立会絵図が完成していず、双方帰国して作成して来るよう寺社奉行黒田は命じた。しかし、児島側の大庄屋槌ヶ原村与兵衛が何度も帰国するのを迷惑とし、江戸での立会絵図作成を願い出て、江戸北町奉行稲生下野守正武からの進言もありこれが認められた。[31] 一二月八日、江戸飯田町の茶屋で双方が出会い、立会絵図の作成が始まった。それぞれが作成した絵図を見比べ、主張に大差があり調整は難航したが、翌年一月一二日になってやっと完成した。[32] 別に香西側は一一ヶ条の新たな返答書を作成して一三日付で奉行所へ提出している。[33]

翌一三日、評定所で双方が呼び出されたが、勘定奉行黒田は提出された立会絵図を請け取っただけで、吟味は行わず、翌日黒田役宅に双方を呼び出して九件の尋問をしている。そのうち要点をあげる。

一、香西側の大破した鰆網五帖が従来からの網の復旧である証拠を香西側に示させたが、争論発生時の利生村名主宛書状を提出したため、証拠にならないと却下した。

二、児島側が鰆網入漁拒否に対して抗議の使者を香西側に送ったのを四月一四日としているが、高松側は利生村の入猟に対してすでに九日に警告をしており、児島側の説明を不届とした。

四、大曽瀬は日比・渋川・利生村の猟場で、鯛・学鰹を献上してきたとする主張に対し、献上までの様子を尋ね、鯛は三月に獲って粕漬にして献上すること、学鰹は六月に捕ると児島側は答えている。奉行黒田は香西側献上の鰆は鰆網一一帖を使用しているが、備前献上の鯛も鯛網の説明をするように、真鰹は実際に見分するとしている。

八、大槌島にある備前領の畑はいつできたかわからず証拠にならないとし、香西側でも新開のものであり、見分があれば真偽も知れるとした。

九、中住の瀬について児島側の大庄屋彦次郎が小槌島から乃生崎に続く瀬と返答したところ、香西側は小与島から大槌島に続く瀬と答え、先年（天和二年か）備前側との書翰を証拠として提出した。

黒田は尋問を終えた後、やがて見分使が派遣されることになるとして吟味を終えた。備前側では、この時の尋問を「第一児島ノ者江段々御難問ニ而豊前守殿御直ニ御尋」と記録し、黒田の尋問は備前側に厳しい姿勢であったと受け止めている[34]。

一四日の審理後、高松藩側では、論所への立入禁止は「御大法」であり双方の猟は差し止めになることを理解しつつ、将軍家に献上する鰆は特別として入猟を認めてもらうよう黒田に働きかけた。しかし、備前藩でも鯛・学鰹が献上品であり、一方のみを認めることは依怙と当たるとして、一月二〇日、この要請を認めなかった[35]。ついで高松藩は、四～五帖の鰆網を持つ幕府領の直島に対して、例年論所の大曽瀬、特に柏島根方の南面で香西と入会で入猟しており、鰆運上を納めるために論外の直島は入猟を認めて欲しいと要請したが、黒田は老中筆頭松平乗邑の指示もあり、評定所の面々にも相談して、二月七日、高松藩預かりの直島も当事者同然として入猟を認めないとした。これについて直島は、大曽瀬以外に中瀬でも鰆猟をしており、運上は皆無にはならないが減少すると述べている[36]。

検使派遣と幕府裁定

二月二〇日、論所見分のため大番組木村藤九郎と代官斉藤喜六郎が任命された。翌日児島・香西双方が評定所へ呼び出されてこれが伝えられ、それぞれ帰国して見分の準備をするよう命じられた[37]。検使一行は三月二九日江戸を出発し、四月一九日日比村に到着した。潮流と風向きが悪く、日比に一泊して翌日塩飽島泊浦に着船した[38]。しかし、論所海域を見分して塩飽からは遠方とわかったため、二五日に直島に本陣を移し、以後、天候に左右されながらも約一ヶ月間、精力的に論所各所の調査を行った。五月二五日には見分が完了して、翌日直島を出船、閏五月一八日江戸に帰着している。この間見分使は、陸地と島嶼部間の方角や距離、海深などを計測し、独自により正確な論所の地図を作成し、これと双方の主張を付き合わせて真偽を糺していった。また、提出された証拠資料を幕府裁定の判断材料として採用するかを吟味した。

その中で、香西側と直島が主張する大曽瀬の説明が、測量による結果といくつかくい違うことが確かめられた。それはこの年一月一三日に香西側が奉行所宛に提出した返答書の第四条目で、「大曽瀬は直島の柏島根方から生じ、大槌島の東一七～八町にある深さ二尋ほどの峠から大槌島に向かって次第に深くなっており、直島の大曽瀬鼻や荒神島へも瀬続きである[39]」

としている点である。これについて五月八日と一〇日に「かい立改め」（海深測量）が行われ、柏島根方へ西の沖合いから逆に深くなっており、柏島から大曽瀬が始まっているのではないことが判明した[40]。また、直島の大曽越の鼻から大曽瀬間も一二～一四尋（約二十数メートル）と深く、荒神島から大曽瀬までの東西一帯は七～八尋で続いており、「平瀬」であると見分使は判断し、大曽瀬が荒神島や直島まで繋がってはいないこともわかった[41]。さらに、大槌島東方から小与島までの「中住瀬」についても一三日に海深計測が行われ、瀬の海深が大槌島から西へ一〇尋から一四尋半の間に集中し、瀬とは言えないと見分使は判断した[42]。これらの実測による結果は香西・直島側の主張を否定するものであり、見分使は香西側に事実を承認する押印を求めたが、香西側は一四日に押印したものの、大曽瀬全域を自領とする主張は変えなかった[43]。

一方、漁業実態の聴き取りは、五月五日から断続的に行われた。まず、直島庄屋などへの質問から、大曽瀬の南面の直島領には、阿波、安芸、備前向日比・下津井・北浦村から小船船釣が入猟してきており、運上を直島に払っているが、香西は直島と入会なので運上は取っていないことが確認された[44]。次に、直島近海の鯛網猟は、大曽瀬から一〇町ほど北の「津の山つかい」という所から、日比村の高山と帆立石の「もものくぼ」とを結ぶ線から網を引き始め、荒神島前の横瀬で網を揚げて鯛を獲っているという[45]。さらに直島の鰆猟については、香西側が大曽瀬の南全面を自らの猟場としたが、直島は南面の一部に直島の鰆猟場もあるとした。ただし、鰆網を持つのは女木・男木島の漁師だけで、直島本島にはない。その場所は柏島根方から、西方の高松領の小山と香西浦の柴山東鼻を結んだ線までの海域といい、香西側の誤認であった[46]。

香西浦に対する漁業実態の尋問は五月一八日に行われている[47]。返答の要点は次の三点である。

ア、大曽瀬の鰆漁で献上の鰆を獲っている。香西浦前通りの「かま洲」でも鰆はとれるが、小さくて献上品にはならない。鰆網は春彼岸過ぎ一七～八日ころ網を入れ、五〇日間ほど網を引く。大曽瀬南面の満潮時に献上鰆を獲っている。

イ、大曽瀬の南面では汐行が悪いので鯛網は行わない。行っているのは「中洲」と「中住瀬」で、春彼岸過ぎ七日ころ網を入れ、五〇日間ほど網を引く。

ウ、藩への運上については、鯛網五帖のうち鯛大網四帖は銀二〇〇目ずつ、鯛小網一帖三〇目、鰆網一一帖は一〇〇目ずつ上納している。釣船の運上銀は取らない。阿波と讃岐小豆島には釣札を与えて運上は取らない。

これについて、五月五日の直島に対する調査の中で、香西の猟師は高松領瀬居島で鯛釣猟をしており、直島の猟師も入会で猟をしているとあり、ここがイの「中洲」を指していると思われる。また、利生村の鰆網に関して、香西猟師を指導する高松藩士も、「香西は大曽瀬の南面で猟をしてきた。備前の者も大槌島を備前の島と考えて、大槌島より東一八町ほどまでの大曽瀬の南北両面で利生の鰆網を年来引いてきたが、去年は香西猟場の南面二五町まで入り込んできたのでは」と記録している。[48]争論での主張と実際の漁業実態は必ずしも一致はしていなかったのである。

見分使の調査対象は、五月一四日ころから大槌島の開発資料や周辺海域での難船処理、幕府巡見使への提出記録等の検討に移った。特に、児島側が示した大槌島の宝永四年（一七〇七）の検地帳は証拠として採用され、[49]島の利用が全く記録されていなかった香西側に対して、大槌島の備前側実効利用が濃厚になった。

見分使が調査を終えて直島を出船する三日前の五月二二日、見分使斉藤喜六郎が直島庄屋三宅岡右衛門に次のような疑問を示したことが、林孫左衛門に伝えられている。[50]

ア、大曽瀬の南面では、柏島から西へ「小山つがい」までは直島の鰆網代、さらに西へ大槌島根方までは香西の網代である。

イ、大曽瀬の北面では、柏島根方から葛島砂出しまでは直島の鰆（鯛の誤記か）網代であるが、葛島から西の凡そ二五町ほどの空いた部分はどこの猟場か。

このようにそれぞれの猟場を確認した上で、残った北面二五町の猟場が裁許次第でどこか他領に決まったとしても、直島・女木・男木は反対しない旨の証文を認め押印せよと言っている。まさにこの大槌島から二五町までの大曽瀬北面海域こそ、幕府裁定で言い渡される備前側領海であり、見分使が調査を終えた段階の合理的判断であった。

木村・斉藤両見分使による見分報告は資料的に確認されていない。しかし、岡山・高松藩とも幕府裁定の期日まで幕府役人との折衝に奔走したと思われる。七月一三日には、本件訴訟を主に扱っていた黒田直邦が西丸老中となって寺社奉行を退任する。そして、九月二一日には双方が評定所に呼び出され、寺社奉行井上河内守正之から裁定が言い渡される。その内容はつぎのようであった。[51]

ア、大曽瀬五〇町余のうち西方二五町余を児島側の海と主張し、香西側は大曽瀬四〇町余のうち北側は直島領、南側が香西領と主張している。

イ、検使による調査の結果、双方の主張する証拠は一切ないが、双方から鯛と鰆の献上は歴然としており、大槌島の北面には日比村の畑もある。官庫の国絵図にも漁場の境界がないことから起こった紛争であり、大槌島の中央を境に大曽瀬二五町分で北側を児島側の、南側を香西側の猟場とする。他は従前の通りとする。

こうして、大槌島をめぐる猟場争いは、島と猟場を南北に折半した形で裁可が下ったのである。その後、岡山・高松両藩はこれを不服として再訴の道を探るが、現場猟師が再訴に応じなかったという。享保一八年（一七三三）六月七日、双方の猟師関係者が大槌島で落ち合い、一一日までに下草を刈り、榜示を決め、石塚を設け、一二日に境界となる見通しを決定して、境界を確定した[52]。

大畠村との争論決着

讃岐香西浦との三年がかりの争論を終えた日比村は、しばらくの間、特に大きな紛争もないまま半世紀が過ぎた。しかし、前述の下津井四ヶ浦のうち大畠村漁師たちとの猟場争いは決着していなかった。その最大の原因は、日比村を飛び越えて東の胸上村との境界争論にあったのではないかと思われる。古来、下津井四ヶ浦は、「田井村高辺鼻紅石胸上村漁場を境、西は一円下津井四ヶ浦漁場」としていたが、享保九年（一七二四）胸上村との争論の裁定以後、「宇野村守井鼻より不罷出[53]」としている。この史料は確認できないが、享保年間でも大畠村が宇野沖まで操業をしていたと主張するほど、大畠村の猟師は活発に活動していたようである。そのような中、日比・渋川村沖合いで次のような日比・大畠村猟師の紛争が起った。

⑮[54] 安永5（一七七六） 日比村の海面は、東は胸上村海境、南は直島および香西との海境、西は下津井四ヶ村海境で、くすみの鼻（鷲羽山の先端）から一八町東の海上と陸地の小川村宮山（小川八幡宮か）へ見通した線が海境であり、船奉行の浦廻りの時、漕船を務めてきた。どのような御用船通行の時も、古来よりしゃくなぎ瀬番を日比村が務め、また、鯛網鰆網やその他小猟業も、大曽瀬としゃくなぎの瀬で行い、毎歳日比村から運上を払ってきた。さらに、諸国大名船や諸廻船、破船なども日比村構えで行ってきた。ところが一一月一八日、日比村丈介が和気郡日生村の繰網を雇っ

て、日比村下鼻から渋川村沖で猟をしようと網を入れかけた時、大畑村の猟師が繰網をし始め、口論となった。大畑村の猟師は、日比村かいかけ鼻から西は大畑村猟場と主張し、日生村網手の船に網を掛けて大畑村まで連れ帰ろうとした。丈介は自分だけが行くからと綱を解いたところ、大畑側が丈介を打擲して手疵を負わせ、日生の網手船ともども大畑に連れ去った。日比村から使者が送られ、大畑村名主・五人組頭も、紅石（田井村高辺鼻）までは下津井四ヶ浦の猟場と主張したので、藩に訴え出るため、日比村村役人連名の上、大庄屋胸上村惣右衛門に口上書を提出した。

この争論の訴状には具体的な魚種が示されてないが、一一月頃の猟であるので鯛や鰆網ではないと推測できる。訴状の末尾には、近年日比村の鰆網網代に大畑村の鰆網が入り込み、利生村の鰆網の邪魔をしていることも訴えている。大畠村の繰網は安永二年までは日比村湊内にまで入り込んでいたが、翌三年から日比村で他所の繰網を雇って猟を行うようになり、この事件の直前から日比村雇いの猟師が湊外で繰網を始めたことから争論に至ったと大畠側は主張している。[52] しかし、この争論は決着が付かず、安永九年さらに寛政一〇年に再燃した。

⑯[55] 寛政一一（一七九九） 日比村からは承応の頃（一六五二～一六五五）の大畠村役人の書付を示し、その当時、下津井四ヶ浦が「高須之瀬」と呼び、日比村は「西之瀬」と呼ぶ日比村の鯛網運上場（渋川から引網村沖）があり、ここには日比村から加子浦として「岨番船」を出してきた。こうした日比村本猟の鯛網に故障を及ぼすことがないよう、大畠村の繰網は差し止め、それ以外の猟業は認めるという判定を、六月に郡奉行は両村構えの大庄屋に与えた。しかし、この判断は大畠村が受け入れず、同年一一月および文化年間にも両村は争っている。そして文政一二年、次のような紛争が起った。

⑰[56] 文政一二（一八二九） 日比村からの訴えでは、この年一月七日、田之口村沖にせいご三万匹が見え、日比村は猟をせず見守っていると、翌日田之口村の者が大畠村繰網を呼んで猟をさせ、獲った魚を両村で分け合った。九日に日比村が網を入れた後、大畠村がやって来てすぐに逃げ帰った。また、日比から田之口村判頭に村の山から魚見漁業をしたいと申し入れたが断られた。大畠村繰網は寛政一一年以来差し止めになっているはずであると主張した。一方、大畠村からは、寛政一一年の大畠村繰網差し止めは、村方一同もしくは当時繰網猟の者に申し聞かせたのか疑問で、管轄の大庄

屋や村役人の処置が行き届いていなかったと反論している。

これに対して、児島郡大庄屋出身の岡山藩下役人篠井作左衛門（柳田村）と三宅安太郎（大崎村）は、つぎの裁定を下した[57]。

ア、日比村が当時雇網で繰網猟をしているが、日比村の請元と雇網方が取り魚を五分五分で引き分けている。そこで、田之口村の沖に集まった魚は見つけ次第日比村請元に知らせて確認させ、大畠村繰網が猟をして獲った魚を双方で五分五分に分けよ。かつては日比村に繰網がなかった頃、大畠村繰網を雇い入れていたと聞く。特別に他郡の網を雇うより、近い浦の方が双方の為になる。大畠村も田之口村の沖網入等を実意に行え。

イ、日比村本猟の鯛網に故障がないように、大畠・向日比村そのほか呼松・渋川・利生村の鰆網・鰯網に至るまで諸事和融して、漁業渡世が続くようにせよ。

この裁定に両村は納得し、二月一六日付で連印請書を提出した。また、大畠村が属する下津井四ヶ浦の下津井・吹上・田之浦村、田之口村および管轄大庄屋も加判・奥書をしてこの裁定を認めた。

幕末日比村の漁業　日比村の漁業は鯛網猟中心で、鰆や鯔・せいご・いな等の小猟は近隣の猟師や雇い猟師に委ねてきたことは、ここまで見てきた通りである。本猟の鯛網でさえ、長く胸上村網元に猟を依頼し、献上の鯛や藩への運上銀を賄ってきた。その額は、天保九年（一八三八）には「銀三百目　鯛網請代」とあり、②・③で設定された額の半額となっている[58]。幕末に至って日比村の漁業を分析できる史料は少ないが、鯛網漁の具体的な請元が確認できる。

⑱[59]　弘化4（一八四七）　弘化三年、直島伝左衛門・又兵衛・弥七・日比村綱吉・向日比村源太郎の五名で「日比海鯛網代」を請け負った。この年の網揚げ後、直島清左衛門がこれに加わりたいと願い出るが、話し合いは不調に終わり、結局、日比村綱吉の主張で、弘化四年も同じ五人で操業することにした。しかし、「当年ハ此之通ニて、来年之事」として鯛網入漁権は単年度で決めていく原則を確認した。

⑲[60]　弘化5（一八四八）　日比村利左衛門・元吉と向日比村五人組頭源太郎が、日比村魚漁場の大曽瀬と西の瀬の鯛網代で請漁したいと願い出た。「運上銀三百目払上、網代請代二百目」を村方が請け取る。

⑱・⑲の鯛網漁師は、弘化三～五年という短期間ではあるが、直島漁師三人・日比村一人・向日比一人から日比村二人・向日比一人へと変わり、直島の網元は排除された形である。この中で弘化三～四年と鯛網漁を担当した日比村綱吉について、次のような史料[61]5-18がある。

史料5-18

廻舟渡海質物證文之事
一八拾石積瓦すへ新造鯛網舟弐艘
右弐艘とも舟之かた九尺壱寸宛有
一櫓十四丁　碇弐丁　但し目方十弐貫目宛也
一諸道具一式乗出之侭
右道具之内帆并ニ柱桁三品は無之候
右之通舟我等所持ニ御座候所、此度其元殿へ渡海質物ニ差入、金子三拾両慥ニ受取借用申所実正也、然ル上返済之義者、月八朱之利足相加江、来ル申五月ゟ戌五月迄三ヶ年ニ元利無滞急度返済可申候
一御公役并ニ舟役諸入用之義ハ此方ゟ相勤可申候、仮令雨風難有之候ハヽ、我等別金を以急度返済可申候
猶此金子者聊御損失相懸ケ申間敷候、尤相対を以右廻舟勝手ニ渡海仕候、質入之義ニ付脇外ゟ違乱妨ケ申者一切無御座候、万一返金相滞義御座候ハヽ、右舟弐艘諸道具一式乗出之侭早速乗登り、無異議相渡可申候、為後日廻舟渡海質物證文仍而如件
弘化四年丁未九月
備前日比浦　質主　とうふ屋綱吉　㊞
播磨屋万次郎殿

これは、鯛網船を抵当に三〇両を借用した「質物證文」で、弘化四年九月に借用し、嘉永三年（一八五〇）五月までに元利合計を滞りなく返済する約束であった。これによって綱吉の鯛網船が瓦が据えられた八〇石積みの幅約二・八メートルの新造船であり、この二艘の鯛網船を使って弘化三～四年の漁を行ったと推定できる。公役や舟役といった加子役は綱吉が負担した。しかし、鯛網漁が不振であったためか、大坂石津町[62]の播磨屋万次郎からこの鯛網船を抵当に借金をしたようである。綱吉は大坂四軒町紀伊国屋与三兵衛から購入したと思われる鯛網の代銀三貫二四六匁余の返済が滞り、鯛網を紀伊国屋に買い

取ってもらって借銀の返済に当てようとした。しかし、買い取りを拒否された上に、借銀返済を迫られたため、播磨屋から借金をしてこれに当て、その借金返済も不可能となったために、ついに嘉永三年六月、質物としていた鯛網船を売り渡すことになったようである。[63] 鯛網猟師といえども不漁となった場合にも厳しい経営危機に陥ることをこの史料は伝えている。

一方、鯛網以外の繰網その他の漁業について、次のような史料が残されている。

⑳[64] 嘉永1（一八四八） 日比村のいな漁で一貫五〇〇目の損銀が生じ、大庄屋槌ヶ原村組と西田井地村組内から拝借し、日比村五人組頭・名主連名で、無利一〇年賦返済の借用証文を郡奉行宛に提出した。

㉑[65] 嘉永2（一八四九） 日比湊内の繰網は毎年一〇月以前から諸猟差し止めとしてきたが、一〇月七日向日比村猟師が向日比磯際で投網漁をして寄魚が少なくなり、また、忍びであなご縄漁をするので注意をしてきた。しかし、一〇月二五日には同じ漁師が湊内で鮹縄をしているところを「海請之者」（正規の繰網漁師のことか）が見つけ、二七〜八日に大勢で鮹網を引き上げて帰った。日比村は繰網鯛網のみを本漁としていて、向日比・渋川・利生村に湊内で四ヶ月間以外の入漁を許可しきたが、我儘増長して繰網漁の妨害となっている。これに対して向日比村からは、磯際の投網・あなご縄・鮹縄は夏冬通じて行ってきた。これを日比村から繰網の故障と言われ、近来は高洲辺（渋川沖か）で漁をしていて大畑漁師が漁具などを奪い取ることがあり、稼場が減って難渋している。

こうした双方の訴えに対して、取り扱いの名主大崎村治三郎と同広岡村五郎右衛門は、

ア、一〇月一日から凡そ四ヶ月間の「留海」では、向日比・渋川・利生村の諸漁は一切厳禁。

イ、繰網が済み、さらえ漁が終われば向日比村は勝手次第に諸漁をせよ。

ウ、投網は留海期間中は禁止。

エ、鮹縄は松ヶ鼻と貝掛鼻を結んだ線の凡そ五〇間ほどで済ますこと、但し、飯蛸縄はその線の二〇間ほどで節分から一ヶ月間に二度行うこと。

オ、あなご縄は一月一日からしてもよい、但し一番漁が正月に行われる時はその後から行え。

カ、大畑漁師が我察な振る舞いをしたら日比村からも掛け合ってやめさせ、両村が和融するようにせよ。

という裁定を下した。これに双方納得し、関係者が連印請書を提出した。

㉒[66] 嘉永3（一八五〇）「日比湊口東西指渡し凡七町、同所御上り場波戸元ゟ向越ヶ鼻迄凡三町二十間、直島と日比村と海上境東西之分南北見通し大曽瀬ゟかつら島、東ノ高辻かう島くい合矢はづニ見通し候所直島日比境也、胸上村日比村猟場境　田井村高辺鼻紅石ゟ下、日比村猟場也　下津井吹上田之浦大畑猟場境□□□（不明）久須見鼻東拾八町上、地方ハ小川村宮林見通し、夫ゟ上は日比村猟場也」

㉓[67] 安政2（一八五五）日比村大曽瀬について、嘉永六年から日比村と向日比村小猟師の間で争論が起こり、安政二年春、大庄屋藤戸村義兵衛が出張して、八十八夜から百十日までの二二日間の中で、鯛網漁を行う大網と小猟師の漁は隔日操業する取り決めを定めた。この取り決めは翌安政三年も行われた。

㉔[68] 安政4（一八五七）安政二年の取り決めの再考を日比村が求め、三月、大庄屋波知村九左衛門の仲裁で、大槌島大曽瀬のうち、同島の西の脇から小槌島の東鼻の森が見え出す位置まで、八十八夜より後の小汐七日間、八帖までの大網の漁を行い、この間は小猟師は漁をしない。八十八夜より前の小汐の時期は小猟師が入り、大網は漁をしない。これ以外は隔日双方の漁をすると取り決める。三月一八日付の書面で、大網は日比村平太夫・藤一郎・庄吉・利左衛門・和吉と向日比村源太郎、小猟師は向日比村猟師頭四名などが署名している。

⑳のいなの繰網については、日比村が組織したいな漁が不振で損銀が生じ、大庄屋組の資金を借りて返済する状況になっている。胸上村は西田井地村組に属しており、槌ヶ原村組の日比と胸上が組んで操業した漁とも推測できるかもしれない。

さらに、日比村の鯛網・繰網と向日比村諸漁師との対立を示すものがある。㉑の嘉永二年では、日比湾内の向日比村猟師の操業がエスカレートして、日比村の繰網漁の妨害となっていることが知られる。組合内の他村名主による裁定で、一〇月から四ヶ月間の「留海」中には、向日比・渋川・利生村の小猟は禁止され、それ以外の期間で投網・鮹縄漁・飯蛸縄漁ができる時期や場所が決められ、あなご縄漁のみ日比の一番漁が終わってからなら「留海」以外のいつでもしていいことになった。ところが今度は、日比村の鯛網漁場である大曽瀬で、向日比村の小猟との間に嘉永六年から対立が起こった。双方の調整は、㉓のように安政二年になって管轄の大庄屋が裁定を下し、産卵が始まって大曽瀬に鯛や鰆が姿を現す八十八夜から百十日までの二二日間に、双方の隔日操業とした。しかし、㉔の安政四年には、日比鯛網漁師側が再考を求め、八十八夜から小潮までの七日間は鯛網漁を優先し、それ以前の七日間に小漁を行い、これ以外の漁期は双方が隔日操業をするという取り決めがなされた。このように、幕末に至って鯛網漁の絶対的優越権は崩れた。様々な魚種を岡山城下や在町などに供給するための小漁が重要度を増していったのであろう。なお、安政四年の時点で鯛網漁師は日比村五人と向日比村一人になっている。また、㉓には、様々な争論を経て形成された日比村の漁場海域がまとめられている。

以上のように、幕末に至っても度重なる漁場争論が展開された日比村であるが、岡山藩が新藩主池田茂政を擁して藩論を尊王攘夷にまとめようとする文久三年より二年前の文久元年、藩の御船奉行らの浦辺見分が行われている。その時の様子を日比村名主平太夫は次のように記録している。[69]

史料5-19

四月朔日暁、平太夫・藤十郎出勤仕候処、跡より向・利生相見へ申候処、五ツ半時頃御通船ニ相成、御船へ御機嫌相伺候処、渋川広蔵并同村漕船遅参仕（中略）、広蔵共下津井迄漕船才判致参申候、尤西之瀬ニ而鰆網二番御見物被遊候、漕船之義御引廻様ゟ御尋ニ付、都合八艘用意仕居申旨申上候、四月三日下津井御出帆田之口着、瑜伽山へ御参詣、同晩八ツ過同所御出帆、日比御滞船、直ニ御揚塩浜御見物并藤十郎方宝物拝見、直ニ御乗船、翌四日早朝御出帆鯛網御見物、大槌ニ汐か〻り、内ヶ瀬之大網御見物、夫ゟ直島南沖手御通船相成、ヨコンボウ沖ニ而胸上漕船へ替引取申候

これは、船奉行引廻の片岡徳四郎と森屋治左衛門が四月一日下津井に渡る途中、渋川沖の西之瀬で鰆の二番網を見物しているものである。平太夫や同村五人組頭藤十郎（正確には悴の藤一郎）、利生や向日比・渋川村の村役人が随従しており、船奉行の役人からの質問に、八艘を準備して鰆網を行っていると答えている。さらに四月三日、由伽参詣や塩田・宝物の見物をしたあと日比に船中泊し、翌四日朝には大槌島付近の鯛網漁を見物したあと、直島沖を通って胸上船に乗り移って行っている。幕末の政治動乱が本格化する前夜の、ほんの一時の「観光鯛網・鰆網」であったようだ。

註

（1）四宮家文書　寛永12・12・18付〔胸上村利生村喧嘩一件〕。なお、〔　〕は仮題であることを示す。
（2）・（4）・（6）・（7）同　天和3・2・11付「申上ル口上」）
（3）「備前備中御領分　諸御運上小物成并万請代目録帳」（『岡山県史　岡山藩文書』一一九二頁所収）。また、四宮家文書「手鑑」には、宝永七（一七一〇）日比村が「鯛網場請銀六百目、胸上村ゟ請取」り、藩に上納している記録がある。
（5）同　承応2・5・16〔日比村之内鯛猟場へ大畠村之者盗漁一件〕
（8）『光政日記』（国書刊行会一九八三）五二九頁
（9）『池田家履歴略記』（日本文教出版一九六三）二七四頁
（10）岡山市立中央図書館所蔵『備前記』。なお、巻九の児島郡のみ、宝永二年（一七〇五）写本とある。また、活字化されたものに、備作史料研究会発行『備作之史料4　備前記』（一九八二）がある。
（11）寛文6・2・7付「御断申一札之事」（『玉野市史』二六九頁）。なお、原資料は未確認である。
（12）四宮家文書　正徳6・1・25付「乍恐口上」　（13）同　正徳6・1・26「口上」
（14）同　正徳6・2「相渡申鰮代銀之事」）　（15）同　正徳6・1・26「口上」
（16）同　享保7・6「児島郡日比村と同郡渋川村大槌島請山之儀ニ付出入之事」
（17）石島に関しては、『岡山県史　近世Ⅱ』（一九八五）、『直島町史』（一九九〇）の自治体史のほか、大森映子「元禄期に於ける備讃国境争論―石島一件に関する岡山藩政史の分析を中心に―」（『史艸』第二三号所収一九八二）、宮川澄夫『備讃の国境物語』Ⅰ石島編　西日本法規出版一九八八、大森映子「「石島一件」をめぐる幕府の審問過程―元禄二年訴訟の場合―」（『湘南国際女子短期大学紀要』第三号所収一九九五）、倉地克直『絵図と徳川社会　岡山藩池田家文庫絵図をよむ』（二〇一八）二四六～二五四頁などがある。
（18）自治体史として『玉野市史』（一九六〇）、単行本として宮川『前掲書』Ⅱ大槌編、論文として大森映子「享保期に於ける備讃国境争論―大槌島・大曽瀬争論史料の分析を中心に―」（『史艸』第三五号所収一九九四）がある。史料として、香川県坂出市鎌田共済会郷土博物館所蔵の「備前国児島郡日比・利生・渋川三ヶ村と讃岐国香川郡香西浦と大曽瀬大槌島論一件帳」（以下『一件帳』と略）などを玉野市文化財保護委員会が解読編集し、玉野市教育委員会が手書き原稿で発行した『大槌島大曽瀬論争資料集』（一九八一）と、岡山大学附属図書館所蔵池田家文書の「大曽瀬一件」などを玉野古文書を読む会が解読編集し、玉野市文化財保護委員会が発行した『大曽瀬論争資料集　備前側文書』（一九八六）がある。それらの原本複写資料を閲覧できたため、資料の探索が省かれ、右の資料集を複写資料で校正しながら活用するという幸運に恵まれた。行間ながら、伊東忠志・宮川澄夫両先生を始め、東郷禎子さん他の古文書を読む会の皆さん方のご努力に感謝する。

(19) E・ケンペル　斉藤信訳『江戸参府旅行日記』一〇五頁（平凡社一九七七）

(20)・(23)・(24)　池田家文書　享保16・9・23「乍恐以書付御訴訟事」

(21)・(32)・(38)『一件帳』同17・1・13付「乍恐返答書を以御訴訟申上候」

(22)『一件帳』同16・10・17条及び同11・9条。なお、利生村が行う日比側の鰆漁は、この部分が初発記録である。なお、高松藩はこの瀬を崇徳院讃岐配流ゆかりの「王薗瀬（おうそのせ）」とも表記している。

(25)『一件帳』同10・24条

(26) 大森映子前掲書の註(17)・(18)に触れているように、水戸家と黒田の実兄の縁もあり、一〇月一五日や翌月二四日に直談し、情報交換や訴訟時の答弁内容などの指導が行われた。

(27) 池田家文書　同11・23「乍恐口上覚」。『一件帳』同10・20〜11・4条に双方のやり取りが詳しい。

(28) 池田家文書「大曽瀬一件」同11・25書簡

(29)『一件帳』同12・1条

(30)『一件帳』享保16・10「直島庄屋猟師指出印形之口上書　御尋ニ付口上」

(31)『一件帳』同12・4条および「大曽瀬一件」同12・7書簡

(33)『一件帳』同12・8〜同17・1・12条および「大曽瀬一件」同12・10／17・1・17書簡

(34)「大曽瀬一件」同17・1・17書簡

(35)『一件帳』同1・19条

(36)『一件帳』同2・3条

(37)『一件帳』同2・21条および「大曽瀬一件」同2・29飛脚状

(39)「大曽瀬一件」同3・29／4・19飛脚状

(40)『一件帳』同5・8条

(41)『一件帳』同5・11条

(42)『一件帳』同5・13／14条

(43)『一件帳』同5・14条

(44)・(45)『一件帳』同5・5条

(46)『一件帳』同5・21条

(47)『一件帳』同5・18条

(48)『一件帳』同5・11条。この記録が誰の発言なのか明記されていないが、江戸藩邸で争論の当初から関わってきた奉行所手代林孫左衛門ら指導部と思われ、見分使下向とともに高松に帰国して、情報収集を進める中で、実際に大曽瀬近海で行われてきた漁業実態を把握した上での記録ではないかと推測する。しかし、藩の基本方針を変更することなく、大槌島・大曽瀬全域の高松藩領を主張し続けた。

(49)『一件帳』同6・17条。林孫左衛門が三島宿で見分使手代稲世勝之右衛門と対談して得られた情報。

(50)『一件帳』同5・22条　(51)「大曽瀬一件」同9・23書簡
(52)「大曽瀬一件」同18・6・13「御注進」および「取替申一札之事」
(53)・(54)・(55)・(56)「日比村大畠村繰網論」(『撮要録』一七五九頁)
(57)四宮家文書　安永5・11「乍恐口上書上」
(58)同　天保9・10・28「児島郡日比村定免相之事」。なお、半減の理由や時期は不明である。
(59)同　弘化4・3・14「日比海鯛網代江内分入漁直島清左衛門網指加へ心覚扣」。なお、『直島町史』(一九九〇)三二八頁には、又兵衛はえびす屋又兵衛、清左衛門は下津井屋清左衛門が見え、直島の有力網元であったようである。
(60)同　弘化3・12・8〔役用日記〕中の弘化5・1「奉御願上」
(61)四宮家文書　(62)同　嘉永3・6・3「一札書付之事」
(63)同　嘉永3・6「御断書上」。なお、この史料の続きに、綱吉の窮状を見かねた日比村名主らが大庄屋の奥書を添えて郡奉行福田甚左衛門に添翰を求め、上坂して紀伊国屋へ再度掛け合いができるよう申し入れているが、結果は不明である。
(64)同前〔役用日記〕中の嘉永元・11「拝借仕証文之事」
(65)同　嘉永2・11「熟談済為取替一札」　(66)同　嘉永3・11〔手鑑〕
(67)・(68)同　安政4・3・18「和熟済談之覚」)。『玉野市史　史料編』五一六〜八頁に収録あり。
(69)同　嘉永7・2〔諸願書留〕

第六章　玉野地域の近世塩業

第一節　近世以前の玉野の塩業

塩業史研究の概略

海に面した玉野は製塩業の発達した地域である。古代には古墳時代を中心に製塩遺跡やその指導者の墳墓である古墳が確認される。奈良時代には、律令体制のもとで平城京へ調の塩を貢納した木簡資料が伝わる。さらに、平安期には荘園領主に納める塩を生産する塩田の存在を示す荘園史料、中世室町期には児島郡各地から兵庫北関（神戸港）に塩を輸送した史料もあり、玉野地域と塩との密接な関係が理解できる。一方、近世になると、小農民の農間余業によって運営される「古浜」塩田や、製塩業者による大規模な「新浜」塩田が出現する。

製塩業の研究については、日本専売公社発行の『日本塩業大系』が、一九七四年の「史料編　古代中世1」の初刊から一九八二年一〇月刊行の「近代（稿）」の全一七巻で完成し、基本文献の一つとなった。その中で、「史料編　近世」四巻分は一九七五～一九七七年、「近現代」分四巻も一九七五～一九七八年に完成している。これに対し、岡山県内での近世塩業史の研究は、『岡山県史　近世Ⅱ』で河手龍海氏執筆の「製塩業」が一九八五年に、『同　近世Ⅲ』の同氏「塩田開発と地主」が一九八七年に刊行され、それまでの先行研究の総まとめ的な役割を果たした。また、それよりやや早い一九八一年に、ナイカイ塩業株式会社社史編纂委員会が刊行した『備前児島野﨑家の研究』は、近世後期以降に玉野地域を含む児島郡南岸に出現した巨大塩田の研究書として、単なる社史以上に貴重な必須文献となっている。

これに対し玉野地域では、一九七〇年発行の『玉野市史』に玉野地域における製塩業の発達が概括的に述べられているが、前述の三点の基本文献より以前の刊行物であり、製塩業の発展した地域にもかかわらず不明なことが多い。筆者は、「序にかえて」でも触れたように、二〇一七年一〇月から半年間、玉野市立図書館・中央公民館の郷土資料コーナーで「絵地図で見る玉野の塩田たち」と題して展示を行った。その際に蒐集した諸史料をもとに、玉野地域の近世塩業史をまとめておくことにした。現時点での研究の到達地点を示し、今後の研究発展の一助となれば幸いである。

古代の製塩遺跡

古代の玉野地域には、製塩遺跡や製塩を指導した首長ゆかりの古墳など、考古学の分野で調査された遺跡が数多く認められる。もともと製塩土器は、玉野・八浜出身の考古学者水原岩太郎（一八七五～一九五七）

が邑久郡長浜村（瀬戸内市牛窓町）の師楽遺跡を調査し、一九三九年に『師楽式土器図録』として謄写版印刷で発表し、その用途は不明としていた。しかし、一九五四～七年に岡山大学の近藤義郎先生のもと、喜兵衛島発掘調査団によって行われた香川県直島町の喜兵衛島遺跡の発掘調査で、[1]この土器が製塩土器であることが明らかにされた。[2]喜兵衛島からは島の南北両海岸の砂浜から古墳時代の炉跡が五基以上検出され、多量の製塩土器が発見された。島の中央丘陵の尾根には、六世紀から七世紀初めにかけての古墳十数基が認められ、横穴式石室が主であるという。玉野地域は考古学的な製塩研究の原点であったといえる。

その後、玉野市内で行われた発掘調査で、正式な報告書が刊行された遺跡がいくつかある。玉野市立山田中学校の校舎改築工事に伴って昭和五五年（一九八〇）九月に発掘調査された「沖須賀遺跡」では、古墳時代の炉跡から製塩土器（師楽式土器）を検出し、前期古墳発生期から後期前葉の遺跡と考えられている。さらに平安～鎌倉時代の土壙と炉跡も発見され、中世塩田で濃縮した鹹水を溜める土壙とそれを煮詰める炉であったとされている。[3]また、三井造船株式会社玉野事業所地内の玉・地蔵山の一部を削平する工事のために消滅する古墳の埋蔵文化財発掘調査が、平成元年（一九八九）一一月から翌年三月に行われた。この「地蔵山一号墳」は横穴式石室を内部主体とする直径一一メートルほどの円墳であり、六世紀後半から七世紀初めの古墳時代後半のものとされた。しかも、その石室内部からは、ほぼ完形な小型鉢形土器を含む六点の製塩土器が検出された。この古墳の眼下海岸部には消滅した製塩遺跡が存在していたとされ、その製塩集団の墳墓と推測されている。[4]さらに平成四年三月から六月にかけて発掘調査がなされた出崎半島先端部の「出崎灰出一・二号墳」では、一号墳が直径約一一メートルで六世紀後半終わり頃、二号墳が推定経約一三メートルで六世紀後半初め頃の、いずれも横穴式石室を持つ円墳とされた。どちらも石室内部は盗掘を受けており、出土遺物は限定的であるが、一号墳からは製塩土器も確認された。この二つの古墳が位置する尾根の東側の谷は「出崎D地点」と呼ばれる製塩遺跡があり、『玉野市史』で「出崎突端灰出　師楽式土器層」として写真が掲載されている。こ

灰出１号古墳の製塩土器

の二つの古墳は、ここで製塩に従事した集団の首長墓であると結論付けられている。[5]

前述の古墳展示のために調査集約された「玉野市埋蔵文化財一覧」[6]には、以上三遺跡のほかに、製塩遺跡や製塩集団の首長墓と考えられる遺跡が若干確認できる。その一つは、現在玉野市田井五丁目の玉野市総合福祉センターがある一帯で、かつて「田井の浦遺跡」と呼ばれた地域である。旧石器時代から中世の遺跡で、古墳時代の製塩土器が確認され、『玉野市史』にも紹介されている。さらに田井二丁目の孫座古墳は、六世紀末の横穴式石室を持つ後期古墳で、墳丘の径は約一三メートル、墳丘・石室ともよく保存され、古墳で唯一玉野市重要文化財（史跡）に指定されている。一九八五年にこの古墳出土と伝えられる考古資料一五点が玉野市に寄贈されたが、その中に馬具などとともに製塩土器一点が含まれていた。これにより、付近の製塩集団の首長墓という遺跡の位置付けがはっきりした。また、二〇一九年の古墳展示期間中に、田井一丁目の「先丁場古墳」が付近の造成工事中に再確認された。この古墳も横穴式石室を持つ直径約一四メートルの円墳で、古墳時代後期のものと考えられる。古墳の東側眼下にはかつて先丁場の海岸が迫っていたと推定され、孫座古墳と同じような製塩集団の墳墓と位置付けられる。

このように、古墳時代には、玉野地域の瀬戸内海に面した海岸ではあちこちで塩造りを行う人々がいて、それを見おろす丘陵に、その指導者の墳墓が築造されていたのである。

地図6-1　玉野地域のおもな製塩関係遺跡
（国土地理院白地図使用）

古代中世の製塩史料

続いて奈良時代、八世紀半ばのものといわれる奈良・平城京出土の木簡資料に、玉野地域に関する次のような史料[7]が見つかっている。

史料6-1

①（表）「備前國児嶋郡三家郷」（裏）「牛守部小成　山守部小廣　二人　調塩二斗」

②　「□前國児嶋郡賀茂郷」　「鴨直君麻呂　調塩三斗」
③　「備前國児嶋郡賀茂郷」　「三宅連乙公　調塩一斗」
④　「三家郷白猪部少國」　「調塩三斗」

これらは、備前国児島郡に課せられた律令体制下の租税の一つである調を、都まで運んで納めた公民とその輸貢量（税額）を記した木簡である。①と④は当時児島郡の東端にあった「三家郷」の公民で、①は牛守部小成と山守部小廣が二人で塩二斗を納め、④は百済系渡来人の「白猪史」[8]に因む部民ともいわれる白猪部少國が三斗の塩を貢納している。②と③は三家郷の西隣で児島郡の中央部東側に置かれた「賀茂郷」（現在の玉野市の荘内・八浜地区から沿岸の市街地一帯と推定）のもので、②は「鴨直君麻呂」に三斗の塩を、③「三宅連乙公」には一斗を納めさせている。彼らは直や連といった姓を与えられたこの地域の小首長であろう。これらの史料は、前代以来の製塩業が中央政府の徴税対象になるほど、児島郡地域の重要産物となっていたことを示している。

次に、安和二年（九六九）七月の京都・仁和寺文書の「法勝院目録」[9]に、「備前國児島郡利生庄田地　山卌町　治田四段　浜二町」という記載がある。この史料は、京都・深草にあった真言宗・貞観寺の子院法勝院が焼亡した日の翌日に、焼失した所領の目録として作成されたもので、その一つに「児島郡利生庄」を書き上げている。「利生庄」は現在の玉野市和田付近（地図6-1）と考えられており、江戸時代には「利生村」と称していた。当時の「利生庄」は山が四〇町、田がわずか四段、浜すなわち製塩を行う浜が二町あったと推測される。[10]塩浜は位置的に和田二丁目の新川流域と考えられ、前述の玉・「地蔵山一号墳」にもほど近い。

ついで、室町期の文安二年（一四四五）の『兵庫北関入船納帳』[11]に塩関係の史料が登場する。表6-1は、同書に掲載された文安二年の一年間に、児島郡とその近くの港に限定して、兵庫北関（神戸港）に運ばれた様々な物資とその合計量、輸送船の数とその船頭名や問丸名をまとめたものである。表に掲げた九つの港のうち、連島は当時児島郡の西にあるが児島郡に属しており、備中国の西阿知を除く八港が児島郡内になる。各港を船籍地とする船数の数や積載品目の種類から、連島と下津

表6-1 児島近辺からの兵庫北関入港船一覧

船籍地	積載品目と数量合計	船数	船頭名	問丸名
小嶋阿津	小嶋130石	1	二郎三郎	衛門九郎
郡	銕（鉄）10貫文 米13石	2	三郎二郎2	正津2
八浜	小嶋540石 米120石 大麦120石 小麦90石 海老27駄	7	八郎太郎4 五郎次(二)郎2 新左衛門1	衛門九郎7
番田	小嶋570石 米11石 小麦1石 山崎胡麻(山崎物)225石 紙15駄 海老30駄 海月180合と10桶	13	五郎二郎2 兵庫5 大蔵5 太郎二郎1	道祐1 衛門 九郎8 なし・不明4
小嶋宇野	小嶋(塩)210石	2	二郎四郎2	
日々 (日比)	小嶋(シマ)220石 米205石 大豆10石 マメ10石 大麦70石 小麦50石 紙1駄 小鰯18駄	10	久積左衛門五郎1 彦兵衛1 衛門太郎1 左衛門四郎2 水はへ1 新三郎2	道祐4 道観1 豊後や1 衛門九郎1 なし・不明3
下津井	小嶋4820石 しわく390石 米285石 マメ255石 大麦140石 小麦120石 フクノ干物15駄 小鰯18駄	33	兵衛四郎10 衛門太郎7 六郎左衛門7 衛門九郎5 九郎二郎1 枝舟源左衛門 1 枝舟2	道祐33
連島	小嶋935石 嶋2180石 塩飽380石 備後140石 嶋・備後230石 米245石 赤米15石 備中年貢米300石 米マメ50石 マメ160石 大豆280石 大麦393石 小麦230石 胡麻17石 木材65石 苧23束 皮クツ 33石 莚500枚 海老23駄 塩鯛6駄 カニ8駄	45	四郎太郎5 五郎三郎5 兵衛二（次）郎4 祐覚4 三郎兵衛3 小三郎3 八郎太郎3 太郎兵衛2 六郎2 十郎四郎2 兵衛太郎2 二郎三郎1 五郎九郎1 七郎太郎1 十郎太郎1 左衛門四郎1 兵衛四郎1 弾正1	道祐45
西宛 (西阿知)	小シマ15石 米3石 大麦5石 紙2駄	2	五郎四郎2	道貞2

燈心文庫『兵庫北関入船納帳』より作成

井は様々な物資を扱う有力な港であり、両港の問丸（船主と考えられる）は道祐一人であった。それに次ぐ中規模な港が八浜、番田、日比であり、八浜と番田は問丸衛門九郎がほぼ支配し、日比は複数の問丸が自由に活動できる港であったと思われる。一方、兵庫北関に運ばれた物資の中で、ほとんどの港に共通するものが「小嶋〇〇石」または「小シマ××石」である。下津井の兵衛四郎が同年二月二日に入港した際の物資に「小嶋塩二百廿石[12]」とあり、児島産の塩であることがわかる[13]。これを援用して、「塩飽」・「しわく」は塩飽諸島産、「備後」は備後産、「嶋」・「シマ」は小豆島産の塩とみなされている。「小嶋」塩は、下津井港の合計四八二〇石が最大で、塩飽塩も若干扱い、連島では小豆島産の塩を最大に、児島塩・塩飽塩・備後塩を兵庫北関に輸送している。玉野地域の港では、阿津・八浜・番田・宇野・日比とも「小嶋」塩のみを扱っており、地元産の塩を船積みして回漕したのではないかと思われる。また、この史料には、児島産だけでなく塩飽・備後・小豆島や讃岐・阿波・播磨産などもみられ、室町期には瀬戸内沿岸を中心に製塩業の盛んな地域が形成されていたこともわかる。

この史料は兵庫北関が各地から入港する船に関銭を徴収した記録である。これらの諸物資、ひいては生産された塩が商品として輸送されたのか、領主への貢租の一つとして運ばれたのかという疑問がある。商品であれば、廻船業者の船主すなわち問丸・問屋の営業活動のもと活発な経済交流が行われ、塩が特産物化していたと考えられる。しかし、後者の場合は、荘園領主や所領を支配する武士への年貢として生産されたもので、特産化の程度は若干低いとも思える。表中の連島に「備中年貢米」とある米も見えるが、塩がどうであったかは当時の他の史料を検討する必要があるだろう。

註

（1）喜兵衛島発掘調査は『喜兵衛島　師楽式土器製塩遺跡群の研究』（「喜兵衛島」刊行会一九九五）によりまとめられている。なお、喜兵衛島は直島町に属するが、宇野港からの距離が近いため、その拠点は宇野に置かれ、発掘調査の総合的研究や報告集会は県立玉野高校宇野校舎や宇野小学校などで行われた。また、調査団を地元で支える組織として一九五五年二月に「玉野市内海文化研究会」が発足（会長大森茂）している。この組織が母体となって翌年四月に「玉野市文化財保護委員会」が発足した（初代委員長大森茂）。なお、喜兵衛島発掘調査を支えた同研究会の記録は、玉野市社会教育課行政文書の「内海文化記録綴」（昭和二十九年十月起　玉野市内海文化研究会）に書き残されている。

（2）近藤義郎「師楽式遺跡における古代塩生産の立証」（『歴史学研究』二二三号所収一九五八）

（3）玉野市埋蔵文化財発掘調査報告(2)『沖須賀遺跡』（一九八一）

（4）玉野市埋蔵文化財発掘調査報告(5)『地蔵山1号墳』（一九九二）

（5）玉野市埋蔵文化財発掘調査報告(6)『出崎灰出一・二号墳』（一九九九）

（6）玉野市文化財保護委員で考古担当の林実氏が、旧玉野市総合文化センターの収蔵庫から現在の市立図書館・中央公民館内にある現在の収蔵庫に移管された考古資料を二〇一八～二〇一九年にかけて丹念に調査し、目録作成と写真撮影を行った。その成果をもとに二〇一九年四月から一年間、前述の歴史展示コーナーに古墳関係の展示が行われた。

（7）①②③は『平城宮木簡二』（一九六六）および『同　解説』（一九六九）、④は『平城宮発掘調査出土木簡概報（十六）』（一九八三）に収録されている。

（8）「白猪史（しらいのふひと）」については『岡山県史　古代Ⅱ』（一九八九）一三七～一四一頁を参照してほしい。

（9）『岡山県史　編年史料』六七一号。『平安遺文　古文書編第二巻』からの採録である。原本は一九七五年に「法勝院領田地公験紛失状」という史料名で、国の重要文化財に指定されている。

（10）『玉野市史』八三～四頁。

（11）燈心文庫　林屋辰三郎編『兵庫北関入船納帳』（中央公論美術出版一九八一）

（12）同前書　六頁

（13）三好基之「中世の瀬戸内海」（『岡山の自然と文化　郷土文化講座から　Ⅳ』所収　岡山県郷土文化財団一九八七）。

第二節　近世玉野の塩業

古浜塩田の普及

岡山藩の製塩業は、児島郡と邑久郡の瀬戸内沿岸諸村を中心に発展したと考えられる。[1] 児島郡内では、塩田王野﨑武左衛門の出た味野村近辺と、野﨑家が幕末に開発した広大な東野﨑浜を含む田井・宇野・玉・日比などの玉野地域南岸諸村で発達してきた。本節以下では、『玉野市史』などに概括的にしか触れられていない玉野諸村の近世塩業を振り返ってみたい。

まず最初は、江戸初期に玉野地域にあった塩田記録は断片的なため、江戸時代中期初頭の史料を使って表6-2にまとめた。『撮要録』[2] に記載された宝永六年（一七〇九）前後の記録である。これによると、旧市街地では玉・宇野・田井など、山田・東児では福浦・西田井地・東田井地・梶岡・胸上・上山坂・番田が一町以上の塩田を有している。同じ史料の同じ年に、郡西部では味野村で五一八畝余、赤崎村で六九六畝余が記録されている。表6-2には、『備陽記』に掲載された享保六年（一七二一）頃の塩田面積も示している。ここでも一町以上の塩田のある村は宝永六年とほとんど変わらず、その総計も、小串村を除いて二七町余とほぼ同じである。また、郡西部では、田ノ口村が六一畝余、味野村で三二八畝余、赤崎村で六三八畝余、（小川村の三六畝は畠に転換）となっており、宝永六年か

表6-2 江戸中期初頭　玉野地域の塩田面積

村名	宝永6年(1709)	享保6年(1721)
渋川	－	－
日比	－	－
向日比	－	－
利生	－	－
玉	194畝27歩	71畝25歩半
宇野	200畝6歩	137畝16歩半
福原	45畝27歩	44畝27歩
田井	425畝7歩半	413畝1歩半
大藪	20畝	20畝
福浦	114畝4歩半	114畝4歩半
後閑	24畝24歩半	19畝19歩
沼	28畝3歩	27畝12歩
山田	－	－
西田井地	369畝9歩半	369畝9歩半
東田井地	126畝13歩	129畝25歩半
梶岡	146畝半歩	149畝5歩
胸上	522畝18歩	640畝22歩半
上山坂	105畝22歩半	107畝6歩
下山坂	62畝5歩半	94畝24歩半
北方	23畝1歩	37畝17歩半
番田	293畝15歩半	349畝2歩半
小串	(9町余)	(438畝4歩)
合計	2702畝5歩	2726畝9歩

宝永6年(1709)は『撮要録』上巻617～623頁による。面積は畑成・永荒などを差し引いたもの。小串は宝永7年(1710)、番田は正徳4年(1714)、西田井地は享保4(1719)の数値。享保6年は『備陽記』に記載の塩田面積である。－は記載なし。

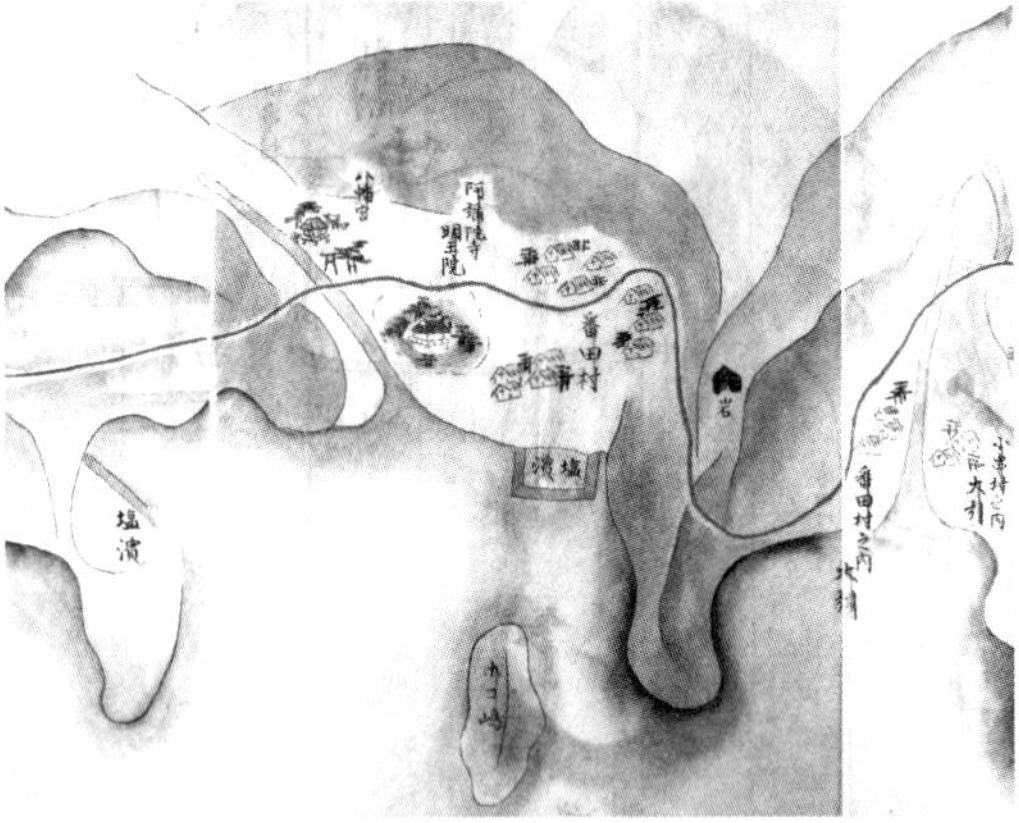

地図6-2　番田村付近

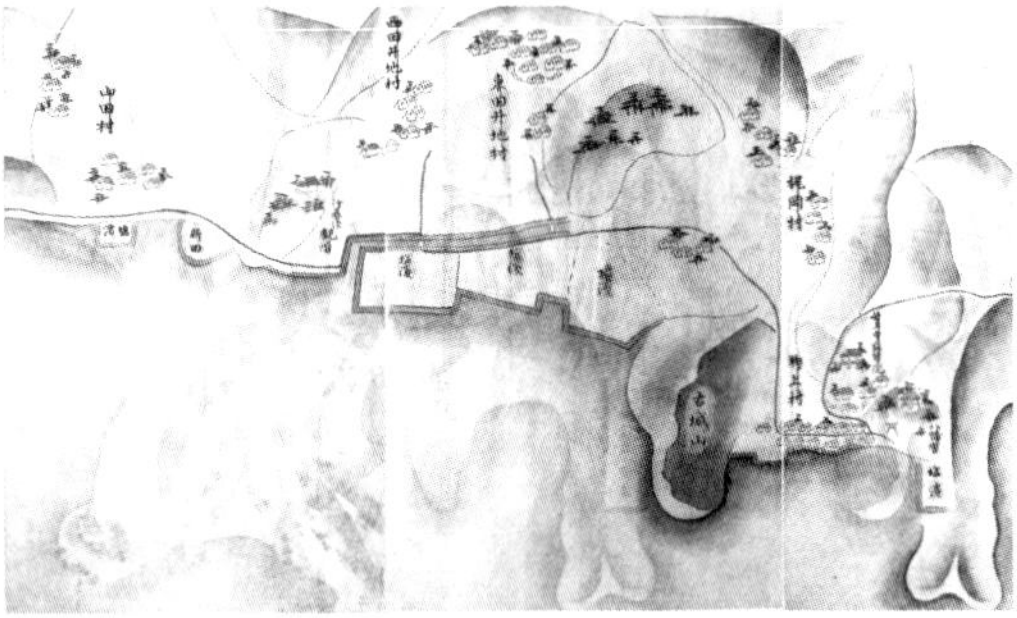

地図6-3　山田～胸上村付近

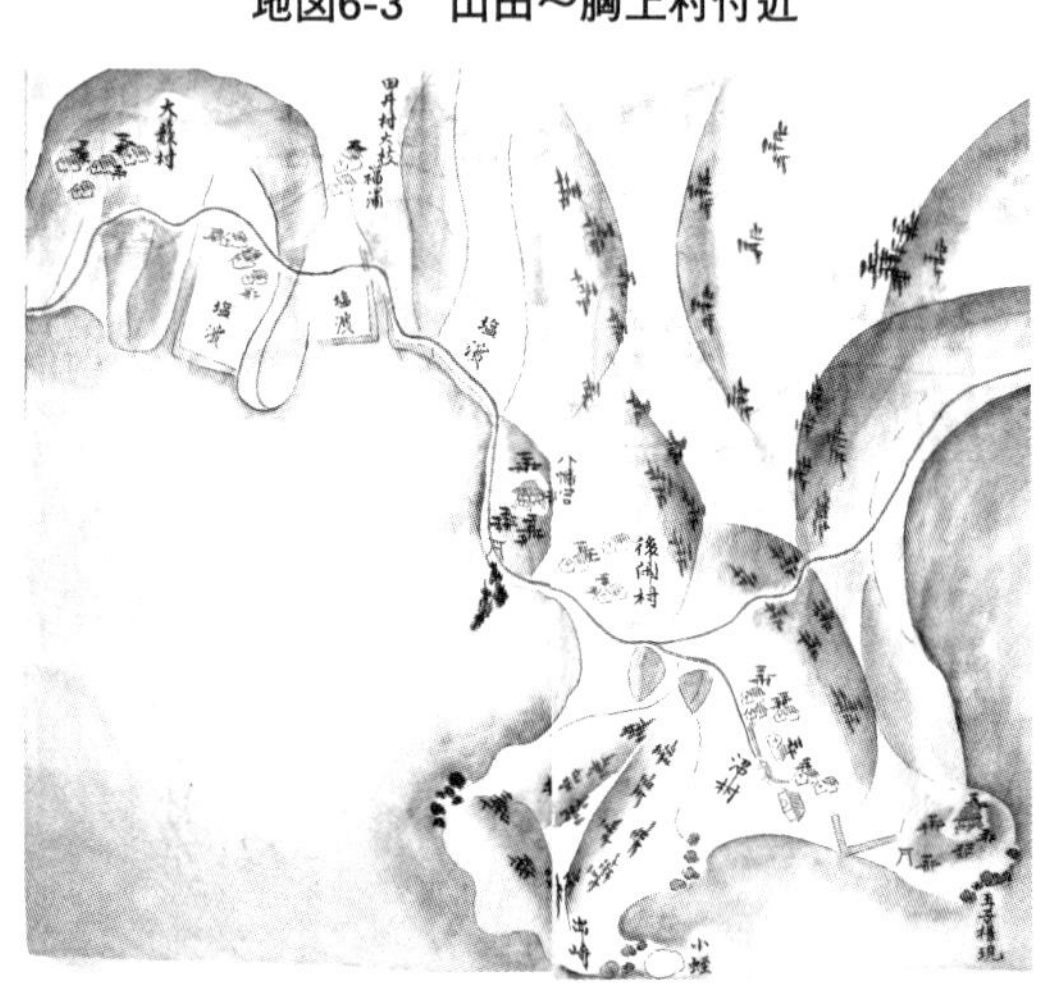

地図6-4　大藪～沼村付近

ら若干減少して合計一〇町ほどである。児島郡の製塩業は、瀬戸内海に面した東西南岸を二大中心地として発達してきたといえよう。

『備陽記』には享保期の児島郡の海岸沿いの村々を描いた地図も書き残されている。[3] そこには、集落や道路、港や神社仏閣などとともに、「塩浜」と記入された塩田の姿が描かれていて、具体的な塩田の位置がわかってくる。地図6-2は番田村付近で、村の海岸付近と大入崎の付け根の二ヶ所にあり、上山坂や下山坂に広がっていた塩田は描かれていない。地図6-3は胸上から山田までのもので、胸上には波張崎との間と、梶岡から西田井地までの海岸線に大きな塩田が連続している。山田にも小さな塩浜が見える。地図6-4は大藪から沼村までであるが、大藪・福浦・後閑の入り江に塩田が描かれている。次頁の図6-5は田井村である。見能や木ノ崎の西、前丁場付近に大きな塩田が見えている。地図6-6は玉から宇野の地図である。宇野では宇野八幡宮の周囲に、玉では現在の玉比咩神社付近を通る往来の海側に三ヶ所の塩田が見える。さらに地図6-7では、渋川から利生までに塩田は全くないはずであるが、日比の古浜がしっかりと描かれている。文献史料の数字だけでなく、地図資料をも十分検討する必要がある。

一方、近世初頭に成立していた塩田が、どの程度の広さでどのような百姓によって経営されていたかは、玉野地域ではいまだ分析されていない研究課題である。いわゆる「古浜」と呼ばれた塩田は、村の小農民による小面積の塩田を農業の合間

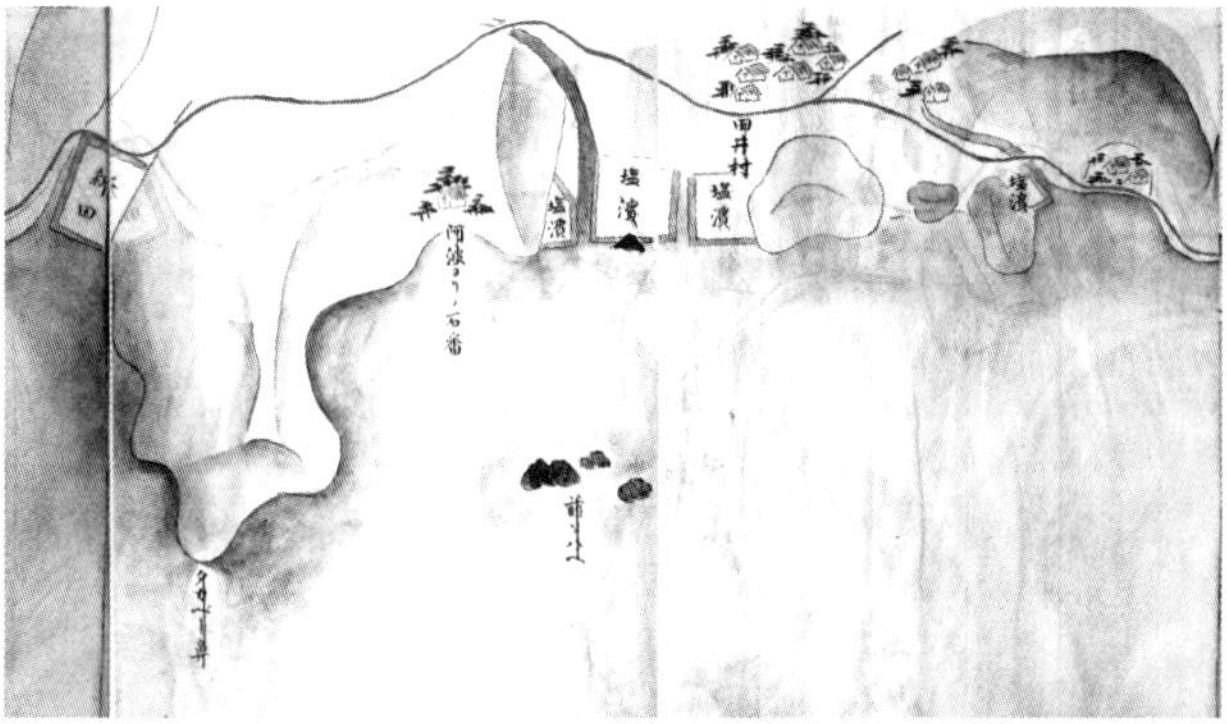

地図6-5　田井村付近

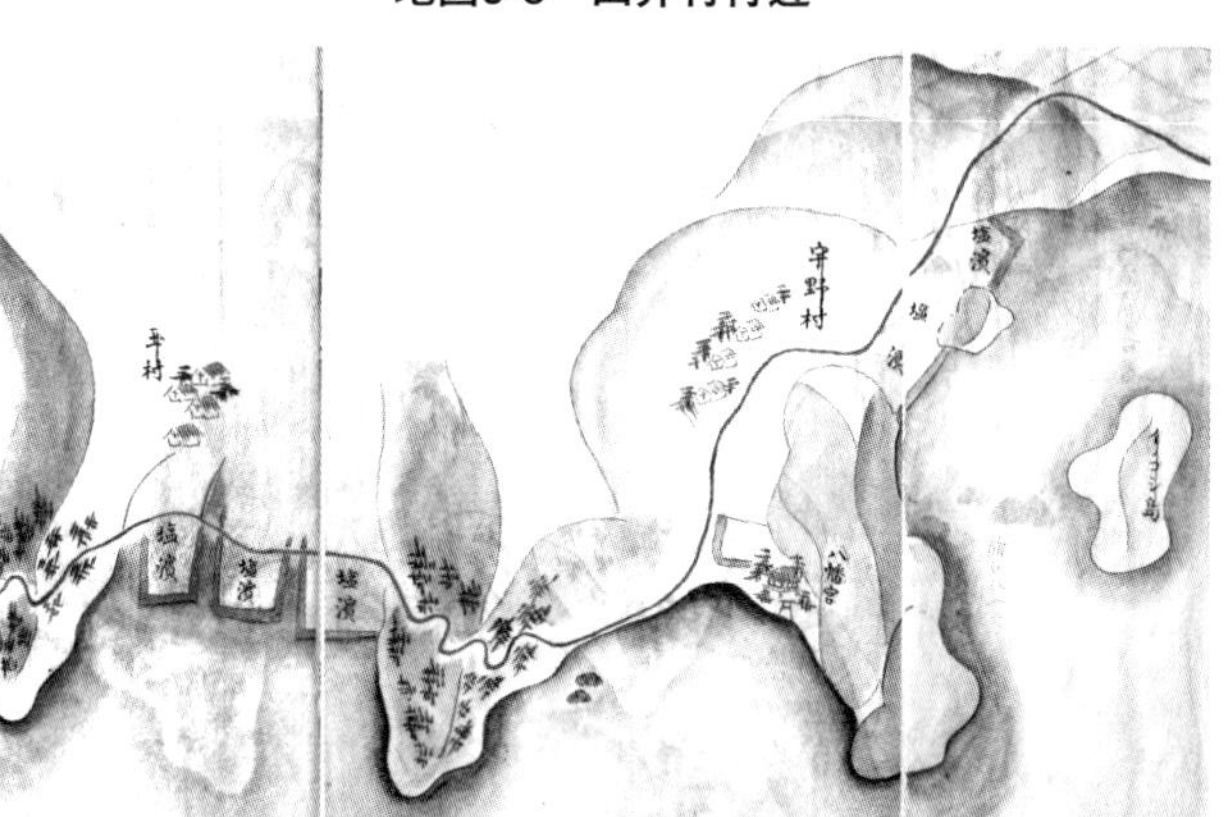

地図6-6　玉～宇野村付近

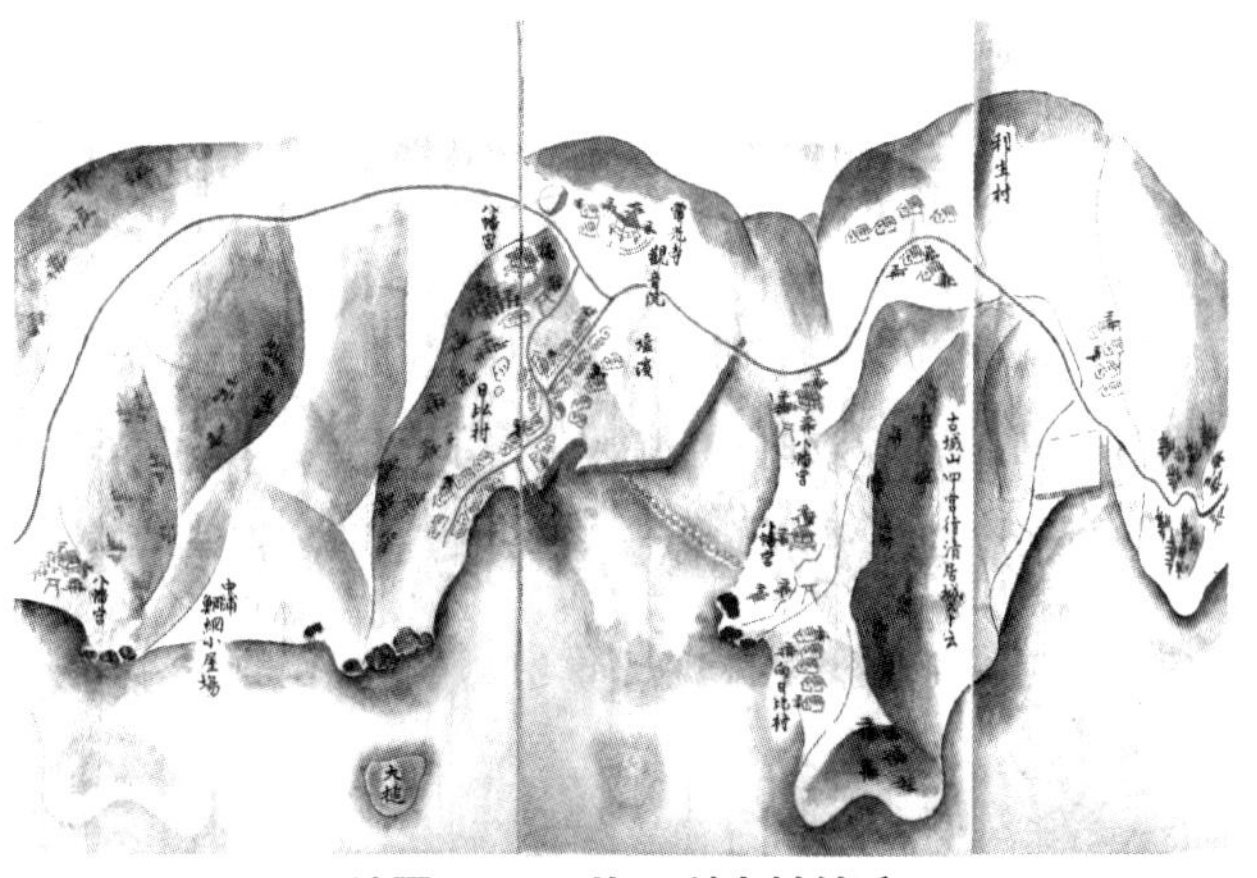

地図6-7　日比～利生村付近

に薪燃料を使って製塩する作業形態がとられていて、玉野でも同様と考えられる。近世初頭でその分析を可能にする史料としては、岡山藩が慶長九年（一六〇四）に作成したいわゆる「慶長検地」がある。この史料の原本や慶安年間の写本は、玉野市内にいくつか残されている。[4]そのうち「備前児島郡沼村田畠塩浜御検地帳写[5]」には、「塩浜方」として九筆の塩浜が記載されている。百姓別に列挙すると、沼村庄屋与七郎が四筆合計九畝四歩、三郎右衛門が二筆合計三畝二歩、九郎左衛門が一畝二四歩、惣七が一畝二四歩、三郎兵衛が一畝二〇歩の一筆ずつで、合計九筆一反八畝一四歩となる。この村には長福寺という寺院以外に九軒の百姓があり、田畠畝数七町三畝余の小村であった。庄屋与七郎の所有地は合計一町五反余であり、塩浜はその六％にすぎない。塩浜の面積も一筆平均二畝あまりで、小百姓の経営する狭少塩田と考えることができる。

つぎに、寛永一六年（一六三九）一二月二日付の、児島郡東田井地村『塩浜御検地帳并畝分帳[6]』に記載された記載の一部を紹介する。

史料6-2

（前略）

一 六間
　八拾四間　　壱反六畝弐拾四歩　　甚右衛門請

内三畝弐拾六歩半　　穴床引

残壱反弐畝弐拾七歩半

内　壱畝拾六歩半　先荒
　　拾五歩　　　　天和二永荒

残壱反弐拾六歩

内

五畝拾三歩　　平兵衛

五畝拾三歩　　常次郎

（中略）

四反四畝弐拾三歩半　先荒承応弐天和二元禄十六荒共

弐畝六歩半　宝永六永荒

三畝半歩　寛保三永荒

四畝弐拾六歩　同　九永荒

弐畝弐拾歩　宝暦七永荒

三畝三歩　安永三畑成

弐反五畝拾三歩　寛政七畑成

残七反三畝弐拾九歩

寛永十六年十二月二日

古田番右衛門

神屋兵太夫

（中略）

右塩浜御検地帳弐冊之写畝並銘々持主之分り遂吟味、右
之通委細ニ書顕、精算等重々念入、相違無之候以上

寛政十二庚申歳　名主　恵介

史料6-2の前半に示した塩浜は、この史料中に掲載された二六筆の塩浜の中で最も大きな塩田であり、甚右衛門の所持であった。面積は一六畝二四歩であるが、鹹水を集めるための「穴床」の面積を引き、先荒と天和二年（一六八二）の永荒合計二畝一歩半を差し引いて、残り一反二六歩を寛政一二年（一八〇〇）に五畝一三歩ずつに分筆して、平兵衛と常次郎の所持となっている。このように、他の塩浜も、寛永時の面積、穴床の面積引、先荒から寛政七年までの面積の異動を示したあと、寛政一二年時の面積と所有者が記されている。塩浜面積の変化は、宝暦七年（一七五七）までは荒廃などの天候不順で、その後は畑地への地目変更が主となり、塩田の耕作放棄をやめて畑への転換を選択するようになったと思われる。

表6-3は、この史料からまとめた東田井地村の寛永一六年と寛政一二年の塩浜の所有者と所有面積である。寛永一六年の面積は穴床を除く前の数字であり、総面積は二町二畝余で、一筆の平均は約七畝二三歩である。これを二三人の百姓が一～二筆ずつ所持し、所有面積は二三畝余から二畝余であった。ところが、約一六〇年後の寛政一二年には、塩浜の合計は三分の一の七四畝に減少し、一筆あたりの平均面積も四畝ほどで、寛永期に五筆あった

表6-3 東田井地村塩浜所有者の変化

年 / 百姓名	寛永16(1639) 畝	歩	筆数
新右衛門	23	18	2
甚右衛門	16	24	1
久右衛門	14	3	2
与兵衛	11	5	1
六郎兵衛	10	9	1
市兵衛	10	7.5	1
与右衛門	10	3	2
二兵衛	9	3	1
次郎右衛門	9	3	1
久兵衛	8	18	1
十兵衛	8	12	1
八兵衛	8	12	1
市左衛門	8	12	1
助左衛門	8	0	1
七郎兵衛	6	24	1
市右衛門	6	19	1
小兵衛	6	15	1
又兵衛	6	15	1
惣兵衛	4	27	1
七兵衛	3	29	1
与市郎	3	28	1
太郎右衛門	3	27	1
六兵衛	2	26	1
合計	202	9.5	26

年 / 百姓名	寛政12(1800) 畝	歩	筆数
菊次郎☆1	26	8	6
平兵衛☆2	9	29	2
常次郎	6	29.5	2
吉右衛門	5	13	2
恵介	5	13	1
佐兵衛	5	13	1
和吉	5	11.5	2
庄蔵後家	4	16	1
紋蔵	4	16	1
※安右衛門	5	18	1
※重介	5	18	1
※利介	5	18	1
合計	74	20	18

東児町役場文書『備州児嶋郡東田井地村塩浜御検地帳』より作成。☆1 うち3畝15歩は文化14畑成、☆2 うち4畝16歩は文化2浜発畑となる。※は西田井地村からの入作者。

一反以上の塩浜も分筆や永荒による耕作放棄などで一四筆が消失している。塩浜所有者も一二人に半減し、うち三人は隣村百姓である。個々の所有面積も、六筆合計二六畝余の菊次郎に対し、他は一反未満と、二極分解の様相を呈している。しかし、塩田経営が塩田地主化をもたらしているとは考えられず、やはり、反未満の狭少塩田を農間余業で行う「古浜」塩田が継続していたと思われる。

このような古浜塩田が各村々に築造されたのはいつであったのか。『岡山県児島郡誌』では、宇野古浜が慶長年中、日比石浜（古浜の誤記か）が元禄一五年、深井浜が文化二年、胸上村の東浜・西浜・北浜（のちの東野崎北浜・南浜とは別に掲げているため、西田井地・東田井地・梶岡付近の古浜を指すと思われる）は、年代は不明とする。[7] 一方、『玉野市史』では、宇野古浜が元和六年、宇野中浜が寛文四年、沼浜・後閑古浜・玉古浜・田井福原浜・福浦岡浜・大藪浜を元禄一四年、日比古浜・山田中浜・山田岡浜を享保二年、田井高下浜を享保七年、宇野中浜・宇野沖浜・福浦中浜を寛延三年としている。[8]

前述の東田井地村検地帳の塩浜は寛永一六年には存在していた。隣村の西田井地村では慶長九年の『田方検地帳控』[9]に「塩浜方」として五四筆の上浜が記録されている。また、同年の『畠方御検地帳扣』には「古浜之内発畠」として一二筆の下々畠があり、慶長九年段階で古浜が築造されて、一部は畠に転換されていた。さらに、梶岡村の慶長九年『田御検地帳』にも「古浜発田方」として五筆の下々田が記され、同じく『畠御検地帳』にも「古浜発畠方」として上畠四筆、下々畠五筆が計上されている。やはりここでも慶長九年には古浜が存在しており、一部は田や畠に変更されていたのである。

一方、『玉野市史』に享保二年（一七一七）完成とされた日比古浜について、日比・四宮家文書につぎのような記録がある。[10]

史料6-3

塩浜三ヶ所畝数　　外ニ壱反五畝半歩　穴床引
　　　　　　　　　石代　高四石弐斗七升三合　免三ツ
一四反弐畝弐拾弐歩　南
一四反五歩　中

外ニ壱反四畝三歩　　穴床引
石代　高四石壱升七合　　免三ツ
一四反九畝弐拾六歩　　北

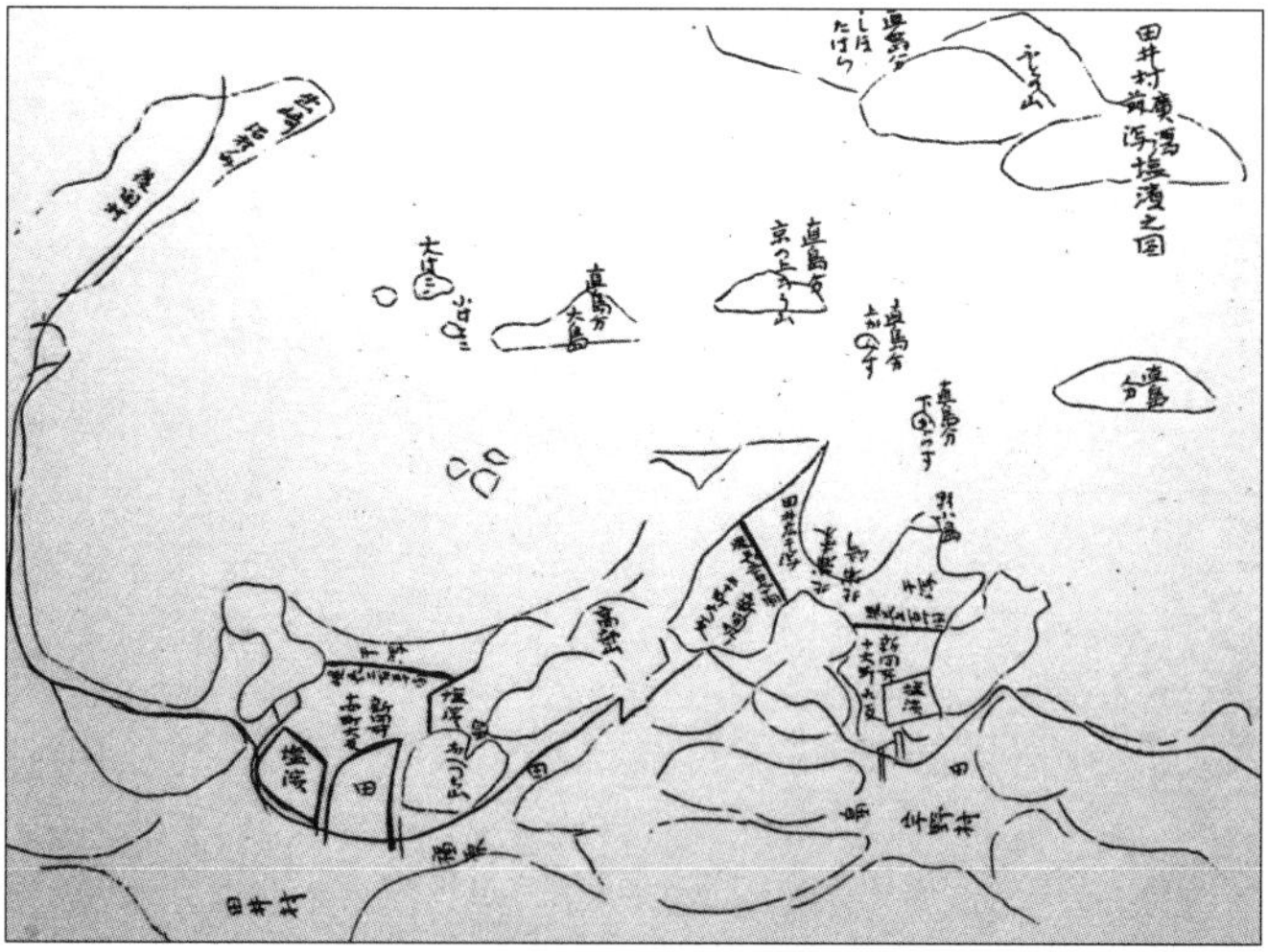

地図6-8　寛保3年（1743）田井村塩浜築造計画　『撮要録』622頁より

外ニ壱反七畝四歩半　　穴床引
石代　高四石九斗八升七合　　免三ツ
畝数合壱町三反弐畝廿三歩
外ニ四反六畝十八歩　　穴床引
石代　高四石九斗八升七合　　免三ツ

日比新田
宝永六丑年十月廿四日願上ニ而被為仰付、委細此年留帳ニ
有之
五人組頭　徳三郎
名主　兵右衛門
大庄屋山田村　平兵衛
同七年寅ノ正月廿二日より御普請初り申候
御奉行　長谷川務右衛門様
右新田之内、窪所之分塩浜ニ願上、正徳六申ノ年被為仰付、
出来委細此年留帳ニ有之

これにより日比古浜は、宝永六年（一七〇九）に出願された日比新田の一部であったが、正徳六年（一七一六）にその「窪所」（低地部分）を塩浜にする願いが許可されて着工されたことになる。翌享保二年の完成と考えてよく、『児島郡誌』よりも『玉野市史』の説が正し

かったようである。

時期はやや下り、田井村で広大な塩田の開発計画が前出の『撮要録』に登場する。正確な年は不明だか、亥年に、田井村前干潟と広干潟に新開所が立案された。その見積もりを示す「普請入用積目録」には郡奉行田坂与七郎の署名があり、『撮要録』の編者は、亥年を田坂が郡奉行在職中の寛保三亥年（一七四三）と推定している。さらに、この時の絵図（前頁地図6-8）も同書に残されている。これを見ると、田井村前の干潟に二三〇間の堤を築いて一四町六反の塩田と、広干潟に二七〇間の堤をもって二〇町六反の塩田を築く計画であった。さらに、宇野村塩浜前の干潟に三三〇間の堤防を築いて一六町六反の塩田築造も記されており、のちに完成する前潟・広潟・宇野新浜の位置とほぼ一致する。しかしこれらの塩田は天保期以降に完成したことがわかっているので、この計画は実現しなかった。しかしながら、岡山藩がこの地に巨大な塩田開発を考えていたことは注目に値する。

江戸後期、児島郡内にあった塩田は表6-4のようになる。文化一〇年（一八一三）の「児島郡手鑑」をまとめたものであるが、郡東端の小串村から西部南岸の赤崎村まで、塩田が広く普及していた。特に一町歩を超えるのは、番田、胸上、西田井地、山田、田井、宇野、日比と、西児島の田之口、味野、赤崎であり、百年前と似た傾向である。しかし、番田から日比ま

表6-4 文化10年(1813) 児島郡内の塩田分布

村名	畝	歩	種類
小串	22	5	
番田	227	21	
北方	14	29	
胸上	327	24	
梶岡	70	28	
東田井地	86	7	
西田井地	167	2	
山田	215	16	新開
沼	23	11.5	
後閑	6	0	
	15	13.5	開方
	16	2	新開
大藪	18	26.5	新開
福浦	88	2.5	
田井	413	1.5	
	12	6	開方
福原	45	27	
宇野	137	16.5	
	62	19.5	開方
玉	51	24.5	
日比	132	23	開方
田之口	61	22	開方
	1	22	新開
	158	9	普請方開
下村	44	2.5	新開
小川	67	21.5	新開
味野	328	25	
	182	0.5	開方
赤崎	632	5	
	15	14.5	開方
	2	1	新開
合計	3,645畝16歩		

文化10年「児島郡手鑑」による。

での合計は二一町余となり、表6-2の宝永六年（一七〇九）の二七町余から約二割減少している。なお、塩浜によって「開方」・「新開」・「普請方開」として開発時期を示し、初期の検地当初から存在した塩田は無注記である。日比・四宮家文書に「開方」は貞享～元禄（一六八四～一七〇四）、「新開」は宝永以降という記録がある。[12]「普請方開」がいつ以降を示しているのか未詳であるが、それぞれの塩田の成立時期を推測することはできる。

新浜塩田の出現

文政年間に入ると、塩業は新たな技術革新の時代を迎える。今までの塩田は入浜式塩田のうちの「古浜」とよばれるもので、塩田面積が一～二反以下と狭く、燃料も薪によるものであった。これに対し、一町歩以上の面積を擁し、石炭を使用する「新浜」が登場する。このような大規模な製塩業を開始したのは味野村野崎武左衛門で、『撮要録』には次のような記録がある。[13]

史料6-4 味野村 赤崎村塩浜

文政十年丁亥十一月
児島郡味野赤崎両村沖堤外海面凡二拾町余、味野村武左衛門新開築立塩浜仕度段、願之場所見分仕候処、願之通相違無御座候、塩浜相応之土地と相見へ申候、素り味野赤崎両村隣村小川村とも故障有之場所とは相見不申候へ共、為念三村とも惣代之者呼出、故障無御座段受印取置申候、願之通被仰付可然奉存候、（以下省略）
亥十月　篠井作左衛門
右下役人書付并願書絵図共御用老へ入御披見候上、十一月六日承届

文政一〇年（一八二七）、味野村野崎武左衛門による味野・赤崎村沖海面約二〇町余の塩田開発が計画され、味野・赤崎両村に小川村を加えて計画承認の証文を取り、郡方下役人篠井作左衛門を経由して岡山藩に提出されたのである。同年一一月に藩の許可があり、着工されて文政一二年には検地が行われ、一二町八反余、石高一〇三石余、物成三四石余の新塩田が完成した。味野・赤崎から一字ずつを取り野崎浜と命名された。武左衛門は同年八月、野崎浜関連の「薪塩売買支配」をも藩から許可されている。[14]

表6-5 天保7(1836)田井・前潟浜所有者一覧

百姓名	畝	歩	筆数	備考
嘉兵衛	150	13.5	24	田井村判頭岸田氏
治三郎	66	20	8	大崎村名主三宅氏
善介	59	21	9	田井村門花屋
善兵衛	58	10	9	田井村宮田氏
常左衛門	57	20.5	8	
久六	12	20	2	
弥十郎	12	20	2	
伝次郎	12	20	2	
伊之助	10	19	1	
藤蔵	10	19	1	
良蔵	10	19	1	
源左衛門	10	8	1	
甚四郎	8	24	1	
亀市	7	10	1	
治右衛門	6	10	1	
儀介	6	10	1	
孫市	6	10	1	
合計	508	4	73	

備考欄は『玉野古事記』・『田井村誌』などによる。

これをきっかけに児島郡瀬戸内沿岸で同様な「新浜」の築造が相次ぐ。そのうち玉野市分を紹介しよう。

文政一三年（一八三〇）、武左衛門は日比・利生・向日比村沖に新たな塩浜を着工する。[15]天保二年（一八三一）には早くも完成し、翌三年九月に検地が行われた。[16]その面積は、穴床敷を除いて、日比村分二町三反五畝二九歩半、向日比村分三反三畝一八歩、利生村分七反三畝七歩半、合計三町四反二畝二五歩となり、塩田の形から「亀浜新開」（略して亀浜）と名付けられた。亀浜は五筆の塩田で構成され、一筆平均は約六九畝あり、古浜の狭小さを遙かに凌駕している。

天保二年（一八三一）、武左衛門は続けて山田・西田井地・東田井地・胸上・梶岡村沖の塩田開発を出願した。[17]しかし、ここでは地元村落との交渉が長引き、山田・沼村沖の「南浜」は天保九年（一八三八）に着工され、同一二年と嘉永四年（一八五一）に検地を受け、「東野崎浜」と名付けられた。面積は二〇町三反余ある。さらに西田井地から梶岡村沖の「北浜」は文久二年（一八六二）に着工され、検地を受けたのは実に明治三年（一八七〇）一〇月のことである。[18]面積は約七町で、南北両浜を合わせると児島郡最大の塩田となった。

この間、武左衛門の主導ではない塩田開発が玉野南岸で行われる。一四町四反余の田井村前潟が天保六年（一八三五）に完成し、[19]翌年五町余分の検地が行われている。[20]高三八石余、物成一一石余で、「善兵衛、嘉兵衛他二拾壱人引請」けて開発したとある。表6-5は『撮要録』に掲載された検地帳の名請人をまとめたものである。一筆毎の平均の面積は約七畝であり、「旧浜」とさして変わらない。しかし、田井村嘉兵衛（岸田氏）・大崎村治三郎（三宅氏）・田井村善介（門花屋・宮田氏か）・同善兵衛（宮田氏）・同常左衛門（未詳）の五人は五反以上を所有するのに対し、久六以下一二人は一～二筆で一三畝未満の塩田しか所有していない。彼らは農間作業で狭小塩田を運営する古浜様式の塩田農民ではなかったかと推測できる。一方、上位五人は村役人や商家経営も行っている上層農民と考えられ、塩田開発に投資し、熟練の専門技術者と浜子たちに塩田の直接経営を委ねる塩田地主であったと考えられる。この前潟浜では、天保二年に鍬下年季が明けた三町五反余から年貢上納が始まった。[21]

ついで天保一〇年(一八三九)には、同じく田井村に二五町余の広潟浜が完成し、[22]弘化三年(一八四六)から四町一反余分の塩運上の上納が始まった。[23]さらに天保一四年(一八四三)の暮れから、宇野村新浜のうち二町二反余と、[24]利生村新浜のうち一町八反余からの年貢上納も始まっている。[25]ただ、この利生村新浜は、後述するように「深井浜」と思われ、『児島郡誌』が文化二年(一八〇五)に完成したとするのは誤りではないかと考えられる。

さらに弘化元年(一八四四)、田井村の見能潟が開発される。発起者は、表6-5にもその名が見える宮田善兵衛で、面積九町一反余とある。[26]しかし、この見能潟には、次のような史料が星島家文書にある。[27]

史料6-5

奉願上

一児島郡田井村見能潟、去ル天保十一子年御見分被仰付追年築立、漸去戌冬迄ニ開立地割仕候

一同村山寄海辺等少々充空地開畑仕度奉存候

右之通夫々御見分被仰付候様奉願出候、則帳面相添差上申候已上

嘉永四年亥三月　　村役人

右之通遂吟味村方承糺候処、故障筋も無御座候、御見分之上御下積被仰付候様申上度奉伺候已上

義兵衛

福田甚左衛門様

これによると、田井村見能潟は天保一一年(一八四〇)に着工され、嘉永三戌年(一八五〇)冬に完成し、地割りができたことがわかる。さらに検地は、史料6-6・6-7により嘉永五年に実施され、[28]面積二町一反余、高二一石余であった。[29]

史料6-6

奉願上

一児島郡田井村字見能潟新開塩浜并山端海辺等空地新開田
畑、去亥年六月御下積御杭入通り発定申候、御見分之上
御検地被仰付候ハ、難有可奉存候、則帳面相添差上申候
以上

嘉永五年子二月　　同村五人組頭嘉一兵衛
同　名主　貞左衛門
同　大崎村　治三郎

右之通承届相違無御座候、願之通被仰付候様申上度奉伺
候以上
大庄屋（以下省略）

嘉永五年子四月
田井村塩浜検地奥寄
畝数合三町壱反九畝廿七歩
内壱町九畝六歩　穴床敷
残畝数弐町壱反廿壱歩
壱石代　高弐拾壱石七升
朱ニ而付箋
九石七斗三升八合　子歳直発
内　四石四斗壱升五合　子ゟ寅迄鍬下三年
六石九斗壱升七合　子ゟ辰迄鍬下五年
物成六石三斗弐升壱合　免三つ
付紙　壱石五斗　樋守給
鍬下年明巳歳ゟ物成引（以下省略）

史料6-7

しかし、『玉野古事記』収録の「岸田氏所有塩田の記録[30]」を見ると、見能潟（城ヶ浜）一・三・南四番は弘化二年に開立されたが、北四番は安政二年に汐留工事行われたとある。このため、見能潟浜の着工完成は南北浜で時期が異なり、南浜は天保一一年着工・弘化二年完成、北浜は安政二年着工・嘉永三年完成と考えるのが自然であろう。

最後に、玉村と利生村の塩浜に関しては、次頁の史料6-8によって玉村の新開畑と塩浜および利生村の永荒の畑の再興と塩浜新開が出願され、両浜とも嘉永五年（一八五二）六月に認可されたことがわかる。また、史料6-9により、玉村新浜は翌年二月に児島郡上村藤之介・同郡稗田村喜代蔵・備中連島大江の弥右衛門（いずれも現倉敷市）の協力で築立中であったが、築立の中心となっていた藤之介が塩浜問屋を務めることが他の二人に承認されている。[32]その後の万延元年（一八六〇）三月

には、玉および利生浜で同時に行う「下積り」（検地の事前調査）が実施され、その諸費用の負担割が史料6-10のように集計された[33]。この中で八軒とあるのは玉浜の六軒と利生浜二軒の合計であり、利生浜は日ノ田浜と確定できる。さらに、その費用を負担するのが塩田地主となるので、両村の新しい浜は藤戸村啓三郎（星島家）、宇野村小次郎（青井家）、上村藤之介（姓未詳・天野屋）、下村愛次郎（渾大防家）・元太郎（高田家）であったことがわかる。そして、これらの塩田の諸道具や石炭、生産塩の販売等に深く関わる問屋に、玉村の立石家と利生村慶三郎（田川家）が当たる構造が見えてくる。こうして両村の塩浜はこの頃完成したことがわかる。現在の玉野レクレセンターや造船所付近に広がっていた大きな塩田である。

以上、これら玉野地域の新浜塩田の成立年代を検討してきたが、その結果を表6-6にまとめている。

史料6-8

一児島郡玉村新開畑并塩浜共願之趣承届候事
一同郡利生村永荒畑発返塩浜新開共願之通承届候事
右之通両村共被仰付候間此旨被相心得、勝手次第開立候様申渡、尤開立相済候ハ、早々検地下積願出候様可被申渡候以上

六月九日　　福田甚左衛門

六月十三日両村江申遣

史料6-9

塩浜問屋儀定之事

一当郡玉村塩浜新開、上村藤之介・稗田村喜代蔵・備中連島之内大江弥右衛門と三人申談築立普請中、藤之介引請世話致呉候ニ付、問屋同人江永代相任可申、尤口銭之内四歩地主江立返シ談ニ而詰め申処相違無御座候、為後日問屋儀定書仍而如件

嘉永六年丑二月　　稗田村　喜代蔵
大江　弥右衛門
代判　玉村亀次

上村　藤之介殿

史料6-10

（前略）

一弐拾三匁五分　御下役人様御出張肴代　三月十一日分
（中略）惣合三貫三百四拾三匁八分五厘
但金相庭八拾弐匁四分又八拾三匁弐分右高下有之ニ付、

平均八拾弐匁八分立ニいたす
八拾目金直　三貫弐百三百目七分七厘
内　弐百目　利生村畑方分入用見込ニ而引
残而三貫三拾目七分七厘
塩浜八軒ニ割壱軒分　三百七拾八匁八分五厘充
右割銀
一弐口　出銀七百五拾七匁七分　藤戸村啓三郎
一壱口　同　三百七拾八匁八分五厘　宇野村小次郎
一壱口　同　三百七拾八匁八分五厘　上村藤之介
〆　壱貫五百拾五匁四分五厘　玉村治介引請分
一三口　同壱貫百三拾六匁五分五厘　下村愛次郎
一壱口　同　三百七拾八匁八分五厘　同　元太郎
〆　壱貫五百拾五匁四分　利生村慶三郎引請分

幕末岡山藩の塩田貢租

岡山藩の塩に対する課税制度[34]は、塩浜に対する年貢のほかに、製塩設備を対象にした「塩竈運上」制と、製塩量に対する「出来塩運上」制との間を揺れ動いていたといわれる。前者は、濃縮された海水を焚きつめる塩竈屋敷にかかる租税で、初見は寛文一三年（一六七三）といわれ、竈屋一軒分にいくらと課税された。一方、後者は宝永六年（一七〇九）に一年間実施されたあと享保一三年（一七二八）に復活した

表6-6　玉野地域のおもな新浜塩田の完成時期

村名		塩田名	事項	典拠
山田～胸上		東野崎浜	天保2出願	『撮要録』1839～41頁
	山田・沼	東野崎浜南浜	天保9着工・天保12成就 同12.9と嘉永4.1検地	『備前児島野崎家の研究』
	西田井地～胸上	東野崎浜北浜	文久2着工・文久3完成	『児島塩業史年表』
			明治3.10検地	『備前児島野崎家の研究』
宇野		宇野新浜	天保14一部年貢開始	『撮要録』1849頁
田井		前潟浜	天保6完成　天保7検地	『撮要録』1841～5頁
		広潟浜	天保10完成	『児島郡田井村誌』25頁
		見能潟浜（一名城ヶ浜）	天保11見分・嘉永3完成 嘉永5検地	史料6-5・6
			1・3・南4番弘化2汐留・開立 北4番　安政2汐留	『玉野古事記』258頁
玉		玉浜	嘉永5出願・嘉永6塩浜問屋 決定（完成か）	史料6-8・9
利生		利生（日ノ田）浜	嘉永5出願	史料6-8
		深井浜	天保14一部年貢開始	『撮要録』1849頁
日比・利生・向日比		亀浜	文政13.11着工・天保2完成	『備前児島野崎家の研究』
			天保3検地	『撮要録』1833頁

もので、生産した塩一斗につき五厘、五斗入りの俵で二分五厘となり、製塩農民には重い負担となった。そのため岡山藩は、寛延期（一七四八～一七五二）に両者を折衷した「初竈出来塩運上」制を採用した。これは、塩竈で初めて生産された塩俵に対して課税するもので、一般的に、一二日間の煎熬作業を一六回すると、竈は耐用期間が尽きて新設しなければならず、新竈設置の回数に応じて運上を収めることになった。しかし、これは逆に岡山藩の租税収入を激減させることになった。財政難に喘ぐ藩は、弘化二年（一八四五）には塩専売制を企画し、製塩業者の大反対を受けて撤回[35]すると、嘉永五年（一八五二）から「出来塩運上」制を復活した。これは初竈のみではなく製塩量全体に課税するものであった[36]。

史料6-11

児島郡村々塩運上新浜之分地味も相整かね、難渋之訳柄
も有之趣相聞候付、歎出之趣承届来子年ゟ当時五斗入壱
俵ニ付銀五厘之積ヲ以払上可申候、尤古浜之義者追而可
及差図之事
　亥十二月
右之通被仰出候間此旨被相心得、新浜有之村々江可被申
渡候、尤当亥年者二月ゟ十二月迄之分来春払上、来子年
ゟ以後者、正月ゟ十二月迄之分、翌春払上候様取計可被
申候已上
　十二月廿七日　　福田甚左衛門

史料6-12

児島郡村々塩運上古浜之分働キ方難渋之訳柄も有之趣ニ付
歎出候趣承届、当子年ゟ当時五斗入壱俵ニ付銀三厘之積ヲ
以払上可申事
　子二月
別紙之通被仰出候間、此旨被相心得、当二月朔日ゟ以後之
分、御定之通五斗入壱俵ニ付銀三厘之積ヲ以払上候様、古
浜有之村々江可被申渡候以上
　二月八日　　福田甚左衛門

史料6-11は子年すなわち嘉永五年（一八五二）から、新浜に対して五斗入りの塩俵一俵につき五厘を命じるものである。
また、史料6-12では、同年から古浜にも三厘の運上銀を課すことにしている。その徴税額が星島家文書に残されている。表6-7

は、嘉永年間の児島郡八ヶ村古浜の塩運上と出来塩俵数をまとめたものである。嘉永元〜四年は「初竈出来塩運上」制での数値であり、一俵当たり一〇厘の運上で運上額もほぼ一定している。しかし、嘉永五年には一俵当たり三厘となり、運上額は両地区とも約三・六倍に増額した。出来塩俵数は一二倍程度であるが、これは製塩量が増えたのではなく、初竈のみと全製塩量の違いである。しかしこの年以降出来塩俵数の変動は大きく、漸減傾向にある。

表6-8は、田井から日比五ヶ村の新浜の状況をまとめている。該当する新浜は、田井村前潟・見能潟・広潟合計約三二町一反、宇野村新浜二町二反、利生村深井浜一町八反と亀浜分七反、向日比村亀浜分三反、日比村分亀浜二町の計ほぼ四〇町である。各村とも嘉永四年までの数字は全く同じである。ところが嘉永五年一年間の合計は出来塩俵数で約三七・六倍となる。これは古浜の場合と同じく年間の製塩量を示している。しかし運上高は約一八・八倍もの激増となっている。この嘉永五年からの増徴政策は、新浜経営に携わる富裕農民層はもちろん、古浜の零細農民にも大きな経営危機を引き起こしたと考えられる。

表6-7　嘉永期児島郡8ヶ村の古浜の塩運上

期間	田井・福浦・宇野・日比の4ヶ村合計		番田・北方・山田・後閑の4ヶ村合計		運上払込年月	史料掲載頁
	出来塩俵数	運上銀(匁)	出来塩俵数	運上銀(匁)		
嘉永1.7〜12	1870	187	464.5	46.45	嘉永3.2	4065〜6頁
嘉永2.1〜6	1800	180	455	45.5	嘉永3.2	同上
嘉永2.7〜12	1820	182	460.7	46.7	嘉永4.2	4283〜6頁
嘉永3.1〜6	1800	180	459.8	45.98	嘉永4.2	同上
嘉永3.7〜12	1800	180	462	46.2	嘉永5.2	4516〜7頁
嘉永4.1〜6	1800	180	462.1	46.21	嘉永5.2	同上
嘉永4.7〜5.1	1800	180	417.2	41.72	嘉永5.2	同上
嘉永5.2〜6	23494.67	704.84	5290.67	158.72	嘉永6.2	4722〜3頁
嘉永5.7〜12	19904.33	597.13	5461	163.83	嘉永6.2	同上
嘉永6.1〜7	19454	583.62	4671	140.13	嘉永7.2	5051〜2頁
嘉永6.7〜12	24524.5	735.74	6335.2	190	安政2	5260〜1頁
嘉永7.1〜6	15659.5	469.69	3504	105.12	安政2	同上

星島家文書の各年の『諸御用留帳』から作成。原史料では、同一期間に二つに分けた出来塩俵数などの記録と、最後に大庄屋藤戸村義兵衛と西田井地村龍太郎の奥書があるのみで、これを二人の大庄屋管轄別の集計と考え、古浜の多い田井など4ヶ村と少ない番田など4ヶ村と推定した。

表6-8 児島郡5ヶ村新浜塩運上と出来塩俵数

期間		嘉永2.2～3.1		嘉永3.2～4.1		嘉永4.2～12	
		運上銀	出来塩俵数	運上銀	出来塩俵数	運上銀	出来塩俵数
田井		258	2580	258	2580	258	2580
宇野		120	1200	120	1200	120	1200
利生		60.7	607	60.7	607	60.7	607
向日比		10.3	103	10.3	103	10.3	103
日比		72	720	72	720	72	720
計		521	5210	521	5210	521	5210
払込年月	史料掲載頁	嘉永3.2	4072頁	嘉永4.2	4285頁	嘉永5.1	4501～2頁
期間		嘉永5.1～6		嘉永5.7～12		嘉永6.1～6	
		運上銀	出来塩俵数	運上銀	出来塩俵数	運上銀	出来塩俵数
田井		3193.63	63872.6	2175.24	43504.8	2357.54	47150.8
宇野		1219.68	24393.6	840.97	16819.4	1101.32	22026.4
利生		685.95	13719.0	487.19	9743.8	672.73	13454.6
向日比		96.31	1926.2	54.82	1096.4	83.43	1668.6
日比		669.61	13392.2	378.12	7562.4	551.39	11027.8
計		5865.18	117303.54	3936.34	78726.73	4766.41	95328.16
払込年月	史料掲載頁	嘉永5.7	4569～70頁	嘉永6.1	4710～1頁	嘉永6.8	4795頁
期間		嘉永6.7～12		嘉永7.1～6		嘉永7.7～12	
		運上銀	出来塩俵数	運上銀	出来塩俵数	運上銀	出来塩俵数
田井		2572.92	51458.4	2088.64	41772.8	2022.58	40451.6
宇野		947.71	18954.2	684.14	13682.8	943.84	18876.8
利生		396.58	7931.6	500.93	10018.6	423.03	8460.6
向日比		47.44	948.8	61.49	1229.8	44.8	896.0
日比		355.67	7113.4	401.02	8020.4	290.84	5816.8
計		4320.32	86406.35	3736.22	74724.4	3725.09	74501.8
払込年月	史料掲載頁	嘉永7.3	5065～6頁	嘉永7.8	5114頁	安政2.2	5268～9頁

出典は表6-7と同じ。各村の出来塩俵数は原史料にはないが、運上銀高(単位匁)を1俵当たりの運上銀(嘉永4までは1分、嘉永5以後5厘)で割った数値を示した。嘉永7.7～12の出来塩俵合計も原史料にはなかったので、各村の合計値を示した。

註

（1）岡山大学附属図書館所蔵荻野家文書の一七〇八年史料に塩田所在地を記載したものがあり、邑久郡五ヶ村、児島郡一九ヶ村が見える（『岡山県史　近世Ⅱ』四二二頁）。

（2）『撮要録』六一七～六二三頁（日本文教出版一九六五）。なお、『撮要録』そのものは文政六年（一八二三）の成立。

（3）岡山大学附属図書館所蔵池田家文庫「備陽記」巻二三「備前国児島郡浦辺絵図」。原本は享保六年成立。なお、『備陽記』上下二巻・付図一冊が出版されている（日本文教出版一九六五）。

（4）『玉野市史　史料編』に梶岡村・山田村・沼村・碁石村・大崎村の四ヶ村のものが収録されているが、誤読が多く使用上注意が必要である。このうち、山田と沼の検地帳は岡山県立記録資料館の所蔵となっている。また、梶岡・大崎と、『同史料編』に未収録の東田井地・西田井地の検地帳は市教委所蔵であり、碁石村の検地帳は個人所有と思われる。また、これら七ヶ村の検地帳のうち、慶長検地帳の原本は山田村のものだけで、他の六ヶ村のものは慶安二年等の写本である。

（5）『同前書』八四～九三頁に収録。

（6）玉野市教育委員会所蔵　東児町役場文書。史料目録は二〇一九年二月、國吉久美子氏作成。なお、この史料は寛政一二年の成立であるが、寛永一六年一二月二日の原本『備州児嶋郡東田井地村塩浜御検地帳』など、それぞれの時期の原本が残されている。

（7）『岡山県児島郡誌』二一七～三四頁の開墾一覧より。なお、同書は一九一五年に初版、一九八六年に臨川書店から復刻版が出版された。

（8）『玉野市史』二八九～二九〇頁。なお、宇野古浜・中浜の典拠史料を『郡誌』とするが、『児島郡誌』にはその記載はない。また、沼浜以下の典拠を『撮要録』とするが、第何巻かの注記はない。田井高下浜を除く日比古浜以下は切絵図からとするが、具体的な切絵図の名称または所在は記されていない。なお、享保二年完成とする山田村中浜・岡浜については、「山田村ニ享保元申年開発、壱石壱斗代免三つ、外ニ四拾匁塩竈屋弐軒分小物成と検地帳ニ顕然仕候」という記録が星島家文書嘉永三年「諸御用留帳」四〇六七頁にあり、享保初年開発としていいであろう。

（9）西田井地村・梶岡村検地帳とも、前出・東児町役場文書。なお、『東児町史』（一九七四）七一頁などに言及がある。

（10）四宮家文書　嘉永三年『手鑑』中の記録。ただ、史料中の留帳は四宮家文書には残されていない。

（11）前出『撮要録』六一七～六二三頁

（12）前出・四宮家文書　嘉永三年『手鑑』中の記録。具体的には「一高又高開新開之事　慶長九ゟ一高也　延宝迄又高也　貞享ゟ元禄まで開　宝永以来新開　右之通相心得可申事」とある。

(13)『撮要録』一八二七頁

(14) 同前書　一九七五頁

(15)・(18)『備前児島野崎家の研究』八八頁

(16)『撮要録』一八三三頁

(17) 同前書　一八三九～一八四一頁

(19)『児島郡田井村誌』二三丁

(20)『撮要録』一八四一～五頁

(21) 同前書一八四八頁

(22)『児島郡田井村誌』二五丁

(23)『撮要録』一八四九～一八五〇頁

(24)・(25) 同前書一八四九頁

(26)『児島郡田井村誌』二三丁

(27) 星島家文書　嘉永四年「諸御用留帳」四二八八頁

(28) 同家文書　嘉永五年「諸御用留帳」四五一三頁

(29) 同家文書　嘉永五年「諸御用留帳」四五五三～五頁

(30)『玉野古事記』二五八頁

(31) 星島家文書　嘉永五年「諸御用留帳」四五五二～三頁

(32) 玉・立石家文書1-106「塩浜問屋儀定之事」

(33) 玉・立石家文書2-284 万延元年申六月「玉利生塩浜御下積入用仕出割賦帳」引請玉多田屋治介・利生新屋慶三郎。なお、同家文書3-329安政七年「万当座日記」の七月九日条に、「御検地入用割当銀」として一口三七八匁八五を藤戸に二口、宇野に一口、天野に一口割当てており、この年に検地が行われたことを示している。具体的な日付がわかる史料は未発見である。

(34)『岡山県史　近世Ⅱ』四二五～七頁

(35)『岡山県史　近世Ⅲ』四八二～四頁

(36) 史料6-11は、星島家文書　嘉永四年「諸御用留帳」四四一三頁、史料6-12は、同　嘉永五年「諸御用留帳」四五一〇～一頁。

第三節　塩田経営と塩販売

製塩作業の変化

古浜塩田と新浜塩田では塩田を経営する際の労働組織は大きく異なっている。前者は小農民の農間余業として行われていたのに対して、新浜では熟練した製塩技術を持つ現場指導者と雇用された浜子によって操業がなされた。次の史料6-13は古浜塩田の作業と現状を示したものである。[1] 嘉永三戌年（一八五〇）の史料であり、江戸前中期のものとはいえないが、古浜での基本作業を示していると思われる。

史料6-13

（前略）年久敷古浜ニ而塩付悪敷、追々御免斗代下畑発ニ相成、当時者番田・北方・後閑・山田・田井・宇野・日比・引網・田之口・下村・小川・味野・赤崎、右拾三ヶ村畑発残、少々宛生浜御座候得共、是以次第ニ真水浮出、塩付不宜取続兼申候、御運上銀壱俵ニ付壱分と書上候義ハ、塩竈屋壱軒前四五人又者六七人組ニ而水塩取溜候者共申合竈塗立、六人仲間夜日ニ廻り焚と申候得者、十二日一昼夜ニ十六竈、壱竈ニ付凡五斗、尤焚人巧者不巧者水塩善悪ニ寄、取実多少御座候得共、先平均壱俵ニ相当申候、銘々交代日夜十六竈之内、焚付之初竈壱竈分ニ御運上銀壱分払上来申候（中略）

戌正月

東野崎・山田村名主平左衛門
北方村名主千右衛門
田井村名主治三郎
利生村名主次四郎
味野村名主善三郎

（後略）

ここでは、番田村など一三ヶ村の古浜について、長年塩付きが悪く、畑に転換した残りの浜も真水が浮き出て塩田経営が維持し難いことがまず述べられている。製塩作業では、塩釜屋一軒前につき四～五人あるいは六～七人が組になって水塩（鹹水）を集め、六人の仲間で竈を塗り立て、昼夜二回水塩を焚き続ける。一二日間に一六竈、一竈に塩を平均五斗生産するとしている。竈焚きは仲間の交替制で、初竈一竈のみに対して一分の運上銀を上納する。古浜では、狭小塩田所有者が四

〜七人ほど組になって一軒の釜屋を作り、各自が採鹹した濃縮海水を昼夜交替制で煮つめて塩にする煎熬を行っていた。燃料は薪・松葉などであった。

ついで新浜が出現すると、広大な塩田で採鹹された大量の濃縮海水を煎熬するため、従来の薪などの燃料に加え石炭が導入される。次の史料は嘉永六丑年での石炭供給地を示している。

史料6-14

書上

一石炭出候場所御座候ハ、、一ヶ年分出来高取調、都而塩浜江買入候者何国ゟ積来候哉、価之義共取調書上可申旨被仰付奉畏取調候処、左之通ニ御座候

一当郡ニ而者胸上村之外出所承不申候

一小豆島馬越辺ニ一二ヶ所出炭仕候様子ニ御座候得共、是迄買入候義無御座候

一肥前国平戸大村御領内出所数多御座候趣、惣名平戸と申積来候、山名或ハ堀人名前ニ而善悪ヲ分値段仕候、尤時々値段高下御座候へ共、凡平均左之通ニ御座候

但目方百六拾目ヲ壱斤と唱、百斤ニ〆拾六貫目、右ヲ壱振と定申候

壱振ニ付　上　弐匁壱弐分

中　壱匁八九分

下　壱匁四五分

一同国唐津出と唱候分　同　壱匁四分ゟ壱匁五六分迄

一同国三池と唱候分　同　弐匁四五分ゟ弐匁七八分迄

一筑前あし屋若松と唱候分　同　壱匁七八分ゟ弐匁迄

一防州本山出と唱候分　同　壱匁四五分

右之通ニ御座候、尤積登候者下筋諸国之船ニ御座候、当方ゟ買入ニ参候義ハ無御座候旨申出候ニ付、右之通奉書上候

以上

丑七月廿七日　義兵衛

福田様江　弐

この史料は岡山藩郡奉行福田甚右衛門からの質問に対して、大庄屋星島義兵衛が当時管轄下の玉野地域の製塩業者を調査して報告したものと思われる。石炭産地は、児島郡では胸上村の波張崎付近にあったとされる。小豆島では馬越とあるが、

購入はしていないという。九州方面では平戸や大村、唐津や三池、北九州の芦屋・若松、長門の本山（山陽小野田市）が挙げられている。ただし、九州方面の船が積み来る石炭を購入しており、当国から買い付けには行かないとしている。

やがて「新浜」が普及すると、製塩作業は専業の技術者と芸予諸島出身者などを日雇いで雇用して行われるようになった。それにつれて作業別に様々な分業名が生まれた。『岡山県史　近世Ⅲ』には、児島野崎浜や備中勇崎浜・寄島塩田の例が示されている。野崎浜では、「大工・上浜子・差浜子・はなえ・夜釜・上脇・かしき、などの区分があった」[3]とされている。明治三九年の記録として、大工は棟梁とも呼ばれ、塩田労働者全体の監督に当たり、かつ日の出から日没までの釜焚を行う。上浜子は採鹹作業を指揮し、差浜子・はなえが採鹹作業に従事する。夜釜は夜間の釜焚き、かしきは採鹹作業を手伝うほか飯炊きを担当する。さらに、切符は浜子の欠勤時に臨時に雇い入れるもので、寄子は砂寄せなどの採鹹作業の補助をする日雇いの婦人労働であった[4]。

一方、玉野地域では、玉・立石家文書の「塩浜仕法徳用録全」[5]に、塩田労働者の名称や職務内容を記した部分がある。記載対象は田井村の前潟・見能潟・広潟の三浜で、安政七年（一八六〇）一月の日付があり、野崎家のものより五〇年ほど古い。ここでは、まず塩田の最終責任者を親方・頭梁（大工ともある）と定め、彼らの指示に従うよう定めている。この三塩田では、大工（巧工ともある）が四〇匁、定浜子（上浜子とも）三七匁、夜釜で焚き抜きが三五匁、朝代り取（朝の交代）が三二匁、さし・はないが三三匁、上脇かしき三〇匁、並かしき二八匁で、以上が通年雇用であった。日雇いは、月によって給銀が変わり、寄子が一・二・九〜一二月は一日五分、三〜五・八月は五分五厘、六・七月は六分である。また、切符（切夫）は一・二・一〇〜一二月が二匁、三月が二匁一分、四・五・八・九月が二匁二分、六・七月が二匁五分としている。職務内容に触れている箇所では、定浜子・「はない」が寄子に厳しく指導する「水揚」作業がある。これは、沼井の下穴に溜まっている濃い海水を汲み上げ、「当て子」に掛けながら沼井の砂に流し込む作業で、採鹹作業の前に行うものである。また、上浜子が「はない」に指示するものとして「地場持水」がある。これは、樋門の開け閉めにより内川用水へ海水の流入排出を行う作業で、「はない」の役目とあり、入浜式塩田の海水操作を示している。また、「縫堀」作業は、浜子・切符の別なく五人体制で行えとある。「縫堀」とは、沼井にある砂を沼井の四隅に掘り出す作業で、この砂は翌日塩田面に撒砂する。切夫は、日の出から日没まで作業を行い、弁当は二度浜まで支給される。切夫の作業内容までは触れていないが、撒砂や浜引きといった重労働を担当する日雇いであったようだ。

日比亀浜の経営

玉野地域の新浜の成立は前節で紹介したが、その経営内容を比較的詳しく知ることができるのは、味野・野崎家が築立した日比・亀浜である。野崎家は本拠地の野崎浜のほか、日比・亀浜、山田・東児地区の東野崎浜、そして田井の前潟・見能潟等の一部を所有していた。野崎家は、それぞれの塩田で塩・燃料（薪・石炭）の問屋営業の実務を、それぞれの現場に設置した店で処理させている。野崎浜では「浜店」と呼ばれ、天保一一年（一八四〇）六月までに設置されている。東野崎浜では弘化三年（一八四六）九月までに設置された「東野崎支店」が管理する。亀浜では「日比支店」、田井の三浜には「田井支店」が設けられたが、設置年代は未詳とされている。[6] 一方、各浜は一軒前を単位とした塩田経営を行っているが、その軒数は野崎浜で二四軒、亀浜の四軒分、東野崎浜全体で四七軒、田井は明治期に一〇軒ほどであった。各一軒前の浜は、まれに野崎家直営の「手浜」があったが、ほとんどは直接経営を契約者に担当させる「小作浜」であったという。これは、契約者が野崎家に加地子を支払い、問屋を通じて塩田資材や食料品を仕入れ、浜子を雇用し、生産した塩を問屋を通じて出荷販売し、問屋に一定の手数料を払うという「浜問屋付小作制度」と呼ばれる方式であった。しかし、嘉永末～安政初年において、その浜の収支決算に対して小作者と問屋（野崎家）が責任を分担する「当作歩方制」への移行が進み、元治元年はこの体制が完成したとされている。[7]

このような野崎家と小作者との関係の変化を念頭に入れながら、亀浜内の塩田がいつ誰と小作契約されていたかを確認するために、野崎家文書の『売用日記』を点検抽出した。[8] なお、亀浜は一筆平均約七反の塩田五軒分で構成されていたが、二番浜以外の四浜が野崎家の所有であり、二番浜[9]の史料は出てこない。最初に天保一一年（一八四〇）～弘化三年（一八四六）の史料を列挙する。

①天保11・5・19「日比より金蔵・浅次帳面引合ニ参ル」　③天保11・8・8「日比3番浜浅次算用ニ参ル」
②天保11・7・5「日比与市来り金3両2分渡し早速帰る」　④天保11・9・28「亀浜5番市蔵参りて464匁5分花甚

へ払」

⑤天保12・1・10「日比米屋与市参ル」

⑥天保12・1・13「日比より藤蔵、金蔵、浅次年頭ニ参ル」

⑦天保12・1・20「日比花屋甚三郎様年始ニ御出」

⑧天保12・①・30「日比米屋与市金弐拾壱両一分持参、尤和光丸仕切銀去年預リ分ニて御座候」

⑨天保12・2・3「日比与市持参致候石炭仕切金弐拾壱両壱歩相渡ス」

⑩天保12・2・8「日比浅次参リ、尤金拾三両弐歩持参」

⑪天保12・4・28「日比金藏参、金子持参委細ハ銀入帳ニ有之」

⑫天保12・5・7「日比藤蔵参ル、同人より金拾六両三歩二朱持参」

⑬天保12・7・8「亀浜加地子拾弐両弐分はな屋より入、拾壱両金蔵より入、拾両三歩弐朱浅次より入、拾両三歩三朱藤蔵より入、右四口金蔵持参ル」

⑭天保12・10・13「日比より浅次参ル、金藏より銀札弐百目入」

⑮天保12・11・3「日比与市殿、銀拾貫目持参」

⑯天保12・12・6「日比三番金藏より鯎四拾本到来」

⑰天保12・12・8「日比村金蔵参ル、尤金九両銀札三百五拾匁持参、同人より鴨壱羽到来」

⑱天保12・12・10「亀浜浅次より金拾両三歩三朱持参」

⑲天保12・12・19「日比三番浜金蔵より金拾両入」

⑳天保13・9・10「日比浅次より金20両入（中略）、都合21両3歩2朱ハ加地子之内へ入」

㉑天保13・9・13「日比は本屋より藤蔵加地子金25両入」

㉒天保13・12・21「日比1番浜浅次より加地子11両入」

㉓天保14・2・9「日比はな屋へ麦わら俵80枚渡ス」

㉔天保14・4・23「日比3番浜金蔵より10両年貢入」

㉕天保14・5・22「日比より与市参ル、浜加地子金11両入、尤3軒分」

㉖天保15・7・13「日比より浜年貢浅次より12両2歩入、宗吉より11両入、尤両包之内2朱アク金戻ス」

㉗天保15・9・8「日比より分番加地子25両金蔵より、20両浅次より、先達て悪金之替り2朱入、〆45両2朱入」

㉘弘化2・5・22「嘉兵衛日比へ行、尤年貢未進催促ニ参ル」

㉙弘化3・7・8「47両亀浜加地子入」

㉚弘化3・10・28「日比与市加地子金持参」

㉛弘化3・12・27「日比惣吉より10両加地子入」

各史料に登場する野崎家に納入した金子のうち、⑩⑮などの加地子、⑲の年貢、㉒の浜年貢は、小作契約が行われている直接的史料と考えられる。そこに浜番号があれば小作した浜もわかる。さらに、⑤〜⑦にある天保一二年の年始挨拶にやって来た米屋与市・藤蔵・金藏・浅次と花屋甚三郎はこの年の小作担当者またはその取りまとめ役と考えていいだろう。こうした条件のもと各年で小作者を挙げると、天保一一年では③で三番浜に浅次、④で五番浜に市蔵、浜番は不明だが①で金藏も含まれると思われる。翌一二年には⑯⑲で三番金藏、⑬で浜番不明の花屋・浅次・藤蔵、同一三年では㉔で一番浜浅次、㉑で不明藤蔵、一四年では㉔で三番金藏、㉖で不明与市となる。天保一五年は浜番不明として浅次・宗吉・金藏、弘化三年に浜番不明の与市・惣吉となる。また、⑧⑨の史料は、天保一一年に与市が塩を和光丸に売って預かっていた仕切銀を持参して納めたあと、野崎家から石炭購入の仕切金として与市に預けたと解釈できる。とすれば、与市は天保一一〜一二年に小作していたとも考えられる。また、④で五番浜市蔵とあるのに、四六四匁五分（約七両）を「花甚」（花屋甚三郎）に支払っており、天保一一年の五番浜は市蔵・花屋の共同小作であったとも思えるが、判然とはしない。なお、㉔の弘化二年には気候不順が原因であろうか、浜年貢の納入が滞り、結局加地子の納入はなされていない。以上を個人別にまとめると、浅次は天保一一〜一五年、金藏も天保一一〜一五年、市蔵が天保一一年のみ、花屋が天保一一〜一二年、与市が天保一一〜弘化三年、藤蔵が天保一二〜一三年、宗（惣）吉が弘化元〜三年とまとめることができる。なお、③の浅次を壱番浜の誤読とみれば、浅次が一番浜、金藏が三番浜を連続して担当していたとみることができる。また、市蔵・花屋が五番であれば、与市は残り四番浜ということになり、ここを一貫して小作していたとしてもよい。この分析結果を表6-9の上部に示した。

続いて、弘化四年（一八四七）から安政二年（一八五五）までの一〇年間を見てみよう。紙幅の関係から、節末の註に記事の年月日を示したが、史料文面は割愛した[10]。この期間では、弘化四年から利生村の浅吉が一番浜の小作人に指名され、嘉永六年（一八五三）まで続いている。ついで、嘉永四年に三・四番浜を留五郎、翌年に同じ三・四番浜を藤五郎が担当している。「留」と「藤」は崩し字が似ており、藤五郎が正しいと思われる。屋号を金本屋といい、日比の豪商であった。彼は、安政元年に一・三・四番浜を担当しているので、利生村浅吉の一番浜は嘉永六年で終わっていることになる。また、嘉

表6-9　日比亀浜小作人一覧

和暦	西暦	1番浜	3番浜	4番浜	5番浜
天保11	1840	浅次	金蔵	米屋与市	市蔵・花屋
12	1841				高田屋藤蔵
13	1842				
14	1843				
弘化1	1844				宗(惣)吉
2	1845				
3	1846				
4	1847	利生・浅吉			
嘉永1	1848				
2	1849				
3	1850				
4	1851		留(藤か)五郎		
5	1852				
6	1853				花屋
安政1	1854				
2	1855				
3	1856				
4	1857				
5	1858				
6	1859	利生・貞二郎			
万延1	1860		金本屋藤五郎		
文久1	1861				
2	1862				
3	1863				
元治1	1864	利生・貞次郎・治吉(修三郎)			
慶応1	1865				
2	1866		花屋豊太郎		
3	1867				
明治1	1868				
2	1869				
3	1870		藤五郎	浜田屋権三郎	
4	1871	花屋豊太郎		花屋豊太郎	
5	1872	(不明)			
6	1873				
7	1874	花屋四宮豊太郎			
8	1875				

永六～安政元年までの五番浜を前述の花屋（四宮氏）が担当しているが、翌安政二年には藤五郎に変わっている。これにより藤五郎は亀浜四軒分の小作を独占することになる。さらに、同年五月二日付史料には、「日比問屋ハ当時藤五郎へ被仰付候事」とある。この「日比問屋」は野崎家が亀浜に設置していた日比支店の正式名称と思われ、藤五郎が他の人物に代わって任命されたことを示すものであろう。亀浜完成後に野崎家から花屋（四宮分家）に贈られた問屋株がこの「日比問屋」で、前任者はその花屋であったと推測できる。

ついで、安政三年（一八五六）から慶応元年（一八六五）の一〇年間である。関係史料を註に示す[11]が、この時期の特徴は、金本屋藤五郎の四浜独占とその動揺である。独占は安政五年まで続く。しかし、翌六年五月四日付の記録には、「日比藤五郎より加地子34両、1番浜加地子貞二殿より11両、〆45両夫戎清持帰リ入」とあり、一番浜に利生貞二（利生村名主堀尾貞次郎）が担当することになったのである。翌年も貞二郎が加地子一〇両を納入したが、翌文久元年八月一三日、「金本屋藤五郎悴幸松参り、問屋支配人甚介義、昨日塩仕切金替（遣カ）ひ込、凡6～70両計ハ取持致し、失ぽんいたし候趣申来ルと」ある。日比問屋の支配人甚介が昨日塩仕切金六〇～七〇両を持って出奔したというのである。おそらく甚介は金本屋の番頭で、金本屋の経営に大きな損害を与えたのであろう。これに対し野崎家は四日後の八月一七日に、「金350両日比村藤五郎へ取替、夫悴へ渡ス」とあり、被害額を元利付で融資をしている。このためか、この文久元年から再び四浜小作を委任され、同三年まで再び独占することになった。しかし、元治元年には一番浜に利生村貞次郎が再指名され、慶応元年まで一番浜貞次郎、三～五番浜藤五郎の二人体制となっている。

最後は慶応二年（一八六六）から記録の残る明治八年（一八七五）までの一〇年間である。[12] ここでは、元治元年から明治三年まで一番浜を利生村堀尾貞次郎家が継続して担当した。一方、藤五郎に代わって花屋豊太郎（甚三郎子）が慶応二年から三・四・五番浜を任され、明治三年を除いてほぼ亀浜全域を監督下に治めている。その明治三年は一年限りであるが、藤五郎（代替わりか）が三番浜に復活し、四番浜には浜田屋権三郎の名も見える。表6-9は、以上の史料から集約した亀浜各塩田の小作人一覧である。中でも金本屋藤五郎と花屋豊太郎は、幕末から明治初年にかけて、亀浜の経営に大きな足跡のあった人物といえよう。

日比問屋と塩商人

前述の安政二年五月二日付史料で、金本屋藤五郎が「日比問屋」に任命されていたことに触れた。その前任者と後任者は野崎家から特別に問屋職を譲られた花屋（四宮分家）であったことが推定できる。そこで、この役職がどのような業務を担当したかを検討したい。つぎに掲げるのはその関係史料である。

①天保12・5・22「亀浜より淡州都志山田屋浅蔵印鑑取ニ参ル、尤夫米屋与市倅へ相渡申」
②弘化4・5・10「日比より印鑑分1350俵、讃州津田浦海神丸新助船」
③嘉永2・10・18「日比花屋へ淡州船印鑑2通遣ス」
④安政2・5・6「志州片田勢力丸久助分960俵印鑑認メ遣ス、日比米屋与市より尾州多屋宮市丸一太郎船へ塩本分

まず最初に、④の史料は、前述の金本屋の「日比問屋」記録から四日後に認められた記述である。その前半部分は、野崎家のお膝元の野崎浜「浜店」で行われた手続きで、志摩国久助船と塩九六〇俵の販売契約が成立し、野崎家の印鑑が押された仕切状が作成されて先方に手渡されている。この時もう一通作成され、野崎家で保管されて塩運上など納税等の証拠書類とされたはずである。一方、後半部分では、亀浜で尾張の客船との塩売買が成立し、日比の米屋与市が野崎家の印鑑を求めたのである。亀浜生産塩はあくまで野崎家所有だったからである。

このような亀浜からの野崎家印鑑の請求は、①の天保一二年では、客船の船長に代わって米屋与市の子が使いとなって受け取りに来ている。②の弘化四年でも、客船に代わって日比からの担当者が手続きを行っているようである。ところが嘉永二年の③では、客船では無く「花屋」が印鑑請求の手続きを行っていると考えられる。④の米屋与市と同じ状況である。

そこで、このような印鑑証明の手続きを、亀浜では誰が行ったか

表6-10　亀浜での野崎家印鑑請求者の推移

和暦	西暦	花屋	金本屋藤五郎	米屋与市	高田屋藤蔵	不明その他	合計
天保12	1841					1	1
弘化4	1847					1	1
嘉永2	1849	2				1	3
嘉永4	1851					3	3
嘉永5	1852	2				4	6
嘉永6	1853	3		4		6	13
安政1	1854	5			1	7	13
安政2	1855	1	12	6		8	27
安政3	1856		21			8	29
安政4	1857		14			3	17
安政5	1858		17			17	34
安政6	1859		19			15	34
万延1	1860		5			9	14
文久1	1861		24			6	30
文久2	1862		22			7	29
文久3	1863		16			4	20
元治1	1864		12			4	16
慶応1	1865	13				4	17
慶応2	1866	8				3	11
慶応3	1867	14				1	15
明治1	1868	4				3	7
明治2	1869	9				0	9
明治3	1870	10				0	10
明治4	1871	9				2	11
明治5	1872	8				2	10
明治6	1873	1				1	2
明治7	1874	6				1	7
合計		95	162	10	1	121	389
%		24.4	41.6	2.6	0.3	31.1	100.0

を『野崎家文書売用日記』から検出し、前頁の表6-10にまとめた。概観すると、嘉永二～安政元年までは花屋（四宮分家甚太郎）がまとまっており、米屋与市も短期間確認できる。その後、安政二～元治元年までは金本屋藤五郎が担当している。その後慶応元年からは再び花屋が多い。この時期は甚三郎の子豊太郎の代となっている。このように、請求者の名前が判明するのは、前述の「日比問屋」に指名された三人が多数を占めていることがわかる。さらに過渡期である安政二年の状況を精査すると、藤五郎が「日比問屋」に任命される以前は、与市四通（三月一六日付の「米蔵伜」を「米屋伜」の誤記と見なして与市に加えた）、花屋一通、請求者不明三通であるが、任命後は与市二通、不明五通に対し、藤五郎経由が一二通と激増している。さらに翌安政三年には、全二九通のうち、藤五郎二一通、不明八通となる。金本屋藤五郎が亀浜の当作をほぼ独占していた安政二～元治元年の間に、彼が印鑑請求を行ったのは全体の七割弱に達し、当作人の職務として印鑑請求があったとしていい。

しかし、表全体の三割は請求者が不明の史料である。彼らの中には、亀浜の当作人以外で、日比に来港した客船と販売交渉をした日比の商人がいたと思われる。野崎家『売用日記』の元治元年五月二一日条には、「相場飛脚戎清相休ニ付、臨時浜屋粂吉被申付候」という記事があり、児島近隣の塩田で塩や石炭等の相場を調査する仕事を、戎屋清左衛門から浜屋粂吉に引き継いでいる。この粂吉の調査報告の中に、つぎのような日比商人が検出される。

①慶応1・2・12　「粂吉相場廻りより帰ル、田井浜蔵塩大俵仕舞13匁9分、日比角屋利平引合（後略）」

②慶応1・2・24　「粂吉東廻りより今日帰り（中略）、日比塩13匁2分2厘6毛出来、手取北国売り（中略）、尾州内海市栄丸幸右衛門2月22日出来、同仕舞13匁1分、右日比角屋引合2月21日出来、裸仕舞12匁4分23日出来、花屋宗助引合、石炭御池（ニカ）8匁2分出来」

③慶応1・3・21　「浜粂東廻りより帰り（中略）、利生浜大俵仕舞11匁7分、右ハ日比村金本屋庄吉引合、うの浜石炭つゝら5匁、大俵仕舞11匁5分日比周介引合（後略）」

④慶応1・4・10　「粂吉東より帰り（中略）、日比豊塩大俵12匁北国行岩崎屋引合、同12匁6分金本屋引合（後略）」

⑤慶応1・4・28　「浜条東廻りより帰り（中略）、日比金本屋庄吉引合塩分仕舞12匁9分、石炭無御座、花屋名前無之、利生山本屋嘉三郎と御座候、豊太郎留守中故か（後略）」

以上の史料から、日比村には角屋利平、花屋宗助、金本屋庄吉（藤五郎の子）、周介、岩崎屋などの塩を扱う商人がいて、利生村にも山本屋嘉三郎がいたことがわかる。彼らは塩を買い求める客船と売価や販売量などを交渉して取引を成立させる「引合」の業務を行っていた。そこで、『売用日記』の同様な箇所から日比商人を抽出した。おもなものはつぎのようになる。

慶応元年後半　5/7甚助　⑤/15兵庫屋・利三郎　⑤/25勘助　7/23高田屋　8/3喜平　9/22惣助　10/27金本屋庄吉　11/1角屋利三郎
慶応二年　1/22讃岐屋平兵衛　2/5角屋小一郎　2/22橋本屋惣介・岩崎屋代介　6/13兵庫屋周介　6/27佐十郎　10/14金庄　10/22利三郎
慶応三年前半　3/9播磨屋清三郎・兵庫屋周助　3/17金庄　4/1利三郎　4/7播松・平兵衛

こうした粂吉の調査は、慶応三年四月二〇日付に「相場今日より別帳へ写し」とあり、『商用日記』から消えることになって、日比商人の動向が不明になったのは残念であるが、この二年間に、岩崎屋代介、角屋利平、角屋利三郎、角屋小一郎、金本屋庄吉、讃岐屋平兵衛、高田屋、花屋宗助、橋本屋惣介、播磨屋清三郎、播（播磨屋か）松、兵庫屋周助（介）、および屋号不明の勘助、喜平、佐一郎、甚助らの商人を確認することができる。小橋善康『日比港の変遷』[13]には、塩売買の仲介をする商人を「塩問屋」と呼び、角屋（森本氏）、岩崎屋、備前屋、讃岐屋、藤本屋、金本屋を列挙し、彼らが居を構えていた町内の場所を図示している。幕末維新期の地図が伝わっていないため、厳密な位置は不明であるが、亀浜の小作を担当した日比の豪商に次ぐ有力商人が確認できる。しかし、小橋氏が「塩問屋」と表記した日比商人は、正確には「沖商内」と呼ぶべき商人と考えられる。「沖商内」とは、小船に乗って沖合を航行する塩船と出会い、塩相場等の情報を提供して児島沿岸の塩浜や塩積出港に塩船を勧誘する商人である。日比には、野崎家が児島郡の諸浜を開発した際の支援に対し、

表6-11 亀浜塩購入塩船の船籍地状況

和暦	西暦	備前	備中	讃岐	阿波	淡路	摂津	播磨 和泉	紀伊	志摩 伊勢	尾張	三河 遠江	駿河 伊豆 武蔵	隠岐 但馬 越前	加賀	能登 越中 佐渡	松前	北 国 船	不明	入船数
天保12	1841					1														1
弘化4	1847			1																1
嘉永2	1849					2			1											3
嘉永4	1851			1					2											6
嘉永5	1852			2		2					2									3
嘉永6	1853					2	2		1		4					3			1	13
安政1	1854					5	1		1		5			1						13
安政2	1855		3			4	1		1		14				3				1	27
安政3	1856	1			1	5	1		1		16		2		1			1		29
安政4	1857		1			5	1		1		7	1			1					17
安政5	1858			1		9	1				16	1		1		4		1		34
安政6	1859	1	1	1	1	3	3	2	1		11	3			4	3				34
万延1	1860			4		2				1	4	1			1				1	14
文久1	1861	1	1	2		5	3	1	2		8		2	2	2	1				30
文久2	1862		1		1	5	1	1		1	5				11	3				29
文久3	1863		1			3			1	1	11	1			1		1			20
元治1	1864			1	2	3		1	1	1	4	1	1				1			16
慶応1	1865	1	3			3			1	2	3	1		1		2				17
慶応2	1866	1	1			5					4									11
慶応3	1867			1		5	1				4		3	1						15
明治1	1868		1	3		1							1						1	7
明治2	1869			2		4				1	1								1	9
明治3	1870	1		5	2	2														10
明治4	1871	1		1		2			4		2		1							11
明治5	1872					5			2	1	1	1								10
明治6	1873					1	1													2
明治7	1874					3	1		2	1										7
合計		7	13	25	7	87	17	5	22	9	122	10	10	6	24	16	2	2	5	389
%		1.8	3.3	6.4	1.8	22.4	4.4	1.3	5.7	2.3	31.4	2.6	2.6	1.5	6.2	4.1	0.5	0.5	1.3	100.0

一九軒の「沖商内」株を持つ小船持の商人を認めたとされている。[14] その後、この株の売買で商人も変化したが、慶応年間の塩船と「引合」をした人たちはこの業務を行っていた商人だったのである。

塩船の日比港来航

先に表6-10で見た亀浜の小作担当者ほかが野崎家に請求した印鑑数の総計三八九件には、全国から日比港に来港して塩を購入した塩船の情報が含まれている。天保一二年五月二二日の記録に「淡州都志山田屋浅蔵」とあったのがそれで、淡路国都志村（兵庫県洲本市五色町都志）の山田屋浅蔵の船が塩を購入したことを示している。これらの記録を同じ『売用日記』から検出してまとめたものが前頁の表6-11である。塩船の船籍地が記入されていないものが五件あり、それをも含めて総件数は表6-9と同じ三八九件となっている。『売用日記』に記入されていない船もあると思われるが、およその傾向はつかめる。表によると、幕末維新期の約三〇年間に日比港に来港した国の第一位は尾張国で、総件数の約三割を占めている。特に知多半島の沿岸に発達した廻船業者の拠点（野間、常滑、内海、冨貴）からの来港が多い。第二位は淡路島（都志、阿那賀、郡家）で、二割強である。第三位は讃岐・紀州・加賀が六％前後となっている。野崎家のお膝元の野崎浜でも塩買船の集計がなされている。[15] それを見ると、天保一二～安政二年までの約一五年間に総件数三六〇件であり、第一位は尾張、第二位は淡路、第三位は備前・摂津と続き、ついで紀州・加賀・讃岐となっている。備前・摂津を除くと、野崎港・日比港とも来航船の船籍地は同じ傾向にあるといえる。

これらの中で、下津井・玉島・笠岡などに来港したいわゆる北前船の故郷である山陰・北陸・東北・北海道方面からの来港船は、総計五〇件あり、一割強を占める。野崎浜では一割弱で、やや日比来港船が多い程度である。ただ、表からは、北前船の来港は、安政初年から増加して文久三年以降には急速に減少したことが読み取れる。このことから、日比港は、下津井湊のような北前船の来港で栄えた港ではなく、天保期の亀浜開発を機に、東海・近畿・瀬戸内・日本海などの塩船を迎える港として繁栄するようになったといえよう。こうして、日比の新浜開発は日比に新たな経済基盤をもたらしたのである。

利生・義田氏の塩田経営

日比村の北隣の利生村奥谷には、利生村名主を務め、幕末に大庄屋にもなった堀尾氏（貞次郎・治吉）や、第七章でとりあげる廻船業者の山本屋五郎吉（義若氏）などの居宅が建ち並んでいた。堀尾氏の近くで製塩業を営む山本屋嘉三郎家（義田氏）も、利生村を代表する豪商であった。同家からは、『玉野市史』編纂時に約一〇〇点ほどの取引証文が寄贈され、その半数は義田氏所有の塩田で生産された塩の売買証文であった。同家の資産形成の過程は未詳であるが、これらの史料中には、同家所有の深井浜の三・四番浜と日比・亀浜二番浜などが散見される。その中で一五通は日比・金本屋庄吉のもので、庄吉は先に慶応年間の日比の「沖商内」の一人として紹介した。彼の証文のうち一三通と他二〇通には卯年の記載がある。庄吉が活動した幕末で卯年は慶応三年（一八六七）と考えられ、義田家史料は江戸終末時の史料であることがわかる。

その一例として、日比村の播磨屋清三郎が山本屋義田嘉三郎宛に出した「卯四月七日」付の代銀支払い覚の写真とその解読文（史料6-15）を示した。ここでは、亀浜二番浜から四斗五升入りの塩一〇〇俵と、堀尾氏小作の亀浜一番浜から四斗五升入り七三俵と四斗六升入り二二俵を、合計五三両余で購入し、先に五〇両を支払ったこと、また、以前に取り扱った亀浜二番浜と深井一・二番浜（他氏所有）の塩代金五四両余、さらに利生村内の塩田地主である金沢屋の一九両余を合わせて七七両一歩を支払ったことを書き記している。ここでは、義田家所有の塩田だけでなく、亀浜一番浜や他の塩田地主の塩も買い入れ、他国の塩船に販売するという商いをしていたことがわかる。このような日比の塩商人を義田家史料から数え上げると、かしや清介一通、金本屋庄吉（藤田氏）一五通、讃岐屋平兵衛一〇通、佐十郎一通、八浜屋伝七が二通、播磨屋五通、兵庫屋周助五通、藤本屋利三郎（前出の角屋利三郎か）一〇通、利生村山川屋一通であり、合計五〇点となる。「沖商内」で紹介した商人と共通する人物が登場してくるのである。

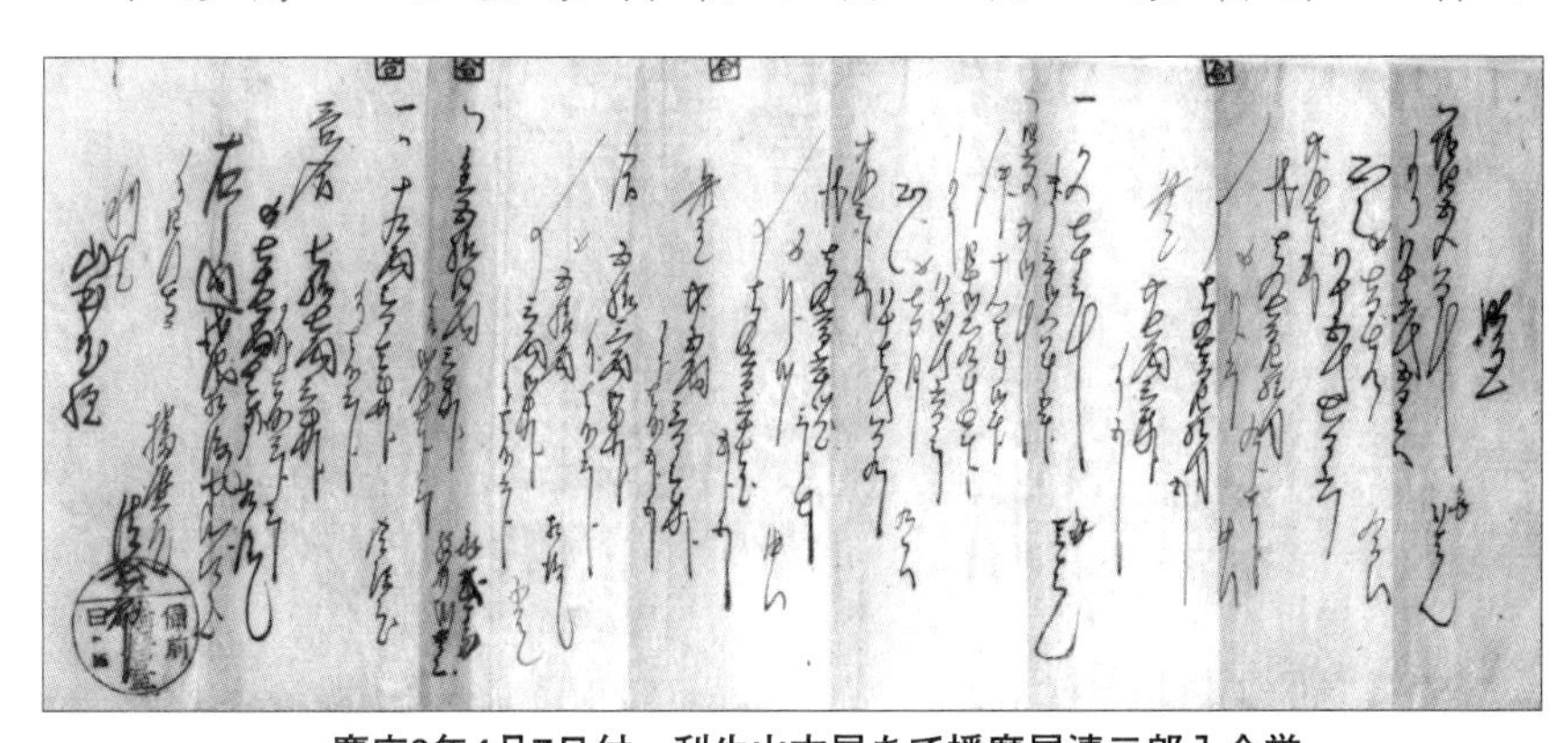
慶応3年4月7日付　利生山本屋あて播磨屋清三郎入金覚

さらに、彼らが取り扱った売買金額の合計を計算すると、一位は金本屋庄吉八六〇両余、二位讃岐屋平兵衛約六四〇両、藤本屋利三郎約五三〇両、兵庫屋周助約三三〇両、播磨屋清三郎約一八〇両ほかと続いている。総計は二五〇〇両ほどであり、義田嘉三郎家の慶応三年の年間収入と推定できよう。

史料6-15

覚

亀弐はん

一塩四五入　百俵

本にして八十六俵五歩三八

内　七歩七九　九つ引

正ミ　八十五俵七歩六

廿匁三分替

代　壱貫七百四拾目九分壱厘

内　四分壱厘　九つ引

残り壱貫七百四拾目五分

此金　廿七両三朱ト　外五分

亀壱番

一同　入　七十三俵

升にして三十弐石八斗五升

一　四六入　廿弐俵

升にして　十石壱斗弐升

〆　四十弐石九斗七升

本にして八十弐表六歩三

内　七歩四　九つ引

正ミ　八十壱俵八歩九

廿匁三分替

代　壱貫六百六十弐匁三分七厘

内　八分弐厘　九つ引

残り壱貫六百六十壱匁五分五厘

此金　廿五両三歩三朱ト外五分

合　五拾三両弐朱ト外壱匁六分

内　五拾両　相渡し

残り三両弐朱ト外壱匁六分　不足

亀弐番　深井弐壱

一金五拾四両三朱ト

外弐匁七分三厘　金沢屋

一同十九両三歩壱朱ト外壱匁三分

三口合

七拾七両三朱ト外壱匁六分三厘

内　七十七両壱歩　相渡し

右之通代銀相渡し申候以上

卯四月七日　播磨屋清三郎　屋号印

利生　山本屋様

玉・立石家の塩田経営文書

亀浜などの塩田に対して、東隣の玉・利生日ノ田浜についても、その塩田経営の一端がわかる史料がある。玉・立石家文書である。同家の史料は『玉野市史』編纂のために、昭和四四年（一九六九）に玉野市に寄贈されたもので、近世近代の刊本教科書類を合せて約一二〇〇点にのぼる貴重な史料である。[16] 同家文書「近代系図略伝記」(慶応元年成立)によると、同家は宗家の東屋系立石家から元禄期に分家し、二代治右衛門の時に初めて玉村名主を拝命して以後、六代治介まで名主を勤続してきた。三代仲右衛門の文化年中には酒造を開始し、屋号もそれまでの西浦屋から多田屋と改めている。五代仲右衛門の元治元年(一八六四)には持高一五石五升で、村内最大の商家であった。[17] 玉村の新たな塩田の経営に参画したのは六代治介(一八三八〜一八七〇)であり、家業の酒造業に加えて、弱冠二〇歳で塩浜問屋職に従事することになる。

すでに前節で紹介したように、玉村新浜は嘉永五年(一八五二)に出願・開発許可がなされ、翌六年には築立の中心となっていた上村藤之介(天野屋)が塩浜問屋職となり、創業の職務を担当していた。しかし、安政四年(一八五七)には、次の史料6-16のように「不勝手」となり、問屋職を玉・立石家に譲る証文を書いている。こうして、立石家による玉新浜の運営が始まるのである。

史料6-16

証書一札之

一私義玉村新開築立中諸世話引受居申処、問屋之義築立御連中ゟ被相頼引請、問屋職致居申処、不勝手ニ付此度問屋職貴殿へ御譲申候、然ル上者只今迄之問屋仕入金并外方ニ而借用銀少しも御難渋掛不申、私手前ニ而払入可申候、左候得者四ヶ年之間、問屋御掛塩石炭口銭六歩之内弐歩私へ御渡被下(中略)

右問屋株御譲申候義ニ付、私者素親他ニ至迄聊申条も無御座候、為後證如件

安政四年巳四月

問屋　上村　藤之介 ㊞

證人　玉村　浅右衛門

玉村仲右衛門

右之通承届相違無之候已上

上村名主　常太郎　印

立石家文書には、問屋職を譲られた安政四年から慶応三年までの塩田経営に関する大福帳類が約三〇冊ほどある。それから六軒の塩田で構成される玉新浜の概要を知るため、各塩田の当作人[18]と地主への加地子金をまとめたものが表6-12である。

表6-12　玉村新浜の当作人一覧

和暦		一番浜	二番浜	三番浜	四番浜	五番浜	六番浜	史料
安政4 1857	作人	嘉右衛門	白尾佐平次	下村政吉 予島吟蔵	予島板屋 安次郎	芸州せとだ藤介・上村秀蔵	備中勇崎虎吉	1
	地主銀		25両	14両	35両	25両		
安政6 1859	当作人	（記載なし）	上村秀蔵	塩飽吟蔵	田井村嘉二郎 宇野村幾之介	芸州せつ田藤介	（記載なし）	2
	地主銀			18両	19両	27両		
万延2 1861	作人	玉村春吉・国蔵	地主日比村藤五郎手作・作人小平	予島銀蔵	（記載なし）	瀬戸田藤介	勇崎虎蔵・引受利生慶三郎	3 8
	加地子			32両2歩	44両3歩	25両2歩		
文久2 1862	当作人	（記載なし）	（記載なし）	予島銀蔵 玉村亀治	七赤穂平七 三多田屋	瀬戸田藤介・玉村亀治	（記載なし）	4
	加地子			40両	41両1歩	50両		
文久3 1863		地主下村元太郎	（記載なし）	備中惣社銀蔵・玉村亀治	七部赤穂平七 三部多田屋	瀬戸田藤介・玉村亀治	（記載なし）	5
	地主銀			45両	55両	60両		
元治2 1865		下村元太郎	せと田小平	国蔵	平七	せと田藤介	利生桂三郎	6
慶応2 1866		下村元太郎	（記載なし）	当村国蔵	当村平七	せと田藤介	利生桂三郎	7

史料1は玉・立石家文書「万算用帳」 2「万浜算用指引帳」 3「浜方算用帳」・「浜方酒得帳」 4「浜方算用差引帳」 5「算用帳」 6「浜方酒覚帳」 7「浜方酒覚帳」 8「浜方酒得帳」は二番浜の作人小平のみ記載。

一番浜は嘉右衛門、玉村の春吉・国蔵が当作人としてあるが、文久三年には下村元太郎が地主手作として登場し、元治・慶応も同様と思われる。この下村元太郎は高田家で、渾大防家の一族である。二番浜も白尾・左平次や上村秀蔵が当作人にみえるが、万延二年には日比村藤五郎（金本屋）が地主手作し、当作人として瀬戸田・小平を当てている。元治二年にも小平が見え、この間継続していると考えられる。三番浜は塩飽予島（現与島）の銀蔵が文久三年まで当作人を担当している（同年備中総社に移住か）。その後、玉村の国蔵に替わっている。四番浜は初め与島板屋や田井・嘉二郎、宇野・幾之介がいたが、文久二年から赤穂出身の平七が担当し、文久二年と三年は多田屋立石家も三歩の当作をしており、野崎家に見られる当作歩方制を導入したように思われる。五番浜は瀬戸田・藤之介が一貫して当作人を務めている。六番浜は最初備中勇崎の虎蔵が当作人であったが、万延二年から利生村新屋慶三郎（のちに桂三郎と書く）が引き受け、のち完全に交代したようである。塩田地主は三・五番浜が藤戸・星島家であり、地主銀（加地子ともいう）は次第に増額され、安政四年に両浜で四〇両ほどであったのが、文久二年以降一〇〇両前後になっている。また、四番と六番浜の地主は宇野村小次郎（野村屋・青井家）である。

立石治介の行う塩浜問屋の職務は、塩田地主と塩浜の当作人の間にあって、燃料を含む製塩資材の調達、浜子用の食料調達、生産塩の販売、塩船への塩積み込み作業を行う「上荷」や炭船から石炭を釜屋に積み下ろしする「仲士」などへの給料準備など、多岐にわたっている。亀浜での塩浜問

表6-13　安政5(1858)の玉新浜の購入石炭一覧

船名	日付	石炭銘柄	量（振）
順永丸	1/23	唐津	427
弁天丸	2/20	哥可浦	904
福寿丸	3/17　5/2　8/8　8/19	九原	3236
天神丸	4/1　7/19　7/20	葛籠	3074
福吉丸	5/1	青山	1211
渡一丸	5/16	庄野	1406.5
住吉丸	10/19	高串	759
春日丸	12/18	葛籠	843
合計			11860.5

立石家文書2-279「仲士割諸方座」より。炭価は記載なし。

屋を担当していた花屋（四宮本家、のち四宮分家）や金本屋藤五郎と同様な職務を、玉・立石家が担当し始めたのである。しかし、その激務の予想は家業の酒造経営を危惧させたと思われ、立石家の担当は安政四年では二～五番浜であり、万延二年以降は三～五番浜に縮小されている。他の一・二・六番および日ノ田の七・八番浜は利生村の慶三郎（新屋(あたらし)・田川家）が担当している。しかし、会計処理は慶三郎から立石家に逐一報告されたようで、製塩資材や石炭など燃料の購入、生産塩の販売先やその量・売価などは立石家の大福帳類に多く記載されている。立石家の大福帳類を丹念に調査すれば、玉新浜と日ノ田浜に関する安政～慶応期約一〇年間の経営とその変化を読み取ることができる。本章では紙数も限られるので、安政四年（一八五七）と元治元年（一八六四）の二時点を採り上げ、それらの変化を分析する。

玉新浜の塩田経営

まず、安政四年（一八五七）には、製塩資材として、次のような業者がそれぞれの資材を供給している。

長久丸幸吉…割木・柴・上才田・大俵・赤穂・大縄・中縄・菰・ね竹・箒・大束・藁
宇野・孫太郎…ね竹　清蔵船…丸ね・竹　小豆島・大部村安二…大束・芝　勇崎・柾吉…莚・中縄　朝栄丸…大葉切　善右衛門…中縄　佐吉…才田・中縄・箒・大平・釜石　日比・和右衛門…釜石　栄徳丸…麦皮

これらは、割木・柴・藁・大葉切などの燃料や、才田・赤穂・大俵・麦皮などの塩俵、結束用品として大縄・中縄、石窯築立用の釜石などの製塩資材である。さらに、石炭については表6-13にまとめた。これは翌安政五年に集計されたものであるが、八艘の炭船（史料の表記）から玉新浜にもたらされた石炭で、総計約一万二〇〇〇振である。石炭の銘柄は、唐津・哥可浦（長崎県佐世保市鹿町町）などがあるが、生産地の比定は難しい。さらに、各炭船の船籍地の記載がないため、炭田近郊の港からの積み出しなのか、他所の廻船業者の購入した石炭を玉沖合に廻送したのか未詳である。

表6-14　安政4年(1857)玉新浜の販売量と販売先

生産浜	期間	件数	総額(匁)		総量(俵)	
1番浜	3～4月	3	800.34		186.15	
2番浜	3～10月	29	7370.68		1859.75	
3番浜	5～11月	24	6174.74		1591.31	
4番浜	3～12月	44	8408.87		2139.85	
5番浜	3～11月	45	11141.4		2662.42	
6番浜	1～2月	4	1869.04		473.18	
小計			35765.07		8912.66	
慶三郎座	8～12月	24	19252.78		4531.69	
合計			55017.85		13444.35	
販売先	船名	回数	総額(匁)とその%		総量(俵)とその%	
日比		34	32098.23	58.3	7952.55	59.2
	金本屋藤五郎	20	18987.63	34.5	4757.84	35.4
	高田屋藤蔵	7	6295.09	11.4	1588.15	11.8
	佐吉請	3	1704.81	3.1	389.55	2.9
	兵庫屋周介	2	1236.58	2.2	348.39	2.6
不明	冨吉丸	1	4654.51	8.5	997.05	7.4
不明	海清丸	1	3724.66	6.8	927.4	6.9
利生行		2	2898.06	5.3	642.04	4.8
宇野	佐之吉船	8	2643.02	4.8	654.27	4.9
直島	又兵衛	4	1603.79	2.9	415.34	3.1
伊吹行	八助船他	8	1847.19	3.4	431.09	3.2

立石家文書2-278　安政4.1「万算用帳」よりまとめる。

一方、表6-14は、治介が担当した玉村二～五番浜と、利生村慶三郎が担当した一・六番および日ノ田浜七・八番の中で、立石家の大福帳に記載のある塩販売量とその販売先をまとめたものである。玉・利生全域の年間販売量は約一万三五〇〇俵（五斗～五斗二升入りの本俵に換算した数値）、販売総額は約五五貫目、一両六八匁で換算して約八〇〇両である。販売先の第一位は日比方面で、全体の六割近くを占めている。その中でも金本屋藤五郎（金力丸）が全体の三分の一、高田屋藤蔵が一割、他に兵庫屋周介・橋本屋宗介（灘吉丸）も見える。彼らは前述した日比の「沖商内」株を持つ塩商人であり、問屋職に就いたばかりの治介と玉新浜にとって、塩業先進地である日比の販売機構にまずは依存したのであろう。利生や宇野へは合わせて約一割である。しかし、船籍地不明の冨吉丸が五月二四～八日に滞船し、約一〇〇〇俵を購入し、海清丸も七月一一日に九〇〇俵強を積み込み、玉をあとにした。彼らは本来日比港か野崎浜に向かうところを、新開発の塩田に期待して寄港したのであろう。

それから七年後の元治元年（一八六四）には大きな変化が見られる。ここでは、製塩資材の調達については省略し、燃料の石炭購入について、表6-15によって検討しよう。この年には、安政五年のほぼ二倍の二万二〇〇〇振の石炭が玉に運ばれている。金額にして約一四〇〇両ほどである。その石炭を運んできた炭船の船籍地が多く判明する。最も多いのは周防国

表6-15　元治1(1864)の玉新浜の購入石炭一覧

国	居村	船名・船頭名	石炭銘柄	量(振)	価格(匁)
周防	小松	住福丸勇次郎	楠泊	603.5	2316.44
		住力丸仁右衛門	立岩	200.5	612.56
		大黒丸鉄蔵	高島百万崎	923.5	4709.39
		利吉丸弥吉	桐谷	1201	5611.62
		戎丸竹蔵	竹田	782	3579.64
		大黒丸鉄蔵	真竹谷	907	3248.05
	家室	幾宝丸八五郎	唐津	819	2605.48
		藤若丸与作	なめら	922	3039.28
	上之関	戎丸好五郎	桐谷	1118	5064.65
	三田尻	宝珠丸市五郎	本山	480	1564.06
	本山	順徳丸仁左衛門	高野木	855	3183.55
		八幡丸	三池	305.5	2444
伊予	興居島	朝日丸石松	竹田	812.5	4590.63
		大黒丸岩五郎	竹田	2325	14453.53
		順栄丸庄次郎	桐谷	1175	5791.2
		朝力丸常蔵	葛籠応塚	1503.5	7852.58
芸州	瀬戸田	八幡丸好太郎	筑前	519	1877.99
		明見丸文作	筑前	543.5	1688.43
	大崎	戎丸関平	本山中堀	724.5	2374.5
		八幡丸芳太郎	筑前	494.5	1998.77
		住神丸菊松	本山	418	1088.74
		住永丸岩吉	本山	599	1754.35
		大栄丸藤介	筑前	393.5	1181.78
		灘吉丸清作	本山	479.5	1550.2
	利生	新屋慶三郎	松島串	600	3316.5
			九原	408	1264.8
			高島	202	876.68
			江迎	305.5	1136.66
			本山	99	287.1
			葛籠	101	570.65
			本山	209	773.3
	未詳	伊勢丸倉蔵	本ヶ浦	558	2538.89
	未詳	八幡丸平七・秋蔵	高島	560	2976.4
	未詳	日吉丸	筑前	305.5	885.95
	未詳	毘沙門丸平七	本山	573.5	1890.49
合計				22213.5	96108.21

立石家文書2－309　文久4.1「万仕切覚帳」よりまとめる。

で、全体の約四割を占めており、その中でも小松（山口県周防大島町）の六隻で全体の二割を占めている。また、伊予では松山沖の興居島の四隻で全体の約二六%、芸州は全体の約二割となっている。これら周防・芸州・予州の船は、長州本山の石炭や九州各地の石炭を購入して児島の塩田地帯に運んだ。野崎浜や日比の亀浜などで売買をして帰国する船もある一方、玉沖にまで廻送して石炭をもたらしたこともはっきりした。安政六年以降の史料には「利生出来」の石炭が大量にもたらされており、石炭輸送の利生廻船グループがあったようだ。しかし、表6-15ではそれが見えなくなり、利生・新屋桂三郎が入手した合計一九〇〇振の石炭が、全体の一割弱となっている。玉新浜は、周防など三ヶ国の炭船を通じて石炭を直接調達できるような塩田に発展したといえよう。

これに対して、元治元年一年間の塩販売先をまとめたものが表6-16である。最も多いのが地元玉で、全体の三割近くを占め

表6-16　元治1年(1864)玉新浜の塩販売先

船籍地	売却先	回数	総額（匁）と%		総量（俵）と%	
玉		29	62275.99	29.2	5043.62	28.8
	八幡丸信蔵	6	22219.09	10.4	1917.18	11.0
	住永丸鶴之介	10	14583.24	6.8	1158.79	6.6
	弁力丸光次	2	9438.96	4.4	777.45	4.4
日比		12	33561.17	15.7	2842.8	16.2
	金本屋	5	12464.27	5.8	1092.72	6.2
	橋本屋宗介	1	7514.93	3.5	610.97	3.5
	角屋利三郎・甚介	2	7177.23	3.4	603.81	3.4
	兵庫屋行	2	5596.52	2.6	460.34	2.6
尾州野間	大黒丸弥吉船	1	19137.83	9.0	1338.31	7.6
利生		15	14705.75	6.9	1238.13	7.1
	福清丸多三郎	5	8611.81	4.0	730.18	4.2
宇野		5	12243.49	5.7	1058.32	6.0
	仲栄丸元吉	1	6772.34	3.2	555.11	3.2
下津井	播磨屋新介（嘉陽皇帝丸）	2	12450.84	5.8	984.37	5.6
不明		10	34221.83	16.0	2922.48	16.7
	八幡丸平七	4	20136.91	9.4	1677.93	9.6
	大栄丸藤介	2	6709.59	3.1	603.13	3.4
	長久丸幸吉	3	5768.05	2.7	495.32	2.8
その他		18	24786.53	11.6	2078.09	11.9
	伊勢桑名永徳丸陽介	1	5534.25	2.6	392.5	2.2
	小豆島船	4	5427.54	2.5	482.55	2.8
総計			213383.43	100	17506.12	100

立石家文書2-309　文久4年「万仕切覚帳」よりまとめる。

ている。船は八幡丸信蔵[19]（小灰屋・立石家）が約一割で、住永丸鶴之介[20]・弁力丸光次[21]と続く。日比は全体の約一六%と、安政四年の約六割から激減している。しかし、取扱商人は金本屋・橋本屋・角屋・兵庫屋など、従来の有力塩商人が名を連ねている。続いて、利生・宇野の廻船が上位を占め、明らかに玉近隣の村々に玉新浜・日ノ田浜産の塩を積み込み、各地に販売する新興廻船業者が成長していることを示している。特に利生では、福清丸多三郎のほか、新屋桂三郎所持の久吉丸や栄喜丸幾次郎などが確認できる。第七章で取り上げる常磐丸義若五郎吉は、万延二年（一八六一）四月九日に三～五番浜と慶三郎担当の浜から、合計約一九〇俵の塩を約一二両ほどで買い込んでいるが、文久三年に天草で客死するまで、玉新浜の塩を仕入れている。

その他岡山藩外から来港した塩船に尾州野間の大黒丸がある。前節の表6-10でも示したように、日比来港の塩船のうち、最も多かったのが尾州廻船であり、彼の地に船籍地のある船であった。大黒丸は下村播磨屋の引き合いでこの年一一月に来港

表6-17　元治1年11月尾州野間大黒丸弥吉船積み込み塩の生産浜

浜	番	22	23	24	25	26	27	28	29	12/1	不明	小計	合計
玉・日ノ田浜	2	35	75		145				40			295	1490
	3	70			84							154	
	5	60	113			100			195			468	
	6	80	80									160	
	7					63						63	
	8	55	45		50	80			120			350	
直島	1			62			133					195	2339
	2			70			200	238			50	558	
	3			60			75				50	185	
	6							210			63	273	
	7			80			246	23				349	
	10			51			28					79	
	境屋									250	200	450	
	角屋									250		250	
深井浜	1					130	98	32				260	704
	2					130	140					270	
	3					174						174	
日比	2						120	115				235	298
	3							33				33	
	6							30				30	
合計		300	313	323	279	677	1040	681	355	500	363	4831	

立石家文書2-309　文久4年「万仕切覚帳」からまとめる。単位は俵。

し、二二日から翌月一日まで滞船をしながら地元の塩俵を仕入れている。表6-17は積み込んだ塩俵の生産浜を示したものである。玉・日ノ田浜の六軒分から三斗八升入りの塩俵一四九〇俵を積み入れているが、これが表6-16に示した五斗二升入りの本俵一三三八俵余に当たる。この他、同時に直島塩田産[22]を計二三三九俵、深井浜産を七〇四俵、日比・亀浜産を二九八俵を購入していることも記録している。直島産以下が本俵に換算して何俵なのか記録がないが、三〇〇〇俵以上の塩を仕入れたものと推測できる。これは一五〇〇石に当たり、いわゆる千石船であったのではないか。このような、大型商船の来港に対して、立石治介は、はじめ管理下の玉・日ノ田浜に加え、直島産の塩を日に約三〇〇俵ずつ荷積みしていたが、五日目以降は直島・深井・日比にも手配し、船から要請された俵数を確保したものと思われる。治介の塩業経営は、立石家と利生の田川家や深井浜の地主である義若家・義田家、そして日比の金本屋藤五郎らに加え、直島の三宅家・境屋・角屋からの協力も得て、塩田地主野崎家とは別の地元製塩業者同士の連携を強めることになったものと思われる。

註

(1) 星島家文書　嘉永三年「諸御用留帳」四〇六七～八頁

(2) 同前　嘉永六年「諸御用留帳」四七六八～四七七〇頁

(3) 『岡山県史　近世Ⅲ』四七三頁

(4) 野崎浜の塩田作業や労働者の呼称については、『備前児島野崎家の研究』一三三一～四頁のほか、角田直一『元野崎浜風土記』（一九八五）もある。

(5) 『玉野市史　史料編』四五九～四七四頁収録。誤読も多く注意を要する。

(6) 『備前児島野崎家の研究』一九六頁

(7) 同前書　一一七～一二三頁

(8) 以下、谷口澄夫氏作成『野崎家文書売用日記抜粋』その1～7（天保一一年五月～明治三〇年一二月）から抽出する。抽出する箇所は年月日の日付で示す。なお、当史料の原本は野崎家所蔵であるが、原本確認は行っていない。また、天保一二年の記事は、『備前児島野崎家の研究』収録の天保一二年『売用日記』によった。

(9) 同前書　八八～九頁。亀浜開発で世話になった大庄屋槌ヶ原村大塚太兵衛と日比村喜太郎（四宮分家祖・亀浜検地の直後死去）に対し、竈屋一軒分と塩問屋株を贈ったとあり、二番浜がそれに該当する。

(10) 関係史料はつぎのものである。なお、当作人名と浜番号がある場合はその部分のみ示す。
弘化4・5・5利生浅吉、同4・5・13、同4・9・1、同4・10・22日比浅次（浅吉の誤記か）、同5・7・6日比1番浅吉、嘉永2加地子納付史料なし、嘉永3・5・18、同3・5・25日比1番浜浅吉、同4・5・4日比1番浅吉・3番4番留五郎、同4・8・22浅吉、同5・5・1藤五郎3・4番、同5・8・24藤五郎、同5・9・10、同5・9・23浅吉、同6・5・4日比与市持参、3番4番藤五郎分、浅吉、花屋5番、安政元・9・19日比花屋5番、同2・5・2藤五郎1・3・4番、同2・7・8藤五郎4軒分、同2・9・10藤五郎1・3・4・5番、同2・10・16藤五郎、同2・11・29。

(11) 安政3・5・4藤五郎4軒分、同3・7・8藤五郎4軒分、同3・9・10藤五郎4軒分、同4・5・5藤五郎、同4・7・11藤五郎4軒分、同4・11・26藤五郎、同5・7・2、同6・5・4藤五郎、1番貞二、同6・9・20藤五郎3・4・5番、同6・12・28藤五郎、万延元・7・12利生貞二郎1番、同元・9・8藤五郎、同元・9・29 1番浜藤五郎（この記事は以前の滞納分か不明）、文久元・7・9藤五郎3・4・5番、同元・9・23藤五郎、同元・12・18藤五郎4軒分、同元・10・11、同2・10・17、同2・12・21藤五郎、同3・9・13藤五郎4軒分、同3・12・20藤五郎、元治元・5・6日比藤五郎3軒前、利生貞二、同元・9・18貞次郎1番、同元・9・20藤五郎3軒前、同治元・12・10、慶応元・5・8貞二1番浜、同元・9・6藤五郎

(12) 慶応2・5・8豊太郎4・5番、同2・5・15利生貞次郎、同2・7・10豊太郎持参1・3・4・5番浜、同2・9・8利生治吉1番浜、豊太郎3・4・5番、同2・10・21豊太郎書付1・3・4・5番、同3・7・9利生貞二1番、同3・7・11豊太郎3・4・5番、同3・10・8豊太郎持参1・3・4・5番浜、同3・12・30花屋豊太郎、同4・5・4花屋豊太郎4軒分、同4・7・11花屋3・4・5番浜3軒分、明治2・5・7、同2・7・6花屋3・5番、同2・10・27豊太郎5番、同2・12・23、同3・5・9、同3・7・8藤五郎3番、同3・7・9利生修三郎1番、同3・8・21、同3・9・19権三郎4番浜、同3・12・19、同3・12・22花屋4・5番、同4・9・16花屋1・4・5番3軒、(明治5〜6年記事なし)同7・6・8花屋豊太郎1・4・5番浜、同8・9・16四宮豊太郎3・4・5番浜、同8・11・4四宮豊太郎1・3・4・5番浜

(13) 小橋善康「日比港の変遷」(玉野市教育委員会ほか『玉野市を中心とした地理と歴史』所収一九六二)。なお、この論考は同氏「日比町調査レポート第二集　港の発達」(玉野市内海文化研究会編『内海文化記録綴』一九五七)の完成原稿である。

(14) 前掲『備前児島野崎家の研究』一九七頁

(15) 同前書　二〇一頁

(16) 立石家文書は昭和四四年(一九六九)九月二一日に立石妙子氏から玉野市に寄贈された史料で、内訳は近世後期史料約五〇〇点、近代史料約三五〇点、刊行書籍・教科書類約三五〇点の合計一二〇〇点にのぼる。同家の文書目録は平成三年に玉野市文化財保護委員会が作成(筆者編纂)したものがあるが、刊行はされていない。

(17) 玉・立石家文書1-66　元治一「村中銘々持高指引帳」

(18) 日比・亀浜では各浜の経営を委託された業者を「小作人」と呼んでいたが、立石家文書の玉新浜関係史料には、「作人」または「当作人」と表記しており、この表現に従う。なお、「野崎家文書　売用日記」にも文久二年一月一九日条に「久々井浜当作下村虎三郎」と「当作」という言葉が見られるが、野崎関係での本書の記述は「小作人」で統一している。

(19) 同前1-253によると、玉村信蔵は文久三年に八反帆の古船を購入している。

(20) 同前1-255によると、玉村鶴之介は文久三年に他者と交換して四反帆の船を入手している。

(21) 同前1-258によると、玉村光次は元治元年に九〇石積九反帆の古船を購入している。

(22) 小柳智裕「近世後期大橋家の塩田開発—直島塩業研究史序説—」(『日本塩業の研究』第三一集二〇〇九所収)によると、直島の塩田は直島の庄屋三宅源右衛門が倉敷の富豪大橋平右衛門の資金援助を得て天保一一年に開発、翌一二年に検地を受けたもので、「御恵浜」と称され、一〜一〇番浜があり、合計五町六反八畝四歩である。また、同氏「豪商大橋家の塩田経営」—直島塩田開発を中心に—」(同前書第三二集二〇一〇所収)によると、直島風戸浜は天保一〇年に検地を受けて三町一八歩とある。なお、境屋(堺谷氏)や角屋は風戸浜の製塩業者と考えられる。

第四節　明治期玉野地域の塩田

高潮等による塩田被害

本節では、明治期における玉野地域の塩田の状況について考察する。前節までは塩田についての関連史料が比較的豊富に存在していたが、この時期にはわずかとなる。しかしその中で、玉野市の旧役場文書中に明治一七年の暴風高潮による塩田被害についての史料が確認できた。この史料はその甚大な被害状況とともに、当時の塩田所有者も判明し、玉野地域の塩田の状況がある程度解明できるようになった。それを分析する前に、先に幕末安政の大地震における玉野の塩田被害について検討しておきたい。

嘉永七寅年（一八五四）は一一月二七日から安政と改元される。この年は三月三日にペリーとの日米和親条約が締結され、鎖国から開国への大変革が始まった時である。しかし、この年から同五年（一八五八）までは大地震やその余震が頻発し、幕末の世情をさらに混乱に陥れた。一一月四日、三河・遠江沖を震源とする安政東海地震が発生し、その翌日には紀伊水道沖を震源とする南海地震が発生する。次の史料6-17・6-18はこの記録である[1]。史料6-17は未提出となったものであるが、提出された後者を補足する内容があり、あえて掲載した。

史料6-17

御注進

児島郡私組合去ル四日朝ゟ度々地震、別而五日晩七つ過大震ニ而人家屋根壁等ゆり落し、半潰同様往々有之中ニも、大崎村浜手ニ有之人家拾六軒、日比村同四軒半潰相成、其外村々池堤川堤砂留堤、又者往来道橋等所々損出来仕候得共、ケ也取繕急御普請願上候程之義者無御座候、且又村所ニ寄田畑高低出来、泥水吹出候場所も御座候

一日比・向日比・利生・玉・宇野・田井右六ヶ村新古塩浜堤五拾間或ハ百間高弐三尺もゆり込、又者石垣崩之場所も有之、坪釜屋浜子納屋塩蔵等本潰、或者半潰地場ぬい等迄損、殊之外大破ニ御座候

右之通ニ御座候、尤御高札場育麦御蔵別条無御座候、村々共人牛怪我等も無御座候、右之趣御注進申上候以上

此分不用、奥ニ有之分用ユ

寅十一月　　大庄屋

史料6-18

御注進

一児島郡新藤戸村組合枝共拾八ヶ村、去ル四日朝ゟ度々地
震、別而五日晩七つ過大震ニ而、損所左之通
一庄内川堤割レすざり、長延而凡弐百五拾間
一長尾村天王池、同長留池堤すざり、長延而凡四拾間
一村々用悪水川堤石垣損、長延而凡百五拾間
一往来道筋石垣狂ひ割レすざり、長延而凡百五拾間
一槌ヶ原村長崎新田堤石垣、長凡百五拾間ずり込
一半潰家弐拾軒　内拾六軒　大崎村
　　　　　　　　　四軒　日比村
一新古塩浜堤石垣狂ひ割レ破損、長延而凡千百間、其外地
場ぬひ等迄損大破ニ御座候
一同塩蔵　三軒　本潰
一同　六軒　半潰
一浜子納屋　八軒　本潰
一同　七軒　半潰
一塩壺屋根共拾軒　本潰
一同　拾弐軒　半潰
一八浜・宇多見・碁石・広岡・滝・渋川
右六ヶ村潰家破損所無御座候
右之通村々ゟ申出候、破損所村方ニ而取繕ひ、急御普請
願上候程之義ハ無御座、無拠場所者来春御普請願上度旨
申出候、其外田畑高低出来泥水吹出候場所も御座候、尤
御高札育麦御蔵別条無御座候、人牛怪我等も無御座候、
右之趣御注進申上候已上

寅十一月　大庄屋藤戸村義兵衛

御両頭様　二
　　　　　壱

両史料によると、地震は四日朝から度々起こり、特に五日晩七つ過ぎ（一六時半ころ）には本震が発生、続いて余震が続いたようだ。大崎村の海沿いでは一六軒、日比村の海岸近くでも四軒の人家が半壊した。庄内川（鴨川）や天王池、槌ヶ原村の長崎新田堤防、村々の用排水の堤防が各所で崩壊し、道路の石垣も各地で割れた。

塩田の被害では、田井から日比までの新浜古浜の塩田で堤防の石垣が二〜三尺（一メートル近く）も揺れて沈み込み、延べ一一〇〇間（約二km）に渡って破損した。塩田の地場や沼井も大破し、塩蔵は本壊三軒・半壊六軒、浜子納屋は八軒本壊・七軒半壊、塩を焚く釜屋は屋根もろとも一〇軒本壊し、一二軒半壊となった。合わせて二二軒分の塩浜の操業に被害が出たよう

である。田畑も高低ができ、泥水が噴き出すいわゆる「液状化現象」が起こっている。地震発生時は冬の日没前後と推定され、塩田で働く浜子たちは少なかったと思われるが、浜子小屋が被害を受け、生活の場を一時失った。幸い人や耕牛に怪我はなかった。野﨑家文書『売用日記』の一一月五日の条には、「7ツ過より大地震古今珍敷、(中略)16・15番堤ハ沖へくずれ、蔵抔の瓦落、或ハ浜店沖手へい落、堤悉くひゝき入、竪横とも19番再築抔も痛候よし」と、塩浜の堤や浜店の塀などの被害を記している。日比村でも「藤五郎・宗太郎・吉太郎・役治居家屋敷地震ニ而破損[2]」と村役人から大庄屋へ注進されている。史料6-17・6-18の日比村の四軒半壊はこの四人の居宅であったことがわかる。藤五郎とは前節で紹介した金本屋藤五郎と推定され、地震による家屋への被害を受けたようである。

つぎに、明治期に入って塩田をめぐる重大な出来事は、明治六年から始まる地租改正の事業である。しかし、その過程は『岡山県史　近代Ⅰ』や『備前児島野﨑家の研究』にも触れられていず、今後の課題であろう。しかしこの結果、田畑と同じく塩田も新基準で面積の測量がなされ、地租が割り付けられた。表6-18は明治一二年の児島郡内の塩田分布状況である。野﨑家の所有する東野﨑塩田は、面積約七〇町歩の巨大塩田を一村として独立させている。田井村では前潟・見能潟・広潟の三塩田が五〇町歩を超す塩田とされた。一〇町歩を超える塩田も胸上・宇野・玉・和田・日比の各村に存続している。合計二一二町余となっているが、同じ時期の味野村など西児島六ヶ村の合計は一四五町余であり、児島郡の東西南岸部が製塩業の拠点であることは近世初頭から変わっていない。

表6-18 児島郡の塩田分布状況
(1879)

村名	町反畝	歩
番田	414	15
胸上	1705	6
梶岡	61	9
東田井地	6	12
西田井地	622	20
山田	466	19
東野崎	6935	6
後閑	335	6
田井	5127	18
宇野	1973	28
玉	1004	22
和田	1076	15
日比	1512	9
以上小計	21242	5
引網	215	6
田之口	713	0
下村	3405	0
小川	2077	11
味野	4355	24
赤崎	3774	22
以上小計	14541	3

明治12年「岡山県統計書」(『岡山県史　近代Ⅰ』471頁を転載)

こうした状況のもと、再び塩田に大損害を与える自然災害が発生する。明治一七年(一八八四)の暴風高潮被害である。この八月二五日一七時ごろ、台風が九州西海岸に上陸し、山陰境港付近から日本海に抜けたと考えられている。深夜の満潮と重なって瀬戸内海各地に高潮の大きな被害が起こり、中でも死者数の最も多かったのが岡山県であった。明治初期に太政官が編集した『公文録』の記録[3]には、「本年八月二十五日、非常ノ暴風ニテ洪波激浪ノ為メ、沿海各郡災害ヲ被リ死傷モ不尠、就中児島・浅口・小田ノ三郡ニ於ケル最甚シク、数十町ノ間堤防悉ク破壊シ、今日ニ至リ尚海水陸上ニ汎(氾)濫」とある。今日（九月二〇日を示す）になっても、海水が退いていない状況であった。一一月に岡山県が作成した「明治十七年八月暴風海嘯被害見積金員表岡山県」[4]には、児島郡の被害額を八五万六千余円、浅口郡を六〇万五千余円と集計し、続く上道郡の一三万七千余円をはるかに上回っている。このように、児島郡と浅口郡が最も激しい被災地域であった。

当時の『山陽新報』の記事には、深刻な現況が報告されている。例えば、「同夜旭川京橋の辺は、海潮の為め平常より五尺有余の水量を増加し、下流に繋ぎ留めたる船舶は、大小の別無く風勢の強きが為め、悉く京橋の下まで吹登(とば)されしもの七十有艘有り[5]」と、高潮が旭川を逆流して船舶を押し流したことを伝えている。また、「児島郡味野村小川村の塩田は悉く破損し、海岸の家屋にして或いは潰れ、或いは流失せしもの尠からず[6]」とあり、さらに「備前児島郡福田新田村の海岸怒濤の為に堤防

表6-19　明治17年児島郡内暴風高潮被害

村	破堤間数(間)	流失家屋(軒)	破潰家屋(軒)	死亡人員(人)	破損船舶(艘)	損地反別(町)	塩田反別(町)
松江	200	111	42	145	不詳	170	
南畝	360	133	20	171	不詳	145	
中畝	36	86	93	34	不詳	150	
東塚		97	62	108	不詳	120	
北畝		5	44	6	不詳	不詳	
小計	596	432	261	464		585	
下村	370	8		1	不詳	不詳	35
小川	90		2			140	20
田之口	440	9		1	30	不詳	7
引網	195		11		6	10	2
渋川			17		10	11	
日比	140		18	1	21	10	16
和田	330		25	1	9	10	11
玉	370		2			14	11
宇野	68		4		1	11	20
田井	52		1		1	22	53
大藪	100				6	3	
後閑	40				1	10	5
沼			1			5	
東野崎	23		9				69
山田	25					9	5
西田井地	19					9	
東田井地						4	
梶岡			1			5	
胸上	40				1		17
番田	6		3		1	12	3
小串	8		4		3	6	

破壊したる由は前号に記せしが、家屋は過半流失し、人民凡千人生死不分明」[7]とある。味野・小川付近の野崎家などが所有する塩田の被害は、味野村が約四六町、赤崎村で三九町余、小川村で二二町余に達しており[8]、それぞれ表6-18の塩田面積の数字を超えている。この三ヶ村は全塩田が壊滅的打撃を被ったと考えられる。また、前頁表6-19は、当時の『山陽新報』が掲載した被害状況[9]をまとめたものであるが、福田新田五ヶ村の流失・破潰家屋の合計が約七〇〇軒（全戸数七七八軒）、死亡人員は合計四六四人（全人口二七二三人）となり、堤防破壊による稀に見る大災害となった。

この災害時に玉野地域では、死者は日比と和田で一人ずつ、破潰家屋も渋川から和田にかけてあるが、それにも増して破堤間数は夥しく、和田と玉では福田新田の南畝に匹敵する損壊間数であった。当然、堤防の破壊は塩田被害をもたらし、日比から番田までの全域が野崎・小川付近と同じく壊滅的打撃を受けている。玉野各地の塩田地主は、深刻な被害を被ったと考えられる。口絵カラー写真には、明治一七年九月二七日に作成された「岡山県備前国児嶋郡沿海村被害実況見取絵図」[10]と題した被害図の東半分を掲載している。黄色の着色は耕宅地荒敗部分、灰色の着色は塩田荒敗部分を示しており、東野崎北浜を除いてすべての塩田が被害を受けたことがわかる。また、省略した西半分にある児島地域の塩田も全て被害にあい、多くの死者を出した福田新田五ヶ村は一面黄色で着色されている。つぎに、この作図のもとになった玉野地域の塩田被害を申告した史料を紹介しよう。

史料6-19

（前略）

塩田反別五拾壱町弐反七畝拾八歩

此地価金弐万七千八百六拾九円四拾銭

此地租金六百九拾六円七拾四銭弐厘

製塩場反別弐町弐反七畝廿歩

此地価金七百三拾八円拾銭

此地租金拾八円四拾五銭八厘

右者当明治十七年八月廿五日暴風高潮災害ニ付、荒地一筆限リ取調書面之通リ相違無御座候間、免税年期御附与相成度、絵図面相添御検査奉願上候也

明治十七年八月　　戸長井上勝太郎　印

岡山県令高崎五六殿代理

岡山県小書記官高津暉殿

この史料[11]では、田井村で被害を受けた塩田は五一町二反余、製塩場二町二反余と集計されているが、塩田の数字は表6-18の五一町二反余と同じで、表6-19の塩田反別五三町は塩田と製塩場を合計した数字であることがわかる。つまり田井村の塩田

表6-20 明治17年田井村被害塩田一覧

塩田名	番地	塩田(畝.歩)	製塩場(畝.歩)	持主		免税年季	仮番
前潟	4776･7	148.09	6.05	田井村	井上勝太郎外3人	5	1
前潟	4778･9	167.00	13.00	大崎村	三宅弥三郎	5	2
前潟	4780･1	144.29	8.15		山田久六外6人	5	3
前潟	4782･3	148.02	5.23	田井村	井上勝太郎	5	4
前潟	4784･5	146.12	5.23	田井村井上勝太郎･吉岡長蔵		5	5
前潟	4786･7	146.14	3.19	味野村	野崎武吉郎	7	6
前潟	4788･9	146.09	6.09	味野村	野崎武吉郎	10	7
前潟	4790･1	173.29	4.20	田井村	井上勝太郎	7	8
前潟	4792･3	127.27	5.29	大崎村	三宅歓太郎	7	9
広潟	4744･5	164.18	11.17	田井村	宮田禹作	7	10
広潟	4746･6	173.23	8.08	大崎村	三宅歓太郎	7	11
広潟	4748･9	176.05	7.26	味野村	野崎武吉郎	7	12
広潟	4750･1	174.15	7.22	味野村	野崎武吉郎	10	13
広潟	4752･3	173.29	6.18	味野村	野崎武吉郎	10	14
広潟	4754･5	86.18	3.045	田井村小山関五郎･小山七蔵		7	15
広潟	4754-1･5-1	86.18	3.045	宇野村	青井平四郎	7	16
広潟	4756･7	174.29	6.02	宇野村	青井亀一郎	10	17
広潟	4758･9	177.08	7.02	味野村	野崎武吉郎	7	18
広潟	4760･1	176.15	10.01	大崎村	三宅弥三郎	10	19
広潟	4762･3	169.08	9.26	田井村	岸田舜平	7	20
広潟	4764･5	173.09	8.05	田井村	岸田舜平	10	21
広潟	4766･7	169.14	7.28	田井村	井上勝太郎	7	22
広潟	4768･9	178.15	7.15	大崎村	三宅歓太郎	5	23
広潟	4770･1	174.06	7.28	味野村	野崎武吉郎	5	24
広潟	4772･3	171.08	10.11	田井村	岸田舜平	5	25
広潟	4774･5	170.11	8.11	味野村	野崎武吉郎	5	26
前潟	4776･7	148.09	6.05	田井村	井上勝太郎外3人	5	27
前潟	4778･9	167.00	13.00	大崎村	三宅弥三郎	5	28
前潟	4780･1	144.29	8.15		山田久六外6人	5	29
前潟	4782･3	148.02	5.23	田井村	井上勝太郎	5	30
前潟	4784･5	146.12	5.23	田井村井上勝太郎･吉岡長蔵		5	31
前潟	4786･7	146.14	3.19	味野村	野崎武吉郎	7	32
前潟	4788･9	146.09	6.09	味野村	野崎武吉郎	10	33
前潟	4790･1	173.29	4.20	田井村	井上勝太郎	7	34
前潟	4792･3	127.27	5.29	大崎村	三宅歓太郎	7	35
見能潟	4794･5	196.27	4.02		熊沢利吉外8人	7	36
見能潟	4796･7	209.14	11.21	味野村	野崎武吉郎	7	37
見能潟	4798･9	204.16	6.25	野崎武吉郎･井上勝太郎･岸田舜平		5	38
見能潟	4800･1	126.00	5.02	田井村	井上勝太郎外3人	10	39
見能潟	4802･3	126.04	6.05	味野村野崎武吉郎･藤原友三郎･上杉栄吉		5	40
見能潟	4804･5	143.27	2.13	田井村	井上勝太郎	7	41

番地欄の前が塩田、後ろが製塩場の番地である。

表6-21　明治17年宇野・和田・日比村被害塩田一覧

村	塩田名	番地	塩田(畝.歩)	製塩場(畝.歩)	持主		免税年季
宇野	古塩浜	1886	119.05		宇野村	青井亀一郎	7
宇野	新塩浜1番	1952・6	173.26	4.06	田ノ口村	尾崎邦蔵	10
宇野	新塩浜2番	1954・5	176.05	4.06	宇野村	青井亀一郎	7
宇野	新塩浜3番	1956・7	176.05	4.29	宇野村青井平四郎・青井亀一郎		5
宇野	新塩浜4番	1898・9	189.12	4.22	田ノ口村	尾崎邦蔵	7
宇野	新塩浜5番	1960・1	161.15	6.02	宇野村	青井利三郎	10
宇野	新塩浜6番	1962・3	168.17	4.29	宇野村	青井平四郎	10
宇野	新塩浜7番	1964・5	169.17	6.02	田ノ口村	尾崎邦蔵	5
宇野	新塩浜8番	1966・7	169.10	6.12	田ノ口村	尾崎邦蔵	5
宇野	新塩浜9番	1968・9	174.09	6.12	宇野村青井平四郎・青井亀一郎/下村松香新次郎		5
和田	深井1番浜	2755・6	146.03	4.24	和田村	義若光五郎	7
和田	深井2番浜	2757・8	173.15	5.24	和田村	義若桂太郎	7
和田	深井3番浜	2759・60	169.09	6.12	和田村	義田辰三郎	4
和田	深井4番浜	2761・2	171.06	5.06	和田村	義田嘉三郎	5
和田	日ノ田7番浜	2763・4	210.15	4.06	下村	渾大防益三郎	10
和田	日ノ田8番浜	2765・6	206.18	4.18	下村	渾大防益三郎	10
日比	古浜	1029	8.28		日比村	有信亀十郎	5
日比	古浜	1030	9.05		日比村	久富弥平	5
日比	古浜	1031	15.10		玉村	宮原豊	5
日比	古浜	1032	14.23		日比村	浜野高造	5
日比	古浜	1033	12.01		玉村	宮原豊	7
日比	古浜	1034	11.14		日比村	中山栄吉	5
日比	古浜	1035	12.01		日比村	浜野槇次郎	7
日比	古浜	1036	13.20		日比村	浜野弥吉	5
日比	古浜	1037	15.10		日比村	与田嘉吉	5
日比	古浜	1038	14.10		和田村	義田嘉三郎	5
日比	古浜	1039	10.11		日比村	久富弥平	7
日比	古浜	1040・1	147.02	6.22	和田村	義田嘉三郎	4
日比	古浜	1042・3	183.00	14.03	和田村	義田嘉三郎	4
日比	亀浜1番	1044・5	205.28	11.00	味野村	野﨑武吉郎	10
日比	亀浜2番	1046・7	209.08	10.02	和田村	義田嘉三郎	10
日比	亀浜3番	1048・9	194.11	11.16	味野村	野﨑武吉郎	10
日比	亀浜4番	1050・1	214.23	9.29	味野村	野﨑武吉郎	10
日比	亀浜5番	1052・3	230.19	11.10	味野村	野﨑武吉郎	10

は、製塩場を含めて全域被害を受けたことになる。田井村戸長井上勝太郎は、この書類で免税処置を求める申請を岡山県令宛てに提出したのである。塩田の被害現状を「潮入海成」と記入し、潮水が入ってもとの海に戻ったと表現したが、すべて「押堀土砂入」と朱書訂正されている。この結果、表6-20のように、塩田一筆ごとに五～一〇年間の免税年季が認められ、県からの支

表6-22　明治15～25年玉村塩田所有者

塩田名	塩田(畝.歩)	明治15年持主(※1)		その後の持主	典拠
1番浜	178.18	宇野村	青井亀一郎	M25玉・宮原豊	※3
2番浜	179.15	下村	渾大防挨二	M23玉・宮原豊	※2
3番浜	179.21	藤戸村	星島啓三郎	M23藤戸・星島謹一郎	※2
4番浜	154.14	宇野村 迫間村	青井亀一郎 河合亀次郎	M24玉・宮原豊	※2
5番浜	149.25	藤戸村	星島啓三郎	M22藤戸・星島謹一郎	※2
6番浜	162.19	下村	高田冨士太郎	M22下村・高田冨士太郎 M25下村・高田直吉	※2 ※3

※1明治15.11編制「玉村地籍」 ※2自明治22年至明治24年玉野村役場文書「異動地諸願届綴　大字玉分」※3同前　自明治25年「異動地諸願届綴　大字玉分」

援が始められた。

一方、これらの被害報告によって、この時点での塩田所有者が確認できることになる。田井の三二筆ある塩田は、村外が味野・野崎家の九筆と共同所有二筆、大崎・三宅家の五筆、宇野・青井家の二筆所有がわかり、村内在住では多い順に井上家（戸長）が四筆と共同所有三筆、岸田家三筆、宮田家と小山家が一筆ずつ所持していた。中でも、表6-5で見た天保七年の前潟では、狭小塩田が七三筆もあったのに対し、ここでは一、五町前後の塩田九筆にまとめられ、山田久六ほか六人の共同所有の一筆が開発当時の名残を留めている。また、見能潟の熊沢利吉ほか八名も古浜塩田の名残と思える。そして、この年の大災害を免税措置で凌いだとしても、やがて塩田地租は復活し、塩田を手放す地主も出てこよう。製塩業の維持は厳しいものがあった。

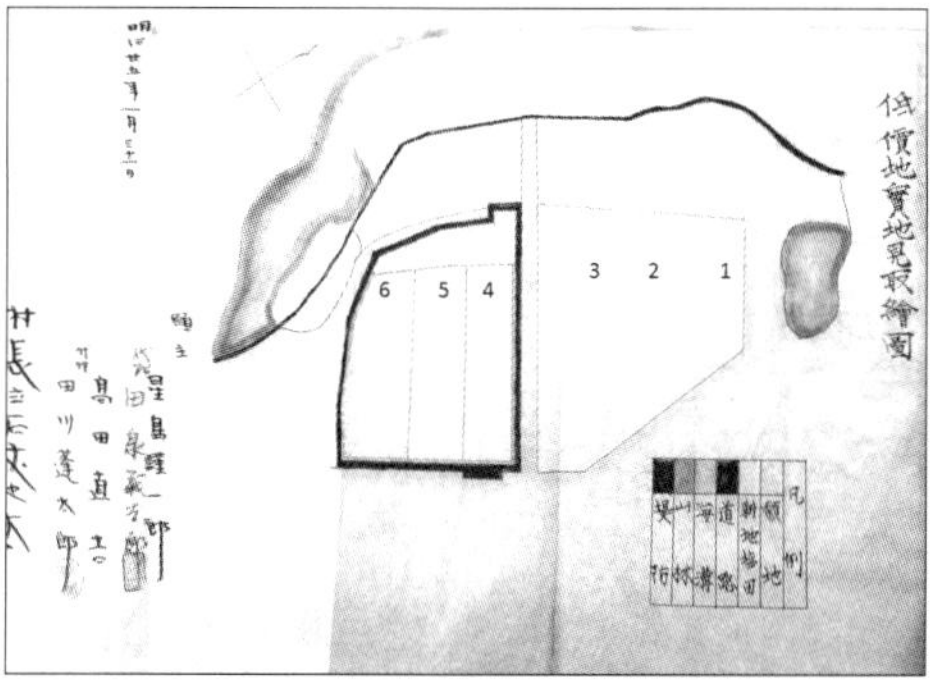

田井村と同様な被害申請が宇野村[12]・和田村[13]・日比村[14]から提出されている。これらを同じように一覧にしたものが前頁表6-21である。宇野村の塩田のみの被害総計は約一六七八畝となり、表6-18の塩田面積の約八五%となる。これは宇野古浜に高潮被害のなかった塩田があったものと推定される。

一方、和田村と日比村は、田井村と

地図6-9　玉村塩田
（表6-22※2の史料による。図中の数字は浜番号を加筆した。地図6-13・14も同じ）

同じ塩田全部が被害を受けた数字である。特に日比古浜には、田井の前潟と見能潟に見られた狭小塩田が一一筆存在し、合計約一三七畝である。これらもすべて被害を受けている。

明治期の塩田地主

前項で見た明治一七年台風災害による塩田被害で、田井以西の玉野地域の塩田所有者がかなり確認できた。しかし、玉村については旧役場文書の中に被害届けの書類が残されていない。しかし、明治一五年編制の「玉村地籍」[15]により当時の塩田所有者が判明する。表6-22はそれをまとめたものである。玉村塩田は東塩田三筆、西塩田三筆で構成され、合計一〇町四畝余は表6-18の玉村の塩田面積と同じである。明治一五年当時の塩田所有者は藤戸・星島氏、下村・渾大防氏と高田氏、宇野の青井氏、迫間の河合氏となっており、村内居住者はなかった。しかし表に追記した明治二二〜二五年の史料によると、青井・河合・渾大防氏の三筆は村内の宮原氏が購入し（購入年は不明）、新たな塩田地主となっている。星島氏は二筆のまま代替わりし、

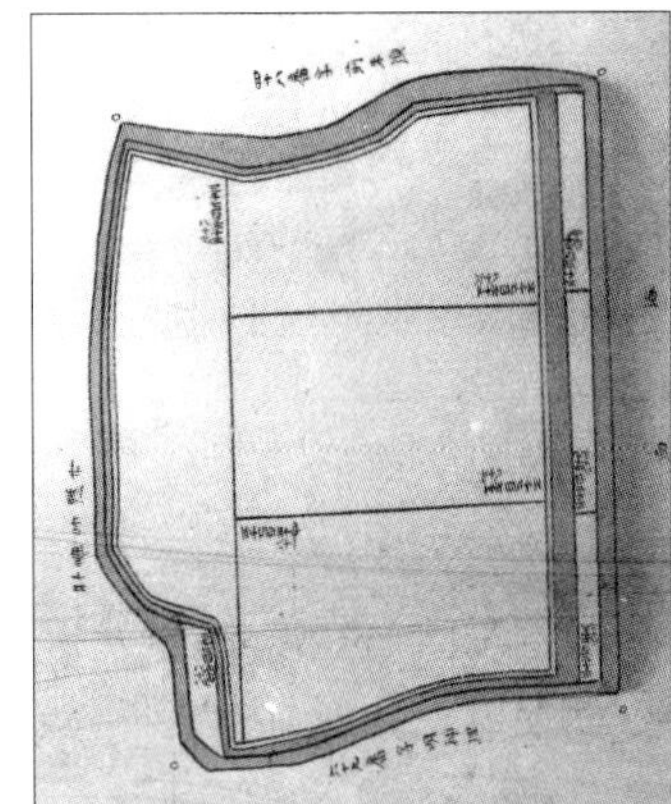
地図6-11　和田・深井浜

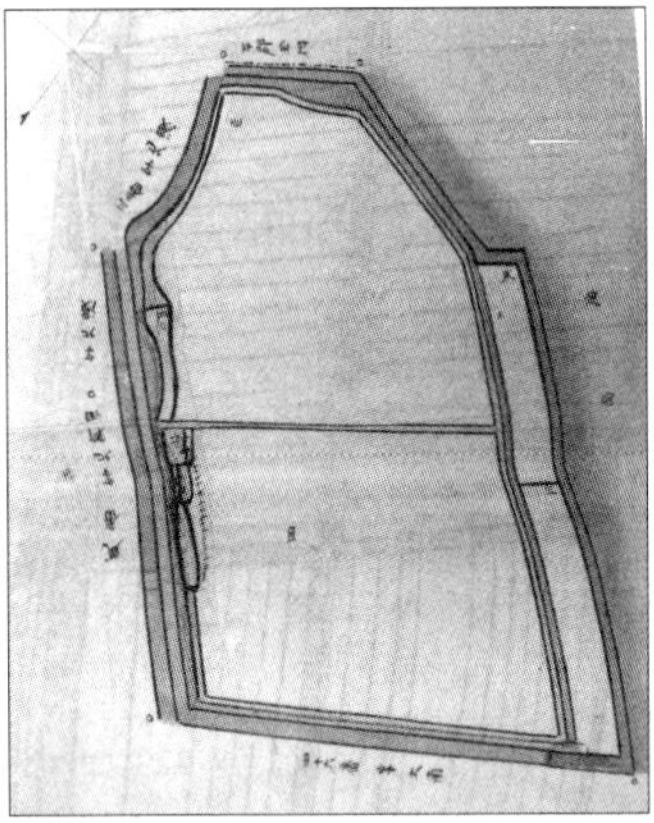

地図6-10　和田・日ノ田浜

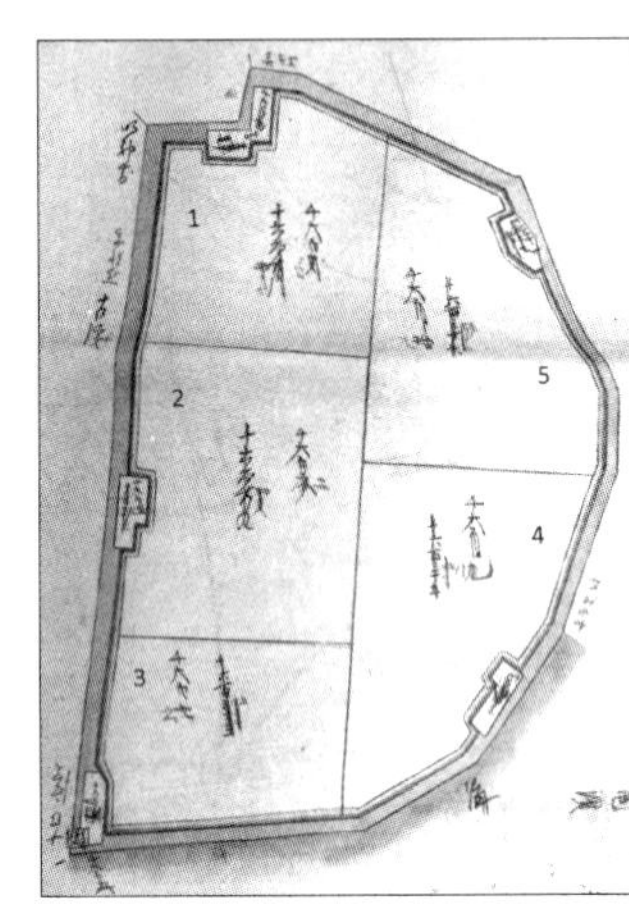

地図6-13　日比・亀浜

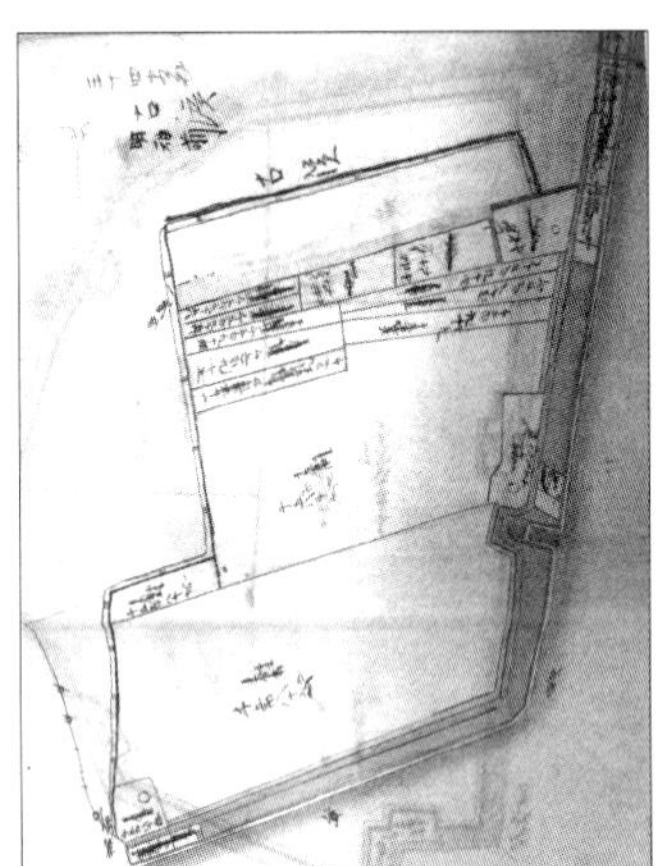
地図6-12　日比・古浜

表6-23 明治17年以後の和田・日比村塩田所有者

村	塩田名	塩田(畝.歩)	明治17年持主		明治17年以降の持主	典拠
和田	深井1番浜	146.03	和田村	義若光五郎	M24鉾立・岡田辰次郎 田井・高野加三郎	※2
和田	深井2番浜	173.15	和田村	義若桂太郎	M24和田・義若桂太郎	※2
和田	深井3番浜	169.09	和田村	義田辰三郎	M21和田・義若辰三郎	※1
和田	深井4番浜	171.06	和田村	義田嘉三郎		
和田	日ノ田7番浜	210.15	下村	渾大防益三郎	M33下村・高田類吉 玉・宮原豊	※3
和田	日ノ田8番浜	206.18	下村	渾大防益三郎	M33直島・堺谷虎之助	※3
日比	二ノ割	77.17			M24. 田之口・尾崎邦蔵	※2
日比	一ノ割	77.04			M24. 田之口・尾崎邦蔵	※2
日比	一ノ割	2.09			M24. 日比・町羽松太郎	※2
日比	一ノ割	2.23			M24. 日比・藤本利三郎	※2
日比	一ノ割	2.13			M24. 日比・藤本利三郎	※2
日比	一ノ割	11.14			M24. 日比・町羽松太郎	※2
日比	古浜	147.02	和田村	義田嘉三郎	M21和田・義田和市 M33味野・野崎甲斐太郎	※1 ※3
日比	古浜	183.00	和田村	義田嘉三郎	M24和田・義田和市 M33味野・野崎甲斐太郎	※2 ※3
日比	亀浜1番	205.28	味野村	野崎武吉郎	M33味野・野崎甲斐太郎	※3
日比	亀浜2番	209.08	和田村	義田嘉三郎	M33味野・野崎甲斐太郎	※3
日比	亀浜3番	194.11	味野村	野崎武吉郎	M33味野・野崎甲斐太郎	※3
日比	亀浜4番	214.23	味野村	野崎武吉郎	M33味野・野崎甲斐太郎	※3
日比	亀浜5番	230.19	味野村	野崎武吉郎	M33味野・野崎甲斐太郎	※3

※1明治21年日比村外二ヶ村戸長役場「土地諸願届綴」 ※2明治24年日比村役場文書「土地諸願届綴」 ※3同前 明治35年「土地ニ関スル願届書類」

下村の高田氏も富士太郎から直吉に代替わりして一筆を維持している。絵図6-9が明治二五年の玉村塩田の姿を描いたもので、一～六番の浜番号を加筆した。

つぎに、地図6-10～6-13は明治二〇年ころの和田・日比村の日ノ田浜・深井浜・日比古浜・亀浜[16]である。表6-23はこの地域の塩田所有者の変化をまとめたものである。和田の深井浜は四軒の塩田で構成されており、いずれも利生の義田・義若氏が経営していた。三・四番浜は前節で触れた義田嘉三郎と一族の辰三郎家の所持であるが、嘉三郎家は和市に代替わりしている。一番浜は第七章でとりあげる廻船業から製塩業に転身した義若光五郎が所持していたが、明治一九年に死去し、おそらくその後、売却されたものと思われる。二番浜の義若桂太郎は光五郎家の親族であるが、塩田は引き続き所有していた。また、日ノ田浜は児島・下村の渾大防氏が所有していたが、明治三三年までには売却され、下村の高田類吉と玉・宮原豊および直島・堺谷虎三郎の所有になっている。

日比では、古浜の北隣の字一ノ割・二ノ割にあった塩田が明治一七年高潮被害で荒畑となっていたが、七年間の改修を終えて再開発され、塩田として再登録されている。古浜二軒分は、利生の義田嘉三郎の所有であったが、子の和市に相続されたあと、明治二九年に味野・野崎氏に買い取られている。[17] さらに、亀浜の二番浜も同じ時に買い取られており、明治三〇年三月一日付で日比亀浜支店が開店している。[18] 明治三三年には野崎甲斐太郎の名義になっている。こうして、日比湾内に成立した塩田のほぼすべてを野崎家が所有することになった。ところが、この頃、野崎家は日清戦争で日本の植民地となった台湾に塩田開発を申請しており、その資金の一部とするためか、明治三五年四月一日付で日比に所有するすべての塩田を玉・宮原豊に売却[19]している。三月一六日には日比支店も閉店して、日比から撤退していった。この結果、宮原氏は玉野地域の有力な塩田地主となるのである。それぞれの浜に明治二〇年の絵地図が残されているので掲げたが、各浜の塩田の区画や、日比古浜

表6-24　明治17年以降の宇野村塩田所有者

塩田名	塩田(畝.歩)	明治17年持主		明治17年以降の持主
古塩浜	119.05	宇野	青井亀一郎	M31宇野・青井仁
新塩浜1番	173.26	田ノ口	尾崎邦蔵	M27田ノ口・尾崎邦造
新塩浜2番	176.05	宇野	青井亀一郎	M30田ノ口・尾崎邦造
新塩浜3番	176.05	宇野	青井平四郎・青井亀一郎	M25田井・井上勝太郎
新塩浜4番	189.12	田ノ口	尾崎邦蔵	M30田ノ口・尾崎邦造
新塩浜5番	161.15	宇野	青井利三郎	M27玉・宮原豊
新塩浜6番	168.17	宇野	青井平四郎	M27玉・宮原豊
新塩浜7番	169.17	田ノ口	尾崎邦蔵	M25田ノ口・尾崎邦造
新塩浜8番	169.10	田ノ口	尾崎邦蔵	M25田ノ口・尾崎邦造
新塩浜9番	174.09	宇野/下村	青井平四郎・青井亀一郎/松香新次郎	M25田ノ口・尾崎邦造 下村・松香新次郎

典拠は玉野村役場　自明治25年至明治35年「異動地諸願届綴　大字宇野分」

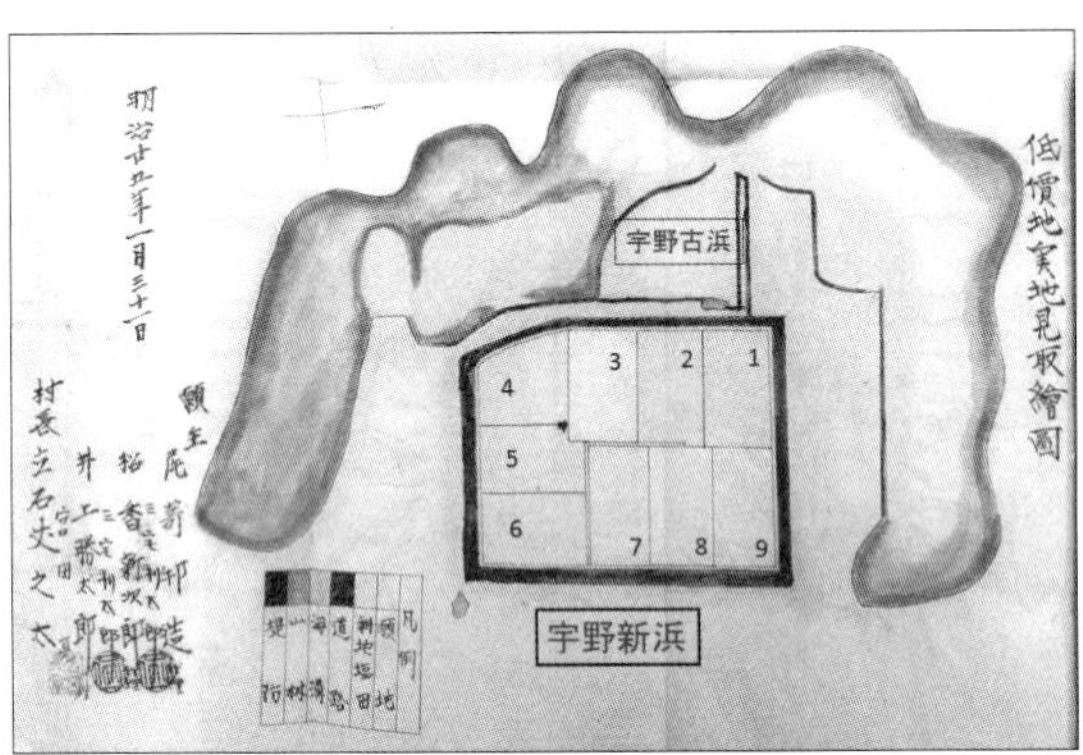

図6-14　宇野・古浜新浜（表6-24の史料と同じ）

に狭小な塩田が残されていることなどがわかるであろう。

一方、玉の西隣の宇野では、塩田所有者に表6-24のような変化が起こる。大きな変化は、明治九年に田井と宇野に二一軒分を所持していた青井亀一郎家が、次々と塩田を売却していることである。結局、宇野新浜で五軒分維持していたものを、明治三〇年までに玉・宮原豊に二軒、田ノ口・尾崎邦蔵に二軒、田井・井上勝太郎に一軒を売却している。唯一宇野古浜の一軒を一族が維持しているのみである。地図6-14は宇野の古浜と新浜塩田であり、明治二五年のものである。太い実線で囲まれ、塩田の区画が九つある部分が新浜である。現在は玉野市役所を始め、玉野市の中枢部を占めている(表紙カバー)。細い汐入川を挟んだその山手側が古浜付近である。

最後に、田井の三浜であるが、ここでは明治一七年以降の所有者の変化を伝える史料が残されていない。ただ、野崎家『売用日記』に若干の記録が残っている。まず、明治九年五月二四日条に田井・岸田舜平が二〇・二一・二五番の三浜を所持している記録がある。翌一〇年五月六日条で、野崎家が岸田舜平から塩田を買い取っているが、この三浜ではないようだ。表6-20の広潟に三浜、見能潟に共同所有の一軒が見られるが、明治一〇年に売られたものではない。しかし、明治二八年六月二七日条に、岸田舜平所有塩田の売買交渉の記録があり、結果は不明であるが、岸田氏の塩田経営は不振であったようである。一方、野崎家所有の九軒と共同所有の二軒に対して、明治二〇年三月一五日条には、これまで宇野・青井利三郎に当作させていたが、これを廃して直轄とし、「田井支店」を設置して経営を始めたという。「田井支店」はこの時に設けられた現地支店だったようである。続いて、明治二八年五月三〇日条には、大崎・三宅

表6-25 大正2年日比町内塩田所有者一覧

大字	所有面積(畝.歩)	地主	
玉	369.25	玉	宮原秀一
玉	204.03	玉	宮原豊
玉	365.14	藤戸	星島社団
玉	176.14	和田	田川蓬太郎
和田	182.21	和田	宮原品吉
和田	166.24	和田	義田四郎夫
和田	66.24	和田	田川蓬太郎
和田	66.04	玉	立石松夫
和田	354.21	宇多見	藤原長次郎
和田	214.21	下村/玉	高田類吉・宮原豊
和田	211.06	直島	堺谷虎三郎
日比	15.01	日比	片山丑吉
日比	21.03	日比	高尾周三郎
日比	63.67	日比	中山栄吉
日比	12.24	日比	中山来男
日比	12.19	日比	久富弥平外8人
日比	20.17	日比	藤本利一郎
日比	147.19	玉	宮原秀一
日比	51.21	和田	宮原正一
日比	173.16	田之口	尾崎邦蔵

日比町役場 大正2年1月「段別地価取調帳」

弥太郎から所有塩田の買取依頼があり、広潟一九・二三番と番号不明浜が売却されることになった。こうして、野﨑家は田井の三浜でも最大の塩田地主となった。しかし、明治三三年一月二七日条に田井・広潟塩田を田ノ口・尾崎邦蔵に売却し、「田井支店」を閉鎖する。そして、前述のように明治三五年に日比の塩田を売却するのである。

この明治三〇年代半ばの野﨑家の玉野地方からの撤退は、その後の塩田経営者に大きな影響を与えた。表6-25は、大正二年（一九一三）一月現在の日比町内の塩田所有者の一覧である。日比町内では玉の宮原豊・秀一親子が合計七町二反余で最大であるが、表6-24の宇野地区を合わせると一〇町六反余に達する大塩田地主となっている。続いて、藤戸・星島家の三町六反余、八浜村見石の藤原長次郎の三町五反余、直島の堺谷虎三郎が二町一反余となっている。しかし、残念ながら田井の三塩田の状況は不明である。中には築港の伊原氏など、塩業で栄えたと伝えられる家もあるが、資料的に確認できないでいる。大正以降の玉野の製塩業がたどった経過は今後の課題としたい。

註

(1) 史料6-17は星島家文書　嘉永七年「諸御用留帳」五一三九〜五一四〇頁、史料6-18は続く五一四一〜二頁。
(2) 日比・四宮家文書　嘉永七年［諸願書留］。なお印刷の不鮮明により、堤防等の被害状況は判読できない。
(3) 『公文録』明治一七年九月二九日「岡山県土木費中へ臨時補助金御下渡之儀ニ付上申目論見予算額」による（国立公文書館デジタルアーカイブ閲覧。なお、岡山県立記録資料館編『岡山県明治前期資料　四』六四〜五頁に収録あり　二〇一八）。
(4) 前掲『岡山県明治前期資料　四』六六〜七頁
(5)・(6) 一七年八月二八日付『山陽新報』（前掲書四一〜二頁）
(7) 一七年八月二八日欄外付『山陽新報』（前掲書四三頁）
(8) 一七年九月二日付『山陽新報』（前掲書五〇頁）
(9) 一七年九月一二〜四日付『山陽新報』の記事からまとめる（前掲書五四〜五頁）。
(10) 岡山県立記録資料館所蔵。なお前掲『岡山県明治前期資料　四』の巻頭写真に、児島郡全域と田井・宇野・和田村のカラー絵図が掲載されている。
(11) 玉野市教育委員会所蔵　田井村戸長役場文書「明治十七年荒地一筆限取調帳弐冊・明治十八年荒地起返一筆限取調帳弐冊」（明治二七年六月に整査された史料とある）

(12) 同　宇野村戸長役場文書「明治十七年九月　荒地塩田一筆限取調帳」(「異動地諸願届綴」の中に綴られている)より。
(13) 同　日比村外二ヶ村戸長役場文書　和田村「荒地一筆限取調帳」
(14) 同　日比村外二ヶ村戸長役場文書　日比村「荒地一筆限取調帳」
(15) 同　玉村戸長役場文書。明治一五年一一月編制。明治九月一〇月三一日の「現実ヲ以取調候」とあり、明治九〜一五年まで一筆ごとの土地所有者を登録しているものと思われる。
(16) 日ノ田浜・深井浜は日比村外二ヶ村戸長役場文書「土地調査地押字限図下調べ精帳　和田村」からの明治二〇年四月の切絵図、日比古浜・亀浜は同役場文書「日比村地押字限図」からの切絵図で、明治二〇年ころのものと推定する。
(17) 『野﨑家文書　売用日記』明治二九年一月二〇日条
(18) 同前書　明治三〇年三月一日条。略して「日比支店」であろう。前節で触れた「日比問屋」からの改称ではなかったかと推定される。なお、慶応年間よりその職務を委任されていた日比・四宮豊太郎はこの年死去している。
(19) 同前書　明治三五年一月一四日・三月一六日・四月一日、明治三七年三月三一日条に関連記録あり。

第七章　常盤丸五郎吉と利生廻船

第一節　利生廻船の成立

岡山県の近世海運史研究

近世、瀬戸内海を舞台とする航路には、参勤交代のための西国諸藩の藩船や、長崎奉行などの幕府諸役人、朝鮮通信使や琉球使節の船が通航した。また、諸藩の大坂廻米の御用船や民間の諸商品を運ぶ廻船業者の船、商業取引や巡拝・参詣等の旅客を運ぶ船などが頻繁に往来した。瀬戸内沿岸の諸港は、風待ち潮待ちの港であるとともに、廻船問屋らを通じてその後背地と遠隔地の経済交流をはたした。

このような「海」に関する「海運史研究」は、幕府諸藩の法制史的研究、経営形態を論ずる海運論的研究、工学面での技術史的研究、社会史的・経済史的研究の四分野を中心に進められ、史料集の刊行や地域別研究も深化してきた。こうした全国的研究史は他書に譲り[1]、ここでは、岡山県内の瀬戸内海航路の概要を先行する研究論文によって簡単に振り返ってみよう。

瀬戸内沿岸の下津井、牛窓、玉島港といえば北前船の寄港地であった。この北前船の研究は昭和三〇年代に牧野隆信らによって始まったとされるが、岡山県域と北前船を結び付けて論考したのが角田直一著『北前船と下津井港』（一九六七）である。角田氏は牧野らの学説[2]を参考に、鰊など北海道の産物を日本海経由で瀬戸内や上方に運送する廻船業者のうち、「北陸地方の船」を北前船と定義づけた。彼らは積荷を購入し、持ち船で運送し、自ら売り捌く「買積船（かいづみ）」であり、下津井湊の問屋衆とともに、そのような北陸出身の北前船主の事績も紹介した。

これに対し、竹林栄一氏は『岡山県史　近世Ⅱ』（一九八五）の中で、玉島港の「魚屋（ととや）」に伝わる安永七年（一七七八）の「客船帳」を分析し、客船は「加賀・石見・筑前・肥前・豊前・日向・薩摩・周防・伊予・阿波・讃岐・播磨・摂津・美作」の一四ヶ国に及び、北陸だけでなく中四国・九州方面の商船の存在をも指摘した。県下に来航したのは角田氏のまとめた北前船だけでなく、中四国九州の廻船業者も混在していたことを実証した。さらに石州浜田港の清水屋に伝わる客船帳[3]を分析し、備前船籍の船も一八世紀後半から一九世紀初めにかけて多く通航し、以後減少し、備中船もやや遅れて天保から明治期に増加するとした。この客船帳についての柚木学の解説には、一八世紀末までは近畿・四国・九州の廻船が主力で、文化・文政期を画期に山陰・北陸方面が急増したとある。したがって、備前船は北前船の台頭期に日本海沿岸を通航し、化政期以降の隆盛にともなって減少したことになる。

次いで、上原兼善氏は『新修倉敷市史3　近世（上）』（二〇〇〇）で「魚屋」客船帳をさらに精査し、諸国港別の商人数を集計して、上位は筑前、讃岐、播磨と続き、日本海側の加賀・石見についても、玉島との結びつきは薄くはなかったと指摘した。これに加え、玉島港西浜の廻船問屋「米屋安兵衛」の史料を使い、文化二〜五年（一八〇五〜八）の取引相手は九州・広島・周防・大坂などに及び、九州では特に肥前・肥後の商人たちが多かったとした。瀬戸内海沿岸から西・中九州の廻船業者の来航を確認したのである。

本章の分析対象である義若（よしわか）家文書とは、備前国児島郡利生（おどう）村（現玉野市和田）の廻船業者常盤丸義若五郎吉家に残された史料である。この史料は『玉野市史』本編・史料編（一九七〇・一九七九）に一部概述され[4]たが、積極的に引用・言及した論文等はなかった[5]。本章ではこの史料をもとに、近世後期の一廻船業者による商取引の内容と、取引相手の経営や地域の状況を考察する。玉島の魚屋や米屋が廻船問屋側の分析であったのに対し、本章は廻船業者側の分析となる。

利生廻船の成立

第六章加子浦日比村でもふれたが、近世前期には加子浦に指定された日比村に大型船が多く保有され、大坂江戸間の南海路や日本海から大坂までの西廻り航路に就航していた。江戸中期に入る宝永七年（一七一〇）でも、七三〇〜九〇〇石積み五艘が日比村の廻船業を牽引する大船であった。しかし、この五艘という船数は、度重なる海難事故による大型船舶の減少の結果であることも忘れてはならない。

第六章でも引用したが、正徳六年（一七一六）の「乍恐口上[6]」という争論史料の中で、日比村は「御加子浦ニ而猟場御座候へ共、先年ハ大船多ク所持仕、貧者共ハ加子働ニ而村中渡世難得仕儀無御座候ニ付猟ハ不仕、鯛網も胸上村源五郎ニ仕らせ、御運上六百目年々取立拂上申候、村方へモ弐百目宛取来申候所、先年と違、船も持絶申ニ付近年ハ猟ニ心付申候」と訴えている。さらに、「御新田も被為仰付、御厚恩奉請候得共、近年之内作物有付も能御座有間敷候、船ハ持絶、加子共ニ大勢之者共当分猟ゟ外ニ渡世可仕様無御座候[7]」とも記している。このように、日比村では、大船の廃絶によって加子働きが減少し、新田開発でも当初は作物は実らず、猟師への転業が必至という状況で、村落構造の変化が起こりつつあることがわかる。この中の「新田」開発とは、宝永六年（一七〇九）一〇月二四日に出願し、翌七年一月二二日に着工された「日比村新

表7-1　児島郡東部諸村の保有船数

村	享保6(1721)		文化10(1813)	
八浜	記載なし	記載なし	小猟舟～8反帆まで	275艘
郡	小猟船～20端帆まで	61艘	小猟船～14反帆まで	36
北浦	2～17端帆まで	188	2～11反帆まで	138
宮浦	小猟船～4端帆まで	53	2～3反帆まで	73
阿津	小猟船～7端帆まで	90	2～12反帆まで	65
小串	小猟船～9端帆まで	104	2～14反帆まで	89
胸上	小猟船～10端帆まで	88	記載なし	110
田井	小猟船～4端帆まで	11	2～5反帆まで	53
宇野	2～3端帆まで	18	2～6反帆まで	16
玉	2～4端帆まで	11	2～3反帆まで	8
利生	2～4端帆まで	53	2～8反帆まで	79
向日比	2～3端帆まで	17	2～5反帆まで	104
日比	小猟船～19端帆まで	26	2～4反帆と 500石13反帆1艘	36
渋川	2～4端帆まで	9	2～4反帆まで	18

享保6年は『備陽記』、文化10年は『児島郡手鑑』による

表7-2　石州浜田清水屋に入港の日比・利生船

和暦	西暦	月日	船籍	船名・船主(積荷)
安永5	1776	4.8	日比浦※	天社丸本屋与五郎
同 8	1779	4.6	日比浦※	戎丸本屋幸四郎
同10	1781	4.29	日比浦	中屋金右衛門・中屋吉助
寛政9	1797	5.4	日比浦※	天社丸本屋与五郎・戎丸本屋幸四郎
享和2	1802	6.4	日比浦	山川屋善右衛門(生姜売)
文化9	1812	4.28	利生村	常久丸山川屋千助
文政8	1825	8.28	利生村	金大丸大坂屋新助船の伊之助
同 9	1826	3.8	利生村	大新丸大坂屋新助船の与三郎(塩売)
天保8	1837	2.20	利生村	金栄丸網屋栄蔵(大麦・干芋売)
文久4	1864	4.8	日比浦	魚屋嘉十郎
明治12	1879	3.3	和田村	(旧利生)明神丸吉若駒吉

柚木学『諸国御客船帳』上下(1977刊)より抽出する

田」を指している。さらに正徳六年（享保元年）、その窪所に塩浜を造成することが許可され、同年完成している[8]。これが第七章でもふれた「日比古浜」であり、廻船業にかかわる新たな生業が準備されたことになる。

表7-1は、児島郡東部のおもな沿岸村の船数の変化を示したものである。享保六年（一七二一）に五〇〇石積み一〇端帆以上の大型船を所有しているのは、郡・北浦・胸上・日比の四ヶ村程度で、阿津・小串もそれに続き、この六ヶ村に宮浦・利生を加えた村々は小型船も多く、様々な船稼ぎや猟業が盛んであったと推測される。ところが文化一〇年（一八一三）になると、日比村にみえる五〇〇石積み一三反帆以上の大型船は、郡・小串にわずかに見られる程度で、ほとんどが中小の船となっている。北前船のような日本海の荒海を航海できる大型船は、児島郡東部ではほとんど姿を消したのではないかと思われる。一方、日比港を母港とする日比・向日比・利生・渋川の四ヶ浦について考察すると、享保六年には、日比に大船をもとに廻船業が維持されていたのに対し、他の三ヶ村では近隣との船稼ぎや猟業のための小型船がほとんどであった。しかし、文化一〇年には、日比の廻船業がほぼ

消滅し、他村とともに猟船や船稼ぎ程度の小型船が多数となる中、利生村に八反帆規模の中型船が出現してくる。表7-2は、石州浜田港（島根県浜田市）の清水屋に寄港した日比などの廻船を抽出したものである。このうち、※をつけた本屋与五郎と本屋幸四郎は、実は向日比村の寺井家所有の船である。[10] 表中の安永五年から天保八年までの約六〇年間に、日比村に中屋・山川屋、向日比村に寺井家本屋所有の天社丸と戎丸、利生村は文化年間以降に常久丸・金大丸・大新丸・金栄丸の五艘が日本海沿岸に商いに出かけていたことになる。他の船宿に寄港する船舶もあり、史料数も一〇件に満たないので断言はできないが、日本海航路では文化年間以降、利生村の廻船が中心となったといえそうである。

ついで弘化年間（一八四四〜一八四八）には、大村城下の波止場（長崎県大村市）に着船した諸国廻船の中に、利生村船籍の船が確認できる。[11] 船名は権現丸・徳恵丸・春日丸・八幡丸・宝永丸・宝部丸の六隻である。このうち宝永丸貞吉は、第二節以降で分析する常盤丸五郎吉の甥と推定できる人物である。利生村の廻船はこの頃には西九州にも進出していたのである。幕末に入ると、安政四年（一八五七）の記録に、[9] 日比村「船数四十一艘二反帆より四反帆まで　猟師七十人」、向日比村「船数百五艘二反帆から五反帆まで　猟師百七十人」、渋川村「船数二十四艘二反帆より八反帆まで　外肥船五艘」とあるのに対して、利生村では「船数二十（ママ）九艘二反帆より十一反帆」とある。利生村にはさらに大きな一一反帆の船が登場し、廻船業が隆盛となったと推測できる。そこで本章で文化年間以降に利生村に台頭した廻船業を「利生廻船」と名付け、その中でも天保期以降のその主導者として常盤丸義若五郎吉家の商業活動を考察していく。

註

（1）上村雅洋『近世日本海運史の研究』（一九九四）など。
（2）牧野隆信『北前船』（一九六四）など。
（3）柚木学編「諸国御客船帳」上・下巻（『清文堂史料叢書』第一二・一三巻所収一九七七）所収。
（4）『玉野市史』三〇二〜五、四七二〜四、五五三〜五頁、史料編四八五〜八頁に関連記述・史料掲載がある。
（5）拙稿「近世後期備前児島の廻船業者による瀬戸内・九州での商業活動について—玉野市和田・義若家文書をもとに—」（『岡山地方史研究』一四五号所収　二〇一八・八）。本章は、これを多く書き直したものである。

(6) 四宮家文書　正徳6・1・25付「乍恐口上」
(7) 同　正徳6・1・26「口上」
(8) 同　嘉永3「手鑑」
(9) 内田家文書「手鑑」（『玉野市史　史料編』二九六～九頁所収）。なお、利生村の船数二九艘は誤読と思われるが、同家文書の原本に当たる機会を得て校正したいと考えている。
(10) 『玉野市史　史料編』五〇四～五頁
(11) 『新編大村市史』第三巻（二〇一五）四四六頁の表3-19

第二節　義若家文書と常盤丸の取引圏域

義若家文書の概要　義若家の史料は、『玉野市史』編纂事業の一環として一九六〇年代後半に史料収集されていたが、市史出版後、他家や旧役場史料とともに寄贈を受け、旧玉野市立総合文化センター内の収蔵庫に保管されていた。二〇一七年四月の玉野市立図書館・中央公民館の一般商業施設二階への移転に伴い、同館内の収蔵庫に移管された。筆者は玉野市文化財保護委員として、同年七月から同家文書の整理に取りかかった。同家文書には、史料委託の際に旧日比村長・日比町長を務めた高尾浩（明治二二～大正七年在職）と同周一郎家の史料も混在していたため、正式には「義若・高尾家文書」と命名し、翌二〇一八年一月末に修復処理と目録作成をほぼ完了した[①]。

表7-3は同家文書の概要である。同家史料は、表の「期間」の欄から文化一〇年（一八一三）から明治四三年（一九一〇）までのものがあり、全体として近世後期から明治末年までの史料群であることがわかる。同家文書は総数約六〇〇点を数え、その中心は第二箱に収めた取引関係史料三七八点である。そのうち十二支のみが約五九％、月日のみが約一八％、日付なしが約四％あり、和暦年・十干十二支・閏月記載等による年代確定ができる史料は約一九％しかない。そのため、様々なデータを駆使して年未詳史料の年代比定を試みる必要がある。

さて義若家が在住した利生村は、高と又高を合わせた村高が五一〇石余、安政四年（一八五七）には田一四町五反余、畑一一町一反余、塩田二町六反余、戸数一八八戸、人数七四九人で、農業と塩業を中心とする中規模な村落であった[②]。また、前

表7-3　義若・高尾家文書の概要

箱番号	史料内容	点数	期間	備考
1	経営史料 (長帳・半長帳)	41	文久3～明治43	義若家関係20 ・高尾家関係18
2	取引関係史料	378	文政2～明治7	表7-4参照
	年貢関係史料	65	文化10～元治1	五郎吉44点
	近世借用 ・売渡証文類	71	文政3～安政5	山川屋39 ・五郎吉15など
	往来手形	4	弘化4・嘉永3	丈蔵2・芳三郎2
	明治借用 ・売渡証文類	16	明治5～24	義若五郎吉4 ・義若光五郎9
3	暦・文学・宗教など	17	文化12～日清戦争頃	暦30点は一括

表7-4　義若家文書取引史料の残存状況

地域	史料数	おもな差出人・住所・史料数
玉野市	24	利生・山本屋（義田）嘉三郎4
備前	26	藤戸・和気屋五兵衛12
備中	22	倉敷・下津井屋吉左衛門10/笹沖・本屋貞蔵5
兵庫県	16	兵庫・縄屋庄兵衛9/柏木庄兵衛3（同一人物カ）
大阪府	5	大坂薩摩堀・加□屋武助1
和歌山県	1	
三重県	1	四日市・浜田屋甚助1
香川県	32	丸亀・丸本屋五平治21/観音寺下市町・亀屋栄蔵5
広島県	9	尾道・大紺屋伝兵衛3/広島本川・高田屋理右衛門3
山口県	42	上関・中嶋屋太郎右衛門5/赤間関・油屋仁左衛門35
鳥取県	2	伯耆境・角油屋多七郎2
福岡県	8	福岡湊町・石屋徳右衛門2
佐賀県	13	唐津呼子・油屋惣治郎5/唐津・糀屋仁右衛門4 /諸富・中島屋友右衛門2
長崎県	58	大村本町・砂糖屋清四郎8/島原大湊・正木屋市郎右 衛門7/口之津・呼子屋多吉28
熊本県	89	天草下津浦・綿屋近松29/他の天草商人38 /肥後高橋・材木屋友右衛門20
不明	30	

述のように一一反帆の中型船が計上され、ある程度の廻船集団が存在している。実際に、表7-3の「取引関係史料」の中には、宝栄（永）丸多（太）吉・貞吉、常盤丸五郎吉・丈蔵（尉蔵）、福徳丸石右衛門、愛宕丸栄蔵、天社丸仙蔵・芳（好）三郎・源蔵・治右衛門、明神丸松四郎などの船名や船頭が見える。これらは、常盤丸とともに各地を航海した廻船で、船頭たちもほとんどが利生村の出身である。中でも義若五郎吉の持ち船常盤丸は、安政四年史料の一一反帆の船であったと思われ、さらに福徳丸と愛宕丸も五郎吉の持ち船であったという。[3] さらに安政六年一〇月と年未詳亥二月には、一四反帆と全長六尋余の中古船をそれぞれ百両で購入しており、慶応三年には芸州倉橋島（広島県呉市）で五三六両余を投じて常盤丸を新造している。常盤丸五郎吉は、これら「利生廻船」の盟主的存在であったと思われる。

表7-4は、これら常盤丸などが取引していた相手を、「取引関係史料」三七八点からまとめたものである。また、地図7-1は、それらが分布する取引地の概要を示したものである。大観すると、岡山から下関までの瀬戸内沿岸、さらに九州北部・西部・有明海沿岸の中九州に及んでいる。しかし、播磨から上方、紀州・伊勢湾沿岸はわずかで、日本海側では境港からの商況通知のみである。その中で特に取引の重点地区は、日本海と九州・瀬戸内海の結節点である下関と、島原・天草・熊本などの西・中九州であり、兵庫港にも一拠点を持っていたこと

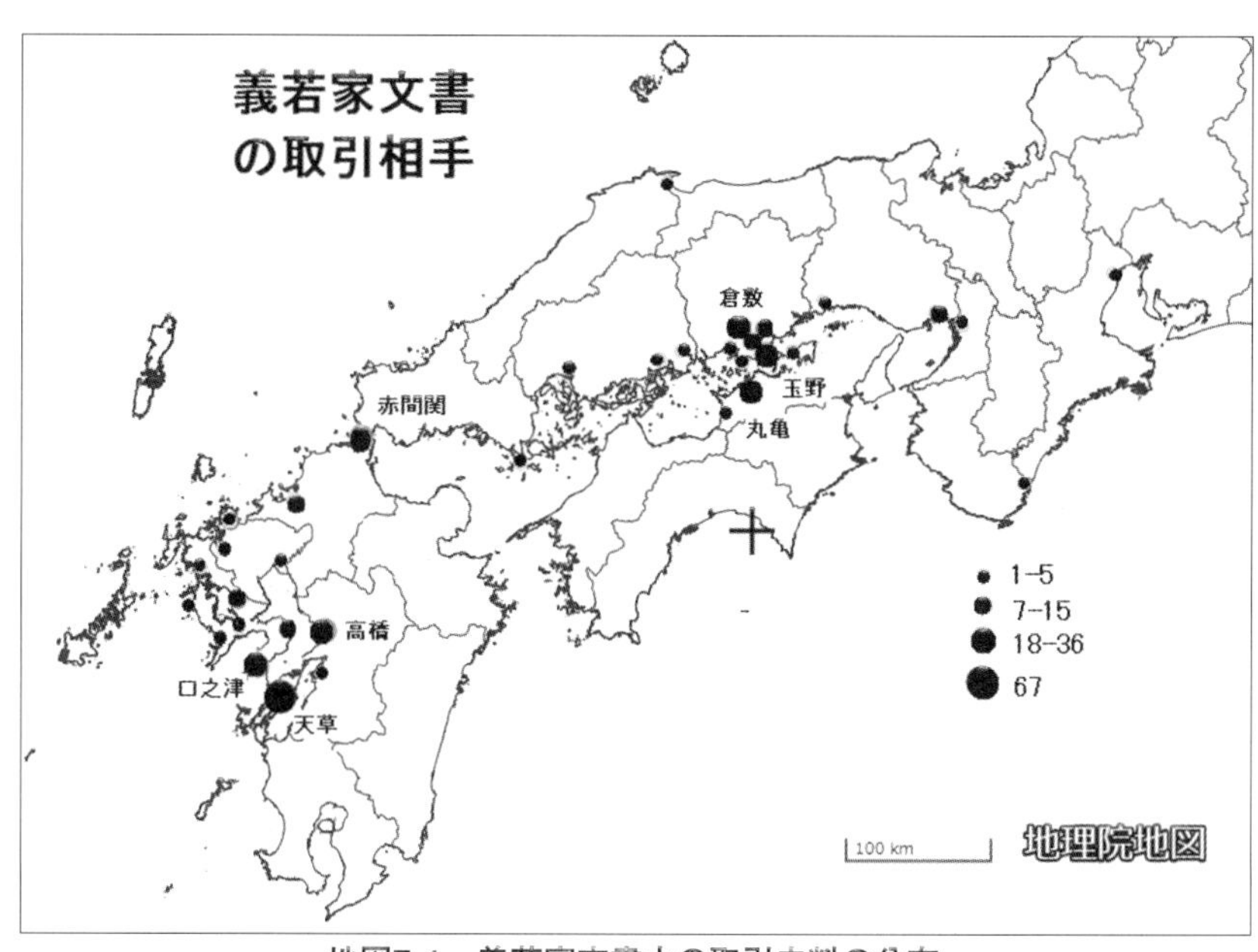

地図7-1　義若家文書中の取引史料の分布

もわかる。これらからは、北前船が活動した日本海沿岸、瀬戸内、上方を結んだ商圏との違いを感じる。第三節において、あらためて常盤丸船団のおもな取引相手とその特徴を考察することにしている。

義若五郎吉家と常盤丸船団

全国的にも稀少姓と思われる義若姓は玉野市和田に多く在住し、墓所も地区内に散在している。しかし、義若五郎吉家の旧邸宅はすでに取り壊されて更地となり、本史料と同家伝来の過去帳および墓所の墓石群が、同家の歴史を物語る数少ない手がかりである。

義若五郎吉家略系

1代	吉五郎	元文3(1738)ころ生 寛政7(1795)没58歳 妻つち
2代	五郎吉	天明5(1785)ころ生 嘉永6(1853)没69歳 妻つな　山本屋定吉娘
3代	五郎吉	文化12(1815)生　初名丈蔵 文久3(1863)没49歳 妻ちか　山形氏
4代	五郎吉	嘉永3(1850)ころ生　初名光次郎 明治11(1878)没29歳 妻とも　竹内芳三郎娘
5代	光五郎	嘉永5(1852)ころ生　4代五郎吉弟 明治19(1886)没35歳

義若家所蔵「過去帳」・同家墓所・同家文書から作成。生年不明は没年から享年−1で推定した。

本章の分析を進めていくために、それらからまとめた同家の略系図を示した。五代以降は省略した。

義若家初代は吉五郎といい、一八世紀後半に活動した人である。二代目が五郎吉といい、この人の代に廻船業を営み、財を成したと考えられる。特に、妻つな（一七八二頃生～一八五八没七七歳）は山本屋定吉の娘とあり、前述の宝栄（永）丸多（太）吉・貞（定）吉家[4]との一族関係を持ち、両家で協力して廻船業を営んでいたと思われる。ついで三代五郎吉はさらに家産を拡大し、数隻の持ち船を所有するようになる。ついで四代五郎吉が廻船業を引き継ぐが、明治七年（一八七四）に塩業へ転業している。常盤丸五郎吉は二～四代の三世代にわたる利生廻船の主導者であった。

同家の資産規模は、文化一〇年（一八一三）一〇月の畝名寄帳からの五郎吉分の抜き書[5]によると、所有田畑十一筆合計一反七歩、持高一石七斗二升であり、文政一一年（一八二八）一一月の抜き書でも変化はない。一方、明治初年の地租改正後と推定される史料では、村内に田畑九反七畝七歩、宅地一反五歩、墓地一畝、村外の玉原に田畑一反四畝八歩を有し、総計は一町二反四畝二歩・地価金四六八円、他に薮一七歩と山林四反五畝二五歩を持つ。近世後期にわずかしかなかった所有地が、幕末維新期を通じて土地を集積し、かなりの土地所有者に成長したといえる。その要因は農業経営によるものではなく、廻船業による致富であった。

ここで、義若家文書から抽出できる常盤丸船団に属する人々を考察してみよう。まず常盤丸五郎吉である。この常盤丸五郎吉という名は天保一二年（一八四一）閏一月が初見で、最後は明治七年（一八七四）四月に検出される。一方、田中（仲）屋五郎吉という屋号名は天保八年から嘉永五年（一八五二）にかけて見え、さらに山本屋五郎吉という名が文久二年（一八六二）から明治七年にかけて確認できる。この間に代替わりがあったと当初推定していた。本章の先行論文[6]を発表したあと、義若家伝来の過去帳を拝見できたことで、これらが誰を指すのか確定できた。すなわち、二代五郎吉が常盤丸の船主で田中（仲）屋の屋号を使用し、二代が亡くなる嘉永六年（一八五三）一一月二四日を境に、長男丈蔵が五郎吉と改名している。二代五郎吉が亡くなる直前の嘉永五年（一八五二）、五郎吉・丈蔵父子に関する史料が、当時この地域を管轄していた大庄屋藤戸・星島家文書[7]の史料中から見つかった。原文で紹介する。

史料7-1

御内意書上

一児島郡私組合利生村五郎吉、抱田畑壱反六畝廿五歩半、家内人数六人内男三人女三人、船持ニ而九州又者上方筋江度々商内ニ能出、渡世営居申候処、五郎吉及老年、十ヶ年計已前ゟ悴丈蔵船頭ニ而已前ニ不相変商内仕、追々繁栄、只今ニ而者身元よろしく、右丈蔵歳三十八、生得気和叮嚀ニ而家内ハ素、親類隣家村内共睦敷相交、質素倹約家業出精、御年貢年々手早ク上納御法式厳重相守、父母江事方宜敷、他行仕候節者両親常々好ノ品ヲ調帰相進、在宿之砌者懇ニ撫さすり、又者四方八方之噺抔仕、気分ヲ慰メ、戸外仕候節者相断罷出、聊も父母之意ニ逆不申、無怠慢孝養ヲ尽し、尤商内之度毎売仕切之内壱両已下半下ニ相成候分ヲ親ゟ囉請、聊も自分費ニ不致、親族又ハ村内極貧者共凌兼候様子見聞仕候得者、金銭米麦等蜜ニ持参助勢いたし、或者堂宮道橋寄進有之節者格別長敷出精仕、孝心奇特之趣相聞申候、則村役人書付人馬帳写共相添、右之噂御内意書上申候以上

子九月　大庄屋藤戸村義兵衛

福田甚右衛門様　弐

金光清右衛門様　壱

これによると、五郎吉は六人家族で、文政二年よりやや多い約一反七畝の土地を所有する船持で、九州から上方にかけて商いに出かけていたが、老年に及び、十年ほど前から悴の丈蔵に船頭を譲って商いをさせているとある。十年前とは天保一三年（一八四二）ころであり、丈蔵がこの時三八歳であるので、逆算すると文化一二年（一八一五）前後の生まれとなる。実際は同年一月四日生れである。[8] 次頁の印鑑は、「㊄備前児島利生　義若」と「備前利生常盤五」とあり、常盤丸義若五郎吉の屋号印である。これは同家史料の「新撰実録泰平楽記　前編弐拾九」に押印されていたもので、別の同名写本には、「此主常盤丸丈蔵　弘化乙巳歳七月吉辰写之　備前児島郡利生邑住　山本屋丈蔵」と署名があり、同時期の写本として、この屋号印もこの頃のものであったと思われる。これにより、丈蔵は船頭を任された頃には屋号を山本屋としており、以後追々繁盛していったようである。

表7-5は、二代五郎吉の取引史料と考えられるものである。このうち田中（田仲）屋の屋号の年代明記があるものは天保八

表7-5　二代五郎吉の取引史料

番号	差出人			宛名		日付		
1	備前藤戸	わけや	五兵衛	田仲屋	五郎吉	天保8酉	1837	10/13
2	備前藤戸	和気□	□□衛	常盤丸	五郎吉	丑[天保12]	1841	①/15
3	備前藤戸	和気屋	五兵衛	常盤丸	五郎吉	寅	1842カ	10/7
4	備前藤戸	わけや	五兵衛	常盤丸	五郎吉	卯	1843カ	10/22
5	備前藤戸	わけや	五兵衛	常盤丸	五郎吉	卯	1843カ	11/5
6	備前藤戸	わけや	五兵衛	常盤丸	五郎吉	卯	1843カ	11/5
7	備前藤戸	わけや	五兵衛	常盤丸	五郎吉	卯	1843カ	11/5
8	備前藤戸	わけや	五兵衛	田仲屋	五郎吉	天保14卯	1843	12/13
9	備前藤戸	わけや	五兵衛	田仲屋	五郎吉	弘化1辰	1844	1/16
10	備前藤戸	わけや	五兵衛	田仲屋	五郎吉	弘化2巳	1845	11/13
11	備前藤戸	わけや	五兵衛	田仲屋	五郎吉	弘化3午	1846	3/16
12	肥前諸富	中島屋	友右衛門	常盤丸	五郎吉	午[弘化3]	1846	⑤/18
13	赤間関	油屋	仁左衛門	常盤丸 宝栄丸	五郎吉 貞吉	午	1846カ	10/15
14	備前藤戸	和気屋	五兵衛	田中屋	五郎吉	午	1846カ	12/5
15	備前藤戸	わけや	五兵衛	田仲屋	五郎吉	嘉永1申	1848	5/-
16	備中倉鋪	下津井屋	吉左衛門	常盤丸	五郎吉	子	1852カ	3/30
17	肥後高橋	材木屋	友右衛門	常盤丸	五郎吉	子	1852カ	11/25
18	赤間関	河崎屋	多兵衛	田中屋	五郎吉	午		1/24
19	備前藤戸	和気屋						11/28
20	玉島湊	大黒屋	佐兵衛	田中屋	五郎吉			
21	玉島湊	大黒屋	佐兵衛	田中屋	五郎吉			12/9

年～嘉永元年に六点が確認でき、十二支のみの史料もほぼこの間に含まれるものと推定される。取引先は児島郡藤戸村の和気屋五兵衛が一四件、玉島湊の大黒屋佐兵衛が二件、倉敷の下津井屋・長州赤間関（下関市）の油屋・同所の河崎屋・肥前諸富（佐賀県諸富町）の中島屋・肥後高橋（熊本市）の材木屋がそれぞれ一件ずつである。二代五郎吉は天保一三年頃船頭を悴に譲ったが、近場の藤戸や倉敷は自ら往復して商いを担当したと思われる。また、中島屋では午閏五月の日付で弘化三年が確定するので、この年有明海最奥の肥前諸富まで航海したことになる。午年の日付のある赤間関の油屋も、弘化三年の可能性が高い。しかし、河崎屋は確定できない。なお、子（嘉永五カ）の肥後高橋・材木屋との取引は五郎吉名で丈蔵が行ったのではないかと考えたい。

　一方、常盤丸丈蔵名が記された仕切証文類は、表7-6

義若五郎吉家常盤丸屋号印

表7-6　常盤丸丈蔵の取引史料

番号	差出人			宛名		日付		
1	天草 下津浦村	綿屋	記兵衛	常盤丸	丈蔵	卯[天保14カ]	1843	3/3
2	唐津呼子	油屋	惣治□	常盤丸	丈蔵	卯[天保14カ]	1843	7/14
3	唐津呼子	油屋	惣治郎	常盤丸	丈蔵	卯[天保14カ]	1843	7/14
4	天草 大島子村	島子問屋	真助	常盤丸	丈蔵	辰[弘化1カ]	1844	5/12
5	島子	問屋	真助				1844	5/12
6	大島子村	問屋	真助	常盤丸	丈蔵	午[弘化3カ]	1846	6/2
7	大島子村		嘉市	常盤丸	丈蔵	申[嘉永1カ]	1848	1/28
8	大島子村	問屋	嘉市	常盤丸	丈蔵	申[嘉永1カ]	1848	1/28
9	利生	金沢屋	多賀右衛門	常盤丸	丈蔵	酉[嘉永2カ]	1849	4/6
10	利生	常盤丸	丈蔵	山川屋	利吉	亥[嘉永4カ]	1851	4/28
11	肥後高橋	材木屋	友右衛門	常盤丸	丈蔵	(子[嘉永5カ])	1852	5/29
12	赤間関	油屋	仁左衛門	常盤丸	丈蔵	子[嘉永5カ]	1852	12/6
13	肥前諸富	中島屋	友右衛門	常盤丸	良蔵	子[嘉永5カ]	1852	12/22
14	唐津	糀□	□□郎	常盤丸	丈蔵	丑[嘉永6カ]	1853	3/16
15	下津浦村	綿屋	近	常盤丸	丈蔵	寅[安政1カ]	1854	1/13
16	下津浦村	綿屋	近松	常盤丸	丈蔵	(寅[安政1カ])	1854	1/13
17	下津浦村	綿屋	近松	常盤丸	丈蔵			5/11
18	大村瀬戸	瀬戸問屋	栄蔵	常盤丸	丈蔵			11/9
19	肥後高橋	材木屋	友右衛門	常盤丸	尉蔵			12/2

のように一九件ある。これには同じ読みの「尉蔵」と、近い読みの「良蔵」を含む。うち一三件は一二支のみ、内容から一二支がわかるもの二件、月日のみが四件で、すぐに年代確定できないものばかりである。しかし、前述のように天保一三寅年ころに船頭を引き継ぎ、父の亡くなった翌年の安政元寅年頃に改名しており、これらはこの間の史料であると仮定できる。こうして一六件については年代がほぼ確定でき、これらから丈蔵は、赤間関、佐賀唐津、大村瀬戸、天草、さらに肥後高橋などで商いをしており、父の取引圏域を引き継いだことがわかる。

　襲名後の三代五郎吉は、安政元寅年から文久三戌年までの九年間、瀬戸内沿岸から九州方面で活発な廻船業を営んだ。ただ、彼の関係史料で年代が明記されているものは、表7-7の1~13に示した一三点にすぎない。他に彼宛ての取引史料は一二支のみの史料が九六点、日付のみが二八点存在する。九割にのぼる年代未確定資料から彼の営業活動を詳細に復元することは難しい。

　さて、義若家の墓所(9)にはこの三代五郎吉の墓がある。その墓碑銘には、四九歳の文久三年(一八六三)五月二日に「殁于肥前天草之客舎、載柩帰郷」とあり、商

三代義若五郎吉墓の墓碑

いに出向いた肥前天草の宿泊先で急病死し、柩に収められて帰郷したことがわかる。さらに「隣里会葬者百余人、皆無不流涕、嘆翁歿之」とあり、多くの隣人から慕われた人であったようだ。前述の史料7-1での五郎吉の人柄とも共通しているように思われる。利生廻船は三代五郎吉の時、全盛期を迎えたと言えよう。ついで、次男光次郎が四代山本屋五郎吉として家業を嗣ぐ。ただ一二〜三歳と年若く、父の友人部下が彼を支えることになった。しかし、四代五郎吉は、明治一一年（一八七八）旧三月二二日二九歳の若さで亡くなっている。明治期での彼の商業活動については第五節でまとめる。このように、常盤丸五郎吉はこの三代にわたる活動であった。

つぎに、常盤丸船団の中で二代五郎吉と活動時期が重なる、宝栄（永）丸の多（太）吉と貞（定）吉について考察する。この二人は親子であり、前述のように、三代五郎吉の母の実家である。宝栄丸の取引史料は表7-8のように合計一〇件あるが、多吉・定吉の亡くなる安政五・六年（一八五八・九）までの史料ということになる。このうち、多（太）吉については、近在の向日比と備中笹沖、肥前伊万里や大坂の廻船問屋毛馬屋との取引があるが、金子の額のみで具体的な商品名がない。一方、貞吉では、赤間関・油屋仁左衛門からの番号9の史料中に閏五月の文字が見えることから弘化三年（一八四六）と断定できる。さらに8は同じ年月日から同一の史料と考えられ、7も取引商品と額が同じ部分があり、同じ年の史料であろう。また、8の受取人名に常盤丸五郎吉と宝栄丸貞吉が併記されている。これは二代五郎吉と若い貞吉がそれぞれの船で同時に下関を訪れていたことを示している[10]。しかも両船は油屋に「天草黒砂糖」を販売しており、どちらも下関入港以前に天草で商いをしていたことが推測される。丈蔵も表7-6の6番の史料のようにこの年天草に赴いており、この年、親子従兄弟三人は、ともに天草方面へ商売に出かけたとみて間違いな

表7-7　三代五郎吉・石右衛門・栄蔵の年代明記史料

番号	差出人			宛名		日付		
1	備中倉鋪	下津井屋	吉左衛門	常盤丸	五郎吉	乙卯[安政2]	1855	2/8
2	備中倉鋪	下津井屋	吉左衛門	常盤丸	五郎吉	乙卯[安政2]	1855	11/2
3	備中倉鋪	下津井屋	吉左衛門	常盤丸	五郎吉	乙卯[安政2]	1855	11/10
4	宇足津	奈良屋	定蔵	常盤丸	五郎吉	安政3辰	1856	11/-
5	島原口之津	呼子屋	多吉	常盤丸 福徳丸	五郎吉 石右衛門	巳[安政4]	1857	⑤/19
6	西讃観音寺	亀屋	栄蔵	常盤丸	五郎吉	安政5午	1858	10/-
7	西讃観音寺	亀屋	栄蔵	常盤丸	五郎吉	安政5午	1858	12/6
8		栄徳丸	平蔵	常盤丸	五郎吉	安政6未	1859	1/20
9		□(飛カ)屋	栄造	常盤丸	五郎吉	安政6未	1859	10/-
10	備中倉鋪	下津井屋	吉左衛門	常盤丸	五郎吉	万延1申	1860	11/-
11	備前藤戸	和気屋	五兵衛	山本屋	五郎吉	文久2戌	1862	6/26
12	備前藤戸	和気屋	五兵衛	山本屋	五郎吉	文久3亥	1863	8/-
13	神戸	縄屋	庄兵衛	常盤丸	五郎吉 栄蔵	癸亥 [文久3]	1863	11/17
14	連島	浜辺屋	八兵衛	∧五福徳丸	石右衛門	安政4巳	1857	1/26
15	神戸	縄屋	庄□□	福徳丸	石□□□	壬戌[文久2]	1862	7/17
16	肥後高橋	材木屋	友右衛門	福徳丸	石右衛門	元治1甲子	1864	12/5
17	天草 下津浦村	綿屋	寛蔵	福徳丸	石右衛門	丑[元治2]	1865	4/4
18	下津浦村	綿屋	寛蔵	福徳丸	石右衛門	明治2巳	1869	1/5
19	下津浦村	綿屋	寛蔵	福徳丸	石右衛門	明治2巳	1869	2/19
20	下津浦村	綿屋	寛蔵	福徳丸	石右衛門	巳[明治2]	1869	3/11
21	連島	浜辺屋	八兵衛	愛宕丸	栄蔵	文久1酉	1861	11/28

いだろう。前掲史料7-1の「九州又者上方筋江度々商内」とある具体的な姿がここに見てとれる。さらに、第一節で付説した弘化年間に大村城下に着岸した宝永丸貞吉の記録も、同時期のものである。ただ、宝栄丸の場合、利生廻船の一員であるが、山本屋多吉親子の持ち船であり、対等な関係であったろう。

一方、五郎吉家の持ち船とされている福徳丸には、利生村の山崎地区に住む石右衛門（姓不明）が、同じく愛宕丸では池の内に住む井上栄蔵がほとんどの場合の船頭を務めている。石右衛門宛の史料は約五〇点あり、表7-7に示したように、年代確定のできる史料は、安政四年の島原口之津・呼子屋多吉、連島・浜辺屋八兵衛の二点や、番号15～20の文久二年～明治二年のものなど計八件である。三代五郎吉時代から四代五郎吉への代替わり後も、彼を支えながら熊本・天草方面に赴いたことがわかる。また、愛宕丸栄蔵の場合は、約四〇点中、21の文久元年と13の同三年の二件のみ年代が判明する。両船とも年未詳の史料が多く、福徳・愛宕両船の入手時

表7-8　宝栄丸多吉・貞吉の取引史料

番号	差出人		宛名	日付			おもな売買内容
1	向日比	福寿丸重助	宝栄丸多吉	天保7申	1836	8/-	4両
2	伊万里	藤家亀吉	宝栄丸太吉	酉		10/-	20両
3	大坂	毛馬屋忠兵衛	宝栄丸多吉	辰		3/-	15両
4	笹沖	本屋貞蔵	宝栄丸多吉	辰		11/28	50両
5	笹沖	本屋貞蔵	宝栄丸多吉	巳		11/24	50両
6	笹沖	本屋貞蔵	宝栄丸多吉	弘化3午	1846	4/23	40両
7	赤間関	油屋仁左衛門	宝永丸貞吉	午	1846カ	8/-	(売)天草黒砂糖
8	赤間関	油屋仁左衛門	常盤丸五郎吉 宝栄丸貞吉	午	1846カ	10/15	(買)米子綿 (売)天草黒砂糖
9	赤間関	油屋仁左衛門	宝栄丸貞吉	午弘化3	1846	10/15	(売)天艸砂糖
10	土庄	津田屋伊左衛門	宝栄丸定吉	卯		11/3	(売)らふそく

期も不明である。しかし、村内の経験豊富な船乗りが五郎吉の持ち船の船頭となり、航海と商取引に当たったのであろう。

また、天社丸では、仙（千）蔵・芳（好）三郎・源蔵・治右衛門・秀三郎・信三らが船頭を務めているが、固定的ではない。しかし、丑（慶応元年カ）六月二三日付の史料で、赤間関・油屋仁左衛門から常盤丸五郎吉宛に、肥後種子の八五〇両の代金のうち、二〇〇両を「御片船天社丸仙蔵殿江相渡ス」と見える。これは、常盤丸が取引を終えて出帆した後に、その代金を受け取る「御片船」であったことを示している。同じく巳（安政四年カ）一〇月一〇日付の史料には、油屋の収支残金八〇両余と決算目録を天社丸芳三郎に渡して決済を済ませている。この芳（好）三郎は、利生村の字向谷在住の竹内芳三郎と思われ、義若家略系中の四代五郎吉の妻「とも」の父でもある。さらに、年未詳四月三日付の長崎・茶屋彦平からの天社丸鉄三宛[11]に、「唐物追々下落仕候、唐弐はん（番）砂糖入船物御座候」と、輸入砂糖の入荷を伝えている。常盤丸五郎吉にも同じ日付の同様な商況が届いている。この時、両船は下関にいたと思われるが、天社丸はここでも常盤丸を補完する船であった。このように、天社丸にも村内の有能な仲間がいて船頭に据え、各地の取引に対応させていたのである。「片船」とは親船とともに航海し、それを補完する船であったと思われる。

この他、巳一月一一日付の島原口之津・呼子屋多吉から福徳丸石右衛門宛の「覚」には、黒砂糖代一五九両余のうち一五〇両余を明神丸より受け取ったという記録がある。巳二月二〇日付の別史料にも明神丸松四郎[12]の名が見える。この明神丸も義若家文書に散見し、利生廻船の一つであったと思われる。このように、利生には常盤丸を中心に、福徳丸・愛宕丸・天社丸・明神丸や清運丸といった五、六隻の船団が形成され、日比港を母港に、瀬戸内から西九州にかけて廻船業を展開していたのである。

註

（1）義若家文書は、平成一六年（二〇〇四）に襲った高潮被害の直後、元玉野市文化財保護委員長武藤俊輔氏や市内退職教員のみなさんによる「被災資料」の応急処理が行われた。しかし、仕切証文など多くの史料は、糊づけ部分がはずれてばらばらになったまま箱に収められていた。このため、筆者の作業は、同一資料の発見や糊付け修復、さらに目録を作成した上で、論文執筆という大変な作業であった。なお、この史料群の閲覧希望は、玉野教育委員会社会教育課あてに相談されたい。

（2）内田家文書「手鑑」（『玉野市史　史料編』二九七頁所収）。

（3）『玉野市史』三〇三頁による。なお、福徳丸の船額写真が同書四七二頁に掲載されている。

（4）利生の向谷の墓地には、山本屋多吉（一七八八頃生～一八五八没七一歳）とその子定吉（一八三〇頃生～一八五九没三〇歳）の墓石があり、この家が宝栄（永）丸の船主であった。年齢的につながる多吉の姉で、子の定吉が祖父の名を襲名したとすれば、つなの父の名の定吉と整合性はつく。しかし、祖父の墓石はここにはない。なお、早く亡くなった定吉の子浅吉と桂太郎は、第六章でもふれたように、亀浜塩田の当作人や深井二番浜などの経営など、廻船業から塩業へ転業している。

（5）第二箱の史料番号三六四。史料整理時に付与した番号であるが、以下は割愛する。

（6）第一節註(5)と同じ。

（7）藤戸・星島家文書　嘉永五年「諸御用留帳」より（岡山県立記録資料館複製資料　四五七八～九頁）。

（8）義若家文書　文化一二年暦の一月四日の欄に誕生を記している。

（9）五郎吉家の墓所は和田の和田三丁目バス停近くの山側にある。

（10）宝栄丸多（太）吉名の仕切証文は、表7-8のように弘化三年四月までの六点ある。貞吉の名は弘化三年八月～一〇月の三点と定吉名の卯年（安政二年か）のもの一点である。弘化三年は貞吉が一五～六歳で若い感もあるが、史料的には弘化三年の四月から八月の間に多吉から貞吉へ世代交替が行われ、常盤丸とともに商いに出かけた印象が強い。

（11）高尾家の墓所から、鉄三は後に日比村長・町長を務める高尾浩の父である。なお、史料中の文言から長崎貿易での砂糖の入荷も見える。

（12）松四郎（義若姓）は和田・金ヶ谷に墓所があり、明治三四年七七歳で没している。第一節の表7-2で示したが、石州浜田港清水屋の『諸国御客船帳』上巻一六五頁に、備前「和田村　明神丸　吉若駒吉様　明治十二卯三月三日下入津、九日出船被成」とある。吉若駒吉とは義若駒吉であり、墓所から松四郎の子と推定できる。

第三節　常盤丸船団のおもな取引相手

義若家文書の取引関係史料が三七八点あることは前節で紹介した。そのうち、二代五郎吉関係一九点、三代襲名前の丈蔵関係一九点、宝栄丸多吉・貞吉関係一〇点（一点は二代と重複）、三代五郎吉・石右衛門・栄蔵の年代明記史料二一点の合計六八点は取引時期がほぼ確定できた。しかし、三代五郎吉宛ての取引史料の約一二〇点、石右衛門宛ての約四〇点、栄蔵宛ての約四〇点など、多くの史料が年代を推定はできるが確定できるほどには至っていない。しかし、取引相手とその内容は史料面から確認できる。そこで、本節では、四代五郎吉が本格的な商業活動を開始する明治四年（一九七一）以前までの諸資料から、残存数の多い取引業者ごとにその特徴を分析することにする。

備前藤戸・和気屋五兵衛

児島郡藤戸村（倉敷市藤戸町藤戸）の和気屋五兵衛については、太田健一著『日本地主制成立過程の研究』第二章に繰綿問屋としての言及がある。それによると、和気屋は実綿・繰綿居商を営んでいたが、文化一一年（一八一四）年一月に、天城村町分の塩屋市郎左衛門・郡屋金兵衛とともに繰綿問屋として岡山藩から正式に公認された。[1] その経営は、「遠隔地よりの注文によって繰綿を買い集めるという仕入方法をとり、その資金は近辺あるいは近所御他領中の銀主から融資」を受けるというやり方であった。しかし、繰綿の販売状況は文化一二年をピークに文政から天保期にかけて徐々に減少し、弘

表7-9　和気屋とのおもな取引商品

年月日	取引内容
天保8酉(1837)10.13	預り銀5貫目
天保12丑(1841)①.15	(買)繰綿藤恵45本7貫357匁・天恵11本1貫765匁
寅(1842)10.7	(売)平子399俵1貫738匁
卯(1843)10.22	(売)肥後米30俵1貫317匁
卯(1843)11.5	(買)繰綿藤恵31本3貫388匁・繰綿100本11貫246匁・浜田屋足袋414匁 (売)肥後米105俵4貫484匁12
天保14(1843).12.13	(買)くりこ67本12貫281匁・二ばん7本1貫248匁
弘化1(1844)1.16	(買)くりこ30本5貫459匁・二ばん8本40匁・しの1本68匁・𠆢五1本口銭16匁
弘化2(1845)11.13	(買)くりこ57本口銭57匁・12月3日16本口銭16匁(売)米5俵
弘化3(1846)3.16	(売)米3俵110匁 (買)4月26日92本口銭92匁
午(1846)12.5	(買)繰綿冨士恵14本2貫100目
11.28	(買)繰綿6貫459匁 (売)干鰯2貫429匁

化期以降激減していく。[2] そのため嘉永二年（一八四九）には、和気屋（喜左衛門に代替わりか）と郡屋は干鰯類販売を始め、一〇匁につき五厘の冥加金を上納して藩の公認を得ようとした。[3] しかし藩は嘉永六年、和気屋・郡屋など二一人を綿寄問屋に任命し、繰綿の下部集荷組織に再編成していった。[4]

このように岡山藩と深い関係のある和気屋とは表7-9のような取引があった。購入品では繰綿が合計五三貫余（当時の比価一両＝六八匁で換算すると約七五五両）で、その商品名は藤恵・天恵・〈五である。天保一四年以降に見られる「くりこ」や「二はん（番カ）」も繰綿製品の一種と思われる。一方、売却品は平子（小型の干鰯）・干鰯類の四貫余（約六〇両）、肥後米の六貫弱（約八七両）などとなる。このように常盤丸は、地元児島の繰綿問屋和気屋から繰綿を買い入れ、九州で肥後米や干鰯類を買い入れて和気屋に販売するという取引を行っていたことがわかる。しかし、表には掲載していないが、和気屋は文久二年（一八六二）に五郎吉から二〇両を借用し、翌年には酒道具一切を抵当に再び二〇両を借り受けており、和気屋はこのころ経営不振に陥ったと推測される。なお、前述の和気屋喜左衛門との関係は不明であるが、分家または五兵衛を襲名したとも考えられる。

備中倉敷・下津井屋吉左衛門

備中倉敷の下津井屋吉左衛門は、元治元年（一八六四）一二月一八日に子寿太郎とともに放火殺害される「下津井屋事件」の被害者である。この事件は諸書[5]に取り上げられているが、下津井屋自体の経営分析は見当たらない。表7-10は常盤丸と下津井屋のおもな取引内容である。一両＝六八匁で換算すると、購入は白糸という商品名の繰綿が約八二〇両、売却の黒砂糖が九貫余（約一三五両）、筑前米二四両余である。やはりここでも繰綿を仕入れ、九州に下り筑前米を買い入れて販売する形態がとられている。黒砂糖については倉敷にその需要[6]があり、次のような下津井屋から五郎吉宛の書状が残されている。

表7-10　下津井屋とのおもな取引商品

宛名	年月日	取引内容
常盤丸五郎吉	子(1852ｶ)3. 30	(売)黒砂糖43挺6貫204匁
常盤丸五郎吉	丑(1853ｶ)3.1	書状[史料2]
清運丸虎吉	寅(1854ｶ)10.15	(買)繰綿白糸22本2貫728匁
常盤丸五郎吉	安政2卯(1855)2.8	(売)黒砂糖31挺3貫29匁
常盤丸五郎吉	安政2.11.2	(買)繰綿白糸111本12貫308匁
常盤丸五郎吉	安政2.11.10	(買)繰綿しら糸100本11貫20匁
常盤丸大次郎	戌1.5	(売)筑前米類84俵1貫654匁
常盤丸栄蔵	戌10.11	(買)繰綿60本165両1歩2朱
常盤丸五郎吉	亥3.12	(買)繰綿白糸印101本18貫584匁

史料7-2

（前略）先達而者御苦労被成下忝仕合奉存候、其節色々
御進物ニ預り難有奉存候、尚天草先生之御書是又御恵贈
被下、数々御心切ニ預り御礼難申、愈拝眉之節御礼可奉
申上候、然者証書差上申候間、先達而之分御返し可被下
様奉頼上候、蠟仕切状指引金子別紙之通差上候間、着砌
御受取可被下候、先者右申上候処如斯御座候、早々頓首
丑三月朔日　　下津井屋吉左衛門
常盤丸五郎吉様
追啓、天草砂糖之義、当地売申候間、御積登りニ相成候
ハヽ、御入津可被下候様奉頼上候

ここには、五郎吉が吉左衛門に「天草先生の御書」を贈与するなど、両者の親密な関係が示されている。また、商取引の精算連絡とともに、追啓の部分で天草からの帰国後に砂糖の入荷を依頼しているのが注目される。これにより黒砂糖の産地が天草であることがわかる。この書状の丑年は、吉左衛門が殺害される翌年の慶応元丑年ではあり得ず、嘉永六丑年（一八五三）とすれば二代五郎吉が亡くなる年であるが、九州での商いを悴丈蔵に任せ、自らは近隣の商人との交流に当たっていたとすれば、この年の可能性が強い。

このほか、前節の表7-8で宝栄丸多吉関係の史料を紹介したが、倉敷南方の備中笹沖（倉敷市笹沖）の本屋貞蔵との取引三通（他に二点）が残されている。うち多吉宛の一通は弘化三年（一八四六）のものであり、残りは常盤丸五郎吉宛二通である。そのうち巳（一八四五カ）一一月一三日付のものは、繰綿「本恵」五〇本八貫七七〇匁（約一三〇両）を購入しており、常盤丸が備前備中南部で繰綿の仕入先を持っていたことを示している。

讃岐丸亀・丸本屋五平次

丸亀は、天保四年（一八三三）に新港である「新堀湛甫（しんぼりたんぼ）」が竣工し、その完成記念碑でもある銅燈籠[7]が金毘羅往来の起点とされている。丸本屋五平次も丸亀城下の町人と思われるが、居住町は未確認である。表7-11で五郎吉・石右衛門らと丸本屋とのおもな取引内容を示した。このうち販売品は辛子[8]約二〇三〇両、大豆約三〇〇両、小豆約二八〇両、麦約九〇両などである。一方、購入商品は繰綿類が合わせて約二七八〇両となっている。元来近世讃岐の名産として塩・砂糖[9]・綿花・米など

が挙げられるが、このうち(福)・[禄]などの商品名の丸亀産繰綿が大量に購入されている。利生廻船は九州への積荷として、藤戸や倉敷の繰綿に加えて讃岐丸亀産の繰綿も購入していたのである。なお、戌九月に仕入れた六〇袋入り煙草四箱は、同年一一月に同じ商品名の煙草二箱が肥前唐津・糀屋に売られ、この間の常盤丸の航海経路がわかる。

このほか、讃岐・観音寺下市町の亀屋栄蔵とも五通の取引状が残されている。そのうち年未詳三月二日付の史料には、繰綿宝印五四本八貫九一〇匁・観印八本一貫二四〇匁・稀印一三本二貫二一〇匁が取引されており、合計一二貫三六〇匁（約一七〇両）の繰綿仕入となっている。

長州赤間関・油屋仁左衛門

赤間関は蝦夷地・日本海地域と瀬戸内・畿内地域の結節点に位置し、長州藩が設置した下関越荷方も、その経済的成果を得るためであった。油屋仁左衛門はこの地の豪商であったが、居住町名は確認できていない[10]。しかし常盤丸らの必ず立ち寄る廻船問屋であった。表7-12はその取引史料をまとめたものである。油屋への販売品では黒砂糖が総額二三六〇両を超える。単独の取引では、巳年二月一三日に福徳丸石右衛門が契約した天草産砂糖と島原産砂糖の約一〇〇〇両の取引が最多である。石右衛門の活動時期から判断すると、安政四巳年（一八五七）の可能性が高い。この他、肥後麦安約八八〇両、肥後種子八五〇両・肥後小豆約二六〇両など肥後産品が多い。また、未（同六年カ）九月二四日の広島白封繰綿約二二〇両は、広島・本川町の高田屋理右衛門から九月一九日に仕入れた八五本と一致する。さらに、寅（年未詳）二月四日の島原玉子二二

表7-11　丸本屋とのおもな取引商品

宛名	年月日	取引内容
常盤丸五郎吉	酉5.21	(売)小豆77俵62両2歩3朱
常盤丸五郎吉・栄蔵	酉7.26	(売)からし451両2歩
福徳丸石右衛門	戌7.11	(売)辛子173俵141両3歩1朱
常盤丸五郎吉	戌9.14	(買)煙草一天後国60袋入4箱・451匁
常盤丸五郎吉	亥3.18	(買)繰綿大極上・(福)・[禄]印30本計6貫327匁
常盤丸五郎吉	亥12.11	(買)繰綿55両　(売)麦安93両1歩
常盤丸五郎吉	丑3.21	(売)からし475両1歩1朱
福徳丸石右衛門	丑10.10	(買)わた494両2朱　(売)大豆72両3歩
常盤丸五郎吉	丑12.28	(買)くり綿240両2歩1朱
常盤丸五郎吉	寅9.21	(買)古手くりわた524両2歩2朱
福徳丸石右衛門	寅12.13	(買)繰綿556両1歩2朱　(売)辛シ514両
常盤丸五郎吉	卯1.22	(売)大豆223両1朱
福徳丸石右衛門	卯[慶応3カ]10.12	(売)小豆157両2歩2朱
常盤丸五郎吉	卯[慶応3カ]11.10	(買)綿812両1朱・繰綿上物1本6両2歩1朱 (売)辛子451両2歩2朱・小豆60両・ちり紙14〆3両3歩2朱　(払)船税入用146匁5

樽も、同年一月五日の口之津・呼子屋多吉から購入のものと一致する。丑（筆跡が明治期の当主とほぼ一致するため、慶応元年と推定）の小豆島素麺も少額ながら島外販売を行っていた証拠となろう。

一方、購入品の多くは繰綿製品で総額約二七八〇両にのぼり、そのほとんどは備前・福山・尾道産などの製品である。常盤丸らが藤戸・倉敷・丸亀産の繰綿を仕入れたことはすでにふれたが、直接入手できなかったこれ

表7-12　油屋とのおもな取引商品

宛名	年月日	取引内容
宝栄丸貞吉	弘化3午 (1846)10.15	(買)米子綿4本8両3歩 (売)天艸黒砂糖樽171丁270両2朱・同莚包32俵25両1歩2朱・同箱入60丁65両
常盤丸丈蔵	子(1852)12.6	(買)米沢真綿17抱≒21両2朱
福徳丸 石右衛門	寅2.4	(買)備前△印綿47本331両余・笠岡ヨ印綿40本287両余・尾道雪印綿18本126両余・船釘23丸104両余 (売)島原玉子22樽96両余
常盤丸五郎吉	寅2.14	(買)繰綿備前△印52本・福山綿50本計719両・杉一寸板890枚57両 (売)黒砂糖23挺50両
福徳丸 石右衛門	寅3.24	(買)繰綿30本222両2部3朱・筑前米・中国米4俵7両3歩・金沢真綿1本40両・昆布650両
常盤丸五郎吉	寅4.7	(買)㊂印繰綿70本476両・ヨ印35本繰綿263両・白米10俵20両(4.8付と同じ)
常盤丸五郎吉	(寅)4.8	(買)秋田白米6俵・正内白米4俵　計20両
常盤丸五郎吉	寅6.27	(売)天艸黒砂糖23丁86両余
福徳丸石右衛門	寅7.13	(買)越後米300俵873両余・越後縮1反2両2歩3朱
常盤丸五郎吉	とら9.10	(売)天草黒砂糖65挺≒120両3歩
常盤丸五郎吉	とら12.6	(買)鰊鯑2本≒3両2朱
常盤丸五郎吉	とら12.8	(売)天草黒砂糖43挺・口之津砂糖14挺計4貫743匁余≒73両3歩2朱
常盤丸五郎吉	寅12.16	(買)数の子6本34両 (売)天艸黒砂ト5丁21両・目差鰯92包9両
福徳丸 石右衛門	卯2.7	(売)肥後小豆112俵262両余　肥後麦安320俵878両1歩1朱
常盤丸五郎吉	卯7.6	(売)天草黒砂糖100挺≒140両3歩2朱
福徳丸 石右衛門	(巳1857カ)2.13	(売)天艸黒砂糖124挺715両余・島原黒砂糖44挺231両1歩余・天艸打出し大小15俵40両1歩
福徳丸五郎吉	巳4.6	(売)肥後大豆80俵194両・天艸黒砂ト122丁480両
常盤丸五郎吉	巳10.10	(買)くり綿9本131両1分3朱　差引天社丸芳三郎殿へ渡す
愛宕丸栄蔵	(未1859カ)9.24	(売)広島白封繰綿85本≒222両3朱
福徳丸石右衛門	申3.20	(売)口之津砂糖20挺≒30両
常盤丸五郎吉	亥3.23	(売)天草砂糖1挺≒2両2朱
常盤丸五郎吉	丑(1865カ)6.23	(買)昆布400両 (売)肥後種850両　御片船天社丸仙蔵
常盤丸五郎吉・ 吉次郎	丑7.17	6.16預(売)小豆島素麺 天上印11箱・同天印7箱・同11箱計≒9両2歩

≒のある商品は貫匁表示のみであるが、各史料中の金銀換算率を用いて金貨表示に直し、換算率がない場合は前後の史料の換算率を利用した。以下の表も同じ。

らの地域の製品を油屋から補充購入して、九州方面に下ったと考えれば整合性はとれる。さらに、米子綿・米沢真綿・秋田白米・正内（山形庄内）白米・越後米・越後縮・鰊鯑（数の子）・金沢真綿など、北前船のもたらす日本海岸の物資が少額ながら購入されていることも特徴的である。中でも越後米は三〇〇俵八七三両という大規模な取引で、昆布取引（九州産か北海産かは不明）も大きなものであった。売買総額もそれぞれ四~五〇〇〇両に達し、常盤丸ら利生廻船にとって商売上の重要拠点であったといえよう。

このほか、周防上関・中嶋屋太郎右衛門とには愛宕丸栄蔵との間に四通の仕切状がある。年未詳未年一一月一日と四日の日付で、肥前米二六〇俵と肥前大豆二一九俵を売り、繰綿一八本を買う商いをしている。

唐津・大村との取引

常盤丸を中心とした利生廻船は、下関から西に向かい、筑前博多から肥前唐津、大村付近の沿岸諸浦の諸商人との取引を行っていた。個別の史料残存数は少ないが、三通を超える相手を表7-13にまとめ、この地域での取引の特徴を検討しておく。

まず、唐津湾入口の呼子浦（佐賀県唐津市呼子町）では、天保一四卯年（一八四三）、

表7-13　唐津・大村商人とのおもな取引商品

差出人	宛名	日付			取引内容
唐津呼子油屋惣治郎	常盤丸五郎吉	寅		12/14	(前欠)　差引3両1歩1朱
	常盤丸五郎吉			6/20	？2両
	常盤丸丈蔵	卯	1843カ	7/14	(売)黒砂糖2挺14貫678文
	常盤丸丈蔵	卯	1843カ	7/14	(売)黒砂糖1挺5貫296文
	常盤丸			3/16	(相場)筑前米1両3朱位　麦安2両2部位　黒砂糖4両2歩　備中繰綿7両3歩　素麺2両3歩2朱
唐津糀屋仁右衛門	常盤丸五郎吉	戌		11/2	(売)小倉着尺3反8貫310文・同袴地9反16貫650文・同帯地20疋16貫文・一天たば粉□□2箱22貫800文
	常盤丸丈蔵	丑	1853カ	3/16	(売)黒砂糖9挺23両2歩2朱
	常盤丸五郎吉	卯		2/15	(売)寅8月黒砂糖3挺・愛宕丸分2挺計6両1歩3朱余
	常盤丸五郎吉	卯		7/13	(売)2月5日黒砂糖16挺・寅7月1挺≒35両3歩2朱余
大村瀬戸諸国屋繁太郎	福徳丸石右衛門	亥		9/15	(売)綿61両3歩2朱・さと9両2分
	亼五石右衛門	丑		3/16	(売)刻59玉・刻11玉・刻50玉≒3両3歩2朱余
	亼五五郎吉	卯		12/17	(売)綿亼五印9本73両2朱
肥前大村本町砂糖屋清四郎・四郎兵衛	常盤丸五郎吉	辰		4/18	(売)繰綿不二恵印52本109両1歩
	愛宕丸栄蔵	申		8/2	(売)繰綿兪印13本42両余
	愛宕丸栄蔵	申		8/9	(売)天草黒砂糖42挺・同35挺170両2歩1朱余
	常盤丸栄蔵	酉		8/28	(売)繰綿10本32両1朱・付木2両1歩2朱
	愛宕丸栄蔵	戌		6/19	(買)帆木綿7両2分2朱　(売)米450俵≒301両2歩1朱
	福徳丸石右衛門・佐吉	亥		5/10	(売)島原黒砂糖23挺≒56両2歩2朱余
	常盤丸五郎吉	辰		4/18	(売)天草黒砂糖12挺14両2歩3朱余

油屋惣治郎に黒砂糖を売却する取引を行っている。これは赤間関の油屋で行われた天草・島原産黒砂糖の売買と同様と考えられる。さらに、湾奥の唐津・糀屋仁右衛門とも黒砂糖売買が見える。また、ここでは備前産の小倉織製品や前述した丸亀・丸本屋で購入した煙草が販売されている。続いて、平戸相神浦（長崎県佐世保市相浦町）の松屋松五郎、平戸早岐（同市早岐）の加布里屋与次兵衛、大村宮村（同市宮津町）下田屋多三郎との取引が一件ずつあり、大村瀬戸（西海市大瀬戸町）の諸国屋繁太郎となる。ここでも繰綿が売買されている。

さらに表中にはないが、大村城下片町（大村市片町）の栄徳屋九一郎には広島白封三本・真綿七本が販売され、同所嶋屋藤吉とも繰綿の取引が行われている。さらに、大村本町（同市本町）の砂糖屋清四郎（亥年に四郎兵衛）とでは、繰綿・黒砂糖・米が売却され、愛宕丸の帆が破損したのか、帆木綿が購入されている。また、諫早津水（諫早市津水町）の備前屋徳助にも、白糸綿・花印綿・（加印綿合計約一三〇両ほどの販売が戌一〇月一八日に行われている。なお、表中の常盤丸丈蔵の取引以外は年代は未確定である。

島原口之津・呼子屋多吉

島原口之津（長崎県南島原市口之津町）は、

表7-14　呼子屋とのおもな取引商品

宛名	年月日	取引内容
愛宕丸吉太郎	辰1.27	(買)黒砂糖170挺・打出し5つ
常盤丸五郎吉 福徳丸石右衛門	安政4巳(1857) 閏5.19	(売)繰綿 △印45本91両2歩1朱
常盤丸五郎吉	未2.12	(買)黒砂糖10挺14両1歩1朱
福徳丸	未7.3～申1	(買)砂糖142樽18218斤≒201両2歩3歩 (売)繰綿24本≒68両2歩・繰綿 仝 △ 45本≒123両2歩・塩337俵≒5両1歩2朱
常盤丸五郎吉	申2.4	(売)繰綿白糸15本40両1歩1朱
常盤丸五郎吉	申2.4	(買)黒砂糖15挺・打出し2つ計22両2歩3朱
常盤丸五郎吉	申6.13	(売)繰綿 (松) 坂上11本35両1歩
常盤丸五郎吉	7.5	(売)繰綿 (松) 坂上9本29両1歩
常盤丸五郎吉	申8.23	(売)繰綿 (松) 坂上17本56両1歩1朱
常盤丸栄蔵・ 源右衛門	酉5.24	(売)綿 仝 15本・白糸印6本計84両3歩・塩428俵8両余
福徳丸石右衛門	亥9.5	(買)大豆47俵25両2歩 (売)塩24俵3歩1朱
福徳丸石右衛門	寅1.5	(買)玉子22丁≒84両2歩 (売)綿10本≒83両2朱
常盤丸五郎吉	寅1.29	(買)砂糖23挺93両3朱 (売)綿121本876両2歩3朱
常盤丸五郎吉	寅12.8	(買)綿20本258両2歩1朱/大豆100俵・種子197俵空豆30俵・米4俵計583両/砂糖5挺18両3歩2朱
常盤丸五郎吉	卯12	(買)砂糖蜜13両3歩
常盤丸五郎吉	辰1.22	(売)塩1180俵50両3歩2朱
常盤丸五郎吉	4.21	(売)綿42本265両1歩
福徳丸石右衛門	12.14	(買)干か117両2歩2朱
福徳丸石右衛門	巳1.11	(買)黒砂糖159両3歩
常盤丸五郎吉	巳3.24	(買)大豆20俵42両3歩1朱
福徳丸石右衛門	巳3.24	(買)大豆80俵166両3歩2朱・砂糖7挺打ち出し1つ36両3歩
常盤丸五郎吉	巳9.5	(買)大豆109俵252両1朱

天草下島と海峡を隔てた島原半島南端にある港町である。この港の豪商呼子屋多吉との取引史料を表7-14にまとめた。ここでも年代確定可能な史料は少なく、巳閏五月の記載から安政四年（一八五七）とわかるものが一点、表の下四点の巳年史料が明治二年の可能性が高い。他はこの間の史料と思われるが確定はできない。この港町での販売は繰綿が最大で総計約二〇三〇両であり、何度か船積みした塩は販売単価が安く、辰一月の一八〇〇俵五〇両は酉年の価格の二倍になったのは幸運であった。購入品としては黒砂糖が金額明記分の総計約六〇〇両となっている。赤間関・油屋の史料には「島原砂糖」や「口之津砂糖」が見えたが、島原半島南部で栽培[11]精製された砂糖が下関に運ばれたと考えられる。また、大豆は金額明記分の合計約五〇〇両である。干鰯・菜種も若干ある。寅一月五日に八四両余で購入した玉子二二丁は、二月四日に赤間関・油屋へ九六両で売却されたことは先にふれた。全体として口之津での商売は、繰綿を販売して砂糖・大豆を購入するという取引であった。

島原では他に島原大湊（島原市か）の正木屋市郎右衛門との取引状が七点残っている。すべて福徳丸石右衛門による年未詳卯年の史料で、一月に繰綿を一七二両、八月に塩を九九両で売り、三月に島原大豆三一五俵・肥後大豆五〇俵・麦五〇俵・干鰯五〇六俵の約一〇四〇両分を買い込むという、購入超過の取引である。

天草下津浦・綿屋近松

天草上島の下津浦村は、天草湾を北に望む現在の天草市有明町下津浦である。ここに綿屋近松という商人がいた。元治二年（一八六五）以降、寛蔵に代替わりしている。表7-15に綿屋との取引内容をまとめたが、ここでも年代が確定している史料は少なく、表の上三点が丈蔵宛の安政元年（一八五四）までの仕切証文である。

この間の綿屋との取引は、繰綿を販売して砂糖を購入するという内容に尽きる。砂糖の取引総額は約二二〇〇両であり、これ以外に購入商品は見えない。一方、繰綿の販売は着尺・羽織地・小倉帯など若干の繊維製品を含めて総額約二九四〇両である。他は少額の煙草、昆布、数子などがある。綿屋以外の天草商人には、たばこ・切昆布・杉板やわずかな綿類が売られているだけで、常盤丸の商品はほぼ綿屋に卸され、そこから各商人に販売されている。綿屋は、天草上島地域での繰綿の販売と黒砂糖の集荷を委託する重要な廻船問屋であったようである。なお、繰綿の取引と黒砂糖の生産・集荷・販売については、第四節に譲る。

肥後高橋・材木屋友右衛門

肥後高橋は、熊本城下以外の四町の一つとして、熊本城直下を流れる坪井川が有明海に注ぐ河口付近に整備された港町である[12]。ここに店を構える材木屋友右衛門[13]との取引内容を表7-16に示した。最初の二点は丈蔵期のもので、他に二点が年代確定できる。取引内容では購入品として俵物が顕著であり、総額約五九七〇両である。四代五郎吉が書き残した〔万覚帳〕には、明治五年の西・中九州での商いで「干鮑」の購入が記されており、この俵物が長崎貿易で輸出されたいわゆる「俵物」である可能性が高い。しかし、この俵物が他の商人に販売された証文は見当たらず、謎の取引となっている。

表7-15　綿屋とのおもな取引商品

宛名	年月日	取引内容
常盤丸丈蔵	丑(1853カ) 4〜7	4月(売)繰綿128両2朱・麦11俵5両2歩 7.14(売)繰綿17本44両
常盤丸丈蔵	寅(1854カ)1.13	(売)繰綿22本60両2歩
常盤丸丈蔵	5.11	(売)繰綿74本・中くり相綿二ツ合計159両2歩2朱
常盤丸梅吉	卯9.23	(売)繰綿⌃五・白糸・無印・中ぐり計175本・切昆布13俵
福徳丸石右衛門	巳5.30	(売)繰綿冨士恵1本1両3歩2朱・羽織・繰綿福戎・△印38本≒74両
福徳丸石右衛門	巳7.21	(売)繰綿[八]・靏7本14両
常盤丸五郎吉	申1.25	(売)操綿⌃加・白糸・(天)・△・(極)印147本390両3歩
常盤丸五郎吉	(申)1.26	(買)上津浦・棚底・島子・大浦村黒砂糖計171両2歩
常盤丸五郎吉	戌3.2	(買)砂糖179挺457両3歩　(売)綿136本・古手中ぐり・帯・煙草・嶋2反合計380両3歩
常盤丸栄蔵	亥1.6	(売)繰綿白糸113本385両1歩1朱
常盤丸五郎吉	亥1.13	(売)煙草1箱600目・帯7延半406匁・着尺嶋と袴地2反ずつ620目合計4両1歩2朱
常盤丸石右衛門 天社丸源蔵	亥5.6	(売)繰綿白糸24本71両1歩3朱
福徳丸石右衛門	丑4.4	(買)馬場・湯船原・古江・下浦村砂糖491両1歩3朱
常盤丸五郎吉	5.21	(売)繰綿94本779両3朱
愛宕丸五郎吉	卯1.18	(売)中くり1本495匁＝1両1歩2朱・切昆布4俵320目・羽昆布120わ150目・数子13貫800目496匁・傘36本など504匁・塩　2俵600文
愛宕丸五郎吉	卯1.19	(買)黒砂糖134挺32莚182両1歩
常盤丸五郎吉	辰3.17	(買)大浦・赤崎・大島子・宮田・大矢野村砂糖計116両 (売)繰綿116本半228両2歩・小倉帯5本1両2歩
福徳丸石右衛門	明治2巳 (1869)1.5	(買)古江・湯船原・内田・下津浦・上津浦・下浦村砂糖計551両　(売)綿22本201両1歩・煙草2箱58袋9両2朱
福徳丸石右衛門	明治2.2.19	(買)内田村砂糖代67両2歩2朱
福徳丸石右衛門	明治2.3.11	(買)黒砂糖浦村樽43挺・馬場村樽14挺・下津浦三分口銭計150両2歩2朱

さらに、菜種子の購入も総額約一二五〇両である。表7-12の卯二月七日の福徳丸石右衛門が赤間関・油屋に販売した肥後麦安八七八両も、同人が材木屋から購入した五一七両の麦安とも推定できる。なお、米の購入は長期滞在中の飯米に当てられている。一方、販売品では繰綿が目立ち、合計三三八〇両近くになる。備前備中産の繰綿を主力に、広島綿や讃岐綿も含まれている。このように肥後高橋・材木屋との取引は、意外に下関や天草での取引にも匹敵する大規模な商いであった。

表7-16　材木屋とのおもな取引商品

宛名	年月日	取引内容
常盤丸丈蔵	子(1852ｶ)5.29	(買)俵物≒327両2歩 (売)繰綿10本≒9両3歩3朱
常盤丸尉蔵	12.2	書状 [史料3]で紹介
福徳丸 石右衛門	卯1.18	(買)麦安≒517両2歩3朱・米6俵1貫538匁 (売)讃岐綿241両1歩2朱
常盤丸五郎吉	卯7.1	(買)種子≒237両3歩2朱(売)繰綿・小倉嶋≒46両
福徳丸石右衛門	卯9.2	(買)俵物≒906両3歩・米8俵1貫742匁
常盤丸五郎吉	巳4.4	(買)俵物≒1262両2歩2朱・鉄砲1挺250目・油546匁
福徳丸石右衛門	酉ｶ8.11	(買)俵物≒647両1朱・粮米12俵4合1貫302匁
福徳丸 石右衛門	酉8.13	(買)俵物≒464両3歩・米5俵414匁・種子≒15両 (売)繰綿≒235両3歩・塩1貫500目
常盤丸栄蔵	亥1.19	(買)俵もの≒250両1歩1朱・米6俵397匁
常盤丸栄蔵	亥7.18	(買)俵物≒834両2歩・米6俵181匁 (売)旦紙870目
常盤丸栄蔵	子1.29	(買)種子≒509両 (売)綿≒736両1歩1朱
常盤丸栄蔵	子11.5	(買)菜種子≒492両1朱・米4俵240目・麦安3俵122匁 (売)繰綿花極印・花印125本498両1歩
常盤丸五郎吉	子11.25	(売)操綿笠岡・冨士恵58本≒153両1歩3朱
福徳丸 石右衛門	元治1子 (1864)12.5	(売)繰綿花印・白糸・大極印19本≒111両2歩3朱・ 繰綿79本405両1歩1朱
福徳丸石右衛門	丑4.28	(売)繰綿白糸・大極印140本≒729両2朱
常盤丸五郎吉	慶応1丑(1865) 閏5.18	(買)俵物≒673両1歩 (売)広島綿30本≒196両1歩
常盤丸五郎吉	年月日未詳	(買)俵物≒588両2歩・粮米4俵420匁

表7-17　縄屋とのおもな取引商品

宛名	年月日	取引内容
愛宕丸栄蔵	申(1860ｶ)1.19	(売)筑前新米459俵≒253両2歩3朱
福徳丸石右衛門	壬戌(1862)7.17	(売)肥後小麦324俵・肥後麦安58俵合計244両1歩2朱
福徳丸石右衛門	亥(1863ｶ)10.10	(売)種471両2歩3朱・小麦≒15両2歩3朱・砂糖1挺≒1両1朱
常盤丸五郎吉・栄蔵	癸亥(1863)11.17	(売)小豆5貫目≒58両
常盤丸五郎吉 福徳丸石右衛門	丑(1865ｶ)10.3	(買)姫吉24両・八喜口140本1089両3朱・八喜口は綿3貫目3両 2歩3朱・松喜口30本243両 (売)大豆小豆1177俵1347両1歩1朱
常盤丸五郎吉	卯1.15	(売)大豆麦安245両3歩・種412両3歩2朱
常盤丸五郎吉	卯2.23	(買)綿50本725両 (売)米315俵903両3歩

兵庫・縄（名和）屋庄兵衛

瀬戸内から中九州までの取引を終えて帰国した常盤丸は、時に上方に商売に出かけた。おもな相手は兵庫港の縄屋[14]である。表7-17はその取引をまとめたものである。販売商品は米約一一六〇両、麦・大豆・小豆が約一九一〇両、菜種約八八〇両などで、総額四〇〇〇両近くに達する。特に筑前米や肥後小麦など九州の農産品を売却している。一方、購入商品は、姫吉・八喜口・松喜口が繰綿と考えられ、総額約二〇八〇両である。購入商品は戻り船で積み込むので、これら綿類は畿内産品であったと思われる。ここでの商いは米麦大豆小豆菜種などの農産物の売却と綿の購入であった。

以上、史料点数の多い商人を中心に彼らとの取引を分析してきた。結論として、常盤丸は、繰綿を備前・備中・西讃地域や兵庫で入手し、下関で補充購入した後、島原・天草・肥後で販売した。戻り船では、肥後で俵物や肥後産品、天草や島原で黒砂糖などを購入し、西海地方や下関で黒砂糖や肥後産品を売却し、瀬戸内沿岸各地に立ち寄りながら帰国し、一部兵庫にも船足を延ばすという取引形態であったといえよう。

註

（1）『撮要録』日本文教出版　上巻一〇七六頁

（2）太田前掲書一二四頁

（3）同下巻二〇〇四頁

（4）同書一三二頁

（5）角田直一『倉敷浅尾騒動記』などがあるが、『新修倉敷市史4近世（下）』七六九頁以下の記述が事件の真相であろう。

（6）『新修倉敷市史10　史料　近世（下）』五〇六頁以下収録の安政七年「甘蔗作高砂糖製作高書上」による。

（7）『新修丸亀市史2　近世』（一九九四）二七七頁

（8）丸本屋の大量の辛子購入が、讃岐うどんの唐辛子だったのだろうかと推測するが、証拠はない。何に使用されたか疑問である。

（9）丸亀市史前掲書二九七頁によると、丸亀藩では寛政年間に塩屋村で甘蔗栽培が始まり、大坂に積み出していた。安政四年には藩の統制下に入り、砂糖会所を通じてでないと砂糖の買い入れができなくなる。

（10）『山口県の地名』（平凡社一九八〇）東南部町の項には、文政七年頃、長府藩御用商人の油屋茂兵衛があるとする。現在は下関市南部町に属し、長州藩天保改革で村田清風が天保一一年（一八四〇）に強化した下関越荷方の役所も付近にあった。

(11) 鬼頭宏「日本における甘味社会の成立―前近代の砂糖供給―」（『上智経済論集』第53巻所収二〇〇八）には、明治七年府県物産表の分析の中で、「長崎県で黒砂糖の産額が大きいのは、貿易を通じて得たものと考えられる」とあるが、「口之津砂糖」のように国産黒砂糖の存在もあると思われる。また、掲載された物産表によると、砂糖生産量の順位は一位鹿児島県、二位名東県（現香川・徳島県）、三位長崎県、四位浜松県、五位白川県（現熊本県）であるが、一位鹿児島県については、近世の黒砂糖専売による奄美・琉球に対する「内国植民地」的収奪としての視点も重要である（上原兼善『近世琉球貿易史の研究』二〇一六）。

(12)『新熊本市史　通史編第4巻　近世2』（二〇〇三）六八〇頁以下。なお、高橋町は安政五年の町人人口は一六九六人で、四ヶ町の中ではもっとも少ない。

(13) 同前書七〇〇頁には、高橋の「小問屋」に米屋・佐敷屋・筑後屋・今市屋らとともに、材木屋友右衛門の名が見える。

(14) 縄屋についてはは史料中の商標などにその居所を示すものがないが、谷口澄夫氏作成の『野崎家文書　売用日記抜粋（その5）』の慶応三年一一月一八日の条に、「今朝兵庫縄屋庄兵ヱより差越す手紙披見致候処、御用米5両3歩位ヒ之相場」とあり、同一人物と考えられる。

第四節　繰綿・黒砂糖の取引構造

前節では常盤丸と諸商人との取引内容を分析したが、その基幹商品は繰綿と黒砂糖であったことが理解できた。この二つの商品について、肥後高橋の材木屋友右衛門は次のような興味ある書状を書き送っている。

史料7-3

（前略）此度操(ママ)綿御積入天草表江御着船ニ相成、綿之儀大体御売捌ニ相成、其御表ゟ砂糖御積登り之筈ニ而御座候由ニ付、代手形前々之分御返納仕、今般御委細態と御人立ニ相成、被仰越御趣奉畏候、右者先日御紙面も被下候ニ付、早速小太郎へも咄し合仕、右綿延売向キへ懸合申候処、先方去廿四日ゟ取引之儀御座候球磨表へ罷越、来月十五日頃あらで者帰り不申由（中略）

十二月二日　　材木屋友右衛門

常盤丸尉蔵様

参人御中　（後略）

この書状では、常盤丸尉(じょう)蔵（丈蔵）らが繰綿を積み込んで天草に着船し、綿が売れたため天草で砂糖を積んで戻るという経路をあらためて示してくれる。その際、尉蔵は材木屋に「延売」を依頼していた前々の綿の代金を求めたようで、材木屋が綿を売った先方の商人が球磨表（球磨川河口の八代町であろうか）に出向いて帰宅するのが年明けになるので、すぐの支払いは難しいと伝えている。このような委託販売は、天草の綿屋や赤間関の油屋などにも行われており、当時一般的な取引形態であったと考えられる。また、この書状は十二支のない年未詳史料ではあるが、丈蔵の活動した弘化・嘉永ころのものと推定され、繰綿と黒砂糖は常盤丸の最初からの取扱商品であったと思われる。

繰綿の集荷と販売　繰綿とは、収穫された綿（実綿）から種を取り除いたものであり、綿打ち作業（しの玉作り）から糸紡ぎによって綿糸となり、染色、機織り工程をへて綿織物となる。その意味で繰綿は紡績・綿織物業の原料であり、その需要が多い地域に廻船による原料供給がなされた。常盤丸ら利生廻船は中九州をその取引地域としていた。

繰綿は、藤戸・和気屋の場合、正味六貫二〇〇匁（二三kg余）を一本として販売している。仮に他地域でも同一基準とみなして、その常盤丸への販売量を集計比較してみると、藤戸・和気屋は表7-9により約二〇〇本・四八〇両とくりこ約二六〇本・価格不明、倉敷・下津井屋は表7-10から約四〇〇本・八二〇両になる。これに、備中笹沖・本屋貞蔵が六五本・約一七〇両、備中連島・浜辺屋八兵衛の約一五〇本・三〇〇両を加えると、備前備中の四商人の合計は約一〇八〇本・一八〇〇両以上となる。一方、西讃の丸亀・丸本屋は表7-11から本数未詳・約二八〇〇両であり、これに未掲載の丸亀・大坂屋与吉郎の二二〇本・約三三〇両と観音寺・亀屋栄蔵の一二五本以上・約三七〇両を加え、三商人で約三五〇本以上・約三五〇〇両になり、備前備中より多い。さらに、広島城下・高田屋理右衛門からも三二五本・約九〇〇両を仕入れている。また、赤間関・油屋では表7-12から約四四〇本・二六〇〇両、兵庫・縄屋からも表7-17より二二〇本余・二〇六〇両ほどの仕入れとなる。繰綿一本の平均価格は、備前備中・讃岐・広島産が約

表7-18　繰綿商品の取扱商人と買取商人

商品名とその取扱商人	左の商品名の買取商人
和気屋五兵衛　天恵	諸富・中島屋友右衛門
和気屋五兵衛 藤恵(冨士恵・不二恵)	諸富・中島屋友右衛門　大村本町・砂糖屋清四郎 大村相神浦・松屋松四郎　綿屋近松　材木屋友右衛門
和気屋五兵衛　亼五印	大村瀬戸・諸国屋繁太郎　綿屋近松
本屋貞蔵　本恵　上恵	諸富・中島屋友右衛門
下津井屋吉左衛門　白糸	綿屋近松　呼子屋多吉　平戸早岐・加布里屋与治兵衛 諫早津水・備前屋徳助　材木屋友右衛門
浜辺屋八兵衛　[八]　靏	綿屋近松
大坂屋与吉郎　福印・禄印・亼寿	買取商人の名は史料中に見えず
丸本屋五平治　大極上・(福)・[禄]	材木屋友右衛門
亀屋栄蔵　宝印・観印・稀印	買取商人の名は見えず
高田屋理右衛門　白封綿ヵ	油屋仁左衛門　大村片町・永徳屋九一郎
油屋仁左衛門　米子綿・福山綿・㊂・尾道雪印　買取商人見えず	
油屋仁左衛門　備前△印	綿屋近松　呼子屋多吉
油屋仁左衛門　笠岡ヨ印	材木屋友右衛門
油屋仁左衛門　[極]印	筑前福岡湊町・石屋徳右衛門
縄屋庄兵衛　姫吉・八喜ロ・松喜ロ	綿屋寛蔵
川印	諸富・中島屋友右衛門
亼加印	大村本町・砂糖屋清四郎　諫早津水・備前屋徳助　呼子屋多吉　綿屋近松
花印	諫早津水・備前屋徳助
(松)坂上印	呼子屋多吉
福戎・(天)・(極)	綿屋近松
花極印・花印	材木屋友右衛門

二〜三両に対して、赤間関が約六両、上方産で約九両となっている。その原因は幕末の物価高騰など時期的なものや、別廻船からの入荷繰綿を再購入したためなどが考えられよう。

一方、これらの繰綿の販売先は、島原口之津・呼子屋が約一八〇〇両、天草・綿屋が約二九〇〇両、肥後高橋・材木屋が約三四〇〇両であったことは前節でみた。この他、筑後川河口部の肥前諸富・中島屋が篠玉と繰綿で七七本・約二〇〇〇両、大村本町・砂糖屋が繰綿七五本・約二〇〇両、諫早津水・備前屋が四五本・約一三〇両、福岡・木屋が繰綿三九本・約三〇〇両などがある。

しかし、どの地域の繰綿がどこで販売されたかはこれではつかめない。そこで、繰綿の商品名に着目して作成したのが表7-18である。各商品名の産地は、和気屋近辺が藤恵・天恵・〈五、笹沖・本屋が本恵・上恵、下津井屋では白糸、連島・浜辺屋は[八]・靏、西讃地域で福印・禄印・大極、観印などがあり、広島城下・高田屋では白封綿がある。実際の繰綿製品には、例えば下の藤（冨士）恵のような商品名が押印された。赤間関・油屋では、備前△印・笠岡┐印・尾道雪印などが別の廻船業者によってもたらされている。このほか、産地名の不明な商品名には、川印・〈加・花印・(松)坂上印・福戎・㊝・㊕・新極印・花極印などがあった。さらに販売された地域も、和気屋の藤恵は、平戸から大村・天草へ、そして肥後高橋から北上して肥前諸富まで販売されていたこともわかる。また、倉敷の白糸は、平戸から諫早、島原から天草、肥後高橋にもたらされている。ただ、丸亀産の繰綿は肥後高橋の材木屋に売却された以外に、販売先が不明確なのは残念である。なお、広島・高田屋と赤間関・油屋の白封綿の一致は前述したが、安政四年（一八五七）一月二六日に購入された連島・浜辺屋の[八]印五本と靏二本は、同年七月二一日に天草・綿屋に販売されており、販売先の特定がここでもできる。

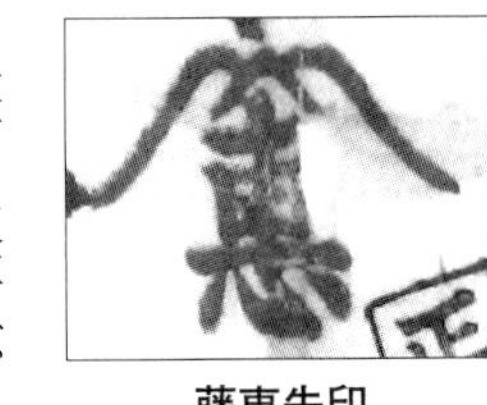

藤恵朱印

黒砂糖の購入と販売

天草の黒砂糖については前節の綿屋近松の項でもふれたが、表7-15での明治二年までの取引総額は約二六四〇両になる。しかし、天草には各村に砂糖問屋とも言うべき商人があり、常盤丸との間で合計四八〇両ほどの直接取引も行われている。これには史料の宛名が常盤丸ではないものも多いが、義若家文書に証文類が残されている以上、最終的に常盤丸に売却されたものと判断できよう。綿屋と他の天草商人を合わせると三一〇〇両ほどになる。

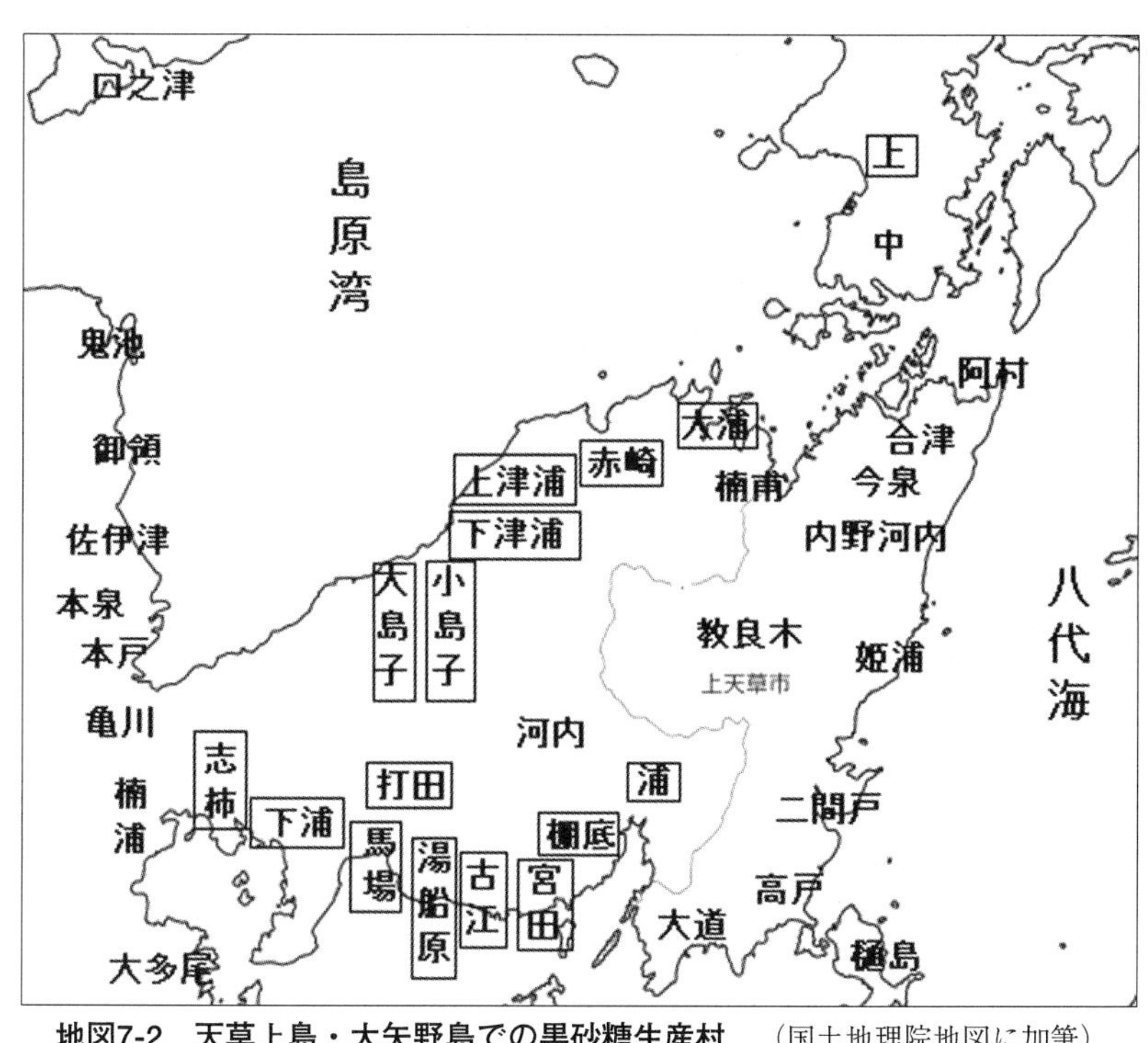

地図7-2　天草上島・大矢野島での黒砂糖生産村　（国土地理院地図に加筆）

そもそも天草の黒砂糖生産の発祥については、赤崎村の前田市右衛門が、文政三年（一八二〇）に単身鹿児島県の寄田村（現薩摩川内市寄田町）にその製法の習得に赴き、甘蔗の苗を持ち帰ってのち広まったといわれている[1]。地図7-2は、綿屋関係と天草諸問屋の史料六七点中、黒砂糖の集荷が確認された村を枠で示したものである。天草上島の南と北の沿岸諸村に広く及んでいることがわかる。天草は、肥後（白川県のち熊本県）の砂糖生産を支える一大産地であった。多額の取引では、表7-15の戊年（文久二年カ）三月に四五七両、丑年（慶応元年カ）四月の四ヶ村合計四九〇両、明治二年一月には六ヶ村合計で五五〇両などが行われている。

次頁の表7-19は、安政三年の宮田村と、未年一月（安政六年カ）の上津浦・棚底・大島子・小島子・大浦の五ヶ村、さらに元治二年の下浦村において集荷された黒砂糖をまとめたものである。宮田村では二二六〇kg（正味重量の斤を換算）、上津浦など五ヶ村で九二四〇kg、下浦村で三二八〇kgもの砂糖が生産されている。村別では、宮田村で約四〇両、上津浦村で約五〇両、棚底村約五六両、大島子・小島子・大浦

表7-19　天草諸村での黒砂糖集荷

村名	名前・口銭等	丁数	莚数	正味(斤)	代銭(匁)	金貨表示
宮田村	弥代松	4		567	2324.7	6両1歩3朱
	喜太八	2		303	1142.3	
	清太	13	5	2288	9315.3	25両3歩2朱
	亀左衛門	1	1	223.5	916.3	
	長左衛門	2	3	391	1603.5	
	口銭				462	
	※計算違い				100	
	合計	22	9	3772.5	15864.1	44両1朱
上津浦村	柳助	5		688.5	2685.15	7両1歩3朱
	兼助	2		216.5	844.35	
	利七	4		489	1907.1	
	半次郎	4		484	1887.6	
	定松	1		111	432.9	
	清吉	1		131	510.9	
	新吉	1		142	553.8	
	武八郎	5		689.5	2689.05	7両1歩3朱
	上分　紋助	2		273.5	1066.65	
	松五郎	3		415	1618.5	
	庫右衛門	1		169.5	656.05	
	佐栄太	1		106.5	405	
	勝四郎	2		258.5	983.03	
	甚八	1		131.5	500.07	
	清作	2		298	1096.5	
	規格外・落砂糖			-122	-475.8	
	運上口銭				520.8	
棚底村	庄二郎買	30		4075	15485	43両
	孫四郎	1		133	465.5	
	莚包		13	830	3071	
棚底村	棚底口銭				570	
	下津浦仲買共口銭				570	
	出し積船運賃				138	
	棚底二丁歩落				-25.8	
島子大浦村	大浦　陸奥口	41	8	5401.9	20527.22	57両
	島子大浦問屋銭				615	
	仲買綿近口銭				615	
	計算違い				-26.27	
居村不明	孫平	1		92	358.8	
	国六	1		120	462	
	役座分	2		262	995.6	
	口銭				54.5	
以上4項目合計		111	21	15395.9	61757.2	171両2歩
下浦村	宇三郎	1	1	195.5	1974.55	
	勝治	1		160	1632	
	奥蔵	2		320	3264	9両1朱
	平床・小伝治	1		148	1505.6	
	弥三八	3	1	471	4809.3	13両1歩1朱
	小手・敬太郎	3		433	4416.6	
	小手・幾太郎	2		307	3131.4	8両2歩3朱
	小手・重助	2		247	2519.4	7両
	小手・恒太郎	4		589	6007.8	16両2歩3朱
	紋蔵	2		312	3182.4	8両3歩1朱
	小手・儀之治	11		1556	15871.2	44両1朱
	小伝次	5		731	7383.1	20両2歩
	口銭				1133.7	
	※計算違い				1	
	合計	37	2	5469.5	56832.05	157両3歩1朱

宮田村は安政3.2.28「宮田砂糖受覚」、上津浦・棚底・島子・大浦村は「未冬黒砂糖目録」(安政6か)、下浦村は元治2.4.3「黒砂糖渡高帳」よりまとめる。※は原史料の計算違いと思われる。金貨表示は1両=銭360匁で換算。

表7-20　常磐丸へ注文の黒砂糖生産資材　戌6月11日改

居村	注文主	注文
大島子	諸国屋	いりかめ　5升鍋つる付　5升釜みがき
大島子	三木屋	1升枡　5合升　2合半升
大島子	惣次様	1斗枡　1升枡　5合升　2合半升　1合升
大島子	とい屋	2尺3寸いり鍋　1升釜焚みがき
大島子	春木屋	洞風呂釜
大島子	和十殿	4升鍋つる付　3升鍋つる付
大島子	向屋	2尺3寸平鍋　5升焚羽釜
大島子ｶ	池田屋恒之進	3斗5升鍋みがき　1升鍋　1升5合鍋 2升鍋　2升5合鍋
下津浦	綿屋分大三郎請釜	紺丸目
下津浦	綿屋	1斗2升焚平鍋みがき　3升焚釜みがき
馬場ｶ	からつ屋	五右衛門釜2番
不明	山城様	五右衛門釜2番　5升鍋　2升鍋つる付
不明	杢屋	3升焚釜みがき　2番薬研

表7-21　天草・島原産黒砂糖の買取り商人と量

買取商人と居所		購入量等
肥前大村	砂糖屋清四郎	89挺9886斤計178両1歩
肥前唐津	糀屋仁右衛門	(1853年ｶ他)31挺475貫576文
唐津呼子	油屋惣治郎	(1843ｶ)3挺264斤20貫592文
福岡湊町	磯根屋利助	21挺2700斤26両
赤間関	油屋仁左衛門	(1846他)莚包32俵・箱入60丁・樽615丁 合計2066両余
尾道	大紺屋伝兵衛	10丁・こも4丁・樽11丁黒砂糖4貫428匁88
兵庫	縄屋庄兵衛	(1863ｶ)砂糖1挺≒1両1朱
丸亀	丸亀会所	天艸黒砂糖280樽300両
備中倉鋪	下津井屋吉左衛門	(1852ｶ～55)74挺5090斤131両
児島利生	山本屋嘉三郎	3斤30目
播州坂越浦	元屋甚太郎	砂糖1俵11貫200目
肥前大村	砂糖屋四郎兵衛	島原黒砂糖23挺≒58両2歩1朱

金銀交換率のわかる史料は両に換算したが、ない場合はそのまま示した。

村で約六〇両、下浦村で約六〇両の取引となっている。売価は、安政三年の一斤約四・二匁が八年後の元治二年に一〇・四匁と二・五倍に跳ね上がり、幕末の物価高騰の実態を表している。

一方、生産者については、表中に宮田村で五人、上津浦村で一五人、下浦村で一二人等の名が見られる。ほとんどは商人でなく甘蔗栽培の農民と推定される。しかし、宮田村の清太、棚底村の庄二郎、大浦村の陸奥氏、下浦村の儀之治らは、村内外の生産者から砂糖を集荷する砂糖問屋であったと思われる。綿屋近松もここでは口銭収入を得る「仲買」商人として登場する。表からはこのような砂糖問屋の存在形態が浮かび上がってくる。中でも屋号を持つ商人には、下津浦に綿屋・小綿屋、上津浦に両国屋・松野屋、志柿に山下屋、下浦に永田屋、馬場に唐津屋、大矢野に大坂屋などがあり、上津浦の脇山氏、志柿の永野氏などは村の庄屋ではないかと推定される。このように天草での黒砂糖生産は村毎の生産農民と砂糖問屋、それを束ねる綿屋のような仲買問屋が組織化され、常盤丸のような遠近の買付商人に特産地として対応していたのである。

黒砂糖の生産工程は、原料サトウキビの細裂・圧搾→搾汁液の加熱濃縮・不純物除去→冷却攪拌と進められ[2]、最後に樽詰めされて出荷を待った。圧搾は砂糖車によって行われ、動力は牛馬であったという。搾り出した糖汁を炊き上げて濃縮していく工程では釜や鍋が使用された。義若家文書の［黒砂糖村別金高］と仮称した戊年六月一一日付の長冊断簡三枚の中に、常盤丸に鍋や釜、容量を測る枡を注文した部分が書き残されている。表7-20にそれらをまとめたが、五右衛門釜や三斗五升鍋など大きな容器も見られる。表中に「みがき」とあるのは、煤や砂糖片の洗浄を依頼したのであろうか。大島子と下津浦などわずかな地域に限定されるが、単に黒砂糖を買い込んで他所に売り捌くだけではなく、生産に必要な資材の調達や修理にも携わり、黒砂糖生産を側面から支えていたのである。この戊年は年未詳であるが、三代五郎吉の天草での急死の前年、文久二年（一八六二）頃と思われる。

一方、常盤丸らが購入した黒砂糖は表7-21のような商人に売却された。前節で詳述したが、大村湾沿岸の城下商人、九州北岸の肥前唐津・呼子・福岡湊町の諸商人をへて、下関・油屋で天草産黒砂糖の大部分が売り捌かれている。その後、尾道、丸亀に立ち寄って売り、児島に帰着した。一度は播州坂越浦にも赴いているようである。黒砂糖売買の最も早い時期は、天保一四年（一八四三）の唐津呼子・油屋の例である。また、島原・口之津で買い入れた島原産黒砂糖は、大村商人と油屋に売却している。この間、どれほどの純益があったのかは収支決算書がなく、不明である。この黒砂糖売買は四代五郎吉の明治七年を最後に終了するが、その様子は第五節で検討する。

註

（1）天草市総務部秘書課広報広聴係および天草市立本渡歴史民俗資料館から、『有明町史』（二〇〇〇）の付録年表一六頁に前田市右衛門についての記述があり、『五和町史』（二〇〇二）八七六～九頁に、明治以降の天草黒砂糖の変遷がまとめられているとのご教示をいただいた。

（2）杉本明「黒糖と砂糖の製造法」（伊藤汎監修『砂糖の文化誌―日本人と砂糖―』所収　八坂書房二〇〇八）

第五節　四代五郎吉の商業活動

文久三年（一八六三）五月二日の父の急死をうけて、跡を継いだのは長男光次郎である。この時数えで一五歳の彼は、父配下の有能な船頭たちの支えを得ながら家業を受け継いだものと思われる。四代五郎吉を襲名した彼は、間もなく常盤丸に乗り、瀬戸内海や九州へと船出した。前節で見た各地の取引商人の中で彼の名を仕切証文に書いた史料が散見される。ほぼ年代が確定できるものをあげると、肥後高橋・材木屋の子（元治元）一二月五日と翌丑閏五月一八日、赤間関・油屋の丑（慶応元）六月二三日、兵庫・縄屋の丑（慶応元）一〇月三日、丸亀・丸本屋の卯（慶応三）一一月一〇日などがある。二度にわたる長州征討の合間の慶応元年に航海が行われているのは注目すべきことである。しかし、航海記録が残されていないのでこれ以上の分析は難しい。ところが明治に入ると、若き四代五郎吉がその最後の時期の航海記録を書き留めた小冊子が残されている。表紙はすり切れ、表題は読めず、裏表紙には薄らと義若五郎吉と見える。常に懐中にあったであろうこの帳面は、数えで二二歳の明治四未年八月から書き起こされ、同七戌年四月頃までを前後しながら細かく書き残されている。本節では、［万覚帳］と名付けたこの帳面をもとに、彼の具体的な活動を再現してみたい。

明治四〜五年の商業活動

その冒頭部分の明治四年八月二二日の記録の次の頁に、「岡山行勘定之覚」として、五郎吉本人をさす「僕之分」として一四五〇両、利生村の商人である「山口屋之分」として一一〇〇両、利生村の明神丸松之助（松四郎か）の「大向屋之分」として一〇五〇両の取引が書かれている。三軒共同で何か高額な取引か、または資金準備を行ったもの思われる。続いて、九月には「備中場米」を買い込み、船頭の「千三」が三〇俵の出売りをし、村内の「阿津屋」に一五俵を売却し、その他少量ずつ販売を続けて同月一八日までに九〇俵の米を売り上げている。さらに九月九日には「竹やゟ酒積入目方之覚」として、利生村の山川屋をさす「〈川之分」、船頭の「治右衛門」及び常盤丸の「義若分」に、酒一〇丁ずつ、代一貫六〇〇匁ほどの酒が積み込まれている。別の頁には利生村池ノ内の房吉が常盤丸に酒を積み入れたとも書かれている、そして同月一九日には、日比の「いろは屋」[1]で五郎吉・〈川・十介の三人が会合をしており、出航前の祝宴があったと思われる。三人の宴会記録の六日あとの九月二五日には、十介に「壱朱　九木にてかし（貸）」とあり、三重県尾鷲市九鬼町に到着していた。

四代五郎吉の本格的な今回の航海は、二五日に「九木」、「はいだ」（同市早田町か）、二九日「鳥羽」、一〇月五日「おはま」（同四日市市小浜町か）、一一日「み田」（鈴鹿市箕田か）と進み、一六日の「桑名」が最終目的地であった。二三日には「桑名山元屋揚ケ目方之覚　二百俵」として合計六七貫八〇〇目、「蔵入之分目方之覚」として合計九二貫目の商品を荷揚げしている。この商品が何であったか記載はないが、俵が単位となっていて、別の頁に「塩合千七百七拾弐俵」とあることから、塩であったと思われる。この航海は、「(野)」の金勢丸藤三郎船、「(川)」の天神丸秀三郎船、「(北)」の八幡丸信三郎と常盤丸五郎吉の四艘が連船であった。四船が廻送し荷揚げした塩俵が総計一七七二俵であったのであろう。

一方、一一月一・三日には、「桑名山元屋ゟ積入」として「勢州古米弐拾七俵　大納言小豆拾七俵」「中納言小豆五拾五俵大納言小豆六俵　勢刕新米三拾俵」を購入している。購入代金は塩代金と相殺したのか不明であるが、一一月七日には「七見」（松坂市七見町か）、八日に鳥羽、九日には伊勢から「にへ」（南伊勢町贄浦か）、一二日に「おわせ」、二〇日には「二木しま」（熊野市二木島町）、一二月一三日に「へキ」（和歌山県白浜町日置）、一二日「とん田」（同町富田）、三〇日田辺へと戻り、ここで越年して一月一一日には八幡丸・金勢丸と常盤丸の三艘で酒肴を楽しんでいる。天神丸は先に帰国したようである。明治四年九月から四ヶ月間の日比から南紀・伊勢桑名往復の航海であった。

明治五年二月二〇日、「金札五拾両　使庄三郎ゟ売相渡ス　但し玉しま大向屋江繰綿之入金也」とあり、五郎吉の使庄三郎が、繰綿の仕入代金として玉島の大向屋へ五〇両を入金したことがわかる。二八日には、「積仕入之覚」として、「勢刕古米廿三俵　同新米廿壱俵　内壱俵池ノ内浅吉渡　〆四拾三俵　備中素米廿弐俵　繰綿八拾本　同十七本」が常盤丸に搬入された。これらは桑名で購入した米俵の残りと、備中産の米、玉島の繰綿である。晦日（三〇日）には山口屋から金札六一八両を「菜種子仕切分」として預かっている。ついで三月一八日には博多の深口屋惣兵衛に「大極印五本」を販売した記録がある。この間、日比湊を出航して九州に赴いていたのである。同二三日には深口屋で古札を当時使用できる金札五六七両余に換金したことを示す仕切状が残されており、宛名が常盤丸五郎吉と天社丸千蔵とあることから、天社丸も随行していたことがわかる。

さらに常盤丸一行は先代の時から取引のある肥後高橋（熊本市西区高橋町）の材木屋に到着し、四月二日には島原半島西部にある尾浜温泉（長崎県雲仙市小浜町）に入湯している（下の写真）。乗り組んでいる五郎吉の弟光五郎と清介は四日に常盤丸で材木屋に戻ったようで、九日には五郎吉と天社丸千蔵・住力丸（光蔵か）が宿代を払って材木屋に戻ったと思われる。以後ここを根拠地に、二一日には従来から取引がある島原・口之津の呼子屋（当時、多吉から惣平に代替わりしている）に繰綿五三本を売り、二八日には材木屋友一郎へも繰綿三九本を販売している。しかし、六月三日には材木屋へ宿泊料を払って呼子屋へ移り、その後、赤間関・油屋に戻ったようである。次の書状は、材木屋友一郎が当時長崎に滞在していた五郎吉宛てに送ったものである。

史料7-4

以飛札一筆啓上仕候、於馬関貴顔後直様御出帆、最早其御地御着岸被成御座、愈増御堅固可被成御座奉珍喜候、扨私儀十三日馬関発足、十七日当地着仕、早速大ツ(豆)之模様聞合申候処、新ハシリ高瀬口弐百六七拾匁船乗ニ而出来、其後少々引下ケ弐百四拾匁船乗内外ニ而、金宝丸金生丸当り商出来仕申候間、直ニ同船ゟも川尻ニ而弐百四拾匁船乗三百俵買付、出町ニ而弐百四拾五匁船乗ニ而ニて(ママ)百俵、都合四百俵丈手当テ仕置申候、跡とハ先見合せ置申候、船問ニ相成申候間、今少しハ買能候共ハ相成不申哉と相考申候間、同様至急ニ御渡海可被下候、然ル処川尻・大江之弐町大豆買入候時ハ気配宜敷手付ニて売人無之候間、現買ならでハ手入不申候ニ付、現買ニ買入置申候間、代銭頻ニ相せがみ大ニ当惑仕申候間、金子早々御差送可被下候、自然延引仕候ハ、歩合二重ニ相係り申候間、

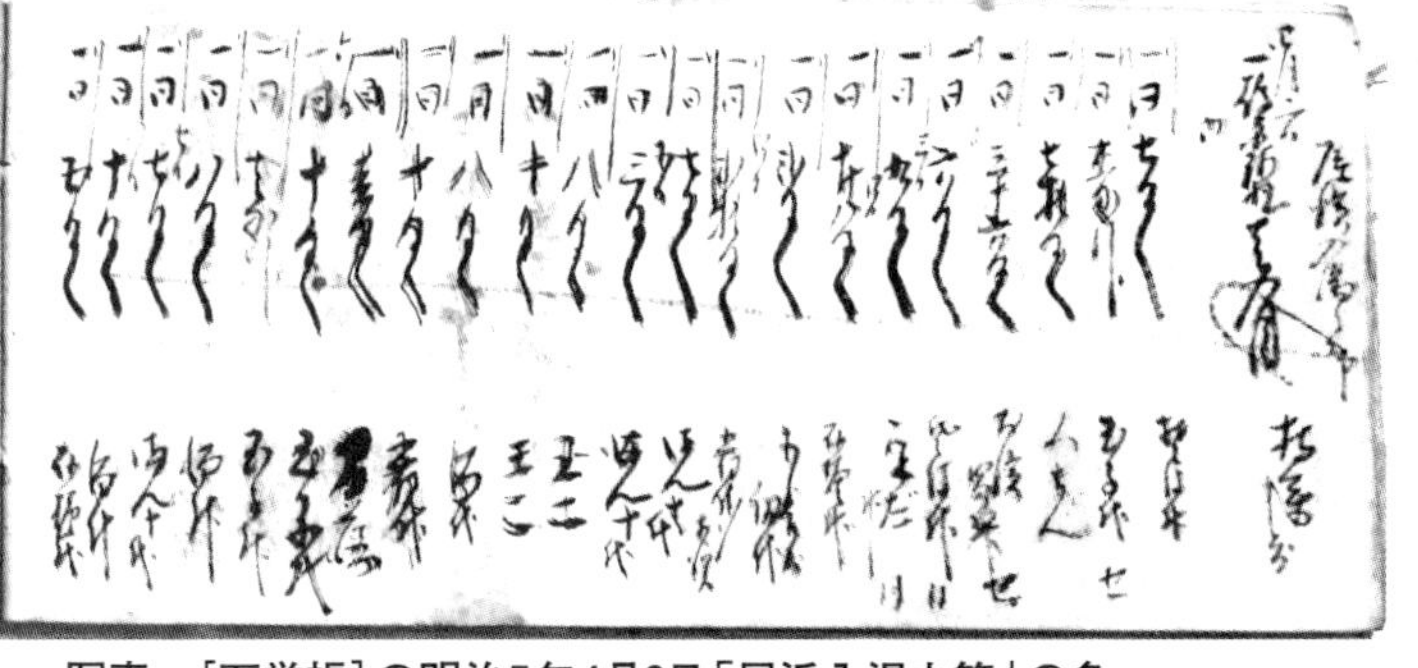

写真　[万覚帳]の明治5年4月2日「尾浜入湯之節」の条

（4月2日にそば・玉子、4日に肴・まん十、5日にまん十・酒・肴…を購入して湯治を続け、9日に360目の宿代を払っている。）

此段左様思召被下、一刻も御差急キ可被下候
一三ツ石昆布品柄多ク御座候間、此段左様思召被下
一黒砂ト之儀者売口至て悪敷御座候
一氷白砂トハ品柄不多候
一鰊ハ未タ新下り不申候間、一刻も早キ方宜敷御座候
一米之儀相場ハ弐百八拾匁位ニ申候得共、順気ハ申分無之
一向相場ハ分り不申、来ル廿五日天草米買入壱万五千俵入
札之御達ニも御座候間、凡弐百匁位之見当仕申候、相良
米も九千石同日入札御達ニ相成申候間、如何落札仕申候
哉、目切下直之値段ニ出来仕申と相考申候
一下之関十七日出、大ツ弐百九十匁位ニ申来候間、此段御
しらせ申上候、前条申上候通之次第ニ御座候間、得斗御
勘考被成下御掛引可被成候、同様昼夜之無差別一刻も早
々御入来奉待入候事

七月廿日　材木屋友一郎

常盤丸五郎吉様

この書状の要点をまとめると、①材木屋友一郎は自船で馬関（下関）において常盤丸五郎吉に会ったが、その直後常盤丸は出帆し、友一郎は七月一三日に馬関を出航して一七日に高橋に戻っている。②帰着後、肥後国内の新大豆の相場を調査し、高瀬（熊本県玉名市高瀬町）・川尻（熊本市南区川尻）・出町（熊本市西区出町）・大江（熊本市中央区大江）の四ヶ所の動向を伝えている。③三ツ石昆布・黒砂糖・氷白砂糖・鰊・米の品数や相場、天草米・相良米の入札情報を知らせ、高橋再来を求めている。

この書状のすぐあと、下関の油屋から次のような書翰が長崎滞在中の五郎吉のもとに届いた。

史料7-5

（前略）然ハ当地御出帆後順風宜敷、過ル十八日崎陽（長崎）御
下着被遊候由、猶亦昆布茂弐両弐部（ママ）位ヰ直入、追々茶彦
心配ヲ以、弐両三部処迠ニも相捌ケ可申之趣、茶屋ゟ文
通有之候間、大ニ安心仕候、何卒御上都合ニ御手放レ早
々御手仕舞、肥後表江御下り、面白キ品御積入、急キ御
登着奉待入候、且先日ハ数々御商内被下、千万難有仕合
弥厚礼万ニ奉謝上候、御滞留中盆前ニ而一向ニ御構ひ不
申上、失敬之段幾重も御仁免奉願上候、御病気之義も其
後近々御全快可被遊旨奉存候、随分〳〵御保養専一ニ可被

遊候
一明神丸松四郎様御事、肥前場米七拾俵丈三両壱部弐朱替
御売払被遊候而、跡ハ商内出来不仕、無拠〈川天神丸石炭
登り連船ニ而、両艘共七月十九日上方へ御出帆相成申候、
此段一寸御しらせ奉申上候
一肥後登り追々有之、新大豆少々暖々（ママ）四両弐部替出来、跡
四両壱部弐三朱見当ニ御座候、小麦弐両弐部壱弐朱、肥
後肥前蔵米三両二部壱弐朱、繰綿少し出廻り、古白封九
両内外商内出来、跡暖々相見へ申候事、菜種子六両ゟ壱
弐朱見当ニ御座候、餅米五両壱朱出来、上方ハ暖々之噂
ニ御座候、種油御白升十八玉位、先者右之段荒々御しら
せ奉申上度、且ハ御見舞迠以通札如斯御座候、其内時
候御用心専一ニ奉願上候、猶相替儀ハ後便ゟ万々可申候
已上、恐惶謹言

七月廿三日　　油屋吉五郎 〈川油吉改

常盤丸五郎吉様
同　光蔵様
同　嘉平治様

要点をまとめると、①常盤丸一行は盆前に下関を出帆して七月一八日に長崎に着き、茶彦（別史料に茶屋彦平とある）を拠点に商いをしている。②下関で買い込んだと思われる昆布が何とか売り捌けたら、肥後に下って「面白キ品」を購入して下関に戻って来て欲しいこと。③常盤丸と別航海をしている明神丸松四郎は肥前米の商いが不調で、石炭を仕入れた天神丸と連船になり、七月一九日に日比へ戻っていった。④肥後新大豆・小麦・米や餅米・古い白封綿[2]・菜種子や種油の相場情報を伝えている。宛名は常盤丸五郎吉および同乗の嘉平治、同行している住力丸の光蔵である。さらにこのあと、油屋から次のような書状が届いた。

史料7-6

（前略）然ハ今日茶屋ゟ七月廿六日御状相届キ拝見仕候
所、御積下り昆布之義案外之相庭ニ直附仕候由、誠ニ以
驚入申候、嘸々御心配可被遊、其後如何被遊候哉、御見
切御売払被遊候哉、又ハ御揚置被成候哉、誠ニ以奉案し
入、どふも〳〵無申訳次第奉恐入候、当地ニハ其後更ニ
無御座候、新昆布も当年登り込ニ延引仕候噂サニ御座候
間、新古之堺ニ而相応之相庭ニも不罷成共、当地之考へ

ニ而ハ思ハひ居候得共、御地ニ而ハ唐人相手之事ニ御座候
間、其辺之見込ハ相立兼候間、何分ニも万事茶屋殿へ御
頼被遊、程克御心配可被遊候様奉願上候、何れ御登り之
節御拝顔之上御断万々可申上候、右御見舞奉申上候
一肥後新大豆之義も其後追々入船有之候、天社丸仙蔵様御
登り川多方へ御上り、四両壱部弐朱位所御売払被成候由、
左候而数ノ子六拾本丈百廿四匁替御買入相成候由、此段
乍序御しらせ奉申上候、尤風順あしく御滞船ニ御座候事、
且亦米之義も順気無申分、暖々取行仕候、今日二百十日
無難ニ御座候間、会所相庭下落仕候、七月限百九十壱匁
沾出来仕候、九月限弐百十弐匁位、其外諸相庭別紙奉貴
覧入候、御高覧御懸引可被遊、先ハ右之暖御見舞御損毛
御断旁以恵札如斯御座候

申七月廿八日　　油屋吉五郎

茶屋様方ニ而
常盤丸五郎吉様
同　光　蔵様
同　嘉平治様

ここでは、①長崎滞在中の五郎吉から七月二六日付の油屋への返書が届いたこと。②常盤丸が油屋から購入した昆布が安値で五郎吉に損失を与えたこと。③天社丸千蔵が肥後新大豆を「川多」（不明）で売却し、数子を買い入れたが、風向きが悪く現地に留まっていること。④米相場も九月に上昇含みのこと等が伝えられている。なお、申年の明記があり、明治五年の書状と確定できる。

一方、長崎に滞在している五郎吉は、八月二日同地の「泰昌号」から「黒砂糖五十丸（中略）正味七千九百廿七斤」を購入している。七月晦日（三〇日）には「八十丸　初上荷　三丸　手本分　壱丸　右同断」と記載した次の行に、「新地大浦広隆号」からの正味三万八千七百廿四斤を購入しており、これらが全て黒砂糖を示していると思われる。新地・大浦とは長崎の外国人居留地を指し、広隆号と泰昌号は中国人商社であることがわかっている。[3]先代まで常盤丸は天草・島原産の黒砂糖を扱っていたが、今回は長崎での輸入黒砂糖を仕入れたことになる。史料7-6中「御地ニ而ハ唐人相手之事」とあるのは、これを示している。このあと、下関の油屋からさらに次のような書状が届いた。

史料 7-7

（前略）然ハ長崎表昆布一条大ニ御迷惑千万誠〱無申
訳無御座、御気毒奉存上候、乍併御片附ケ、最早肥後表
御下り込可被遊旨奉存候、何れ御登り奉待入候間、其節
万々御断奉申上候
一新大豆之義追々入船有之少々下落、四両壱部前後相庭ニ
御座候、先日天社丸様分川多ニ而四両壱部弐朱所御商内
相成、直ニ数ノ子百廿四匁替ニ而六拾本御買入御下り被
遊候、是亦最早御下り込ニ可被遊と奉存候、何卒宜敷被
仰上相庭状御見せ可被下候
一米之義も二百十日廿日無難、追々九匁上米三両位出来仕
候、九月限会所米三両ゟ壱弐朱成行仕候、葦外相庭状ニ而
御懸引奉願上候
先者右之段御見舞奉申上度如斯御座候、猶相者（庭）儀ハ重便
可奉申上候、恐惶謹言

八月八日　　油屋仁右衛門
　　　　　　同　吉五郎

常盤丸五郎吉様
同　光　蔵様
同　嘉平治様

この書状では、長崎での昆布売買での損害を再度謝罪する一方、常盤丸が肥後に下っていることを了解し、天社丸の「川多」での新大豆・数子の商いなど、史料7-6の内容と重複する点が多い。

ついで八月一六日付で、「荏胡　六挺　材木屋揚」という記載が見える。合計三九六斤で正味五二貫六一〇目である。別の頁には「正内荏胡麻　六挺」ともあり、おそらく長崎で買い付けた山形県の庄内産荏胡麻を肥後高橋・材木屋に荷揚げしたものではないかと推測できる。また、同一八日に五郎吉は、合計一六三両三歩三朱余の大豆代金を材木屋で天社丸から受け取っている。天社丸は一足早く備中玉島湊に戻り、日比に帰っているが、常盤丸の五郎吉は、弟光五郎と乗組員の嘉平二・清介らと共に肥後に留まっている。そして高瀬で一一月二日に肥後蔵米合わせて一三〇俵、翌三日にも合計七九俵を積み入れ、さらに「小麦＝印五拾俵　同∧印五拾俵　同無印五拾俵」も仕入れている。五日には高瀬で世話になった米屋庄兵衛に金札一両の茶料を送って同地を出発した。一〇日には島原・口之津の呼子屋で合計一一貫三〇〇目の繰綿を売却したあと、一〇ヶ月ぶりの帰国を果たしている。しかし、すぐさま一二月一日には、小豆島・土庄の塩屋定介(4)との間で、「入遍（部カ）」の小

酉三月九日付　常盤丸五郎吉宛て柏木庄兵衛仕切状

麦六〇俵、「小瀬」の小麦五〇俵、「戸野庄」の小豆四俵を買い入れている。(5) これら肥後高瀬や小豆島の米麦小豆をどこで販売したかは記録がない。そうして、翌々日には太陽暦の導入により、突然明治六年正月元日になるのである。

明治六〜七年の商業活動

明治六年新暦の元旦、五郎吉は村内の阿津屋に数子一俵を四両一歩で売っている。本来お節料理の品であるが、突然現れた正月に、急遽数子を用立てることは廻船業者ならではのことであったろう。しかし、日記類の日付は以後も旧暦で使用されているので、本書でも原史料の日付のまま論を進めることにする。

五郎吉は二月になって商業活動を再開している。二月七日、常盤丸に「積入之覚」として合計六七六俵の米が積み込まれている。同日、西大寺の藤屋八兵衛から二通の買仕切状が発行され、五一五俵で五一四両余と一六〇俵で一五九両余の米がこれに該当するものと思われる。この日、上道郡沖新田一・二・三・九番ほかから合計八一八俵もの米も購入され、天満丸安（保）次郎（居所不明）に集積され、八五八両が五郎吉から預けられている。懐中日記の同じ頁に「兵庫下向」とあり、神戸の米商に売却されたのではないかと推測される。

懐中日記の三月九・一〇日には津山新米二九〇俵、備前新米二〇俵、同蔵米三一俵、場米一三六俵、同一七〇俵、津山古俵八〇俵を兵庫柏木店に納めたとある。同日の柏木庄兵衛仕切状（写真）には場米を除く四種の米代金が明記されている。さらに、同月一二日には柏木店から「庭米三百六俵　代三百廿四両一歩一朱」余が払い込まれている。場（庭）米の産地は未詳であるが、このように、明治六年前半の五郎吉の商いは、おもに神戸の米穀商柏木家を相手とする廻米中心の活動であった。

ところが、四月末には、下関の油屋に再び姿を現し、二七日には合計六〇〇両を払い込んでいる。この時に購入した商品は、萩干粕一一〇俵五〇両余、萩干粕ゴミ三一俵六両余、最上小豆一六一俵一五九両余、鯡〆粕二一〇本六〇六両余、地干粕三三俵一九両の総額約八四三両にのぼる魚粉肥料であった。新田地帯での農業に不可欠な肥料を大量に供給しようとする着眼が窺える。このうち、五月一〇日には浜屋愛次郎（居所不明）に萩干粕ゴミ三一俵を九両余、萩干粕一一〇俵他を丸屋と播のや（居所不明）に八四両余で売っている。また、鯡〆粕は「尾庄呂鯡粕」とも表記され、「にしん」ではなく、現在絶滅危惧種になっている「オショロコマ」の〆粕であった。これは、同日、西大寺・瀬野屋に五〇本、和泉屋茂十郎に一五〇本が売却され、一〇本は手元に留保されたようである。和泉屋からの代金は、五月一五日に辰巳屋佐市が六一〇両を預かり、一七二両ほどが支払い不足となっている。その後の五郎吉の商業活動は半年間記録が断片的でよくわからない。

しかし、明治六年一一月になると、常盤丸は天草に現れて黒砂糖の購入に当たるようになる。さらに年が明けて七年一月になると、三日から二三日までの間に、天草下津浦村・綿屋寛三に繰綿の販売を依頼し、梱三一本と松喜（木ともある）四七本の合計七八本を売っている。かつてこの繰綿の銘柄を神戸・柏木店から購入したことがあり、前回の取引で仕入れていた可能性がある。この時、五郎吉は綿屋を通して港湾碇泊税に一八〇石積み二七銭を納入している。これにより常盤丸の船石数がわかる。このあと五郎吉は、さらに天草各地で黒砂糖を買い入れている。次頁の表7-22は、五郎吉の懐中日記に他の仕切状等も加えて、黒砂糖の取引状況をまとめたものである。これを分析すると、まず先々代からの取引先であった綿屋へは、一月一〇丁と莚一つ（二月五日付史料の額が購入価格か）と二月二〇日の九五挺を合わせて約五〇〇両（一円＝一両）、馬場村問屋伊（猪）三郎には二月三日・一八日・一九日の合計約五〇〇両、居村不明の大日向屋石原衆三に約八〇両、湯船原村問屋（名欠）から二三両余、そして上津浦村問屋脇山与八郎へ合計約七〇〇両が支払われている。二月末までの購入額は総計一八〇〇両にのぼる。このあと常盤丸は三月一九日に博多・深口屋惣平に宿賃を払っており、それまで買い集めた黒砂糖を売却するために天草を離れていたと思われる。

その後天草に戻った常盤丸は、三月二三日に馬場村問屋（伊三郎であろう）から約二一二両、志柿村山下屋真平から二三両余、四月一日に下津浦村綿屋から一五両、同五日に上津浦村脇山与七郎から約七〇〇両分の黒砂糖を仕入れている。その

表7-22　明治6年末～7年天草・島原からの黒砂糖購入

月	日	丁数	正味	価格	購入先	
11	28	10挺	1391斤	61円75銭	上津浦	松野屋丈太郎
1		10丁莚1つ	1482斤			綿寛
日付なし				4回合計530両		与八郎
2	3	31挺	4294斤5	≒159両2歩3朱	馬場	伊三郎
旧2	5			100両		与八郎
2	5			48両2歩2朱7匁5仕切前		綿屋寛□
旧2	18			55両1歩		与八郎
旧2	18		2431斤	≒80両2歩	大日向や	石原衆三
旧2	18	68挺莚1つ	9545斤5	326両2歩3朱17匁25	馬場村問屋	伊三郎
旧2	19	4挺	556斤	19両16匁7	馬場村問屋	伊三郎
2	19	5挺	701斤	23両2歩2朱	湯船原村問屋	
旧2	20	95挺	13228斤5	450円4銭2		綿屋寛蔵
3	23	未記入	7427斤5	≒212両2歩	馬場村問屋	
4	1	2丁		23両3歩2朱144文	四かき	山下や真平
4	4			15両	下つうら	綿屋
4	5	81挺莚1つ	11215斤5	398両1歩2朱2匁	上津浦村問屋	脇山与八郎
4	5	61挺	8452斤5	301両1歩3朱5匁22	上津浦村問屋	脇山与八郎
4	7			15両	ロのつ	呼子やそふ□
4	7			15両1歩3朱	ロのつ	
4	7			579両3歩3朱	ロのつ	呼子や
4	13			(売)625両3歩3朱256文	呼子	油や
4		5丁	715斤5	25両1歩2朱5匁3		世平次
4	19			64両3部3朱227文	下つうら	大福や和十
4	19			4両2朱200文		武八郎
4	20			68両3歩3朱	しもつうら武八郎・大島子利七	
日付未詳		72挺	10236斤5	≒345両1歩3朱余	馬場村	
日付未詳		4丁	561斤	≒18両2歩1朱余	湯船原村	
日付未詳		4丁	509斤	≒16両3歩1朱余	打田村	増太郎
日付未詳		14丁	1922斤	≒62両1歩3朱余	村名不明	

（註）≒は購入額が貫高表示のため、1両＝360匁で換算した。

あと島原口之津に渡り、同七日呼子屋惣平から約六〇〇両ほどの島原産黒砂糖を仕入れ、再び北部九州に移動し、一三日には肥前呼子浦の油屋に六二五両余で黒砂糖を売却している。他に売却した砂糖業者もあったであろう。こうして、五郎吉は北部九州に二度移動して、天草・島原で購入した黒砂糖を販売し、利益を得ていたようである。さらにその後再び天草に戻り、同一九日には下津浦の大福屋和十から六四両余、同村武八郎らから一九・二〇日に約七〇両分を購入するなどしている。別に日付未詳の馬場・湯船原・打田村等の合計約四四三両ほどの購入もみられる。しかし、その後は天草を南下し、薩摩・仙代川（川内川）から福山・鹿児島まで足を伸ばしている。征韓論で下野して鹿児島に帰った西郷隆盛への関心があったのかもしれないが、記録は一切ない。そして彼の懐中日記も紙数が尽き、四年間にわたる海を舞台にした商売の記録は終わりを告げる。

以上のような精力的な廻船業は、日比湊に戻って塩田経営へと大きく変化する。明治七年八月二日、五郎吉は村内の山川屋須田万五郎から四三〇円で深井一番浜塩田を購入するのである。[6] それ以前の同年六月には、「浜方万覚帳」などの塩田経営書類の記入を開始し、七月六日には山川屋から金札六〇両を借用している。これは、五郎吉の新たな塩田経営に対する須田氏からの支援投資であったのかもしれない。すでに同じ利生村奥谷在住の三代山本屋義田嘉三郎は、深井浜や日比亀浜の一部を所有し、味野・野崎家から亀浜の一部を当作するなど、塩田経営に精通していた。明治の新時代に向けて四代五郎吉は、嘉三郎の協力を得つつ、二つ違いの弟光五郎とともに転業に踏み切るのである。しかし、図らずも、彼は明治一一年（一八七八）旧三月二二日、二九歳の若さで亡くなる。あとは弟光五郎が塩業を嗣いだが、彼も明治一九年九月三五歳で他界した。こうして、廻船業により財をなした常盤丸五郎吉家は、相次ぐ当主の早逝という不運に見舞われ、四代五郎吉の妻と幼い娘に、一家の再建が託されることになった。

註

（1）ひびきなだ文化研究会編『ひびきなだ　～わがまちの歴史と文化～』（二〇二〇）の78頁に、明治～昭和の妓楼として「いろは楼」があげられているが、この店の前身か。

（2）本章第三節363頁に示した広島・高田屋理右衛門製繰綿の銘柄の「白封」か。

（3）菱谷武平「唐館の解体と志那人居留地の形成―長崎外人居留地に関する若干の古地図について（三）―」（『長崎大学教育学部社会科学論叢』第一九号所収一九七〇）

（4）大石庄一「慶応期小豆島一揆の一特質」（『史苑』第三六―一号所収一九七五）に見える。

（5）香川県土庄町内に入部・小瀬の地名がある。

（6）玉野市教育委員会所蔵　日比村外弐ヶ村戸長役場「土地諸願届綴」中の明治一七年九月和田村「荒地一筆限取調帳」によると、深井一番浜反別一町六反三畝余である。

第八章　備前醤油

第一節　近世の備前醤油

京都・龍野史料に見える備前醤油

大正五年（一九一六）に刊行された『京都醤油史蹟』[1]と題する書籍がある。京都市内の醤油醸造家と販売業者や他国の京都向け醸造家の動きを中心に、醤油の歴史をまとめた古書である。この書籍で使用された史料は散逸したとの情報があったが[2]、一部は現・明治大学博物館に収集保存されている。一方、淡口（うすくち）醤油の本場龍野にはかなりの史料が残されており、『龍野市史』（一九七八〜八六）では、同博物館の京都史料をも加えて精緻な分析がなされている。これに対し備前醤油について、備前側に近世史料はほとんどなく、明治以降の史料が若干残っているにすぎない[3]。本章ではこれらの史料をもとに、今はまぼろしとなった備前醤油の明治前期までの歴史を可能な限り復元考察していきたい。

そもそも醤油は、大永年間（一五二一〜一五二八）室町幕府将軍足利義晴の頃に京都で発明されたと伝えられている[4]。宝永年間（一七〇四〜一七一一）には、京都で醤油年番という組織があり、醸造家も百数十軒を数えたとされ、宝暦年間には一八五軒存在していたという[5]。同じ宝暦年間に備前醤油が京阪に販路を開拓し始め、京都の地造り醸造仲間はこれを抑えようとして宝暦五年（一七五五）一一月、京都町奉行に仲間総代一一名の連署で株仲間の結成を申請し、一二月に許可を受けた。これに対して備前醤油側は、他国醤油屋仲間と称して、翌六年二月に九名の連署で株仲間の認定を求めた。奉行所は、この九名の身元調査と意見提出を造醤油仲間に命じた。表8-1は、それに応じて二月二八日付で提出された九名の備前醤油業者の調査報告をまとめたものである。ここには、第二章でも触れた八浜の牛

表8-1 宝暦6年(1756)備前醤油醸造者とその販売者

醸造者		販売者		居住地
備前八浜	牛窓屋伝右衛門	手代	牛窓屋長右衛門	川原町三条下ル町
備前	福部屋藤四郎	手代	福部屋又左衛門	同上
備前	廉屋次三郎	手代	廉屋三右衛門	同上
		両替伊勢屋源兵衛 手代枡屋喜右衛門		川原町三条下ル町
備前岡山	三島屋十右衛門	手代	三島屋次郎兵衛	川原町三条上ル町
		備前国者	岡山屋久次郎	木屋町四条上ル二丁目
備前	淀屋与三十郎	手代	淀屋庄七	木屋町三条下ル町
		京住人薪商丹波屋 半兵衛悴勘助		同上
備前	小堀屋久左衛門	手代	小堀屋市右衛門	木屋町三条上ル町

『史蹟』59〜64頁よりまとめる。『龍野市史』第5巻274・277頁には廉屋三右衛門を加登屋とあり、表8-2の香登屋と同じ屋号の読みである。

窓屋と福部屋が見える。また備前国内で廉（香登）屋・淀屋・小堀屋があり、特に三島屋は岡山城下の醸造業者である。彼らは手代を京都の出店に派遣して醤油の商いをさせており、他に枡屋・岡山屋・丹波屋は備前醤油を仕入れて商売をしている。単に造元が販売先を得て出荷許可を求めたのではなく、独自の店舗で京都販売の実績を積み上げた上での株仲間設立を申請したのである。京都造醤油仲間の意見書には、備前醤油は、「三十年已前は無之儀にて、其後年々登り醤油多相成、別而当時にては猶以登り醤油夥敷相成、其上播州江州よりも差登[6]」り、京都の地造り醤油を圧迫しているとしている。備前醤油は三〇年以前、すなわち享保一一年ころに京都市場に登場し、その後播州や江州からも参入してきたというのである。京都町奉行所は数回事情聴取を重ねた。三月二三日付造醤油屋の返答書では、「三十年以前迄は、御当地縁の者共備前より少々宛差登、取次を以って相応の渡世仕候処、近来は夥敷積上し申候に付、彼地にて内縁の者又は手代等を差登し、銘々借宅の出店を構直し支配仕候[7]」と指摘している。つまり、三〇年以上前でも備前からの登し醤油は若干あり、近来は一族や手代を派遣して出店を構えて商いをしていると、表8-1の実態を報告しているのである。これらに基づいて町奉行所は同年四月二四日、「時節悪敷く御公儀様へ差支有之候間、御取上け無之」と、他国醤油屋の株仲間を認めず、願書は差し戻しとなった[8]。

明治一二年（一八七九）、備前醤油の醸造家を糾合して組織されることになる備前醤油醸造組の設立宣言の原案である「知新社緒言[9]」には、冒頭に「吾備前ノ国物産多シト雖トモ、往昔ヨリ最モ著ジルキ国産ハ醤油ヲ以テ第一等品トス、故ニ、西京大阪ニ於テ、概ネ酒肆ノ招牌ハ池田・伊丹、醤油店ノ招牌ハ備前・龍野ニ外ナラズ」と書かれている。ここでは大阪京都への醤油移出は備前と龍野が第一であったと述べている。その移出開始時期は述べられていないが、明治二三年（一八九〇）設立の龍野醤油醸造業組合の沿革取調書には、龍野醤油は「始メ寛文年度大阪ニ輸出」され、「延宝初年ノ交ヨリ京都ヲ主トシテ輸出シ居リシニ、享保年度ニ至リ頓ニ其数ヲ増加ス、故ニ京都ノ醤油製造家ヲシテ年々其数ヲ減セシメタリ[10]」とある。龍野醤油はすでに寛文年間（一六六一～一六七三）に大阪市場に進出を開始し、享保年間（一七一六～一七三六）には京都市場を第一としていたとする。ただ、その出荷量がどの程度だったかは不明であり、少なくとも享保期に備前と龍野が京都市場にかなり進出していたことは間違いないであろう。先に見た宝暦期の「他国醤油屋」樹立の動きは、備前醤

表8-2 寛政5(1793)および文化4(1807)京都・他国醤油売問屋と造元

国		寛政5年造元	文化4年造元	他国醤油売問屋
備前	児島八浜	福部屋又五郎	福部屋又五郎	福部屋善助
	児島八浜	牛窓屋寿之助	牛窓屋寿之助	牛窓屋平兵衛
	児島（郡）	栄屋万次郎		三木屋伊右衛門
	児島北浦	綿屋次郎兵衛	綿屋次郎兵衛	香登屋安兵衛
	児島番田	中屋紋次郎	中屋紋次郎	丹波屋半兵衛
	児島胸上	吉田屋竹次	吉田屋竹次	吉田屋亀蔵
	児島胸上	板屋庄七	伊田屋庄七	塩屋久兵衛
	児島		岩田屋文八	岩田屋文右衛門
	児島下村	笹屋又七		灘屋与兵衛
	邑久幸田	亀屋宇平	亀屋卯兵衛	伊丹屋安兵衛
	岡山	灰屋又七郎	未定	灰屋平兵衛
播磨	龍野	石橋屋善右衛門	石橋屋善右衛門	塩屋利兵衛
	龍野	鉄屋佐十郎	鉄屋佐十郎	塩屋小兵衛
	龍野	円尾屋嘉吉	丸尾屋嘉吉	丸尾屋庄助
	龍野	出屋敷屋佐四郎	出屋鋪屋佐四郎	出屋鋪屋佐太郎
	龍野	壺屋十郎右衛門	壺屋十郎右衛門	壺屋弥兵衛
	龍野	石橋屋次郎助	石橋屋次郎助	松屋彦三郎
	龍野	鉄屋平兵衛	未定	鉄屋平次郎
	英加		米屋勇助	灘屋与兵衛
	姫路	志方屋吉兵衛	志方屋六兵衛	志方屋八左衛門
	姫路	紅粉屋又左衛門	紅屋甚十郎	紅粉（紅）屋儀兵衛
	灘大石	松屋甚右衛門	松屋甚右衛門	淀屋文兵衛
	灘大石	松屋彦右衛門	松屋彦右衛門	桑田屋次兵衛

寛政5年は『龍野市史』第5巻296〜7頁、文化4年は同書301〜2頁からの引用。他国醤油売問屋は三木屋伊右衛門は寛政5年のみで文化4年はない。他は当年または両年の問屋である。

油がさらなる京都市場の拡大を目指すものであったといえよう。結果は地元醸造家とその販売業者の保護を優先した町奉行所によって、その動きを抑えられることになった。

しかし、備前醤油側は諦めず、宝暦一一年（一七六一）九月に「他国醤油荷揚問屋」として、株仲間の結成を申請する願書を提出した。京都町奉行は同月二〇日に惣代の牛窓屋長右衛門・淀屋庄七を呼び出し、許可を言い渡している。この時許可された仲間は七軒で、明和九年（一七七二）九月では、福部屋元右衛門・牛窓屋徳兵衛・小堀屋久七・淀屋新兵衛・加登屋七右衛門・小島屋定五郎・丹波屋半兵衛となっており[11]、代替わりが進んでいることも推測できる。町奉行所は同年六月、地造醤油株を二五〇軒に設定しており、この株内に他国醤油問屋も取り込もうとし、安永二年（一七七三）五月、七軒は地造醤油仲間に加入した[12]。同八年（一七七九）には、その中の他国醤油売問屋は二一軒と固定され、翌九年に一軒につき備前造元一軒の製品のみの販売と決められ、他の醤油造元は扱わないこととされた[13]。やがて、龍野醤油の販売業者もこの他国醤油売問屋に加入することが可能となり、龍野の最古の醤油醸造家の一つである丸尾屋でも、天明四年（一七八四）にこの株を購入して正式加入したという。[14]

ところが、天明八年（一七八八）に起こった京都の大火により市中は灰燼に帰し、地造り醸造家のほとんどが焼失し、造り醤油仲間の組織も解体したという。[15]この災害は寛政一〇年（一七九八）頃やっと復旧し、造醤油仲間も再建され、他国醤油売問屋も安永九年の定めを踏襲することになった。この間の寛政五年一二月に見える備前および播磨の造元とその醤油を扱う問屋を表8-2にまとめた。また、文化四年（一八〇七）五月の「覚」に見える造元と醤油売問屋も合わせて表8-2に加えた。これと表8-1を比較すると、備前醤油の醸造元は八浜の牛窓屋と福部屋および廉（加登）屋は宝暦～文化期で継続しているが、他は交代が激しいことがわかる。また、文化一三年（一八一六）の麦・大豆不作による醤油価格の高騰により、翌一四年に他国醤油の出荷が二割減となった。他国醤油売問屋では、翌一四年に八升樽六万一二五挺の出荷枠で、備前から一万七九五四挺（一四三六石余）、播州から三万六九三五挺（二九五四石余）、灘から五二三六挺（四二六石余）に配分された。この時点で、備前醤油は京都出荷の二九・八%で、龍野の六一・三%の約半分であり、龍野が優勢となっている。また、醤油価格は同年春に一挺九匁三分が、盆後から八匁九分となる。[16]京都の造醤油仲間は、文化一四年（一八一七）に六八軒にまで減少しており、この年から紀州湯浅醤油が京都に進出してより困難な状況に陥っていったといわれる。[17]

天保一二年（一八四一）、天保改革による株仲間解散令により、京都の地造醤油仲間も解散を命じられたが、嘉永四年（一八五一）の株仲間再興令に基づき、地造醤油仲間が嘉永六年一二月に再興の嘆願書を京都町奉行に提出している。[18]表8-3は、株仲間解散前の天保六年の他国醤油売問屋とその造元八軒を抽出したものである。表8-2の文化四年からの約三〇年の間に、長く続いてきた八浜の牛窓屋と福部屋だけでなく全ての造元が消え、新しい業者に取って代わっていることがわかる。造元と連携して醤油を販売していた売問

表8-3 天保6（1835）京都・他国醤油売問屋と備前造元

居村	備前造元	他国醤油売問屋
児島八浜	郡屋武吉	牛窓屋平兵衛
児島歌見	油屋兵八	油屋利八
児島　郡	北澄屋真助	北澄屋新助
児島　郡	井穂屋惣兵衛	塩屋久兵衛
児島　郡	鍋屋幸左衛門	岩田屋文右衛門
邑久幸田	片岡屋五郎左衛門	灘屋与兵衛
邑久南幸田	今蔵屋鍋次郎	今蔵屋周吉
備前新田	西屋弥之吉	丹波屋半兵衛

『龍野市史』第5巻311～2頁よりまとめる。

表8-4 天保13（1842）備前造元

居村	京積の備前造元
児島八浜	郡屋武吉
児島歌見	油屋兵八
児島番田	中屋三郎右衛門
児島 郡	北澄屋助太郎
児島 郡	鍋屋幸左衛門
児島（郡）	栄屋喜代助
児島（郡）	辻屋要助
邑久乙子	児島屋幸左衛門
邑久乙子	片岡屋五郎左衛門
	伊勢屋宗兵衛
	磯屋寛左衛門
	市場屋源太郎
	市場屋七左衛門
	福田屋半兵衛
	郡屋辰五郎
	郡屋文助
	鍋屋治助
	塩屋重右衛門
	万屋儀兵衛
	吉野屋虎之助

『龍野市史』第5巻261～3頁、居村は表8-3・5を援用した。

表8-5 嘉永7（1854）他国醤油売問屋と備前造元

備前居村	造元	他国醤油売問屋
児島 郡	栄屋喜代助	福部屋太兵衛
児島 郡	郡屋平助	塩屋喜右衛門
児島 郡	辻屋与助	木屋仁三郎
児島北浦	郡屋馬五郎	翁屋栄助
児島歌見	油屋利八良	油屋利八
児島八浜	郡屋武吉	牛窓屋平兵衛
児島	鍋屋幸三郎	遠上屋久兵衛
邑久水門	児島屋幸左衛門	岩田屋文右衛門

『龍野市史』第5巻318～9頁よりまとめる。

屋も、新たな造元と結ばざるを得なかった。牛窓屋平兵衛は、同じ八浜の郡屋武吉と結んで備前醤油の販売を続けている。福部屋善助は福部屋太兵衛の代になり、表8-3には示さなかったが、播州明石の紙屋長次郎と契約している。

表8-4は、天保一三年株仲間解散当時に京都へ備前醤油を出荷している造元である。株仲間解散を機に京都に進出を目指したのか、二〇軒に増加している。表8-3と共通するのは八浜の郡屋、歌見の油屋、郡の北澄屋[19]と鍋屋、乙子の片岡屋等で、表8-2の番田・中屋は一族による復業が見られる。さらに表8-5は、株仲間再興後の嘉永七年（一八五四）の造元である。三年後であるので、表8-4と比較してもほぼ変化はないように思われる。ところが、明治元年（一八六八）には、栄屋栄蔵—福部屋太兵衛、郡屋武吉—牛窓屋平兵衛、油屋利八—油屋利八、郡屋平助—塩屋サダ、島屋小右衛門—岩田屋文右衛門の五組に減少し、三軒が姿を消している[20]。その分播州勢が優勢となっている。こうして、幕末維新期に至って備前醤油の凋落は顕著になった。

備前醤油の造元業者

享保期に京都に進出を始めたとされる備前醤油は、その史料を現在に伝えることなく多くが廃業し、まぼろしの産業となっている。特に、近世史料は京都や竜野に断片的に残されたもの以外は皆無といっていいが、本書第二章の八浜研究の中で見出されたわずかな史料が、地元史料ということになる。その一つは牛窓屋那須家である。

前述のように同家には、宝暦六年（一七五六）に牛窓屋伝右衛門と京都出店に牛窓屋長右衛門が見えている。さらに明和九年（一七七二）には牛窓屋徳兵衛、寛政五年（一七九三）と文化四年（一八〇七）には牛窓屋寿之助と京都出店の手代牛窓屋平兵衛、天保六年（一八三五）から明治元年（一八六八）まで郡屋武吉の醤油を取り扱う牛窓屋平兵衛がある。これによって那須家は、伝右衛門から寿之助まで約五〇年間の醤油醸造が確認できる。八浜・那須家一族の墓石から、次のような那須家の略系図が作成できる。まず『史蹟』に見える牛窓屋伝右衛門は、正しくは伝左衛門であり、系図の敬貞に当たる。この人物は、元文六年（一七四一）一月一四日に岡山藩からの藩主代参が同家を宿舎とした時[21]はまだ二五歳前後であり、父伝左衛門高文の時期と思われる。代参の藩士が宿泊できるほどの邸宅であった以上、この時期にも醤油醸造業を中心とした経営をしていた可能性は大きい。高文の墓石が不明で没年がわからないため確定的なことはいえないが、高文には二男二女があったと敬貞の墓碑には刻まれており。手代の長右衛門は実は敬貞の弟であったかもしれない。家業は敬貞―耕助―寿之助と続いたが、寿之助は文化一三年（一八一六）に三四歳の若さで早世する。縁戚の波知村野田氏から又太郎が入婿したが、この時に醤油醸造業を廃したように思われる。以後、牛窓屋那須家はゆっくりと衰退していったようである。

牛窓屋那須氏略系図

八郎右衛門 民実 ……… 伝左衛門 信近 ～一七三三 ＝ 伝左衛門 高文 丸亀・三沢氏家臣 ― 伝左衛門 敬貞 ～一七八二 66 ― 耕助敬富 増太郎 惟幸 号閑斎 八浜村名主 ～一八一三 72

― 寿之助資韶 ～一八一六 34 ＝ 又太郎敬永 ～一八六五 波知・野田氏 ― 伝太郎 ～一八九三 49 ― 朋太郎

もう一軒の福部屋平岡家は、宝暦六年に藤四郎と手代又左衛門、明和九年に元右衛門、文化四年に又五郎と善助が見えている。平岡家も牛窓屋の墓地の近くに大きな墓所があり、次頁のような略系図が作成できる。藤四郎は郡屋から福部屋へ屋号を改めた敷忠である。元文五年（一七四〇）八月一四日の八幡宮祭礼時に藩主代参の宿舎が福部屋藤四郎宅であったことは、第二章第四節で紹介した。寛保三年（一七四三）と翌四年の一月一四日の二年続けても、藩主代参人が藤四郎家を宿舎としている。[22] また、文化三年（一八〇六）七月三日に八浜八幡宮で行われた雨乞祈祷では、六日に大雨が降って池水が満水になり、福部屋雄吉は結願の祝いに牛窓屋寿之助とともに酒三升と大しくち（朱口、ボラに似た魚）一本を奉納している。[23]
この雄吉は克忠と思われ、敷忠―穀忠―克忠と三代に渡って醤油醸造業を展開したと考えられる。また、克忠の弟亮平亮忠は京都で早世し、克忠の次男勘助友忠も京都に分家して家業に専務し、京都で没したとある。[24] 京都出店の福部屋善助との関連は不明である。一方、福部屋善助は、安永九年（一七八〇）と文化元年（一八〇四）から文政三年（一八二〇）まで『八幡宮史料集』に散見している。[25] 特に、第二章第四節で紹介した八浜八幡宮宮司尾﨑多門の日記には、文政三年三月二五日に福部屋の船が碁石に帰港し、同年六月二〇日に京大坂に向けて出港した記事が残っている。[26] この時、多門は、京都福部屋の取次で養女のために取り寄せた越後帷子や京錦帯の代銀を福部屋の船に預けている。[27] 残念ながら、福部屋雄吉から福部屋善助への醤油出荷記録は確認できないが、両者を結ぶ廻船の往復は指摘できる。しかし、表8-3の天保六年（一八三五）に福部屋雄吉と善助の名はなく、善助の後任と思われる平兵衛は、表8-3の原史料で播州の造元（解読不明）との契約を結んでおり、八浜福部屋の醤油醸造は天保初年までに廃業したのではないかと推測できる。

福部屋平岡氏略系図

助兵衛 郡屋 ～一六八一 ― 善兵衛 勘介 ～一七一五 ― 勘介 ～一七二九 ― □□ ～一七四一 ― 藤四郎 福部屋 敷忠 ～一七七八 ＝ 又五郎 穀忠 雄吉 ～一七八〇～

又五郎 克忠 雄吉 ～一八三七 64

新助 通忠 時之介 ～一八四五 42 ― 敬忠 ～一九〇四

亮平 亮忠 ～一八〇六 26 京都で死

勘助 友忠 ～一八六四 51 京都で死

つぎに八浜の醸造家として郡屋武吉があげられる。福部屋墓地の近くにある郡屋の墓石から、次のような略系図が作成できる。郡屋祖の花屋了養はキリシタン墓とみられ、八浜でも注目される家柄である。先の福部屋も郡屋の屋号であったので、この郡屋とは一族であり、同じ平岡氏を称している。醤油醸造が確認できるのは周介の代であり、文化四年（一八〇七）に八浜八幡宮神職から「室屋清メ御札」を受けている[28]。前掲の表8-3のように、天保六年（一八三五）に牛窓屋平兵衛は郡屋武吉を造元として契約している。周介のあとを武吉が家業を引き継いだものと思われる。表8-4・8-5にも郡屋武吉の名が見えるが、嘉永七年（一八五四）の死去をきっかけに、この家は醤油醸造業を誰かに譲ったのではないかと推測している。

なお、第二章第二節でも触れたように、酒造家橋本屋伝右衛門が文化九年（一八一二）三月九日、神職から「醤油仕込蔵之札」を受けており、子の橋本屋沢右衛門の代でも酒と醤油醸造は継続していた。ただ、橋本屋は『史蹟』にその名が見えず、京都移出には至っていなかったものと思われる。

郡屋平岡氏略系図

花屋了養 ～一六四〇 …… 善三郎 郡屋～一七四一 ― 善兵衛 ～一七五九 ＝ 儀八郎 ～一七四一

周介 判頭 ～一八二四 ― 武吉 ～一八五四 55 ＝ 桂七郎 ～一九〇二 82 ― 益二

幸介 ～一八五七 53

徳太郎 ～一九二六 82

最後に、番田村中屋紋次郎について見ておこう。表8-2の寛政一〇年（一七九八）に初めて登場する中屋紋次郎は、文化四年にも見えるが、その後姿が消え、表8-4の天保一三年（一八四二）には中屋三郎右衛門の名で再登場し、表8-5の幕末になって再び消える。この家系から明治期に備前の「醤油王」とも呼ばれる近藤三郎二が登場する。その略系図を次頁に掲げる[29]。

この略系図を作成した『近藤家墓碑銘』に収録されている初代中屋紋次郎の墓碑銘には、「専務稼穡、及壮而致富、造巨船数艘、交易浪華紫洋之間」とある。壮年になって富家となり、巨船数隻を造って大坂と筑紫の間の廻船業に従事しているが、醤油醸造についての撰文はない。二代紋次郎富之の墓碑銘にも醤油に関する記事はない。また、中屋から分家して新中屋を開いた三郎右衛門保定の墓碑にも「君産業益殖」とあるのみである。しかし、孫の三郎二の墓碑に、「保定別起家、製醤為業」と記され、三郎右衛門の代に醤油醸造が始まったとしている。昭和四〇年の赤マル醤油醸造株式会社の『経歴書』[30]には、天明三年（一七八三）近藤三郎右衛門の創業とあり、逆算すると三郎右衛門の一〇歳前後のことになる。これではやや問題が残ると考えられ、醤油醸造の開業は天明三年で、それは、この時まだ存命していた祖父の初代紋次郎や父の二代紋次郎の創業と見なすこともできよう。

和光大学（東京都町田市）には、この新中屋近藤家に由来する古文書四五点が所蔵されている[31]。そのうち、番号1～4の史料は文政一二年（一八二九）三月ころのもので、その資料目録の標題から、分家初代三郎右衛門が伊勢参宮を兼ねながら京大坂の取引問屋を回った際の記録と思われる。前掲の表8-2に見える本家中屋紋次郎と取引のあった丹波屋の名が見え、三郎右衛門がそれを引き継いだものと推測できる。さらに番号5・6では、養子雄吉（号蘭畝）が天保三年（一八三二）三月に伊勢参宮と京大坂滞留をしており、上方取引を引き継いでいる。しかし、雄吉が養父没の九年後の嘉永六年（一八五三）

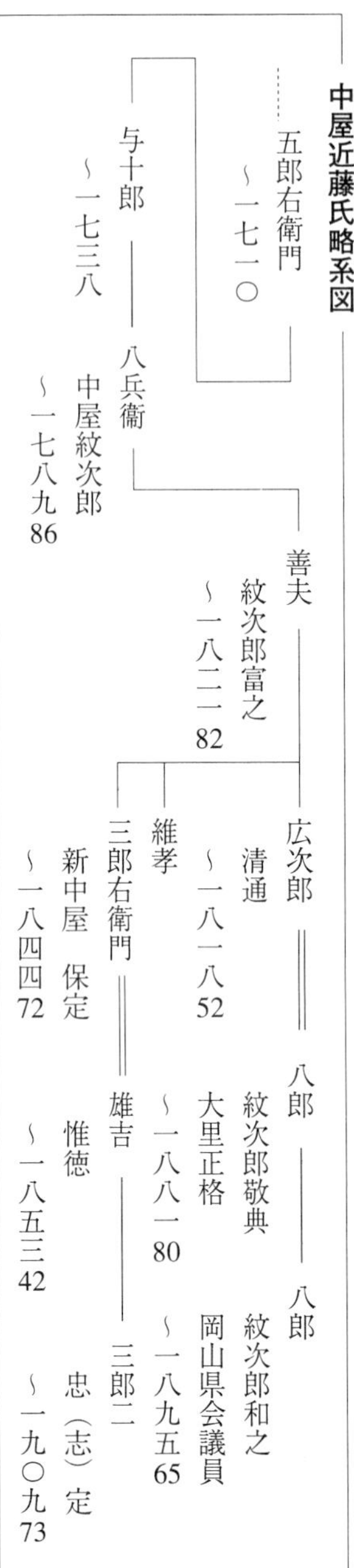

に早世し、中屋の名が表8-5のように京都市場から消えた。しかし、番号7の安政六年（一八五九）には、子三郎二（号復堂）の上京記録が再見できる。以後、明治初年の「直組上京」など、家業再建を進めたことが推測される。近代の備前醤油は近藤三郎二らに託されることになった。

備前醤油の製法

日本の醤油は長い間の地域的な食文化の違いによって変化し、いくつかの種類に分類される。おもに関東において使用されている濃口醤油、龍野で生まれ関西で多く使用されている淡口醤油、中京地区の溜（たまり）醤油や白醤油、中国地方西部から九州北部にかけての再仕込醤油などがあげられる。[32] 濃口醤油の製造方法は、同量の大豆と小麦をそれぞれ蒸し、混ぜて麹菌を植え付け、一週間ほどして塩水の入った桶に仕込んで約一年間熟成させ、袋に入れて生醤油を絞り、加熱処理して樽に詰めるという工程をとっている。淡口醤油は基本的に濃口醤油と同じだが、小麦の煎り方を浅くし、塩を多めに入れて熟成期間を短くし、発酵を抑えて色を薄くするという。また、京料理でよく使う味醂と合わせるために甘酒を使った製法も発明された。溜醤油は小麦を使わず大豆のみを原料とし、白醤油は逆に小麦だけを原料としている。再仕込醤油は、塩水ではなく濃口醤油を使って仕込むというやりかたである。[33] 近世の備前醤油はどのような醤油であったか。幸い上のような備前醤油の製法を伝えた史料が残されている。[34] やや長文の引用になるが、関係箇所を紹介する。

『備前醤油法書』冒頭部分
（岡山県立図書館所蔵）

史料8-1

備前醤油法書

一大豆五斗　　但、大豆麦ゟ少しニても多く候へハ、
一麦　五斗　合壱石　醤油あしワひよろしく御座候、大豆多く候へハ、それたけ水塩相増候事
右之麦むらなきやうによくいり、二ツ割ニ引わり、大豆

よく可むし、（但煎候てもよろしく候）右之麦に合せ糀にいたし、花をつけ、かたまりなきやうにくたき、一日日にほし候事
但、あめあほとありても、あめ壱升に塩五合ニして、作コミの節醤油江入る、已後あめの有之時も五合塩ニして醤油日立チニても入候事随分かまひ不申、それだけ醤油余分有之候事、猶醤油あしハひよろしく候事
一作り水合壱石ニ壱石弐斗水を入、五合塩ニして、塩六斗そふけニ入レ、水ニてこし、うき申候にがりのあわを取り、にへた、せ、扱（汲カ）みいだし、桶ニ入レ、おりを引き、作り桶ニ入レ、これにむぎのもやしを壱升きつね色にいり、こまく引キて作り塩水ニ入レ、よくまぜ、右かうじ入、むらなきやうに交候事、さて、作り込ミより六十日ふりに添へ懸候事

此添掛様之叓

一白米壱斗飯ニたき、もやし弐升いらす、生マニて引き、右之飯にまぜ、水弐斗入、大杓子にて交て、めしのかたまりをよくとき、少しの間置、かまのしたたき付ケ、ひまなきやうに朝五ツ時分より八ツ七ツ迄もませ候得ば、よくあまミいて候
尤火つよくなきやうにぼとりくたき候事
是に水六斗五升、塩三合塩ニして、右之あま本へ入レ、一通りにへ候てよろしく御座候、さてこれを汲出し、よくさまし、つくり桶へ入レませ候て、廿日ニてもよく四拾日ニてもよろしく候、本備前醤油の通りニ致し候へハ、米糀一割を麦糀ニませる、右之通りニ作り込ミ候得ば、壱石弐斗の外、水壱斗まし、壱石三斗の割ニ入候事、皆糀の壱石の割合ニて御座候
一弐番のつくり込ミ、本通り壱石の糀ニ弐番水八斗ニ弐合塩ニして、塩壱斗六升煎（にへ）立を直クに汲出し、壱番のからへ入レ、一夜置キあけ申候事、但、立込候て毎日朝夕ふんじにて交候叓
但、右醤油麦之所ハ大麦宜しく、小麦ニてもよく、こめ麦ハあじ悪しく候事

大豆とまりたき様之叓

一大豆壱斗ニ炭五百目
右前晩薪ニて煮へ立せ、木を引き炭随分おこし立、前の口かわらにてもいきぬき穴を明け、脇へいきぬけ不申様、猶大豆の方もいきぬけ不申、むしろにてもこもニても其上にふたいたし候事、少しニてもいきぬけ候而ハ煮へ不申候、且夜ニ一度、上下よく大山しゃくしニてませ置候

（以下省略）

備前醤油の原料は大豆対麦が一対一を基本に、麦よりも大豆の多い方が味わいがよく、その場合、塩水を増して仕込むという。麦はむらのないようによく煎り、二つ割の碾き割り麦にして、大豆もよく蒸して合わせる。これに糀菌を混ぜ、花をつけさせ、固まりがないように砕いて一日太陽のもとでよく乾かす。大豆麦合わせて一石に対して、一石二斗に塩五合の作り水を作り、竹製の水切りざるである「そうけ」に塩六斗を入れて作り水で漉す。浮き出てきた苦塩の泡を取り去ったあと、煮え立たせて汲み出し、桶に入れてかすなどの滓（おり）を取り除く。別に、麦の種麹（もやし）一升をきつね色に煎り、細かくひき割ったものを桶の塩水に入れてよく混ぜ、さらに先に準備した大豆麦を桶に入れてむらのないように混ぜ、仕込みを行う。以上が備前醤油の基本的な製法のようである。なお、仕込みから六〇日後に、焚いたご飯に種麹を混ぜたものを追加する。これは、水を加えて六～八時間弱火で混ぜながら焚き、甘みを出すとあるので、甘酒の製法と思われる。これに水と塩を定量加え、よく冷まして仕込み樽に添加するという。淡口醤油のところで触れた味醂とあう醤油の製法のように見え、龍野醤油の発明を採用したと考えられる。さらに、二番醤油の作り方や、大豆のみの溜焚き醤油の製法と思われる中京地区の技術も記録されている。備前醤油は濃口醤油であり、味わいを深くするために大豆の量に注意したり、仕込み時に麦麹を加工して添加するなどの工夫をしていたと推定される。

註

（1）岡村秀太郎編輯兼発行人（以下『史蹟』と略称）

（2）昭和五一年（一九七六）九月、当時京都府立洛北高等学校教諭柴田彰典教諭から玉野市教育委員会宛の備前醤油に関する史料調査依頼の書面で、京都市内の史料皆無と伝えられていた。

（3）玉野市教育委員会所蔵文書として、一九七六年頃、胸上・三宝院馬場秀元住職らが醤油醸造家の番田・東近藤家から史料を収集し、旧東児町役場に保管していたものを旧玉野市立総合文化センターに収納した。この東近藤家文書は約三〇〇点あり、うち備前醤油関係文書は約一〇〇点である。また、赤マル醤油醸造株式会社文書は一九七九年八月に保管委託され、約二八〇点の帳簿類が同センターに収納され、現在は両文書とも玉野市立図書館・中央公民館の収蔵庫に保管されている。

(4)『史蹟』四頁。なお、林玲子・天野雅敏編『日本の味　醤油の歴史』(吉川弘文館二〇〇五)には、中世末期の『多門院日記』の記事から「唐味噌」や「唐ミソノシル」が「事実上醤油に相当する」とされ、口碑ではなく具体的な史料として提示されている。

(5) 同書三九～四〇頁

(6) 同書五九～六四頁

(7) 同書六六頁

(8) 同書七三～四頁。なお、『龍野市史』第五巻(一九八〇)所収の「他国醤油荷揚問屋七軒相定記録」の二七八頁には五月二四日の申し渡しとなっている。

(9) 東近藤家文書番号27の明治一二年「知新社緒言・規則」(玉野市教育委員会編『備前醤油醸造組史料(一)』所収一九七九)。なお執筆は筆者が行い、市教委による青焼き複写となった。また、『岡山県明治前期資料二』(岡山県立記録資料館二〇一六)二一五～七頁には、同館所蔵の野崎家資料中にある同一史料から「知新社規則」の第八条までが収録されている。

(10) 前掲林玲子・天野雅敏編書一二頁。なお、『龍野市史』第二巻(一九八一)三一～三頁では、執筆担当の長谷川彰氏により、龍野醤油の京都進出とされてきた延享三年(一七四六)は、龍野醤油最古の醸造元の円尾家が京都出店を開設した年であるとされている。また、同家の醤油の京都出荷は、享保年間にきわめて少量ながら行われていたとある。

(11)『龍野市史』第五巻二八三～六頁

(12) 同書二九四頁

(13) 同書二九七頁

(14)『龍野市史』第二巻三〇六頁

(15)『史蹟』八三頁

(16)『龍野市史』第五巻三〇八頁

(17)『史蹟』九七～八頁

(18) 同書一三五～七頁

(19) 北澄屋真助は久保田氏で、第三章第五節で触れた児島湾争論時に惣代名主の一人として江戸に派遣された郡村名主である。明治大学博物館所蔵　三宅家文書　史料番号35「内海御用留」の文化一一年正月一三日付上野八郎平・大崎安太郎宛北方村千右衛門書状(岡山県立記録資料館複製資料三〇二七～三〇三〇頁)によると、真介には八〇歳になる老父と二〇歳余りの妻と子供二人がいるだけで、惣代名主として再び江戸に出かけて醤油仕込みを怠ると上方売りもできなくなり、回復しかけた勝手向きが「身躰潰レ」となると固辞している。なお、老父和介も名主であったが、役中不勝手があり、村方と算用の縺れで退役し、父の拝借金を引き受けて家運の再建を図っているとある。

(20)『龍野市史』第二巻五四三頁

(21)『八幡宮史料集』五〇頁下段

(22) 前掲書五三～四頁

(23) 前掲書一八四頁上段

(24) 蔵泉寺過去帳

(25)『八幡宮史料集』一一一頁上段、一七一～一三七頁

(26) 前掲書一五四頁上段および一五八頁下段

(27) 前掲書二一〇～一頁

(28) 前掲書一七六頁上段　(29) 近藤保『近藤家墓碑銘』(非売品一九七二) から作成

(30) 玉野市教育委員会所蔵『赤マル醤油醸造株式会社文書』

(31) 寺島宏貴「19世紀の旅日記「近藤家文書」を素材に」(和光大学総合文化研究所年報『東西南北2015』所収)

(32) 前掲林玲子・天野雅敏編書九～一四頁。永原慶二他編『講座・日本技術の社会史　第一巻　農業・農産加工』(日本評論社一九八三) 一八〇～八頁。　(33) 同前書一七三～六頁

(34) 岡山県立図書館所蔵「備前醤油法書　酒本元造之法　日塩造様法書」。なお、天保三年 (一八三二) 七月写とあるが、入手先・編著者ともに不明である。省略部分には、「麦かうしねせ様覚」、「めあし調様之事」、「せうゆ直し様之伝」の三項目が追記されている。

第二節　明治期の備前醤油

備前醤油醸造組の結成

明治維新を迎えると幕藩制市場は崩壊し、株仲間制の廃止などにより生産流通組織は大きな変動期を迎えた。備前醤油も醸造家やその廻漕船も自由な開廃業が行われ、地元向けから京阪進出を目指す業者も現れただろう。明治六年（一八七三）の全国の醤油醸造高は、野田・銚子を持つ千葉・新治（にいはり）県と、龍野を擁する飾磨（しかま）県が六万石近くで一・二位を占める。ついで溜・白醤油を生んだ愛知県、小豆島醤油の名東（みょうどう）県となり、備前一国だけの岡山県は二万七八三〇石余で第五位であった。しかし、翌七年には二万四四石余と落ち、両備作三国の岡山県である明治一二年には一万二一一三石余、同一三年に九七七三石余、同一四年には七九六〇石余と減少し(1)、醸造業者も大きな危機を迎えていたと思われる。冒頭部分を前節で紹介した明治一二年（一八七九）結成の備前醤油醸造組の設立宣言文案である「知新社緒言」(2)には、衰退の原因を次のように述べている。

史料8-2　知新社緒言

吾備前ノ国物産多シト雖トモ、往昔ヨリ最モ著ジルキ（シが脱）国産ハ醤油ヲ以テ第一等品トス、故ニ、西京大阪ニ於テ、概ネ酒肆ノ招牌ハ池田・伊丹、醤油店ノ招牌ハ備前・龍野ニ外ナラズ、其著名品タル言ヲ待ザルナリ、然リ而シテ追年備前醤油ノ名称稍々衰頽シ、醸造往日ニ比較スレバ殆ド十中ノ三四ヲ減少セリ、如此疲弊ノ原因ヲ推窮スレバ他ナシ、全ク協同結社ノ規則ナク、詐譌軽薄ハ商人ノ常トシ、更ニ協同結社ノ鴻益タルヲ知ラズ、唯ニ各自目前ノ私慾ニ奔走シ、品物ヲ安価ニシ売却ヲ旨トスレバ、品物モ亦従テ精味ヲ失ヒ、日ニ月ニ備前醤油ノ名称殆ト有名無実ニ属セントス、豈慨嘆ニ堪ベケンヤ、今ヤ幸ニ龍野・湯浅・小豆島・備前四国同盟聯合シテ京阪固着ノ宿弊ヲ圧倒シ、更ニ直組方法ヲ永遠無窮ニ設置スルヤ、既ニ近キニアルベシ、豈也、欣喜ニ堪ベケンヤ、嗚呼今日ノ急務ハ詐譌軽薄ノ陋習ヲ去リ、協同結社ノ信義ヲ守リ、各自互ニ醸造製汁ノ得失ヲ討論研究シ、再ビ備前醤油ノ美称ヲ振起シ、他日同盟各国ニ対立シテ愧ザランコトヲ企望ス、願クハ吾同胞社員戮力協心シテ、左ノ条例ニ違背アルコト勿レここでは備前醤油の衰退の原因を、「協同結社ノ規則ナク、詐譌軽薄」を常とし、「各自目前ノ私慾ニ奔走」して安価廉売に走り、精味のない粗悪な醤油を製造したことと言い切っている。これを改めるためには、協同結社を組織し、醸造製汁の方法を討論研究し、間近に迫った龍野・湯浅・備前・四国（小豆島）との同盟聯合に愧ない組織を結成することが必要だと呼びかけている。この宣言案を起草したのは児島郡北方村（玉野市北方）の合田俊三で、六章二五ヶ条からなる「知新社規則」をもまとめている。これらは、郡村の高階弥太郎・高階喜一郎、番田村の近藤三郎二を合わせた四人によって構想され、同業者を回って呼びかけ、明治一二年一〇月一八日に設立集会を開催するに至った。その経過を「備前醤油醸造組創立記事[3]」によってまとめよう。

設立集会はこの日、児島郡郡村の向上寺[4]に三〇名が参集して開かれた。まず合田俊三から会合の趣旨が説明され、討議すべき規則の内容が示された。参加者はこれを了解し、合田を仮会頭とし、知新社規則を原案として各箇条を討論決定していった。議論は白熱し、夜に入っても尽きず、午後六時にいったん閉会した。翌一九日午前一〇時に二七～八名が向上寺に再会し、前日の残りを議決し、組織の地区編成などを決定していった。組織は上道郡旧沖新田、児島郡番田・北浦・郡・八浜村、邑久郡幸西村の六村を集会の会場とし、七つの小組合を設置して、七名の担当人を選出した。その七名とは、岡山区と郡が青山幸吉、北方・合田俊三、宮浦・武田栄次郎、北浦・片山竹五郎、八浜・那須伝太郎、沖新田・北村周造、邑久郡と小串が小山庫次郎であった。また、小組合内の醤油を輸送する運漕船一〇隻を契約指定している。予定していた会頭などの役員選挙は後の会合に譲り、規則書編成委員に先の四人と篤好社の森亮貞を選び、午後六時に閉会した。その五人は一一月一日に同寺に集まり、創立盟約書を成文化し、浄書を篤好社に託して、後の会合で加盟者に記名調印を求めることとした。一一月五日、担当人七名と合田ら四人の発議者のほか、土肥（郡村土肥修平）、篤好社員赤堀宏綱・森亮貞ら十数人が午後一時に向上寺に集会した。中心の議題は「京阪醤油直組惣代人」の派遣協議で、衆議の結果、代表四人の派出が決まった。また、組合の名称について、土肥氏の案の「備前醤油醸造組」で決定され、組合役員は組頭一名・副組頭一名・年番二名に担当人七名とした。つぎの史料8-3は、第一条の名称に「備前」が朱で加筆されて「備前醤油醸造組」となっているので、土肥氏の案が決定される前の篤好社浄書段階の規則案[5]と考えられる。

史料8-3

備前醤油醸造組規則

第一章　総則

第一条　今般、醤油造元仲間ノ旧制ヲ改革シ、更ニ同盟協議組合ヲ立、備前醤油醸造組[朱で加筆]ト名ケ[付ガ脱]、専ラ各自営業ノ便宜ヲ謀リ、後来隆盛ノ基本ヲ立ルコトヲ目的トス

第二条　当組ノ営業ハ、各自ノ醸造場ニ於テスルヲ以テ、殊更ニ本店ヲ設ケズ、役員ヲ撰任シ、時々集会ヲ以テ社中ノ事務ヲ協議スヘシ

第三条　集会ヲ別テ、定期集会ト臨時集会ノ二様トシ、定期集会ハ、毎年一月十五日・六月五日・十一月五日ノ三回トス、臨時集会ハ、組頭ヨリ其緊要ノ時期ニ於テ之ヲ組合一般ニ報告スヘシ

但、一月ハ組合ノ惣集会トシ、六月・十一月ハ担当人以上ノ役員集会トス、臨時集会ハ事ノ軽重ニ依テ、惣集会ト役員集会ト[ママ]ハ一同ヘ組頭ヨリ報告スヘシ

（以下は章末に掲載する）

ついで一二月一〇日には役員投票が向上寺で開票され、組頭篤好社、副組頭近藤三郎二、年番高階喜一郎・合田俊三が選出された。明治八年九月に士族授産の会社として設立されていた篤好社[6]は、会社組織のため組頭になるかどうかを社に持ち帰って検討したいと保留したが、組織発足時の組頭選出を受け、結社の体裁を整える指導を担うために承諾することにした。また、年番二名を龍野に派遣して結社の通知を行い、将来の連合樹立を望んで帰国したと報告している。最後に、つぎの集会を来年一月一五日に上道郡江並村で開催することを決めて散会した。

翌明治一三年一月一四日、組合役員は江並村山長楼に集合し、翌日の例会の準備に当たり、同楼に宿泊している。翌日の例会には三〇名が参集し、午後二時に開会された。篤好社社長丹羽寛夫の代理赤枝正久・森亮貞が組頭就任の挨拶を述べたのち、年番の合田・高階両氏から龍野の情勢報告があった。龍野でも横山省三らを中心に同業者組合が設立されており、期待の高まる中、午後三時には祝宴となり、参加者は歓を尽くして午後八時に解散した。こうして備前醤油醸造組は、近代的な規約と組織を持つ同業組合として設立されたのである。

表8-7 明治14年ころの備前醤油組の京大阪向け出荷樽数

区	担当人		史料番号と日付		出荷期間		樽数	徴課金
1区	郡	篤好社支店（篤郡店印）	21	15.1	明治14	1月～6月	5829挺	46円632
						7月～12月	12404	99.232
3区	宮浦	継国冨次郎	10	－	14	－	(707)	5.656
4区	北浦	松本友三郎	2	欠(14).4.3	14	1月～3月	(875)	7
5区	八浜	藤原久三郎	20	欠(14).11.5	14	1月～10月	845	6.76
6区	江並	北村周造	17	13.12.30	13	?～12月	1633	13.064
	桑野	小川菊五郎	5	欠(14).4.5	14	1月～3月	(1125)	9
	江崎	斉藤伝三郎	14	－	14	6月～10月	3379	27.032
			11	15.1	14	11月～12月	(1357)	10.856
7区	小串	児山庫次郎	18	－	13	?～12月	(2168)	17.344
	南幸田	井上宇免造	6	14.4.9	14	1月～3月	(1125)	9
			4	14.7.28	14	1月～6月	2631	21.048
		井上亦造	16	14.12.31	14	7月～12月	(2644)	21.152

史料番号は東近藤家文書NO.40「輸出樽徴課金貸付金利子払込」16通とNO.41「徴課金その他」6通につけた通し番号で、日付は明治月日である。２区の史料は見当たらない。（　）の樽数は徴課金額から算出した。

結成当初の組員および出資金は、章末に掲載した表8-6-1にまとめている。明治一三年五月までに出資金[7]を出して加盟したのは合計五六名（他に納付なし二名）である。児島郡内が四四名、上道郡五名、邑久郡五名、岡山区二名で、士族授産会社の篤好社は支店が郡村にあり、郡村内に登録されている。出資額では、最高の二〇〇円を郡村高階弥太郎・高階喜一郎と番田村近藤三郎二、ついで一六〇円の郡村青山幸吉、一五〇円の同村青山寿三郎と北浦村片山勝太郎、一四〇円の北浦村片山竹五郎と続いている。番田・近藤氏以外は郡・北浦村で占められており、明治初年の備前醤油は児島郡、中でも郡・北浦付近が中心地であったと思える。以後、廃業する者もあったが、次第に加入者も増え、明治一八年（一八八五）の定例集会には参集者が初めて五〇名を超え、親睦会も行われて組合組織も安定してきた。

組合組織の編成と並行して、生産した醤油の京阪出荷強化も取り組まれた。その出荷には樽一挺につき八厘の「徴課金[8]」を醸造組に納入する規則になっており、年二回、その区の担当人が徴収して納金している。表8-7は、明治一四年ころの京大阪向け備前醤油の出荷数をまとめたものである。断片的な史料なので全体の移出量を推定することは難しいが、一四業者からなる郡・見石村・岡山区の一区では、明治一四年の一年間に一万八二三三挺が出荷され、七業者の邑久郡と小串村の七区では、同年に五二七五挺が出荷されるなど、年間の移出量がわかる地区もある。また、五区八浜村での一～一〇月までの出荷数は、藤原久三郎が四五四挺、山田新三郎が一六四挺、那須伝太郎が一三九挺、一蝶仲造が五二挺、米谷利吉が三六挺である。しかも、藤原久三郎の大阪行き一三挺以外はすべて京都行きであり、運漕する船も沢田義太郎（郡）の相生丸と三宅寿吉（八浜）の金勢丸に限定されている。このほか、六区の江並・北村周造の六～一二月に二三八一挺、同じ期間に江崎・斉藤伝三郎の一二〇一挺など、個人出荷量の多い大業者も確認できる。高額な出資金を拠出した郡村の二人や番田村の近藤三郎二はさらに多かっただろう。こうして明治初年の備前醤油は、復活に向けて活発に動き出したといえる。

以上のような備前醤油の動きに対して、龍野醤油でも同じような取り組みが進んでいた。前述のように、明治一二年一二月、年番の高階喜一郎と合田俊三が龍野を訪れ、備前醤油醸造組の結成を知らせ、両地区の連合を申し入れたが、龍野でも同盟結社が進み、京阪の商権を回復するため、播備同盟と小豆島紀州等の同業者の会議を開く必要があると同意した。その規則書は翌年一月一五日までに「龍野組申合規則并見込書」[9]という書名で備前に届き、翌一月一五日の定例総集会に披露された。そこでは、片山治助・平井八十郎・横山省三の三人の年番を筆頭に二八名の加入者が記されている。さらに、同年九月には、龍野醤油の衰頽を挽回するため、「連結協和シテ以テ龍野醤油醸造組ト唱エ、組合ヲ設ケ商議所ヲ設立シ、役員ヲ撰任シ、別紙商議所規則ノ通、当龍野製汁ニハ悉ク龍野製ノ証標紙ヲ貼付シテ発売シ、他ノ模擬贋造品ト判然セシメ」[10]るとした。こうして龍野醤油醸造組合に商議所が設置され、同時に作成された「龍野醤油醸造組合創立契約証」には組長「横山省三外二十七名署名捺印」とあり、備前醤油醸造組と同様な同業組合が結成されたのである。

他国醤油・京阪問屋との交渉

備前醤油醸造組は、組合組織の創立事務とともに、同時並行で龍野などの他国醤油や京都大阪の醤油問屋との関係を再構築していった。特に、醤油の販売価格を決定する「直組（ねぐみ）」は重要な取り組みであった。明治一二年一一月五日に京阪直組惣代人の派出を決め、一二月には年番に選出された高階喜一郎・合田俊三を龍野に派遣したことは先に述べた。上京した直組惣代人は青山（郡・幸吉か）・北村（江並・周造か）で、交渉は不成立に終わっていた。しかし、翌一三年一月、私用で上京していた邑久郡の中島長七郎と岸野秀造が一五日に帰国し、一二月以前の出荷分で直組が成立せず仕切延ばしとなった樽を、京都の問屋は来月六日から旧価格で販売しようとしていると報告した。しかも、それを承諾したのが年番の合田俊三と京都側は主張しているという。驚いた正副組頭の丹羽寛人（篤好社長）と近藤三郎二は、一月二六日付で、京都問屋の三木利助・土倉専助・井上文右衛門に対し、直組が成立していない商品を一方的に以前の値段で販売するような、「残酷之御取計」が事実なのかどうかを詰問する照会状を送っている。[11] これは「昨冬直組事件」と呼ばれ、備前醤油側の京都醤油問屋に対する厳しい疑念を生じさせることになった。

二月二日付井上文右衛門・白井儀兵衛から近藤三郎二への答書[12]によると、青山・北村との交渉の前日、京都の問屋集会で前回（一〇月一日か）の値段（それまでの値段の二〇銭値上げ[13]）のままと決議され、翌日の交渉は不成立に終わった。備前の二人は交渉を諦め大阪に移動したところ、京都側は別に上京中だった備前・児山（小串・庫次郎）に値上げの方向で仲裁を依頼したが断られ、前回決着の値段で販売を続けた。その後、合田俊三が上京したので、一二月一三日以後の備前からの入荷分から二三銭値上げすることを伝えたが、京都の問屋社員には従来からの取引上の都合もあるから、各自示談で価格を決めてよいとしたという。一九日に到着した京都からのこの書面を読んだ近藤三郎二は、仕切り延ばしになった醤油を以前の価格で販売することを合田が承諾したのではないことを確認して安心した。[14] さらに、二日付答書の後段にある、直組交渉よりも各問屋の取引が優越するという考えに対し、「元来直組之義ハ各家取引上ニ関係シ、仕切ハ（中略）各家取引仕切面ヲ一般一轍ニスルタメ、惣代人立会直組条約取結ベリ」と主張し、京都側が直組の存在理由を否定する考え方だと受け取った。備前側は白井・井上宛に、「此先キ御地直組は到底難取続ト確認仕候ニ付、本年ヨリ京地直組立会ハ相廃」するとし、京都での販売は大阪での直組価格に準じるつもりであると伝えている。[15]

こうした京都問屋との厳しいやりとりが進んでいる中、二月二四日に龍野から、大阪の醤油問屋との直組に備前からの代表派遣を依頼してきた。諸物価上昇により前回の価格では赤字となり、一〇〜二〇銭値上げの臨時直組をしたいとのことであった。同意なら三月三・四日に上阪して欲しいという。また、備前から申し入れの「各国聯会」に対しても、賛成派と直組優先派に分かれているが、備前が小豆島を説得し、龍野は摂州・紀州・東播州に働きかけて、この日に会合したい。醤油価格は大阪・京都とも一樽二〇銭・一升六厘の値上げを目指していると伝えてきた。[16] 備前側は二六日に郡・向上寺に役員集会を開き、物価上昇は今後も続く見通しで、醸造家の連合会議を開催した上で直組談判に取りかかった方が良いと決議された。同日、早速龍野に報答書を書き、明日にも小豆島へ渡ることと、会合の期日を一両日延期して欲しいと連絡した。また、上京中の合田俊三・岸野秀造へも電報を送り、帰国せずに滞在するよう依頼した。合田らは私用で上京していたが、二八日に京都醤油問屋の井上彦七宅を訪問してその電報を受け取り、二四日に森・近藤・高階が投函した備前に協力的な大阪の吹田庄兵衛と京都・井上彦七宛書翰二通にも目を通している。

小豆島へは近藤・高階が向かい、三月二日に年行司の長西英三郎・高橋弥惣次・木下定次郎や塩田与兵衛・壺井七郎・荒井伝七郎と会合し、播州・尼崎・紀州・備前との聯合に参加するよう勧誘した。彼らは別室で協議したが、当地の醸造家はそこまでの考えに至っていないとの理由で断った。また、阪地直組には小豆島はすでに直組を終えており、今回は参加しないとの回答であった。近藤らは成果なく四日に番田に戻った。

実際に備前と龍野が大阪で会合を持ったのは三月一四日であった。両者は直組の交渉を先にすることとし、京都との交渉は龍野は平井八十郎・浅井弥兵衛、備前からは近藤三郎二・岸野秀造が担当した。大阪問屋には備前から高階喜一郎・合田俊三と龍野（記録なし）が当たることとした。また、龍野・横山省三の意見により各国合同会議の仮規則を作成することになった。大阪での直組交渉は中之島港橋西入の魚庄（魚屋庄兵衛）で二一日に行われ、大阪問屋からは島平兵衛・弥谷佐兵衛・道谷孫兵衛・平井由兵衛・小山利兵衛・藤田伊兵衛が出席し、一〇銭値上げを提案したが、龍野備前は同意しなかった。二四日に再度同所で会し、一三銭値上げの問屋口銭三銭で決着した。一方、京都の直組では二二日に二四銭値上げの問屋口銭四銭で決着した。ついで行われた聯合会議は、二七日に大阪下大川町金森仙太郎宅で行われ、龍野四人・備前五人・尼ヶ崎四人・紀州湯浅一名と代理一名が会合し、起草された仮規則を了承し、会主に龍野、会頭に備前・森亮貞、副会頭に龍野・横山省三、理事に龍野・平井八十郎、備前・近藤三郎二、尼ヶ崎・高岡嘉十郎が選出された。翌日も同所に集まり、直組談判の触頭を龍野が担当し、直組惣代を各地区二名とした。さらに醸造必要品実価報告委員二名を設けて、年四回、醤油の売買実価や米・大豆・大麦・小麦・塩・薪・明樽・雇賃銭の相場を報告することとした。翌三〇日に高津桃山（現大阪市天王寺区東高津町付近か）で花見の宴を開き、午後二時散会した。こうして醸造家の四ヶ国連合が結成されたのである。

ところが早くも四月一三日、龍野から直組惣代の派遣を電報で依頼してきた。備前側は二七日に役員の臨時集会を開き、

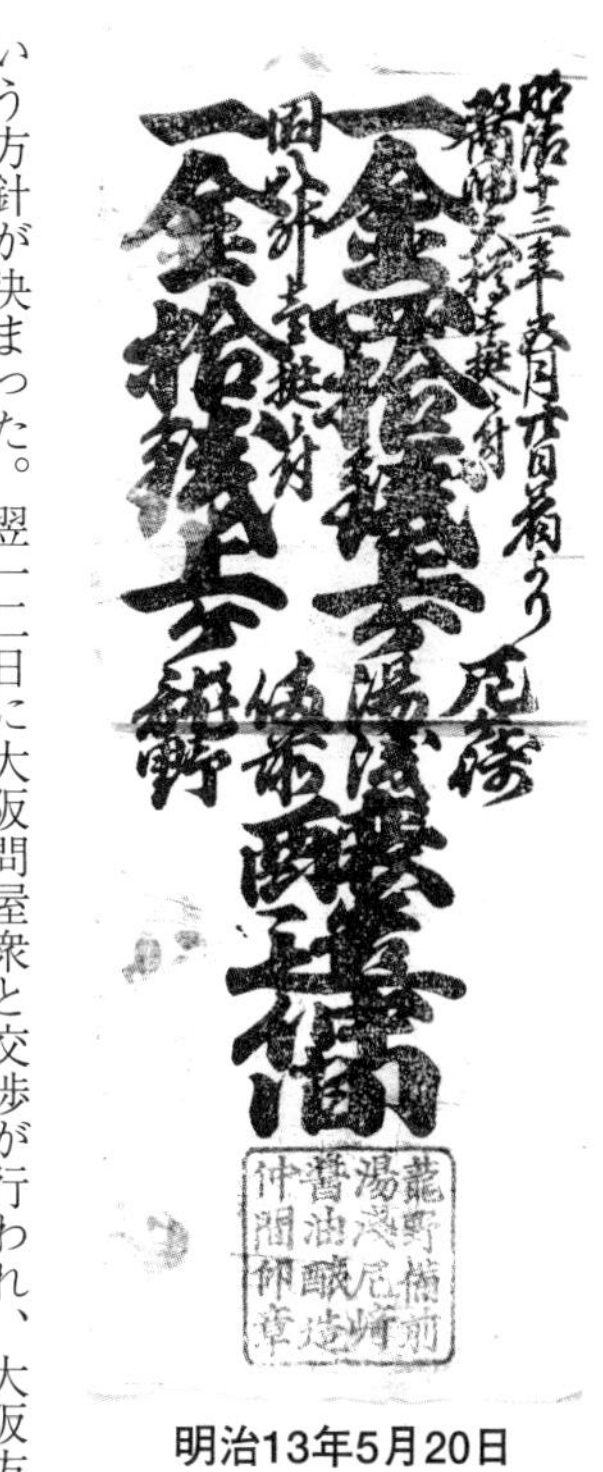

明治13年5月20日以後の値札
（東近藤家文書番号134　16×43㎝）

直組惣代として中島長七郎・近藤鶴次郎（のちの紋次郎か）が決定され、五月二日に岸野秀造を加えて上阪した。四日には追加惣代として篤好社社員の柏山保次郎も上阪した。一一日に龍野・備前・紀州・尼ヶ崎の四地区惣代が大阪で会議を開き、五〇銭値上げ（四〇銭までは譲歩）で、決裂の場合は出荷停止という方針が決まった。翌一二日に大阪問屋衆と交渉が行われ、大阪方が二〇銭値上げを主張して折り合えず、交渉は決裂した。翌一三日、大阪から醤油樽の出荷中止を指示する電報が届いた。[17]京都でも定例の直組まで延期するよう取り合わず、やむなく惣代たちは一四日に大阪まで戻った。交渉の様子を記した郵書が到着した一八日、近藤三郎二・合田俊三は各区担当人に対し出荷停止を通知した。その後の経過を知る史料は見えないが、写真史料には、五月二〇日到着以後の四ヶ国醤油価格を大樽四〇銭、八升樽一〇銭値上げと見える。造元希望価格での店頭販売を一方的に求めて、直組は不成立であったと思われる。

続いて一三年後半の直組が始まり、備前醤油では一一月三〇日に郡村向上寺で役員集会を開き、直組惣代の乙子村北村仲二郎の帰国報告を受けている。[18]今回も京都での直組は決着せず、合田俊三を派遣して再度懇談し、不調に終われば大阪での値上げ額を準用するという従来の方法をとることに決定された。一二月三日に合田は上京したが、当初の直組惣代の青山寿三郎と鈴木元八郎が六日早朝に帰国したので、近藤・高階ら幹部が緊急に集まった。青山らの報告では、京都問屋から二三銭値上げの再提案があったが、大阪とは二五銭で決着しており、このまま京都で二三銭に決着すれば、龍野は備前との百数十年来の同盟関係を解くつもりだという。しかし、このまま不調に終わり、西京向け販売が停滞すると、「我組合ノ損害難斗」と、出席幹部は不安視している。結局龍野とともに京都と直組を行い、不調なら龍野と別派になっても二三銭で決約するという方針が決まった。この後の結果を知る史料はないが、『史蹟』の明治一三年一二月に「二五銭上ゲ　播備共」とあ

表8-8 明治12～13年備前醤油組の出荷樽数

区	明治12年7月～12月	明治13年1月～6月
1区	3,664挺	2,897
2区	534	614
3区	1,247	584
4区	2,083 （うち船頭売627）	2,078 （うち船頭売765）
5区	120	75
6区	1,796	1,181
7区	614	549
合計	10,058	7,978

東近藤家文書15　明治13年後半度「会議日記並ニ諸留」中の「備前醤油輸出樽数取調書」よりまとめる。

り、龍野備前の離反は回避されたように思われる。表8-8は明治一二年後半から翌年前半までの一年間に、備前醤油醸造組の各区ごとの京大阪への出荷樽数をまとめたものである。この間に醸造組が結成され、四ヶ国連合による直組不調で販売不振に陥った時期と重なっている。二区を除いて各区での出荷数の減少が見られ、特に八浜の五区では出荷ゼロに近い七五挺という状態になっている。しかし、前掲の表8-7では、翌一四年前半に、一区で出荷が倍増し、五区でも八四五挺の出荷が見られている。これはおそらく、明治一三年の後半になってやっと妥協が成立し、出荷が回復したためと推測される。

しかし、これ以後の直組交渉については、備前と龍野は同盟関係を次第に後退させる方向に向かったと思える。京都の問屋衆は明治一六年（一八八三）八月に「他国醤油問屋組」を結成した[19]。正取締に川合小兵衛（鉄屋）、副取締に今中弥兵衛（壺屋か）の龍野に近かった問屋が選ばれ、組合員は二五名で、那須平兵衛（牛窓屋）・井上文兵衛（岩田屋）・高畠利八（油屋）などの備前醤油に近い問屋衆も加入している。同一九年一二月には同組合の中に「同志者」が組織され、組内外の問屋に対して直組で決定された醤油価格を厳守させようとした[20]。これには、取締三木利助、副取締片岡重造、総代川合小兵衛・井上彦七・高畠利八と一〇名が連名している。さらに同二四年（一八九一）一〇月には、岡山で「他国醤油商同志組合」[21]が結成され、備前醤油醸造組委員が立ち会っている。これは、この組合に参加する業者にのみ備前醤油を販売する盟約を交わすもので、これも直組での決定価格を厳守させるものであったようだ。さらに同二八年秋の直組を前に、「他国醤油問屋組」と備前との事前交渉が成立せず、龍野と備前が別々に交渉を持つことになった。そのため「他国醤油問屋組」に備前部が設置されて直組の交渉権を握り、備前側も同年一一月「備前醤油醸造組製品販売規定」を設け、備前醤油の販売店に「販売証票」を交付し、その店頭掲示を義務づけた。これも販売価格の厳守を求め、出荷先の確保を図るものであった[22]。こうして三〇年六月までに「備前醤油販売証」を受けた京都市・伏見町近辺の醤油店は一二六店におよび、同年一二月には大阪で四一店が交付されている[23]。この間の龍野醤油の同盟地域への対応は、『史蹟』にも『龍野市史』にも詳しい分析はない。しかし、『龍野市史』第三巻によると、龍野では船から鉄道への輸送手段の変更や品評会による技術改良などにより、龍野醤油の発展が取り組まれたとされる。これは今までの産地連合の強化とは違った方向であり、資本主義経済の形成過程で、各地の醤油産地が独自の発展方向や経営方針を掲げることになったといえるであろう。

明治期の備前醤油醸造家

つぎに明治二〇年代末までの備前醤油醸造家の概要を見ていくことにする。本章末尾に示した表8-6-1は備前醤油醸造組結成当時の出資金とその後の集会への出席者一覧である。出席者の記録は明治二九年（一八九六）まであり、同二五年の五九名を頂点に、同一八年以降ほぼ五〇名以上の出席者に達している。実際の醸造家は、京阪輸出をしない小規模な業者を含めれば、これよりやや多いものと推測されよう。しかし、前節の表8-4・8-5に見える幕末の造元と比較しても、屋号と姓の関係が不明で、それぞれが老舗店か明治以降の新興業者なのか分類するのは難しい。

地区別に見ると、一区の郡村では、高階喜一郎・弥太郎、青山幸吉・幸三郎―嘉三郎・寿三郎―嘉太郎、篤好社と社員柏山保次郎、おそらく篤好社の一員で、幕末の岡山藩中老土肥典膳の長男であり、醸造組の名付け親でもある土肥修平、さらにのちに組頭代理となる鈴木元八郎ら有力者が多い。また、藤沢庄次郎[24]は明治元年創業で、金毘羅丸で醤油運漕を担当した。筒井周介は明治二六年創業で屋号を板屋といい、子の数三郎の昭和一一年に廃業したという。辻屋、栄屋、中鍋屋、西鍋屋、郡屋などの醸造家屋号も伝えられている[25]が、高階・青山氏などの誰に当たるか不明である。歌見村（現玉野市八浜町見石）では京都に出店を構えた油屋利八の地元で高畠幸太郎がおり、また、藤原長三郎…長次郎がヒシナカ醤油として繁栄した。岡山区では最初の加入者の浜田元次郎や真殿健次郎[26]、のちの岡山県会議員岡円太郎[27]や岡崎銀五郎など、政治家・実業家が見えている。

二区の番田村では、醸造組の中心的人物の近藤三郎二やその宗本家の近藤紋次郎が活動する。三郎二については最後にその経営概要を分析する。また、近藤紋次郎（一八五二～一九一六）は、前節に掲げた中屋近藤氏略系図のうち、最後の紋次郎和之の長男敬之で、その墓碑銘[28]には「創醤油醸造業、得不償失（とく、しつをあがなわず）、乃罷（よってやむ）」と刻まれている。北

明治大正期の山田醤油
陶器製醤油瓶（山田二郎氏所蔵）

方村には旧大庄屋合田家からの分家で、その四代目の合田俊三（一八八九没45）とその長男精一郎がある。また、岡田姓などの数軒が醤油造りを行っている。三区では宮浦村に武田・継国・安田氏などがある。

四区の北浦村では、西片山の勝太郎、東片山の竹五郎、片山量平、片山文吉らの片山氏を中心に、松本・森野・岡本氏らが見える。五区の八浜村では、藤原久三郎―元太郎を中心に、弟藤原虎五郎、山田新三郎―資太郎[29]、前田市三郎―芳平、宮田槇造―友次郎、一蝶氏ら新興勢力に対し、前節の略系図で示した牛窓屋の那須伝太郎や郡屋武吉の孫平岡徳太郎もかつての家業に再挑戦している。第二章第二節で酒造業者として紹介した藤原虎五郎と前田芳平は、醤油醸造にも参入していたことがわかる。

六区では、旭川河口の三蟠港を拠点にした江並村の北村周造[30]・江崎村の斉藤伝三郎[31]がある。桑野村には小川栄太郎・菊五郎などがいる。九蟠・豊田の平井・小仁井・伊東・岡本氏は明治二〇年代の創業である。七区の邑久郡幸島村には、井上又造―鹿次郎、井上梅造、中島長七郎、岸野伊勢吉―秀蔵らがある。また、乙子村には北村利太郎があるが、幕末の児島屋（島屋か）なのかは不明である。また、七区に所属する児島郡小串村には、児山庫次郎（一九一八没72）・同九十郎と明治二年創業の山根浜造[32]がいる。

備前醤油の出荷方法としては、鉄道が敷設されるまでは運漕船がその手段であった。項末の表8-6-2に、備前醤油醸造組の設立当初に契約した運漕約定船一〇隻とその後の船をまとめている[33]。明治二二年からは醸造組の集会にも出席するようになり、その動向も追跡できる。約定船は出荷数の多い郡村が四～六隻、幸島村二～三隻、番田・大門村各一～二隻、北浦・八浜村各一隻となっている。例えば八浜村では、郡・沢田義太郎の相生丸が明治一四年一～六月まで六回の輸送を担当し、八浜の醤油三造元の合計二二三樽を運漕している。八浜・三宅寿吉の金勢丸は一～一〇月まで六回担当し、五造元合計六二二

表8-9 明治24～25年備前醤油の名古屋向け出荷数と価格一覧

醸造家名	証標銘柄	24.3	価格1挺	24.8	価格1挺	25.1	価格1挺
近藤三郎二	赤丸	8挺	3円25銭	8挺	3円１５銭	8挺	3円25銭
近藤紋次郎	玉菱	4	3円10銭	4	3円		
中島長七郎	⌃六	8	3円05銭	8	3円05銭	8	3円05銭
片山勝太郎	⌃西　都	8	2円95銭	8	2円85銭	8	2円95銭
三宅岩松	極上	4	2円85銭				
	⌃三　生			4	2円80銭		
藤沢荘次郎	巴ロ	8	2円80銭	8	2円85銭		
斉藤伝三郎	⌐は　㊀井	4	2円90銭	8	2円70銭		
岡円太郎	赤一ロ	4	3円10銭	4	3円	4	3円20銭
	青一ロ　志一ロ	4	2円80銭	4	2円70銭	4	2円80銭
岡崎銀五郎	◯岡　竹	8	2円80銭				
	◯岡　備前一			4	2円70銭	4	2円70銭
	◯岡　関西一			4	3円10銭	4	3円10銭
石津信近	⌐い　玉	8	2円80銭				
	⌐い　◯◯			4	2円60銭	4	2円80銭
山崎重吉	⌃分	8	2円70銭	8	2円90銭		
	⌃分　無類					8	3円
多田善五郎	⌃サ　壽	8	2円80銭	4	2円80銭		
松本栄次郎	⌃マ　別	4	3円	2	3円		
井上金三郎	(◯井　別)	4					
岡田辰次郎	◯◯◯	4		4	2円90銭		
片山竹五郎	⋇			8	2円80銭		
北村周造	⌃中　曙					8	3円
出荷合計		96		94		60	

24.3～25.1は東近藤家文書番号25「名古屋送醤油挺数并代価区分帳」による。
井上金三郎の証標は同文書番号26の25.4出荷分に記載あり。

樽を運んでいる[34]。相生丸は別に地元郡村の醤油も同時に運んだものと推定される。

一方、幸島村の山口五百造には、明治一四年に船の購入資金として五五〇円、同二二年には新船建造費として四二〇余円を近藤三郎二が貸し付けている[35]。番田・藤原辰三郎にも、同一八年に中福丸を新造する際に二五五円余、同二五年の船購入費三〇〇円を近藤三郎二が貸し付けており、その返金の一部に醤油輸送運賃を当てている[36]。これにより近藤三郎二には潤沢な資金が蓄えられていたことと、自身および同業者の醤油輸送手段の確保のために運漕船主への資金提供を行うなど、独自の経営戦略があったことがうかがえる。

一方、明治二四年（一八九一）一月三日、備前醤油醸造組は、名古屋市醤油問屋成田好造・森田清兵衛・鳥井健太郎・中川儀助の四人との間に委託販売の契約を結んでいる[37]。表8-9はそれに応じた備前醤油の醸造家一覧である。出荷数は原則問屋四人に一〜

二樽であった。ここで、各造元の醤油銘柄が判明する。ところが、同年八月に名古屋向け醤油を海路運漕した平安丸が遭難し、積載醤油の残品の売却収入と組合からの補助で補償が行われたが、かなりの損害を被った。[38] これが直接の理由であったのか、備前醤油醸造組は、史料8-4のように翌二五年七月に醤油輸送の鉄路利用契約を結んでいる。[39] ちょうど同年三月に山陽鉄道の三石―岡山間が開通し、岡山と大阪京都が鉄路で結ばれたことによる。龍野醤油ではすでに二四年七月から、竜野駅と兵庫・大阪・京都駅間の鉄路輸送を開始している。[40] 醤油輸送は運漕船から鉄路に変わる時代を迎えた。

史料8-4

定約証

今般備前醤油醸造組合員ト内国運輸会社岡山支店トノ間ニ於テ、岡山ヨリ大坂京都名古屋行汽車積托送ノ醤油ニ対シ、締結ナス条項左ノ如シ

第壱条

一貨主備前醤油醸造組合員ヨリ汽車積ニカヽル発送醤油ハ、内国通運会社岡山支店へ一手ニ拡托シ、他店へ托送ナサヾルモノトス

第弐条

一内国通運会社岡山支店ニ托シ、大坂京都名古屋ニ逓送スル醤油予算ハ、一ヶ年合計壱万五千樽トス

（中略）

第拾条

一本約定ハ明治廿五年七月一日ヨリ明治弐拾六年六月三拾日迄、満一ヶ年トス

但シ此約定ハ双方不便不利ノ場合ナキ限リハ、連年継続スルモノトス

右之条項締結ノ上ハ、双方確守履行スベシ、仍テ此約定証弐通ヲ製シ各自分有スル者ナリ

明治廿五年七月一日　内国通運会社

岡山支店支配人　吉田喜一印

備前醤油醸造組　委員御中

この史料の中略部分には、大坂行き一樽七銭・京都一三銭・名古屋二六銭や、岡山京橋川岸から岡山停車場まで一樽一銭五厘の手数料をとることが決められている。この契約によって、児島・上道・邑久郡などの海路醤油輸送を担当してきた運

漕船は、造元付近の港から岡山京橋付近への輸送に業務が変化することになったものと考えられる。

近藤三郎二の醤油経営　前節で近藤三郎二が安政六年に上京し、家業再興を目指したことに触れた。維新期には備前醤油の再建に尽力するが、その経営実態はよくわかっていなかった。しかし、彼の残した東近藤家文書には、わずかではあるが関係史料が確認できる。最後にその概要を分析したい。

東近藤家の近代経営史料は、明治一九年（一八八六）になって登場する。前年に醸造醤油銘柄の「赤丸」二〇〇挺を中福丸で京大阪に積み登し、ついで同一〇挺を宝福丸で出荷したが、六二挺分が樽詰で売れ残り、同「玉竜」の三挺も売れ残り、結局一九年一月一日の現在残有高は一三五石余であると租税検査員に届け出ている。[41] 一八年一二月には、翌年の仕込予定を一七〇〇石とし、熟成期間を一五ヶ月としている。[42] 一月に仕込を始めたが一九日に中止し、仕込樽の修理や新調、古い桶の破壊を行い、三月一〇日に再び仕込を始めた。五月一六日にはまた中止し、一〇月二〇日から一二月三一日まで三度目の仕込を行っている。この間、一九年に製成した醤油を上・中醤油合わせて一三七四石余と届けている。同二〇年の史料は残されていないが、二一年には、四月二六日の仕込開始（中止の期日は無記入）や梁行四間・桁行約一〇間の醤油蔵の増築を七月四日に申請している。そのための醤油桶や槽を購入するなど、設備投資を進めている。六月には二〇年の醤油卸売を一三三四石余、代金八八六八円余と報告している。[43] 翌二二～二五年の史料には、仕込石数の予定やそれに対する年末の減石・増石数の報告のほか、各年の製成石数や他府県への輸出樽数が記録されている。[44] 輸出樽数については、二二年に四一五九挺、二三年に四〇二〇挺、二四年に四〇〇八挺とあり、次頁に掲げる表8-10の数字と若干違いがあるが、理由は不明である。

一方、生産設備を知る史料として、明治二九年時点での倉庫群の配置図がある。[45] それを見ると、汁置場と粕置場、さらに一～八号までの大小の醤油蔵が備えられている。汁置場には一四桶が置かれ、上汁・中汁などと品質が朱書され、絞油後と思われる五つの桶が建物の外に並べられている。粕置場には九つの桶が建物内部に半円形に置かれ、「醪出」と朱書がある。熟成して絞りを待つ醤油桶が集められていると思われる。また、八つの醤油蔵には番号がつけられた醤油桶が置かれ、仕込の石数が記入されている。その総計は桶数三八九本・二九〇九石であり、一桶平均約七石五斗の熟成中の醤油が寝かされている。

東近藤家の醤油醸造は、明治二一年起の「醤油所得金年々予算支出帳」によって分析することができる。そこには、「赤丸」の生産挺数と代金、醤油醪の量と代金、支出項目として仕込大豆・小麦・大麦・塩、薪、雇用人、税金、輸出樽に課せられる徴課金、京阪輸送費や梱包費、桶屋人夫、建物諸道具修繕費など、経営全般にわたる収支がまとめられている。これらが明治三六年度まで追跡できる。この史料から作成したのが表8-10である。不明な部分は前述の史料で補足している。醤油の熟成期間が一年半であるため、仕込石数より製成石数が基本であり、これが輸出樽となって京阪に送られ収益となる。支出のうち雇傭職人数はゆっくりと増加し、年給の平均も同二八年頃から増額されているが、低給の臨時雇用数も激増しており、これが近藤家の経営を下支えしていたのかもしれない。収入総額に占める最終所得は、一〇%以上から同二七年以降に

表8-10 東近藤家の醤油醸造経営

明治	製成石数(石)	輸出樽数(挺)	醤油代金(円)	収入総額(円)A	支出総額(円)
19	1,374				
20					
21	1,046	4,200	9,571	9,722	8,435
22	1,696	5,106	11,197	11,445	10,116
23	1,757	3,718	8,774	9,131	7,753
24	1,816	4,872	12,228	11,966	10,752
25		5,112	13,597	13,813	12,320
26		5,732	15,533	15,694	13,984
27	2,254	6,347	17,200	16,977	15,658
28	2,260	6,339	17,178	17,174	15,896
29	2,477	6,849	19,178	19,680	18,069
30	2,516	6,701	21,172	21,664	20,351
31	2,513	6,897	25,518	26,366	24,608
32	2,334	6,398	28,151	28,330	26,700
33	2,712	7,633	34,348	34,255	31,710
34	3,120	8,748	38,491	39,054	36,137
35	3,564	10,137	45,717	42,958	40,255
36	3,550	10,149	45,771	42,514	39,131

明治	雇人数(人)	雇人一人年給	臨時雇用(人)	最終所得(円)B	B／A(%)
19					
20					
21	9	26円44	300	1,285	13.2
22	12	21.83	471	1,329	11.6
23	10	25.40	294	1,378	15.1
24	10	26.80	300	1,213	10.1
25	10	26.70	187	1,493	10.8
26	10	26.40	248	1,709	10.9
27	12	25.37	430	1,319	7.8
28	12	27.29	455	1,317	7.7
29	12	34.37	652	1,611	8.2
30	12	38.83	762	1,708	7.9
31	12	41.92	784	1,758	6.7
32	13	39.07	677	1,630	5.8
33	14	43.50	718	2,544	7.4
34	15	53.86	1,029	2,916	7.5
35	14	51.28	1,351	3,379	7.9
36	14	60.78	1,552	3,383	8.0

19年製成石数は東近藤家文書番号56「醤油税則諸願届書上留」、21～24年製成石数は同番号58「醤油税則諸願届書上留」、それ以外の同21～36年の数値は、同番号49「醤油所得金年々予算支出帳」より。1挺は3斗4升入り。石未満・円銭未満・人未満は切り捨てている。収入総額は年初予算額から年末の増減収を加除した額である。

東近藤家住宅　取り壊される前の旧宅で、現在は更地になっている（1984.12撮影）

表8-11 鉾立・小串村内の醤油醸造家の経済基盤

大字	醤油醸造家	醤油卸小売量A	醤油所得見込み額B	B/D%	所有土地C	村数	所得見込総額D
小串	児山庫次郎－信六	1633	1650	69.2	794	1	2383
小串	児山九十郎	1010	1021	87.6	194	1	1166
小串	山根浜造	1123	1311	99.8	25	1	1314
番田	近藤三郎二－敬次郎	3574	4142	44.2	5728	17	9369
番田	近藤紋次郎	0	0	0.0	267	1	432
北方	岡田辰次郎	1838	2130	82.6	291	3	2578
北方	合田精一郎	459	464	91.3	30	2	508
北方	岡田嘉十郎	561	567	81.7	97	2	694
北方	松島欽哉－嘉一郎	255	257	47.0	55	2	547
北方	岡田島吉	714	721	79.7	133	3	905
北方	岡田治三郎	255	257	60.9	126	3	422

東近藤家文書番号54［所得税調査］よりの抜粋。年未詳であるが、同番号55の史料中に、明治34年6月15日、所得調査委員に近藤敬次郎の当選通知があり、それ以後の明治30年代半ばの所得関係史料と推定される。父子の場合は合算した額を示した。単位はAは石、B・Dは円、Cは畝で、それ以下は切り捨てた。村数は所有土地が存在する村の数である。

は七％前後で維持され、安定的な経営が行われていたと言えよう。[46] この間、当家の経営は明治三三年（一九〇〇）七月に三郎二から養子の敬次郎に相続されている。

しかし、東近藤家のこうした醤油経営は、それだけで完結していたのではない。醤油醸造で得た利益を土地集積に当てるという資産形成を進めていたのである。表8-11は明治三〇年代後半の鉾立・小串村の醤油醸造家の経済基盤をまとめたもので、醸造組結成当時の醸造家の名も見える。その醸造高が三五〇〇石を超える東近藤家に対して、小串の三家や北方の岡田辰次郎は一〇〇〇石台と経営を維持しているが、三郎二の本家近藤紋次郎は廃業し、かって盟友であった北方の合田俊三は死去し、子の精一郎の醸造高も五〇〇石に満たない。ほとんどの業者は小規模経営で、全所得中のほとんどを醤油所得で占めている家が多い。しかし、東近藤家は五七町余の大地主であり、小作料収入など醤油以外の収益も多い。東近藤家の所有地は上道郡沖新田九ヶ村に合計三四町あり、多くの小作人を抱えるいわゆる寄生地主であった。約八町を持つ小串・児山庫次郎は小串一ヶ村のみであり、東近藤家とは性格が違う。

このように、明治期後半からの備前醤油は、東近藤家のような大地主に成長した醤油醸造の巨大経営者と、零細経営の中小醸造業者という二極分解を起こしていたのではないかと推測される。しかしこれは、他地域の分析によって確認できるものので、今後の研究に期待したい[47]。

表8-6-1 備前醤油醸造組加入者の明治13年出資金額(円)と明治16～29年各集会出席者一覧

番号	区	郡	村	大字	参加・出席合計																									
						明治	16	17	18	19	19	20	20	21	21	21	22	22	23	23	24	24	24	24	24	25	26	27	28	29
						月	2	2	2	2	10	2	3	3	4	6	2	10	3	4		3	4	6	10	3	4	3	4	4
						日	21	24	2	20	16	20		1			20	1	15	23		21	2	5	20		1	20	7	5
						集会場所	郡 向上寺	北方 山崎長七	郡 向上寺	郡 向上寺	岡山 公楽園	小串 堀川芳五郎	岡山 公楽園	江並 萩原貞造	郡		岡山 山佐楼	小串 堀川芳五郎	小串 高明院	岡山 公楽園	江並 伊達浜宅	郡 円蔵院	郡 井上勝太郎	番田 近藤三郎二	岡山 三好野	小串 高明院	郡 円蔵院	小串 高明院	岡山 山佐楼	郡 向上寺
						出資金	定	定	定	定	親	定	親	定	親	臨	定	臨	定	親	定	役	役	定	親	定	定	定	定	定
番号	区	郡	村	大字	参加・出席合計	58	27	37	51	45	37	52	39	51	30	26	55	39	53	30	56	13	8	16	12	59	56	55	55	45
1					高階弥太郎	200			○		○																			
2					高階喜一郎	200	○	○	○	○	○	○	○	○	○	○	○	○	○	○	○	○		○	○	○	○	○	○	
3					青山幸吉	160										○														
4					青山幸三郎	40	○		○		○	○	○	○	○		○											○		
5					〃 嘉三郎													○	○	○	○					○	○	○		
6					青山寿三郎	150	○	○	○		○	○	○	○	○		○		○		○									
7					〃 嘉太郎																					○	○		○	○
8					篤好社	60																								
9					鈴木元八郎		○	○	○	○	○	○	○	○	○	○	○	○	○	○		○								
10					柏山保次郎		○																							
11			甲浦	郡	土肥修平	60	○	○	○																					
12		児島			内藤豊蔵	20					○		○							○										
13					奥山長之資	20			○	○		○	○	○	○		○	○	○	○	○					○	○	○	○	○
14					三宅新平	10																								
15					〃 岩松			○	○	○	○	○	○	○	○		○	○	○	○	○					○	○	○	○	○
16					藤沢庄次郎					○	○	○	○	○	○		○	○	○	○	○			○		○	○	○	○	○
17					井上金三郎						○	○	○	○	○	○	○	○	○	○	○					○	○	○	○	○
18	1				沢田長八																					○				
19					〃 儀太郎																						○	○	○	○
20					浜野市太郎																					○	○	○	○	○
21					筒井周吉																							○	○	○
22			見石		高畠孝太郎	120			○		○		○		○		○		○							○	○	○	○	○
23					藤原長三郎	10																								
24			末山町		真殿健次郎	20																								
25			浜田町		浜田元次郎	20	○	○	○	○	○	○	○	○			○		○		○									
26			東中島町		岡円太郎				○	○		○	○	○		○	○	○	○	○	○	○	○	○	○	○	○	○	○	○
27			児島町		山崎重吉				○	○	○	○	○	○	○	○	○		○	○	○					○	○	○	○	
28					山崎松次郎					○	○	○	○	○			○			○										
29		岡山区	天瀬		石津信近				○	○	○	○	○	○	○		○	○	○	○	○			○	○	○	○	○	○	○
30					石津仲次												○	○	○		○									
31			久山町		多田善五郎				○	○		○	○	○			○	○	○	○	○					○	○	○	○	○
32			上片山町		岡崎銀五郎					○		○	○	○		○	○	○	○	○	○	○			○	○	○	○	○	
33					岡崎友次郎																○					○				
34					松本栄次					○	○	○	○	○			○		○											
35					柳沢純一						○	○		○			○	○	○		○					○	○	○		
36					近藤三郎二	200	○	○	○	○		○		○		○	○	○	○		○	○	○	○	○	○		○		○
37					〃 敬次郎								○		○									○		○	○	○	○	
38				番田	近藤鶴次郎	40																								
39					〃 紋次郎		○	○	○	○	○	○		○	○	○	○		○		○	○	○	○	○	○	○	○	○	○
40					高畠豊次郎	40	○	○	○	○	○	○		○	○	○		○								○				
41					〃 秀吉郎												○		○		○									
42					合田俊三	70	○	○	○	○	○	○	○	○	○	○	○	○												
43					〃 精一郎														○		○					○	○	○	○	
44					岡田嘉十郎	60	○	○	○			○	○	○		○	○	○			○					○	○	○	○	○
45					岡田島吉	60		○	○	○	○	○		○			○	○			○					○	○	○	○	○
46	2	児島	鉾立		岡田摂五郎	20		○	○	○		○	○	○			○		○		○					○	○	○	○	
47					岡田紋吉			○	○	○	○	○															○			
48				北方	岡田紋次郎				○					○			○													
49					井上紋之資							○	○	○			○		○		○					○	○	○		○
50					岡田辰次郎					○	○	○	○	○		○	○	○	○		○	○	○	○	○	○	○	○	○	○
51					岡田治三郎														○		○					○		○		
52					井上梅三郎				○	○		○		○	○		○		○		○									
53					松島要													○								○	○	○	○	○
54					松島嘉一郎																○									
55					福原庄平	40																								
56				下山坂	〃 峰二			○	○			○			○															
57					萩野要二	—																								

						明治	16	17	18	19	19	20	20	21	21	21	22	22	23	23	24	24	24	24	24	25	26	27	28	29
						月日	2	2	2	2	10	2	3	3	4	6	2	10	3	4		3	4	6	10	3	4	3	4	4
番号	区	郡	村	大字	氏名	出資金	21	24	2	20	16	20		1			20	1	15	23		21	2	5	20		1	20	7	5
58					武田栄次郎	50				○				○			○	○	○											
59					継国安次郎	50																								
60					〃 富次郎			○					○						○		○								○	
61			甲浦	宮浦	安田文次郎	20																								
62	3				安田多曽吉	20	○																							
63					〃 安次郎					○	○	○		○		○	○	○	○		○					○	○	○	○	○
64					宮川已之吉			○	○	○																				
65					平谷与次平																					○	○	○	○	
66			大門	阿津	玉置佐一郎	20																								
67					片山勝太郎	150	○	○	○	○	○	○	○	○	○	○	○	○	○	○	○	○	○	○		○	○	○	○	○
68					片山竹五郎	140	○	○	○	○	○	○		○	○		○	○	○		○			○	○	○	○	○	○	○
69					片山利三郎																								○	○
70					片山量平	100	○												○		○					○	○	○	○	○
71					片山要造			○	○	○	○	○	○	○	○	○	○			○										
72					片山文吉	50	○	○	○																					
73					片山篤太郎	—																								
74	4		甲浦	北浦	松本清治	50	○																							
75					松本友三郎	50																								
76					森野庄太郎	30	○	○	○	○		○	○	○	○	○	○	○	○		○					○				
77		児島			橋本竹次郎	15																								
78					岡本喜五郎												○	○	○		○					○				
79					〃 又次郎																						○	○	○	
80					浮田定五郎															○	○					○	○	○	○	○
81					磯本又次郎															○	○					○	○		○	○
82					藤原久三郎	100	○	○	○	○	○	○	○	○	○	○	○			○										
83					〃 元太郎														○		○		○		○	○	○	○	○	○
84					藤原虎五郎			○	○	○	○	○	○	○	○	○	○		○	○	○					○	○	○	○	○
85					那須伝太郎	20		○		○																				
86					〃 朋太郎				○			○	○																	
87					山田新三郎	10			○	○	○	○	○	○	○		○	○			○					○	○			
88					〃 資太郎														○	○								○	○	○
89	5		玉井	八浜	前田市三郎	10																								
90					〃 芳平							○	○	○			○	○	○		○					○	○	○	○	○
91					米谷利三郎	10																								
92					松谷万太郎	10																								
93					一蝶仲造	10			○	○	○	○		○	○		○	○	○		○					○	○	○	○	○
94					宮田槇造	10			○			○		○	○		○		○											
95					〃 友次郎																○					○		○	○	○
96					平岡徳太郎			○	○																					
97			三蟠	江並	北村周造	50	○	○	○	○		○		○	○	○	○	○	○	○	○	○			○	○	○	○		○
98				江崎	斉藤伝三郎	20	○	○	○	○	○	○	○	○			○	○	○	○	○	○			○	○	○	○	○	○
99				桑野	小川栄太郎	50		○	○	○	○	○		○		○	○	○	○							○	○	○		
100			沖元		小川菊五郎	20	○	○	○			○		○			○		○		○			○		○	○	○	○	○
101	6	上道		沖元	瀬尾鹿平	20																								
102					平井兼松														○	○	○					○				
103			九蟠	豊田	小仁井元作																○					○	○		○	○
104					伊東広次																					○	○	○	○	○
105					岡本寿三																					○	○	○	○	
106					井上又造	100					○	○					○	○	○		○					○				
107				南幸田	〃 鹿次郎																						○	○	○	○
108			幸島		井上梅造	60	○	○	○	○	○	○			○	○	○	○	○	○	○			○		○	○	○	○	○
109		邑久			中島長七郎	100	○	○	○	○	○	○	○	○	○	○	○	○	○		○	○	○	○	○	○	○	○	○	○
110				西幸西	岸野伊勢吉	20																								
111	7				〃 秀蔵			○	○	○	○	○	○	○	○	○	○	○	○	○	○	○	○	○	○	○	○	○	○	○
112			太伯	乙子	北村利太郎	20			○																					
113			豊	五明	近藤千春																						○		○	○
114					児山庫次郎	100		○	○	○		○	○	○			○	○	○	○	○					○	○	○	○	○
115		児島	大門	小串	児山九十郎				○	○		○	○	○		○	○	○	○	○	○			○		○	○	○	○	○
116					山根浜造	20	○	○	○	○	○	○	○	○		○	○	○	○	○	○	○		○	○	○	○	○	○	○
117				大畠	亀野大三郎	20																								
118	?	賀陽		庭瀬	高木久太郎																							○	○	
短期出席者番号							1	2	4	6				8			10			11							13		15	
								3	5	7				9							12						14		16	

創立当初の区分けで作成したが、その後の参加者の増減で区分けが変更されたかは不明である。氏名欄の〃は両者が父子と推定できる。短期出席者番号について、1・2は北浦・藤原栄（米）三郎、3は松井久兵衛、4は乙倉勝次郎、5・7は楠九十郎、6は岡本市衛、8は瓜生芳造、9は児島幸太郎、10は冨田五平、11は岡崎紋三郎、12は岡山・杉山岩三郎、13は井上元次郎、14・15は木下卯三郎、16は片山清太郎である。出典は表6-8-2に記している。

表8-6-2　備前醤油醸造組の運漕約定船と明治16～29年各集会出席者一覧

						明治	16	17	18	19	19	20	20	21	21	21	22	22	23	23	24	24	24	24	24	25	26	27	28	29
						月	2	2	2	2	10	2	3	3	4	6	2	10	3	4		3	4	6	10	3	4	3	4	4
						日	21	24	2	20	16	20		1			20	1	15	23		21	2	5	20		1	20	7	5
番号	区	郡	村	大字	氏名	船名	定	定	定	定	親	定	親	定	親	臨	定	臨	定	親	定	役	役	定	親	定	定	定	定	定
1	1	児島	甲浦　郡		○和田勝造	住福丸	○											○	○	○	○					○	○	○	○	○
2					○高階鹿造	金毘羅丸	○																							
3					○青山嘉右茂	一力丸																								
4					○沢田義太郎	相生丸												○	○	○	○					○	○			
5					児島松太郎	永福丸													○	○						○				○
6					須々木庄吉	長栄丸												○												
7					三宅太平	八幡丸													○	○	○					○	○	○		
8					小田永五	大神丸												○	○		○						○			○
9	2		鉾立	番田	○藤原辰三郎	中福丸												○	○		○					○	○	○		
10				番田	○合田勝五郎	宝福丸																					万右衛門			
11	3		大門	宮浦	○三宅作次郎	勢立丸												○												
12				阿津	○大浜梅吉	若宮丸														○								○		
13	4		甲浦	北浦	藤沢庄次郎	金比羅丸	友造																			○	○			
14	5		玉井	八浜	三宅寿吉	金勢丸												○									○	○		○
15	7	邑久	幸島	南幸田	中道弥太郎	金光丸															○						○			○
16				南幸田	山口五百造	昇福丸																				○				
17				東幸西	○山本嘉左門																									
18				東幸西	○成元愛次郎	天神丸																				○		○		
19			不明		安田英三郎	住吉丸																					○		○	○
参加合計						当初10隻	3											7	6	5	6					8	10	7	2	6

東近藤家文書　出資金…明治13年「証書類台帳」、集会出欠表は2冊の「参加出席人名簿」よりまとめる。集会会場の省略文字は、定…定例惣集会、親…親睦会、臨…臨時惣集会、役…役員集会をさす。明治13年5月28日の醸造組参加者は同家文書N014「惣集会雑記等」からこの日時点の加入者に○をつけた。

史料8-3　備前醤油醸造組規則（承前）

第四条　定期集会ノ会場ハ左ノ六ヶ所ト定メ、前年十一月ノ集会ニ於テ抽籤ヲ以テ定ムヘシ

但、臨時集会場ハ、其時々便宜ノ場所ヲ撰ミ、組頭ヨリ報告スヘシ

定期集会々場

一上道郡江並村組合　一児嶌郡番田村組合　一同　郡北浦村組合

一同　郡々　村組合　一同　郡八浜村組合　一邑久郡南幸田村組合

第五条　組合ノ内其居所醸造場ノ便宜ニ従ヒ、別ニ小組合ヲ立テ、左ノ七区ニ分ツヘシ

小組合ノ区別

一児島郡　郡村　見石村組合　二同　郡　番田村　北方村　下山阪（ママ）村組合

三同　郡　宮浦村組合　四同　郡　北浦村組合

五同　郡　八浜村組合　六上道郡　江並村　江崎村　桑野村　沖元村組合

七児嶋郡　小串村　大畠村　邑久郡　南幸田村　南幸西（ママ）村　乙子村　組合

第六条　従来仲間ノ荷物ヲ運漕スルニハ各家一定ノ傭船アリ、故ニ今般当組合設立ノ始メニ当リ、改テ条約ヲ取結ヒ、後来倍親睦シテ相互ニ便宜ヲ謀リ、事業ヲ永遠ニ期スヘシ

第二章　徴課金

第七条　組合費用ノ支出ハ、輸出樽一挺ニ付金壱銭壱厘ツ、ヲ課シ、組合ノ集会費・直組惣代派出旅費其他ノ費用（ニガ脱）充ツヘシ

第八条　一ヶ年両季ノ決算上余剰ノ金員ハ組合中貯蓄金トシテ国立銀行ヘ預ケ置キ、組合公同ノ費用ニ充ツヘシ

第九条　運漕船ノ船頭ハ、荷主ヨリ樽数ニ応シタル課金ヲ受取リ、送リ状ニ添テ其区ノ担当人ニ出シ、樽数ノ調査ヲ受ケ、改済ノ検印ヲ受クヘシ

但、荷主ハ担当人改済ノ調印ヲ見テ、運賃ヲ船頭ニ払渡スヘシ

第十条　担当人ハ、毎年六月廿日ト十二月廿日トニ於テ、毎半年輸出ノ樽数ト徴課金トノ明細表ヲ造リ、合計ノ金員ヲ添テ年番エ送達スヘシ

第四章（ママ）　役員

第十一条　当組合ノ役員ト称スルモノ左ノ如シ

組頭一人　副組頭一人　年番二人　担当人七人

第十二条　一月ノ惣集会ニ於テ、年番以上ノ役員ヲ組合一同ノ投票多数ヲ以テ撰挙スヘシ

第十三条　組頭ハ其撰任ノ日ヨリ満三ヶ年ヲ以テ一期トシ、副組頭ハ其撰任ノ日ヨリ満二ヶ年ヲ以テ一期トシテ改撰スヘシ

但、前任者ヲ再撰スルコトヲ得サルヘシ

第十四条　年番ハ其撰任ノ日ヨリ満二ヶ年ヲ以テ一期トシ、毎年一人ツヽヲ改撰スヘシ

但、前任者ヲ重年セシムルヲ得ス、又、創立後第二目ニ於テハ、抽籤ヲ以テ一人ヲ改撰スヘシ

第十五条　担当人ハ各小組合ノ内ヨリ抽籤ヲ以テ一人ヲ置キ、組合ノ物代トシテ其事務ヲ委任スヘシ、任期ハ毎半年ニシテ交代スルモノトス

第十六条　組頭ハ当組ノ事務一切ヲ管理シ、総テ其責ニ任スヘシ

第十七条　副組頭ハ組頭ニ次テ其事務ヲ補助シ、社中ノ監察トナリ、営業上ノ利害得失ヲ商量討論シ、且ツ之ヲ衆議ニ附シ、実施セシムルモノトス

但、副組頭ハ組頭不在ノ節ハ、之カ代理トナリテ諸務ヲ総理スヘシ

第十九条（ママ）　年番は組頭・副組頭ヲ輔ケ、常ニ組合一般ノ為メニ営業ノ見込ヲ立、且其実況ニ付テ意見ヲ演ヘ、議案ヲ草シ、之ヲ申告スルノ任アリ

第廿条　年番ハ当組会計ノ事ヲ掌リ、金銭ノ出納及ヒ簿記ノコトヲ担任ス

第廿一条　年番ハ他国ノ通信往復ノ叓ヲ掌ル

第廿二条　担当人ハ其小組合中ノ事務ヲ担当シ、組頭ヨリノ報告ヲ区内ヘ伝達シ、常ニ輸出ノ樽数ヲ監査シ、徴課金ヲ領収シ、其書面ニ検印シ、船頭ニ交付スル等ノコトニ任ス

第七章（ママ）　直組物代

第廿三条　京阪其他ノ地方へ直組談判ノ為派出スルニハ、年番一人外一人都合二人ツヽタルヘシ、尤派出中ハ何人ニ限ラス組合一般ノ惣代人タルノ権ヲ委任スヘシ

第八章　犯則責罰

第廿四条　当組合ニ於テ、犯則トシテ責罰ノ為メ組合ヲ退除セシムヘキ条件左ノ如シ

一　組合ノ決議或ハ派出惣代人ノ見込ヲ以テ、京阪其他エ荷物輸出ヲ停止スルトキ、密ニ輸出スルモノ

二　京阪其他ニ於テ直上ケノ約定決定ノ後、猶密ニ前直段又ハ些少ノ値引ヲ以テ輸出売却シ、他人ノ妨害ヲナスモノ

三　組合外ノ荷主ト運漕ヲ共ニスルモノ

但、船頭ノ所業ニシテ荷主ノ関ラザルヿ瞭然タルモノハ、其責ヲ受ケズ

四　輸出ノ樽数ヲ偽リ、他ヨリ発覚スルモノ

但、失誤違算等ヨリ生スルモノハ此限ニアラス

五　輸出ノ節、徴課金ヲ納メサルモノ

六　組合人員八分以上同意連印ノ証書ヲ以テ、其罰ヲ責ムヘキモノ

第廿五条　右ニ掲ル所ノ条件ヲ犯スモノハ、犯則ノモノトシテ組頭以下役員ノ評決ヲ以テ組合一同エ報告シ、異議ナキトキハ直ニ退除セシムヘシ

第三十九（ママ）条　醸造方傭人共不都合ノ廉アリテ暇ヲ出シタルトキハ、その顛末ヲ担当人エ届出スヘシ、担当人ハ其人名住所等委ク記載シ、組頭ヘ届クヘシ、組頭ハ速ニ各区担当人江報告シ、組合一同ニ告、各醸造場ニ於テ傭入ルヽヿヲ厳禁スヘシ

第廿五（ママ）条　密ニ組合外ノ荷物ヲ運漕スル船頭ハ、其事実発覚ノ上ハ組合一同ノ荷物運漕ヲ謝絶スヘシ

第廿六条　船中ニ於テ水手ノ粗漏ニヨリ荷物ニ不都合ノコトアリ、外方ヨリ発覚スルカ、又ハ其顕跡判然タルトキハ、其廉ヲ以テ被タル損害ハ船頭ヨリ之ヲ荷主ヘ弁償セシムヘシ、若シ船頭之ヲ知テナサシムルトキハ、其損失ヲ償ハシメ、爾後組合一同ノ運漕ヲ謝絶スヘシ

第廿七条　大阪伏見ノ運漕問屋ト予メ約定ヲ堅クシ、組合外ノ荷物ト一同運搬スルコトヲ厳禁スヘシ

第十（ママ）章　報告

第廿八条　組合ノ諸入費ハ、毎年前半年分ハ七月三十日、後半年分ハ翌年一月三十日限リ支払決算シ、明細表ヲ造リ、組頭ヨリ一同エ報告スヘシ

第廿九条　毎年七月ト一月トニ、前半年後半年ノ輸出樽数及ヒ徴課金高組合人員ノ増減其他、時々ノ報告ニ泄レ

タル事件ハ取纏メ、一事件毎ニ明細表ヲ造リ、組頭ヨリ一同へ報告スヘシ

第十一章　規則更正

第三十条　此規則ハ、組合ノ都合ニヨリ、一同ノ評議ヲ以テ加除更正スルヿアルヘシ

註

(1) 明治六・七年の醤油醸造高は、各年の「府県物産表」(『明治前期産業発達史資料』第一集一九五九および別冊(6)(7)一九六五所収)より。同一二・一四年は『岡山県統計年報』、同一三年は『岡山県統計表』による。同一五年は一万七一二八石余に回復している(『統計年報』)。なお、明治九年から岡山県域は両備作三国に拡大しているが、醤油輸出のほとんどは備前だけであったようで、この輸出量は備前醤油の生産量に近いものと推測される。

(2) 前出『備前醤油醸造組史料(一)』収録史料。

(3) 東近藤家文書番号1(前出『備前醤油醸造組史料(一)』所収)

(4) 臨済宗妙心寺派に属し、近世の郡村五ヶ寺の一つであったが、現在は万年寺住職が兼務している。本堂はなく、万年寺と道を隔てた西側に寺地が残っている。

(5) 東近藤家番号6「備前醤油醸造組改正規則」

(6) 前掲『岡山県明治前期資料　二』一九三頁収録史料より。なお、篤好社については、『岡山市百年史　資料編Ⅰ』(一九九三)一〇〇～一一九頁にまとまった史料が収録されているが、醤油醸造をいつ始めたかの記録はない。

(7) 史料中には準備金、株金、元金などと表現されていて、この組合資産を加入者に貸し出して年三朱の利子をとり、拠出額に加算していく手法をとった。ここでは出資金と呼んでおく。

(8) 章末に示した史料8-3の第七条には一銭一厘が徴課金の額となっているが、明治一三年一一月五日の会議で八厘と改められたと思われる。後述する東近藤家文書「醤油所得金年々予算支出帳」によると、明治二四年まで八厘、二五～二六年一銭、二七～三三年まで一銭五厘、三四年二銭、三五年二銭五厘、三六年一銭五厘と変動している。

(9) 東近藤家番号22(前掲『備前醤油醸造組史料(一)』所収)。『龍野市史　第六巻』一二〇～五頁にも収録されている。

(10) 同家番号23　明治一三年九月付兵庫県令森岡昌純宛「組合商議処設置并標紙施行ノ儀願」に引用文が書かれている。また、同年月付で前文と一四ヶ条の「龍野醤油醸造組合商議所規則」、および同年九月一五日付「龍野醸造組合創立契約証」が綴られている。

(11)・(12) 東近藤家番号30「書翰その他」『龍野市史　第六巻』一二五～六頁収録の「創立契約証」に横山省三らの署名が明記されている。

(13) 前掲『史蹟』二五六頁掲載の醤油価格変遷表による。ただ、樽一挺の価格がなく、前回からの上下価格のみの表示である。
(14) 前掲「書翰その他」の二月二一日付、井上文右衛門・白井儀兵衛宛近藤三郎二書状
(15) 前掲「書翰その他」の月日欠井上文右衛門・白井儀兵衛宛中島長七郎・高階喜一郎・近藤三郎二・丹羽寛人書状
(16) 前掲「書翰その他」の二月二二日付、近藤三郎二・合田俊三宛、龍野年番円尾加吉・横山省三・浅井弥兵衛書状
(17) 前掲文書番号15明治一三年後半年度「会議日記并諸留」
(18) 前掲文書番号14「惣集会雑記等」の五月一六日付、森・近藤・高階・合田宛、岸野・柏山・中島書状
(19) 前掲文書番号30（前掲『備前醤油醸造組史料（一）』所収）。これは京都府布達甲第一九号に基づく設立とある。
(20)・(21) 前掲文書番号30　(22)『史蹟』一三四～五頁
(23) 前掲文書番号44（『備前醤油醸造組史料（一）』所収）　(24) トモヱ醤油は郡港近くで、昭和四〇年代まで営業した。
(25) 昭和四六年の阿部定野さんの手記より。藤沢家の醸造所は篤好社が経営したが、武士の商法で数年後に失敗したという。
(26)・(27)『岡山県人物評』（一八九三　国立国会図書館デジタルコレクション）には、真殿健次郎（一八六四生）は家世々醤油醸造業で、父母の病により家業を継ぎ、のち岡山市会議員等を歴任した。岡円太郎（一八五〇生）も醸造家で父の業を受け継ぎ、岡山県会議員や市会議員等を歴任したという。
(28) 前出『近藤家墓碑銘』八一頁。叔父の分家のために家産が傾き、これを回復するために醤油業を始めたが、利益が薄く廃業したとあり、その時期は不明である。なお、村会議員としても三〇年以上勤務し、村から最も信頼を受けていた。
(29) 山田新三郎（一八三三～一九〇三）は、明治二一年（一八八八）に山田快進堂を創業した山田直平の祖父山田屋勘平の三男で、郡屋武吉の一族と思われる郡屋政吉の養子となり、文久三年（一八六三）に開業した。山田醤油は、以後五代にわたって約一五〇年間操業を続けたが、平成二〇年（二〇〇八）山田二郎氏の高齢によりに惜しまれながら廃業した。
(30)『三蟠町誌』（一九八二）二五～六頁には、初代北村周造が明治期に一喜丸という大型船を建造して、県内外の輸送業務に当たっていた。その後、常磐丸という千石船を新造して事業を拡大したが、明治三三年九月に紀州沖で遭難し、同家の海運業は頓挫したという。しかし、醤油醸造業については記載はない。
(31) 同前書三二頁に、初代斉藤伝三郎（一八五七～一九一六）は、明治一〇年父恵三郎とともに醤油醸造業を始めたという。長男二代伝三郎も家業を継ぎ、大正中期に岡山市内の同業者有志とともに網浜に中国醸造株式会社を設立したという。
(32) 山根醤油は五代目征一氏の昭和一八年頃まで京都大阪・大津へ出荷していた。自船天神丸で八浜港まで運び、宇野線八浜駅から鉄道で京都方面に送っていたという。宇野線開業は明治四三年であり、それ以後の醤油樽の出荷手段であった。
(33) 昭和五一年の玉野市教育委員会社会教育課文化係の調査によると、醤油樽の輸送を担当する廻船として、小串村で山根勝

造（明治二年創業　天神丸で八浜経由鉄路で京阪・大津に出荷）、番田村で藤原辰二郎・中福丸、郡村で藤沢庄治郎・金毘羅丸、沢田儀二郎・相生丸、和田勝造・住福丸、青山嘉衛茂・一力丸、児島松太郎・永福丸、須々木庄吉・長栄丸、三宅太平・八幡丸、小田栄五郎・大神丸、谷松恵四郎・波静丸、番田村に合田万江門・宝福丸、見石村に高畑幸太郎・長久丸（旧醸造家）、宮浦村に三宅作次郎・勢立丸、阿津村に大浜梅吉・若宮丸、胸上村に沖清三郎・大神丸、八浜村に三宅寿吉・金勢丸、成本慶次郎・金光丸が確認されている。

(34) 東近藤家文書番号41-20　八浜村担当人藤原久三郎筆「明治十四年度一月ゟ十月迄之書出し」からの集計である。

(35)・(36) 同家文書番号85「講金貸付帳」

(37) 東近藤家文書番号24「為取換約定証」

(38) 同家文書番号33「明治二十四年八月名古屋へ発送遭難醤油代金割賦帳」

(39) 東近藤家文書番号19「定約証」

(40)『龍野市史』第六巻二三五頁

(41) 同家文書番号56明治一九年「醤油税則諸願届書出留」

(42) 明治四一年建立の「近藤三郎二頌徳碑」（『近藤家墓碑銘』一八八頁）には、「熟成之期前者十余月、今者三十余月、醸久則色濃塾」と記されているが、明治一九年の時点ではまだ一〇余月であったようだ。

(43) 同家文書番号57同二一年「醤油税則諸願届書出留」

(44) 同家文書番号58同二二年起「醤油税則諸願届書出留」

(45) 同家文書番号65同二九年改正「醤油製造桶並列図」。言い伝えでは醤油庫は宮大工が檜材などで建てたとある。

(46) 中山正太郎「醤油醸造業における生産と労働」（有元正雄編『近世瀬戸内海農村の研究』所収一九八八渓小社）には、同一史料を使用して明治二一～二九年の数値を表にされ、「安定した経営がなされていると言えよう」と分析している。

(47) 赤マル醤油醸造株式会社の三代社長藤井義久氏が、平成二四年（二〇一二）に亡くなり、翌年同社は廃業となった。同氏は、近世から続いた備前醤油の最後の醸造家であった。

第九章　幕末玉村の産業

幕末玉村の階層分析

江戸時代の村落構造を研究する場合、持高による階層分析が必要となる。個々の農民の持高は宗門改帳や村入用の賦課帳などに添え書きされる場合が多いが、玉野地域では一部旧東児地区の史料に残るほかは、玉・立石家文書に数点の史料が散見できるのみである。それは元治元年（一八六四）四月の「村中銘々持高指引帳」と翌慶応元年（一八六五）四月の「御朱印高并人数高指上扣」という史料である。これを集計してまとめたものが表9-1である。これを他村と比較するために、大庄屋星島家のある児島郡藤戸村の慶応元年の階層を併記した。[1]

玉と藤戸はどちらも一七〇軒ほどの中規模村落であるが、階層構成はかなり異なっている。すなわち、玉は五石～無高層が九五%以上と圧倒的であるのに対し、藤戸では約八五%と多いが、玉より一〇%少ない。一方、五～一〇石の層では藤戸が一割を超えるのに対し、玉では五%未満と非常に少ない。さらに藤戸では星島・日笠家といった二〇石以上の大豪農が君臨しているのに対し、玉では名主の立石家が一五石五升でしかも村内最大である。翌年には仲右衛門名義の七石一斗四升と子で名主を務める治介名義の七石一斗三升六合が分割表示され、合計すれば前年とほとんど変わらない。藤戸村は豪農と中貧農層への二極分解が進んだ地であり、玉は大地主が成長せず、全村中貧農という状態であったことがわかる。

表9-2は慶応元年一一月の玉村名主・五人組頭・判頭の所有田畑と持高を示したものである。玉村の村民は奥組など五つの地区に分かれて住んでいたが（地図9-1 中小路は地図中の後山を、里は南・広谷・大谷を含む）、各組の判頭は、それぞれの地区の比較的持高の多い人物がなる場合と、徳三郎や弥惣次のように小持高の場合があ

表9-1 幕末期玉村の階層構成

村／持高	元治1 玉村							慶応1玉村		慶応1藤戸村	
	奥組	北山	中小路	里	玉原	合計	%	戸数	%	戸数	%
20～										3	1.8
10～20			1			1	0.6	1	0.6	1	0.6
5～10	2	1	1	1		5	2.8	7	4.0	22	12.9
3～5	6	18	20	11		55	78.2	134	75.7	94	55.3
1～3	14	9	30	29	3	85					
0～1	6	1	7	5	14	33	18.4	35	19.8	50	29.4
合計	28	29	59	46	17	179	100	177	100.1	170	100

玉・立石家文書　元治1.4「村中銘々持高指引帳」・慶応1.4「御朱印高并人数高指上扣」による。慶応1の藤戸村は太田健一『日本地主制成立過程の研究』188頁から引用。

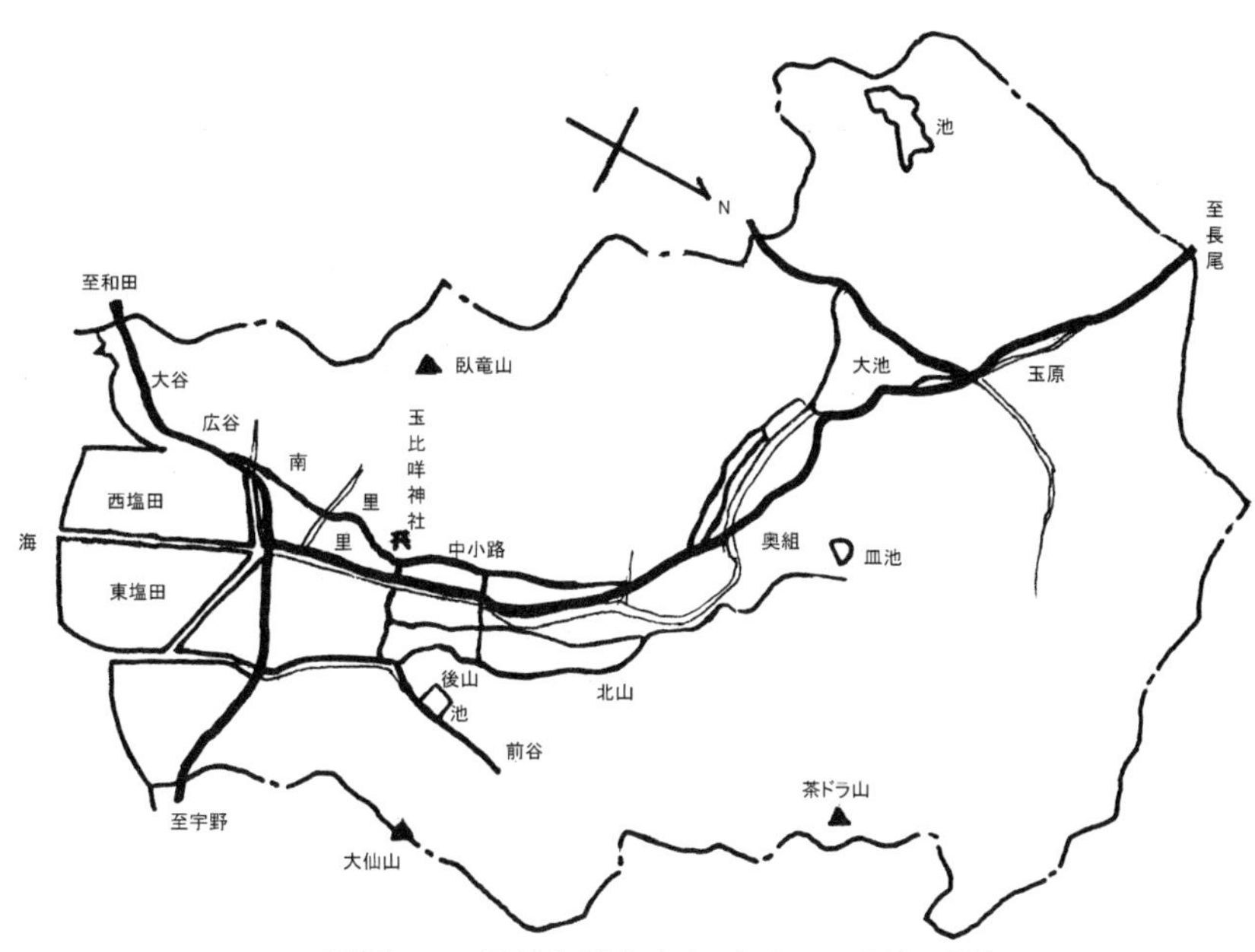

地図9-1　玉村と村内字名（原図は明治中期）

表9-2　慶応元年玉村村役人田畑持高

村役人（村内字名）	名	所有田畑	持高（石）
名主（中小路）	治介	52畝21歩半	7.136
五人組頭（奥組）	安右衛門	60畝07歩半	6.171
判頭（奥組）	作之介	36畝20歩	4.290
判頭（北山）	国蔵	25畝08歩半	3.292
判頭（中小路）	伊瀬蔵	41畝04歩半	3.758
判頭（里）	徳三郎	17畝13歩	1.780
判頭（玉原）	弥惣次	5畝26歩半	0.364

慶応1.12「御触ニ付名主五人与頭判頭持田畑高書上」による。

った。一般的に持高一〇石は面積一町歩と言われる。玉村でも多少の誤差はあるだろうが、この換算は概ね妥当と思われる。

玉村の諸職と小倉機業

玉村では、前述のように持高によって階層分析が行える史料が限られていて、全村中貧農化となった歴史的経過を知ることはできない。同じ児島郡の藤戸村や味野村では、「安永～文政期（一七七二～一八三〇　筆者註）にかけて急激な分解が見られ、中農層の没落により両極に寄生地主対零細貧農小作農の出現[2]」がみられた。そして、五石以下の貧農零細層は、「地主より耕地を借用して高額小作料を負担する小作人に転化するとともに、高額小作料補完のために」、①小商人、②零細商人としてのざるふり商人、③諸職人、④奉公人や農業日雇、⑤問屋制家内工業やマニュファクチャーにおける賃労働者などになった[3]。

一方、その対象産業の一つとなる小倉織生産については、児島郡では寛政年間（一七八九〜一八〇〇）に始まり、金毘羅参詣（琴平―丸亀―下津井・田ノ口―瑜伽のいわゆる金毘羅両参り）の盛行とあいまってかなりの発展をみたといわれる[4]。続く化政・天保期には、小倉織業の中で①農民工業の形態をとる家内工業、②織元・賃機に分かれての問屋制家内工業、③賃労働者の雇用による工場制手工業（マニュファクチャー）の三形態が確認できるようになる[5]。このような分析が玉村でも可能かどうかを、部分的に残る史料をもとに探ってみよう。

玉村において、農業外の余業である小商人や諸職等がわかる史料は、元治元年四月に諸職等に課税した「益銀」に関する史料である。この税目については、太田前掲書に「幕末における機業の生産構造に関連して、生産者より過料の徴収」をはかるための児島郡内での取組として紹介されている[6]。同書では、「小倉雲才真田共過料申定」という史料名で、元治元年三月一〇・一一日に木見村で「割帳下調出会之節名主中申談」したが、郡全体で決定できなかったので、「当組合（藤戸村大庄屋日笠氏管轄　筆者註）切先（さきをきり）」決定したとある。ここでは、①小倉織子を雇ったり出機をしているものには一機一年金一歩、出機の織子には別に出銀させる、②家内で小倉を織るものには金二朱、③糸商には一歩以上、④小倉糸を紡ぐものには一朱、⑤居商・ざるふりにも相当の出銀をさせるというものであった。

これに対し玉村では、同年四月の「諸売事益銀取立組合談并書上村方人別書類」という史料によって、四月一二日に大庄屋波知村九左衛門（野田氏）組の名主中が「集評御究」たとあり、日笠組から一ヶ月遅れの実施であった。そしてその徴収基準は、①小倉織子雇入・出機・問屋仲買は一機一年二〇匁（金一分＝銀札二〇匁）、織子一〇匁、②家内小倉織は同一〇匁、③糸売買は二〇匁以上、④糸より（小倉糸生産）は一〇匁（見合いあり）、⑤酒造一本につき八匁、⑥醤油造り同六匁、⑦油稼一〇〜二〇匁（見合いあり）、⑧紺屋職二〇〜八〇匁（同）、⑨居商内一〇〜八〇匁（同）、⑩ざるふり一〇匁（同）、⑪船持百石二〇匁（同）などとし、四月と九月に半分ずつ取り立てている。またその徴収目的は「諸御役人様方御休泊無処入用」や「貧者共取救」・「村入用筋」に供する「益銀」としていて、木見村での「過料」という性格ではなく、村全体の負担軽減を目指すものとされた。

章末に掲載した表9-3は、この時対象になった諸職を五つの組別に持高の多い順に示したものである。これをみると、三石未満で構成される玉原でも、居商内や雑穀商を営む農民がいる。奥組では居商内四人のほか、付木職はこの地区のみに分布し、零細層が多い。中小路では名主の立石家（屋号多田屋）と与七（本酒屋・嘉陽氏）の酒造業、林蔵（小灰屋・立石氏）の紺屋、佐平（嘉陽分家）の居商内は多額の益銀を支払っている。北山や里では諸職が比較的少なく、農業が基本であったと思われる。また、一〇〇～一二〇石船や上荷船の船持ちも六人見られる。

次に、小倉織関係では、全村一七九軒中五七軒が九二機の小倉機を持ち、出機を借りて機子が小倉織を生産するのは合わせて九軒一〇機である。また、糸縷（いとより）として小倉織の糸を生産するのは一四軒、さらにその糸を買い集め小倉織を織家に販売するのが神職でもある宮原越前（のちに塩田地主に発展する宮原豊）であった。小倉機所有者は全村の約三二％にのぼり、安政四年（一八五七）の藤戸村一六六軒中小倉機・真田機所有者二〇軒[7]の約一二％をはるかに上回る普及率である。また、村内で糸縷―糸売―出機・自機での生産という分業体制[8]が認められることも理解できる。

つぎに、村内各組での小倉織生産の様子をみてみよう。表9-1に示した地区別戸数に対する章末の表9-4の小倉機所有者の率は、玉原と北山で同じ約二四％、奥組では約五三％になる。玉原では一石未満が多く、北山では三石代の中堅農家が占めている。特に北山の六蔵は、家族四人だけで小倉機四機を操業するのは考えにくく、織子を雇用してのマニュファクチャー形態に近い経営ではないかと推定できる。奥組では五石代以下の農家が一～二機の小倉機を家族で操業する家内工業が展開していたように思われ、地区のあちこちで機織りの音が聞こえていたことであろう。

中小路では小倉機所有率は約二五％である。ここでは三蔵（山本屋・立石氏）が家族四人で五機の小倉機を、弥平（かな屋・藤原氏）は家族四人で三機の小倉機を、武右衛門は家族四人で三機の小倉機と紺屋を営み、やはりマニュ形態に近い経営を行っていたと思われる。また、諸職でも取り上げた佐平は居商内とともに小倉機を三機所有し、多角経営を行っていたようである。

最後に、里組では約三三％の小倉機所有率であるが、奥組と同じように五石代以下の農家が一・二機の小倉機を家族経営していたように思われる。その中で徳三郎と善右衛門（いずれも近藤氏）の五機と三機の所有が注目される。徳三郎は地区

表9-6　幕末玉村持高別諸職・小倉織・綿作戸数

項目 / 持高（石）	全村戸数	元治1諸職					元治1小倉織関係			慶応4綿作
		酒造・油稼	紺屋・鍛冶・大工	居商内・ざるふり	付木職	船持・上荷船	小倉機	小倉織子	糸縷	
10〜20	1	1								
5〜10	5			2			2			2
3〜5	54		1	3	2	1	25	1	3	15
1〜3	86	2	5	2	7	3	24	6	7	22
0〜1	33		2	5		2	5	2	2	2
不明			2				1		2	
合計	179	3	10	12	9	6	57	9	14	41

の判頭を務め、持高一石代で家族一〇人、紺屋を兼ね、数人の織子を雇っての経営であったと思われる。善右衛門は五人家族で絞油業も行っており、持高も二石代から翌年には三石代に増え、順調な経営であったと思われる。この他、この地区では糸縷に従事するものが一一人と集中しているのが特徴である。なお、出機の織子は中小路と里に多く、二石代の層が占める傾向にある。この出機織子を雇っている人物が判明すれば、問屋制家内工業の実態が理解できるのであるが、残念ながら不明である。このように、太田氏の指摘する家内工業・問屋制家内工業・マニュ形態といった生産形態が、幕末の玉村でも十分に確認できる。

幕末玉村の綿作

最後に、小倉織生産のもとになる木綿栽培について考察しておく。玉村では全戸の約三割が小倉機を所有し、里地区には糸縷が集中していた。その作業のもとになる木綿は、表9-5のように、慶応四年（一八六八）頃の史料[9]によると、玉原を除く地区で四一人の農民によって栽培されていた。かれら綿作農家中、小倉機所有者・織子・糸縷の率をみると、奥組・北山・中小路では五割以下であるが、里組では四軒に三軒の割合でかなり多い。このことから、原料綿を栽培し、一一人もの糸縷に渡して小倉糸を撚り、これを小倉機で織るという生産と加工の一貫性を想定できるようだ。しかし、田畑合わせて約三四町[10]ある玉村で、綿作の作付面積は約九反に過ぎない。一人平均二畝ほどの耕作面積であり、村内の全需要を賄えたとは思えない。前述の糸売業を行う神職の宮原越前が、村内の生産綿の集買・販売とともに村外産の綿糸購入に携わった可能性もあるだろう[11]。

一方、個々の綿作の生産性についてみてみると、平均は一畝当たり約一・四斤であるが、例えば奥組の長太郎が畝当たり七・五斤の収量なのに対し、北山の広吉らは〇・七五斤とかなりの差がある。綿作は干鰯・油粕・鰊粕などの金肥を多量に施肥しなければならず、持高の多い農民が高収穫を得る傾向にあると考えられる。こうした金肥を誰が各農家に販売したかも興味あることではあるが、史料は残されていない。なお、中小路の与七の綿作七畝は四一人中最大であるが、酒造業をしながら綿作にも従事していたようである。あるいは、分家佐平の小倉機三機に提供していたのかもしれない。

以上、検討してきた玉村の諸職・小倉織・綿作農家について、持高別に戸数を表9-6にまとめた。それらに従事している人々の主力は、五石以下の本来なら中貧農層と規定される階層であるが、貨幣経済が広く浸透している幕末維新期にあって、少ない持高でも様々な生業に就き、逞しく生きようとしている人々を見ることができる。

註

(1) 太田健一『日本地主制成立過程の研究』一八八頁　表Ⅲ-6。なお六年後に刊行された『岡山県史　近世Ⅲ』第二章第三・四節にも同氏による再稿がある。

(2) 太田前掲書一七八頁　(3) 前掲書五八頁　(4) 前掲書七三頁　(5) 前掲書六一頁

(6) 前掲書八八~九頁

(8) 綿から綿織物への加工工程を概略すると、栽培された綿から実綿（じつめん・みわた）が収穫され、ここから綿の種を取り除くと繰綿（くりわた）となる。さらに弓などで綿の繊維をほぐす綿打ち作業をし、これを平らに広げて丸めると篠巻（しのまき・じんき）となり、これを糸車で糸に紡ぎ、綛かけで巻き取って綛糸（かせいと）とする。これを布に織ると白木綿となり、紺屋で染色後に織ると縞木綿となる。綛糸を作る際に糸によりをかけると丈夫な糸となるが、これを染色後織ったものが小倉織である。玉村の「糸縷」がどの段階までを担当したのかはわからないが、後述する綿作面積の僅少さを考えると、繰綿から綛糸までの作業であったのかもしれない。なお、これらの加工工程については太田前掲書一四頁を参照のこと。

(9) 表8-5の「綿畑ケ畝数斤目共」など四枚の史料は年未詳であるが、★印の人物はすべて父の死後の代替わり（例えば坂右衛門の父役交は慶応三年一〇月二六日に死亡）を経て、慶応四年八月「家別壱両献金取立請印連名帳」に記載された人物であり、その直後に作成されたものと推定できる。太田前掲書一三九頁には、岡山藩の繰綿専売制の最終末の再施行を目指した「当年出来綿并綿作畝数共取調書出」の調査が明治元年九月及び一二月に命じられたとあり、この史料がこの時の調査のものと思われる。

（10）『玉野市史　史料編』一九五頁収録の内田家文書・安政四年「手鑑」から集計。

（11）宮原越前は、慶応二年に邑久郡の久々井塩田を味野・野崎家から購入して製塩業に参入していく（玉野ロータリークラブ『玉野人物風土記』三七頁）。その原資はこの糸売であったと思われるが、具体的な史料は未発見である。

表9-3　幕末玉村の諸職一覧

組	名前	元治1諸職	益銀（目）	元治1 小倉織関係	元治1 持高	慶応1 持高	慶応1 家族数
玉原	孫兵衛	雑穀物荷売	4	小倉機 2	1. 125	1. 106	4
玉原	伊右衛門	居商内	2		0. 383	0. 383	4
玉原	弥惣次	雑穀物荷売	4	小倉機 1	0. 364	0. 354	6
玉原	栄五郎	居商内	2		0. 278	0. 278	3
玉原	八百蔵	居商内	5	糸縷	0. 250	0. 250	5
奥組	紋五郎	居商内	10	小倉機 2	5. 483	5. 511	4
奥組	安右衛門	子安郎居商内	15	子安郎 小倉機1	5.104	6.676	6
奥組	和次郎	付木職	2	小倉機1	3.853	3.828	5
奥組	利之介	居商内	5	小倉機1	3.239	1.284	6
奥組	礼作	付木職	2	小倉機2	3.013	2.071	4
奥組	惣次郎	紺屋	6	小倉機1	2.760	2.046	6
奥組	義之介	付木職	2	小倉機1	2.247	2.247	6
奥組	役次	付木職	1		1.969	1.917	6
奥組	常三郎	付木職	2	小倉機1	1.662	1.662	4
奥組	桃吉	付木職	3		1.523	1.047	4
奥組	力蔵	付木職	5		1.035	1.620	4
奥組	喜次郎	居商内	6		0.850	0.834	2
北山	甚五郎	ざるふり	3		3.464	2.880	5
北山	光次	120石船	12	小倉機1	3.255	2.164	5
中小路	常八	ざるふり	1	小倉機1	3.341	4.570	6
中小路	仲右衛門	子治介酒造5本	20		15.050	14.276	6
中小路	武右衛門	紺屋	4	小倉機3	4.313	4.139	4
中小路	嘉太郎	油稼	5		4.187	4.810	2
中小路	靏之介	鍛冶職・上荷船	2・2		2.908	3.568	6
中小路	三代吉	鍛冶職	1	小倉機1	2.876	0.275	5
中小路	与七	酒造五本	20		2.499	5.163	3
中小路	重太郎	上荷船	2		2.178	0.340	2
中小路	佐平	居商内	20	小倉機3	2.166	2.166	5
中小路	貞左衛門	大工桶屋	4		1.126	0.808	3
中小路	林蔵	紺屋・子信蔵100石船	20・10		0.801	4.898	4
中小路	惣四郎	大工桶屋	2		0.097	0.040	4
里	善右衛門	油稼	10	小倉機3	2.165	3.701	5
里	佐吉	100石船・鍛冶職	10・3	小倉機2	2.010	1.869	6
里	徳三郎	紺屋	4	小倉機5	1.780	1.726	10
里	幸吉	100石船	10		0.296	1.384	5
不明	繁右衛門	大工桶屋　□右衛門請	4				
不明	弥介	大工桶屋　吉四郎請	5				

元治1.4「小倉諸商内諸共益銀人別取立帳」による。元治1・慶応1年の持高・家族数は表9-1と同じ史料である。

表9-4 幕末玉村の小倉織関係者

組	名前	元治1持高（石）	元治1小倉織関係	益銀（目）	元治1諸職	慶応1持高（石）	慶応1家族数
玉原	孫兵衛	1.125	小倉機2	20	雑穀物荷売	1.106	4
玉原	勘五郎	0.430	小倉機1	10		0.426	6
玉原	弥惣次	0.364	小倉機1	10	雑穀物荷売	0.354	6
玉原	松五郎	0.008	小倉機1	10		0.000	7
玉原	八百蔵	0.250	糸縷	2	居商内	0.250	5
奥組	紋五郎	5.483	小倉機2	20	居商内	5.511	4
奥組	安右衛門	5.104	子安郎小倉機1	10	子安郎居商内	6.676	6
奥組	作之介	4.290	小倉機2	20		4.290	5
奥組	長太郎	4.054	小倉機2	20		4.039	3
奥組	和次郎	3.853	小倉機1	5	付木職	3.828	5
奥組	利之介	3.239	小倉機1	10	居商内	1.284	6
奥組	礼作	3.013	小倉機2	20	付木職	2.071	4
奥組	芳（由）蔵	2.834	小倉機2	20		2.833	7
奥組	惣次郎	2.760	小倉機1	5	紺屋	2.046	6
奥組	孫宗	2.535	小倉機1	10		1.275	5
奥組	義之介	2.247	小倉機1	10	付木職	2.247	6
奥組	嘉市	1.817	小倉機2	20		1.815	6
奥組	常三郎	1.662	小倉機1	10	付木職	1.662	4
奥組	嘉三郎	1.221	小倉機2	20		1.150	3
奥組	作次郎	0.696	小倉機1	5		0.685	5
奥組	忠作	0.335	小倉機1	5		0.320	2
北山	嘉之介	3.998	小倉機2	20		3.883	6
北山	嘉右衛門	3.516	小倉機1	10		3.152	6
北山	六蔵	3.297	小倉機4	40		3.214	4
北山	光次	3.255	小倉機1	10	120石船	2.164	5
北山	和三郎	3.218	小倉機1	10		2.062	6
北山	幾次	3.181	小倉機1	10		2.593	4
北山	信介	1.891	小倉機1	5		1.821	5
北山	長次郎	3.910	織子小倉機2	10		3.878	4
北山	駒次	2.953	糸縷	2		1.657	3
中小路	弥平	4.645	小倉機3	30		4.645	4
中小路	武右衛門	4.313	小倉機3	30	紺屋	4.139	4
中小路	作太夫	3.946	小倉機1	10		2.546	5
中小路	小七	3.924	小倉機1	10		5.264	4
中小路	与平次	3.761	小倉機2	20		3.708	7
中小路	惣吉	3.410	小倉機1	10		3.101	5
中小路	常八	3.341	小倉機1	10	ざるふり	4.570	6
中小路	次作	3.236	小倉織1	10		2.550	4
中小路	三代吉	2.876	小倉機1	10	鍛冶職	0.275	5
中小路	伊瀬蔵	2.758	小倉機1	10		3.224	4

元治1の小倉織関係・益銀・諸職は「小倉織諸商内諸職并益銀人別取立帳」よりまとめる。元治1と慶応1の持高・家族数は表9-1と同じ史料。

表9-4の続き

組	名前	元治1持高(石)	元治1 小倉織関係	益銀(目)	元治1諸職	慶応1持高(石)	慶応1 家族数
中小路	三蔵	2.683	小倉機5	50		3.174	4
中小路	熊介	2.528	小倉機1	10		2.328	3
中小路	佐平	2.166	小倉機3	30	居商内	2.166	5
中小路	仲蔵	1.851	小倉機2	20		3.304	4
中小路	恵吉	1.364	小倉機1	10		2.326	5
中小路	久吉	2.898	織子小倉機1	3		2.858	3
中小路	恵作	2.496	織子小倉機1	5		2.463	6
中小路	新吉	2.135	織子小倉機1	5		2.119	6
中小路	庄右衛門	0.606	織子小倉機1	5		1.551	4
中小路	宮原越前	1.868	糸売	10		3.369	3
中小路	八十吉	3.011	どちらか糸縷	2		3.278	5
中小路	八十吉	2.319				2.095	5
里	片右衛門	5.259	小倉機2	20		5.109	6
里	治三右衛門	4.286	小倉機2	20		3.715	5
里	兵次郎	4.242	小倉機1	10		3.644	5
里	善介	3.466	小倉機1	10		2.139	4
里	文蔵	3.165	小倉機1	10		1.650	4
里	弥五郎	3.015	小倉機1	10		2.873	5
里	亀蔵	2.671	小倉機2	20		1.537	5
里	義介	2.176	小倉機1	10		1.548	3
里	善右衛門	2.165	小倉機3	30	油稼	3.701	5
里	佐吉	2.010	小倉機2	20	100石船 鍛冶職	1.869	6
里	直右衛門	1.805	小倉機1	10		1.675	5
里	徳三郎	1.780	小倉機5	50	紺屋	1.726	10
里	勝次郎	1.528	小倉機1	10		0.998	5
里	芳松	1.464	小倉機2	20		1.464	3
里	治市		小倉機1	10			
里	桂蔵	2.421	織子小倉機1	3		1.775	5
里	伊吉	2.230	織子小倉機1	5		1.645	4
里	兵之介	1.445	織子小倉機1	5		1.368	5
里	嘉介	0.501	織子小倉機1	5		0.457	3
里	徳次郎	3.974	糸縷	2		2.905	5
里	繁蔵	3.729	糸縷	3		2.411	5
里	森蔵	3.309	糸縷	4		2.131	5
里	重右衛門	2.948	糸縷	3		2.580	3
里	善蔵	2.427	糸縷	5		1.475	7
里	長蔵	2.402	糸縷	3		2.069	3
里	勝三郎	2.178	糸縷	3		1.896	3
里	和介	2.122	糸縷	2		2.109	2
里	弥右衛門	1.161	糸縷	2		1.059	2
里	愛蔵	0.447	糸縷	2		0.423	5
里	熊吉		糸縷	2		0.000	5

表9-5　幕末玉村の綿作農民

組	名前	綿作畝数	生産綿数	慶応1持高	元治1小倉織関係
奥組6	仙蔵	15歩	2斤	4.585	
	長太郎	12歩	3斤	4.039	小倉機2
	★虎蔵	1畝	4斤	2.833	父好蔵小倉機2
	義之介	1畝半	5斤	2.247	小倉機1
	桃吉	1畝10歩	5斤	1.047	
	作二郎	2畝	6斤	0.685	
北山9	安蔵	4畝	6斤	4.674	
	安吉	3畝半	3斤	4.607	
	喜代介	1畝	1斤	4.307	
	★坂右衛門	15歩	2斤	4.093	
	★品蔵	4畝	5斤	3.878	父長次郎織子小倉機2
	初次郎	4畝	4斤半	3.442	
	嘉右衛門	3畝10歩	4斤	3.152	小倉機1
	和三郎	3畝	3斤	2.062	小倉機1
	広吉	1畝半	1斤	1.508	
中小路13	小七	2畝	2斤	5.264	小倉機1
	与七	7畝	8斤	5.163	
	林蔵	3畝	4斤	4.898	
	林吉	2畝	2斤	4.861	
	米蔵	2畝	2斤	3.818	
	義右衛門	2畝	2斤	3.366	
	仲蔵	3畝	4斤	3.304	小倉機2
	伊瀬蔵	3畝	4斤	3.224	小倉機1
	八十次	4畝	8斤	2.770	
	恵吉	3畝	4斤	2.326	小倉機1
	藤介	3畝	4斤	2.215	
	真吉	3畝	2斤	2.119	織子小倉機1
	★市右衛門	4畝	4斤	2.095	父八十吉糸縷か
里13	次三右衛門	2畝	2斤	3.715	小倉機2
	★貞次郎	1畝	2斤	3.701	父善右衛門小倉機3
	兵次郎	2畝半	2斤	3.644	小倉機1
	重右衛門	1畝	2斤	2.580	糸縷
	豊吉	2畝	2斤	2.415	
	繁蔵	25歩	1斤半	2.411	糸縷
	伊勢松	1畝半	2斤	2.317	
	文蔵	2畝	3斤	1.650	小倉機1
	儀介	15歩	1斤	1.548	小倉機1
	亀蔵	2畝半	3斤	1.537	小倉機2
	和次郎	2畝	3斤	1.361	
	弥右衛門	18歩	35匁	1.059	糸縷
	熊吉	15歩	1斤	0.000	糸縷
合計		91畝半	129斤と35匁		

玉・立石家文書「綿畑ケ畝数斤目共」など4枚の史料より作成。詳しくは本章註(9)で説明。元治1小倉織関係・慶応1持高は表9-1と同じ。

おわりに

本書は、私最後の著書である。といってもそれは過去わずか二冊なので、大したことではない。それでもその一冊目は四〇歳ころ、当時の八浜・山田快進堂の山田次郎社長の目に偶々留まって、山陽新聞社から出版された『備前児島と常山城―戦国両雄の狭間で―』（一九九四）である。二冊目は、「序にかえて」でも紹介した八浜八幡宮宮司の尾崎家の史料等を集大成した『備前国八浜八幡宮関係史料集』である。山田次郎会長にご相談したところ、山田泰社長のお名前で山田快進堂出版部から刊行してもらうことができた（二〇一三）。しかし、史料集での完売は難しく思え、この史料集をもとに八浜と八浜八幡宮の歴史を別本で出版し、その元史料としてこの史料集も少しでも多く売れたらとお話しした。それが本書を執筆しようとした最初の動機である。私の教員生活最後の年であった。

翌年、岡山県立記録資料館の非常勤嘱託に委嘱され、『岡山県明治前期資料』の資料収集・翻刻・原稿作成を任された。その他、古文書解読講座や講演会、古文書整理ボランティアのみなさんへの助言、展示コーナーの入れ替えの手伝いや閲覧室の応援などもあり、教員時代には経験しなかった新鮮な体験をすることができた。特に、調査研究室の上井さん、山下さん、近藤さんの女性専門職員さんからは、優れた技術と知識を吸収することができた。同館に勤務した三年間は、歴史研究者としての活動とともに、学芸員的な能力を得ることにもなった。

同館を退任したあと、玉野市文化財保護委員として、玉野市宇野の商業施設メルカ内に移転した玉野市立図書館・中央公民館の郷土資料コーナーに展示することを了承された。市の社会教育課の担当係矢野さんと協力して、二〇一七年から二〇二〇年まで六回分、様々なテーマの展示を行うことができた。テーマの研究から展示物の選択・配置やキャプション作り、配付資料の作成などは、記録資料館で習得した知識や経験が拠り所であった。そして、これらの成果を研究書にまとめて残したいと思うようになった。山田会長との約束なしの約束の実現である。

原稿作りは二〇二〇年に本書第七章の常盤丸五郎吉の活動からスタートした。続いて五章→九章→一章→六章→四章と書き上げ、同年末にやっと第二章の八浜と八浜八幡宮の脱稿まで進んだ。さらに翌年一月末には八章の備前醤油ができた。しかし、最後の三章は遅々として進まなかった。玉野と明大の膨大な大崎・三宅家文書を丹念に解読し、妹尾側の史料等も検討しながら、一つ一つの段落を作り上げていく作業が延々と続いた。なんとか三章が完成したのは七月半ばであった。そして、もし出版を引き受けてもらえるなら、県内の歴史書などを多く手がけておられる吉備人出版にと以前から思っていたが、出版相談会で山川隆之氏にお会いして安心してお願いできると感じ、同社に私の最後の著書を上梓していただくことにした。

こうして、退職後八年かかって、本書を世に残すことができた。中でも、第二章の八浜八幡宮への参詣の拡大、第六章の日比亀浜の経営と他国塩船の来港、第七章の利生廻船による上方から中九州への船商い、第八章の備前醤油の京阪市場への進出の四件は、西日本レベルの新たな歴史発掘であると思う。また、第三章の文化期児島湾争論を中心とした八浜の漁業権の整理、第四章の宇藤木・友林堂の建立、第五章の日比村の加子浦機能と漁業権の確立の三件は、概説段階から詳細な論考へとレベルアップしたのではないかと秘かに思っている。

考えてみると、私は多くの方々のお世話になった。その中でも恩師と言える三人の先生方には、感謝してもし切れない。お一人は大学時代の指導教官広田昌希先生で、多くの学生たちに慕われた先生である。私にも温かく厳しく指導していただき、歴史学を学ぶ意義を常に考えさせてくださった。「真理以外に権威なし」と語られたことが、今も私の心の座右の銘である。学業でも生活の場でも、誤解や独善、権威や権力を排除して真理を見つめよ、それ以外に人を縛る権威はないよ、という意味と理解している。もうお一人は、広田先生と交流の深かった当時の岡山県総合文化センター郷土資料室の長光徳和先生である。先生は百姓一揆研究がご専門の一つで、郷土資料室通いをする中、大学の卒論のもとになった美作・大岡家文書などに接することができた。もうお一人は、玉野市文化財保護委員長であった伊東忠志先生である。先生は『玉野市史』の執筆者の一人で、市史編纂で収集された史料群を教材に、古文書を読む会を続けておられた。その会場であった当時の玉野市立総合文化センターの収蔵庫に先生をお訪ねし、やがて、収蔵している古文書を閲覧させてもらえるようになった。一九八一年に私が高校教員に採用された時、私を市の文化財保護委員に推薦されたのも先生である。以後、それらの史料群の整理と保存、目録作りは、私の生涯の仕事となった。まさしく三人の先生方は、私の人生の方向を決定づけた恩師と言える。すでに長光先生は一九七八年、伊東先生は一九八八年に亡くなられている。広田先生にはその後もご指導いただいたが、二〇二〇年六月に逝かれてしまった。

三人の先生方の他、本書を含めて今までの研究生活の中でお世話になった方々を紹介しておきたい。長光先生のあと、県の調査などに私を呼んでいただいた加原耕作先生。常山城関係では、常山観光協会の大野公平さん・大野明さん、母校での先輩教員大野敞一先生、中世史の三宅克広さん、横浜の三宅章平さん。文化財保護委員会関係では宮川澄夫先生、日比観音院の岩崎増修師。また、二〇〇四年の宇野港高潮被害で、塩水を吸った多くの古文書に新聞紙を挟んで復旧作業に当たられた武藤俊輔先生。八浜関係では、八浜八幡宮宮司尾崎良さん、神原章次委員長ほか町並保存推進委員会のみなさん、日比関係では、ひびきなだ文化研究会のみなさんと日比市民センターの林登志恵さん、さらに、宇藤木・有林堂の管理者大塚弥太郎さん。古文書を読む会の方々。上原兼善先生、倉地克直先生、太田健一先生には、その著書群で学問上の多くの示唆を与えていただいた。すべての方々、故人のみなさんに、あらためて感謝の意を表します。

最後に、このような私を支えてくれた妻に感謝の気持ちを伝えます。ありがとう。

令和四年（二〇二二）一月二五日

著者しるす

著者紹介

北村　章（きたむら　あきら）

1953年　岡山県児島郡荘内村（翌年玉野市へ合併）生まれ
1972年　県立玉野高校卒業
1979年　岡山大学法文学部史学科卒業（日本史専攻）
1981年　岡山県公立高校の教員に採用
　　　　　　　　玉野市文化財保護委員に委嘱
2014年　定年退職　岡山県立記録資料館非常勤嘱託
2017年　同館退任　玉野市文化財保護委員長に互選

［編著書］

『備前児島と常山城―戦国両雄の狭間で―』（山陽新聞社1994）
『備前国八浜八幡宮関係史料集』（山田快進堂出版部2013）

［おもな共著など］

『岡山県史　近世Ⅱ・Ⅲ・Ⅳ』（1985・1987・1989）
『岡山県の地名』（平凡社1988）
『目で見る岡山・玉野の一〇〇年』（郷土出版社2001）
『鏡野町史　史料編』（2008）・『鏡野町史　通史編』（2009）
『玉野人物風土記』（玉野ロータリークラブ2015）
『岡山県明治前期資料』一～三（岡山県立記録資料館2015～7）

近世玉野の歴史と文化

2022年3月6日　初版第1刷発行

著者 —— 北村　章

発行 —— 吉備人出版
〒700-0823　岡山市北区丸の内2丁目11-22
電話　086-235-3456　ファクス　086-234-3210
ウェブサイト　www.kibito.co.jp
メール　books@kibito.co.jp

印刷 —— 株式会社三門印刷所

製本 —— 日宝綜合製本株式会社

ISBN978-4-86069-669-6　C0021